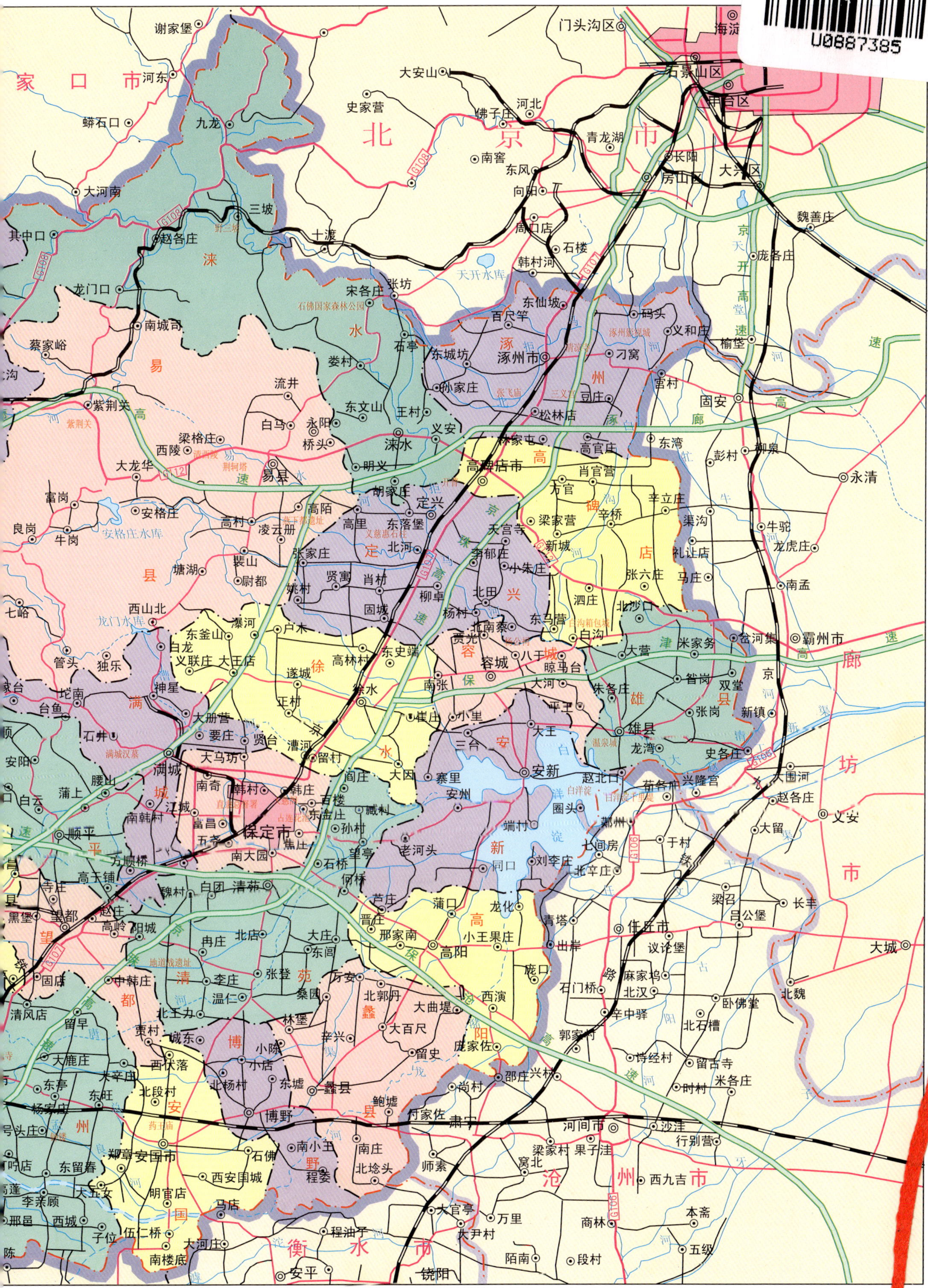

谢家堡
门头沟区
海淀
家口市
河东
大安山
石景山区
丰台区
史家营
佛子庄
河北
蟒石口
九龙
北京市
青龙湖
南窖
东风
长阳
大河南
向阳
房山区
大兴区
三坡
周口店
魏善庄
其中口
赵各庄
十渡
石楼
涞
韩村河
庞各庄
天开水库
宋各庄
张坊
龙门口
东仙坡
百尺竿
码头
义和庄
南城司
石佛国家森林公园
水
涿
蔡家峪
石亭
东城坊
涿州市
刁窝
易
娄村
州
流井
小家庄
固安
司庄
紫荆关
东文山
王村
松林店
白马
永阳
梁格庄
义安
西陵
桥头
涞水
林家屯
高官庄
东湾
彭村
柳泉
大龙华
明义
高碑店市
易县
肖官营
永清
方官
富岗
胡家庄
定兴
碑
辛立庄
安格庄
高阳
渠沟
良岗
高村
高里
东落堡
梁家营
辛桥
牛驼
牛岗
安格庄水库
凌云册
天宫寺
北河
定
新城
礼让店
龙虎庄
张家庄
李郁庄
店
裴山
小朱庄
张六庄
马庄
县
塘湖
贤寓
肖村
姚村
尉都
柳卓
北田
兴
南孟
西山北
固城
杨村
泗庄
北沙口
七峪
龙门水库
瀑河
北南蔡
东马营
户木
东釜山
东史端
贾光
白沟
大营
米家务
白龙
高林村
昝河集
霸州市
管头
独乐
义联庄
大王店
容
八于
遂城
徐
晾马台
津
廊
容城
京
神星
南张
保
大河
苔岗
双堂
龙南
台鱼
满
徐水
朱各庄
雄
平王
县
崔庄
小里
张岗
新镇
大册营
雄县
要庄
三台
大王
石井
贤台
安
白
满城汉墓
漕河
大马坊
留村
龙湾
史各庄
安阳
满城
大因
安新
赵北口
坊
兴隆营
大围河
腰山
阎庄
寨里
苟各庄
南奇
韩村
韩庄
赵各庄
蒲上
白云
石楼
安州
圈头
城
江城
鄚州
文安
南韩村
东金庄
臧村
端村
富昌
孙村
大留
顺平
于村
保定市
五亭
焦庄
新
七间房
平
南大园
老河头
方顺桥
望亭
刘李庄
石桥
同口
北辛庄
市
高于铺
何桥
寺庄
魏村
白团
清苑
芦庄
蒲口
龙化
梁召
长丰
黑堡
望都
赵庄
吕公堡
高岭
高
青塔
任丘市
阳城
晋庄
望
大庄
邢家南
小王果庄
北店
冉庄
高阳
出岸
大城
东闾
议论堡
地道战遗址
庞口
中韩庄
张登
清
苑
麻家坞
北魏
李庄
万安
北郭丹
石门桥
固店
温仁
北汉
都
大曲堤
西演
桑园
卧佛堂
清风店
北王力
辛中驿
留早
林堡
北石槽
贾村
蠡
大百尺
城东
辛兴
博
郭家村
小陈
庞家佐
侍经村
留古寺
大鹿庄
小店
留史
西伏落
东亭
米辛庄
北杨村
东墟
邵庄
兴村
米各庄
东旺
尚村
时村
北段村
蠡县
杨家庄
鲍墟
九州
博野
付家佐
肃宁
沙洼
河间市
行别营
郑章
安国市
南小王
南庄
石佛
梁家村
果子洼
吕店
东留春
野
北埝头
师素
寄北
沧
州
西九吉
市
高蓬
程委
西安国城
大五女
李亲顾
朗官店
马店
大官亭
邢邑
万里
本斋
西城
商林
子位
国
伍仁桥
程油子
大河庄
大尹村
衡
水
市
五级
陈
南楼底
陌南
段村
安平
饶阳

# 保定年鉴

2010

BAODINGNIANJIAN

保定市地方志办公室
《保定年鉴》编辑部 编纂

新华出版社

**图书在版编目（CIP）数据**

保定年鉴．2010/保定市地方志办公室《保定年鉴》编辑部编．—北京：新华出版社，2010．11

ISBN 978－7－5011－9450－6

Ⅰ．①保… Ⅱ．①保… Ⅲ．①保定市—2010—年鉴

Ⅳ．①Z522.23

中国版本图书馆 CIP 数据核字（2010）第 217648 号

**保定年鉴（2010）**

---

责任编辑：贾允河

出版发行：新华出版社

地　　址：北京石景山区京原路 8 号

网　　址：hhp://www.xinhuapub.com

邮　　编：100043

经　　销：新华书店

印　　刷：河北省保定市北方胶印有限公司

开　　本：889×1194　1/16

印　　张：25.5

彩　　页：86

字　　数：882 千字

版　　次：2010 年 11 月第 1 版　2010 年 11 月第 1 次印刷

印　　数：1－2000

书　　号：ISBN 978－7－5011－9450－6

定　　价：218.00 元

---

# 《保定年鉴》编辑部

# 编 辑 说 明

一、《保定年鉴》是按照国务院和省政府的部署，在中共保定市委领导下，由保定市人民政府主办的大型年刊。本年鉴以马克思列宁主义、毛泽东思想、邓小平理论、“三个代表”重要思想为指导，深入贯彻落实科学发展观，坚持实事求是的思想路线。

二、本年鉴由市直各部门、25个县（市、区）、驻保单位和重点企业共同参与编辑，着重记述全市改革开放、经济发展和社会进步的基本状况与最新成就，以丰富的内容、真实可靠的权威性资料为各级领导决策提供依据，为社会各行各业的规划发展提供借鉴，为中外人士投资保定提供信息。是让世界了解保定的窗口，让保定走向世界的桥梁。

三、《保定年鉴》（2010卷）是连续出版的保定市第10部年鉴。《保定年鉴》（2010卷）正文文字内容为2009年年度工作。

四、本年鉴文字内容编排设“类目”、“分目”、“条目”三个层次。卷首为“中国历史文化名城——保定”，提要介绍保定市总貌。卷中类目分别是：特载、大事记、中国共产党保定市委员会、保定市人民代表大会、保定市人民政府、政协保定市委员会、纪检·监察、民主党派·工商联、群众团体、军事、政法、综合管理、农业、工业、水利·电力、交通·邮政·电信、城建·环保、商贸、财政·税务、金融、教育、科学技术、文化、卫生·体育·旅游、社会生活、开发区、县（市、区）概况、人物、重要文献选编。

五、为充分展示保定市的重要活动和突出成就，反映全市经济社会的发展，做到图文并茂，形象生动，设图片专辑。图片资料内容下限为2010年6月，个别图片及资料内容顺延至出版前。

六、本年鉴资料由市直各部门、县（市、区）和其他所涉及的单位提供，专人撰写文稿，主管领导审核，主要负责人签批。按照惯例，领导班子成员记到副县级以上。数据由专业统计人员核校，市委、市政府审定。内容所涉及的个别数据因统计口径、内涵、角度不同，不尽一致，以统计资料为准。

七、本年鉴由中共保定市委办公厅、保定市人民政府办公厅发文下达编辑任务，市地方志办公室年鉴编辑部承担编辑任务。在编辑过程中，得到各级领导、各部门各单位的热情支持，在此谨致谢忱。

2010年10月

# 中国历史文化名城
# ——保定

**区域位置** 保定市位于河北省中西部，太行山北部东麓，冀中平原西部，北纬38°10′～40°00′，东经113°40′～116°20′之间。北邻北京市和张家口市，东接廊坊市和沧州市，南与石家庄市和衡水市相连，西部与山西省接壤。全市土地总面积221.8万公顷，其中耕地总资源80.8万公顷。

市区中心北距北京140公里，东距天津145公里，西南距石家庄125公里。

**自然环境** 全市地势由西北向东南倾斜。地貌分山区和平原两大类。山区按高程及地貌划分，为中山区、低山区及丘陵三类。西部为中山区，海拔高程一般在1000米以上。北起涞水县宋各庄、易县紫荆关、涞源县走马驿，南到阜平县岔河以西。包括涞源县全部，涞水、易县、满城、顺平、唐县、阜平的西部深山区，总面积6790.5平方公里。最高山峰为阜平县歪头山，海拔2286米。中山区山体切割强烈，河谷深切，支脉发育，并嵌有小型盆地和断裂谷地。涞源、阜平、东团堡、走马驿等盆地均位于该区。中山区东南部是低山区和丘陵区，呈条带形。北起涞水，南至阜平，包括涞水、易县、徐水、满城、顺平、唐县、曲阳、阜平的一部或大部地区，总面积4197.6平方公里。低山区坡缓谷宽，陆地发育，有黄土覆盖。海拔高程除狼牙山为1105米外，一般在500米至1000米之间。

丘陵区海拔一般在100米至500米之间，地形低缓起伏，向东南渐坡展为平原，并有孤山圆丘突出地面。平原区系由大小不等的冲积扇构成，自北、西、南三个方向，向东部白洋淀倾斜，按成因分山前洪积平原、冲积平原及洼淀区三部分。京广铁路两侧为山前洪积平原。主要由拒马河、易水、漕河、龙泉河、唐河、沙河出山口后洪积物堆积而成，水力切割，冲沟发育。一般在海拔30米至100米之间，地面坡降为1‰至4‰。冲积平原系河流冲积扇前部相连接而成，河流交叉处多分布有大小不等的洼地。地势平坦，海拔在10米至30米之间，地面坡降小于1‰。该区含市区全部，雄县、高阳、清苑大部，容城、徐水、定兴、高碑店、博野、蠡县的一部分。洼淀区位于平原东部，为白洋淀和周边低洼易涝区，海拔7米至10米。含安新全部，高阳、清苑部分地区。境内河流主要为海河流域大清河水系。永定河流经东北部边界。大清河主要分为南北2支，长10公里以上的山区河道众多，呈扇形分布。南支主要由潴龙河、孟良河、孝义河、唐河、清水河、金线河、界河、府河、漕河、萍河、瀑河等汇入白洋淀。北支拒马河从铁锁崖分为南、北拒马河。北拒马河至涿州市东茨村入白沟河。南拒马河，在白沟镇与白沟河相会，以下称大清河。大清河经白沟引河与白洋淀连通。白洋淀在市辖区东部，东西长39.5公里，南北宽28.5公里，总面积362.8平方公里，为天然积水区。

**建置沿革** 保定于战国时期始建城池。北宋初年，公元981年升为保州，为当时北方较大城市。元太宗十一年（1239年）改保州为顺天路治所，后于元至元十二年（1275年）改顺天路为保定路，保定始名，寓保卫大都安定天下之意，辖15州县。明洪武元年（1368年）改保定路为保定府。明永乐元年（1403年）国都迁北京后，保定直属京师。清仍设保定府，辖2州15县，属直隶省。康熙八年（1669年）直隶巡抚由正定迁保定，始为省会。1913年直隶省会迁天津。保定改府为道，辖40县。1928年国民政府废直隶省改建河北省，辖区各县直属省。1935年省会迁保定。1948年11月22日，保定解放，建立保定市，为冀中区直辖市。1949 年 8 月 1 日建河北省，保定为省会，同年 8 月 9 日建立保定专区行政督察专员公署。1958 年 4 月省会迁天津，11 月 29 日，保定专区所属 22 县 1 市合并为 10 县（市）。1960 年 2 月，撤销专区建制，将属保定专区各县划归保定市。1961 年 5 月恢复保定专区建制，市属各县由专区所辖，合并的大县陆续撤销。恢复 22 县 1 市建制。1966 年省会返迁保定，1968 年迁石家庄。1983 年 11 月 15 日，保定市复为省辖市。经国务院批准，1994 年 12 月，保定地区和保定市合并，建立新保定市。

**行政区划** 保定市辖 4 市（定州市、涿州市、安国市、高碑店市），18 县（易县、徐水县、涞源县、定兴县、顺平县、唐县、望都县、涞水县、清苑县、满城县、高阳县、安新县、雄县、容城县、曲阳县、阜平县、博野县、蠡县），3 区（南市区、北市区、新市区），另设高新技术产业开发区。

**2009 年人口** 全市年末常住人口达到 1101.66 万人，比上年末增加 9.31 万人，其中：市区 106.49 万人，比上年末增加 3.37 万人；城镇人口 394.96 万人，比上年末增加 29.38 万人；乡村人口 706.70 万人，比上年末下降 20.07 万人。全年出生人口 15.22 万人，出生率为 13.87‰，死亡人口 6.87 万人，死亡率 6.26‰，自然增长人口 8.35 万人，自然增长率 7.61‰，比上年下降 0.05 个千分点。

**气候概况** 保定市气候属于温带半湿润半干旱大陆性季风气候，总的气候特征是：四季分明，冬季寒冷干燥、雨雪稀少；春季冷暖多变、干旱多风；夏季炎热潮湿、雨量集中；秋季风和日丽、凉爽少雨。降水季节分布不均，冬季降水稀少，降水主要集中在夏季，且年际变化大，易出现旱、涝灾害。热量充分，平原市县年平均气温为 12℃左右，西北部山区 7℃左右，平原市县年平均气温日较差在 10℃以上，西北部山区高达 14.8℃，夏季气温日较差较小，冬季较大。日照充足，年日照时数达 2500 ~ 2800 小时，年日照百分率达 60% 左右，山区日照略多于平原。

全市年平均气温 12.0℃（涿州、曲阳）~ 13.7℃（保定）、涞源 8.2℃；年极端最高气温 41.7℃（阜平 24/6）~ 38.9℃（雄县 24/6）、涞源 35.7℃（24/6），14 个县（市）极端最高气温在 40.0℃以上；极端最低气温 - 16.4℃（安新 1/12）~ - 10.5℃（保定 23/1、28/12）、涞源 - 20.5℃（23/1）；各县（市）极端最高气温较去年明显偏高，极端最低气温与上年度基本相当。年降水量 378.5 毫米（涞源）~ 538.3 毫米（顺平），大部分县（市）降水量较往年偏少 1 ~ 2 成；一日最大降水量 106.0 毫米（高碑店 8/6）~ 32.6 毫米（蠡县 4/8），最长连续无降水日数达 49 天（共 16 个县（市），出现在（13/10 ~ 31/12）。无霜期日数最长为阜平，242 天，最短为涞源，152 天，西北部山区及东部地区无霜日较去年缩短，其他地区延长。年日照时数最多为涞源，2602.5 小时，最少为高碑店，1944.6 小时，较常年普遍偏少 692 ~ 1366 小时；年平均风速 1.0 米/秒（唐县）~ 2.3 米/秒（高阳）。

全年总趋势：全区年平均气温较常年基本持平或偏高，全市春、夏、秋季气温偏高，11、12 月气温偏低明显，寒潮天气较多，大部地区较历史同期分别偏低 3 ~ 4℃、1 ~ 2℃。多数地区全年降水量较常年基本持平或偏少 1 ~ 2 成，2、3、6、10、11 月份降水偏多，其他月份降水偏少；全市年日照时数较常年明显偏少，2、8、9、11 月多次出现连阴寡照天气，日照时数较少。2009 年初，降雨较少，由于大部地区 111 天（2008 年 10 月 24 至 2009 年 2 月 11 日）未有降水过程，出现较为严重的冬旱，但越冬作物较少，且处于休眠期，对农业影响较小。初冬出现的寒潮造成冬小麦及果树冻害，大部地区冬小麦提前 20 天左右进入越冬期；同期南部地区出现的暴雪毁坏了棚室设施，并给人们出行带来不便；多次连阴寡照天气不利于棚室作物生长发育。夏季的雷暴、风雹以及暴雨等极端天气带来多次自然灾害。

注：资料统计不含涞水、清苑、定兴、博野。

**环境质量** 城市空气环境质量：2009 年，市区全年空气环境质量达到或好于二级标准的天数为 331 天，比上年增加了 19 天，其中一级天数 66 天。空气污染综合指数继续呈下降趋势，比上年下降了 10.6%。3 项主要污染物年均浓度均达到国家空气环境质量二级标准，二氧化硫污染指数较上年降低了 24.6%，可吸入颗粒物污染指数较上年升高了 3.5%，二氧化氮污染指数与往年持平。

水环境质量：

1. 河流

2009 年常规监测的河流为唐河、潴泷河、拒马河、府河四条河流。监测的 15 个断面中除拒马河落宝滩断面全年断流外，其余断面中一类、二类、三类和劣五类水质断面的比例分别为 7.1%、50%、14.3% 和 28.6%。

（1）拒马河源头涞源水质为一类，紫荆关断面水质为二类，北河店、新盖房断面于 7 月份有水期间监测了 1 次，水质为三类，其余时间断流。以上断面水质均达到或好于功能区划要求。落宝滩断面全年断流，支流琉璃河由北京入境，入境断面码头水质劣于五类，主要超标污染物为氨氮、总磷、化学需氧量。

（2）唐河总体水质优。水堡、倒马关和白合断面为二类水质，达到功能区划要求。

（3）潴泷河（沙河）总体水质优。砂窝、阜平和王林口断面水质均为二类，达到功能区划要求。

（4）府河水质不能达到功能区划要求的四类标准，全程水质均劣于五类，各断面氨氮超标最为严重。大水系水源工程引水入市后，焦庄断面水质显现好转，各项主要污染物浓度均有所降低，化学需氧量和氨氮较上年分别降低了 39.5% 和 20.7%。但因污水处理厂含较高氮、磷的排水由望亭断面前排入府河，因而望亭、安州断面的氮、磷污染依然严重。

2. 白洋淀

2009 年白洋淀平均水位为 7.14 米，比上年上升 0.08 米。与上年相比，白洋淀水质有所好转，富营养化程度由重度富营养减轻至轻度富营养，主要污染物是高锰酸盐指数、化学需氧量和氨氮。但在蓄水不足的情况下，白洋淀各点位平均水质均未达到功能区划要求。其中，三类区王家寨、圈头、采蒲台、光淀张庄、枣林庄、烧车淀和端村 7 个点位为四类水质；四类区南刘庄水质劣于五类。鸪丁淀点位常年无水。

10 月下旬“引黄济津济淀”工程全面启动，11 月 2 日引水进入淀区。12 月监测结果显示，圈头和采蒲台水质达到了三类。

3. 饮用水源地

地表水饮用水源地西大洋水库、地下水饮用水源地一亩泉水质分别达到二类、三类标准要求，水质优。

声环境质量：

1. 城市区域环境噪声

2009 年，区域环境噪声监测网格覆盖人口 102 万人，覆盖面积 53.0 平方公里。全市平均等效声级为 53.8dB（A），达到二类区标准，较去年增加了 0.6 dB（A）。点位达标率为 91.4%，比上年降低了 2.4%。

2. 城市交通噪声

2009 年，市区道路交通噪声平均等效声级为 67.8 dB（A），达到 4a 类区昼间标准。在监测的 159 个路段中达标路段 145 个，达标率为 91.2%。

监测路段总长度 202.4 公里，超标路段长度为 48.7 公里，路段超标率为 24.0%。与上年相比，道路交通噪声全市年均值升高了 0.2 dB（A），路段超标率增加了 2.1%。监测结果同时显示，平均车流量为 1596 辆/小时，较上年增加了 69 辆/小时。

（气候概况资料由司丽丽提供、环境质量资料由孟月华提供）

# 今日保定——图片专题目录

# 目　　录



## 特　　载



## 大　事　记



## 中国共产党保定市委员会

## 保定市人民代表大会



## 保定市人民政府

## 政协保定市委员会



## 纪检·监察

## 民主党派·工商联



## 群众团体

# 军　事



# 政　法

## 综合管理

## 农　业

# 工业



# 商贸

## 水利·电力



## 交通·邮政·电信

# 城建·环保

## 财政·税务

# 金 融

# 教 育



# 科学技术

## 文 化



## 卫生·体育·旅游

## 社会生活

# 开 发 区



# 县（市、区）

中共保定市委书记　宋太平

保定市人民政府市长　李　谦

保定市人大常务委员会主任　李光耀

政协保定市委员会主席　崔启慧

1月9日午夜，保阜高速公路跨京广铁路桥主桥进行转体作业　张宝林 摄

2月1日，省长胡春华在市委书记宋太平、市长丁群等市领导陪同下在涿州调研　吴战平 摄

2月4日，政协河北省保定市第十一届委员会第二次会议在百世开利开幕　吴战平 摄

2月5日，保定市十三届人大二次会议在百世开利开幕　贾建国 摄

2月11日至12日，河北省重点建设项目调度会在白洋淀温泉城华润管理培训学院举行　翟志刚　摄

2月20日，保定市召开全面对接京津广播电视大会　吴战平　摄

3月2日,保定市召开深入学习实践科学发展观活动动员大会，全市学习实践活动全面启动　吴战平摄

3月8日，河北省政府与中航工业集团在北京举行高层会谈,就共同支持保定风电产业发展达成共识。省长胡春华,省委常委、常务副省长付志方,中航工业集团党组书记、总经理林左鸣出席座谈会,市长于群参加座谈会　翟志刚 摄

3 月 12 日，保定市“河北冶金工业园区建设、涞钢涞铜破产改制、涞源矿产资源整合”动员大会在涞源县召开，市委书记宋太平出席动员大会并讲话　吴战平 摄

3 月 18 日，河北大无缝 36 万吨铜光亮杆项目在安新县开工。市委书记宋太平出席奠基仪式　吴战平 摄

3 月 19 日，顺平县总投资 6.6 亿元的 6 个重点项目集中开工。市委书记宋太平等市领导为工程奠基　吴战平 摄

3 月 28 日，中国·保定“三利杯”第二届空竹艺术节在军校广场开幕。来自全国 19 个省（市）55 个城市的 90 支代表队 2000 余名空竹选手参加了本次艺术节　贾建国 翟志刚 摄

4 月 2 日，由省政府主办、市政府承办的“危机下的新能源产业——2009 保定·中国电谷（香港）投资峰会”成功举行。图为省市领导出席项目签约仪式　周林伟　摄

4 月 15 日，市委书记宋太平、市长于群等市领导和驻保 66393 部队政委吴刚等驻军领导，到七一路与东二环交叉口“双拥林”建设现场植树　吴战平　摄

4 月 16 日，市委书记宋太平宣布唐县冀东水泥有限责任公司熟料水泥生产线一期工程项目开工　吴战平　摄

4 月 23 日，市政府与中国移动通信集团河北有限公司签署建设“无线城市”备忘录。市长于群、总经理李连贵代表双方签字　翟志刚　摄

5月7日，市委书记宋太平等市领导查看市区大水系及东三环项目进展情况　吴战平 摄

5月7日，市长于群会见波黑塞族共和国总统库兹马诺维奇　翟志刚 摄

5月12日，市委书记宋太平、市长于群等市领导为保定·中国电谷2009年第一批重点项目奠基　吴战平 摄

5月14日，市委书记宋太平、市长于群等市领导冒雨查看大交通重点工程建设　吴战平 摄

5月20日，由中国钢研科技集团投资36.5亿元建设的河北新材料产业园三期工程在涿州奠基。市委书记宋太平出席奠基仪式并宣布项目开工　吴战平 摄

5月22日，第十八届国际药材节暨2009中国安国药材保健品交流会举行开幕式　吴战平 摄

5月26日，市委书记宋太平宣布曲阳金隅水泥有限公司日产4000吨水泥熟料生产线项目奠基开工　吴战平 摄

5月31日，市委书记宋太平、市长于群等市领导与保师附小少年儿童共庆“六一”儿童节　吴战平 摄

6月7日，市委书记宋太平赴四川省平武县响岩镇看望保定市参加对口援建的一线干部职工　李广义 摄

6月12日，由中共中央政治局委员、天津市委书记张高丽和市长黄兴国率领的天津市党政代表团，在省长胡春华，省委常委、副省长杨崇勇，市委书记宋太平，市长于群等省、市领导陪同下考察保定市项目建设情况　吴战平 摄

6月17日，市委书记宋太平、市长于群等市领导出席莲池“后三景”竣工庆典暨揭牌仪式　吴战平 摄

6月18日，河北钢铁集团涞源有色金属有限公司、涞源河北冶金工业园区管委会同日揭牌。市委书记宋太平、市长于群等市领导出席揭牌仪式　吴战平 摄

6月24日，在保定市政府举行的“保定·中国电谷”新闻发布会上，市长于群接受美联社等32家外国媒体采访　翟志刚 摄

7月2日，胡春华、孙瑞彬、徐斌、徐留平、宋太平、于群等省、市领导为长安汽车河北基地新区项目奠基　吴战平 摄

7月7日，保定市召开全市“迎国庆保稳定百日会战”电视电话会议　吴战平 摄

7月8日，国防科工委原主任丁衡高、国防科工委科技委原副主任聂力、市委书记宋太平等领导出席晋察冀边区革命纪念馆二期工程奠基仪式　吴战平 摄

7月9日，“常青杯”保定市第六届社区艺术节在军校广场开幕。市委书记宋太平到会祝贺并宣布艺术节开幕　吴战平 摄

7月15日，市委、市政府在涿州召开对接京津工作调度会　吴战平 摄

7月20日，保定市政府与河北工业大学在电谷锦江国际酒店签署战略合作协议

7月21日，市长于群等拜访中国船舶重工集团高层。图为中船重工集团党组书记、总经理李长印和市长于群等参观船舶模型　翟志刚 摄

# 重　　要

7 月 27 日，英利光伏产业园四期 800 兆瓦晶体硅太阳能电池项目奠基开工。市委书记宋太平、市长于群等出席开工仪式　吴战平 摄

7 月 28 日，省文化产业协会会长张士儒、市委书记宋太平为保定市文化产业协会揭牌　吴战平 摄

7 月 28 日，保定市人民政府与中国科学院电工所共建“光伏系统检测实验室”协议签字仪式现场　翟志刚 摄

7 月 29 日，“一主三次”战略下的白沟·白洋淀温泉城机遇·整合·发展高层论坛，在白沟·白洋淀温泉城举行　吴战平 摄

8月20日，省长胡春华在市委书记宋太平等市领导陪同下到定州河北旭阳焦化有限公司调研　吴战平 摄

8月26日，白洋淀温泉休闲旅游聚集区（北京）推介会在北京国际饭店举行。保定市政府与中旅总社等5家旅行社签署战略合作协议　翟志刚 摄

8月31日，中国·涞源白石山首届旅游文化节开幕。市委书记宋太平等市领导出席开幕仪式　贾建国 摄

9月8日，保定市召开综治表彰暨国庆安保志愿者誓师大会。市委书记宋太平等领导与志愿者一起庄严宣誓　吴战平 摄

9月8日，省市领导杨崇勇、于群等出席2009保定·中国电谷（厦门）推介会项目签约仪式　周林伟 摄

9月9日，公安部副部长刘京在省委常委、政法委书记、公安厅厅长张越，市委书记宋太平等省市领导陪同下到涿州检查国庆安保工作　吴战平 摄

9月10日上午，市委书记宋太平等市领导到曲阳县湾子隧洞施工现场，检查调度大水系工程建设工作　吴战平 摄

9月28日，保定市举行大水系清水入市暨国庆献礼工程竣工庆典。市委书记宋太平等四大班子领导、军分区和驻保部队有关领导出席庆典　吴战平 摄

10月11日，地方和部队领导热烈欢迎国庆受阅部队凯旋　吴战平　摄

10月21日，保定市隆重召开国庆安保工作总结表彰电视电话会议。市委书记宋太平等市领导为获得表彰的单位和个人颁奖　吴战平　摄

10月23日，在阜平县考察的省长胡春华在市委书记宋太平等领导陪同下，来到天生桥镇不老树村，慰问看望老党员和贫困户。图为胡春华与老支书顾培荣亲切交谈　吴战平　摄

10月28日，在雄县地热资源开发项目签约仪式上，市委书记宋太平与冰岛驻华大使贡纳尔·斯诺里·贡纳尔松亲切交谈　吴战平　摄

11月5日，中央纪委副书记、中央学习实践活动领导小组副组长张惠新一行在省委常委、组织部长梁滨，市委书记宋太平等领导的陪同下到第三批学习实践活动联系点涿州东仙坡镇调研　吴战平 摄

11月9日，市委书记宋太平等市领导出席北市区重点项目集中签约暨保定工业园区二期项目集体开工庆典奠基仪式。吴战平 摄

12月3日，中央第五地方巡视组组长、十一届全国人大常委、环境与资源保护委员会副主任委员李传卿等一行，由市委书记宋太平等市领导陪同，到高碑店东盛办事处李家营村了解情况　吴战平 摄

12 月 24 日，市委书记宋太平，市委副书记、代市长李谦等市领导为防洪堤综合整治等五大工程开工奠基　吴战平 摄

12 月 28 日，中央学习实践活动第四巡回检查组组长、全国政协常委、人口资源环境委员会主任张维庆一行在省委常委、组织部长梁滨，市委书记宋太平，市委副书记、代市长李谦等领导陪同下到保定市就第三批学习实践活动进行检查指导　吴战平 摄

12 月 29 日，中共保定市第九届委员会第八次全体（扩大）会议在百世开利召开　吴战平 摄

2009 年 12 月 9 日，市委常委、常务副市长马誉峰到财政局调研

2009 年 9 月 19 日，省财政厅厅长齐守印陪同全国会计协会会长、原财政部部长刘仲黎，来保检查全国注册会计师考试保定考区工作

2009 年 3 月 6 日，召开深入学习实践科学发展观活动动员大会

2009 年 4 月 8 日，召开全市财政首季开门红电视电话会议

2009 年 6 月 9 日，财政部、省财政厅领导到市财政局检查河北省财政专项资金支出即时分析监控系统工作运行情况

2009 年 9 月 4 日，市财政局向涞水县三合庄赠送图书，支持新农村书屋建设

# 财 政 局

2009 年 12 月 9 日，市委常委、常务副市长马誉峰在财政局召开调研会

全市财政工作会议

2009 年 9 月 29 日，局领导班子成员到天津市财政局调研，研究财政对接京津发展大计

2009 年 8 月 24 日，市直机关在市财政局进行行政权力运行现场观摩

2009 年 7 月 21 日，在安新县组织全市财政系统“理财人风范”演讲比赛

财政局妇委会组织女干部到西柏坡参观，接受再教育

# 保定市总工会

2009 年 8 月 12 至 16 日，“2009 年‘冀中能源杯’河北省职工技能大赛汽车维修工比赛”在保定市举行，市委副书记李剑方亲临大赛现场，观看比赛，看望参赛选手

2009 年 8 月 17 至 21 日，省总工会党组书记、常务副主席栗建华到保定市深入县、乡、村、企调研工会工作

2009 年 6 月 10 日，中华全国总工会女工部权益二处处长钱晓斐、省总工会女职工委员会主任梁玉芬、副市长刘宝玲出席市总工会“女职工温馨驿站”揭牌仪式

2009 年 11 月 25 日，省总工会副主席袁刚调研组一行在市总工会党组副书记、副主席文霖陪同下到风帆集团调研

2009 年 4 月 17 日，保定市工会第十七次代表大会在百世开利会展中心开幕

# 保定市国土资源局

局　长　张德义

市长李谦到长城集团考察工作

2009年是全市国土资源管理难度最大、任务最重的一年，也是工作成效显著、受到广泛好评的一年，更是经受特殊锻炼和严峻考验的一年。一年来，在省厅和市委、市政府的正确领导下，坚持以科学发展观为统领，以开展“双保行动”、国庆安保、城镇面貌“三年大变样”及干部作风建设年等活动为抓手，紧紧围绕保增长、调结构、保民生，齐心协力、开拓进取、主动作为，国土资源管理工作实现新跨越。2009年，市局被国土资源部评为“双保行动”先进单位；被市委、市政府和省厅评为“工作实绩突出单位”；被市委、市政府和省厅授予“行风建设优秀单位”；被省测绘局评为测绘工作先进单位；被市委、市政府评为“国庆安保工作先进集体”、“安全生产先进单位”；被市纪委、市监察局评为“工作实绩突出单位”；被市直工委授予“绿色机关”称号；被市优化办评为优化环境工作成绩突出单位；被评为电网建设先进单位等。

4月6日，保定市水利局向市国上资源局赠送锦旗，对本局在大水系工程所做的工作表示感谢

国家土地督察局北京局到保定市检查双保行动

# 保定市农业局

省委常委、纪委书记臧盛业到保定市检查春耕生产

省农业厅厅长赵国岭到定兴昌利集团调研蔬菜生产

市长李谦考察小麦生产

局长吕先查看小麦灾情

保定市农业局是主管全市农业与农村经济发展的市政府工作部门。2009年，全市农业系统认真贯彻落实中央和省、市关于农业农村工作的重大决策和工作部署，以学习实践科学发展观和开展“干部作风建设年”活动为动力，积极应对金融危机给农业带来的不利影响，战胜农产品市场剧烈波动以及历史罕见的干旱等自然灾害，全力推进五个农业建设，坚定农业稳定发展、农民持续增收目标不动摇，齐心协力，扎实工作，圆满完成了全年各项任务。粮食生产连续七年获得丰收，总产再攀100亿斤台阶；农业结构调整步伐加快，粮经比发展到75：25；农产品质量水平稳步提升，农药残留合格率达到99.27%；农机化作业水平不断提高，农机总动力1115万千瓦，小麦机耕、机播、机收水平均达到96%以上，玉米机播85%，小麦生产和玉米播种基本实现机械化；农村的体制机制不断完善，农村发展活力显著增强。全年共有16项工作受到省农业厅和市委、市政府及市直有关部门表彰，市农科所培育的红小豆保947和绿豆保942通过国家审定，保麦10号通过省级审定，保谷18通过国家鉴定。“绿豆保942-34选育及应用”获保定市科技进步一等奖。

# 保定市林业局

党组书记、局长　姜明慧

农田林网工程

2009年全市完成造林60.2万亩(含封山),占年度目标任务的100.33%；义务植树完成1433.5万株,完成年度目标任务的102.4%，创造了历史新高。2009年共获得各级表彰15项，其中省林业系统表彰四项：林业统计报表工作先进单位、全省林业宣传工作考核第二名、全省林业执法年先进集体、河北省参加第七届中国花卉博览会“突出贡献奖”；市级各种表彰11项：市信访工作先进单位、全市军队转业安置工作先进单位、保定市国庆安保工作先进集体、市长专线电话和市长短信平台工作先进单位、市安全生产工作监督管理先进单位、“安全生产月”优秀组织单位、上报市委信息工作先进单位、市直机关先进基层党组织、市直机关游泳比赛优秀组织奖、市级部门预算编制先进单位。

西部生态屏障建设

# 保定市交通局

副省长宋恩华听取市交通局局长李正群的工作汇报

全市五大项目同时开工奠基，图为市领导为五大项目之一的高速北外环（荣乌高速）奠基

对接京津车队

保定市交通局是市政府主管全市公路、水路的重要职能部门，担负着交通建设、规费征收、运政管理、运输生产等任务，管辖全市22个县（市）的交通业务工作。2009年计划投资63亿元，实际完成101.8亿元，完成年计划的123.9 %，其中高速公路建设完成投资80亿元，占112.7%；高速公路连接线完成投资1亿元，完成年计划的100%；农村公路完成投资3.5亿元，完成年计划的116%，建设里程905.2公里，实现了全市村村通油路的历史性宏伟目标。全市通车总里程达到17581公里，其中国道1036公里，省道1813 公里，农村公路14732公里，全市基本实现村村通油（水泥）路，公路密度达到79.5公里/百平方公里。全系统涌现出国家级精神文明先进单位1个，省级文明单位21 个，市级文明单位26个。

保阜高速公路黑崖沟二号特大桥，平均桥墩高 84.9 米为，华北第一桥

保定市电谷立交桥

保阜高速公路一期工程建成通车

# 保定市园林绿化管理局

保定市园林绿化管理局是政府主管全市城镇绿化的职能部门，担负着负责绿化规划设计、养护管理、依法施政等任务，管理全市22个县(市)的城镇绿化业务工作。内设5个处室：办公室、组织人事处、计划财务处、建设管理处、城镇绿化处。下属单位18个：规划设计所、园林技校、动物园派出所、竞秀公园派出所、绿化工程管理处、基建工程处、动物园、竞秀公园、东风公园、滨河公园、植物园、一亩泉河游园、军校广场、人民广场、红旗苗圃、第二苗圃、服务公司、电影院。共有干部职工485人。

2009年，按照市委、市政府确定的“三、四、五”(实施“三大战略重点”：开通大水系、构建大交通、建设大城市；明确“四个主攻方向”：突出古城特色、彰显文化魅力、打造山水城市、建设低碳保定；落实省委提出的“五项基本目标”：环境质量明显改善、承载能力显著提高、居住条件大为改观、现代魅力初步显现、管理水平大幅提升)的城建大思路，着力实现“两个转变”，即绿化理念由“园林”向“园艺”转变，造景方式由“平面绿化”向“立体绿化”转变，科学谋划，突出重点，强力推进，城市绿化工作取得了一定成绩，城市形象、品位得到很大提升。完成省、市下达的各项任务目标，制定并实施《保定市创建国家园林城市和森林城市的实施意见》，城(镇)绿化建设取得重大突破。社会绿化总计完成植树167万株。市区建成区绿地面积达到4377．8公顷，比上年增长1101．8公顷；公共绿地面积达到980公顷，比上年增长42．6公顷；绿化覆盖面积达到4992．3公顷，比上年增长937公顷。绿地率、绿化覆盖率和人均公共绿地面积分别达到33．9%、38．7%和9．28平方米，“三绿”指标已超过国家园林城市29%、34%和7平方米的标准，受到省“城考”团的高度评价。

由于实绩突出，园林局除连续5年被市委、市政府命名为文明单位，还被评为实绩突出单位、社会治安综合治理先进单位、退役士兵安置先进单位、联系共建社区先进单位、帮扶新农村建设先进单位。被省建设厅评为全省建设系统公用事业服务先进单位、城市管理先进单位、纪检监察工作先进单位。

# 保定市

2010年2月1日，民政部部长李学举（左四）慰问驻保66336部队

2009年10月11日，市委书记宋太平（左二）迎接参加建国60周年国庆大阅兵凯旋的驻保66393部队官兵（照片前排右二为王西欣军长、右一为吴刚政委、左一为薛爱国参谋长）

2010年8月31日，市委副书记王晓栋出席保定市社区便民服务热线“12349”启动仪式

2010年8月3日，市委常委、常务副市长马誉峰（中）到市民政局检查指导工作

2010年6月19日，市民政局党委书记、局长张子冬（左四）到涞水县九龙镇庄里村与县、乡、村干部现场研究“6·13”特大洪水灾后重建工作

2010年6月18日，市民政局召开救灾应急分队成立动员大会。图为局党委书记、局长张子冬在大会上讲话

2010年10月8日，保定市民政系统在市烈士陵园举行“升国旗、唱国歌”仪式

# 民 政 局

省民政厅厅长古怀璞（左一）、市委书记宋太平（右一）、市长李谦（右二）在2010年春节前慰问驻保部队

2010年1月21日，市长李谦（左二）到市第一福利院慰问

2009年11月20日，市委常委、宣传部长李国英（左三）出席市儿童福利院揭牌仪式

2010年5月18日，市政府副市长石海林（右一）到市民政局检查指导工作（图为到老年优待证办理处检查指导）

2010年5月，市民政局党委副书记、副局长、省荣军医院党委书记高淑英（右四）陪同驻保部队领导到企业就双拥共建工作进行调研

保定市民政局举行2010年春节联欢会。图为局领导班子进行诗朗诵

2009年7月1日，保定市民政局机关干部到西柏坡接受革命传统教育，图为重温入党誓词

# 保定市国家税务局

保定市国税系统围绕增值税转型、消费税和退税政策调整加大税收宣传力度，指导纳税人用足用好税收政策。图为2009年3月30日，全省国税系统税收宣传月暨“送政策、送服务、促发展、惠民生”活动启动仪式在保定举行，河北省国税局副局长高莉、保定市副市长李国英和市国税局局长杨树民为群众发放税收宣传资料

2009年，保定市国税系统按照“深入学习实践科学发展观”和“干部作风建设年”活动的要求，深入企业调研了解生产经营情况，征求意见和建议，把握税收工作的主动权。图为保定市国税局局长杨树民深入帮扶企业——风帆微型蓄电池分公司调研，并与企业负责人就总公司与各关联企业的纳税问题进行了交流探讨

为进一步提升队伍素质和工作能力，保定市国税系统开展了全员岗位能力达标活动并组织了首次考试，全系统1700多名干部主动报名参加了全员岗位能力达标考试，及格率94%。图为局领导检查考试现场

2009年，保定市国税系统围绕工作思路，不断加大落实力度，努力推动工作开展。在省国税局绩效考核中20个集中考核指标中全部获得满分。图为省国税局考核组对保定市国税局进行实地检查考核

为应对经济危机对本市经济和税收工作带来的影响，保定市国税系统立足管理开展组织收入百日会战，认真落实税收政策，全面加强税收管理，收到良好效果。图为基层税务干部到企业进行纳税评估

保定市国税局积极推进纳税服务工作，在全省率先开展了国地税联合办证、自助办税和小规模纳税人按季申报工作，办税效率大幅提高，极大地方便了办税人员，受到广大纳税人的欢迎。图为企业负责人向税务机关赠送锦旗

保定市国税系统通过聘请监督员、公开承诺、开展明察暗访等形式深入扎实推进党风廉政建设和行风建设，连续9年获得保定市民主评议行风执法单位系列第一名。图为在该局组织的廉政文化建设观摩展中各单位纪检监察干部正在认真观摩学习

# 保定市地方税务局

保定市地方税务局是负责保定市地方税收征收管理的职能部门，受河北省地方税务局和保定市人民政府双重管理，以垂直管理为主。市局机关内设16个处室（中心）：办公室、人事处、监察室、教育处、计统处、财装处、征管处、法规处、税政一处、税政二处、税政三处、机关党委、发票处、后勤服务中心、计算机管理中心、干部培训中心。直属单位4个：稽查局、直属一分局、直属二分局、直属三分局。管辖26个县（市、区）地方税务局。共有干部职工2393人。

2009年全市地税系统在省局和市委、市政府的正确领导下，以邓小平理论和“三个代表”重要思想为指导，全面贯彻党的十七大和十七届四中全会精神，以科学发展观为统领，认真开展干部作风建设年活动，紧紧围绕“转变发展观念，创新发展方式，推动地税事业科学发展”这一主题，解放思想，积极创新，大力推进依法治税，深化税收改革，强化科学管理，狠抓队伍建设，充分发挥税收职能，全面完成了以组织收入为中心的各项工作任务。全年共组织各项税费收入794159万元，同比增长18.43%。其中税收收入完成500109万元，同比增长20.46%，社保费收入完成262298万元，同比增长15.59%，教育费附加等其他收入完成31753万元，同比增长11.47%。收入总量、税收总量均创历史新高，其中税收增幅高于全省地税平均增幅4.45个百分点。

全市地税系统获得了多项荣誉，市局再获“全国文明单位”；创出了地税系统成立以来首个“全国税务系统先进集体”和“国家级青年文明号”，17个基层税务所被团省委命名为省级“青年文明号”；9个基层税务所被团市委命名为市级“青年文明号”，地税系统的社会形象和地位得到了进一步提升。

局　长　马志华

2010年2月23日，河北省人民检察院原检察长侯磊在全市地税系统“素质大讲堂”上授课辅导

2009年10月14日，市局机关召开学习实践科学发展观活动总结大会

2009年10月20日，保定市廉政文化建设观摩交流活动启动仪式在市地税局举行。图为参观市地税局荣誉室

市局领导到基层单位检查基层规范化管理达标工作

2009年10月10日，开展个人所得税宣传月活动

# 中国银行股份有限公司保定分行

党委书记、行长　苏岩峰

陪同总行领导在天威集团调研

为增强员工凝聚力，2009 年，分行评选了“感动中行十大明星”

第二届职工运动会

2009 年，分行进行了大规模的网点装修改造。图为装修改造后的办公大楼

中国银行股份有限公司保定分行是隶属于中国银行股份有限公司河北省分行的二级分行，该行成立于1982年7月，现辖12个县（市）支行、6个市区支行，51个网点。2009年末，全系统员工1300余人。

2009年7月，保定分行新一届领导班子成立以来，认真贯彻省行党委的战略部署，确立了“继续实施提速发展、和谐发展、大行崛起战略，用3到5年时间把保定分行建设成规模大，效益好，优于系统，领先同业的一流大型商业银行”的战略目标。新一届领导班子把业务发展、风险控制、员工利益列为全行工作的三大重点，组织全行员工抓发展、保上线、建机制、促稳定。2009 年，全行取得了良好业绩：人民币各项存款新增62亿元，人民币公司贷款新增28亿元，零售贷款新增19亿元，国际结算量完成近20亿美元。

2009年，全行顺利完成IT蓝图上线，提前完成流程再造试点工作，受到总行、省行表扬。

# 中国农业发展银行保定分行

党委书记、行长　张洪泽

分行党委领导班子成员

多功能活动场所

2009年，农发行保定分行以服务支持全市农业农村经济建设为己任，自觉加大信贷支农力度，累计投放各类贷款25.9亿元，同比多投放5.7亿元。其中，全年共发放政策性贷款5.2亿元，准政策性贷款11.3亿元，商业性贷款9.4亿元。支持企业收购小麦、玉米和棉花分别占全市商品量的42.5%、20%和37.5%。在全市农业农村经济建设中做出了重大贡献。2009年，该行注重创新，为进一步畅通全市粮食购销渠道，主动发起、成功召开了京津保农发行粮食企业对接洽谈会，确保了保定市托市和多主体收购顺利开展，累计发放小麦收购贷款4.9亿元。另外，分行紧紧围绕全市惠民生工程，发放中长期贷款5.2亿元，有力地支持了保定市东二环路网、定州市唐河综合治理和王快至西大洋两库连通三个全市重点项目的顺利实施。2009年，分行注重实现社会责任与自身发展的有机统一，成功化解2967万元贷款风险，实现利润7025万元。

# 保定国家高

2009年4月2日，省长胡春华（后排右七）、副省长杨崇勇（后排右六）出席2009年保定中国电谷（香港）投资峰会项目签约仪式　周林伟摄

2009年4月10日，九届、十届全国人大常委会副委员长成思危（右二）到英利公司考察　马通生摄

2009年7月27日，英利晶体硅太阳能电池四期800兆瓦项目奠基　马通生摄

2009年9月8日，保定国家高新区在2009厦门投洽会上　周林伟摄

2009年12月7日，省委常委、常务副省长付志方（右一）视察六九硅业公司　马通生摄

2010年1月15日，国家光伏检测中心在英利公司奠基　马通生摄

# 新 技 术 开 发 区

2009年6月11日，中共中央政治局委员、天津市委书记张高丽（前左四）在省长胡春华（前左三）、市委书记宋太平（前左二）陪同下，率天津市党政访问团考察保定国家高新区风电产业园

2009年7月24日，全国人大常委会副委员长、民建中央主席陈昌志（前右二）到英利集团考察

2009年10月20日，保定国家高新区管委会主任孙金博会见美国可再生能源理事会主席麦克（左二）　马通生摄

2009年12月3日，中央第五地方巡视组组长李传卿（左四）考察英利、联合动力、惠腾等公司　马通生摄

2010年3月9日，市长李谦（前右二）到优耐特电气公司调研　马通生摄

2010 年3月25日，中国电谷香港推介会

# 保定市新市区

bao ding shi xin shi qu

中共区委书记　赤光明

区 长 姬 琳

市领导视察新市区工业项目建设

市领导视察新市区防洪堤综合整治大水系建设情况

保定香江好天地商业广场正式动工

保定市新市区位于保定市区西部，面积131.3平方公里，人口42.45万人，辖5个乡，5个街道办事处，71个村，74个社区。市委、市人大、市政府、市政协坐落该区，以乐凯、天威、天鹅化纤、风帆等为代表的大型国有企业集中于该区，是保定市的政治中心和传统的工业区。

2009，新市区立足调结构、保增长，努力壮大区域经济总量，保持了经济增长速度与质量同步发展。全区规模以上工业总产值100.2亿元；工业增加值27.5亿元；工业利税总额2.4亿元；全部财政收入6.56亿元；城镇固定资产投资73.1亿元；社会消费品零售总额54.6亿

中央科学发展观领导小组有关领导到新市区调研

省领导视察新市区城中村改造建设情况

市领导视察新市区重点项目建设

市领导视察新市区新农村建设情况

元，农民人均纯收入6759元。

面对严峻的经济形势，新市区着力转变发展方式，加快构建以体育产业、现代服务业为特色的现代产业体系。相继开工建设了万博广场、香江好天地等一批重点项目，形成以时代商厦、中银酒店、新百世、国贸大厦、图书大厦为代表的沿朝阳大街金融商贸带，以“冀菜”发源地为显著特征的沿乐凯大街餐饮休闲娱乐带。精心谋划了以新兴体育产业为特色、以提升城市建设品位为目标的体育产业园区，完成了控制性详规和土地利用规划，被《河北省文化产业振兴规划（2101-2015年）》列为全省30个重点文化产业项目之一。

燕赵国际商务中心开工建设

# 博野县委

县委书记马志超（前排左二）陪同副省长孙士彬（前排左三）就县域经济社会发展进行调研

县长陈春霞（前排左三）陪同副省长龙庄伟（前排左二）就教育工作进行调研

保定华月胶带有限公司投资 8000 万元的橡胶输送带生产项目

博野特色产品橡胶输送带

台资企业大成（博野）机械有限公司

中国宋庆龄基金会援建项目城东敬老院项目投入使用

博野县颜元文化广场

博野县城区内首个低洼区改造工程——博雅嘉园住宅小区

河北博通饼业有限公司高档饼干生产线

英利集团子公司保定麦可绿色食品有限公司生猪养殖基地

河北春风衬布有限公司从德国引进具有国际领先水平的衬布生产线

总投资 5000 万元的中央投资项目博野县医院综合病房楼项目建设现场

位于博野县城南工业园区的投资 5500 万元的海通泵业公司竣工投产

# 定兴县委

中共县委书记　牛景峰

县　长　王少雄

县委书记牛景峰等为步长天浩项目奠基

定兴县位于河北中部，保定市北部，全县总面积713.69平方公里，总人口584167人。地处京、津、保中心地带，位置优越，交通便利，京广铁路、京港澳高速公路、张石高速公路、107国道纵穿全县。境内土地肥沃，灌溉便利，是传统农业大县，主要种植玉米、小麦、棉花、花生，是全国粮食生产基地县、全国文化先进县、全国平安建设先进县、全国绿化模范县、省蔬菜基地县。

2009年，定兴县委、县政府在市委、市政府的正确领导下，认真贯彻落实科学发展观，解放思想，创新突破，全年完成县域生产总值56.16亿元，同比增长10.7%；民营经济增加值4.10亿元，同比增长10.7%；城镇固定资产投资32.67亿元，同比增长69.1%；财政收入2.50亿元，同比增长12%；城镇居民人均可支配收入13480元，农民人均纯收入达到5441元，分别同比增长12%、9.7%。

农业稳步推进。2009年成为省粮食产业财政直管县，粮食总产达42.5万吨，推进农业产业化龙头企业建设，与山东省寿光市实施暖式蔬菜大棚技术合作，高档设施蔬菜种植项目异军突起。全年新增种植面积达到800多亩，水晶萝卜、“石象”原生态蔬菜、“昌利”牌生菜，叫响了“北京人的菜篮子在定兴”。

工业经济快速发展，项目建设扎实实施。以主导产业促升级，新兴产业抓培育为工作方针，全年完成规模以上工

文化广场俯瞰

保定市市长李谦在定兴老城改造等项目签约仪式上讲话

县委书记牛景峰在定兴—北京农副产品对接启动仪式上致辞，县长王少雄出席(左五)

业总产值、增加值36.99亿元、11.6亿元，同比增长31.4%、20.34%，完成汽车零配件行业产值15.5亿元。县内多家重点企业参加了厦门投洽会、廊坊经贸洽谈会，成功签约总投资2.1亿元的风能发电设备生产项目、总投资3.1亿元的西麦集团麦片生产基地建设项目、总投资2000万元的高速公路汽车防撞装置生产项目、总投资6000万元的北京古船面粉系列包装产品生产项目及金汉德高速铁路隔音墙板项目。

城乡面貌明显改观。后所营城中村改造工程已拆迁3.2万平方米，回迁楼全部完工。车站村改造工程已拆迁2.5万平方米，建成了5栋4.1万平方米的回迁楼。2009年底，建筑面积1万平方米廉租房建设主体三层完工。总投资1.8亿元、17.8公里的张石高速公路固德引线全线完工。实施农村节水改厕1000户，新建沼气池2300个。定兴县首座污水处理厂占地59亩，总投资6752.56万元，日处理污水3万吨于9月份开始运营。定兴大钟寺购物广场9月份开始营业，共投资9000万元，建筑面积30459平方米，安置就业1000余人。

副县长吴奇玲(女)代表定兴接受于国忠捐资兴学100万

教育工作再创辉煌。2009年高考达到本科一批院校录取控制分数线考生882人，上线率为26%，本科二批以上上线人数1725人，上线率42.8%，万人比进入全市第一平台第二名，并顺利通过省政府第一轮综合督导评估，被省、市政府评为教育工作先进县，同时涌现出一批捐资助教先进个人，定兴籍人士于国忠一次性捐款100万元，被省政府评为捐资助教先进个人。

大钟寺购物广场

# 顺平县委

中共县委书记　张丽娟

代县长　李军辉

顺平县位于河北省中部偏西。全县总面积708平方公里，总人口为30.85万人。辖3镇7乡237个行政村。

**日益便利的交通**

距北京162公里，距石家庄102公里，距离保定32公里。107国道，张石、保阜高速公路，保涞、保阜公路穿境而过，京广铁路从县境东南穿过，顺平与京津石等大城市形成2小时交通圈。

**特色鲜明的产业**

世界著名的“肠衣之乡”。产量和产值占全国的20%。其中年产值在500万以上的企业有9家，全行业产值10亿元。

全国有名的“林果之乡”。全县林果面积31万亩，红富士苹果、桃、柿子及杂果四大果品产量3.1亿斤，产值2.37亿元；农民人均果品收入711元.先后被确定为河北省优质桃、优质苹果生产基地县，“中国桃乡”、“中国苹果之乡”。顺富牌的红富士苹果和桃被评为河北省名牌产品，在河北省举办的果品展销会上，顺富牌红富士苹果被评为金奖，山丫牌红富士苹果被评为银奖。

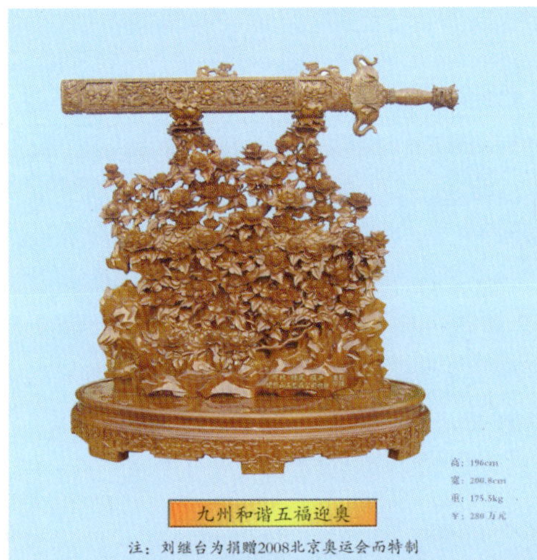


手工艺术品——桃木剑

迅速崛起的食品加工业。河北汇源食品饮料有限公司项目总投资8亿元,年产15万吨果汁、果汁饮料及纯净水。年销售收入4.3亿元，是目前华北地区最大的农产品加工企业。另外，绿城、天洋和北卫等果蔬加工企业也投入生产。

**蓬勃发展的旅游业**

立足10万亩桃基地的“桃花节”，成为华北地区春季旅游的著名品牌。

华北地区规模最大的清代地主庄园—王氏庄园被国家命名为“AAA”级风景名胜区、国家文物重点保护单位。唐河漂流被誉为“华北第一漂”。该景点所在的神南乡有“塞北江南”之称，总漂流里程长达5公里，两岸风景秀丽，洄漂集奇、险于一体，附近还有杏塘沟、天湖等诸多景点。

华北最大的果汁加工企业——汇源公司

远东肠衣厂

腰山王氏庄园

唐河漂流

# 唐县县委县政府

中共县委书记　张　海

县　长　杨小宁

晋察冀烈士陵园

古北岳恒山、国家级森林公园——大茂山风光

华北道教圣地——青虚山

唐县是千年古县，有着丰厚的历史文化底蕴，仰韶文化、龙山文化、先商文化遗址和历史文物层出不穷，唐尧文化源远流长，“尧天舜日”传承着神奇，唐县因之而成为华夏民族的发祥地之一。

秀美的自然风光与多彩的人文景观在唐县交相辉映，古北岳恒山——大茂山，道教圣地青虚山，碧水银石大石峪，峡谷龙潭西胜沟等诸多景点遍布全县，彰显着一方“生态之灵”、“文明之气”。

唐县是一个资源大县，深具发展潜力，得天独厚的人文资源、山场林果资源、矿产资源、劳务资源和广袤的腹地，正在成为我们加快发展的宝贵财富。

这里是一方投资兴业的热土，唐县珍视传统而又兼容开放，古朴仁义、宽厚包容、诚实守信、艰苦奋斗的传统美德，与改革、创新、开放的时代精神相互交融，越来越成为我们扩大开放、借力发展的内在优势。唐县交通便利，京广铁路、京昆和保阜高速公路、107国道穿境而过，形成网络，为您创造了良好的投资环境和有力条件。

来到唐县，您可品读古老的历史，回味红色的记忆，徜徉绿色的山水，收获希望的硕果，开放、文明、热情、好客的唐县人们，真诚欢迎社会各界人士前来旅游观光、休闲度假、投资兴业、大展宏图。

(摄影、编辑：张中杰　张庆学　高秀红)

# 白沟白洋淀温泉城委员会



2009年，白沟党委、政府按照保定市委和市政府“又好又快发展、强市兴县富民”的总要求、建设保东次中心城市的战略目标和打造“京南卫星城”的工作思路，紧紧围绕年初确定的“市场繁荣辉煌年、工业壮大提升年、文化旅游突破年、规划建设拆迁年”的工作重点，坚持解放思想，改革创新，全面推进市场升级、产业升级和城市升级，各项工作均实现了超常规快速发展，超额完成了年初制定的各项工作指标。

白沟购物游和白洋淀温泉城休闲度假游的整合，“两白一城”黄金旅游线路的推出，使白沟旅游购物的人数大幅度增加，平均每天达25万人，节假日高峰期可突破30万人。先后获得“中国最受游客喜爱的地方”、“中国最佳旅游商品基地”和“中国最佳可持续发展旅游度假区”等称号。

中共保定市委书记宋太平考察白沟新农村建设

保定市市长李谦考察服装城

国旅总社领导考察白沟市场

白沟新城党工委副书记、管委会常务副主任兼白沟镇党委书记李洪强一行考察项目

# 保定市南水北调工程建设委员会办公室

主　任　朴丽芬

天津干线实物核查农户确认

天津干线征迁安置动员大会

天津干线实物核查现场

保定市南水北调工程建设委员会办公室作为保定市南水北调工程建设委员会的办事机构，是保定市人民政府负责指导、协调、督促、检查辖区内南水北调工作的职能部门。2009年，在市委、市政府的正确领导和省南水北调办的大力支持下，市南水北调办以科学发展观为统领，认真落实建委会的各项部署，紧紧围绕年初确定的工作目标，与各级各有关部门密切协作、锐意进取，取得了总干渠后续工作有序进行、天津干线征迁安置稳步推进、配套工程前期工作取得重大进展等多项成果。面对特殊时期、特殊任务，市南水北调一班人坚定信心、勇于担当，为应急供水工作交上了一份满意的答卷，多次受到国家、省南水北调办的表扬；圆满地完成了国庆安全保卫任务，实现了平安共创，社会和谐。市南水北调办被市委评为国庆安保先进集体，1人记三等功，2人记嘉奖。

# 南市区市场建设服务中心

中心班子成员在河北农业大学新校区乌马庄在建市场指导工作

中心班子成员在红阳路总装市场“农改超”现场检查工作

主　任　　李光邈

南市区市场建设服务中心是保定市市场建设管理办公室下属单位，是南市区便民市场的政府主管职能部门，主要负责南市区市场布局规划、市场建设、市场登记、市场日常管理等工作，现有干部职工82人，内设办公室、人教科、财务科、市场稽查科、市场建设科5个职能科室，下辖纺织批发、总装、农大西、红星、古物等10个便民市场。近年来，该中心充分利用市场平台，坚持“便民、为民、利民”原则，中心领导经常深入市场一线进行调研，积极招商引资，扩大市场规模，新建乌马庄市场、客运中心市场，改扩建农大西、红阳等市场，净化了市场周边环境，美化了市容市貌。为不断提高管理水平和服务质量，中心不断强化市管人员的责任意识、服务意识，从严格制度入手，积极推行政务公开，自觉接受社会监督，设立了监督员、监督电话，聘请了行风监督员31名，通过加强内在素质建设，打造了一支政治素质高、业务技能精、廉洁高效的市场管理队伍，多年在行风民主评议中名列前茅。

# 涿州市公安局

省政法委书记张越在国庆安保期间到涿州检查部署安保工作

国庆 60 周年安全保卫工作中，涿州市公安局组织多警种联合演练

在全国“两会”安保工作中，涿州市公安局充分发挥护城河作用，挟河检查站民警细心检查进京的车辆和人员

涿州市公安局局长李栋梁到挟河检查站安排部署工作

2009年，认真开展贯彻落实科学发展观和干部作风建设年活动、“学边防、守条令”活动，实施“二五七”管理办法，进一步推进了基层所队正规化建设；牢记“千里之堤，溃于蚁穴”教训，一如既往坚持“从严治警”方针，严格落实内部处理规定。

在建国60周年庆典安保期间，发扬奥运安保精神，扎实开展“五大行动”，筑牢“三六防线”，每天出动188名设卡、巡逻、看护警力，44辆车，累计出动警力15040人次，车辆3524台次，圆满完成了基础摸排、集中整治、决战决胜三个阶段各项安保任务，整个安保期间未发生一起影响首都稳定的问题和事件。

# 满城县住房和城乡建设局

局　长　韩国春

九州盛世名门住宅小区

舒适安静的阳光诺林湾小区

县城街心公园

阳光诺林湾小区效果图

2009年是满城县城镇面貌三年大变样活动关键一年，城市建设取得丰硕成果。共谋划33项三年大变样重点工程，预计总投资近23亿元。县城污水处理厂全面建成并实现规范运营，达到国家一级A排放标准，填补了该县重大基础设施空白。县城垃圾处理厂与保定市签订了合作处理协议书，有效解决了生活垃圾处理问题。完成了和顺园建设工程，为居民提供了又一个休闲娱乐场所。京昆高速满城连接线、宏昌大街城东段、铁东街、育才街南延、宏昌大街南延、满中北路等6条城区道路全面开工，将有力优化城区路网格局，拉开发展框架。房地产市场蓬勃发展，共完成投资6亿余元，7个住宅项目开工建设，总建筑面积45万平方米。启动了北关村、城东村、北厂村等城中村改造工作，建设完成了顺德新区、家和景苑、容和家园等城中村改造示范小区。开展了大规模的城镇容貌综合整治活动，集中开展了绿化建设、市政维护、清理小广告、粉刷树木等行动，城镇容貌明显改观。

县污水处理厂

# 定州市人口和计划生育局

局　长　邢云龙

领导班子研究工作

9月29日，保定市婚育新风男到女家现场观摩会在定州召开，推广树婚育新风，倡导男到女家落户的经验

2009年，定州市人口和计划生育局在市委、市政府的正确领导下，始终坚持以科学发展观和中央《决定》为指导，紧紧围绕稳定低生育水平，打造计生惠民，统筹解决人口问题，唱响“三四五六”（“三相”服务、“四新”建设、“五个关爱”、“六个关爱”）主旋律，抓基础，攻难点、创亮点，使全市人口计生工作取得了显著成效，整体工作水平明显提高。2010年4月，被保定市委、市政府授予“2009年度人口和计划生育工作创新奖”。

**人口文化大院建设取得新进展。**2009年7月，定州计生局在国家人口计生委和中国人口文化促进会在山东省肥城市联合召开农村人口文化大院师资培训暨经验交流会上，介绍了经验。此做法得到了第九届人大副委员长彭佩云等领导的充分肯定。荣获“全国农村人口文化大院建设先进市”，全国获此殊荣的只有2个县。

**树婚育新风，倡导男到女家落户取得新成效。**本市的“男到女家落户”婚姻模式，得到了国家人口计生委主任礼宾的高度评价，中央电视台拍摄的《定州男到女家落户专题片》，作为建国60周年献礼节目，在央视一套播出，市委常委、副市长周胜会代表河北省在全国出生人口性别比治理工作会议上做了典型发言。此做法先后得到国家、省、保定市领导的充分肯定。省人口计生委、河北大学人口研究所、保定市计生委联合组成课题组，对本市的经验进行了进一步挖掘和总结。入选全国关爱女孩行动典型事例100例。在广州市召开的中国人口学会（2009）年会上，提交的论文《定州市坚持倡导男到女家结婚落户40年的实践与思考》，受到与会专家学者的好评。

计生协会工作取得新突破。2009年12月，被评为“全省计划生育协会工作先进单位”。

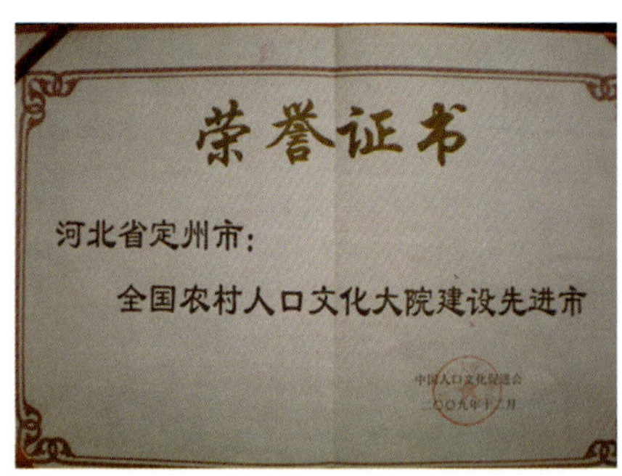

总经理　谷爱法

团结务实的领导班子

保定市市政公用工程建设监理有限公司是经国家批准的市政公用工程和房屋建筑工程双甲级监理企业，是省项目管理协会和市建筑法律协会会员单位，连年被评为先进单位和重合同守信用单位。主要从事市政工程、公用工程、工业厂房及民用住宅建筑工程建设监理。

公司技术实力雄厚，现有各专业技术人员143人，其中高中级职称53人，全国注册人员51人，河北省监理工程师近百人，各项专业人员配套齐全。

公司坚持高起点经营，规范化监理。“团结、敬业、开拓、务实”是公司的宗旨；“以人为本，规范监理，不断创新，以质取信，业主满意”是公司的质量方针；“守法、诚信、公正、科学”是公司遵循的工作准则。

公司成立十四年来，承担了投资达几十亿元的工程监理任务，有道路工程、桥梁工程、污水处理厂工程、地表水厂工程、排水泵站工程、地下水厂工程、垃圾处理工程、排水管道工程、路灯工程、供水管道工程、燃气管道工程、绿化工程、住宅小区、工业厂房等工程，其中地表水厂工程获得鲁班奖，其他多项工程获省优质工程奖。

新的世纪，新的契机，新的希望，新的目标，在风起云涌的市场经济中，我公司将在各界领导和同仁的关怀下，以百倍的热情，高昂的斗志抢抓新机遇，迎接新挑战。

公司办公会议

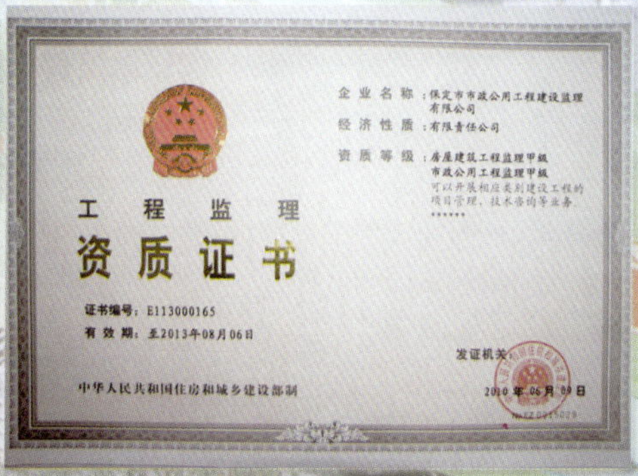

# 保定市交通局公路管理处

市交通局党委委员、公路管理处处长　孙树彬

保定市交通局公路管理处隶属于保定市交通局，业务上属河北省交通运输厅公路局的领导，副处级事业单位，辖22个县（市）养路工区（正科级事业单位），全市共列养国省干线公路29条2162.024公里，其中国道4条668.299公里、省道25条1493.725公里；列养干线公路桥梁767座，其中特大桥梁5座、大桥75座、大中桥687座，隧道10条。

全市公路养护管理系统在职干部职工2987人，其中高级职称人员24名、中级职称人员46名，研究生学历12名、大学学历65名。

几年来，在省交通厅和市交通局的正确领导下，以市交通局党委委员、公路处处长孙树彬为首的领导班子，以人为本，努力实践科学发展观，以求真的工作精神、务实的工作作风、创新的工作理念，开创了良好的工作业绩，受到了社会的广泛关注和赞扬。自2006年以来，共获得市级以上荣誉15项，连续两届4年获得“河北省精神文明先进单位”称号；连续三年被保定市人民政府评为“先进单位”；2009年上半年获得“保定市干部作风建设年先进单位”；2008年获中共保定市委、保定市人民政府“保定市奥运安保工作先进集体”；2007年度获全省交通系统“安全生产工作先进单位”；2008年获省公路局“公路绿化管护先进单位”；2009年获保定市总工会“五一劳动奖状”；2008年获河北省绿化委员会“绿化先进单位”等荣誉称号。保定公路人将继续传承优良传统，用科学手段、新的管理理念站在新的起点阔步向前。

# 保定市高速公路路政支队

保定市高速公路路政支队担负京昆（保定段）、保阜、张涿（保定段）、荣乌（保定段）等高速公路路政管理职权。在市交通运输局党委的正确领导下，坚持“依法行政，为民服务”的建队宗旨，全力维护高速公路路产路权，确保公路安全畅通。同时，秉承“以人为本”坚持“服务车主”，组织指挥保定畅通公路清障有限公司，全方位开展事故、故障车的清障、救援活动，严格按照政府物价部门核定的标准收费，努力为保定高速公路保驾护航。

领导慰问 倍感温暖

全局观念记心间 常备工具修断损

按军事化标准训练 用军事化要求养成

加强人员培训 打牢理论基础

路损精测算 赔付按标准

# 保定职业技术学院

党委书记 张千里

院长 陈志强

团结奋进的领导班子

保定职业技术学院是一所国办综合类全日制普通高等学校。现有全日制在校生8000余人。学院有专任教师344人，其中教授26人，副教授88人，具备硕士学位和研究生学历教师116人。学院校园占地面积380亩，建筑面积16万平方米，固定资产总值2.7亿元，教学仪器设备总值3921万元，建有覆盖东西两个校区共计2000多个信息点的千兆主干校园网。

学院坚持“工学结合，厚德强能，根植一线，服务社会”的办学宗旨，培养生产、建设、管理、服务第一线需要的实践能力强、具有良好职业道德的高技能专门人才。学院办学成果得到了社会的好评和上级部门的肯定，被教育部、交通部等部委批准为“全国汽车运用与维修专业领域技能型紧缺人才培养培训基地”；被河北省劳动社会保障厅、河北省教育厅确定为河北省高校首批“就业训练基地”；被保定市人民政府命名为“保定职业技术教育龙头学校”；在2008年河北省高职高专人才培养工作水平评估中被评定为优秀等级。

# 河北软件职业技术学院

院　长　田明欣

学院领导班子

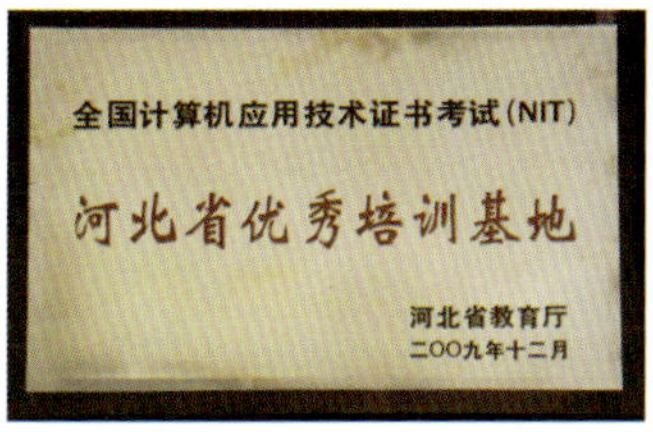


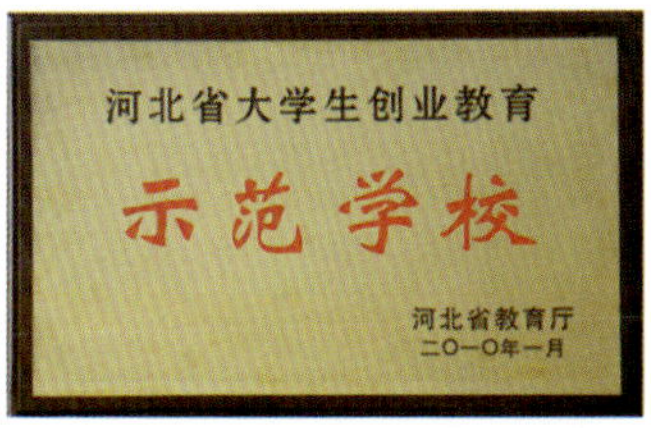

河北软件职业技术学院1972年建校，为河北省首家独立建制的以信息技术教育为主的高等职业院校，直属河北省教育厅。学院设8个系部，53个专业，在校生7000多人。现有1个国家级教学改革试点专业，3个省级教学改革示范专业，7门省级精品课，1个中央财政支持的实训基地，1个省财政支持的实训基地，240个校外实习基地。学院长期坚持“立足高职，服务IT”，形成了依托新兴产业办学的鲜明特色，是国家示范性软件职业技术学院建设单位、河北省高职院校人才培养工作水平评估优秀单位、河北省大学生创业教育示范学校、河北省软件行业协会人才培训基地和保定高新技术开发区软件行业协会人才培训基地。中国工程院院士倪光南是学院名誉院长。2009年12月，田明欣就任新一任院长。学院38年办学历程，培养毕业生4万多人，为地方经济建设社会发展做出贡献，积淀形成了“以人为本、民主和谐、创业创新、自强不息”的学院精神。

教育部教育管理信息中心确定我院为全国信息技术应用培训教育工程培训基地并为我院授牌

我院学生在“e路通”杯第二届全国大学生网络商务创新应用大赛中获得专科组网络商务创新一等奖第一名和网络创业主题赛一等奖，我院获得组织突出贡献奖

办公楼

河北省重点中学

# 保定市美術中學

## 清华大学美术学院生源基地实验学校

地址：保定市天鹅东路西苑小区
电话：0312-3182222　3183333
网址：www.bdmszx.com

保定市美术中学是河北省唯一具有美术特色的重点中学。2003年被河北省教育厅命名为“河北省示范性高中”。设有初中、高中部，在校生3280人。主要为全国八大美院、著名艺术院校、重点大学美术院(系)输送优质生源。

学校建筑面积48000平方米，布局紧凑而不拥挤，结构曲折而不零乱，是保定市的园林式单位。学校拥有先进的教学设施：微机室，语音室，多媒体教室，现代化的报告厅，阅览中心，作品展厅等。优美的校园环境、浓郁的艺术氛围让学生置身于格调高雅、赏心悦目的校园中，时时，处处感受美的存在，接受美的熏陶。

桃李芬芳，源自美中！

2004—2009年高考成绩居保定市省级示范性高中前列。2009年8名同学考入中央美术学院，2名同学考入清华大学，69%的学生考入八大美院、著名艺术院校和重点大学。2008、2009年荣获保定市高考最高荣誉——“全面实施素质教育，提高教育教学质量立功单位”、“保定市培养拔尖优秀高中毕业生先进单位”。被国家人力资源和社会保障部、教育部联合授予“全国教育系统先进集体”，河北省教育厅授予“河北省课改样本校”“河北省安全文明校园”，河北省总工会授予“河北省五一奖状”。《人民日报》、《中国教育报》、《中国青年报》、《经济日报》、《河北日报》、《燕赵都市报》等多家新闻媒体都曾对美术中学进行报道，“生命教育理念下有效课堂教学模式”已经成为社会性研究课题。

2009年12月正式成为清华大学美术学院生源基地实验学校。与清华大学共同举办“全国中学美术教育研讨会”和“全国中学生美术作品展”。2009年，全国中学美术基础教育界聚焦保定市美术中学。

2010年专业高考再传捷报。50名同学获得中央美术学院专业合格证，较去年同比增长25%；16名同学取得清华大学专业合格证。美术中学已经成为艺术的海洋，艺术精灵的成长沃土。

2009年12月29日，清华大学副校长张凤昌(右三)、省教育厅副厅长闫春来(左三)、清华大学美术学院书记李当岐(右二)、市委副秘书长许秋民(左二)、市教育局副局长张国忠(左一)挂牌清华大学美术学院生源基地实验学校

市人大常委会主任李光耀（中）、原主任李定元（右五）、副主任高天民（左五）、副主任梁书屏（左四）、副主任袁振江（右三），副市长石海林（右二）、市政协副主席张国立（左三）、清华大学美术学院绘画系主任彦东（左二）、中央美术学院基础部主任范桂华（左一）等领导出席专业高考颁奖典礼

2008、2009年我校荣获保定市高考最高荣誉“全面实施素质教育，提高教育教学质量立功单位”“保定市培养拔尖优秀高中毕业生先进单位”。副市长闫立英（左五）、市教育局局长王绍联（左六）、市政府副秘书长白光明（左三）接见我校干部，表示特别祝贺

校长贺宇良主持由清华大学主办、美术中学承办的全国中学美术教育研讨会

清华大学美术学院副院长何洁，陈辉、刘临、李木三位系主任来校指导

清华大学招办主任郭林红来校做报告

学校使命：
为未来的画家、设计大师奠基
学校理想：
让有幸来到美术中学的学生，
全部考入八大美院、重点大学，
并期望他们主宰自己一生的命运
支撑未来中国的美术事业。
教育理念：
教育就是服务，办学就像开餐馆，
吃饭的是学生，买单的是家长，
服务的是学校。
一个学生对美术中学来说是几千分之一，
对一个老师来说是几十分之一，而对家长来说却是百分之百。
学生的幸福度，家长的满意度、感动度是检验学校发展的重要标尺。
学校的竞争力取决于教师队伍的竞争力。
用生命去做事
结果提前，自我靠后；锁定目标，专注成就
信守承诺，结果导向，永不放弃。
激励每一位教师充满激情地工作，“以一当十”，同时具有“以十当一”
以领导的信心激发员工的信心，以教师的状态激发学生的状态。
学校是人文的，让学生的智慧才华、美好情感和创造火花在这里迸发。
课堂是大家的，让学生主动参与，勇于探索，勤于动手，善于合作。
对孩子的生命质量负责，教他们三年，要想到他们今后的三十年。
老师不能决定学生的未来，但可以引领学生去开创他的未来。

教师誓词：
我们是一个不同凡响的群体；
我们有着崇高的使命、价值观；
我们具有强韧的生命力和实现梦想的共同力量
我们胸怀大志，我们心手相连；
我们脚踏实地，我们勇于挑战；
我们充分发挥生命的潜能；
我们永远追求成长和自我实现。
课堂理念：
让孩子享受知识的盛宴
课堂模式：
25（学生合作探究）+15（教师点拨）+5（效果检测）

# 保定市第一医院

书记、院长　万建设

2009年保定市第一医院领导班子带领全院干部职工，深入学习实践科学发展观，各项工作取得突出成绩。

2009年1月，院长万建设入选“感动保定十大新闻人物”。2月，医院在全国率先运行中国人寿保险公司“医保通零距离实时赔付系统”，解决患者“理赔难”问题。6月，医院ICU(重症监护室)正式成立，该病房的设立使医院向三级甲等医院迈出了坚实一步。“八一”建军节到来之际，医院领导班子对驻军252医院全体职工进行慰问，以表达对解放军的深情厚意。8月，市一院天桥工程开工建设，并于2010年5月1日竣工投入使用，天桥的开通，极大方便了患者就医。全年医院积极开展人性化服务，配备了担架、轮椅、饮水机等便民设施。为患者提供精细化服务，病房安装窗帘，病床之间安装隔帘，以保护患者隐私。实行价格公示制度，在门诊大厅、住院大厅设置滚动屏、触摸屏，公开医疗服务、药品价格信息。2009年保定市第一医院获得社会效益与经济效益双丰收。

团结务实的保定市第一医院领导班子

市委书记宋太平为万建设颁奖

“八一”建军节到来之际，院领导对驻军二五二医院进行慰问，共叙军民鱼水情

连接医院南北两院的封闭式天桥

# 保定市第二中心医院

院　长　卢建海

与解放军307医院建立技术合作

该院始建于1953年12月，院址设在涿州市，是保定市卫生局直属的二级甲等医院。开放床位709张，现设19个病区、41个专业，拥有在职员工1050人，其中高级职称178人，拥有飞利浦64排螺旋CT等大型医疗设备109台(件)，医院占地161亩，医疗业务用房面积42387平方米，固定资产总值达到2.43亿元。

医院呼吸内科为保定市医学重点专科，神经内科、心内科、ICU、骨科、眼科、耳鼻喉科等多个科室的诊疗水平已达到国内先进程度。知名专家张焕娣、丁洁、李玉生、徐生产、张欣、刘秀芹等在京南保北地区享有较高声誉，深受广大患者信赖。2009年，医院门诊诊疗335167人次；完成手术8172例；收住院21564人次。为加快与国内先进水平接轨，提升整体医疗水平，拓展业务范畴，该院加强与北京三甲医院的联系与合作，积极开展技术创新，相继开展了股骨头坏死早期表面金属髋置换术、胆道内外引流+支架植入术、脊髓动脉造影术、主动脉瘤覆膜支架植入术、颈内静脉长期置管术、微创技术治疗习惯性髌脱位、早产儿静脉营养等63项先进诊疗技术项目。

近年来，医院积极履行并发挥国有公立医院职能作用，秉承全心全意为人民服务宗旨，全面加快现代化医院建设速度，从发展观念、专业设置、诊疗环境、诊疗设备、人才建设、科研教学、帮扶基层及医疗辐射范围等方面，成为京南保北地区最大的现代化综合医院。

研究生班开学典礼

医院全景图

# 中国建筑材料工业地质勘查中心河北总队

总队长 王援明

中国建筑材料工业地质勘查中心河北总队，隶属中国中材集团公司，是一支专门从事固体矿产勘查、工程测量、航空摄影测量与遥感、地籍测绘、房产测绘、岩土工程地质勘察与施工、地质灾害防治、化学分析、岩矿测试和岩土测试的科研、生产单位。具有固体矿产勘查甲级资质证书、测绘甲级资质证书、岩土工程勘察甲级资质证书、地质灾害防治工程勘查、设计、施工、评估乙级资质证书等。科研、生产项目获各类、各级别科研成果奖数十项，通过了ISO9001:2000版质量管理体系认证和职业健康安全体系认证。

总队下属：地矿公司、测绘院、地环部、保定建材地质工程勘察院、综合实验室等直属单位。

总队本着“诚信、求实、团结、创新”的企业精神，坚持安全第一、质量第一，以先进的技术、优质的服务为顾客提供高质量、高水平的成果，为工矿企事业单位和地方经济的发展竭尽全力。

地址：河北省保定市瑞祥大街463号（原省印路160号）

邮编：071051

电话：（0312） 5955686

传真：（0312） 5955686

联系人： E-mail：hebeidui@sinoma.cn

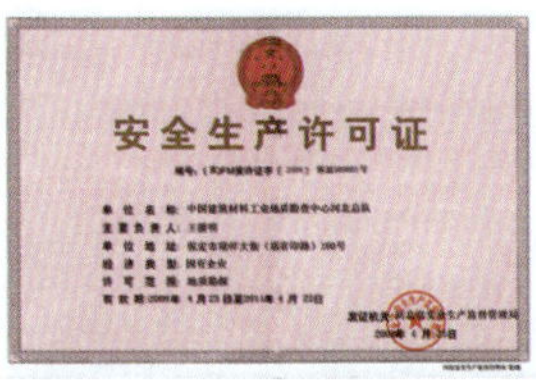

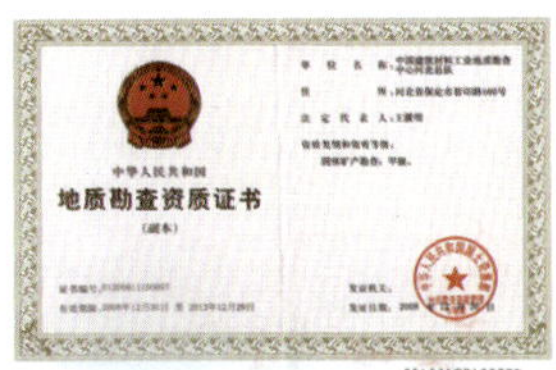

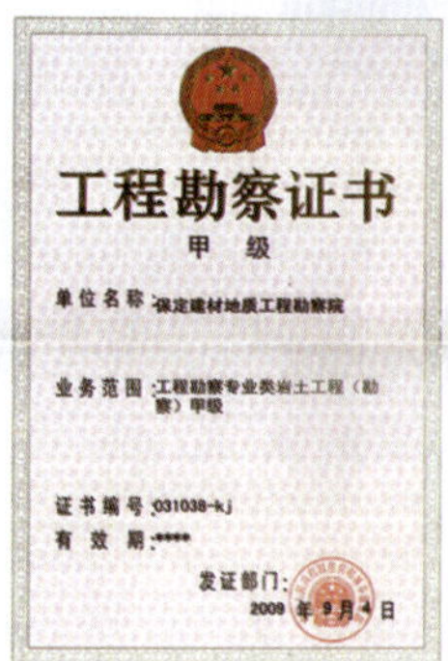


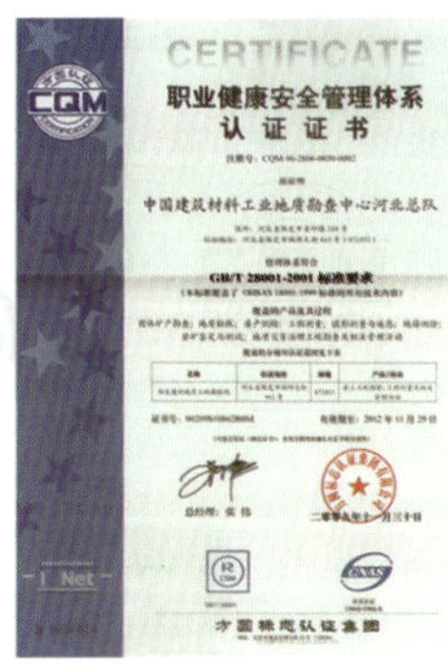

# 河北储备物资管理局一三二处

党委书记　张卫国

处　长　陈牛勇

河北储备物资管理局一三二处，隶属于国家发展改革委国家物资储备局，国家战略储备物资大型综合仓库，占地600亩。1956年建成投产，距保定市西20公里、满城县南13公里处，南临107国道。交通便捷，运输方式齐备，便于大宗物资集散。

多年来，一三二处一直肩负着国家战略储备物资的收储、保管、保养任务。以服务国防建设、应付突发事件、参与宏观调控、保障国家安全为己任。在完成好国储管理任务的同时，积极开展代收、代储、代中转、代发运等业务，保持了长期生存和可持续发展。

一三二处拥有数万平方米的仓库和大型货棚，先进的管理手段，全方位的信息化管理，全天候的安全电子监控。规范的管理、超前的理念、优质的服务、优美的环境，赢得了广大客户的信赖，与众多客户建立了长期良好的业务合作关系。连续四年获得河北储备物资管理综合目标考核第一名；2005-2006、2007-2008年度获得国家储备系统先进单位；安全管理五星级达标单位；年经济创收成为河北局同行业大户。

通过了ISO9001：2000国际质量管理体系认证。

2009-2010年国家投入6500万元进行安全改造。

我们竭诚为社会各界提供优质的服务。

厂区

# 河北建设集

集团公司董事长、党委书记 李宝元
第九届、十届、十一届全国人大代表，全国劳动模范，享受国务院特殊津贴

集团公司2009年获中华全国总工会颁发的全国五一劳动奖状

河北建设集团承建的广州“富力盈尊”工程

河北建设集团有限公司是国家首批房屋建筑工程施工总承包特级资质企业。公司前身为国家建设委员会八局二公司，始建于1952年，1977年更名为“河北省第一建筑工程公司”。

公司现有员工3572人，拥有中高级职称人员1208人、教授级高级工程师23人；博士、硕士55人；各类注册人员879人，其中一级注册建造师373人。

公司拥有分支机构44个、境内子公司17个、境外子公司1个、参股公司5个。公司以房屋建筑、公路工程、市政工程、机电安装工程为主导产品，钢结构、机场场道、管道工程等工程系列为补充的全系列产品体系。公司突破土建、市政、路桥等八大传统专业，进入航天、高速铁路和水工领域。

半个多世纪以来，公司秉承“做有思想的企业，做有人格的法人”的理念，坚持“文化引领，用诚信和精品铸就品牌；战略导向，以产业联动和专业协同成就未来”，用真诚与奉献，用责任与诚信，忠实履行使命，为社会创造和谐的绿色和公益空间。

公司先后荣获“全国五一劳动奖状”、“全国用户满意企业”、“全国先进施工企业”、“全国工程建设质量管理先进单位”、“全国建筑业技术创新先进企业”、“创鲁班奖工程特别荣誉企业”等荣誉。

公司以卓越的品质和服务夺取“国家优质工程”、“全国用户满意工程”、“中国建筑钢结构金奖”、“全国市政金杯示范工程”、省级优质工程等百余项殊荣，十次捧取建筑工程质量最高奖“鲁班奖”，是全国首家蝉联“鲁班奖”七连冠企业。公司承建的北京奥运会备降机场——白塔机场航站楼，入选新中国成立60周年“百项重大经典建设工程”，与驰名中外的“天安门广场建筑群”、“鸟巢”等共同载入中国改革发展的史册。公司承建的国家863重点项目、亚洲首座兆瓦级“中科院太阳能吸热塔”，其钢筋混凝土裙摆造型及施工技术填补了国内空白。

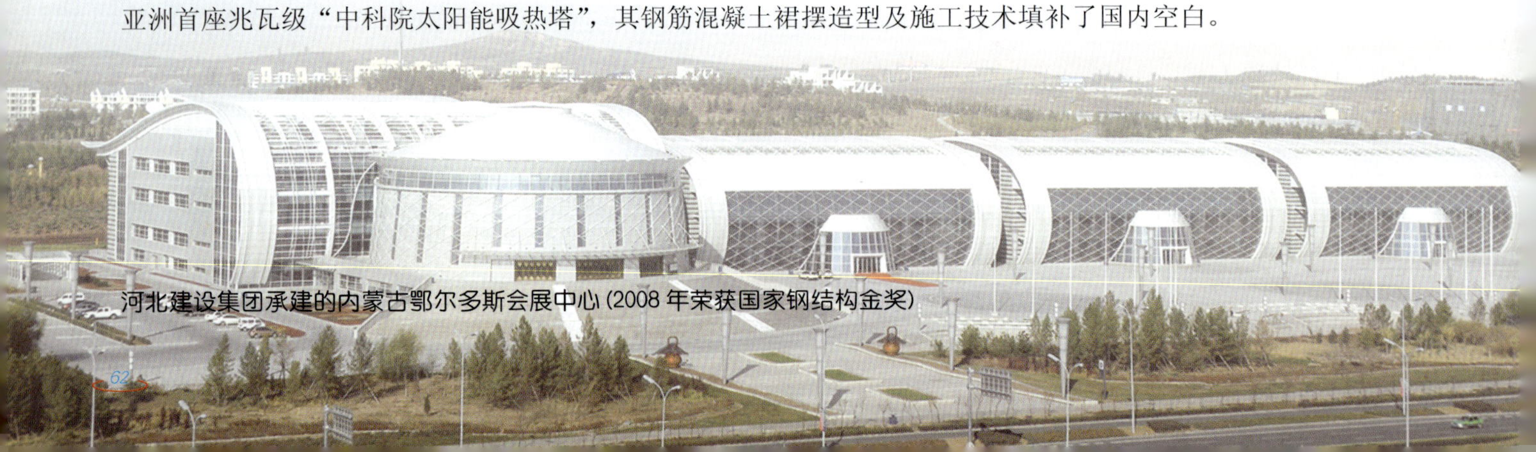

河北建设集团承建的内蒙古鄂尔多斯会展中心(2008年荣获国家钢结构金奖)

河北建设集团承建的石家庄机场航站楼(2009年荣获国家优质工程银质奖)

公司承建的“神州七号”载人交会对接试验室、月球探测器系统仿真与验证厂房；广州175米高、17万平方米的“富力盈尊”工程；单体工程近12万平米的鄂尔多斯机场候机楼；空心薄壁桥墩高达70多米的保阜高速公路韩家庄1号特大桥工程等一批高、大、精、尖、特工程，彰显了公司在公共建筑、民航机场、公路市政等中高端市场的竞争实力。

公司坚持科技创新，拥有国家级工法6项、省级、企业级工法159项；主参编、审查国家、行业及省级标准规范22项；持有“一种高层建筑电梯井筒模及其施工方法”等发明专利25项；“大跨度变截面空间钢拱支承的整体结构技术研究”其结构体系为国际首创，获河北省建筑业应用研究项目最高奖；获中国建筑钢结构金奖2项；“首都机场综合办公楼”等4项工程被认定为国家级科技、节能示范工程；河北省建筑业新技术应用示范工程35项；省建设系统科技进步奖68项。

2009年，公司主营业务收入与市场规模双超百亿，名列全国省级建筑企业前茅。收入、合同签订额以年均36%以上的速度增长，居中国承包商前50强。

河北建设集团承建的月球探测器系统仿真与验证厂房

呼和浩特市白塔机场航站楼鲁班奖杯

河北建设集团承建的呼和浩特市白塔机场航站楼(2009年荣获鲁班奖)

# 保定建筑设计院

正高级工程师、国家一级注册结构工程师、院长 陆 峰

保定市建筑设计院始建于1952年7月，是河北省成立最早的建筑设计单位之一，具有建筑工程勘察、设计、监理甲级资质证书和施工图审查一级资质证书及建筑行业人防设计乙级、市政公用行业(道路)设计乙级、规划乙级、咨询丙级资质证书等。

我院现有职工194名，具有中高级职称人员111名，其中教授级高级工程师6名、高级工程师47名、工程师58名；国家各类注册师65名，其中一级注册建筑师8名，一级注册结构工程师20名，注册监理工程师17名，注册岩土工程师7名，注册咨询师6名、注册造价工程师2 名、注册设备师8名。

我院的生产机构配置有：设计一、二、三、四所、北京分院、勘察处、监理部、保定全祥工程设计咨询事务所、数字图形工作室等。我院已发展为专业齐全、

百汇商务中心

北方家具产业基地行政服务中心

配套合理、设备先进、集建筑工程咨询、规划、设计、勘察、监理、施工图审查、造价咨询、招标代理为一体的科技含量高、技术密集型的服务机构。

近年来，我院完成居住建筑、教育建筑、医疗建筑、工业建筑等设计项目近千项，建筑面积近五百万平方米。业务范围遍布北京、天津、山东、山西、甘肃、青海、内蒙古、辽宁、湖北、海南和河北等地。获国家优质工程银奖一项、建设部推广应用新技术示范工程两项、河北省工程勘察设计优秀奖二十余项、监理省优安济杯五项等。

我院连续多年被评为“重合同守信用单位”、“勘察设计先进集体”、“优秀勘察设计院”、“国家质量奖优质奖”等荣誉称号

高级工程师、总支书记　贾国禄

天威大厦

华科房地产非常空间

# 保定供热有限责任公司

领导班子成员，左起：于寿保、程宝光、王成芳、王宏斌、张继军

保定供热有限责任公司成立于2005年9月，由大唐河北发电有限公司、河北建设集团有限公司、保定宏大运输有限公司、保定市建设投资公司共同出资组建。大唐河北发电有限公司作为投资主体，出资额占全部出资的65%。

保定供热有限责任公司以现代企业制度为基本构架，实行董事会领导下的总经理负责制。坚持可持续发展观，努力做到决策科学，运作高效。当前业务主要是承销大唐保定热电厂的热力，供西郊各大企业生产用热和保定市部分采暖用热。五年来，在大唐河北发电有限公司和保定市委、市政府的正确领导下、在有关部门和广大用户通力配合和支持下，公司供热基础设施建设得以迅速发展。截至2009年底，已在保定市铁路西北部建成小区热力站86座、发展供热面积622万平方米。为改善保定市的大气环境，提高民生质量做出了较大贡献。

为了千家万户的温暖

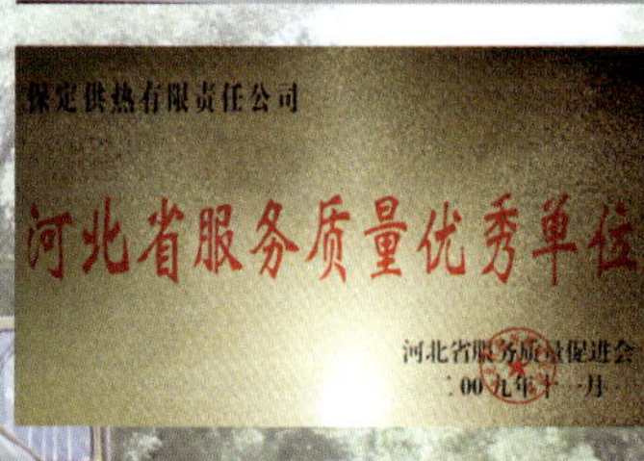


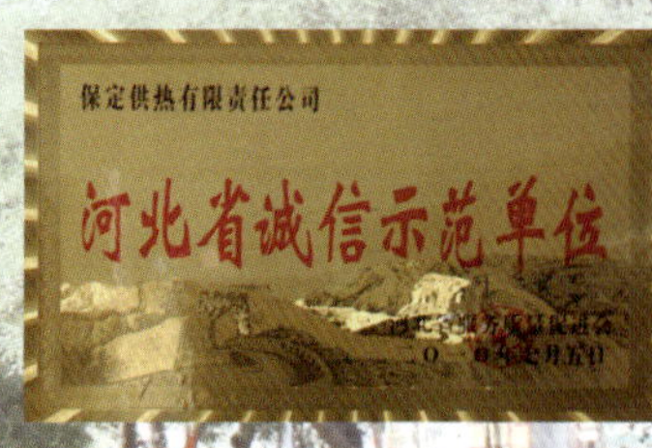

热网建设

# 保定市燃气总公司

总经理　赵淑霞

保定市燃气总公司于2001年2月由原液化石油气公司（成立于1976年）和煤气公司（成立于1988年）撤并组建而成，隶属市政公用事业建设集团，是自收自支公用事业单位。下设天然气分公司、液化气分公司、日月桥燃气实业有限公司、保定亚燃压缩天然气有限责任公司、市场开发部5个基层单位。固定资产总值达32748.62万元，资产总值36496.6万元。

总公司主要经营业务包括天然气、液化气和工业气的购销、管理，燃气工程的扩户、设计、施工及维护，燃气用具（包括表、灶、热水器）的生产、供应等；拥有天然气储配站1座，2000立方米天然气储气球罐4个，市区高压管线7.3公里，中低压管网227.54公里，庭院管网452.53公里，调压站、箱485座（个），天然气年供气能力达1.2亿立方米。液化石油气球罐6个，液化石油气总储存量1100吨。液化石油气年供气量6000吨。目前，燃气用户共有264540户，其中天然气民用户160150户，液化气民用户104390户。燃气管道总长达790余公里。

在大力发展天然气的同时，总公司依托主业发展三产，开发了燃气灶具、燃气计量表等系列产品，远销国内各大中城市。其中燃气灶具已取得了国家生产许可认证。总公司拥有省建设厅、市政公用工程施工总承包三级和省技术监督局压力管道安装许可证。另外，总公司是中国城市燃气协会理事单位。

一直以来，总公司在工作中始终坚持“安全第一、预防为主”安全工作方针及“一切为了用户”的服务宗旨开展安全生产和优质服务工作，得到了广大用户的充分认可。总经理赵淑霞、党委书记贾春雨携全体员工向全市燃气用户致意，将以与时俱进的精神，竭诚为广大用户提供优质服务。

用户在具有人性化设施、人性化服务的燃气服务站享受零距离服务

总公司组织人员进区开展燃气安全使用常识宣传

市场开发人员在居民区进行天然气入户宣传

随时“待命”的燃气抢险车辆

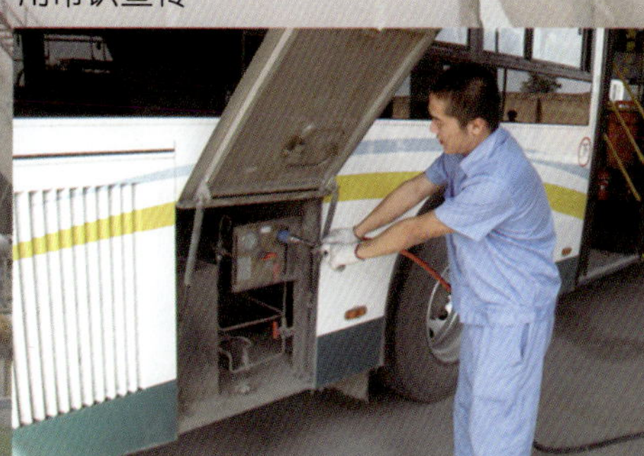

压缩天然气职工正在为汽车加气

工程监管人员在东二环工地督导监测燃气管网铺设

# 中国移动通信集团河北有限公司保定分公司

总经理　杜海锋

副市长刘宝玲与总经理杜海锋为“保定信息港”揭牌

保定市政府与河北移动公司共同签订“建设无线城市备忘录”

保定市政府在保定移动公司召开“保定TD-SCDMA建设发展推进会”

中国移动通信集团河北有限公司保定分公司（简称保定移动公司）成立于1999年7月7日，是保定市运营最早、规模最大，拥有客户最多的移动通信运营商，下辖22个县分公司和2个市区营销中心，现有各类职工2303人。主要经营第二代（GSM）移动数字电话和第三代（TD-SCDMA）移动电话。先后获得中央企业先进集体、全国五一劳动奖状、全国精神文明建设先进单位、中央企业思想政治工作先进集体、中国移动通信集团先进基层党组织、河北省文明单位等多项荣誉称号。

目前，保定移动公司已经实现GSM网络全覆盖以及市区及主要重点地区TD-SCDMA网络覆盖，并采用先进的TD-SCDMA技术开展"无线城市"建设。2009年4月，保定市政府与河北移动公司共同签订建设“无线城市”备忘录；2009年7月，保定市政府多家部门与保定移动公司签订采购无线上网本协议。随后，保定移动公司投资数千万元建设了“政府办公自动化平台”、“物价通”、“消防通”等信息化平台。

保定移动公司将继续秉承“正德厚生，臻于至善”的企业核心价值观，争做优秀企业公民助力地方经济发展，为把保定打造成京南近海强市名城不断做出新的贡献。

# 河北白沙烟草公司保定卷烟厂

市委书记宋太平在保烟调研

保定卷烟厂憩园

保定卷烟厂厂景

保定卷烟厂卷包联合工房

保定卷烟厂位于保定市玉兰大街769号，其前身为1902年创办的北洋烟草公司，是中国第一家民族资本官办机制卷烟厂。

经过百余年的历史，百余年的锤炼，如今的保定卷烟厂占地面积近12万平方米，拥有固定资产原值6.21亿元，年生产能力约40万箱，现有在册职工1701人，专业技术人员38人，初级以上职称349人。下设23个职能处室，自建厂以来，利税连年递增，屡创新高，为河北省、保定市的经济发展做出了较大的贡献。保定卷烟厂以“打造全国一流的卷烟生产加工企业”为目标，以“共好”文化为引领，企业管理科学化、人性化，厂区环境优美，生产设备先进，生产制造工艺达到国际标准。曾先后荣获河北省质量效益型先进企业，河北省先进集体，河北百强企业，河北省企业文化建设先进单位等荣誉称号。

中国太平洋财产保险股份有限公司 保定中心支公司
China Pacific Property Insurance Co.,Ltd.

总经理　乔柯岩

中国太平洋保险(集团)股份有限公司是在1991年5月13日成立的中国太平洋保险公司的基础上组建而成的保险集团公司，总部设在上海，注册资本77亿元，2007年12月25日在上海证券交易所成功上市，2009年12月23日在香港联交所成功上市。

中国太平洋财产保险股份有限公司保定中心支公司，是隶属于总公司一级法人体制管理下的分支公司，于1994年6月正式成立。公司员工始终以“诚信、创新、敬业、奋进”为企业精神，以“稳健经营，效益为中心”为经营指导思想，以“诚信天下，稳健一生”为企业核心价值观，努力建设规范化的商业保险公司。

2009年，在上级公司和市委、市政府的正确领导下，在社会各界的大力支持下，通过全公司员工共同努力，业务规模迅速扩展，保费收入稳定增长，有力地支持了保定市的经济建设。

总经理乔柯岩带头为玉树人民捐款

赔付大会现场

太平洋保险营业厅

# 中华联合财产保险股份有限公司
# 保定中心支公司

党委书记、总经理　张增贤

团结奋进的领导班子

中华联合财产保险股份有限公司保定中心支公司成立于2005年8月26日。五年来，中支公司一班人在以党委书记、总经理张增贤为领导的党委领导下，发扬“团结、负责、勤奋、进取”的公司精神，坚持稳健、创新、持续、高效的经营理念，始终坚持以邓小平理论和“三个代表”重要思想为指导，全面落实科学发展观，致力于为客户提供最有力的保险保障和最优质的保险服务，业务规模和范围逐年增长，稳步发展。

公司成立五年来，狠抓基础建设，将“以人为本、稳健经营”作为公司永远追求的境界；将“勇担风险、服务至上”作为公司的核心价值观；将“诚信至上、合作共赢、规范发展”作为公司的市场经营之道；将“公司是军队、是学校、是家庭”作为公司特有的文化；将创建一流的、具有核心竞争力的品牌公司，打造追求卓越、技术精湛、特别能战斗的员工队伍作为公司永远追求的目标。

目前全区设有县支公司、营销服务部和直属业务部共16家，在为建设稳定和谐社会、保障广大客户生命财产和生活做出贡献的同时，公司的核心竞争力不断增强，2009年实现保费收入2.7亿元，连续四年位居保定财险市场第二位。五年里，保定中华累计保费收入达到8亿多元，上缴各种税金累计7000余万元，为国家建设、保定的发展做出了积极地贡献。作为开业仅不足五年的公司，取得如此业绩，充分反映出社会各界对中华保险的信任和支持。

在保险服务上，中华保险保定中心支公司秉承“快速、准确”的理赔原则，为客户提供24小时全天候优质服务。全国统一客户服务电话95585随时受理客户的报案、咨询、投诉、救援等需求，为客户提供优质、快捷服务搭建了新的平台。公司承诺的“限时服务”、“VIP绿色服务”、“小额案件”现场赔付等便民利民服务措施，受到了广大客户的一致好评。

公司始终坚持保险活动遵守法律法规、遵循诚实信用原则，坚持服务至上、信守承诺、回报社会的服务宗旨。公司自2005年8月成立以来，在做大做强保险业务的同时，热心关注公益事业，努力回报社会，始终把扶困助教、济贫救难当成公司的职责、应尽的本分，以奉献爱心、回报社会，关注弱势群体为己任。在2006年，把原本用于司庆活动的近2万元经费全部捐给唐县东下素小学，用于更新桌椅板凳，翻新教室地面，还出资打井，解决了长期以来困扰师生的吃水难问题。另外，还发起以“中华爱心献社会，天地无情人有情”为主题的倡议，组织全体员工为重症女童献爱心，向曲阳县的重症白血病患者马雪萌小朋友捐款17460元，扶危济困，缓解了其无钱医治的燃眉之急。总经理室成员以个人的名义长期捐助了唐县4名贫困儿童。在2008年“5•12”汶川地震后，先后组织全区员工向灾区捐款两次，缴纳特殊党费22901.5元、爱心款179858元，共计202759.5元。2008年11月，公司在经费紧张的情况下，向位于苑七里店村龙泉寺的弘德家园孤儿院捐赠了两台优质采暖炉和25袋大米、20桶食用油、52个学生书包，捐赠总价值2.2万多元，解决了50余名孤儿的过冬难题；2009年11月，再次向孤儿院捐赠29吨优质燃煤，价值2.5万元，为孩子们送去了最贴心的温暖。11月，公司向满城县尿毒症贫病家庭捐助医疗费5000元，延续了患者的生命，缓解了燃眉之急。

五年来，公司取得了骄人业绩，获得了很多荣誉。2007年被保定市保险行业协会评为“规范经营诚信服务单位”、荣获保定市政府“援助零就业家庭先进单位”称号。中华保险，情系保定，诚信为民！我们深信，中华保险保定中心支公司在各级政府及有关部门的正确领导和大力支持下，始终坚持为保定人民服务的宗旨，必将以崭新的面貌、辉煌的业绩屹立于古城保定，为构建和谐保定做出更大的贡献。

员工向四川地震灾区踊跃捐款

中华保险慰问尿毒症贫困家庭

向福利院捐赠，接受福利院的锦旗

向患白血病的儿童捐款

# 天安保险股份有限公司
TIANAN INSURANCE COMPANY LIMITED OF CHINA

总经理　李　颖

天安保险客户服务热线

95505

天安　地利　人和

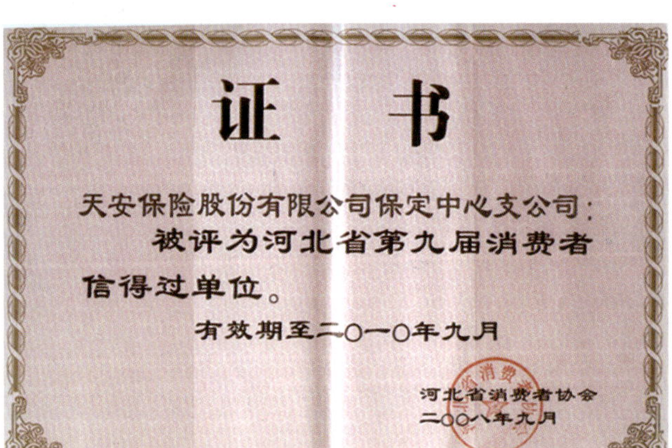
证　书

天安保险股份有限公司保定中心支公司：

被评为河北省第九届消费者信得过单位。

有效期至二〇一〇年九月

河北省消费者协会

二〇〇八年九月

天安保险股份有限公司是中国首家按照现代企业制度和国际标准组建的股份制商业保险公司，成立于1994年10月，总部设在上海浦东。注册资本人民币21.72亿元。主要经营中国保险监督管理委员会核准的人民币、外币的各种财产保险、责任保险、信用保险、水险、意外伤害保险、健康保险、金融服务保险等业务，办理各种再保险、法定保险和资金运用保险等业务。

公司成立15年来，业务规模和机构建设快速发展，32家分公司、1173家营业机构遍布全国，连续两年跻身中国企业500强，近年来荣获中国最受信赖10大财险公司、中国保险市场十强诚信品牌、全国企业文化建设先进单位，被国际著名的《蒙代尔经济学》杂志社评为中国十强保险企业。

2010年，公司经历了重组改制的重大变革，经营管理理念和文化思想发生了根本性转变，以“共同利益”为核心价值观，以“忠诚拼搏、艰苦创业”为企业精神，以“十八支持、十八反对”为行为准则，以“简单直接”为管理理念，全面提升员工积极性和企业效益。

天安保险保定中心支公司于2004年在保定开业，经营地址设在保定市向阳北大街998号。目前设立了高碑店、蠡县、定州、保定南市四个营销服务部，年保费收入近4000万元。公司全体员工正在努力向保定人民提供具有天安特色的保险产品，竭诚为繁荣保定经济发展保险事业贡献力量。

# 保定市保联旧机动车产权交易有限公司



保定市保联旧机动车产权交易有限公司、保定市保联特种车辆检测有限公司成立于2002年，是经保定市人民政府批准，市工商行政管理局正式核准登记的股份制企业。公安车管、环保、保险、速递等职能部门驻公司联合办公，另有保联典当有限公司、诚信拍卖有限公司。

本公司位于保定市七一东路与东三环十字路口向南1公里路西，占地80亩。

公司严格遵循科学发展理念，引进国内最先进检测设备，设有三道检测线。主要业务有各种车辆检测，新车上照，二手车过户、转出、转入、评估、解除违章等，设有二手车交易专用场地，交易公平，收费合理。各项业务手续就地办理，服务周到、快捷、方便，多次受到领导部门的肯定和客户的好评。不断适应新时期机动车的发展，与时俱进，向全方位，多功能，正规化，规范化方向迈进。

董事长、总经理　张俊乐

# 中国·正誉集团

正誉集团董事长兼总裁　刘雪松

## 中国正誉集团

中国正誉集团成立于2009年7月31日，下属10个分、子公司，是一家集房地产开发、建筑材料、物业管理、旅游开发、装饰装潢、生态农业、工业制造、商贸流通、金融投资担保、酒店经营管理、休闲娱乐、广告设计等于一体的现代化综合性企业集团。目前，集团资产现有员工700余人，资产达4．3亿元。

集团先后开发建设容城县新容花园小区、保定市高开区九号公寓。其中新容花园小区以其完备的配套设施、3万平米景致花园，得到了广大业主的青睐。九号公寓更以其丰富的户型、稳重前卫的色彩设计，在高开区CBD商圈引领风骚，独树一帜。

2010年，集团开发建设顺平腰山直隶公馆、高开区九号国际城项目。其中直隶公馆项目总规划面积1000余亩，以格调高雅、独具特色的仿明清中式住宅为主，并配有足球场、高尔夫球场、马场、游泳馆等现代运动设施。九号国际城，将国际领先的HOPSCA生活理念引入保定，将建成汇聚星级酒店、写字楼、购物中心、高层公寓的商业综合体，

顺平·腰山综合开发项目(直隶公馆)——商业街

顺平·腰山综合开发项目(直隶公馆)——四合院

# 股份有限公司

九号国际城鸟瞰图

九号国际城公建图

打造集购物、休闲、娱乐、商务、办公、居住于一体的“一站式城市生活中心”。

集团下属深度国际酒店饮食娱乐有限公司以其顶级装饰设计和超前的经营理念，引领古城娱乐业发展方向。目前，石家庄分店正在筹建中。宜家物业管理有限公司，作为保定市物业管理协会会员单位，将星级服务标准，植入地产物业管理，让业主享受无微不至的细节关怀。

正誉集团董事长兼总裁刘雪松，是保定市人大代表，2008年4月荣获“品牌2008—中国地产十大创新领军人物”。作为卓越的年青企业家，他正领导正誉集团加快发展，顺风远航。同时，正誉集团也愿同社会各界团结合作、共创美好未来。

## 所获荣誉

刘雪松荣获“品牌 2008 中国地产十大创新领军人物”荣誉称号

刘雪松荣获河北红十字勋章

刘雪松荣获“河北省抗震救灾贡献奖”

刘雪松荣获“河北省抗震救灾特别突出贡献奖”

正誉集团旗下大华地产荣获 2008 年河北省“抗震救灾先进企业”

九号公寓荣获保定市“最受关注楼盘奖”

正誉集团旗下大华地产荣获 2005 年首届保定市房产展示会“最佳参展单位”奖

九号国际城荣获“2009 河北省优秀房地产开发项目”

# 华喆国际之香江好天地国际家居广场

作为历史文化名城的古城保定，崛起了一个民营经济的企业新秀——华喆国际，蕴含着锦绣中华，智慧无穷，高瞻远瞩，迈向国际的寓意。

华喆国际董事长 杨哲涛

华喆国际现拥有新百世名店城、时代家居广场、香江好天地国际家居广场，以及正在筹备中的香江时尚酒店等项目。

香江好天地国际家居广场作为华喆国际旗下的成功企业，作为保定市三年大变样的重点项目，填补了保定市高端家居卖场的空白。聘请了国际知名设计公司，对商业空间进行大胆的创新设计，融合家居卖场经营的特征，创造出更切合经营的商业空间，市场专家与设计大师强强联手，精心打造高品位、时尚化、五星级的购物环境。家居广场倡导和遵循“名品进名店”的原则，以品牌观念指导和经营，营造现代化家居空间新概念，联合无以复制的家具名牌阵营倾力打造成为保定家居市场内档次最高，现代化程度最高，管理最规范的标志性名店。

华喆国际以“精诚所至，金石为开，品质至尊，德行天下”为经营理念，锐意开拓，不断进取，为保定的经济发展添砖加瓦，为美化古城人民的家庭增色添彩。

香江好天地2009年8月8日隆重开业

保定市副市长刘宝玲致开业祝词

2009年8月8日隆重开业，负责此项目的市人大常委会主任李光耀，副市长刘宝玲以及新市区四大班子领导为香江好天地国际家居广场剪彩。开业当日，人流如织、摩肩接踵，开创了家居行业的多项第一和记录，并使周边地区迅速活跃起来，也带动了其他行业的繁荣和发展，它的诞生，会超越传统行业的固有脚步，焕发出全新的力量。

开业当日店内人流如织、川流不息、好评如潮

开业期间，全市低保户、军烈属、孤寡老人排队领取万斤爱心大米

爱心大米发放到低保户手中

# TD 保定天达纸品有限公司

追求卓越　精益求精

擁景

TIANDAZHIPIN

保定天达纸品有限公司，是法人解新立于2004年6月所创立，注册资金1500万元，公司主要经营纸箱包装，坐落于满城县南韩村镇新兴产业园，占地面积120亩，建筑面积30000余平方米，现有职工380人，总资产1.1亿元。本地造纸及纸箱工业发达，是北方主要的包装生产基地。是从事产品设计、材料配比，到生产制作及运输的现代化全程服务式纸制品包装企业。

公司引进了先进的生产设备，拥有高速全电脑2.2米、1.8米七层生产线两条，高速水性印刷开槽机5台、日本三菱五色胶印机2台、全开四色胶印机2台等其它配套设备80余台，并配有全套检测设备，检测手段完备，技术力量雄厚。日生产纸箱达30万只。

与时俱进、开拓创新，质量第一，服务至上是公司的宗旨。交流合作，供应发展是对客户的承诺。坚信成功企业建于诚信，努力终有回报为原则，培养优秀的团队，抓管理，保质量，坚持对每一位客户负责，全力打造包装行业新形象。多年来公司坚持与巨人同行，服务名牌厂家，先后与蒙牛、伊利、娃哈哈，中粮集团福临门、白象集团、君乐宝、天香乳业等30多家名牌企业建立了长期友好的合作关系。保定天达纸品有限公司热忱迎各界朋友参观指导，我们微笑着期待与您合作，携手共进，缔造辉煌！

董事长　解新立

总经理　韩艳峰

企业宗旨：与时俱进，开拓创新，质量第一，服务至上

# 行政管理

只有一流的人才才能创造出一流的品牌，天达公司特别注重优化人力资源的管理，让员工和企业共同发展。

针对当前状况和未来发展变化，建立相对动态的组织架构，每年都会针对性的作出调整，为优秀员工预留出广阔的发展空间。

保证员工机会对等，进一步完善了员工考核、激励、奖惩、晋升制度。

全面推行技能测试，并在生产一线推行心理测试及其他业务技能测试。

每个工作岗位都有学习的机会，建立了人才库、人才培训体系，营造自我学习氛围，初步形成一支高素质的员工队伍。

# 三利集团

总经理　芦　虎

三利集团始建于1986年，前身为河北三利毛纺厂。历经二十余年的发展，三利集团已成为以毛纺制造、服装服饰为主，向金融证券业、投资咨询业、房地产业、乳业、家居制品、国际贸易等领域发展的大型民营企业集团。

三利集团现拥有河北三利毛纺有限公司、上海三利服饰有限公司、三利国际服装有限公司等19家合资和控股企业。现有员工7000余人，博士、硕士研究生20 余人，大专以上技术、管理人员500余人。毛纺产品的市场占有率、覆盖率、产值、销售额从1999年起国内保持领先，三利毛线的销售份额占到了全国市场的25%以上，在国内毛线市场确立了稳固的龙头地位。

1999年，“三利”商标被国家工商总局商标局依法认定为“中国驰名商标”；三利集团是国内首批荣获国际羊毛局认可并颁发“纯新羊毛”使用证书的企业；被外经贸部批准为自营进出口企业。“三利”毛线从1991年起连续十年被评为“消费者信得过产品”；中国消费者协会推荐产品；集团四次被河北省人民政府授予“骨干民营企业”称号；2002年被河北省工商银行评为AAA级绿色通道企业，同期被国家工商总局授予“国家级守合同重信用单位”；2009年企业又顺利通过ISO9001:2008国际质量体系认证的转版工作和ISO14000环境管理体系认证工作。

三利集团根据国内毛线行业发展趋势及市场前景，于2006年下半年新上特种天然纤维纱线加工技改项目。项目总投资2570万元，主要以兔绒、驼绒、蚕丝、竹纤维等为原料生产高档天然纤维纱线。生产设备引进意大利蒙特莱奥和毕格里公司的纤维梳理机、走锭纺纱机，产品品质达国际先进水平。2007年1月投入运行，年产值达1.5亿元。

另外，为了引领高阳巾被消费的新潮流，弥补高阳巾被行业高档产品的空白，公司2006年新建了河北三环家居制品有限公司，投资1.2亿元，购买剑杆织机80台，筒子纱染色、毛巾染色近200台，后整设备等200余台。毛巾项目投产后，主要生产经营螺旋缎档、提花、大刮底印花毛巾、浴巾等毛巾系列产品，产品面向欧、美、日、澳等发达国家和地区，年生产能力达3万吨，年收入可达120000万元。由于该项目全部采用国外先进织机，可大大提高毛巾产品的档次，对提升高阳县毛巾生产水平起到重大推动作用;采用先进的印染设备，可在满足本企业生产需求的同时，大量承担企业外的毛巾加工，实现整合毛巾资源，提高毛巾的染整水平，促进毛巾产品上档升级的效果。

为落实科学发展观，节约能源，减少污染，促进资源循环利用，启动了锅炉改造项目。该项目总投资8600万元，占地8万平方米，采用三炉（75吨流化床）两机（15000KV/h）模式，年发电量2亿千瓦时，年产过热蒸汽50万吨，年收入13000万元。

随着现代企业制度的建立，先进的企业文化、良好的激励机制、高素质的管理人才和优秀的员工队伍，使三利集团始终保持着蓬勃的发展活力和创新精神。

常务副省长付志方到三利集团考察

手拉手助困行动捐款现场

三利集团厂区

# 河北五洲集团有限公司

董事长、总经理　马世忠

## 源自于五洲　服务于世界

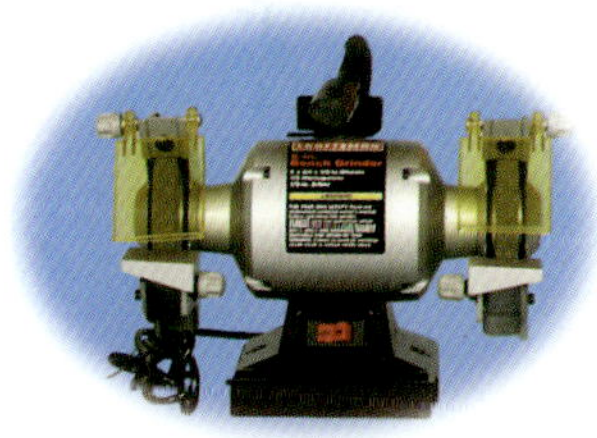

河北五洲集团有限公司是国有中二型企业，专业生产小功率电机和电动工具，拥有自营进出口权。主导产品小功率电机和电动工具，包括水泵电机、风机电机、提升电机、鼓风机、台式砂轮机、砂盘砂带机、曲线锯以及抛光机等。产品性能优良，使用安全可靠，深受国内外客户青睐。

河北五洲集团有限公司通过了ISO9001国际质量体系认证，产品通过了“UL”、加拿大“CSA”、德国“YUV/GS”、英国“BS”、欧洲“CE”等安全标准认证，畅销美国、日本、加拿大、英国、巴西、澳大利亚等世界30多个国家和地区。被石家庄海关评为A类企业，先后荣获“全国机电产品出口先进单位”、“省级先进企业”、“质量效益型企业”、“重合同守法纪单位”等荣誉称号，各项经济指标在全国同行业中领先。

地址：保定市天威东路475号
电话：0312-5075815 5075837
传真：0312-5065956　　邮编：071000
网址：www.hebeiwuzhou.com

# 隆基泰和实业集团

董事长　魏少军

集团成立于1995年，是集房地产开发、商业地产、建筑建材物流、新能源产业等多领域经营于一体的跨行业、跨区域、多实体的企业集团。集团总部坐落于河北高碑店市。目前集团现有员工16000余人，管理人员798人，平均年龄28岁。集团拥有隆基泰和房地产开发、宜家旺商贸、隆亿工业、光为绿色新能源等16家分、子公司，其房地产开发有限公司开发总面积达500万平方米，具有国家房地产开发一级资质、国家建筑业企业特级资质，业务遍及河北、北京、河南、内蒙古等7市9县。

多年来，隆基泰和先后荣膺“河北省重点扶持企业”、“河北省百强民营企业”、“河北省AAA级劳动关系和谐企业”、“河北省重点扶植的民营企业”、“河北省商业零售业航母”等50余项荣誉。

隆基泰和秉承“和世界 筑未来”的文化理念，形成了与政府、企业、员工、客户、合作伙伴共赢的“五和”文化格局。企业坚持“以情做人，以诚做事，以信经商”的经营理念，在努力塑造自身品牌、拓展国内国际市场的同时，为实现从区域型企业向国际化企业的跨越、为实现地域经济蓬勃发展贡献己力。

直隶公馆——顺平•腰山镇综合开发项目

直隶公馆大门

直隶公馆院落E户型

直隶公馆院落S1S2户型

保定城西17公里，太行山东麓，果木成行，空气清新。在历史悠久的府邸庄园、国家AAA级景区——腰山王氏庄园的风水宝地上，直隶公馆展现着我们的终极居住理想——宁静致远、生态舒适、私密尊贵的生活方式。本项目占地面积为1000亩，具有多种住宅形式：四合院、独栋住宅等，多种建筑形式提供不同的生活方式和不同的感受。

直隶公馆酒店

## 公司简介

正誉集团旗下河北尺度房地产开发有限公司成立于2004年，是以房地产开发为主，集装潢、建筑等于一体的经济实体，现资产总额达5000多万元。

2005年，尺度房地产公司投资1．6亿元，在容城县开发建设了当地首席住宅——新容花园小区，小区以完备的配套设施，3万平方米景致花园，赢得了广大业主的青睐，更以其11万平方米纯生态养生大宅开创容城花园社区先河，极大提升了当地居民的生活品质。

2007年，尺度房地产公司携手顺平县委、县政府，就腰山镇王氏庄园综合开发直隶公馆项目达成合作意向。项目规划面积1000余亩，建筑面积28万平方米，项目以闻名遐迩的腰山王氏庄园为依托，以建设格调高雅、独具特色的仿明清住宅为主，并配以足球场、高尔夫球场、马场、游泳场等现代运动设施。该项目的规划设计及景观设计分别由中国建筑设计研究院、北京蝶梦景观设计有限公司完成。在建筑风格上，更加注重内向、围合及私密性，充分运用古典园林的动静结合、虚实对比、循序渐进等空间组织手法，以水系及公共绿地为纽带，将传统建筑的文脉、神韵、符号点缀其中，为业主和游客营造安闲幽美、云山诗意的环境氛围。目前，该项目正在紧张施工建设中，项目落成后，将成为集文化旅游、休闲度假、商务会议、度假地产、生态农业、影视拍摄等功能于一身，凝聚万人的明星小城镇，它也将成为保定西部地标性建筑群。

专注决定品质，基础决定高度。尺度房地产公司将全面推进项目标准化、科学化管理，追求卓越，精益求精，全力打造精品工程，为美化城市环境，打造优质人居生活作出新的更大贡献。

# 保定鼎阳电力科技发展有限公司

RMU 环网柜

箱　变

保定鼎阳电力科技发展有限公司（简称“鼎阳电科”）是专业从事电力产品的研制、生产、销售、服务的高新技术企业，注册资金1111万元，位于河北省保定市国家高新技术开发区，占地面积26324平方米，总资产7658万元。公司产品覆盖电力系统发、输、配、用等各个层面，广泛应用于全国各个省、市、自治区的电力、化工、铁路、钢铁以及大型厂矿企业。

鼎阳电科依靠自身雄厚的技术力量，依托保定优越的发展环境，积极适应市场的需求，通过了ISO9001质量管理体系、ISO14001环境管理体系认证，产品质量持续稳定地符合各类国家及国际标准。公司专业从事：①电缆分接箱、新型RMU系列环网柜、户内外环网开关柜、热缩及全冷缩电力电缆附件、硅橡胶防护产品等电力设备产品的生产、销售和技术服务。②中压终端配电一体化解决方案及中式中压设备，包括：固体绝缘开关、固体绝缘环网柜、固体绝缘开闭站、中式带开关电缆分接箱、户内外中式变电站等设备的生产、销售和技术服务。③电力系统自动化产品（包括变电站综合自动化、微机继电保护、调度自动化、配网自动化、智能化测试仪器等）以及电力系统监控产品新技术的研发、生产、集成、销售和技术服务。拥有DY-2000系列变电站综合自动化监控系统、DY-500系列数字化微机保护产品、DY-DN100 电能质量监测、DY-GY100过电压监测等多系列产品。

其控股的子公司——保定鼎阳电力工程有限公司，注册资金2400万元，可承担单机容量10万千瓦及以下的机组整体工程、110KV及以下送电线路及相同电压等级的变电站整体工程施工总承包。公司将始终坚持“质量第一，服务第一”的宗旨，以科学的管理手段，雄厚的技术力量，构建以配电技术为主导，集研发、设计、生产、销售、施工五位一体的综合性集团公司，中国鼎阳创建安全环保、节能高效的用电环境，以中国创造为世界电力行业提供技术服务。

厂区

# 红邦服饰有限公司

商务男装

红邦服饰有限公司始建于1997年，现为一家专门从事服装服饰设计、制作与销售为一体的公司。在日益竞争激烈的市场中，红邦以其款式新颖、质量稳定、服务周到、性价比高赢得了各行业市场的高度评价。

公司主要生产高档男女西服、衬衣、职业装、企业工作服等。我们拥有一流的机器设备，资深设计师、板师和高素质员工队伍，保证了从红邦服饰公司走出的每一件成衣不仅穿着舒适、得体、更兼具时尚风范，为您展示团队精神风采增添了一道亮丽的风景线。

公司合作单位(部分):国家电网（清苑分公司、满城分公司、涞源分公司、安新分公司）、卓正集团、建设集团、华中集团、方正集团、秀兰集团、中铁集团、中铁二十二局、中航慧腾、风帆新能源、中能风电、中兴汽车、长城汽车、人寿保险、新华保险等。

白领制服

联系电话：0312-8633185　8633186

传真电话：0312-5912899　5809444

公司邮箱：hongbangfushi@163.com

公司网站：http://www.red-bang.cn

公司地址：保定市西下关街8号诚明大厦6楼红邦服饰

# 保定市中小企业信用担保中心

保定市中小企业信用担保中心是经市政府批准、财政出资、2004年3月由保定市中小企业局组建、在工商管理局注册的国有企业。

一、注册资本与注册地址

保定市中小企业信用担保中心注册资本5100万元，法定代表人主任：苑开基；注册地址：保定市向阳南大街525号。

二、内部管理机构的设置和人员构成

中心按照现代企业法人治理结构和担保业务的基本要求设置了担保业务部、风险管理部、财务部和综合办公室。在人员配备上，本着精干、务实、高效、满负荷工作的原则，从社会上公开招聘了9名员工。全部为大专以上学历，高、中级专业技术人员。

三、经营宗旨

坚持为中小企业服务的方向，坚持以诚信为本、不以盈利为目的；搭建银企合作的桥梁，为符合国家产业政策、有发展前景的成长型中小企业贷款提供担保服务，解决中小企业融资担保难的问题。

四、业务经营完成情况

几年来，为全市60余家中小企业提供了百余笔贷款担保，累计担保贷款2.56亿元，解决全市部分中小企业贷款难、融资难的问题。根据历年来不完全统计，年均被保企业实现新增销售收入20亿元、利税1.5亿元，提供社会就业5000余人。为全市经济快速发展和社会稳定做出了一定贡献。

2008年，河北省中小企业局对全省271个信用担保机构评选，保定中小企业信用担保中心被评为2007、2008年度“河北省十佳信用担保机构”。2009年，又以业务方向正确、管理规范、制度严谨被列为河北省担保体系建设试点单位。

宏润公司
HONGRUN COMPANY

董事长　王　超

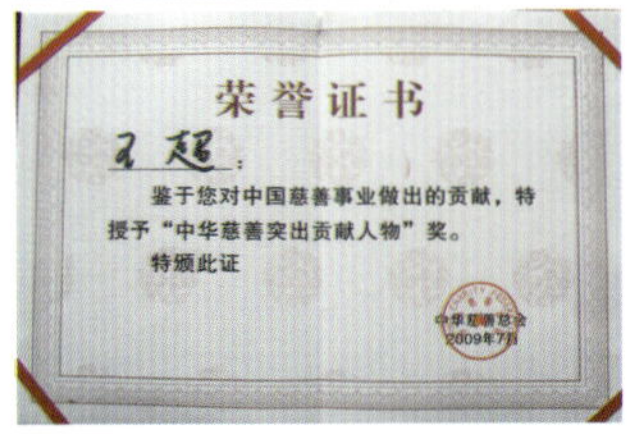

河北宏润新型面料有限公司始建于2004年3月。建设之初宏润公司考察了纺织服装的发展趋势及前沿产品，进行了大量的市场调研，确定公司产品定位为发展高档精梳纱、高效功能性纱线、差别化纱线、三巾、服装等系列产品。

几年来，宏润公司按照企业规划，精心组织，扎实推进，真正做到了投产一步、建设一步、规划一步，实现一年一大步、年年上台阶。先后完成一、二、三期建设，业务领域涉及棉花收购加工、纺织、服装、毛浴巾、纺织机械制造、房地产、物业管理、污水处理、金融担保、仓储，被河北省政府列入“十一五”期间首批10家重点产业支撑项目，成为保定市战略发展布局东纺的龙头，全省百强民营企业。走出一条资源综合利用，循环经济发展之路。

董事长王超始终把兴业为民作为公司发展的理念，积极参与社会公益事业，回报社会，荣获“中华慈善奖”和“中华慈善突出贡献奖”两大慈善领域的最高政府奖项。

# 特　载

# 党的工作报告

## 奋起直追　争先进位
## 迈出又好又快发展强市兴县富民新步伐

——在市委九届八次全体（扩大）会议上的报告

（2009年12月29日）

宋太平

现在，我代表市委常委会向全会作报告，请予审议。

这次市委全会，是在有效应对国际金融危机、全市经济形势整体回升向好的关键时期召开的一次重要会议。会议的主要任务是：认真贯彻党的十七届四中全会、省委七届五次全会和中央、省经济工作会议精神，总结今年工作，部署明年任务，全面完成“十一五”规划目标，为“十二五”发展奠定坚实基础。

即将过去的一年，我们坚定信心，迎难而上，经济建设和各项社会事业取得积极成效，全市政治安定、社会稳定，经济保持平稳较快发展。这主要得益于我们结合保定实际，创造性地贯彻落实中央、省的决策部署，坚持并不断完善符合科学发展观要求、具有较强指导性和操作性的发展思路；得益于我们坚持正确的用人导向和工作导向，加强各级领导班子建设，有效激发干部队伍的内在活力和动力，形成积极进取、奋力争先的好局面；得益于我们大力弘扬正气，促进团结和谐，积极营造风清气正的政治环境和有利于干事创业的社会环境；得益于全市广大干部群众和社会各界团结奋斗，共克时艰。这是我们在应对危机、战胜困难、推进事业发展中积累的重要经验，一定要倍加珍惜，发扬光大。

2010年全市工作的总体要求是：坚持以科学发展观为指导，牢牢把握“突出抓发展、重点抓项目、持续保稳定”主基调，继续唱响“奋起直追、争先进位”主旋律，紧紧围绕保增长，着力抓好投资和项目建设，保持经济平稳较快发展；紧紧围绕调结构，着力构建现代产业体系，加快经济发展方式转变；紧紧围绕促变样，着力提升城市品位，确保完成城镇改造建设三年目标；紧紧围绕惠民生，着力解决事关群众切身利益的突出问题，改善城乡居民生活质量；紧紧围绕保稳定，着力健全长效机制，促进社会和谐；全面加强和改进党的建设，提高党建工作科学化水平，迈出“又好又快发展、强市兴县富民”新步伐。

**一、以科学发展观为指导，坚持正确的发展思路和努力方向**

今年以来，我们以“增强危机意识、改善发展环境、加快争先进位、促进科学发展”为主题，扎实开展深入学习实践科学发展观活动，努力实现“党员干部受教育、科学发展上水平、人民群众得实惠”目标。通过学习实践活动，我们对保定的基本市情、发展状况的认识更加深刻，对市委、市政府制定的促进科学发展的总体思路、主导战略形成普遍共识。

我们深刻认识到，保定的工作有成绩、有进步，但是经济社会发展相对落后的基本市情仍未根本改变，整体发展水平与区位要市、人口大市的地位还不相适应。突出表现为“两低一少”：一是城镇化水平低。城镇化率比全省平均水平低 8.4 个百分点。做大做强中心城市，加快次中心城市和县城建设，促进产业、人口向城镇聚集，是统筹城乡发展的内在要求和迫切任务。二是工业化水平低。工业化率比全省平均水平低 8.6 个百分点。加快项目建设，大力提升工业化水平，特别是促进东部平原与西部山区协调发展，是统筹区域发展、强市兴县富民的必然选择。三是市场主体少。我市人口多，特别是农村人口多，千人拥有企业法人单位个数比全国平均水平低 30.3%。只有调动全民创业的积极性，把人口资源转化为智力资源和发展资源，使市场主体多起来，才能创造更多的社会财富。“两低一少”是表象，实质问题是毗邻京津的独特区位优势和西部山区的资源优势还没有得到充分发挥。这是差距，更是潜力。必须紧紧抓住并着力解决这些事关全局的重大问题，否则我市整体发展水平特别是经济总量、人均指标不但难以进位，还有退位的危险。从这一基本市情出发，市委、市政府制定并实施一主三次、工业西进、对接京津三大战略，符合科学发展观要求，符合保定实际，必须坚定不移，扎实推进，并要尽快收到明显成效。

我们深刻认识到，面对稳定和发展两大压力，必须真正把“突出抓发展”与“持续保稳定”有机统一起来，在发展中保稳定，在稳定中促发展。对于保定而言，稳定是最敏感的事情，发展是最根本的出路，实现稳定关键靠发展，促进发展核心在项目。

工作中我们牢牢把握主基调，突出发展这个第一要务，坚决排除各种影响和干扰，一切围绕发展，一切服务发展，尽心尽力把我们自己的事情办好，抓投入、上项目、快发展成为全市各级领导班子和干部队伍的自觉追求。这种局面既有利于保稳定，更有利于促发展，必须一以贯之、毫不动摇地保持下去。

我们深刻认识到，做好明年工作，必须保持发展思路、主导战略和总体工作格局的连续性。加快实施三大战略，调整优化三个结构（低碳高效型产业结构、技术先导型产品结构、龙头带动型企业组织结构），扎实推进三大建设，深化拓展三项活动，继续强化三个基础，这个总体工作格局要继续坚持并不断深化。奋起直追、争先进位的主旋律要深入人心并要唱得更响。在工作推动上，要进一步统一思想和行动，突出重点，创新方法，加大力度，加快速度，确保各项工作取得新的更大成效。

**二、以项目建设为核心，加快实施三大战略**

今年是三大战略全面启动之年，也是初显成效之年。一主三次城市发展战略：统筹区域规划和产业布局，对主城区周边四县（清苑、满城、徐水、安新）试行按区管理，主城区发展空间由 312 平方公里拓展到3290 平方公里，“一城三星一淀”大保定格局正在逐步形成。定州、涿州、白沟·白洋淀温泉城三个次中心城市项目建设明显加快，列入省、市重点项目 58 个，同比增长 222%，城镇固定资产投资同比增长 41.2%。特别是白沟·白洋淀温泉城成为全市发展建设最具活力的区域之一，一座现代化中等城市正在保定东部崛起。工业西进战略：在加强环境保护的前提下，西部八县新上冀东、金隅水泥等一批较大工业项目，河北钢铁集团冶金工业园等一批工业项目集中区正在形成，全年城镇固定资产投资同比增长 75.2%。对接京津战略：京昆高速、保津城际铁路、京石高铁等一批重大基础设施项目和中国钢研院新材料、天津大无缝河北铜业等一批生产性项目加快推进，兵装集团、国电集团、中船重工、中国航天等一批央企对接项目陆续落地。全市引进京津资金增长 129%。

加快实施三大战略，是一项具有前瞻性、全局性的长期任务，其核心是项目建设、产业带动。2010 年要继续以抓项目、建园区为突破口，确保取得更大成效。一主三次城市发展战略向纵深推进：围绕提高辐射带动能力，坚持城市建设与城市经济两手抓，构筑“多马拉车”、多力驱动的发展格局，打造城市带动型产业结构，推进产业支撑型城市建设。保定主城区坚持拓展发展空间、完善承载功能、强化项目支撑相结合，把高新区、保定工业园、长城汽车工业园打造成聚集产业、聚集项目的增长极。积极稳妥推进“一城三星一淀”一体化管理，“三星一淀”要在发展规划、基础设施、项目摆放等方面主动向主城区靠拢。制定实施定州、涿州、白沟·白洋淀温泉城次中心经济区发展规划，新上一批大项目、好项目。“三星一淀”、三个次中心和扩权县（市）发展速度要明显高于其他县（市），并要奋力追赶全省先进县（市）。工业西进战略要大见成效：加强整体谋划，重点抓好资源对接资本，努力使西部地区的市场主体多起来、大起来、强起来。坚持交通先行，在加快高速路网建设的同时，高标准推进连接县城、工业园区、旅游景区的道路建设。最大限度地挖掘潜力、发挥优势，加大招商引资力度，依靠大开放促进大开发。西部地区条件差、困难大，对干部的工作要倍加关心和关注，对企业的发展要倍加支持和帮助。对接京津战略要重点突破：着眼实现由不自觉到自觉、由被动到主动、由单方面到全方位、由松散型到紧密型对接的转变，突出抓好大项目和高端产业对接。特别是要深度解放思想，全面扩大开放，主动清除各种政策围堰和环境壁垒，主动加强与央企对接，主动融入京津产业链条，最大限度地获取对接收益。充分发挥政府主导作用和企业主体作用，加强宣传展示，深化交流沟通，在京津掀起合作双赢的“保定热”，以大开放、大招商促进大合作、大发展。

项目建设是硬功夫，必须继续作为硬指标，加大考核力度。对后进县（市）第一年要亮黄牌，连续两年后进的要有说法。要真抓实干，克服困难，抓实续建项目，抓紧新建项目，抓好“十二五”项目谋划，确保项目建设取得实质性进展。

**三、以低碳经济为主导，加快构建具有保定特色的现代产业体系**

保定是世界自然基金会2008年确定的全国两个低碳试点城市之一。“低碳”是保定的金字招牌，也是构建具有保定特色现代产业体系的主攻方向。今年以来，我们化危为机，着力打造“中国电谷”，加快壮大低碳产业，“新能源制造业基地”、“华北轻型汽车城”、“京南纺织服装加工基地”等主导产业特色更加鲜明，成长性产业发展步伐进一步加快，初步形成以先进制造业为代表，主导突出、多元支撑的产业发展格局。

加速构建具有保定特色的现代产业体系，核心是提高生产优质或高附加值产品的能力，关键是提升产业和行业技术水平，根本途径是依靠科技创新和技术进步，保证措施是充分发挥政府保障作用和企业主体作用。立足解决我市主导产业少、领军企业少、优势品牌少、核心技术少等问题，重点调整优化三方面结构。一是低碳高效型产业结构。加强低碳经济研究，大力发展“两低三高”（资源消耗低、污染排放低，技术含量高、附加值高、市场占有率高）低碳高效产业。优先发展新能源及能源设备制造、汽车及零部件、电子信息及新材料等先进制造业，完善产业链条，壮大产业集群；改造提升纺织服装、食品加工、建材、化工、医药等传统制造业。以市场化、产业化和社会化为方向，培育壮大现代物流、金融保险、休闲旅游和文化体育等现代服务业。积极发展包括医疗、保健、康复、健身在内的健康产业，扩大消费需求。加快发展现代农业，瞄准京津市场，构建质量效益型农业体系，打造“京津绿色农产品生产加工供应基地”。各县（市、区）要从实际出发，遵循经济规律确定和培育主导产业。要在发展中培育，在市场中选择，在竞争中壮大。二是技术先导型产品结构。没有落后的产业，只有落后的产品。要牢固树立技术先进性、可靠性理念，全面提升产业和行业技术水平，促进各类产品包括工业产品、农副产品、服务产品逐步走上技术的高端。以企业为主体，以市场为导向，产学研相结合，加大科技创新力度，提高自主创新能力。要引导企业积极开展“对标行动”，提高产品质量和档次。突出重点领域，大力开展品牌建设“示范工程”，每个县（市）都要叫响一、二个知名品牌。三是龙头带动型企业组织结构。具有自主知识产权、主业突出、核心竞争力强的大企业、大集团，是现代产业的集中代表，也是带动发展的龙头。要深化改革，扩大开放，积极推进跨行业、跨所有制企业的兼并重组，在各产业领域加速培育一批具有较强拉动作用的龙头企业，切实提高资源利用率、劳动生产率和产业集中度。

**四、以提升城市品位为灵魂，强力推进城镇面貌三年大变样**

立足打造“文化名城、山水保定、低碳城市”，市委、市政府制定了《大力提升保定城市品位的指导意见》，并在加快实施。主要任务目标是：彰显历史之韵、传承文化之魂、营造山水之秀、建设低碳之城、展示现代之气、培树文明之风。今年以来，以开通大水系、构建大交通、建设大城市为主要内容，重点实施总投资1354亿元的80项重点工程，其中26项已经竣工。大水系建设：西部两库连通工程加快推进，市区雨污分流在全省率先实现全覆盖，内环水系国庆节前如期实现清水入市，受到市民普遍欢迎。大交通建设：张石、保阜、大广、张涿4条（段）高速公路正加快推进，荣乌、京昆北延2条（段）近期开工。“三纵四横”高速路网形成后，全市高速公路通车里程将突破1200公里。大城市建设：投资120亿元的市区府河、清真寺、西大园三大片区拆迁改造全面实施。文化名城建设20件实事逐步落实。这些基础性、开创性工作，正在为提升保定城市品位奠定坚实的基础。

2010年是城镇面貌三年大变样的攻坚之年。要把提升城市品位作为主攻方向，集中力量办成一批大事、实事。围绕彰显历史之韵，保护城市历史，延续城市记忆，放大“全国历史文化名城”、“中国优秀旅游城市”的品牌优势。修缮淮军公所、清河道署、光园和总督署西路等历史古迹。规范整治西大街商业业态，恢复明清风貌。围绕传承文化之魂，丰富城市文化内涵，增强城市文化魅力。加强公共文化设施建设。开工建设以关汉卿大剧院、保定新博物馆为主体的东湖文化中心。谋划建设西湖体育中心。设置一批城市雕塑。加大文艺精品创作力度，繁荣发展民间文化，大力发展文化产业，打造保定文化特色品牌。围绕营造山水之秀，继续推进大水系建设，拓展城市生态空间，构建西依太行山、东傍白洋淀、中间水相连的山水城市。年内基本完成市区防洪堤综合整治主体工程，实现大水系北线竣工、外环通水。加快实施西二环、七一路西延等重点工程。积极谋划和推进白洋淀大道建设。围绕建设低碳之城，大力倡导低碳型生产、生活和消费方式。深入开展蓝天、碧水、绿荫行动。争创国家级园林城市和国家级森林城市。围绕展示现代之气，提高城市科学规划、合理建设、有序管理水平，建设宜居型现代城市。基本完成三大片区安置房和基础设施建设，初步展示改造成效。加快全省最高的城市地标万博广场商务楼和全国一流的火车站改造等重点项目建设进度。统筹推进京石高铁保定站和连接市区的基础设施，以及通信基站、公交场站、加油站、加气站等基础功能建设。围绕培树文明之风，大力抓好精神文明建设，提升全社会文明程度。开展“城市面貌大变样、市民素质大提高”等主题教育实践活动。争创全国文明城市、和谐社区建设示范市。按照这六个主攻方向和目标坚持不懈地抓下去，保定一定会成为具有独特品位的魅力城市。

**五、以县城建设为龙头，加快发展县域经济**

县城是连接城乡的纽带，是促进县域工业化、城镇化的重要载体。今年以来，我们进一步强化项目导向，加大督导考核力度，强力推进节能减排，促进发展方式转变，县域特色产业加快发展。农民收入稳定增长，农业产业化水平不断提高。农村新民居建设以点带面，扎实起步。各县（市）积极推进城镇建设，县城规模不断扩大，争先进位步伐加快，县域经济对全市的支撑作用进一步增强。

保定市大、县多的基本市情告诉我们：县域经济是全市发展的根基所在。县兴则市兴，县强则市强，县富则民富。强市兴县富民，关键在于兴县。必须把加快县城建设、加快发展县域经济进一步突出出来。按照统筹城乡发展的要求，把县城建设作为实施三大战略的重要抓手、加快发展县域经济的龙头，着力解决规划水平低、承载功能弱、带动能力差的问题。坚持规划先行、品位引领，分类指导、重点突破，政府主导、市场运作，产业支撑、协调发展的原则，促进县城建设朝着经济繁荣、特色突出、设施良好、环境优美的方向发展，把县城打造成聚集人口、聚集产业、聚集生产要素的优势平台。要强化两种意识，突出三个重点。两种意识：首先要强化城市意识。随着城镇化进程的加快，县城必将成为一个区域的中心城市。县（市）主要领导一定要更新观念，开阔视野，按照现代城市的标准推进县城建设和管理。其次要强化规划意识。坚持高起点、高站位，大手笔搞好县城规划，为城市发展打好基础。三个重点：一是重点加快基础设施建设。按照提升品位的要求，树立现代城市建设理念，重点抓好县城路网、水网、电网、热网、气网和污水处理厂、垃圾处理场等基础设施建设，完善承载功能，彰显县城特色，提高环境吸引力和可持续发展能力。二是重点加快产业园区建设。强化做城市就是做产业的理念，引导园区向县城集中、产业向园区聚集，集约经营，集群发展。三是重点加快城中村改造。统一规划，分批实施，促进县城农民向居民转变。县域经济要立足于搞大项目、大园区，也可以搞小企业、大容量，小产品、大市场，小集群、大协作，在发展模式上灵活多样。从明年起，把县城建设工作列入年终目标考核，主要领导亲自挂帅，引导干部群众同心协力，真抓实干，攻坚克难。适时开展县城建设和项目建设的互看联查、观摩交流。希望各县（市）要主动作为、争先进位。

在加快县城建设的同时，高度重视“三农”工作。总的思路是，主攻产业化、促进规模化、坚持多样化、推进城镇化，优化配置农村资源要素，加快转变农业农村经济发展方式。牢固树立城乡统筹发展理念，用现代经营理念谋划农业，加强新型农业社会化服务体系建设，提高农业综合效益、运行质量、组织化程度和产业化水平。推进乡镇机构改革、县乡财政管理体制改革等农村综合改革。深化户籍制度改革，放开城镇户口。积极探索农村集体财富积累的多种实现形式。继续把新民居建设作为一把手工程，提高示范村建设标准，进一步扩大试点范围，因地制宜，积极推进。

**六、以强化干部作风建设为主线，继续大力优化发展环境**

干部作风是最大的发展环境。今年以来，我们按照省委、省政府要求，把开展“干部作风建设年”活动作为优化发展环境、促进科学发展的重大契机，创新活动载体，解决突出问题，取得初步成效。以深化行政审批制度改革、再造审批流程为突破口，在全省率先实行行政审批“一章制”，率先对行政审批前置事项进行清理，行政服务中心建设和管理走在全省前列。严格落实“十个严禁”，严肃查处不作为、乱作为等违纪问题。规范公车使用和管理。各级干部作风进一步转变，工作效率进一步提高，发展环境不断优化。

优化环境是一项长期任务。抓环境就是抓发展。环境问题从体制层面看，是政府职能转变问题；从干部层面看，是作风问题。要把深入持久地加强干部作风建设作为优化环境的重要内容，抓巩固提高，抓深化拓展，抓长效机制。抓住制约发展的“瓶颈”问题，重点改善行政服务环境，通过建章立制、强化监督，规范施政行为，提高行政效能，服务市场主体，方便人民群众。一要继续深入开展亲商重商活动。强化保企业就是保增长的理念，既要大力支持大项目、大企业，也要高度重视民营经济和中小企业发展。从市级领导做起，完善领导干部联系企业制度，定期上门服务，现场解决问题，形成长效机制。高度重视企业家队伍建设，组织开展高层次的学习培训、参观考察，开阔视野，激发动力，进一步营造全民创业的浓厚氛围。注重提高土地、资金等生产要素的配置效率，谁能为保定发展做出更大贡献，就把优质资源优先配置给谁。二要加大行政管理体制改革力度。深入推进市、县机构改革，努力实现政府职能向创造良好发展环境、提供优质服务、维护社会公平正义转变，组织机构和人员编制向科学化、规范化、法制化转变，运行机制和管理方式向规范有序、公开透明、便民高效转变，建设人民满意的服务型政府。彻底清理不必要的行政审批前置事项，该减的必须坚决减掉，该管的必须坚决管住。特别是对列入省、市重点的生产性项目，落实好领办、代办制度。加快市、县、乡、村四级服务网络建设，加大电子政务建设力度，确保行政权力在阳光下规范、高效运行。三要加大优化环境监督力度。建立环境质量定期评估制度，让企业和服务对象对职能部门的服务质量进行评判，评议结果要与单位实绩考核和干部提拔使用挂钩。加强经常性监督检查，对任何干扰破坏发展环境的行为，绝不姑息迁就，必须严肃查处。

**七、以改善民生为根本，努力促进社会和谐**

发展的目的在于改善民生、造福人民。一年来，我们坚持以人为本、执政为民，狠抓事关民生的各项工作，10项民心工程62件实事得到较好落实。深化拓展亲民爱民活动，组织动员全市15800多名副科级以上干部结对帮扶19700多名困难群众、困难学生，并把活动拓展到整个民生领域，开通“民生热线”，建立“爱心助学金”，组织开展“金秋助学”、青年志愿者服务等系列活动，为困难群众解决了大量实际问题，促进了干部作风转变，密切了党群干群关系，带动了社会风气的好转。引导企业开展就业援助，完善再就业保障机制，在金融危机影响下没有出现企业大幅裁员、职工大批下岗。完善社会保障体系，实行城乡低保动态管理，覆盖范围不断扩大，保障标准稳步提高。科技、教育、卫生、文化、体育、扶贫开发等社会事业全面发展。社区建设整体水平继续走在全省前列。人口和计生工作位次前移。党管武装、国防后备力量建设和双拥共建活动取得新成效。

2010年要把改善民生、发展社会事业作为扩内需、调结构的重点，认真办好一批事关群众切身利益的好事、实事。深化拓展亲民爱民活动，加强机关干部帮扶，动员更多爱心人士参与帮扶，对特困家庭基本实现帮扶全覆盖。充分发挥“民生热线”作用，深化“手拉手”助困行动，推广助困“一卡通”做法，探索更多务实管用的扶贫济困措施，让困难群众得到更多实惠。千方百计提高城乡居民特别是低收入群众的收入水平，使全市城乡居民低保水平、企业单位职工收入水平逐年增长，并建立与全国、全省平均水平同步增长机制。把就业作为民生之本，拓宽就业渠道，增加就业岗位。加强就业培训，落实优惠政策，鼓励自谋职业、自主创业，促进全民创业。突出抓好大学毕业生、复转军人、下岗职工、城镇困难家庭就业再就业工作。加强社区医院、乡镇卫生院等基层医疗卫生服务体系建设。鼓励引导教育、卫生专业人员定期到农村基层服务，促进各类公共资源城乡共享。加大改革力度，创新保障模式，千方百计为群众提供更加健全的医疗保障、教育保障、住房保障、计划生育保障，统筹推进各项社会事业协调发展。

**八、以健全长效机制为保障，保持社会持续稳定**

发展是硬道理，稳定是硬任务。一年来，我们坚持“持续保稳定”，注重夯实基础工作，强化基层第一道防线作用，圆满完成国庆安保任务，安全生产形势平稳。妥善处置敏感性问题和群体性事件，积累了经验，锻炼了队伍。深化农村（社区）群众工作站建设，充分发挥其为民服务、信访代理、民情信息反馈等作用，有力促进了政治安定、社会稳定。

当前，正处于改革发展、社会转型和利益调整的关键时期，维护稳定工作任务更加艰巨、情况更加复杂，稍有松懈就可能出大的问题。要总结运用奥运安保、国庆安保的成功经验，建立起维护稳定的长效机制，把实践证明切实管用的措施落实到经常性工作中。着力健全四个方面的长效机制。一是领导责任机制。稳定工作的核心是责任，关键在县委、重点在部门、根本在基层。各级各部门一把手要负总责，分管领导要全力抓，其他班子成员坚持一岗双责，严格实行属地管理、分级负责和谁主管、谁负责。凡因不负责任导致发生重大问题的，必须严肃处理。二是排查处置机制。定期开展矛盾纠纷排查，强化社会稳定风险评估，妥善处置群体性事件，面对面做好群众工作，防止小事拖大、大事拖难、难事拖乱。坚持领导接访制度，引导群众理性反映诉求，依法解决问题。三是综合治理机制。加强社会治安综合治理，预防和减少各类刑事、治安案件。加大严打整治力度，始终保持高压态势。切实加强政法队伍建设，端正执法理念，树立纪律严明、作风过硬、执法为民的良好形象。加强生产安全、交通安全、消防安全、食品药品安全监管，确保不发生重特大事故。坚持打击非法、保护合法，依法加强民族宗教事务管理。四是舆论引导机制。各级领导干部要提高运用媒体营造舆论、推动工作的能力，充分利用报纸、广播、电视、网络等媒体，准确把握社情民意，及时发布权威信息，正确引导社会舆论。

持续保稳定，必须在夯实基层基础上下功夫，创新社会管理机制，主动化解社会矛盾，筑牢维护稳定的第一道防线。要把农村（社区）群众工作站作为维护稳定、促进和谐的重要平台，进一步严格要求，严肃纪律，严格管理，使其真正成为连接上下的纽带、化解矛盾的桥梁、为民服务的阵地、锻炼干部的舞台。

**九、以政德建设为重点，建好领导班子和干部队伍**

建设强有力领导班子、造就高素质干部队伍，始终是我们推动各项事业发展的根本保证。一年来，我们以深入开展学习实践科学发展观活动为契机，以加强各级领导班子和干部队伍为重点，全面推进党的建设，为全市经济社会发展提供了坚强的政治和组织保障。全面推行市直机关科级干部集中竞职上岗，机关干部队伍更加充满活力。农村干部“一定三有”激励关爱机制进一步完善，充分发挥了夯实基层基础、促进发展稳定的重要作用。机关、社区、企业、学校和“两新”组织党建工作进一步加强。纪检监察工作保障作用充分发挥，惩治和预防腐败体系日益健全。严格落实廉洁从政各项规定，各级领导干部廉洁自律意识不断增强。

为贯彻落实中央和省委全会精神，市委常委会研究制定了《关于加强和改进党的建设的意见》。这是今后一个时期指导全市党建工作的纲领性文件，这次全会审议通过后，各级党组织要认真学习贯彻，全面抓好落实。

为贯彻落实中央提出的“德才兼备、以德为先”的用人标准，市委正在组织起草关于加强新形势下领导干部政德建设的意见。要从政治品德、职业道德、社会公德、家庭美德等方面入手，综合运用教育、考察、监督等措施，切实加强干部政德建设。以政治品质教育、为民宗旨教育、党性修养教育、道德品行教育为重点，加强领导干部政德教育，端正干部的为官之德、从政之德、做人之德。以建立领导干部政德标准和政德考评体系为重点，提高从政品德在干部考察使用中的权重和分量。把党内监督、法律监督同群众监督、舆论监督结合起来，教育广大干部树立正确的世界观、权力观、事业观、政绩观，培养作风正派、清正廉洁、尊老敬贤、情趣健康的良好风尚。

基础不牢，地动山摇。要进一步加强各领域、各层面的基层组织建设，充分发挥其推动发展、服务群众、凝聚人心、促进和谐的作用。继续认真落实市委关于加强乡镇领导班子、农村干部队伍和社区工作者队伍建设的三个《意见》，夯实基层组织基础。扎实开展第三批深入学习实践科学发展观活动，确保收到明显成效。不断深化农村干部“一定三有”激励关爱机制。“一定三有”，激励的是干部，惠及的是百姓。落实“三有”是基础，搞好“一定”是关键。要在“一定”上做文章，真正把激励关爱转化为干部干事创业的激情和成效，使百姓得到更多实惠。

切实加强反腐倡廉建设。坚持标本兼治、综合治理、惩防并举、注重预防的方针，加强惩防体系建设。有针对性地开展示范教育、警示教育和岗位廉政教育。坚持用制度管权、管事、管人，堵住源头，减少腐败。各级领导干部都要带头落实党风廉政建设责任制，严格执行党的政治纪律、组织纪律、群众纪律和财经纪律。对违犯党纪国法的腐败分子，必须坚决查处。

新的一年，新的考验。团结一致、凝聚合力是战胜各种困难、推进事业发展重要法宝。各级党委要充分发挥领导核心作用，总揽全局、协调各方，加强对人大、政府、政协、司法机关和人民团体的领导。支持各级人大依法履行职能，善于使党的主张通过法定程序成为全市人民的共同意志，加强法律监督和工作监督，保障人大代表依法行使职权。各级政府要加强经济社会管理，确保圆满完成经济社会发展的各项任务目标。支持各级政协围绕团结和民主两大主题履行职能，推进政治协商、民主监督、参政议政制度建设，发挥协调关系、汇聚力量、建言献策、服务大局的重要作用。支持各级法院、检察院公正执法、依法办案。支持民主党派、工商联加强自身建设，真诚接受民主党派和无党派人士监督。支持工会、共青团、妇联等人民团体，依照法律和各自章程开展工作，参与社会管理和公共服务。全市各级各部门要牢固树立一盘棋思想，强化大局意识、协作意识，形成齐心协力、干事创业的生动局面。要在全市大力营造宽松、宽容的社会环境，鼓励创造，支持创新，让各方积极因素竞相迸发，让创新、创造、创业在保定蔚然成风。

我们肩负的任务艰巨、责任重大。让我们紧密团结在以胡锦涛同志为总书记的党中央周围，在省委、省政府的正确领导下，振奋精神，务实创新，奋起直追，争先进位，努力完成明年各项工作任务，为实现全市“又好又快发展、强市兴县富民”目标而不懈奋斗！

# 政 府 工 作 报 告

——2010 年 1 月 29 日保定市十三届人大三次会议通过

保定市人民政府市长 李 谦

各位代表：

现在，我代表市人民政府，向大会作政府工作报告，请予审议，并请政协委员和列席会议的同志提出意见。

**一、2009 年工作回顾**

过去的一年，是我市新世纪以来经济社会发展困难最多、挑战最大的一年。面对国际金融危机的严重冲击和艰巨的工作任务，我们在省委、省政府和中共保定市委的正确领导下，在市人大和市政协的监督支持下，以开展深入学习实践科学发展观和“干部作风建设年”活动为动力，紧紧围绕“又好又快发展、强市兴县富民”中心任务和“突出抓发展、重点抓项目、持续保稳定”工作主基调，大力实施三大战略，保增长、调结构、促改革、惠民生，较好地完成了市十三届人大二次会议确定的各项任务。

（一）经济形势回升向好，发展后劲持续增强。全年生产总值完成 1737.6 亿元，增长 11%。农村经济稳定发展，粮食总产 559.4 万吨，增长 3.7%，连续七年获得丰收。工业经济持续增长，规模以上工业增加值完成 477.1 亿元，增长 14.6%。三大主导产业支撑作用增强，对规模以上工业增长贡献率达到 65.1%。“中国电谷”建设迈出新步伐，新能源企业增加到 175 家，实现工业总产值 318 亿元，增长 30%；汽车工业实现较快增长，整车生产突破 50 万辆，销售收入 380 亿元，增长 48.2%；纺织服装业整合升级步伐加快，引进了京棉、中纺、恒天等战略合作者。服务业稳步提高，社会消费品零售总额完成 730.3 亿元，增长 17.9%；房地产市场逐步回暖；旅游接待总量全省第一。投资增速明显加快，城镇固定资产投资突破千亿元大关，增长 41.3%。亿元以上施工项目 343 项，较上年增加 165 项；列入省重点项目 159 项，居全省第二；争取省项目用地指标 23928 亩，争取新增中央预算资金 9.12 亿元，均居全省前列。六九硅业、长城汽车冲压件、旭阳焦化 20 万吨甲醇等一批重点项目竣工投产。园区建设步伐加快，园区数量达到 43 个，入园企业 3078 家。金融环境明显改善，全年新增贷款 264.5 亿元，是上年的 4 倍。政府融资 71 亿元用于城市建设，华夏、光大银行在我市设立二级分行，市商业银行完成增资扩股并设立两个县域支行。财政收入好于预计，全部财政收入和地方一般预算收入分别完成 166.6 亿元和 73.3 亿元，可比增长 21.6% 和 22%。

（二）三大战略全面启动，发展活力蓄势进发。一主三次战略深入实施，对清苑、满城、徐水、安新四县试行按区管理，统筹区域规划和产业布局，“一城三星一淀”大保定框架逐步形成。定州、涿州、白沟·白洋淀温泉城三个次中心城市建设步伐明显加快，特别是白沟·白洋淀温泉城活力增强，项目投资增长134.6%。工业西进扎实推进，西部8县新上千万元以上项目341个，投资增长66.6%，河北钢铁冶金等16个工业园区已初具规模。对接京津工作成效明显，在建项目346项、投产257项、新签约93项，兵装、国电、中船、航天科工等一批央企项目落户我市。对外开放取得新成绩，实际利用省外资金151.7亿元，增长16.8%。与中科院电工所、台湾电电公会等签署了战略合作协议，巨力索具成功上市。

（三）“三年大变样”深入开展，低碳城市建设迈出新步伐。开通大水系、构建大交通、建设大城市，80项重点工程已竣工26项，城市品位正在全面提升。大水系南线工程如期竣工，两库连通加紧推进，在全省率先完成市区雨污分流全覆盖，实现了清水入市。京石高铁和张石、保阜、大广、张涿高速公路加快推进，市区三环、高速外环“闭合工程”加快实施，七一路引线改造、高速南外环、东三环、乐凯大街北延和电谷立交桥竣工通车。府河、清真寺、西大园三大片区拆迁基本完成。西大街、莲池后三景等一批古迹修复工程竣工。各县（市）城镇建设步伐加快，城镇面貌发生显著变化。太阳能之城建设继续推进，新完成52个小区、16条道路太阳能应用改造，被科技部列为“十城万盏”试点城市[1]。“蓝天、碧水、绿荫”行动深入开展，市区空气质量二级以上天数达到331天。政府投资城市绿化1.2亿元，绿地率、绿化覆盖率和人均公共绿地面积大幅提高。32座污水处理厂建成，14座垃圾处理场开工。“双三十”和“8+13”[2]重点单位节能减排工作扎实推进，全市万元生产总值综合能耗下降4.8%，化学需氧量和二氧化硫排放量分别下降8.06%和3.1%，全部完成省定目标。被评为“中国节能减排20佳城市”。

（四）人民生活继续改善，社会事业全面发展。在财力十分紧张的情况下，各项保障政策全部落实到位，全年用于民生的财政支出达60多亿元。人民生活水平进一步提高，城市居民人均可支配收入13555元，农民人均纯收入4677元，分别增长10.1%和8%。就业形势总体稳定，城镇新增就业7.6万人，登记失业率控制在4.5%以内。社会保障体系逐步完善，各项社会保险新增21.1万人。33.8万城乡低保对象的基本生活得到保障，为7215户低收入住房困难家庭提供了住房保障。新农合实现了全覆盖，为312.7万农民群众报免医药费7.39亿元。2.2万农村人口实现脱贫，解决了245个村、29万人饮水安全问题。亲民爱民活动不断深化，“金秋助学”[3]、“手拉手”等助困活动取得显著成效。援建四川灾区工作走在全省前列。各类教育协调发展，高考本二以上上线人数连续七年全省第一，中小学校舍安全工程[4]得到省政府充分肯定。县、乡、村、社区医疗卫生机构建设项目全面完成，医疗惠民工作进一步加强。全市财政投入2694万元用于手足口病和甲型H1N1流感防控，取得阶段性成效。群众文化体育活动蓬勃开展。我市运动员在十一届全运会上勇夺6枚金牌，省政府授予“突出贡献奖”。安全生产连续5年保持事故起数、死亡人数“双下降”，消防安全、道路交通安全水平稳步提高。“三鹿奶粉事件”涉及我市的遗留问题得到妥善解决，食品药品安全受到上级好评。大规模开展下访接访活动，深入实施打黑除恶专项行动，圆满完成国庆60周年安保任务，社会和谐稳定局面进一步巩固。人口计生、外事侨务、防震减灾、档案管理、民族宗教、妇女儿童、老龄和残疾人、社区建设、国防动员和双拥共建等各项工作都取得新成绩。

（五）政府自身建设不断加强，发展环境进一步优化。扎实推进“干部作风建设年”活动，积极推动政府转变职能、提高效能，尽心尽力为企业解难题、为群众送服务。大力推进行政管理体制改革，在全省率先实行“一章制”审批，291项行政许可事项合并调整到120项，审批公章减少七成。深入推进行政权力公开透明运行，监控机制进一步健全。严格落实“十个严禁”[5]，严厉查处不作为、乱作为等问题。自觉接受人大及其常委会的工作监督、法律监督和政协的民主监督，积极征询社会各界的意见和建议，依法行政水平有了新的提高。

各位代表！过去的一年，是我市经济社会发展经受严峻考验并取得显著成绩的一年。这是中共保定市委总揽全局、坚强领导的结果，是市人大、市政协有效监督和大力支持的结果，是各级各部门通力协作、狠抓落实的结果，是全市人民团结奋斗、共克时艰的结果。在此，我代表市人民政府，向全市人民，向人大代表、政协委员，向各民主党派、工商联、各人民团体和各界人士，向驻保人民解放军、武警官兵和各驻保单位，向老领导、老同志，向关心、支持保定发展的港澳同胞、台湾同胞、海外侨胞和国内外朋友们，致以崇高的敬意和诚挚的感谢！

## 二、2010年面临的形势和总体要求

今年是决战"十一五"、谋划"十二五"的承前启后之年，也是我市深入实施三大战略，奋起直追、争先进位的关键之年。做好今年政府工作责任重大、意义深远。

我们清醒认识到，在加快发展的道路上，还面临着巨大的压力和挑战。从国内外形势看，今年经济社会发展环境将好于去年，但是经济形势依然复杂，全球经济复苏还将经历缓慢曲折的过程，外部发展环境仍有许多不确定、不可预料因素。从我市自身来看，无论经济总量还是人均指标，在省内仍处于中等偏下水平；企业数量不多、规模不大、产业链条不长、单位效益不高的问题还很突出；资源环境限制多、容量小，可持续发展基础弱、压力大；经济增长的内在动力不足，城乡发展不协调，特别是工业化、城镇化水平低，已成为制约我市发展的"短板"。我们必须增强危机感、紧迫感，着力解决好这些事关全局、事关长远的问题。否则，我市综合实力就难以提升，不但不能进位，还有退位和被边缘化的危险。

我们也深刻认识到，推动保定更好更快发展，政务环境还需不断优化，工作作风还需进一步转变。几年来，市委、市政府在优化环境方面下了很大力量，取得了明显成效。但总的来看，发展环境问题特别是干部作风问题，仍然是企业和群众反映强烈的问题。突出表现在：有的干部改革创新意识差，缺乏敢闯、敢试、敢于负责、敢于突破的精神；有的服务意识差，强调"管理"多，囿权思想、部门利益、个人利益还比较严重，暗箱操作、为难企业的问题仍不同程度存在；有的作风漂浮，不深入、不亲为，习惯于作表面文章等等。这些问题虽然发生在少数人身上，但影响发展环境、影响党和政府形象。如不切实有效解决，保定发展就没有希望。

我们充分认识到，当前我市正面临着又一次难得的发展机遇。环渤海经济圈加速崛起，京津冀一体化进程不断加快，使我市作为沿海一线腹地城市和对接京津前沿节点城市的优势更加凸显。这一优势得天独厚，如能充分利用，就会转变为巨大的发展机遇。还有中央拉动内需的政策，为我们加快发展提供了广阔空间。国家、省产业振兴规划的实施和"三年大变样"的深入开展，为我市加快工业化、城镇化步伐创造了有利条件。更为重要的是，近年来我市大力调整和优化产业结构，形成了较为牢靠的产业基础；全市上下安定团结，干事创业的氛围日益浓厚。这些都是我们加快发展的重要保证。只要我们敢于直面挑战、善抓机遇，就会乘势而上、借势发展，就一定能够在新一轮竞争和发展中抢占先机、赢得主动，就一定能够在赶超的道路上走得更好更快，就一定能够把保定建设成为京津冀地区充满发展活力、具有较强实力、彰显文化魅力、拥有独特品位的重要城市。

今年政府工作的总体要求是：全面贯彻落实中央、省各项决策部署和市委九届八次全会精神，坚持以科学发展观为指导，大力实施三大战略，牢牢把握"突出抓发展、重点抓项目、持续保稳定"主基调，继续唱响"奋起直追、争先进位"主旋律，紧紧围绕保增长，着力抓好投资和项目建设，保持经济平稳较快发展；紧紧围绕调结构，着力构建现代产业体系，加快经济发展方式转变；紧紧围绕促变样，着力提升城市品位，确保完成城镇建设三年目标；紧紧围绕惠民生，着力解决事关群众切身利益的突出问题，提高城乡居民生活质量；紧紧围绕保稳定，着力健全长效机制，促进社会和谐。全面完成"十一五"目标任务，迈出又好又快发展、强市兴县富民新步伐。

经济社会发展的主要预期目标是：生产总值增长11%；规模以上工业增加值增长16%；城镇固定资产投资增长25%以上；全部财政收入增长13%，其中地方一般预算收入增长12%；社会消费品零售总额增长18%；城市居民人均可支配收入增长11%，农民人均纯收入增长8%；万元生产总值综合能耗下降3.5%，化学需氧量、二氧化硫排放量分别削减8%和1.04%；城镇登记失业率控制在4.5%以内；居民消费价格总水平上涨4%左右；人口自然增长率控制在7.8%以内。

围绕上述要求和目标，今年政府工作的首要任务是，既要保持经济平稳较快发展，又要在转变发展方式上取得突破。实现这一任务，必须做到"六个坚定不移"：一是坚定不移抓发展。这是强市兴县富民的生命线。改变我市的落后状况，实现发展新跨越，必须始终扭住经济建设这个中心和项目建设这个关键，把发展叫得更响。坚持工作围绕发展转、围绕发展干，凝神聚力推动全市快发展、大发展。二是坚定不移抓转变。这是强市兴县富民的根本出路。发挥我市产业结构较为合理的优势，努力在发展中促调整、在调整中促转变、在转变中提高质量和效益，使经济发展体现在城乡居民收入的增长上、体现在企业效益的增长上、体现在地方财政收入的增长上。三是坚定不移抓统筹。这是强市兴县富民的关键之举。统筹处理好工业化与城镇化的关系、城市建设与乡村发展的关系，既要大力推进产业立市、工业强市，为城镇化提供产业支撑，又要大力

推进城镇建设，为工业化搭建好平台；既要注重做大、做强、做美中心城市，又要注重县城和新农村建设，推进城乡协调发展，逐步缩小城乡差距。四是坚定不移抓创新。这是强市兴县富民的力量源泉。进一步解放思想，不断深化改革、扩大开放，增强发展的活力和动力，以新的思路和方法推动政府工作，以新的理念推动经济社会在更高水平上科学发展。五是坚定不移抓民生。这是强市兴县富民的出发点和最终归宿。工作要向民生用力，投入要向民生倾斜，真心实意、脚踏实地为老百姓办实事、干好事、解难事，让发展成果更多地体现在改善民生上，给广大群众带来更多的福祉。六是坚定不移抓作风。这是强市兴县富民的重要保障。弘扬求真务实的精神，谋事务实、作风求实、干事唯实，正风气、强服务、提效率，以政务环境的新改善、干部作风的新转变，促进全市发展环境的新变化，实现经济社会发展的新跨越。这"六个坚定不移"将作为政府工作的着力点，一定要锲而不舍地抓出成效。

**三、2010年主要工作任务**

今年经济社会发展任务十分繁重，要按照市委、市政府既定的工作方针和发展思路，立足市情、扬长避短、发挥优势，找准突破口、选准切入点，在关键环节上狠下工夫，创造性地开展工作，努力开创各项工作新局面。

（一）深入实施三大战略，引领带动发展全局。把实施三大战略作为全局性、长期性任务来抓，加快构筑多力驱动、城乡统筹、融入京津、东西并进的发展格局。

加快实施一主三次战略。坚持城市建设与城市经济两手抓，打造城市带动型产业结构，推进产业支撑型城市建设，提高中心城市聚集人口、产业和资源要素的能力。全面实施徐水、清苑、满城、安新四县按区管理，明确功能定位，整合要素资源，确定发展目标，加快建设步伐。将四县县城、市县连接线、重点城镇规划和产业规划纳入市级管理，开工建设白洋淀大道，谋划论证七一路西延，尽快形成大保定路网框架。加快实施定州、涿州、白沟·白洋淀温泉城次中心城市发展规划，促其率先发展。加快培育城市产业，把高新区"中国电谷"、保定工业园、长城汽车工业园、定州长安汽车工业园等重点园区打造成聚集产业、聚集项目的增长极。

加快工业西进步伐。坚持一手抓现代工业，一手抓绿色产业，加快西部地区新型工业化进程，努力使西部地区的工业企业多起来、大起来、强起来。坚持交通先行，加快高速路网建设，高标准建设连接县城、工业园区、旅游景区的道路，打通西部地区吸纳财富、聚集人气的"黄金通道"。加大招商引资力度，抓好资源对接资本，最大限度地发挥优势、挖掘潜力，依靠大开放促进大开发。力促河北钢铁冶金工业园和唐县冀东水泥、涞水冀东水泥、曲阳金隅水泥等项目快建设、快投产、快见效。坚持科学发展、保护优先的原则，严格项目准入，既要改变西部山区贫困面貌，又要为子孙后代留住绿水青山。

加快对接京津进程。坚定不移地把对接京津作为必然性、方向性选择，更加自觉、更加主动、更加紧密地推进全方位对接。抓住北京加快南部地区发展、天津聚力打造滨海新区和央企战略转移的机遇，谋划实施一批能源交通、环境保护、房地产、休闲旅游和工业对接项目，承接产业、消费、人才转移扩散。充分发挥政府主导和企业主体作用，加强宣传推介，在京津掀起合作双赢的"保定热"。要通过几年的努力，把我市打造成首都北京的"卫星城"和京津冀经济圈的一颗耀眼明珠。

（二）大力推进项目建设，增强发展支撑力。投资拉动是我市加快发展的第一支撑。坚持把项目建设作为抓发展、保增长、调结构、促转变的关键之举。

全面落实项目责任。今年初步安排市以上重点项目500项左右，总投资3000亿元以上，年度投资300亿元以上。突出抓好"四个一批"：加快推进投资60亿元的英利多晶硅太阳能电池、投资28.1亿元的南郊电厂、投资9.3亿元的河北长安汽车扩能、投资12.6亿元的安新大无缝铜杆、投资8.7亿元的高阳宏润印染、投资6.5亿元的雄县锂离子电池、投资6.1亿元的曲阳田原化工、投资10.1亿元的顺平国际肠衣交易中心、投资8.1亿元的安国九州通中药材物流、投资6.7亿元的涞水天鹅湖旅游开发、投资4.6亿元的保定华劲服饰等一批在建项目；力促投资43.9亿元的六九硅业二期、投资31.1亿元的天威薄膜电池二期、投资23.2亿元的涿州地球物理科技园、投资19亿元的易县北易水综合治理、投资15.8亿元的白沟箱包产销中心、投资12.9亿元的徐水巨力索具、投资6.5亿元的定州旭阳甲醇和焦化、投资5.1亿元的阜平焦化、投资4.6亿元的满城太阳能电池板、投资5.6亿元的博野太阳能沼气发电、投资3.9亿元的蠡县中国皮都市场改造、投资3亿元的唐县日用陶瓷、投资2.3亿元的保定欣达公司迁扩建等一批项目开工建设；确保投资10.7亿元的中纺依棉纺织服装、投资4.9亿元的清苑环保热电厂、投资5.4亿元的定兴喜之郎食品、投资2.3亿元的容城来福汽车灯泡、投资6亿元的电网改造等一批项目竣工投产；力争投资60亿元的华润东北郊热电联产、投资28亿元的涞源风电场和太阳能电站、投资21.6亿元的高碑店太阳能电池、投资16亿元的望都多晶硅、投资12.6亿元的长城汽车试验和技术中心、风帆产业园、惠阳产业园等一批前期项目取得实质进展。加强跟踪督导，建立健全月通报、季巡查、半年调度、年度考评的工作机制，严格执行红黄牌警示制度。继续实行重点项目一把手承包责任制和重大项目市级领导督办责任制，深入一线，紧盯紧办，全程服务，确保项目落地、投资落实。

抓好项目谋划招商。缺乏成熟的立市立县大项目和高科技、高附加值项目，是制约我市发展的主要因素，必须加大谋划和引进力度。积极做好中央新增投资和省重点项目申报工作，争取更多的支持。充分发挥企业主体作用，促其裂变生项目、引资上项目。围绕制定“十二五”规划，主动跑部进厅联企，争取更多项目列入国家和省专项规划。把今年作为“招商引资年”，发动全社会大力招商，掀起招商引资新高潮。每个部门单位都要明确招商责任和任务，强化措施，严格考核奖惩。进一步创新招商方式，组织专业队伍、专门人员，抓好专业招商、定向定位招商和小团组招商，特别要瞄准国家部委、大企业、大集团以及保定籍企业家，加强联络，融通感情，吸引更多的战略投资者，实现招商引资工作新突破。

搭建产业园区平台。园区是项目建设、产业发展、招商引资的重要载体。按照“产业向园区集中、园区向城镇集中”的原则，搞好土地挖潜，合理配置资源，每个县（市）都要精心打造一个产业特色鲜明、具有一定规模的园区。无论是已有园区，还是新建园区，都要坚持高起点、高标准，搞好规划环评，统筹抓好基础设施建设，为项目入园创造良好条件。加快省级以上开发区扩区后的规划建设。力争用5年左右时间，在全市形成以国家高新区为龙头、省级开发区为支撑、市级园区为主体、县级园区为补充的发展格局。

（三）着力构建现代产业体系，提升实力活力竞争力。坚持以发展低碳经济为主导，以转变发展方式为核心，盘活存量、做优增量，扩充总量、提高质量，推进产业升级迈出新步伐。

加大产业结构调整力度。坚持“好”字当头，着力构建以高新技术产业为先导、先进制造业为主体，以现代农业、现代服务业为基础和保障的现代产业体系。培育壮大先进制造业。用好先发优势，发展壮大光电、风电、输变电、储电、节电、电力自动化六个分支体系，建设好英利光伏发电技术和国电风力发电技术两个国家重点实验室，增强新能源产业技术研发和创新能力，延长产业链，做大产业规模，抢占发展先机，强力推进“中国电谷”建设。继续坚持错位发展，做大做强汽车及零部件产业，抓住当前国家对小排量汽车实行下乡补贴的机遇，继续发挥民营企业、民族品牌的优势和长城汽车、长安汽车的龙头作用，通过提高自主创新能力，实现规模和质量的突破，加力打造“华北轻型汽车城”。积极支持电子信息及新材料等高新技术产业发展，培育新的经济增长点。改造提升传统产业。推进产业整合升级，加快建设“京南纺织服装加工基地”；发挥农产品生产优势，加快推进食品产业发展；培育产业龙头，发展壮大建材、化工、医药等传统产业。积极发展现代服务业。发挥历史文化、自然生态和旅游资源优势，加快白洋淀温泉湖泊、涞水易县涞源山水避暑、涿州运动康体等五大休闲旅游聚集区建设，打响跟着老电影到保定旅行、狼牙山登山节、白洋淀旅游文化节等休闲旅游品牌，深化旅游服务质量提升年活动，推进旅游产业大发展。依托区位交通优势，建设保定物流中心和一批区域物流集散地，形成京津冀都市圈的重要物流节点。落实好扩内需、促消费的政策措施，高标准搞好城市商业网点规划，加强农村现代流通网络和特色专业市场建设，推进“万村千乡”[6]和“双百市场”[7]工程，继续做好家电、汽车、摩托车下乡[8]工作，培育消费热点。积极发展金融服务、文化体育、医疗保健、康复健身等现代服务业。力争到2015年，新能源产业销售收入达到1500亿元以上，汽车、纺织服装产业分别达到1000亿元以上，电子信息及新材料、食品、建材产业分别达到500亿元以上，把我市打造成京津冀都市圈中的先进制造业基地、绿色农产品加工供应基地、休闲度假旅游基地和现代物流基地。

加大企业组织结构调整力度。围绕改变企业“小散弱”状况，以骨干企业为龙头，积极推进跨行业、跨所有制企业兼并重组，培育一批技术装备水平高、自主创新能力强、规模实力雄厚的行业龙头。加强工业运行监测，抓好要素供应，强化对企业的扶持和服务，鼓励政府采购、工程建设优先使用本地产品。到2015年，培育10个销售收入过百亿元的大型企业集团。

加大技术创新力度。把技术创新作为现代产业发展的引擎，充分发挥高校和科研机构的优势，加快建设以市场为导向、企业为主体、产学研相结合的自主创新体系。开工建设高新区大学科技产业园。

设立创业和人才基金，市财政今年安排500万元，重点扶持企业和大专院校创新能力建设、关键领域技术研发、品牌建设和高端人才引进。打造重点产业创新平台，到2015年新建8家以上国家级技术创新、研发和检测中心。组织各行业、各企业与行业高端、强势企业开展“对标行动”，积极开展品牌建设“示范工程”，着力打造一批知名度高、市场占有率高、技术含量和附加值高，能够带动相关产业发展的优势产品。到2015年，培育30项在国内外叫得响的名优产品。

（四）认真做好“三农”工作，扎实推进新农村建设。更加重视农业、更加支持农村、更加关心农民，统筹更多公共资源投向农村，促进农业稳定发展、农民持续增收。

提高农业发展水平。围绕京津两大市场，打造绿色农产品加工供应基地，加快农业产业化进程，构建节约、优质、高效、开放、生态、安全的现代农业体系。加快粮食生产核心区建设，提高单产、稳定总产。发展设施农业，实施“种子种苗”、“农产品品质提升”工程，加快蔬菜、果品和畜牧养殖基地建设。大力发展乳品、肉类、果品、蔬菜、粮油五大食品加工业，深入实施“111行动计划”[9]，重点抓好10大标志性重点项目、10大农产品加工园区、203家市级以上重点龙头企业、100个一村一品示范村和100个农产品品牌建设，力争全市农业产业化经营率提高2~3个百分点。健全农产品质量监管体系，加强重大动物疫情防控体系建设，确保农产品质量安全。加强农民专业合作社、专业协会和农业科技服务体系建设，提高农业组织化程度和抵御市场风险能力。

拓展农民增收空间。落实好国家粮食直补、粮食收购、农机具补贴等各项强农惠农政策，做到不走样、不打折、不缩水。鼓励发展农村二、三产业特别是农产品加工业，大力发展劳务经济，加强农村职业教育和劳动力就业技能培训，从贷款发放、税费减免、工商登记、信息咨询等方面予以扶持，多渠道增加农民收入，力争年内转移农村富余劳动力16万人。加大扶贫开发力度，争取72个贫困村、1.8万贫困人口实现脱贫。

加快改善农村环境。加大财政支农力度，重点抓好“水、电、路、气、房”建设。全力保障农村饮水安全，解决174个村、17.55万人的饮水安全问题。加快南水北调天津干线及配套工程建设。完成22座大中小水库的除险加固任务，新增节水灌溉面积20万亩。深化农村电气化建设，推进“户户持卡”机井改造工程，新建电气化村200个。统筹做好农村道路规划，投资3.5亿元新改扩建农村道路800公里。新建农村沼气池4.8万个。继续把新民居建设作为一把手工程，进一步扩大试点范围，启动937个新民居示范村建设，加快新农村建设步伐。

（五）加快县城建设，发展壮大县域经济。县域经济是全市发展的根基。强市兴县富民，关键在兴县，必须把加快县城建设、加快发展县域经济更加突出出来。

大力推进县城建设。县城是县域经济的龙头，要科学规划、完善功能，因地制宜、分类指导，统筹资源要素，加快县城基础设施、产业园区、商业街区、城中村改造、住宅小区建设。积极探索有效办法，按照“五个一”运行模式[10]，建立健全县城建设推进机制。鼓励民间资本参与市政公用基础设施建设和经营。今年要按照“七个一”工作目标，全面启动县城建设，即建设一个工业园区、一个高标准社区、一条样板街、一条夜景精品景观线、一条特色街区、一个综合性公园、一批街旁绿地小景。全力实施“三百工程”：未来5年全市县城建成区面积增加100平方公里，县城人口增加100万人，财政收入增加100亿元。瞄准先进县（市）开展对标活动，制定赶超目标，努力建成一批基础设施完备、城市功能齐全，生活环境优美、文化特色鲜明，辐射带动力强、充满活力竞争力的中小城市群。

大力发展特色产业集群。县域经济特色突出，是我市的发展优势。要推进二次创业，实施“四名工程”：每个县（市）都要培育一个“知名特色产业”、一个“知名产业园区”、一批“知名企业”和一批“知名品牌”。加强对安国药业、白沟箱包、高阳蠡县纺织、容城服装、雄县塑料、曲阳石雕等特色产业的扶持引导，特别是14个省级特色产业集群，要全部建立完善“一会四中心”[11]，加快产业升级步伐，尽快做大做强。

大力支持民营经济发展。民营经济是县域经济的主体，要始终高看一眼、厚爱一层，放手放胆、全力支持。加大财政支持力度，推进中小企业融资担保体系建设，按照做大市级、做实县级的原则，采取财政增资、吸纳民资、股权合作、资金托管等方式，年内市级担保机构资本金达到亿元以上，大县（市）不低于5000万元，小县不低于3000万元。加大扶优扶强力度，对市百强企业、百佳成长型企业，在资金、技术、人才等方面给予倾斜。深化全民创业活动，抓好创业辅导基地建设，围绕企业准入、信贷担保、技术服务等方面制定更优惠的政策，创造更加宽松的发展环境。

大力加强企业家队伍建设。企业家是创造社会财富的引领者，要倍加重视、倍加爱护。在全社会营造关心、尊重、支持企业家的浓厚氛围，鼓励支持企业家在市场经济大潮中激流勇进、大显身手、成就事业。从市、县主要领导做起，完善与企业家联系制度，主动服务，多为企业解难题、办实事。组织开展学习培训、参观考察，开阔视野，激发动力，支持企业家健康成长。实施“回归创业工程”，以亲情乡情友情为纽带，吸引和动员在外创业的保定老乡回家乡投资、服务家乡发展。

（六）强力推进“三年大变样”，努力提升城市品位。打好“三年大变样”攻坚战，彰显历史之韵、传承文化之魂、营造山水之秀、建设低碳之城、展示现代之气、培树文明之风，全面提升保定品位。

建设山水城市。深入推进大水系建设。加快两库连通和北线自流引水工程进度，年内外环通水。综合整治市区防洪堤，使其成为“水清岸净、路通景美”的靓丽景观。开工建设以关汉卿大剧院、博物馆为主体的东湖水上文化公园，谋划建设西湖水上体育主题公园，加快打造“五湖十园”[12]水系景观，再现清水绕城风貌。建立大水系综合管理机制，确保水质清洁、水系安全。加强对饮用水源地的保护，确保城市饮用水质达标率保持100%。建立白洋淀长效补水机制，确保白洋淀水质稳定和生态逐渐恢复。加强西部山区绿色生态屏障建设，全面打造西依太行山、东临白洋淀、中间水相连的山水保定。

建设陆港城市。围绕拉开城市发展框架，加快大交通建设。推进外围“联接工程”，加快张石二期、保阜二期、荣乌、张涿、京昆北延等高速公路建设，构建“三纵四横一环”[13]高速公路网。推进京石高铁（保定段）和保津城际铁路建设，开工建设京石高铁客运站，扩建保定火车站，加快构建“金十字交叉”[14]铁路网。推进市区路网“闭合工程”，建设高速北外环和西二环，规划建设裕华路、东风路、七一路东延和穿京石高速、高铁立交桥，构建环路相接、纵横相联的路网框架，把我市打造成为环京津、环渤海地区东出西联、南北贯通的交通枢纽城市。

建设宜居城市。依托京石高铁客运站，在城东规划建设占地10平方公里的城市新区。推进高新区托管共建工作，建设功能齐全、设施配套、环境宜人、产业聚集的电谷新区。推进府河、清真寺、西大园三大片区改造，建设三大宜居新社区。高标准建设万博广场、世纪财富广场、西郊万亩森林生态园等精品景观和地标建筑，打造一批城市新亮点。加快淮军公所、清河道署、光园和总督署西路等古迹修缮步伐，推进西大街等综合整治工程，发展、聚集、壮大一批古城“老字号”，再现明清建筑和人文风貌，打造文化名城。树立现代城市经营新思维，按照市场经济规律办事，对城市土地资源展开调查，盘活存量，做优增量，加大商业、房地产、公共事业、基础设施开发和城中村改造力度。全面推行城市网格化管理，市区主街主路达到“七无一规范”[15]标准，塑造干净、有序、通畅、文明的城市形象。

建设低碳城市。放大低碳试点城市优势，倡导低碳型生产、生活和消费方式，坚定不移地走低碳发展之路。继续推进太阳能之城建设，实施好“十城万盏”LED照明、“太阳能屋顶计划”和建筑节能工程。继续开展“蓝天、碧水、绿荫”行动，加快市区集中供热规划的制定和供热站建设，建设天然气第二气源。实施“交通、施工、环卫、矿业”四绿工程，进一步改善提升空气质量。确保污水处理厂达标运行、垃圾处理场年底前全部投入使用。加快“双三十”和“8+13”重点区域、重点单位工程建设进度，确保完成“十一五”节能减排目标。推进“百乡千村”环境综合整治三年行动[16]。开展生态县（市）、环境优美城镇和“五绿单位”[17]环保创建活动，争创国家园林城市和国家森林城市。

（七）深入推进重点领域改革，努力提高对外开放水平。实现又好又快发展，必须用更解放的思想、更积极的姿态、更有力的措施来推进改革开放，获取新的发展空间和动力。

深化行政管理体制改革。完成市、县政府机构改革任务，进一步转变职能，不断改进管理方式和服务手段。积极推进文化和医药卫生体制改革。加快县（区）管理体制改革，最大限度地放权松绑、重心下移、激发活力。深化户籍制度改革，户口迁移政策市区要放宽、县城（建制镇）要放开，使更多的农业人口在城镇就业和落户。

深化国有企业改革。坚持把国企改革作为盘活存量、激发活力、维护社会稳定的重要举措，完成破产企业后续扫尾工作，采取多种形式放开搞活中小企业。继续做好河北钢铁集团对涞钢、涞铜实施战略重组和天鹅集团与恒天集团战略重组工作。加大国有资产监管力度，防止国有资产流失。

深化农村各项改革。稳定完善农村基本经营制度，按照依法、自愿、有偿的原则，引导土地承包权规范有序流转，发展多种形式的适度规模经营。坚持最严格的耕地保护制度和节约用地制度，积极探索新型农村宅基地管理办法。继续推进撤乡建镇工作。统筹推进农村综合改革、集体林权改革等各项改革。

深化财税金融体制改革。依法加强税收征管。深化实施零基预算和绩效预算，优化支出结构，保障重点支出。完善县乡财政体制，发挥财政杠杆作用，提高财政支撑发展的保障能力。加快金融领域改革步伐。把今年作为优化金融生态环境年，在全社会开展诚信教育，培育诚信企业，完善社会征信体系，打造“诚信保定”。加强协调服务，抓好银企对接，使更多的企业得到银行支持。充分发挥市交通、土地、城建等投融资平台作用，做好资产、资源变资本大文章。建立健全对金融机构的考评激励机制，充分发挥国有商业银行作用，让金融机构更好地支持地方经济发展。积极引进域外金融机构，今年再争取两家以上股份制银行落户我市。制定政策，鼓励和支持企业上市融资，争取惠腾等企业年内上市。放开投资领域，广泛吸引民间资本，促进民间投资较快增长。

加大对外开放力度。树立开放度有多大、发展空间就有多大的理念，拓展对外开放的广度和深度，提高外向型经济水平。瞄准长三角、珠三角以及港台、日韩、欧美等重点区域和世界500强、国内500强，积极拓展开放合作领域。进一步优化外贸出口结构，转变贸易发展方式，培育壮大出口骨干企业，推进国家新能源出口创新基地、国家汽车及零部件出口基地建设，以大开放、大招商促进大合作、大发展。

（八）倾力保障和改善民生，促进社会和谐稳定。老百姓最关心六件事：就业、社保、看病、上学、住房、安全。今年，重点围绕这些方面，市委、市政府将投入巨大的财力物力，办好24件实事。

着力做好就业和社会保障工作。把就业作为民生之本，突出抓好零就业家庭、低保对象、残疾人和高校毕业生就业工作。积极开展就业援助，征集就业岗位8000个，组织2000名大学生参加就业见习计划。发展劳动密集型企业，鼓励自主创业，以创业带就业，城镇新增就业7.32万人。推进社保扩面，将中小企业、灵活就业人员和农民工纳入社会保险覆盖范围。抓好新型农村养老保险试点，提高企业养老、失业和工伤保险待遇。稳步提高城镇职工、居民医保住院费用报销比例，新农合补助标准提高到120元，年报销限额提高到每人4万元。提高城乡低保标准，实现动态管理下的应保尽保。加强养老服务体系建设，新增床位2165张，加大“五保”供养力度，推进敬老院、光荣院、福利院建设和“三院合一”工作。积极开展残疾人、流浪者救助行动，让广大群众共享发展成果。

加快发展社会事业。优化公共资源配置，促进公共服务均等化。市县财政要更多地向社会事业倾斜，建设公共财政、民生财政。实施“四大工程”：一是医疗卫生覆盖提质工程。稳步推进新医改各项政策落实。推进医疗卫生资源向基层倾斜，做好城市支援农村和社区医疗卫生工作。分配到市县医院的毕业生要先到基层锻炼，医护人员评定职称要与基层工作经历挂钩。完成21个县医院、乡镇卫生院的改扩建工程，为464个空白村建设卫生所，力争85%以上的乡镇卫生院达到示范标准，城市社区卫生服务覆盖率达到98%。建立大病救助基金，解决困难群体看不起病的问题。做好甲型H1N1流感、手足口病等重大传染病防控工作。二是教育事业优先发展工程。落实义务教育经费保障机制，推进义务教育均衡发展，年内基本普及高中阶段教育，提高教育教学质量。统筹合理配置全市教育资源，在城区东北部建设一所九年一贯制学校，解决宜居新区没有学校问题。投资8720万元，实施农村中小学校舍维修改造工程。资助家庭困难学生9万人。巩固职业教育规模，大力支持高校建设。三是文化体育事业繁荣工程。进一步加强文化中心、体育中心、博物馆、图书馆、文化馆、乡镇综合文化站和农家书屋[18]建设，实施文化信息资源共享工程。加快动漫产业基地和体育人才培养基地建设，办好彩色周末、敬老健身节、古城戏剧节、空竹艺术节、篮球文化节等节庆活动，建设文化体育大市。四是市民素质提升工程。统筹解决人口问题，努力解决出生人口性别比偏高问题，实施优生促进工程，加强流动人口管理，确保低生育水平持续稳定。加强精神文明建设，广泛开展文明生态社区、文明诚信企业、文明规范行业、文明高效机关等创建活动，争创全国和谐社区建设示范市和全国文明城市。推进军民融合式发展，做好国防动员、民兵预备役工作，争创全国双拥模范城七连冠。

加强便民设施建设。新增天然气公交车150辆，延长部分线路营运时间，推进公交站亭智能化改造，基本实现公共交通全覆盖。新改扩建市区3条主干道、10条次干路和13条便民小路。整修改造市殡仪馆路和周边环境。对长城大街等3座危桥进行维修改造，新建2座过街天桥。实施公共场所和街道亮化工程，确保市区主次干道亮灯率达到98%以上。新建供气管线10公里，新增天然气1万户，新建供水管网20公里。加快市区居民水表、电表改造步伐。政府补贴资金加大老城区供热、供水管网维修力度。实施安居工程，落实房价稳控政策，全市筹建3750套廉租房，市区建设15万平方米经济适用住房，改善旧住宅小区40万平方米，让更多群众搬进新居。

努力促进社会和谐稳定。牢固树立安全发展理念，健全公共安全预防和应急处置机制。严格落实安全生产“一岗双责”，加大安全隐患排查整改力度，有效防范安全生产事故。深入开展食品、药品安全专项整治，强化产品质量监管，让群众买着放心、吃着安心。整顿规范市场经济秩序，依法查处商业欺诈、传销、制售假冒伪劣商品、扰乱医疗秩序等违法行为。积极排查化解和妥善处理社会矛盾，抓好社会管理创新，强化公正廉洁执法，重视做好信访工作，认真解决征地拆迁、企业改制、环境污染、涉法涉诉等关系群众利益的突出问题。加强社区、农村、企业、学校等基层社会治安防控体系建设，深入开展扫黄打黑除恶等专项行动，依法严厉打击刑事犯罪，努力增强人民群众的安全感，让老百姓生活更加安宁。

**四、切实加强政府自身建设**

新的一年，面对发展的巨大压力和繁重的工作任务，我们一定发扬“敢为、求实、争先”的精神，切实做到“为民、务实、清廉”，叫响“服务、放权、提效”，努力创造良好的政务环境。

大胆解放思想，提高创新力。没有思想的解放，就没有创新的举措和办法；没有观念的更新，就难以打破体制机制的束缚。要进一步打开解放思想这个“总阀门”，努力破除官本位思想观念，推动政府工作由“重管理”向“重服务”转变；破除小富即安、小进即满的思想意识，强化奋发争先、勇立潮头的进取精神；破除畏首畏尾、四平八稳的思想状态，激发敢想、敢闯、敢试的干事热情。把学习作为解放思想的钥匙，不断用新知识武装头脑，积极走出去开阔视野，加强学习型政府建设。把创新作为思想解放的标尺，凡是符合科学发展观要求的，什么办法管用就用什么办法；凡是法律法规没有明令禁止的，都可以大胆尝试；凡是外地成功的经验，都可以大胆借鉴；凡是不利于科学发展的条条框框，都要坚决突破。

全面优化环境，增强服务力。牢固树立“发展第一、事业为重、群众为本、企业为先”理念，着眼于“便民、便企”，深化“干部作风建设年”活动成果，推进政府自身革命。深化行政审批制度改革，进一步削减理顺审批前置条件，下大力解决“人为提高审批门槛”问题。强化行政服务中心建设，全面落实“一口”对外、“一次”告知、“一条龙”服务、“一长”负责、“一章”审批，开辟“绿色通道”，限时限期办结。强化行政效能监察，深入开展群众评议活动，加强社会监督，逐步推行网上审批、电子监察、电子预警三网并轨运行。市、县两级政府成立企业和百姓投诉中心，直接对市长、县长，严厉查处个别政府工作人员“吃拿卡要”、不作为、乱作为问题，严厉查处扰乱项目建设和企业环境的行为，严厉查处以各种名目向企业拉赞助、搞摊派、乱检查、乱收费问题，严厉查处暗箱操作、权力寻租问题。要出重拳、用重典，解决“成本高”、“办事难”，努力让企业和普通百姓办事顺畅、心情舒畅。总之，要通过努力，使我市行政审批在全省环节最少、程序最简、费用最低、服务最优。

严格落实责任，强化执行力。人民政府为人民，对人民负责首先是对工作负责。一定常怀敬民之心、勤思富民之策、笃行利民之举，恪尽职守，履职尽责。进一步完善工作促进机制，设立科学的考核指标体系，建立严格的失职责任追究制和效能投诉查实待岗制，严格目标责任制，强化督导，跟踪问效。保持积极向上的精神状态，敢于直面矛盾，勇于承担责任，带头攻坚克难。树立强烈的时效观念，大力精简会议、文件和事务性活动，腾出更多时间，深入一线解决问题，雷厉风行推动工作，做到工作快节奏、办事高效率、干事讲质量。对决定的事情、承诺的事项，拒绝理由，一抓到底，不打折扣。大力弘扬真抓实干、求真务实的工作作风，说实话、办实事、求实效，多做打基础、利长远的事，多做老百姓受益的事，决不搞劳民伤财的政绩工程，不搞哗众取宠的形式主义，不做欺上瞒下的表面文章，让各项工作经得起实践、历史和人民的检验。

严格依法行政，提升公信力。加强规章制度建设，加快政府审批制度化、政府权力公开化、政府行为规范化、政府工作法制化进程。进一步完善科学民主决策机制，不断创新联系群众方式，畅通民生热线、市长专线和短信平台、企业家热线等民意渠道，完善重大问题集体决策、专家咨询、社会公示听证等制度，问政于民、问需于民、问计于民，让政府工作充分体现人民群众的意愿。自觉接受人大法律监督和工作监督，自觉接受政协民主监督、人民群众监督和舆论监督，认真听取各民主党派、工商联、离退休老干部和社会各界人士的建议和意见，主动加强与工会、妇联、共青团等人民团体联系，不断改进政府工作。加强行政执法监督，确保公平、公正、文明执法。完善行政复议和行政过错追究制度，切实提高依法制定政策、管理社会事务的能力和水平。“阳光是最好的防腐剂”，深入推进政务公开，建设“阳光政府”，让权力在阳光下规范运行。

坚持清廉从政，培树影响力。认真落实领导干部廉洁自律各项规定，健全教育、制度、监督并重的惩治和预防腐败体系，标本兼治，努力从源头上治理腐败。切实加强政府采购、工程建设、房地产开发、土地管理、矿产资源开发、国有资产管理等领域的专项治理。加大对重点部门、重点资金、重点项目的审计监督力度，特别要加强过程和环节的监管，确保每个项目都成为优质工程和廉政工程。坚持从严治政，坚决查处违纪违法案件。牢固树立过紧日子的思想，带头压缩开支，厉行勤俭节约，把更多的资金用到保增长、促转变、惠民生上来。始终牢记“两个务必”，牢固树立正确的政绩观和权力观，自警自励、勤政廉政，以政风引导民风、以为民取信于民，建设人民信得过的政府。

各位代表，团结凝聚力量，奋斗铸就辉煌。美好明天要靠大家携手创造！让我们在省委、省政府和中共保定市委的正确领导下，在市人大、市政协的监督支持下，紧紧依靠全市人民，深入贯彻落实科学发展观，解放思想、振奋精神，只争朝夕、争先进位，不遗余力抓发展，积极进取求突破，为实现我市又好又快发展、强市兴县富民的宏伟目标而努力奋斗！

**※名词解释※**

[1]“十城万盏”试点城市：2008年底，科技部和财政部启动实施了“十城万盏”半导体照明推广计划，通过政策和资金支持，扩大半导体照明市场规模，引导我国半导体照明应用健康快速发展。包括我市在内的21个城市被列为首批试点城市。

[2]“双三十”和“8+13”：2007年，河北省分别确定了30个节能减排重点县和30个节能减排重点企业，其中包括我市高阳、蠡县、安新、满城4县和天鹅股份有限公司1家企业。我市也确定定州、清苑、徐水、涞源、高碑店、南市区、北市区、新市区8个重点县（市、区）和大唐保定热电厂、风帆集团、保定亚新钢铁有限公司、河北长城长电极有限公司、保定太行和益水泥有限公司、涿州亿力达热电有限公司、河北八达集团白合水泥有限公司、河北雄威化工股份有限公司、阜平县化工有限责任公司、河北大发纸品厂有限公司、田原企业集团、保定毅顺化工制品有限公司、保定明珠化工集团有限公司等13家重点企业作为全市节能减排重点单位。

[3]“金秋助学”：是市委、市政府深化亲民爱民活动的一项重要举措。去年，通过建立“困难学生救助基金”，动员社会力量救助考上大学的困难学生，让2100名贫困学生顺利走进了大学。

[4]中小学校舍安全工程：国务院决定从2009年开始，用三年时间，在全国中小学校开展抗震加固、提高综合防灾能力建设，使学校校舍达到重点设防类抗震设防标准，并符合对山体滑坡、崩塌、泥石流、地面塌陷和洪水、台风、火灾、雷击等灾害的防灾避险安全要求。

[5]“十个严禁”：结合全省“干部作风建设年”活动的开展，河北省纪委、组织部、监察厅、人力资源和社会保障厅联合下发了《关于狠刹不良风气的规定》，就严肃工作纪律和加强行为规范做出了十条规定。

[6]“万村千乡”：是国家2005年开始实施的农村现代流通网络建设专项工程，主要是在农村逐步推行连锁经营，用现代流通方式改造农村商业网点，形成以万村千乡承办企业为龙头、乡镇店为骨干、村级店为基础的新型农村流通网络，改善农村消费环境，保障农民放心消费、安全消费、方便消费、实惠消费。

[7]“双百市场”：是国家2006年开始实施的农产品市场建设专项工程，主要是通过政策引导、企业自主建设，每年支持建设和改造百家以上大型鲜活农产品批发市场和百家以上县乡农贸市场。

[8]家电、汽车、摩托车下乡：为顺应农民消费升级的新趋势，国家运用财政、贸易政策，引导和组织工商联手，开发、生产适合农村消费特点、性能可靠、质量保证、物美价廉的家电、汽车、摩托车等产品，并提供满足农民需求的流通和售后服务。并采取不同形式，对农民购买纳入补贴范围的产品给予一定比例的财政补贴，以激活农民购买能力，扩大农村消费，促进内需和外需协调发展。

[9]“111行动计划”：是我省2006年开始实施的旨在推进农业产业化的一项行动计划，主要是指省、市、县三级每年各抓10个农业产业化项目。

[10]“五个一”运行模式：即一个土地收储中心、一个融资平台、一个贷款担保中心、一个产业园区、一支专业队伍。

[11]“一会四中心”：即一个行业协会和检测、研发、信息、培训中心。

[12]“五湖十园”：即沿着“水外环”河系，建设南湖、北湖、西湖、东湖和新湖五个湖；“十园”，即古莲池、刘守庙文化园、侯河生态园、汽车产业文化园、军校广场、竞秀公园、一亩泉湿地园、植物园、黄花沟生态园、生态文化园十个公园。

[13]“三纵四横一环”：三纵，京港澳高速（保定段）、大广高速（保定段）、京昆高速（保定段）；四横，廊涿高速—廊涿张石连接线—张石高速涞水至涞源段、曲肃高速、荣乌高速（保定段）、保沧高速—保阜高速；一环，由京石高速、荣乌高速、张石高速、保沧保阜高速在保定周边互通连接，形成高速外环。

[14]“金十字交叉”：京石高铁建成后纵贯南北，保津高铁与谋划的天（津）保（定）大（新）铁路建成后横穿东西，将在保定市区东部形成高速城际铁路的十字交叉。

[15]“七无一规范”：即无店外经营、无店外堆物、无店外加工、无乱贴乱画、无摆摊设点、无违法建设、无乱停乱放、户外广告整齐规范。

[16]“百乡千村”环境综合整治三年行动：自2009

年起，河北省优先选择位于环境敏感和重点区的100个乡（镇）1000个行政村作为试点，采取财政奖补手段，实施生态环境综合整治，并以此为示范，全面推动农村环境基础设施建设，加快解决农村突出环境问题。

[17]“五绿单位”：即绿色学校、绿色社区、绿色机关、绿色医院、绿色饭店。

[18] 农家书屋：是文化惠民工程的一项内容，指在每个行政村建一个书屋，按2万元的标准配置图书、报刊、音像制品和电子出版物。

# 大 事 记

## 1　月

1月1日

市委书记宋太平、市长于群在《保定日报》发表新年献词：《向着又好又快发展强市兴县富民目标扎实迈进》。献词指出，在新的一年里，市委、市政府将认真贯彻党的十七届三中全会、省委七届四次全会和中央、省经济工作会议精神，以科学发展观为统领，以保增长、调结构为主线，以项目建设为核心，以改革开放为动力，以改善民生为根本，以优化环境为保障，努力使经济、政治、文化、社会和党的建设再上新的台阶。

1月2日

保定市第七届戏剧节闭幕式暨京剧名家名段演唱会在百世开利会展中心举行。此场演出是保定市第七届戏剧节的“压轴大戏”。市领导崔启慧、王洪斌等观看演出，并慰问了演职人员。本届戏剧节2008年12月26日开幕，于魁智、李胜素、李崇善、王蓉蓉等众多戏曲名家先后来保献艺，丰富了古城节日期间的群众文化生活。

1月5日

中共保定市委九届七次全体（扩大）会议在百世开利会展中心召开。市委书记宋太平主持会议，并代表市委常委会作题为《坚定信心，迎难奋进，为实现又好又快发展强市兴县富民而不懈奋斗》的工作报告。会议的主要任务是，深入学习贯彻党的十七届三中全会、省委七届四次全会和中央、省经济工作会议精神，总结2008年工作，部署2009年任务。会议提出，2009年工作的总体要求是：以科学发展观为统领，以保增长、调结构为主线，以项目建设为核心，以改革开放为动力，以改善民生为根本，以优化环境为保障，全面加强经济、政治、文化、社会以及生态文明建设和党的建设，争先进位实现新突破，又好又快发展取得新成效，强市兴县富民展现新业绩，以优异成绩迎接新中国成立60周年。

1月6日

为进一步贯彻落实党中央、国务院关于扩大内需、促进经济平稳较快增长的决策部署，发挥房地产市场在扩大内需中的积极作用，促进房地产业健康有序发展，市政府出台了《关于促进全市房地产市场健康有序发展的若干意见》，就认真贯彻落实国家和省支持鼓励居民购房的优惠政策、优化房地产开发建设环境、加大保障性住房建设力度、规范房地产市场等方面提出一系列指导意见。

1月9日

以政府财政资金为主、吸引社会资金建立的科技风险投资机构——保定市创元科技风险投资有限公司正式成立。公司主要针对保定市中小企业的高科技项目进行支持，培育和壮大成长型企业，促进科技成果的转化，重点对高新技术企业在产业化规模发展阶段给予资金投入，使其尽快形成产业规模。创元科技风险投资有限公司的成立，填补了保定市科技风险投资的空白。

1月14日

市委书记宋太平、市长于群等市领导先后到66393部队、军分区、武警支队进行慰问。宋太平代表市四大班子领导和全市人民向部队官兵拜年，感谢他们为地方经济建设特别是奥运安保、抢险救灾等急难险重任务中作出的贡献，祝全体官兵新春愉快。每到一处，市领导都为部队官兵带去了包括猪肉、鸡蛋和苹果在内的慰问品。

1月15日至16日

市财政紧急下拨资金5700万

元，为城乡困难群众发放一次性生活补贴，全市44.6万困难群众受益。此次发放一次性生活补贴的对象范围为全市城乡低保对象、农村五保对象、享受国家抚恤补助的对象以及建国前入党的农村老党员和未享受离退休待遇的城镇党员。补贴标准为：农村低保对象和农村五保对象每人100元，城镇低保对象每人150元，享受国家抚恤补助的对象以及建国前入党的农村老党员每人180元。所需资金全部由中央财政承担，并在春节前将补贴资金发放到困难对象手中。

## 2　月

2月1日至2日

省长胡春华在市委书记宋太平、市长于群等陪同下，先后到涞水、涿州、高碑店等县（市）的一些企业考察。就落实中央和省的各项决策部署、加强与京津合作进行调研。在高碑店市，胡春华听取了保定市部分县（市）关于与京津合作的工作汇报。宋太平主持汇报会。胡春华强调，保定市要把加强与京津合作作为发展的方向性选择，以北京、天津为中心城市，依靠京津的带动加快自身发展。

2月4日

香港《文汇报》副总编辑林旭江一行7人到保定市考察访问。市长于群在电谷锦江国际酒店会见了林旭江一行。于群向客人简要介绍了保定市经济社会的发展状况，对《文汇报》长期以来给予保定的关心和帮助表示感谢，并希望2009年冀港投洽会期间继续得到《文汇报》等香港媒体的关注、支持。林旭江表示，保定的发展和新能源产业很有特色，《文汇报》将进一步加强同保定的沟通联系，加大宣传力度，让更多的香港人了解保定，了解新能源产业，支持保定发展。

2月6日

市长于群在电谷锦江国际酒店会见了来保定访问的日本松下集团公司副社长牛丸俊三一行。在简要介绍了市情和经济社会发展状况后，于群希望双方加强交流沟通，谋求互惠合作。牛丸俊三表示，近年来，松下集团注重发展节能产业，正在进行节能产品的研发，希望有机会与保定市开展合作。

2月6日

保定市召开防汛抗旱指挥部紧急会议，分析全市旱情，研究部署当前抗旱工作，决定启动全市Ⅱ级抗旱应急响应。2008年10月下旬以来，保定市一直未出现有效降水。由于大部分麦田普浇冻水，墒情尚可，还没有出现大面积枯苗现象。但随着气温逐渐回升，农田消冻，土壤失墒加快，如果旱情持续发展，将给春耕生产和人畜饮水安全带来严重影响。

2月4日至7日

政协保定市十一届二次会议在百世开利会展中心召开。市委书记宋太平，市委副书记、市长于群等市领导出席会议。受政协保定市第十一届委员会常务委员会的委托，市政协主席崔启慧向大会作工作报告。会议期间，委员们紧紧围绕“又好又快发展、强市兴县富民”中心任务，通过大会发言、撰写提案、小组讨论、反映社情民意等多种形式，提出了大量具有建设性、前瞻性和可行性的意见和建议。会议审议通过了政协保定市第十一届委员会第二次会议政治决议，审议通过了政协保定市第十一届委员会第二次会议关于常务委员会工作报告的决议，审议通过了政协保定市第十一届委员会第二次会议关于政协十一届一次会议以来提案工作情况报告的决议，审议通过了政协保定市提案委员会关于政协十一届二次会议提案审查情况的报告。

2月5日至8日

保定市十三届人大二次会议在百世开利会展中心召开。市委书记宋太平、市委副书记李剑方、市政协主席崔启慧等出席会议。市人大常委会主任李光耀主持会议，市长于群作《政府工作报告》。会议以电子表决的方式，通过了关于保定市人民政府工作报告的决议；通过了关于保定市2008年国民经济和社会发展计划执行情况与2009年国民经济和社会发展计划的决议；通过了关于保定市2008年市本级预算及市总预算执行情况和2009年市本级预算及市总预算的决议；通过了关于保定市第十三届人民代表大会常务委员会工作报告的决议；通过了关于保定市中级人民法院工作报告的决议；通过了关于保定市人民检察院工作报告的决议。

2月11日

保定市召开城区排水雨污分流改造项目实施动员大会。会议宣读了《保定市大水系工程建设城区排水雨污分流改造项目实施意见》。意见指出，按照“全民发动、社会参与、属地整治、集中攻坚、长效管理”的原则，采取“统一规划、自上而下、由里到外、协调配合、一步到位”的方式，在市区范围内的部分现状城市支路及社区道路下敷设污水管道；沿河道敷设部分污水截流管道，对接驳入河雨水管道的污水支管进行切改；排查市区范围内单位及居民小区内部排水系统，对雨污水合流管道实行分流改造。2009年全部完成城区排水系统雨污分流项目改造工作，努力把保定打造成为功能完善、交通便捷、环境优美、和谐宜居的生态型文化古城。会议强调，要坚定信心，拒绝理由，全面动员，划清责权，科学施工，打好雨污分流改造这场人民战争。

2月12日

保定市气象部门抓住难得的天气时机，开展大规模人工增雨作业，为全市1129万亩耕地夺来了“救命水”。据全市19个气象台站和160多个区域自动站加密雨量监测显示，在自然降水和人工增雨作业的共同作用下，截至12日15时，除阜平外，全市大部分旱区出现小雨，平均降水1.1毫米，最大降水量出现在涞水县石亭站点，为2.8毫米。此次降水对缓和当前冬小麦旱情十分有利，可促使墒情偏差地区青枯苗的转化，同时有效降低了西北部山区森林火险等级。

2月13日

保定市召开京广铁路保定站改造工程预可行性研究审查会。铁道部、北京铁路局等单位负责人参加审查会。中铁工程设计咨询集团有限公司、中铁二院工程集团公司分别就各自的火车站设计方案进行多媒体展示。“火车站扩建及西大园片区改造项目”是保定市“三年大变样”的重点工程之一。保定市已完成对火车站扩建拆迁部分的摸底调查，其中住宅建筑面积40945平方米。企业共14家，土地面积约89.9亩，总建筑面积30381平方米。

2月13日

保定市组织收看全省“干部作风建设年”活动动员大会。会议指出，2009年将以深入实际、破解难题、优化发展环境、推动科学发展、促进社会和谐为主题，在全省各级干部中开展“干部作风建设年”活动，突出抓好县（处）级以上领导班子和领导干部，使全省干部队伍作风明显改进。省委书记张云川作动员讲话。

2月17日

《保定日报》在头版刊发中共保定市委、保定市人民政府2009年在直接关系群众生活方面要办的10项62件实事，涉及推进再就业和社会保障工作、完善城市公共设施、健全保障性住房体系、加强公共医疗卫生建设等与群众生活密切相关的诸多领域。

2月18日

保定市召开全市稳定工作会议，全面总结上年工作，对2009年稳定工作进行部署。市委书记宋太平强调，稳定工作事关全市发展大局，事关人民群众切身利益，事关党和政府的威信和形象。全市各级领导干部要以积极的工作态度，扎实的工作作风，全力做好维护稳定的各项工作，为实现全市持续稳定和又好又快发展做出新的更大贡献。宋太平强调，做好2009年的稳定工作，必须牢固树立“持续保稳定”的思想，继续坚持“预防为主，抓早抓小，法情并重，处置得当”的原则，落实好“关键在县委、重点在部门、根本在基层”的主体责任，确保全年不发生影响稳定安全的重大事件，不断巩固全市稳定和谐的社会局面。

2月18日

市委、市政府在百世开利会展中心召开2009年全市城镇面貌三年大变样工作动员大会。市委书记宋太平主持会议并讲话。会议要求，2009年要以更大的决心、更强的力度、更高的水平，迅速打开城镇面貌三年大变样工作新局面，务求取得新的更大突破。

2月18日

市委、市政府在百世开利会展中心召开大会，贯彻落实省委、省政府的决策部署，对在全市各级干部中开展“作风建设年”活动进行具体安排部署。市委书记宋太平讲话。会议要求各级各部门一定要紧密联系当前干部队伍建设的实际，充分认识开展这一活动的极端重要性和现实紧迫性，把思想和行动统一到省委、省政府的要求上来。

2月20日

保定市召开全面对接京津广播电视大会。市委书记宋太平讲话，市长于群主持会议。会议指出，对接京津是保定加快发展的方向性选择。要坚持面向京津，全面开放、主动融入、借力发展，由被动接受京津吸引向主动承接京津辐射转变，由被动提供服务向主动搞好对接转变，打造京南卫星城镇链，把保定建成京津经济发展协作区、产业配套合作区和休闲旅游区。

2月20日

《中国纪检监察报》头版头条以《密切党群血肉联系的机制创新——对保定市建立农村（社区）群众工作站的调查》为题，对保定市农村（社区）群众工作站工作进行了专题报道，并配发了评论员文章和照片。

2月26日

市政府召开津保铁路保定段线路选址调度会，铁道部第三设计院负责人向于群等市领导介绍了津保铁路保定段的最新线路选址方案。市领导及沿线各县领导与铁道部第三设计院设计人员就线路走向、站名设置等问题交换了意见。津保铁路东起天津交通枢纽天津西站，全长约160公里，其中保定境内为92.5公里，估算总投资85亿元。路线沿保津高速公路北侧途经雄县、白沟·白洋淀温泉城、容城、徐水等地，在保定市境内共设五座车站。该铁路计划2009年开工建设，设计时速为200～250公里。

## 3 月

3月2日

保定市召开深入学习实践科学发展观活动动员大会，全市学习实践活动全面启动。市委书记宋太平讲话，市委副书记、市长于群主持大会。

3月3日

召开提高行政审批效能，优化房地产发展环境动员暨培训工作会议，公布了《保定市房地产开发项目联合审批实施方案（试行)》，对房地产开发项目实行“一章制”。

3月5日

在第10个中国青年志愿者服务日之际，由团省委、省青年志愿者协会主办，团市委、市青年志愿者协会协办，以“服务城市大发展、争当城市志愿者”为主题的“服务三年大变样——百万志愿者爱城行动”启动仪式在直隶总督署广场举行。

3月5日

保定市工业经济工作会议召开。市委书记宋太平出席会议并讲话。会议强调，实施“工业西进”战略，是市委、市政府确定的三大战略之一，要牢固树立工业兴市、工业兴县理念，在加快东部地区发展的同时，大力发展西部工业，努力推动全市经济统筹协调发展。会上还对2008年度全市工业50强企业和纳税超亿元工业企业进行了表彰。通报了工业西进工作进展情况。涞源县、高阳县、天威集团有关领导作典型发言。

3月5日

保加利亚、塞浦路斯、美国等19个国家的大使、公使、商务参赞等20多人组成考察团到保定，对英利集团进行参观考察。

3月8日

省政府与中航工业集团在北京国二招宾馆举行高层会谈，双方就共同支持保定风电产业发展达成共识。省长胡春华，省委常委、常务副省长付志方，中航工业集团党组书记、总经理林左鸣出席座谈会，市长于群参加座谈会。

3月9日

市长于群在北京接受了美国哥伦比亚广播公司（CBS）的专访，就中国电谷建设和保定新能源产业发展等方面回答了提问。

3月10日

保定市召开全市文化建设工作座谈会。市委书记宋太平强调，要切实加快各项重点文化项目建设进度，全面推进文化名城建设，加快实现由文化大市到文化强市的转变。

3月11日

保定市十三届人大常委会第七次会议通过《保定市人民政府关于实施保定市大水系工程建设城区排水系统雨污分流改造项目的议案》。保定市大水系工程建设城区排水系统雨污分流改造项目，是保定市大水系建设的基础工程，工程竣工后将进一步改善城区水域环境及河道景观，使城区内排水系统得到进一步的规范和完善，有利于发挥城市污水处理设施的投资效益。

3月12日

保定市“河北冶金工业园区建设、涞钢涞铜破产改制、涞源矿产资源整合”动员大会在涞源县召开。以这次会议为标志，河北钢铁集团正式进驻涞源，各项工作进入实质性阶段。河北钢铁集团的正式进驻，是保定市实施工业西进战略取得的一个重大突破，标志着涞源的发展步入一个新阶段、跨上一个新台阶，对涞源乃至全市发展将产生重要而深远的影响。市委书记宋太平出席大会并作动员讲话。

3月13日

市政府在保定移动公司召开TD－SCDMA建设发展推进会暨保定信息港揭牌仪式。

3月18日

总投资35亿元的河北大无缝铜光亮杆项目在安新奠基。该项目是安新县有色金属行业龙头企业建昌铜业有限公司与天津钢管集团有限公司（天津大无缝）联手打造的河北省重点建设项目，是保定市加快实施对接京津战略的又一重要成果。市委书记宋太平出席奠基仪式并宣布开工。

3月19日

保定市西部八县之一的顺平县，同时为总投资6.6亿元的六个项目举行集中开工仪式，总投资超18.9亿元的四个项目同台签约。市委书记宋太平，市人大常委会主任李光耀，市委常委、常务副市长李谦，市委常委、市纪委书记司存喜出席开工、签约仪式。

3月20日

市委召开市级党员领导干部深入学习实践科学发展观活动和“干部作风建设年”活动学习交流会。这标志着深入学习实践科学发展观活动第一阶段的第一环节——学习培训环节已基本告一段落，即将转入调查研究环节，“干部作风建设年”活动的蹲点调研也将同步展开。

3月20日

在电谷立交桥项目建设现场，省“百万职工共建三年大变样百项工程”暨保定市三年大变样11项工程劳动竞赛誓师大会举行。

3月20日

总投资13.75亿元的17个项

目在清苑县正式开工建设。

3月23日

保定市援建四川省平武县响岩中心小学重建工程在响岩镇举行开工仪式，这是河北省对口援建平武县“交钥匙”工程（负责从规划设计到施工监理、竣工验收的全流程援助）的首个开工项目。

3月27日

中国银行河北分行副行长王新成与英利集团董事长苗连生在战略合作协议上签字，中国银行向英利集团授信60亿元。

3月28日

中国·保定“三利杯”第二届空竹艺术节在军校广场开幕。共有来自全国19个省（市）55个城市的90支代表队2000余名空竹选手参加。

3月28日

由世界自然基金会发起的“地球一小时”活动得到保定市的热烈响应，保定市是中国内地首个官方宣布加入活动的城市。晚8点30分，在保定电谷锦江国际酒店广场，驻保高校大学生及市民参加这一活动。市委常委、常务副市长李谦出席活动启动仪式，保定籍奥运冠军庞伟作为保定“地球一小时”代言人向全市发出倡议。

3月30日

保定市文学艺术界联合会代表大会召开。会议通过了《保定市文联工作章程》，选举了市文联新一届领导机构。并对2009年获得河北省第九届精神文明建设“五个一工程”奖的3部作品颁发了首届“保定市文化精品创作奖”证书及奖金。

3月31日

市委书记宋太平在白沟·白洋淀温泉城调研时强调，“一主三次”城市发展战略是市委、市政府确定的三大战略之一，白沟·白洋淀温泉城要进一步增强中心城市意识，加快建设和发展步伐，全力打造保东次中心城市和京南商贸名城。

## 4 月

4月1日

高阳县与北京纺织控股有限责任公司签订战略合作协议，打造京南生产基地，全方位承接北京纺控产业辐射和转移，实现北京纺控与宏润、三利等当地纺织龙头企业联姻，合力加快“京南家纺名城”建设步伐。

4月2日

保定市大水系水源工程建设工作会召开。会上再次明确，2009年“十一”西大洋水库之水进入保定，2010年“十一”两库（王快、西大洋）全面连通。

4月2日

由河北省政府主办、保定市政府承办的“危机下的新能源产业——2009保定·中国电谷（香港）投资峰会”成功举行。会上，英利公司5000万美元可转债融资项目、多晶硅及太阳能光伏产业链基地项目、年产1000吨绿野法工艺生产多晶硅项目等12个新能源产业项目签约，总投资82亿元人民币，利用外资2.92亿美元。省长胡春华，省委常委、副省长杨崇勇，市长于群等出席峰会。副市长孟祥伟主持项目签约仪式。

4月2日

遵照日本果树专家伊藤喜隆先生临终遗愿，按照顺平县当地风俗，将他的部分骨灰安葬在他曾经工作过的地方康各庄村“中日友好果园”。

4月10日

保定艺术学院老调剧团，应中央电视台邀请，进京完成老调《盘夫》演出录制任务。

4月12日

府河片区居民搬迁工作正式启动。

4月14日

在保定艺术学校恭授典礼上，著名戏曲表演艺术家裴艳玲从市委常委、宣传部长王洪斌手中接过聘书，出任保定艺术学校名誉校长。

4月15日

涿州市与北京房山区在房山签署全面对接深化经济社会发展合作协议，按照“互惠互利，同步同城”的原则，在加快区域交通基础设施建设、深化水资源和生态环境保护、农业、旅游、教育、商贸、劳务市场、建筑市场、稳定等九个方面展开合作。

4月17日

保定市工会第十七次代表大会在百世开利会展中心开幕。

4月22日

保定市人口和计划生育工作会议召开。市委书记宋太平，市长于群，市委常委、纪委书记司存喜，市人大常委会副主任贾体新，副市长闫立英，市政协副主席姚秀珍出席会议，并为获得2008年度人口和计划生育工作先进单位及工作进步奖的县（市、区）颁奖。

4月22日

全市集中销毁盗版制品及各类非法出版物现场会在河北影剧院门前举行，3.7万余册非法出版物、6万余张（盒）光盘被集中销毁。

4月23日

市政府与中国移动通信集团河北有限公司在电谷锦江国际酒店签署建设“无线城市”备忘录。双方商定以3G网络为基础，推行无线政务，发展无线产业，建设无线生活，使保定跻身全国

"无线城市"应用先进行列。

4月23日

市政府与中国移动通信集团河北有限公司签署了共同建造"无线城市"的备忘录。双方约定，市政府选定TD—SCDMA技术为保定"无线保定"的基础平台。

4月25日

由市行政服务中心组织的"行政审批服务阳光行"活动正式启动，西苑社区成为这项活动的第一站。

4月28日

雄县为总投资16.8亿元的9个项目举行集中开工仪式。市委书记宋太平出席仪式并为新开工项目剪彩。

4月28日

总投资10亿元的中国肠衣基地在顺平县蒲上乡举行开工奠基仪式。市长于群出席仪式并宣布工程建设开工。

4月29日

共青团保定市第十七次代表大会召开。

4月30日

召开农业农村工作会议，安排部署全市农村土地二轮延包扫尾、土地经营权流转、农民专业合作社发展、基层农业技术推广体系建设及甲型H1N1流感、美国白蛾防控工作。

4月30日

召开市委领导班子深入学习实践科学发展活动调研成果交流暨解放思想讨论会，市委书记宋太平主持会议。会议强调要加快实施"一主三次"、工业西进和对接京津三大战略。

4月30日

市委召开九届88次常委会议，研究通过了本市第二批深入学习实践科学发展观活动《分析检查阶段实施方案》和《市干部作风建设年活动第二阶段工作推进方案》，市委书记宋太平主持会议。

4月30日

召开市四大班子联席会，市委书记宋太平强调，在"城市面貌三年大变样"重点项目建设上，加快建设进度。

4月30日

举行"五一"劳动节庆祝大会，表彰2009年全国五一劳动奖状、五一劳动奖章、全国工人先锋号获得者和省职工劳模，先进工作者，农民劳模和先进集体，并颁发奖状和奖章。其中获全国五一劳动奖章5人，全国工人先锋号2人，省特等劳模称号1人，省职工劳模称号49人，省农民劳模称号35人，省先进工作者称号31人，9个单位和8个班组获省先进集体称号。

4月30日

本市在河北农大西校区举行大型消防灭火应急演练，市长于群到现场观摩。此次演练为近年来全省规模最大的一次消防演练。

4月30日

莲池鹤柴、蕊幢精舍、绎堂三景复建工程顺利通过验收。莲池十二景全部复建完成。

## 5　月

5月1日

市政府成立市甲型H1NI流感防控工作领导小组和猪流感疫情防控工作领导小组，按照"高度重视、积极应对、联防联控、依法科学处置"的原则开展工作。

5月4日

保定军分区党委召开新老班子成员交接会议。省军区司令员芇福成宣读任职命令。市委书记、保定军分区党委第一书记宋太平出席会议。江永亮为保定军分区司令员，周明为保定军分区参谋长。

5月4日至5日

市委书记宋太平专程到市人大和市政协机关，召开座谈会，就如何加快保定文化名城建设步伐，征询意见和建议。市人大常委会主任李光耀，市政协主席崔启慧分别主持座谈会。

5月5日

市委、市政府召开深入学习实践科学发展观活动推进会，部署第二阶段的任务。市委书记宋太平强调，坚持"增强危机意识，改善发展环境，加快争先进位，促进科学发展"的活动主题。

5月5日

保定市召开专题调度会，就大水系建设工程之一——清水进市方案进行遴选。构建"两环四廊，五湖十园"水系格局（"两环"一是指护城河与府河上游形成的古城水系内环，二是指以黄花沟和西、南环堤河为主形成的新城水系外环）。

5月5日

市公安局全面部署开展为期6个月的社会治安整治行动，为庆祝建国60周年创造良好的治安环境。

5月6日

省委常委、副省长杨崇勇到保定，就重点项目建设和安全生产情况进行督导检查，并听取了相关情况汇报，要求全力确保生产安全。市委书记宋太平等陪同督导检查。

5月6日

市委书记宋太平出席白沟·白洋淀温泉城白沟东一环、北一环及京白路项目开工仪式。项目总投资3.92亿元，道路总长度9.85公里。

5月7日

市委书记宋太平视察大水系工程市区段建设和规划工作进展情况及东三环道路施工现场，提出全力加快重点城建工程建设进度，确保“十一”前清水入市、东三环通车。东三环道路全长13165米（含北三环874米），道路红线70米。新建桥梁3座、泵站4座，地下铺设雨水、污水等多条配套管线。

5月7日

波黑塞族共和国总统库兹马诺维奇率团到保定访问。市长于群在电谷锦江国际酒店亲切会见了库兹马诺维奇及夫人一行。

5月8日

保定市召开禁毒工作会议，在全市范围内开展禁种专项行动，努力构建和谐稳定的社会环境，确保国庆60周年安全。

5月8日

市政府召开节能减排工作会议，贯彻落实全省节能减排工作电视电话会议精神，安排部署本年节能减排任务。全市节能减排目标是：万元GDP能耗下降4.8%，二氧化硫削减3%，化学需氧量削减8%。

5月10日

“2009年全国群众登山健身大会‘天津一汽·威志杯’狼牙山登山活动暨河北省第三届太行山旅游文化节”开幕式在易县狼牙山举行，省第三届太行山旅游文化节同时开幕。中国社科院副院长、当代中国研究所所长朱佳木出席开幕式。来自北京、天津、河北等地24所高校的大学生和150多辆自驾车主及登山爱好者，共计1500多人向狼牙山顶进发。

5月11日

中航工业集团副总经理李方勇带队到保定考察。市委书记宋太平看望了李方勇一行，会商合作和沟通，共同推动保定风电产业发展。

5月11日

省长胡春华在石家庄中国大酒店会见了前来河北长安汽车有限公司考察工作的兵装集团副总经理、长安集团董事长徐留平。省长助理、省政府秘书长尹亚力参加会见，中共保定市委书记宋太平、保定市市长于群等陪同会见。

5月12日

市委书记宋太平在“保定·中国电谷”2009年第一批重点项目集中奠基仪式上宣布，总投资22.67亿元的12个重点项目奠基开工。其中投资1.5亿元的保定天河电子公司红外精密激光雷达产业化项目、投资2.6亿元的浪拜迪公司光电互感器项目、投资3.6亿元的河北国晶新能源锗单晶项目、投资3.1亿元的河北博为电气公司年产500套晶闸管调容式消弧线圈自动跟踪补偿装置等项目在各自领域都具有较大技术优势，对于完善中国电谷新能源设备产业链条，扩大电谷产业集聚优势都具有重要作用。

5月14日

保定市召开防控甲型H1N1流感工作会议，落实中央和全省各项部署，加强甲型H1N1流感防控工作，做好防控、应急的各项准备，全力打好疫情阻击战。

5月16日

保定市举行防治甲型H1N1流感模拟演练，以实战要求检验各部门协同作战，以及应急处置诊疗救治能力。

5月17日

市委书记宋太平宣布河北省重点项目保定市万博广场项目奠基开工。该项目是省内首个地标性超大规模城市综合体建筑群，总投资15亿元，将创造三项省内建筑之最，即：高度最高，总高218米；体量最大，总建筑面积35万平方米；基坑最深，挖掘深度17米。

5月18日

全国社会治安综合治理表彰大会在北京举行，隆重表彰2005－2008年度全国社会治安综合治理先进集体和先进工作者。保定市定兴县获得全国平安建设先进县（市、区）称号。

5月18日

保定市组团参加中国·廊坊国际经济贸易洽谈会。全国政协副主席、全国工商联主席黄孟复，省长胡春华参观中国电谷展区。保定市25个县（市、区）、高新区、白沟·白洋淀温泉城均组团参加，参加人员近300人。据统计，洽谈会期间，保定市共发布项目70项，总投资445亿元，拟利用外资328亿元；签约项目达20项，总投资172亿元，合同引资168亿元。

5月20日

由中国钢研科技集团投资36.5亿元建设的河北新材料产业园三期工程在涿州奠基。项目建成后，产值规模将达到百亿元以上。市委书记宋太平出席奠基仪式并宣布项目开工。中国钢研科技集团董事长、中国工程院院士干勇出席奠基仪式。

5月20日

保定、承德、唐山书画摄影展在河北大学工艺美术学院举行。

5月20日

保定市被列为全国21个“十城万盏”半导体（LED）照明应用工程试点城市之一。2007年以来，保定市先后被国家部委命名为“国家太阳能综合应用科技示范城市”、“国家可再生能源产业化基地”等。同时，保定市还成为世界自然基金会在中国确定的两个低碳城市试点之一。

5月20日

应邀到河北参加廊坊经贸洽

谈会的匈牙利经贸合作代表团一行18人到保定市考察访问。双方就加强在汽车、旅游、水利、新能源等方面合作，进行了广泛深入的交流。

5月20日

保定市36家医院设立甲型H1N1流感发热门诊并已启动运行，加强甲型H1N1流感防治工作。

5月21日

保定市低碳城市研究会在电谷锦江国际酒店举行成立仪式，该研究会是全国第一个从事低碳研究的专门机构。

5月21日

财政支持新能源与节能环保等新兴产业发展工作座谈会在北京召开，中共中央政治局常委、国务院副总理李克强出席会议并讲话。市长于群作为全国惟一的城市代表，汇报了本市建设“中国电谷”、大力发展新能源产业和推进节能减排工作情况。2008年，保定市硅片、电池及组件产量282兆瓦，占全国总量的15.7%，居国内第二、世界第六；风电叶片产量274万千瓦，居全国第一，占国内市场的40%，确立了重要行业地位；新能源产业增加值占到入统工业的10.6%，成为了全市支柱产业，促进了经济结构升级。

5月22日

第十八届国际药材节暨2009中国安国药材医药保健品交流大会在安国国际中药材贸易中心广场举行开幕式。省人大常委会副主任侯志奎、市委书记宋太平等省市领导出席开幕式，并参加了总投资8.1亿元的河北九州通安国医药物流配送中心奠基仪式。

5月22日

保定市农村数字电影放映工程在人民广场启动。将按照“企业经营、市场运作、政府购买、农民受惠”的思路，从改善农村放映基础设施条件入手，以数字放映为先导，改变农民看电影难的现状。据统计，保定市有3家农村数字电影院线公司，274个放映队，覆盖全市农村。

5月25日

市委召开常委会议，研究部署甲型H1N1流感防控工作。市委书记宋太平要求，持续加大工作力度，全面做好甲型H1N1流感防控工作。

5月26日

市委书记宋太平宣布曲阳金隅水泥项目奠基开工。该项目依据《河北省保定市曲阳县人民政府与北京金隅集团有限责任公司关于建设曲阳县大水泥项目之合作协议》建设，总投资6.5亿元，生产线建成后，年产熟料155万吨，水泥200万吨，同时利用窑尾余热发电，可年节约标煤2.4万吨左右。是市委、市政府实施工业西进和对接京津战略的重要成果。

5月31日

在“六一”儿童节到来前夕，市委书记宋太平、市长于群等市领导先后到保师附小和青年路幼儿园，看望少年儿童，并向全市少年儿童致以节日祝贺。

## 6　月

6月8日

英利公司上市两周年，实现跨越式发展。产能从100MW增长到600MW，资产总额由8.3亿元增长到107亿元，销售收入从5.4亿元增长到85.0亿元，利润从1.0亿元增长到13.5亿元，国际市场占有率从6%增长到12%。

6月7日

市委书记宋太平带领有关部门负责人赴四川省平武县响岩镇实地考察保定市对口援建工作，对参加对口援建的干部职工进行慰问，要求发扬艰苦奋斗精神，保质保量保时完成援建任务，

6月8日

市委书记宋太平到重庆长安汽车股份有限公司考察，双方共商长安汽车新区（定州）扩能建设。

6月9日

省、市两级召开电视电话会，安排部署启动企业职工基本养老保险省级统筹工作。7月1日起，河北省将正式实施企业职工基本养老保险省级统筹。市委常委、常务副市长李谦强调，要建立与省级统筹相适应的社会保险经办管理体制，做好财政直管县（市）业务交接工作，确保省级统筹工作顺利实施。

6月9日

省委常委、副省长杨崇勇在保定组织召开深化与京津合作推进京津冀一体化座谈会。省委研究室、省政府研究室、省政府办公厅等有关人员，保定、廊坊、张家口、承德四个环京津市主管副市长及其8个县（市、区）政府、4个企业的主要负责人出席了会议。

6月10日

安格庄水库向白洋淀应急补水方案正式启动。上午10点，该水库正式提闸放水，计划放水量6000万立方米。补水后，淀区水位可升至6.80米（相应水量0.73亿立方米），白洋淀缺水局面将得到有效缓解。

6月11日

市委常委、常务副市长李谦会见了由副总经理林刚带队的华能国际电力股份有限公司领导一行。华能国际电力股份有限公司将在涿州实施热电联产扩建项目。4月底，完成项目初步可行性报

告，拟利用涿州现有热电厂的厂址扩建2台300MW级超临界热电联产机组，采用高参数、大容量和脱硫脱硝等先进环保技术，向涿州、高碑店、定兴等县（市）提供热源。

6月11日至12日

由中共中央政治局委员、天津市委书记张高丽和天津市委副书记、市长黄兴国率领的天津市党政代表团到保定市考察访问。省委副书记、省长胡春华，省委常委、副省长杨崇勇，市委书记宋太平，市委副书记、市长于群等省、市领导陪同考察。双方协商进一步加强交流合作，实现互利共赢，促进环渤海区域经济振兴。

6月13日

“红色经典歌曲音乐会——隆重庆祝建国六十周年，中国东方歌舞团慰问保定政法系统干警演出”在百世开利会展中心举行。

6月16日

曲阳县隆重举行定瓷有限公司新建项目暨定瓷文化产业园奠基仪式。市委书记宋太平出席仪式并宣布新项目奠基开工。定窑新项目占地60余亩，总投资7000余万元，年生产能力6万件（套）。

6月17日

举行莲池“后三景”（蕊幢精舍、鹤柴、绎堂）竣工庆典。“莲池行宫十二景”的复建，再现了莲池清代鼎盛时期的风貌。

6月17日

保定市“我们走在大路上爱国主义歌曲大家唱——庆祝建党88周年和新中国成立60周年群众性歌咏活动决赛”在河北大学多功能馆举行。市委书记宋太平、市长于群等市领导为获奖单位颁奖。

6月18日

保定市召开涞源县矿产资源整合、企业改制和园区建设调度汇报会。市委书记宋太平强调，全力推进三项工作，加快工业西进步伐。同日，河北钢铁集团涞源有色金属有限公司、涞源河北冶金工业园区管理委员会举行了揭牌仪式。

6月23日

市委、市政府召开全市城镇化工作会议。市委书记宋太平主持会议。会议强调全面实施“一主三次”城市发展战略，推进城镇化进程。

6月24日

保定市召开“城镇面貌三年大变样”重点项目调度会。市委书记宋太平主持会议并讲话，会议要求进一步加快推进全市“城镇面貌三年大变样”重点项目建设进度，提高工程质量，打造“保定品位”。

6月24日

外交部新闻司组织美联社、基督教科学箴言报、英国金融时报、日本读卖新闻等32家外国媒体的50名记者到保定采访，保定·中国电谷建设的显著成就引起了记者们的浓厚兴趣。外国媒体对迅速发展的保定新能源产业的采访，有助于他们更全面地了解中国应对金融危机的政策和未来发展前景。

6月25日

兵装集团大型整流、电炉等特型变压器及电力变压器项目在天威特变电气公司举行开工典礼，项目总投资1.29亿元。项目计划2010年2月投产，达产后，天威特变电气公司年新增产能1580万千伏安，年增销售收入12亿元。

6月29日

市委书记宋太平在市委常委、组织部长兰保良的陪同下，前往部分老党员、老干部家中慰问。宋太平一行先后到原省顾委常委、市委原书记郗光老人、北市区徐河桥村杜树槐老人家中，代表市委、市政府对老人表示慰问，并通过他们向全市老党员、老干部转达节日的问候。

## 7　月

7月2日

长安汽车河北基地新区在定州开工建设。省长胡春华、副省长孙瑞彬，中国兵器装备集团公司党组书记、总经理徐斌，党组成员、副总经理、长安汽车股份公司董事长徐留平，市委书记宋太平、市长于群等出席开工仪式。长安汽车河北基地新区规划面积1000亩，在未来几年内，长安汽车将投入20亿元，将河北基地整车产能在现有20万辆基础上扩大到50万辆以上。其中一期投入6亿元，于2010年建设完成。

7月2日

中国兵器装备集团党组书记、总经理徐斌，党组成员、纪检组长严力，到天威薄膜光伏有限公司考察，市长于群陪同考察。徐斌一行参观了天威薄膜公司的透明导电膜生产车间、硅薄膜生产车间、激光划刻车间、组件封装和测试车间。该公司承建的硅基薄膜光伏项目，是天威集团“双主业”发展战略的重要组成部分，项目总规划年产高效薄膜电池500兆瓦，研发检测中心由天威集团联合世界著名的研发机构欧瑞康太阳能公司共同建设。天威薄膜设计年产能为46.5兆瓦非晶硅薄膜太阳能电池生产线已顺利完成设备安装和设备安全测试、厂务系统调试以及单机工艺调试，并于6月25日顺利产出第一批非晶硅单结薄膜太阳能电池组件。

7月2日至3日

天津市委常委、市委教育工

委书记苟利军率代表团到保定市，就加快区县经济发展等问题进行学习考察。省委常委、副省长杨崇勇，市委书记宋太平，市委常委、常务副市长李谦，市委常委、市委秘书长刘颖，副市长闫立英等陪同考察。这次学习考察活动成员由天津市委、市政府有关部委负责人、12个涉农区县主管经济的区县长和工经委主任、优秀企业家共计80余人组成。在保期间，苟利军一行先后到英利新能源有限公司、六九硅业有限公司、天威薄膜光伏有限公司、风电产业园和长城汽车股份有限公司实地参观考察。

7月3日

上午，中德合作减排甲烷气垃圾处理项目在高碑店市奠基。市长于群出席奠基仪式并宣布项目奠基。该项目由高碑店市和德国爱温环境公司合作兴建，项目总投资430万欧元，其中德国联邦环境部无偿援助320万欧元。项目采用德国最先进的分拣、堆肥、发电等甲烷减排性的固废机械生物综合处理工艺，垃圾减化量可达80%，年处理垃圾4万余吨，预计2010年5月交付使用。通过项目实施，可以最大限度实现垃圾资源化、减量化和无害化处理，有效保护周边生产生活环境，具有明显的综合示范效应。经中德双方共同努力，德国环境部批准该项目为国际气候保护动议示范项目，住房和城乡建设部将其列为2009年度国际科技合作项目。

7月7日

保定市召开“迎国庆保稳定百日会战”电视电话会。市委书记宋太平强调，要树牢“持续保稳定”思想，认清形势，振奋精神，落实责任，扎实工作，坚决打赢“迎国庆保稳定百日会战”这场硬仗，为庆祝新中国成立60周年、促进“又好又快发展、强市兴县富民”做出应有贡献。市长于群主持会议。市领导刘颖、王惠欣、梁书屏、孟祥伟等出席会议。

7月8日

阜平县举行晋察冀边区革命纪念馆二期工程奠基仪式。市委书记宋太平宣布项目开工建设。丁衡高、聂力、苏旭光、顾勇华、宋太平出席奠基仪式并向聂荣臻元帅铜像敬献花篮。二期工程规划设计总面积近2万平方米，计划总投资3500万元。仪式过程中，包括年产150万吨铁精粉项目、红金贡酿酒技改及扩建项目和玫瑰溪谷旅游开发项目等在内的6个项目集中签约，总投资额达14.35亿元。

7月9日

市委书记宋太平先后到保定卷烟厂和天鹅化纤集团进行调研。他强调各级各有关部门一定要创优环境，帮助企业解决发展中的困难和问题，带着感情做好服务企业发展和改善职工生活各项工作。市委常委、秘书长刘颖陪同调研。

7月9日

“常青杯”保定市第六届社区艺术节开幕式在军校广场举行。社区群众用自己喜闻乐见的文艺形式庆祝属于自己的节日，展现新时代市民风采。市委书记宋太平到会祝贺并宣布艺术节开幕。市四大班子领导，法、检两长和保定军分区领导出席开幕式。副市长李国英主持开幕式。省文化厅厅长冯韶慧、正厅级巡视员姚来茹、省民政厅副厅长张连忠应邀出席开幕式。

7月10日

河北省委、省政府召开全省领导干部电视电话会议，省委书记张云川主持会议并讲话，省长胡春华进行工作部署。市委书记宋太平、市长于群在保定分会场参会。宋太平要求，贯彻落实好全省会议精神，必须正确认识全市经济形势，切实增强做好下半年工作的紧迫感和责任感；必须强力推进“三大战略”、全面落实“四保”要求，统筹抓好各项工作落实；必须扎实开展好深入学习实践科学发展观活动和“干部作风建设年”活动，为完成全年任务目标提供坚强保障。于群就做好经济工作提出具体要求。市四大班子领导、法、检两长和军分区领导参加会议。

7月15日

市委、市政府在涿州市召开对接京津工作调度会，听取部分县（市）对接京津及“城镇面貌三年大变样”、新民居建设和迎国庆保稳定百日会战工作情况汇报，对下一步工作进行安排部署。市长于群主持会议，并就落实好会议精神提出指导意见。市委常委、宣传部长王洪斌，市委常委、秘书长刘颖，副市长孟祥伟出席会议，并就做好对接京津工作提出具体意见。

7月16日

市委、市政府在白沟·白洋淀温泉城召开“一主三次”城市发展调度会。这是落实全省领导干部电视电话会议精神的重要举措。宋太平讲话，于群主持。要求进一步强化城市发展意识，坚持城市建设和经济发展“两手抓”，促进产业和人口向城市聚集，扩大城市规模，增强城市辐射和带动能力，加快城镇化建设步伐；突出园区和项目建设两个重点，提升总体经济实力。市委常委、常务副市长李谦，市委常委、副市长赵常福，市委常委、组织部长兰保良出席会议并讲了具体意见。

7月17日

市委、市政府在唐县召开工

业西进工作调度会议。宋太平讲话，李剑方主持。要求西部各县要进一步统一思想认识，明确主攻方向，充分发挥比较优势，进一步加大招商引资和项目建设力度，让工业企业和市场主体尽快多起来、大起来、强起来，坚定不移地推进工业西进战略。副市长刘宝玲通报了全市工业西进战略实施总体情况。

7月18日

上午，高碑店市举行奥润顺达节能门窗工业园暨中国国际门窗城奠基仪式。以该项目为主，包括河北汇通公司路桥配套系列产品、保定轩宇高碑店汽车贸易园在内的5个总投资41亿元的大项目当日同时奠基。副省长张和宣布奠基开工，市委书记宋太平出席奠基仪式。

7月18日至19日

公安部、文化部、国家工商行政管理总局、国家安全生产监督管理总局联合验收组到保定市，检查公众聚集场所易燃可燃装修材料消防安全专项整治工作。检查期间，验收组查阅了保定市及高新区专项整治档案资料，抽查了秀兰饭店、星光国际商务酒店、华中假日酒店、卓正国际酒店等社会单位。省公安厅副厅长张士良、省安全生产监督管理局副局长葛立芳、省消防总队政委于成祥陪同检查。

7月20日

市政府与河北工业大学在电谷锦江国际酒店签署战略合作协议，双方决定推动保定市的产业优势、资源优势和河北工业大学的科技优势、人才优势更加紧密地结合，实现共赢发展。市委书记宋太平到驻地看望了出席签字仪式的河北工业大学党委书记马树强一行。市长于群、河北工业大学校长傅广生在签字仪式上致辞。

7月20日

保定市被评为“2006～2007年河北省城市绿化先进市”，并获得省政府颁发的12万元奖金。

7月21日

保定市新闻工作者协会举行成立大会。保定市新闻工作者协会是由保定市各新闻单位、新闻团体自愿组成的非营利性社会组织，是省新闻工作者协会的团体会员，在业务上接受河北省新闻工作者协会指导。

7月21日

市长于群，市委常委、常务副市长李谦率市直有关部门和有关县负责人，赴京到中国船舶重工集团公司拜访。双方举行了高层会谈，就进一步深化与央企合作、加快中国电谷建设达成了共识。

7月22日

市长于群，市委常委、常务副市长李谦带队赴京拜访中国航空工业集团高层，同李方勇副总经理等进行了会谈。双方表示，要巩固中航工业集团在风电领域的发展优势，深化合作，推动保定风电产业加快发展。双方还就惠阳厂等企业具体建设事宜、开展金融领域合作、建立定期沟通机制等问题进行了交流。

7月22日

英利集团与定州市签署“养殖与10兆瓦光伏并网发电综合开发示范项目”合作协议。这是我国首个养殖与太阳能光伏并网发电综合开发示范项目。国香养殖有限公司生猪项目占地600亩，重点建设现代化猪舍及配套饲料厂、开发实验室等，设计年出栏10万头。其中一期投资5700万元，计划年出栏5万头。该项目可利用屋顶面积5万平方米，满足10兆瓦光伏并网工程建设要求，每年可向社会提供1100万度清洁电力，满足1万个普通家庭的用电需要。

7月23日

市委书记宋太平、市长于群带领市直有关部门、三个次中心城市及市内四区负责人组成的保定市考察团，到唐山市参观“城镇面貌三年大变样”工作成果，全面了解唐山在学习实践科学发展观道路上所取得的成就，了解唐山城市建设的远景规划，学习成功经验，更好地推动保定市此项工作向纵深开展。

7月24日至26日

全国人大常委会专题调研组一行11人到保定，专题调研困难居民保障性住房建设情况。调研组认为，保定市积极改善低收入家庭居住条件，各项工作稳步推进，取得初步成效。调研组由全国人大常委会副委员长、民建中央主席陈昌智带队，全国人大财经委委员、全国人大常委会预算工委副主任冯淑萍及住房和城乡建设部等部委有关负责人组成。有关市领导陪同调研。

7月27日

在中国人民解放军建军82周年来临之际，市委书记宋太平、市长于群等市领导慰问驻保部队官兵，送上慰问品，送去节日问候和衷心祝福。市委副书记李剑方，市政协主席崔启慧，市委常委、保定军分区政委高树义，市委常委、副市长赵常福，市委常委、秘书长刘颖，保定军分区司令员江永亮，副市长李国英一同慰问。

7月27日

英利光伏产业园四期800兆瓦项目开工建设，市委书记宋太平宣布奠基开工，市长于群致辞。该项目位于英利三期项目东侧，总投资60亿元，计划经过16个月的全力建设，于2010年12月建成投产。随着该项目的建设完成，英利晶体硅太阳能电池项目总产能将达1400兆瓦，销售收入有望突破150亿元，实现利税27亿元。

7月28日

保定市文化产业协会举行成立大会，省文化产业协会会长张士儒、市委书记宋太平为协会揭牌，市长于群讲话。保定市文化产业精品展览中心同日投入使用。

7月28日

市政府与中国科学院电工研究所在电谷锦江国际酒店签署合作协议，决定共同建设保定光伏系统检测实验室。中科院副院长李静海、副省长龙庄伟在签字仪式上致辞，市委书记宋太平出席仪式，市长于群、中科院电工所所长肖立业代表双方签字。该项目填补河北省太阳能产品检测认证和高端研发空白。

7月29日

保定市举办白沟·白洋淀温泉城机遇·整合·发展高层论坛，论坛由中共河北省委政策研究室、中共保定市委、保定市人民政府主办。宋太平作主题演讲。此次论坛，主办方邀请到了国务院发展研究中心农村经济研究部、北京金必德经济管理研究院、国家发改委城市和小城镇改革发展中心、河北省宏观经济研究所、北京大学地方政府研究院的专家学者。此次论坛的举办，进一步扩大了白沟·白洋淀温泉城的知名度与美誉度，为其发展提供的精神动力与智力支持。

7月31日

市委书记宋太平、市长于群带领市直有关部门、三个次中心城市及市内三区负责人组成考察团，到省会石家庄参观考察“城镇面貌三年大变样”工作成果，学习借鉴经验做法，加快推进保定市工作步伐。

# 8　月

8月7日

市长于群带队到张石高速二期工程建设工地，检查施工进度，慰问广大工程建设者。他强调，要千方百计把好质量关，加大工作力度，创优施工环境，全力加快工程建设进度。张石高速二期张保界至涞水路段长126.2公里，途经涞源和易县。项目分两段实施，其中张保界至涞源南互通段33.6公里于2007年8月开工建设，目前路基桥涵工程完成大半，路面工程及配套房屋建筑工程开始施工。涞源至涞水路段长92.6公里，2009年3月开工。目前，易县段基本完成征迁工作，施工单位全部进场，形成了规模作业。涞源段征迁工作也取得了一定进展。

8月8日

保定市首届“全民健身日”启动仪式在人民广场举行。旨在激发群众体育热情，增强全民体育意识，推进体育事业繁荣发展，满足人们日益增长的强身健体需求。“全民健身日”的主题口号是“天天健身、天天快乐”、“好体魄、好生活”、“全民健身、你我同行”。有关市领导出席启动仪式。

8月8日

香港功夫影星洪金宝及歌手黄格选、誓言等众多文艺明星汇聚保定，出席在保定市举行的“洪金宝国际影视特技培训基地”落成典礼及启动仪式。该基地由洪金宝与保定市火聚文化传播有限公司共同投资创办，为内地首家影视特技培训学校，旨在创建现代影视特技高端教育体系，培养未来影视动作精英人才。电视剧《小龙人》主演陈嘉男任该培训基地副校长。有关市领导出席启动仪式。

8月8日

《保定年鉴》（2007～2008卷）由新华出版社出版发行。该年鉴由保定市人民政府主办、市地方志办公室《保定年鉴》编辑部组织编纂。是保定市编纂出版的第8部地方综合年鉴。全书140万字，设彩页118页。内文设32个类目，记述了全市2006年、2007年改革开放、经济发展和社会进步基本状况与最新成就。以丰富的内容、真实可靠的资料为各级领导决策提供依据，为全市各项社会事业规划发展提供借鉴，为资政存史提供信息和资料，对保定的对外宣传起到推动作用。

8月13日

廊坊市委常委、常务副市长吴立方一行36人到保定市考察重点项目建设情况。

8月14日

2009年全省突发重大动物疫情应急演练在保定市清苑县举行。副省长张和出席，省政府副秘书长曹振国主持演练启动仪式。此次应急演练目的是对省级应急预案的科学性、可行性进行全面检验，对各部门疫情处置的联动能力进行实战考验，通过演练查找存在的问题，完善各项防控措施，进一步提高疫情应急处置能力。

8月14日至15日

浙江省嘉兴市考察团到保定就环京“护城河工程”建设情况进行参观考察。市委书记宋太平会见了由嘉兴市委副书记、政法委书记鲁俊带队的考察团一行。考察团先后参观考察了位于保定市涿州的河北省环京护城河工程指挥部、涿州挟河治安检查站，听取了有关方面的情况介绍。市委副书记李剑方陪同考察，并简要介绍了保定市经济社会发展以及充分发挥首都“护城河”作用的主要经验和做法。

8月15日

保定市统计局提供的有关统计数据显示，2009年前7个月，全市规模以上工业累计完成增加值240.6亿元，同比增长11.1%，跃居全省第一。工业经济呈现出企稳向好、逐月加快的运行态势。

8月15日

按照公安部统一行动，从8月15日起，市交警部门在全市开展为期2个月的严厉整治酒后驾驶交通违法行为专项行动，对酒后驾驶违法行为从严处罚。

8月18日

全市组织收听、收看全国和全省工程建设领域突出问题专项治理工作电视电话会议。市长于群，市委常委、副市长赵常福，市委常委、纪委书记司存喜在保定分会场参会。

8月20日

第七届全国“人民满意的公务员”和“人民满意的公务员集体”表彰大会上，保定市白沟镇获得“人民满意的公务员集体”称号。是河北省此次惟一获得这一称号的单位。全国“人民满意的公务员”和“人民满意的公务员集体”评选表彰工作由中组部、中宣部、人力资源和社会保障部、国家公务员局等4家单位共同主办，每四年举办一届。

8月20日

省长胡春华到定州河北旭阳焦化有限公司，就煤化工产业发展问题进行专题调研。在考察厂区建设情况后，胡春华主持召开座谈会，与企业负责人就全省煤化工产业发展现状、技术水平、市场前景等问题进行了深入探讨。市委书记宋太平陪同调研，市长于群出席座谈会。

8月20日

全省“城镇面貌三年大变样”现场调度会在保定市召开。会议对近期“三年大变样”工作进行了安排，对当前和今后一个时期开展建筑节能等工作进行了部署。副省长宋恩华出席会议并讲话。市委书记宋太平汇报保定工作，市长于群参加会议，市委副书记李剑方，市委常委、副市长赵常福参加会议并陪同观摩。

8月23日

保定天威集团控股的天威四川硅业有限责任公司，年产3000吨多晶硅生产线项目投料试产成功。项目2008年5月开工建设，生产线采用了现代化多晶硅生产工艺技术，其精馏系统、尾气回收系统、还原氢化系统等关键技术和配套工艺技术具有世界先进水平。此次试产成功的整炉多晶硅总重量达2000公斤左右，产品最大直径达120毫米。经检验，质量达到国际太阳能电池材料先进水平。

8月24日

国家大型商品粮生产基地建设项目落户保定。该项目建设规模为31万亩，其中小麦良繁基地5万亩，生产基地26万亩。建设地点为望都、徐水、定兴、定州、清苑、高碑店6个县（市），建设期限为2009年至2012年，初定项目总投资12000万元。项目建成后，可以改善灌溉面积31万亩，新增小麦良种2.1万吨，优质小麦8万吨。

8月25日

市委召开学习实践活动群众满意度测评大会。市委书记宋太平通报了自2009年3月以来全市开展深入学习实践科学发展观活动情况。省委第四指导检查组组长郑汉先到会指导。市长于群主持。市四大班子领导、法检两长，各县（市、区）委书记、县（市、区）长，开发区党工委书记、管委会主任，市直各部门、市属企事业单位主要负责人，离退休老干部代表，部分全国、省、市党代表、人大代表、政协委员共500余人参加测评。

8月27日

市委召开九届96次常委（扩大）会议，就做好国庆安保工作进行研究部署。市委书记宋太平主持会议并讲话。把维护社会稳定作为当前压倒一切的政治任务，确保国庆安保不出任何问题。市人大常委会主任李光耀，市政协主席崔启慧，市政府副市长，法、检两长列席会议。

8月28日

巨力新能源一期工程举行竣工投产仪式。市委书记宋太平出席仪式并宣布该项目正式投产。市长于群致辞。该项目总投资10亿元，分别为年产200MW晶体硅太阳能电池组件项目和年产100MW晶体硅太阳能电池片项目，项目全部投产后预计实现年销售收入30亿元。

8月16日至31日

河北省首届“天威杯”河北梆子艺术节在石家庄、保定等地举办。艺术节由省委宣传部、省文化厅、保定市委、市政府共同主办，来自省内及京、津9个院团的12台河北梆子剧目参加演出。其中既有新编现代戏，也有历史故事剧和优秀传统戏，大多经过长期演出考验，得到了广大戏曲爱好者的喜爱。自8月23日开始，集中展演剧目开始在艺术节主会场保定轮番上演。

8月31日

白石山首届旅游文化节在涞源县白石山世界地质公园广场开幕。此次旅游节由省旅游局、保定市政府主办，保定市旅游局、涞源县政府承办。目的是通过举办规模大、品位高的文化节，宣传展示白石山世界地质公园，叫响白石山旅游品牌。市委书记宋太平、省旅游局局长王新勇等出席开幕式。文化节期间将举办白石山摄影大赛及影展、白石山书画展、秧歌大赛、武术比赛、登山节、涞源特色小吃大赛、涞源地方戏曲演出等系列活动。

## 9　月

9月1日至4日

保定市公安机关在全市范围内开展“霹雳1号”专项行动。主要内容是设卡巡逻、打击现行违法犯罪、清查收缴危爆物品、开展治安乱点整治。据统计，截至9月2日12时，全市共出动警力8000余人、警车600余辆，盘查可疑人员11452人、可疑车辆8602辆，清查出租房屋974间，破获各类案件51起，抓获犯罪嫌疑人101人。

9月2日

全省生育关怀·幸福工程现场会在易县召开。会议总结交流工作经验，对生育关怀十佳项目县和十佳幸福母亲进行表彰。全省11个市人口计生委和计生协会领导参加会议。与会人员观看了易县幸福工程专题片，实地考察了易县3个项目户。保定市计生协、易县计生协、石家庄计生协等6个单位进行大会发言，交流工作经验。

9月3日

保定市召开市四大班子联席会议，对“三年大变样”国庆献礼工程进行专题调度。市委书记宋太平主持会议并讲话，他要求，国庆节日益临近，各项目分包市领导和责任单位一定要加强督导、倒排工期，拒绝理由，毫不动摇，确保按期完成各项献礼工程。会上，各国庆献礼工程第一责任单位负责人分别汇报了包括七一路拓宽改造、电谷立交桥、东三环、雨污分流建设及三大片区改造等国庆献礼工程进展情况。市四大班子领导、军分区司令员和法、检两长出席会议。

9月4日

省委召开全省深入学习实践科学发展观活动第二批总结暨第三批动员大会。会后，保定市委随即召开会议加以贯彻落实。市委书记宋太平在讲话中要求，要继续抓好第二批学习实践活动的总结和整改落实，迅速启动全市第三批学习实践活动。

9月6日

保定市监测确诊首例输入性甲型H1N1流感病例。

9月8日

河北冀东水泥集团有限公司在保定市西部山区投资建设的又一大项目——日产4000吨新型干法水泥生产线在涞水开工建设。市委书记宋太平出席奠基仪式。

9月8日

保定市在市人民广场举行综合治理表彰暨国庆安保志愿者誓师大会。市委书记宋太平在会上讲话。他指出，再过20多天，就是新中国成立60周年庆典。保定作为首都的南大门、护城河，做好国庆安保工作，是当前全市压倒一切的政治任务，要确保国庆安保工作万无一失、决战必胜。会上，与会领导为获得综治先进集体的代表和先进工作者代表颁了奖，并为南市区、北市区、新市区、高开区和市直社会治安志愿者行动大队授旗。

9月8日

由省政府主办、省商务厅和保定市政府承办的“2009保定·中国电谷推介会”在福建厦门市磐基皇冠假日酒店举行。会上，法国液化空气公司高纯气体二期、六九硅业太阳能及电子级硅材料二期等7个项目签约，总投资50.2亿元，涉及中国电谷研发、检测、光电材料制造等多个领域。省委常委、副省长杨崇勇，保定市市长于群等省市领导出席推介会。

9月9日

保定市在百世开利会展中心举行2009年教师节庆祝大会，为奋斗在教育工作第一线的全体教职员工和离退休教师送去节日的问候，对取得优异成绩的单位、教师进行表彰。市委书记宋太平等市领导出席庆祝大会。

9月12日

保定市召开甲型H1N1流感防控工作紧急会议，要求采取坚决有力措施，加强预防监测，严防疫情扩大。会前，市委书记宋太平就做好保定市甲型H1N1流感防控工作提出要求：各级党委、政府要高度重视疫情防治工作，把人民群众的利益放在首位，全力抓好救治工作，加强预防监测，防止疫情扩散，并做好处置更大疫情的各项准备，做到认识到位、领导到位、措施到位、人财物到位、督导检查到位，为保障人民群众身体健康，维护社会和谐稳定做出贡献。会议传达了省政府办公厅转发的国务院办公厅关于进一步做好甲型H1N1流感防控工作的通知要求。市卫生局、市教育局分别通报了保定市甲型H1N1流感防控工作和学校甲型H1N1流感防控工作情况。

9月初

长城汽车股份有限公司的“炫丽”、“酷熊”、“哈弗5”、“风骏5”等4款车型获得欧盟WVTA认证。这是中国汽车首次获得在欧盟国家的无限制自由销售权，为中国汽车在欧盟市场的发展开启了新篇章。

9月14日

保定市首例甲型H1N1流感患者王某康复出院。

9月15日

保定市召开深入学习实践科学发展观活动第二批总结暨第三批动员大会，全面总结第二批学习实践活动，部署第三批学习实践活动。市委书记宋太平作动员讲话。

9月15日至10月20日

保定市清水入市工程正式提闸放水。西大洋库水出库流量为10立方米左右每秒，9月25日进入市区，10月20日闭闸停水，放水总量达到3000万立方米。大水系清水入市工程起于西大洋水库，止于新市区小汲店枢纽，途经唐县、顺平县、满城县、新市区的唐河总干渠、曲逆河、界河、百草沟，最后到达小汲店枢纽，线路总长70公里。

9月28日

保定市举行大水系清水入市暨国庆献礼工程庆典大会。市委书记宋太平宣布，城市建设14项国庆献礼工程全部竣工，大水系北线引水工程即日开工，南线引水工程竣工。庆典仪式由市长于群主持。大会宣布了市委、市政府《关于对国庆献礼工程先进工作者进行表彰的决定》和《关于对实施大水系建设先进工作者进行表彰的决定》。

9月29日

保定市国资委与中国恒天集团正式签约，重组保定天鹅化纤集团。签约仪式开始前，市委书记宋太平会见了中国恒天集团董事长张杰。宋太平表示，天鹅集团曾是国家“一五”时期的重点工程，目前情况下，单纯依靠地方和企业自身的力量实现做大做强目标具有一定困难。中国恒天集团作为一家大型“央”字号企业，资金、技术、管理实力较为雄厚，通过对保定天鹅的重组，相信会使企业具有更为广阔的发展前景。市委、市政府会一如既往地支持企业发展，全力以赴搞好服务。张杰对市委、市政府的大力支持表示感谢。他表示，恒天集团一定会严格按照重组协议，加快推动各项改革，对产品结构进行调整，拓展新的领域，坚决把企业的生产、效益搞上去。

9月29日

大型3D动画电影《麋鹿王》在保定市举行首映式。该片由保定中科帷幄数码有限公司原创，被中宣部、国家广电总局确定为新中国成立60周年献礼片，荣获第13届中国电影华表奖，获得第27届中国电影金鸡奖提名。市委书记宋太平为中科帷幄总裁汪帆颁奖并讲话。首映式还宣布了市委办公厅、市政府办公厅《关于表彰奖励保定中科帷幄动画团队的决定》。

## 10　月

10月11日

保定市人民在驻保66393部队门前夹道欢迎凯旋的国庆受阅官兵。市委书记宋太平，市委副书记李剑方，市人大常委会主任李光耀，市政协主席崔启慧，市委常委、保定军分区政委高树义，市委常委、秘书长刘颖，保定军分区司令员江永亮，副市长李国英，66393部队在家部门以上领导在主营门前迎接。

10月15日

河北大学附属医院司法医学鉴定中心挂牌成立。该鉴定中心是经省政府批准，由省司法厅核准登记，在河北大学附属医院组建的法定机构。鉴定中心的成立标志着河北大学附属医院的业务范围进一步扩展，整体实力进一步提升。

10月20日

涞源县政府、河北建设投资集团和英利集团三方合作签约仪式在电谷锦江国际酒店举行。三方将本着“强强联合、互利共赢”原则，在建设光伏电站、风力电站和旅游开发等方面展开全面合作。市委书记宋太平出席签约仪式。涞源县光能、风能优势得天独厚，河北建投实力雄厚，英利集团技术领先，三方合作，必将进一步加快保定市新能源产业发展。

10月21日

保定市召开电视电话会议，对国庆安保工作进行总结表彰。市委书记宋太平讲话。他要求，要把国庆安保工作中形成的好经验、好作风体现在工作中，继续唱响“奋起直追、争先进位”主旋律，圆满完成全年各项任务目标。

10月24日

经过专家现场调研和综合评定，阜平县被中国果品流通协会授予“中国枣业十强县”荣誉称号。阜平素有“大枣之乡”的美誉，该县现种植枣树35万亩、1500万株，其中挂果树12万亩、800万株，大枣加工业发展态势良好，全县现有各类加工厂点400多家，年生产总值在100万元以上的企业有20家，年加工红枣5500吨，年生产总值达2700多万元。

10月28日

第十一届全运会在山东济南落下帷幕，河北省体育代表团共获得13金13银19.5铜1295分。其中保定市籍78名运动员代表河北参赛，取得6金1银4铜274分的优异成绩，参赛人数和金牌总数、团体总分均列全省各市第一。

10月29日

蒙古国社会福利和劳动部部长顾问阿迪亚率代表团到保定市，

考察就业服务情况。代表团参观了北市区就业再就业服务大厅，就政府对公共就业机构管理和协调、组织结构和服务项目、求职人员进入渠道和职业介绍成功率等情况，与市劳动和社会保障部门进行了座谈。国际劳工组织北京局、省人力资源和社会保障厅相关领导陪同考察。

10 月 29 日

北京外国语大学与保定实验小学签署了关于建立“中国基础英语素质教育实践基地”的协议。至此，实验小学成为河北省第二个“北京外国语大学中国基地英语素质教育实践基地”。

10 月 30 日

保定天威集团研发制造了目前国内最大容量非晶合成干式变压器，产品各项性能指标均满足用户要求。该产品为 2000KVA/6.3 千伏非晶合金干式变压器。

10 月 31 日

第十九届中国保定敬老健身节暨保定农家旅馆与北京市民对接活动启动仪式在北京国际饭店举行。中国保定敬老健身节是河北省最大的涉外节庆活动之一，自 1991 年开始已成功举办了 18 届。

## 11　月

11 月 2 日

由河北省建设集团一分公司承建的呼和浩特白塔国际机场扩建航站楼工程在 124 个申报鲁班奖项目中脱颖而出，夺得 2009 年度鲁班奖（国家优质工程）。这是建设集团夺得的第 10 个鲁班奖，也是继创全国惟一的鲁班奖“七连冠”后，该集团创造的全国独立企业法人获得鲁班奖的新纪录。此项工程于 9 月曾与国家游泳中心（水立方）、国家体育场（鸟巢）等项目，共同入选新中国成立 60 周年“百项重大经典建设工程”。

11 月 3 日

长城汽车股份有限公司在保加利亚建立组装厂。保加利亚是欧盟国家，长城汽车在此建立生产可以零关税出口到周边国家，利于长城汽车开拓欧洲市场。

11 月 4 日

保定市召开大水系管理汇报调度会。市委书记宋太平强调，加强城区河道管理，确保外环如期通水。

11 月 5 日

中央纪委副书记、中央学习实践活动领导小组副组长张惠新一行在省委常委、组织部长梁滨，市委书记宋太平等领导的陪同下到第三批学习实践活动联系点涿州东仙坡镇调研。

11 月 6 日

由保定市委、市政府、中国 CBO 组委会共同主办的中国电谷杯 2009 中国·保定第二届篮球文化节暨全国 CBO 篮球总决赛在市体育局篮球馆开幕。市委书记宋太平等领导出席仪式，并向保定市第四届 CBO 男子篮球联赛获奖队颁奖。

11 月 6 日

在新中国第十个记者即将来临之际，保定市召开庆祝记者节暨优秀新闻工作者表彰大会，对十佳新闻工作者、优秀新闻工作者进行表彰。市委书记宋太平发来贺信。

11 月 6 日

总投资近 17 亿元的富利革基希及纺织项目、单晶硅项目，蠡高路改扩建项目、温留公路大修项目和蠡县污水处理厂五个项目在蠡县城区工业园集中举办庆典仪式。市委书记宋太平出席并讲话。

11 月 9 日

北市区总投资近 220 亿元的 33 个大项目集中签约，总投资 28.2 亿元的 10 个大项目奠基。市委书记宋太平出席并提出希望。

11 月 10 日

教育部、国家语委授予保定市女子职业中专学校“国家级语言文字规范示范学校”称号。

11 月 10 日

市委书记宋太平主持召开提升城市品位专家学者座谈会，要求把大力提升保定城市品位作为城市建设与发展的灵魂和主线。

11 月 14 日

全国烟花爆竹标准化技术委员会第三届二次大会暨国家标准审定会在保定市召开。

11 月 15 日

河北大学附属医院全体干部职工隆重集会庆祝建院 100 周年。

11 月 17 日

风帆股份有限公司在北京举行的 2009 年全国追求卓越大会上，再次荣获中国质量协会颁发的“全国实施卓越绩效式先进企业”称号。

11 月 17 日

保定市民营企业家协会投融资合作委员会成立。这是省内设区市成立的首家民企投融资合作委员会。

11 月 19 日

在全国国防教育工作会议上，清苑县冉庄地道战纪念馆等全国 160 个单位被命名首批国家国防教育示范基地，这是该馆继荣获“爱国主义教育示范基地”称号之后获得的又一荣誉。

11 月 19 日

保定市第十四次妇女代表大会开幕。市委书记宋太平出席并讲话。

11 月 20 日

全国政协常委、民建中央常务副主席马培华率调研组到保定市，就民建自身建设进行调研。

11月24日

全省行政监察工作座谈会在保定召开。会议就“如何发挥行政监察职能为经济社会和谐发展排阻清障”进行调研座谈。

11月25日

市委书记宋太平到第三批学习实践活动联系点雄县米家务镇米东大村调研。

11月25日

由市委办公厅、市人大常委会办公厅、市政府办公厅和中国移动通信集团保定分公司主办的“中国发展与外交”形势报告会在百世开利会展中心举行，全国人大常委会外事委员会主任委员、外交部原部长李肇星应邀做报告。

11月29日

奥运会冠军庞伟、杜丽的婚礼在电谷锦江国际酒店举行，市委书记宋太平发来“新婚贺辞”。

11月

省委决定：李谦同志任保定市委副书记；马誉峰同志任保定市委委员、常委；于群、李剑方同志不再担任保定市委副书记，常委、委员职务，另有任用。

## 12 月

12月2日至3日

由十一届全国人大常委、环境与资源保护委员会副主任委员李传卿和青海省人大常委会原副主任、党组原副书记管雷等组成的中央第五地方巡视组，就经济社会发展情况到保定市巡视。市委书记宋太平陪同。

12月2日

市委办公厅、市政府办公厅发出《关于做好＜保定市志＞（1979～2010）》编纂工作的通知，在全市部署第二轮《保定市志》的编纂。

12月4日

市十三届人大常委会举行第十四次会议，决定李谦为政府代理市长，任命马誉峰为市政府副市长。

12月5日

在北京举办的辉煌60年·中国特色开发区经济与形象调研发布会上，白沟以其独具特色的购物旅游优势，获得“中国最佳可持续发展旅游度假区”荣誉称号，是河北省惟一获此称号的旅游目的地。

12月6日至7日

省委常委、常务副省长付志方在市委书记宋太平，市委副书记、代市长李谦等市领导的陪同下到高阳调研，强调大力推进企业科技创新，提高核心竞争力。

12月7日至8日

河北省普及高中阶段教育评估组对徐水县普及高中阶段教育工作进行了评估验收。徐水县顺利通过了评估认定，成为全省首批、保定市第一个通过此项评估的县。

12月9日

在由国家农业部、中国农科院、中国果蔬流通协会等联合会举办的2009年中国果蔬产业品牌论坛会上，阜平大枣获“中国十大名枣”称号。

12月10日

满城县总投资34亿元的12个项目签约奠基。市委书记宋太平出席仪式并为项目奠基。

12月10日

世界和谐基金会执行主席、联合国友好协会亚太区秘书长刘藩带领考察组，就建立和谐智能生态试验区到保定考察。

12月11日

市委召开九届103次市委常委（扩大）会议。会议重点对2010年市委、市政府为群众办实事、加快县城建设、加快产业结构调整等工作进行了研究讨论。市委书记宋太平主持会议。

12月11日

世界和谐基金会决定将保定市列为“联合国世界和谐城市试验区”。

12月14日

经中国人口文化促进会评选，定州市获“全国农村人口文化大院建设先进市”称号。

12月15日

市委副书记、代市长李谦到唐县，就进一步谋划好2010年市政府工作为群众办好实事，做好“三农”工作，主持召开座谈会，强调选准定位求突破，艰苦创业快发展。

12月15日

在涞源县木吉村，探明全省迄今为止最大的一座铜矿。初步探明铜矿地质储量超过50万吨，属于大型铜矿，远景储量达到80万吨。

12月16日

公安部消防局副局长王沁林少将率领调研组到保定市，调研指导消防安全“四个能力”建设工作。

12月16日

市委副书记、代市长李谦主持召开城乡规划委员会第九次全体会议，审议并通过城市控制性详细规划等11项规划方案。

12月17日

曲阳定窑“六合同春”雕花瓶正式入藏中国国家博物馆。

12月22日

国家建设部、国家文物局将曲阳北岳庙纳入五岳申报世界自然与文化遗产范畴。

12月24日

市委、市政府召开全市防洪堤综合整治动员大会。防洪堤综合整治、三大片区回迁房建设、市区廉租房、高速北外环、西二环工程奠基开工。市委书记宋太平，市委副书记、代市长李谦等市领导为五大工程开工奠基。

12 月 24 日

“2009 年全国绿色与有机食品北京展示展销会”开幕。“中国山药之乡”蠡县的麻山药应邀参加，成为首都市民置办的重要“绿色年货之一”。

12 月 25 日

以“新农村、新发展、新生活”为主题，全面展示保定市新民居建设热潮的新民居建设成果展在市博物馆开幕。

12 月 25 日

荣乌高速公路保定段一期工程奠基开工。该项目自山东荣城经天津、河北、山西到内蒙古乌海市。保定市界内建设 129.9 公里，途经徐水、满城、易县、涞源四县，估算总投资 106.6 亿元。

12 月 26 日

中央党校“扩大内需与经济发展研究专题”地厅级干部进修班党员考察团到保定市参观考察。考察团先后到长城汽车公司、英利三期参观考察。

12 月 28 日

中央学习实践活动第四巡回检查组组长、全国政协常委、人口资源环境委员会主任张维庆和中央学习实践活动第四巡回检查组副组长，全国政协委员、提案委员会副主任毛林坤一行到保定市，就第三批学习实践活动进行检查指导。省委常委、组织部长梁滨，市委书记宋太平，市委副书记、代市长李谦等陪同检查。

12 月 30 日

保定市召开南水北调天津干线征迁安置调度会，贯彻落实国家、省有关会议精神，安排部署全市征迁安置工作，确保建设施工用地及时交付使用和社会稳定。

12 月 31 日

省委副书记陈全国在市委书记宋太平，市委副书记、代市长李谦等领导的陪同下到长城汽车集团调研，提出发挥优势求突破，科学发展上水平。

# 中国共产党保定市委员会

【中共保定市委常务委员会组成人员】

书　　记　宋太平
副 书 记　于　群(11月免)
　　　　　李剑方(11月免)
　　　　　李　谦(11月任)
常务委员　宋太平
　　　　　于　群(11月免)
　　　　　李剑方(11月免)
　　　　　李　谦
　　　　　李志华(2月免)
　　　　　王亚光(2月任,6月免)
　　　　　高树义(6月任)
　　　　　马誉峰(11月任)
　　　　　赵常福　司存喜
　　　　　王洪斌(11月去世)
　　　　　刘　颖　王惠欣(女)
　　　　　张　峰　兰保良

【中共保定市委秘书长、副秘书长】

秘 书 长　刘　颖
常务副秘书长　王捍东
副秘书长　马文河(12月免)
　　　　　王荷丽(女)
　　　　　彭玉臣(1月任)
　　　　　肖宝元　许秋民
　　　　　杨增德　王永建
　　　　　孙晨光
　　　　　付卫民(女)
　　　　　李树进　谢国庆
　　　　　田红军　程　杰
　　　　　任永海(12月任)
　　　　　李广义(6月任,挂职)

【市委工作综述】 2009年,中共保定市委团结带领全市各级党组织和广大干部群众,认真贯彻落实科学发展观,紧紧围绕"又好又快发展、强市兴县富民"的中心任务,牢牢把握"突出抓发展、重点抓项目、持续保稳定"的主基调,大力唱响"奋起直追、争先进位"的主旋律,积极应对国际金融危机影响,全市经济建设和各项社会事业取得新成效。初步统计,全市生产总值完成1716亿元,增长10.5%;全部财政收入166.6亿元,增长21.6%,其中地方一般预算收入73.3亿元,增长22%;规模以上工业增加值完成461亿元,增长14.5%;社会消费品零售总额完成729.4亿元,增长17.7%;城镇固定资产投资突破千亿元大关,增长47%;实际利用省外资金145亿元,增长11.6%;城市居民人均可支配收入达到13568元,农民人均纯收入达到4677元,分别增长10.2%和8%。

在整体推进各项工作的同时,重点抓了八个方面:

**(一)扎实开展深入学习实践科学发展观和"干部作风建设年"活动,凝聚奋起直追、争先进位的强大合力。**按照中央和省委要求,全市各级党组织和党员干部积极投入两项活动,取得重要思想成果、实践成果和制度成果。特别是对保定的基本市情、发展状况、总体思路和主导战略有了更加深刻的认识。学习实践活动以"增强危机意识、改善发展环境、加快争先进位、促进科学发展"为主题,突出实践特色,推进工作创新,实现了"党员干部受教育、科学发展上水平、人民群众得实惠"目标。市委学习实践活动群众测评满意度100%。在第三批学习实践活动中,注重强化责任,创新载体,加强指导和督导,在组织好学习教育中形成科学发展共识,在治理整顿后进支部中夯实基层党建基础,在解决热点难点问题中让群众得实惠,使群众切实感受到活动带来的成果和变化。"干部作风建设年"活动以深化行政审批制度改革为突破口,市委、市政府向社会做出36条转变作风公开承诺。再造审批流程,市本级削减、下放行政许可和审批项目171项和29项,分别减掉37%和11%;取消收费项目32项,减掉71%。在全省率先实行投资类项目审批“一章制”。房地产项目审批公章由108个减少到9个。两项活动的扎实开展,有力促进了全市改革发展稳定各项工作,奋起直追、争先进位主旋律在全市进一步唱响。

**(二)全面实施一主三次、工业西进、对接京津三大主导战略,统筹推进城乡区域协调发展。**一是加快实施一主三次城市发展战略。对主城区周边四县(清苑、满城、徐水、安新)试行按区管理,主城区发展空间由312平方公里拓展到3290平方公里,“一城三星一淀”大保定格局正在逐步形成。定州、涿州、白沟·白洋淀温泉城三个次中心城市基础设施、产业园区和项目建设明显加快,产业集聚区的带动作用明显增强,2009年列入省、市重点项目58个,同比增长222%。特别是白沟·白洋淀温泉城,呈现出强劲的发展势头,成为全市发展建设最具活力的区域之一。二是加快实施工业西进战略。坚持一手抓绿色产业,一手抓现代工业,发挥资源优势,加快西部山区八县(总面积占全市的57%,其中7个是国家和省级贫困县)工业发展,新上千万元以上项目354个,冀东、金隅水泥等一批较大工业项目进展顺利,河北钢铁集团冶金工业园等16个工业项目集中区初具规模。三是加快实施对接京津战略。把对接京津作为保定加快发展的方向性选择,通过发展规划、基础设施、三次产业、人才技术、发展环境五个方面的对接,推进与京津一体化发展。京昆高速、保津城际铁路、京石高铁等一批重大基础设施项目和中国钢研院新材料、天津大无缝河北铜业等一批生产性项目加快推进,兵装集团、国电集团、中船重工、中国航天等一批央企对接项目陆续落地。全市引进京津资金增长129%。随着“三大战略”的实施,全市正在形成多力驱动、东西互动、融入京津、城乡统筹的发展格局。

**(三)积极推进结构调整,加快主导产业和成长性产业发展。**按照省委、省政府调整结构的要求,抓住国家出台十大产业振兴规划和保定被世界自然基金会确定为全国两个低碳试点城市之一的机遇,强力推进节能减排,大力发展低碳经济,积极构建低碳高效型产业结构、技术先导型产品结构和龙头带动型企业组织结构。三大主导产业健康发展。新能源及能源设备制造业:围绕打造“新能源制造业基地”,实施“电”字号省重点项目29项,总投资338.5亿元。其中投资126亿元的六九硅业硅材料、投资60亿元年产800兆瓦多晶硅电池等一批重大项目建成投产。英利新能源公司成为国内惟一全产业链光伏企业,国际市场产品占有率12%。风电已形成整机组装、叶片及相关配套产品组成的产业集群,中航惠腾成为全国最大的风电叶片生产企业。目前新能源产业相关企业170多家,实现主营业务收入300亿元,增长25%。汽车及零部件产业:围绕打造“华北轻型汽车城”,实施总投资96亿元的重点项目29个。其中长城40万辆乘用车、长安40万辆微型面包车和30万台发动机等项目加快推进。全市已有整车企业8家,零部件企业300多家;整车产能70万辆,销售50万辆,其中出口5万多辆。全年实现主营业务收入350亿元,增长25%。纺织服装业:围绕打造“京南纺织服装加工基地”,实施重点项目27项,总投资91亿元。全年实现主营业务收入205亿元,增长4.8%。三大主导产业完成工业增加值219亿元,占全市规模以上工业的48%,对全市工业增长贡献率60%。同时,积极培育食品加工、新材料和现代服务等成长性产业。娃哈哈、汇源果汁、中国钢研科技集团非晶产业化、河北动漫产业基地、天鹅湖旅游等一批新项目加快推进,正在成为新的经济增长点。

**(四)强力推进大水系、大交通、大城市三大建设,在三年大变样中提升城市品位。**坚持把城镇面貌三年大变样作为加快工业化、城镇化进程的有利契机和重要突破口。从保定实际出发,制定实施《大力提升保定城市品位的指导意见》,把大力提升保定城市品位作为城市建设与发展的灵魂和主线来抓,充分彰显保定“全国历史文化名城”、“中国优秀旅游城市”、“学生城”、“冠军摇篮”等城市特色,倾力打造“文化名城、山水保定、低碳城市”三张名片。重点实施总投资1354亿元的大水系、大交通、大城市三大建设,具体实化为80项重点工程,其中26项已竣工。大水系建设:总投资37.5亿元,主要工程为“西部两库连通、西水东调、引水济市、穿府补淀”和“两环四廊、五湖十园”等城市水景建设。西部两库连通工程加快推进,市区雨污分流在全省率先实现全覆盖,内环水系国庆节前如期实现清水入市,受到市民普遍欢迎。市区防洪堤综合整治工程已经开工,30.4公里外环水系2009年通水。开工建设以关汉卿大剧院、保定博物馆为主体的东湖文化中心。大交通建设:境内4条(段)高速公路(张石、保阜、大广、张涿)在加快建设,2条(段)(荣乌、京昆北延)即将开工,完成后全市形成“三纵四横”高速路网,通车里程将突破1200公里。大城市建设:市、县(市)全年完成“五拆”538.8万平方米,其中市区完成近400万平方米。投资120亿元的市区府河、清真寺、西大园三大片区改造全面实施。投资8亿元、建筑面积3.9万平方米的保定火车站改造准备开工。投资15亿元、高218米的万博广场商务楼等一批重点项目建设积极推进。全国十大名园之一的古莲池“后三景”恢复工作提前完成。体现明清风貌的裕华路、西大街、总督署西路仿古改造工程已基本完成。全国现存规模最大、最具代表性的徽派建筑——淮军公所，以及清河道署、光园等文物古迹修复工程正加紧实施。

**（五）倾心做好“三农”工作，加快新农村建设步伐。**认真贯彻落实中央一号文件精神，统筹推进农村改革发展。坚持以发展农村经济、增加农民收入为核心，以加强基础设施建设和改善人居环境为重点，突出“四化一统筹”（主攻产业化、促进规模化、坚持多样化、推进城镇化，统筹区域协调发展），扎实推进新农村建设。积极转变农村发展模式，大力调整农业结构，畜牧、蔬菜、林果三大优势产业的拉动作用明显增强。粮食生产持续稳步增长。实施“龙头工程”，出台专项扶持政策，农业产业化龙头企业和农民专业合作组织加快发展。多渠道增加农民收入，全面落实中央惠农政策，鼓励农民自主创业，以创业促增收；大力发展民营经济、劳务经济，增加农民工资性收入。积极推进山区综合开发，切实加大扶贫力度。深化农村综合改革，进一步稳定土地承包关系，有效规范土地承包经营权流转。下大力改善农村人居环境，全市110个省级新民居建设试点村全部达到“四个一”要求。加大基础建设力度，扎实推进农村“路、水、电、气、房”五项工程，农村生产生活条件不断改善。

**（六）高度关注倾力改善民生，努力促进社会和谐。**坚持以人为本、执政为民，狠抓事关民生的各项工作，10项民心工程62件实事得到较好落实。深化拓展“亲民爱民”活动，组织动员全市15800多名副科级以上干部结对帮扶19700多名困难家庭、困难学生，并把活动拓展到整个民生领域，开通“民生热线”，建立“爱心助学金”，组织开展“金秋助学”、青年志愿者服务等系列活动，为困难群众解决了大量实际问题，促进了干部作风转变，密切了党群干群关系，带动社会风气的好转。倾力促进就业增长，扩大创业型社会就业。实施积极的就业政策，引导企业开展就业援助，完善再就业保障机制，在金融危机影响下没有出现企业大幅裁员、职工大批下岗。对就业困难人员、零就业家庭等特殊群体加大就业帮扶力度。全市新增城镇就业7.5万人。加强共享型社会保障，进一步健全养老、医疗、失业、工伤、生育等社会保险体系，完善最低生活保障、农村“五保”供养、大病医疗救助、教育助学、住房保障社会救助体系，兴办优抚、扶老、助残、救孤、济困五大社会福利事业。提高城镇和农村低保补助标准，32.8万人实现应保尽保。将大学生纳入医疗保险范围，各项社会保险新增21.1万人。集中解决群众关注的民生热点问题。农村29万人饮水安全问题得到解决。竣工经济适用房19万平方米、新开工15万平方米，廉租住房保障户7215户。

**（七）大力加强基层基础工作，努力维护社会稳定。**牢固树立“持续保稳定”思想，坚持“预防为主、抓早抓小、法情并重、处置得当”的基本要求，认真落实“关键在县委、重点在部门、根本在基层”的主体责任。围绕夯实基层基础，抓住农村“两委”班子换届契机，加强群防群治基层队伍建设，配齐配强农村“两会一队”组织，有效发挥了第一道防线的作用。以深化大接访长效机制为核心，认真落实领导干部定期接访、信访情况定期通报、重大信访案件协调调度等制度，全市信访量明显下降。进一步发挥群众工作站在促和谐、保稳定中的特殊作用，严格落实全面覆盖、定人定时、实事实录、严查严考的工作要求，第一时间了解社情民意，第一现场化解矛盾纠纷，有效解决了一大批影响社会稳定的实际问题。把确保国庆节期间的稳定安全作为压倒一切的政治任务，部署开展“迎国庆保稳定百日会战”活动，圆满实现五个不发生的目标，即不发生影响社会政治稳定的问题，不发生重大或恶性刑事案件、重大治安灾害事故和群死群伤事件，不发生大规模群体性事件，不发生有影响的非正常进京、赴省上访、闹事问题，不发生重特大安全生产事故。

**（八）全面加强党的建设，努力造就强有力领导班子和高素质干部队伍。**坚持党管干部原则，把建设强有力的领导班子、造就高素质的干部队伍作为事业发展的根本保证。坚持德才兼备、以德为先的用人标准。在县级领导班子调整中，客观公正地考察、评价和使用干部，调整的县（市、区）长和其他需经法定程序选举的干部全部满票或高票当选。在中央组织部和省委组织部组织工作测评中，保定市群众满意度列全省第一。在全省率先推行市直机关科级干部集中竞职上岗，机关干部队伍更加充满活力。深入落实市委关于加强乡镇领导班子、农村干部队伍、社区工作者队伍建设的三个《意见》，农村干部“一定三有”激励关爱机制做法在全国推广，市县两级财政投入2.2亿元。深化任期目标承诺管理制度，在落实“三有”的基础上，重点搞好“一定”，发挥了激励干部、惠及百姓、夯实根基的重要作用。农村“两委”班子换届基本完成。建立健全党员诉求表达机制、党员关爱帮扶机制、城乡一体的流动党员管理机制,党员队伍的先锋模范作用得到充分发挥。机关、社区、企业、学校和“两新”组织党建工作进一步加强。深入推进党风廉政建设,惩治和预防腐败体系日益健全,源头治本力度不断加大。严格执行“十个严禁”,严肃查处违纪违法案件。认真执行领导干部廉洁从政各项规定,各级领导干部廉洁自律意识不断增强。

# 中共保定市委办公厅工作

**【中共保定市委办公厅】** 中共保定市委办公厅是市委的综合办事机构,正县级单位,内设综合一处、综合二处、综合三处、综合四处(市群众工作协调办公室)、综合五处、综合协调处、法规处、信息处(中共保定市委信息中心)、网络管理处、秘书处、组织干部处、接待处、老干部处、督促检查一处、督促检查二处、督促检查三处,市委机要局(市密码工作领导小组办公室)综合处、技术处、通信报务处、业务处,市委保密委员会办公室(市保密局)综合处、技术检查处等职能处室,同时根据工作需要,设置机关党委、工会、妇委会。主要职责是:承担市委、市委领导交办的文件、讲话稿的起草或修改工作;负责市委文件和市委办公厅代市委行文的审核工作;负责市委重要会议、重大活动、市委常委会以及市委主要领导调研、现场办公、检查指导工作新闻报道稿件的把关工作;负责市委主要领导署名文章以及在省以上内外刊物上反映市委重要工作部署、经验、措施等稿件的起草把关工作;承担为市委制定党内法规和领导政府立法的服务工作;负责党刊编辑工作。围绕省委、市委总体工作部署开展综合调研,收集和处理信息,反映动态。负责市委日常文书处理;负责市委各种会议和市委日常工作活动的组织安排。负责党中央和省委领导、中央和省委机关部门领导、兄弟市地和外省党委领导,以及办公厅系统的接待服务和协调工作;负责全市党政系统密码通信和管理工作。负责全市通信和计算机网络保密技术的监督检查和管理工作。负责市委领导和部分原市级领导,以及本厅离退休干部的生活服务和阅文、参加有关活动的事务服务工作。负责对市委重大决策、重大工作部署以及中央、省、市委及中办、省委办、市委办重要文件落实情况进行督查;对中央、省、市领导批办事项,市级以上新闻单位披露保定市事项及市人大、政府、政协向市委建议事项进行督办和查办。对市群众工作领导小组的决策部署、重大安排及责任追究、考核定档、奖励惩处等重大问题进行组织落实。负责市委、市政府信访局和市委机关事务管理局的管理工作,负责挂靠在市委办公厅的市委处理法轮功问题领导小组办公室(市政府防范和处理邪教问题办公室)和市城市社区工作委员会办公室的有关工作事宜。负责厅机关干部人事管理,厅机关及直属单位的党群工作。2009年3月,根据工作需要,市委办公厅增设群工综合处、群工指导处、群工督办处。在群众工作领导小组办公室挂牌,为办公厅内设机构。

**【概况】** 2009年,市委办公厅围绕全市“又好又快发展、强市兴县富民”的中心任务和市委的中心工作,充分发挥“参谋助手、运转枢纽、督导落实、后勤保障”的职能作用,主动超前服务,严格精细管理,办公厅的各项工作都取得了新的成绩。信息、督查、机要、保密、值班等工作在全省名列前茅,多项工作受到市委主要领导的肯定和表扬。

**【抓创新,上水平,打造“三服务”工作新亮点】** 重点抓了五个方面的创新。

1.创新工作理念。按照市委提出的“又好又快发展、强市兴县富民”的中心任务、“突出抓发展、重点抓项目、持续保稳定”的主基调和“奋起直追,争先进位”的主旋律,对市委办公厅的职能定位和目标取向进行了重新审视和思考,确定了“标定一流、争先创优”的主基调,明确了“严、细、快、慎、实”的总要求,同时,大力倡导勤奋学习、慎思敏行、认真细致、谦和礼让“四种风气”,力求做到参谋辅政高站位、协调运转高效率、督查落实重实效、后勤保障有力度。这些思路和要求已经成为市委办公厅乃至全市党委办公厅(室)系统的共识,成为推动工作的强大精神动力,对各项工作起到了积极引领作用。

2.创新服务体制。为适应领导体制和工作形势的变化,从内设机构和服务的体制机制入手进行重大改革,及时调整处室职能,增加内设机构,充实人员力量,改进服务方式。一是加强新闻稿把关和舆论引导。明确专门处室负责市委主要领导新闻报道把关工作,从根本上解决了过去新闻稿把关不确定、不规范、易出纰漏的问题。全年共把关市委主要领导新闻稿200余篇,报道稿件、照片质量和版面设计明显提升,电视台、广播电台新闻报道更加规范,得到市委主要领导的充分肯定。围绕市委重大决策部署,刊发"宗吾"系列评论文章,引起较大社会反响。加强对市级主要新闻媒体的沟通、协调、指导,形成了对市委中心工作的强大宣传声势。本着"攻大报、上头条、多上稿、上高质量稿件"的原则加强外宣,在《人民日报》、《经济日报》、《河北日报》等省以上新闻媒体刊发反映实施"三大战略"、推进"三大建设"等方面的稿件15篇,宣传了市委的重大思路举措,提升了保定形象,扩大了保定影响。二是加强和改进对市委领导的服务。对每位市委常委,市委办公厅都有具体处室负责搞好文务、政务服务。设立生活服务处室,明确专人为市委常委和机关干部提供工作、生活上的服务,营造了温馨、舒适的工作生活环境,受到上下一致好评。三是办好"四个活动"办公室。按照市委部署,全市群众工作站、亲民爱民活动、市委常委会的学习实践活动和全市"干部作风建设年"活动的组织领导机构都设在市委办公厅。为组织推动好上述工作,分别由四位副秘书长负责,一方面抓机构组建。经过争取,群众工作站办公室列为在编常设机构,明确了内设机构,通过公务员招考,配齐了工作力量。亲民爱民活动办公室和其他两个办公室也做到了机构、人员、办公场所三到位。另一方面抓作用发挥。群众工作站办公室:在健全完善工作制度的基础上,把群众工作站的职责细化为关注民生、解决难题、代理信访、搞好协调和促进和谐五个方面,建立了协调、选派、督导、沟通、培训、考核6项机制,增强了工作的长效性。全年群众工作站共为群众提供致富信息17300多条,帮助修建、硬化道路1200公里,帮扶贫困家庭6720户,为群众办好事实事70470多件,代理群众信访14500多件,化解矛盾纠纷38300多起,在国庆安保工作中发挥了重要作用,成为促进基层稳定发展的重要力量。群众工作站的做法,得到了中央、省有关领导的充分肯定,中纪委副书记张毅给予高度评价。亲民爱民活动办公室:按照市委提出的"深化、拓展、创新、升华"总要求,积极推进结对帮扶,建立救助基金,开通民生热线,解决实际问题。组织开展"金秋助学"、"彩虹助学"、"8+1"青年志愿者活动、冬季送温暖系列活动,特别是"金秋助学"活动,筹集善款830多万元,救助2100多名困难学生顺利走进大学,得到了市委主要领导的充分肯定和社会各界的广泛赞誉。完善并推广了"手拉手"、"爱心联系卡"和"一卡通"等经验做法,使更多困难群众得到实惠。在市委常委会的学习实践活动中,活动办在每个阶段、每个环节都超前谋划、提前部署,主动搞好协调服务。活动开展以来,共组织召开调度会12次,并按照议定事项强化协调落实,保证了活动的顺利推进。在"干部作风建设年"活动中,活动办充分发挥参谋助手、综合协调、督导检查作用,认真谋划具有保定特色的工作,不断实化活动载体,扎实推进活动开展,保证了活动效果。一批具有创新意义的工作举措被省作风办《简报》刊发,信息采用数量及积分均居全省第一。多项工作得到省委、省政府领导批示,其中行政服务中心建设、清理行政审批前置条件等工作经验在全省推广。

3. 创新参谋服务。以文辅政、参谋服务是市委办公厅的重要职能。紧贴市委主要领导的思路和市委重大决策部署,主动提供参谋服务,深入开展调查研究,为制定和丰富完善全市的思路举措做出了重要贡献。全年办公厅共起草各类文稿450余篇、约230余万字。其中在实施一主三次、工业西进、对接京津"三大战略"、推进大水系、大交通、大城市"三大建设"等工作中,深入一线掌握情况,准确把握领导意图,制定出台配套文件,把参谋服务融入到每一项重大决策的制定和执行中。起草的全市对接京津广播电视大会的主题讲话受到河北省省长胡春华、市委书记宋太平的肯定和表扬。起草出台的市委、市政府《关于大力提升保定城市品位的指导意见》受到社会各界好评。在学习实践活动、国庆安保、解决依棉问题等工作中,办公厅承担了大量的文稿起草任务,保证了工作的顺利推进。按照做细功、出精品的要求,精选课题,超前思考,起草了30余篇带方向性、前瞻性和可借鉴性的调研类文章,为领导科学决策提供了重要参考。其中关于为驻保高校大学生创造良好环境的《为了15万宣传保定、建设保定的生力军》、关于提升保定品位、建设山水城市的《我们距山水城市有多远》,以及《关于"一主三次"城市发展战略实施情况的调查与建议》、《关于我市农民工就业情况的调查与建议》等多篇调研文章得到市委、市政府主要领导批示和肯定。信息工作也在服务领导决策、服务工作大局中发挥了重要作用。其中上报省委的信息总得分3800分,一直保持全省领先位次。全力做好市委书记民情电子信箱和人民网留言板工作,察民情,解民忧,为群众解决实际困难110多件。市委机关刊物《市委工作通讯》和办公厅内刊《决策研究》的编刊水平和刊物影响有了新的提高。

4. 创新督查协调。一是突出督查重点,改进督查方式。牢固树立无情督查、有情服务理念,更加注重对市委重大决策部署落实情况的督查，做到了市委重点工作部署到哪里，办公厅的督察人员就出现在哪里。在专项督办工作中，按照“和谐推进、重在落实、多方共赢”的原则，把中央、省市委领导批示的89个案件一件一件地落到了实处；在督查市委全会及重要会议精神的贯彻落实上，精细分解，准确立项，并创造性地运用媒体手段面向全社会公开通报，开创了全省督查系统的先河；在三年大变样工作督查中，坚持全面督查与重点督查相结合，突出关键时间、关键节点，解决关键问题，完成了大水系水源工程、清水入市、河道清淤、雨污分流、市容综合整治、电谷立交桥、万博广场及四里营拆迁改造等重点工作的督查。加强国庆安保、亲民爱民、群众工作站工作开展情况的督查，确保了政令畅通和省、市委决策部署的落实。同时，办理市人大建议、市政协委员提案共40件，办结率、满意率100%。二是搞好全方位协调。坚持市四大班子秘书长联席会制度，加强沟通，保证全市工作“一盘棋”。加强市委重要活动、重大事项、重点问题的协调，努力当好市委的得力助手。根据市委领导要求，围绕政治、经济、党建、政法、稳定、精神文明、农业农村等方面的重点工作，不断加大协调指导力度，协助领导解决了一批重点、难点问题。在解决依棉问题上，办公厅有关人员到一线，稳控局面，解决问题，同时承担了大量的善后综合协调工作。在解决容城李郎村土地问题上，一名市委副秘书长任工作组组长，在一线为这个问题的彻底解决做了大量艰苦细致的工作，为维护社会稳定起到了积极作用，受到了市委领导的充分肯定。全年协调市领导参加各类活动400余次，全部做到高标准、高质量、高效率。

5.创新工作环境。市委机关大院办公的部门多、人员多，但设施严重老化，功能严重不足。2009年，以领导和干部职工“双满意”为目标，改变过去每年小修小补的做法，立足于动大“手术”，从根本上解决办公条件问题。在机关基础建设上，一是实施了市委1号楼综合改造工程，完成了1～13楼消防设施的安装、51个卫生间和洗手间的改造、铺设了6～13层楼道地板砖和1层办公厅所有房间室内地板砖，粉刷墙面2万多平方米，更换了400多个办公室房间门，办公环境更加安全、美观。二是在拆除原机关食堂的基础上，完成了以机关餐厅、市委会议室为主体的6号楼建设工程，建成了集就餐、会议、健身为一体的综合服务楼，改善了机关干部职工就餐、生活环境，提高了承办大型会议的能力，服务设施更加完善。三是做细活，完成了市委大门口电动门、庭院灯光、1、2号楼彩灯的更换。增加院内绿化面积，完善卫生保洁机制，院内环境更加整洁优美，楼内更加安全、美观、舒适。这些机关基础建设，无论从规模还是力度上都是近年来最大的，真正办成了市委机关的“民心工程”、“凝聚力工程”，受到了机关大院全体干部职工的一致好评。

**【抓规范，提质量，力求各项工作争一流】** 从基础工作做起，从细微处入手，完善制度，健全机制，规范管理，提高质量，确保了机关工作的正常、高效运转。

1.加强值班工作，确保安全畅通。在认真安排好日常值班工作的基础上，全力做好紧急情况重大事件的报告处置工作。全年共承办各类紧急突发情况报告290件，其中上报省委的刑事案件、传染病疫情、群体性事件、交通事故、中毒事故、火灾事故等45件。在处置各类事件过程中，突出“快”与“准”，保证紧急重要信息在最短时间内向市委领导和省委报告，省市领导批示在第一时间内传达、办理、反馈，紧急情况重大事件得到及时妥善处置。加强对各县（市、区）、市直部门值班工作的指导检查，特别是国庆安保期间，进一步加大对值班工作的检查力度，确保了关键时期万无一失。

2.搞好文件运转，确保规范有序。公文审核力求科学规范，准确及时。围绕规范化建设和提高公文质量，严把公文核发的政治关、政策关、程序关，全年共审核制发公文450份，均未出现政治性、法规性失误，文字差错率控制在万分之一以内，确保了市委文件准确及时发布。文件收发办理力求及时周密。全年共办理各类文件1900多件，分发投递文件、信函近40万份，没有发生文件拖压、丢失、漏传等事故。规范有序地完成了文件存档查阅。全年共立卷1158件，其中永久卷778件，长期卷380件，整理了区划调整专卷，为方便查阅档案创造了便利条件。及时安全地做好印章使用管理工作，没有发生任何差错。

3.严格会务组织，确保严谨细致。全年共组织市委常委会、重大事项沟通会、党政联席会、四大班子联席会34次，组织召开各类调度会、汇报会、座谈会、现场会200余次，直接承办大中型会议18次，协助其他部门承办会议30次，没有出现纰漏和差错。特别是2月18日至20日，三天时间内全市连续召开了稳定工作会议、“干部作风建设年”活动动员大会、全面对接京津广播电视大会、全市基层组织建设广播电视大会、市纪委九届四次全会等9个大型会议。工作中坚持统筹安排、统一协调，对9

个会议召开的时间、地点、参加人员等做了多次衔接和调整，确保了各个会议的顺利召开。

4. 提升接待水平，确保热情周到。全年共接待上级领导、来宾350多批4300多人次。其中国家级领导6批，接待省级领导28批360多人次，接待各类考察团(组)、检查组等22批400余人次。热情的接待，周到的服务，让各级领导对保定留下了美好印象，宣传了保定的深厚文化，展示了保定的良好形象。特别是接待天津党政考察团时，采取了对省部级领导"一对一服务"、统一安排解说员随车讲解、房间摆放欢迎卡片等新的服务方式，受到中央政治局委员、天津市委书记张高丽的充分肯定，为河北争了光，为保定添了彩，为市委办公厅赢得了荣誉。

5. 推进信息化建设，确保快捷高效。在2008年25个县(市、区)委办公室和高新区管委会实现通过"信息魅力"平台向市委办公厅报送信息的基础上，2009年进一步扩展到市直联网部门，提高了信息采编的时效性。移动办公平台应用进一步广泛，由原来传统的电话通知改为短消息通知，实现了通知方式的重大转变，节省了费用，提高了效率。市委内网网站建设进一步规范，形式上对有关栏目进行了重新设计，内容上突出宣传保定市工作重点，建立了"一主三次"、干部作风建设年、科学发展观等专栏。同时，加强管理，力排隐患，确保了内外网络安全运转。

6. 强化机要保密工作，确保及时无误。密码工作以开展"管理精细化、服务优质化、环境人性化"活动为载体，不断加强自身建设，密码主渠道作用得到有效发挥，确保了密码安全和通信畅通。全年共传输办理密码电报26986份，内部明电49677份，做到了及时、保密、准确、无误。以市县党干校为阵地，加强对党政机关领导干部的保密教育。共计开办培训班60期，培训人数近6000人次。结合国庆安保，对25个县(市、区)和81个市直部门、驻保单位进行了保密大检查，确保了党政机关国家秘密安全。加强保密行政执法工作，对6家秘密载体定点印刷复制单位、3家国家秘密载体定点销毁单位、2家国家统一考试试卷定点印刷单位和1家防伪证券印刷印制单位进行了保密检查。认真做好区域内军工企业保密资格审查认证工作和国家统一考试的保密工作，未发生任何失泄密事故。2009年7月，保定市代表全省接受了全国保密工作重点巡查，得到了国家、省保密局的充分肯定。

7. 完善后勤服务，确保保障有力。加强内部管理，制定完善了《办公用品采购及管理办法》、《固定资产管理办法》、《车辆管理使用规定(试行)》等多项规章制度，办公用品采购及管理、固定资产管理更加规范，车辆管理费用明显降低，节约了开支，杜绝了浪费。积极争取资金，规范预算收入管理，保证了重点工程和机关工作的正常运转。加强保安管理，健全值班制度，圆满完成了机关国庆安保及日常保卫工作。解决了市委东院青年路综合楼遗留问题，为文联、老干部局等单位分配了办公用房。解决了市委办公厅所属鹏翔小区遗留问题，理顺了职工情绪，保障了职工利益。

(金声久)

## 组织工作

**【中共保定市委组织部】** 中共保定市委组织部是市委主管组织工作和干部工作的职能部门。主要负责全市各级领导班子、干部队伍、基层组织和党员队伍建设以及人才队伍建设、干部考核等方面的工作。内设20个处室：办公室、机关党委(人事处)、研究室(政策法规处)、干部一处、干部二处、干部三处、干部四处、人才工作处、干部监督处、干部培训处、公务员管理处、考核办公室、农村基层组织处、城市基层组织处、组织指导处、组织员办公室、干部信息管理处(干部信息管理中心)、交流干部服务处(机关老干部处)、组织史资料征编处、党员电化教育处(党员电化教育中心)。因工作需要，2009年4月撤销干部四处，将其职能转至干部三处。合并农村基层组织处和城市基层组织处，成立基层组织处。

**【概况】** 2009年，全市组织工作围绕实现全市"又好又快发展、强市兴县富民"的奋斗目标，整体推进领导班子、干部队伍、人才队伍和党的基层组织建设，多项工作受到中组部、省组部和省市领导的肯定。在深入学习实践科学发展观活动中，认真贯彻"党员干部受教育、科学发展上水平、人民群众得实惠"的总要求，紧紧围绕"增强危机意识，改善发展环境，加快争先进位，促进科学发展"的活动主题，认真谋划，精心组织，扎实推进，完成了第二批学习实践活动三个阶段10个环节的各项工作，扎实推动了第三批学习实践活动，取得了明显的阶段性成果。参加第二批学习实践活动的137个单位群众满意率都在98%以上，市委群众满意率达到了100%。保定市的学习实践活动多次受到省委领导和省委指导检查组的表扬和肯定，易县作为全省惟一的县级参学单位，在全省学习实践活动第二批总结暨第三批动员大会上做了典型发言，中央、省委学习实践活动简报刊发保定市信息稿件20多篇，多家中央和省级主流媒体对保定市的学习实践活动进行了报道，先后播发稿件136篇，特别是《人民日报》以"一支不走的基层工作队"为题，大篇幅报道了保定市以群众工作站为载体联系服务基层群众的经验。同时，扎实开展了干部作风建设年活动，22个县（市、区）建立了行政服务中心，领导干部帮助企业联系项目300多个，15800名副科级以上干部与19700多名困难群众结成帮扶对子。全市共查处干部作风方面问题255件，对472名不作为、乱作为的公务人员进行了责任追究，对256名干部给予党政纪处分，在干部队伍中形成了拒绝理由、雷厉风行、狠抓落实的良好风气。领导班子和干部队伍建设中，圆满完成了市"两会"的有关工作，补选的6名市人大常委会组成人员、33名市政协常委会组成人员候选人均全票或高票当选。完成了15批564名县级干部的市委常委会呈报、任免工作，对5名县（市、区）党政班子正职和3名市直正县级单位正职的任用征求了市委全委会成员的意见，对市直43名拟任免干部征求了上级部门意见，为11名国家、省有关部门干部落实了挂职单位。指导各县（市、区）开好"两会"，2008年以来市委研究的需要选举产生的领导职务人选均以全票当选。制定出台了《关于加强市管领导班子和领导干部日常考察了解工作的意见》，结合"万名组织部长下基层"活动和领导班子年度考核，与县（市、区）、开发区领导班子和所有市直班子的市管领导干部进行了逐个谈话谈心，全面了解县级领导班子整体运行情况，为市委加强县级领导班子建设提供了参考依据。干部培训工作中，举办县级领导干部理论进修班、优秀中青年干部培训班、市直单位处长培训班等8个班次共12期，培训干部864人，对全市乡（镇）长进行了一次"十七届三中全会精神"集中轮训。邀请知名专家教授分别举办了以环境保护和科技创新为主题的"名家讲堂"讲座，培训县、科级干部600余人。选派92名县、科级干部赴经济发达地区挂职培训。完成省以上调训任务49项，共抽调各级干部408人次。干部考核工作中，修改完善2009年度考核办法，进一步优化了考核指标设置，更加突出了对发展方式和发展质量、保障和改善民生等方面的考核。围绕促进各项考核指标的落实，进一步加大运行监控力度，组织协调12个市直部门对上半年指标运行情况进行了认真分析，起草了《关于省考核市2009年度党政领导班子和主要领导干部工作实绩定量指标半年运行情况分析报告》，为领导决策提供了准确依据。组织完成了对县（市、区）和市直部门的2009年度考核工作。干部监督管理工作中，制定了《关于进一步加强和完善干部监督工作的意见》，建立健全了干部选任工作"一年重点检查、两年综合检查"、"一报告两评议"等四项制度。对县（市、区）《干部任用条例》执行情况进行了全面检查，组织市委全委会委员对2009年新提拔的县（市、区）和市直单位党政主要领导干部进行了民主评议，并派员对各县（市、区）委全委会"一报告两评议"工作进行了监督指导。深入开展用人不正之风专项整治行动，成立了整治用人不正之风领导小组，建立了协调会议制度，形成了整治用人上不正之风工作的合力。严格执行廉政把关、任前公示、出国政审和重大事项报告制度，委托审计机关对30余名领导干部进行了经济责任审计。干部宏观管理工作中，加大培养选拔年轻干部工作力度，注重在急难险重等关键岗位或复杂环境培养锻炼干部。加强选调生队伍建设，完成了2009年度选调生的招录、培训及分配工作，对历年来的省、市选调生情况进行了摸底，规范了选调生管理档案。积极稳妥地做好公务员管理工作，完成部分市直部门事业单位和县（市、区）申报参照管理工作。积极做好"三援"干部安置和服务工作，做好离休干部提高医疗待遇工作。基层党组织和党员队伍建设中，继续深化"一定三有"工作机制，通过实行部务会成员包县责任制、定期通报制度、专项调度制度，加强督导检查，较好地完成了"三有"的落实工作，6月底，在全省率先执行了农村干部补贴新标准。在落实好"三有"的同时，大力推行"一定"，出台了《保定市推进"一定三有"，加强农村干部职责目标监督考核的实施办法（试行）》，进一步规范干部行为，督促履职尽责，使"一定三有"机制更好地发挥了激励约束作用。这项工作得到了省委组织部的充分肯定。市委书记宋太平做出批示："此项工作，组织部高度重视，措施得力，落实很好。请注意总结经验，使"一定三有"的激励关爱机制发挥更大更好的效益。"完成村"两委"换届工作，全市6229个村全部配齐配强了党组织书记，其中连选连任的占75.4%，高中、中专以上文化的占56.3%，农村干部队伍结构进一步优化。大力整顿后进基层党组织，建立了专门的后进村整顿台账，开展了解决后进村突出问题"百日攻坚"活动，全市排查出的452个后进村全部按时实现转化。统筹推进社区和非公有制企业党建工作，认真落实市委《关于加强城市社区工作者队伍建设的意见》,进一步规范了社区工作者的选拔配备、工资待遇和管理工作。以服务社区居民为重点,开展了不同形式的党建示范社区创建活动。着眼于不断扩大党的工作在非公有制企业的覆盖面,进一步加大党组织组建力度,在符合条件的非公有制企业普遍建立了党组织,并抓好作用发挥。着力做好党员发展和管理工作,认真落实发展党员"双推双考"、"三阶段公开"、"票决制"和"责任追究制""村干部亲属入党备案制"等制度,有效解决了农村发展党员工作中的一些难点热点问题。深入开展"在职党员依岗承诺、无职党员认岗定责"活动,充分发挥了党员的先锋模范作用。强化基层党建工作责任制,认真落实基层党建专项述职、基层党建考核排位、农村干部任期目标承诺、基层党建工作责任追究等制度,进一步强化了各级党组织的"管党"责任。继续坚持县级领导干部包乡联村工作责任制,发挥好县(市、区)委书记"第一责任人"和乡镇党委书记"直接责任人"的责任,形成了一级抓一级、一级促一级的基层党建工作格局。人才工作中,加强组织协调,强化宏观指导,研究制定了2009年全市人才工作要点,进一步明确了市人才工作协调小组成员单位职责。组织开展了"人才工作宣传月"活动。按照与清华大学签订的《人才、科研合作协议》,完成了对5名挂职干部的考察工作。在全市民营企业中组织开展了"百千万人才培养工程",在全市农村中谋划开展了以加强农村实用人才队伍建设、充分发挥实用人才联系、引领、帮扶广大群众共同致富为主要内容的"实用人才创业示范活动"。推进大中专毕业生就业工作,协调有关单位举办了2009年度大中专毕业生就业洽谈会和多场人才招聘会。加强与京津的人才交流与对接,研究起草了《关于选派干部到京津挂职锻炼的实施方案》,协调有关部门组织召开了"北京-保定科技招商对接座谈会"。完成了青年科技奖、优秀科普工作者、优秀科技工作者等三项奖的评选表彰工作。干部信息管理、党员电教、交流干部服务、组织史资料征编、组工信息、信访、调研、宣传等工作也都取得了较好成绩。2009年,市委组织部被市委、市政府授予维护社会稳定工作先进集体、城镇绿化先进单位、人口和计划生育综合治理先进单位。

**【全市组织工作会议】** 3月27日,各县(市、区)委常委、组织部长,两个开发区党群工作部长,市直各单位主管组织(人事)工作的负责人,市委组织部处长以上人员参加。市委副书记李剑方到会并讲话,就如何贯彻落实全国、全省组织部长会议和市委九届七次全会精神,如何围绕服务科学发展做好2009年组织工作提出明确要求。市委常委、组织部长兰保良对2008年组织工作进行了总结回顾,对2009年工作进行了安排部署。

**【"组织部长下基层"活动】** 按照中组部"讲、重、作"活动的统一部署,制定实施意见,明确任务目标,扎实开展了"组织部长下基层"活动。各部务会成员分别确定了联系村、社区和企业,并在联系点确定了一名贫困党员作为帮扶对象。在深入基层蹲点调研期间,共与1000余名县(市、区)、市直部门领导班子成员开展了谈心谈话活动。在接访活动中,深入基层一线,深入了解群众疾苦和实际困难,共接待信访群众356人(次),协调解决问题81项。在"为企业解难题、为群众送温暖"活动中,部领导共为帮建企业解决生产经营难题18个,为帮扶群众联系致富项目21个,协调小额贷款40多万元。

**【市直单位中层干部竞争上岗工作】** 认真按照省委书记张云川"干部作风建设年"动员讲话要求,从改进机关作风入手,采取"职位归零,全员下岗"的办法,推行了市直机关科级领导职位全员竞争上岗。对各单位的竞岗方案进行严格审核把关,坚持不符合竞岗总体原则和要求的不审批,违反规定职数限额的不审批,竞岗程序缺项、违反有关规定程序的不审批,积极鼓励各单位在坚持原则和程序的前提下大胆创新方法。全市有竞岗工作任务的单位,除因机构改革延期竞岗外,其他65个单位全部完成了竞岗任务。各单位竞岗职位1168个,有789名科级领导干部竞岗留任,有379名干部通过竞岗提任科级领导职务,有78名科级领导干部因年龄较大或群众威信较低等原因落岗。中层正职的交流面42%,副职交流面27.1%,一般干部轮岗面18.6%。《河北日报》、《燕赵都市报》、《齐鲁晚报》、河北电视台等新闻媒体先后对保定市的经验做法进行了报道。

**【大规模培训干部工作】** 围绕加快实现"又好又快发展、强市兴县富民"战略目标,扎实推进新一轮大规模培训干部工作,举办县级领导干部理论进修班、优秀中青年干部培训班、市直单位处长培训班等8个班次共12期,培训干部864人。举办了4期全市乡(镇)长"十七届三中全会精神"轮训班,对全市乡(镇)长普遍进行了一次集中轮训。党的十七届四中全会召开后，及时将学习中央、省委全会精神列入干部教育培训计划，纳入市、县两级党校必修课程。对全市各级组工干部进行了学习十七届四中全会精神专题培训，结合开展第三批学习实践活动，抓好基层党员干部的教育培训。邀请知名专家教授分别举办了以环境保护和科技创新为主题的“名家讲堂”讲座，培训县、科级干部600余人。精心选派干部赴经济发达地区挂职培训，涿州市、清苑县、北市区等县（市、区）选派了92名县、科级干部分别赴北京市、青岛、天津、廊坊、深圳和浙江奉化等地进行挂职培训。举办了市直单位、县（市、区）组工干部专题研讨班，共培训组工干部150余人。完成省以上调训任务49项，共抽调各级干部408人次。

**【各级领导班子建设】** 着眼于建设善于领导科学发展、奋发有为、堪当重任的各级领导班子，顺向调整使用干部，合理配置干部资源，优化班子结构，加强教育培训和日常监督管理。完成了15批564名县级干部的市委常委会呈报、任免工作，对5名县（市、区）党政班子正职和3名市直正县级单位正职的任用征求了市委全委会成员的意见，对市直43名拟任免干部征求了上级部门意见，为11名国家、省有关部门干部落实了挂职单位。认真做好市“两会”选举有关工作，各职候选人均全票或高票当选。指导各县（市、区）开好“两会”，2008年以来市委研究的需要选举产生的领导职务人选均以全票当选。制定出台了《关于加强市管领导班子和领导干部日常考察了解工作的意见》，结合“万名组织部长下基层”活动和领导班子年度考核，与县（市、区）、开发区领导班子和所有市直班子的市管领导干部进行了逐个谈话谈心，全面了解县级领导班子整体运行情况，为市委加强县级领导班子建设提供了参考依据。

**【组织召开年度民主生活会】** 就开好市委常委专题民主生活会制定了工作安排方案，并协调市委学习实践活动领导小组办公室、市委办公厅等部门完成了会前的各项准备工作。从市纪委、市委组织部抽调精干力量组成11个大组、27个小组，对25个县（市、区）、2个开发区和20个市直单位民主生活会进行了督导检查。通过深入开展批评与自我批评，使党员领导干部认识到了自身在坚持科学发展观、求真务实、联系群众等方面存在的问题，强化了从人民群众的根本利益出发谋发展、促发展的观念。

**【对县（市、区）和市直单位2008年度的考核工作】** 针对2008年县级领导班子及领导干部较大范围调整，特别是县（市、区）和部分市直单位主要领导变动较大的实际，超前谋划准备，认真组织实施，圆满完成了年度考核工作。共评出实绩突出领导班子67个、实绩比较突出领导班子59个、实绩一般的领导班子1个，评出优秀等次县级干部326名、称职等次县级干部1579名、基本称职干部1名、不称职等次干部2名。以市委、市政府文件形式对2008年度县（市、区）党政领导班子和市直领导班子考核定档结果进行了通报，对优秀等次干部进行了现金奖励，对实绩一般单位党政正职、3名基本称职和不称职干部进行了诫勉谈话。

**【整治用人上的不正之风】** 按照省组部和市委要求，对各县（市、区）、市直各单位深入开展整治用人上之风工作进行了安排部署，提出了具体要求。市委成立了整治用人不正之风领导小组，并建立了工作协调会议制度，定期沟通有关情况，形成整治用人不正之风工作的合力。抽调干部处室业务骨干组成检查组，一套人马，一个标准，用三个月时间，对县（市、区）贯彻《干部任用条例》情况进行了全面检查，对检查中发现的问题进行了分析，按照客观公正、实事求是、责任分明的原则，以2008年为界，分清责任主体，向有关县（市、区）下发了《整改通知书》。认真抓好市县政府机构改革期间的纪律监督，及时将《关于冻结涉及机构改革单位干部、人事工作的通知》传达到各县（市、区）、有关市直单位。

**【加强对干部选拔任用工作的监督】** 认真贯彻落实全国和全省干部监督工作会议精神，制定了《关于进一步加强和完善干部监督工作的意见》，建立健全了干部选任工作“一年重点检查、两年综合检查”、“一报告两评议”等四项制度。对县（市、区）《干部任用条例》执行情况进行了全面检查，对发现的问题进行了认真分析，及时下发了《整改通知书》。认真开展“一报告两评议”工作，组织市委全委会委员对2009年新提拔的县（市、区）和市直单位党政主要领导干部进行了民主评议，并派员对各县（市、区）委全委会“一报告两评议”工作进行了监督指导。在6月份召开的全省干部监督工作会议上，书面交流了保定市提高选人用人公信度方面的经验做法。进一步加强日常监督和查处工作，充分发挥以12380电话举报为主，网络和来信举报等多种渠道相支撑的监督举报体系的作用，认真做好群众举报的查核工作，受理电话举报、来信来访或上级转办信访件共40余件，全部按照要求进行了处理。按照省组部和省编办要求，完成了县、乡政府助理的规范清理工作。严格执行廉政把关、任前公示、出国政审和重大事项报告制度，委托审计机关对30余名领导干部进行了经济责任审计。

【选调生工作】 完成了2009年度312名考生的面试、165名考生的体检招录和154名选调生的培训及分配工作，并督促县（市、区）落实选调生的编制、工资待遇，要求各县（市、区）委组织部每年对选调生的工作情况进行专门考核。对全市历年来的省、市选调生情况进行了摸底，完善了选调生数据库，并对选调生档案管理进行了规范，及时更新了76名调整工作岗位的省、市选调生的数据信息。

【援疆、援藏、援坝工作】 加大对援边干部的日常管理和服务工作力度，节日期间对援边干部家庭进行了走访慰问。积极做好"三援"干部安置工作，督促9名科级援坝干部的选派单位落实了返回后的安置工作，对1名县级援坝干部安置提出了初步意见。

【公务员登录工作】 积极稳妥地做好公务员管理工作，对98人进行了公务员日常登记，对部分市直部门事业单位和县（市、区）申报参照管理工作进行了安排部署，对上报的申请参照管理材料进行了审核汇总。完成了全市党群系统公务员2008年度考核工作，全市共考核9752人，被确定为优秀等次的1389人，其中嘉奖1053人、记三等功336人。

【深化党建责任制】 认真坚持基层党建专项述职、基层党建考核排位、农村干部任期目标承诺、基层党建工作责任追究等四项制度，进一步强化了各级党组织的"管党"责任，确保了基层党建工作责任制落到实处。继续坚持县级领导干部包乡联村工作责任制，发挥好县（市、区）委书记"第一责任人"和乡镇党委书记"直接责任人"的责任，形成了一级抓一级、一级促一级的基层党建工作格局。同时，加大基层党建工作责任追究力度，将基层党建工作成效直接与干部奖惩和使用挂钩，进一步强化县乡党委抓基层党建的责任意识。2月份，组织力量对各县（市、区）2008年度基层组织建设工作，特别是落实市委三个《意见》情况进行了量化考核及分类排队，在"七一"表彰大会上对8个基层组织建设先进县进行了命名表彰。

【选聘大学生到村任职】 选聘378名高校毕业生到村任职，按照依据户籍、尊重考生志愿的原则进行了分配。为使到村任职大学生能够下得去、留得住、干得好，对新录用的"大学生村官"进行了集中岗前培训，指导县乡党委建立了"大学生村官"管理制度，明确规定县（市、区）每季度、乡镇党委每月听取一次"大学生村官"的工作汇报。严格落实到村任职大学生享受的相关待遇和保障政策，帮助解决实际问题，优化工作和生活环境，进一步调动了"大学生村官"的工作积极性。

【深化农村干部"素质工程"】 着眼于进一步提高农村干部的整体素质，市委出台了加强农村干部培训的指导性意见，全市共投入资金400多万元，培训10218人次。建立了农村党组织书记定期交流研讨制度，以乡镇为单位，组织村党支部书记交流工作经验，全市组织村党支部书记研讨会200余期。加大市、县财政对农村干部培训的投入，市、县财政分别按农村干部30元/人和50元/人的标准，对培训工作进行补助，列入同级财政预算，初步形成了农村干部培训资金保障长效机制。

【农村后进基层党组织治理整顿工作】 先后两次召开专题会议，连续四次下发《通知》，对后进村排查进行安排部署，打破8%到10%的比例限制，坚持有多少排查多少，明确县（市、区）委组织部长、乡镇党委书记为排查的第一责任人，建立了专门的后进村整顿台账。严格落实县乡党委书记、包村县（市、区）部门和驻村工作队的"治后"责任，开展解决后进村突出问题"百日攻坚"活动，建立落实部务会成员包县责任制、暗访检查、定点解剖和考核验收制度等有效举措，扎实推进后进村整顿转化工作。全市排查出的452个后进村全部按时实现了转化。

【农村两委换届工作】 严格落实"五选七不选"标准，重点选好"领头雁"。全市6229个村全部配齐配强了党组织书记，其中连选连任的占75.4%，高中、中专以上文化的占56.3%。积极鼓励复转军人、致富能手、创业有成的民营企业家等参加选举，全市新当选的35589名"两委"干部，平均年龄46.8岁，具有高中、中专以上文化的占50.8%，返乡能人、致富能手、"一好双强"型人才大幅增加，进一步改善了农村干部队伍年龄文化结构。截至年底，全市6229个行政村，村党组织完成换届的6216个，村委会完成换届的6189个，"两委"全部完成换届的6186个。

【加强非公有制企业和国有企业党组织建设】 坚持一手抓组建，一手抓活动开展，不断扩大党的工作覆盖面，增强党组织的凝聚力和影响力。指导各县（市、区）按照宜建则建、宜联则联、分类指导的原则，使符合条件的非公有制企业普遍建立了党组织。以保证企业稳定发展为出发点，扎实做好了国有企业党建工作。建立健全并严格落实了企业党委议事规则、党政联席会议、决策前党政主要负责人协商沟通、党组织负责人参加行政办公会和党员行政负责人向党组织报告工作等制度。

**【进一步加强人才工作】** 研究制定了2009年全市人才工作要点，进一步明确了市人才工作协调小组成员单位职责。组织开展了“农村实用人才创业示范活动”，全市农村实用人才创业示范户达到35043户，基本完成了“村村有示范户”的阶段性目标。协调有关部门开展了“百千万人才培养工程”，建立远程培训基地37个，对7万多名经营管理人才和专业技术人才进行了培训。指导相关部门加大高技能人才培养力度，培训技师319名，完成技师考评1080人次。协调有关单位举办了2009年度大中专毕业生就业洽谈会和多场人才招聘会，达成就业意向4100余份。组织开展了“人才工作宣传月”活动，完成了青年科技奖、优秀科普工作者、优秀科技工作者等三项奖的评选表彰工作。加强与京津的人才交流与对接，研究起草了《关于选派干部到京津挂职锻炼的实施方案》，从市直部门和部分县（市、区）选派了12名县、科级干部赴京津挂职。协调有关部门组织召开了“北京－保定科技招商对接座谈会”。按照与清华大学签订的《人才、科研合作协议》，完成了对5名挂职干部的考察工作。

**【干部信息管理工作】** 继续做好档案日常管理工作，共收集档案203卷，收集档案材料9800余份，提供档案利用3700余卷次；加大对全市干部人事档案工作的指导力度，对申报干部人事档案目标管理国家一级标准的27个管档单位进行了督导检查；举办了两期全市干部信息管理软件使用业务培训班，191名档案工作人员参加了培训。

**【党员电教工作】** 积极推进农村党员干部现代远程教育终端站点建设，新建终端接收站点1126个，全市共建设完成远程教育终端站点6435个，除不具备网络资源的528个村外，实现了全覆盖。整合开发了一批适合农村党员干部和群众学习需求的教学资源，向省远程教育资料库提供专题片47部。“七·一”期间在保定电视台开办了《时代先锋》专题栏目，对全市近两年涌现出的“两优一先”先进典型进行了集中宣传报道。

**【交流干部服务工作】** 更新完善了交流干部基础台账，及时把到京津地区挂职的干部家属纳入服务范围；举办了交流干部子女高考志愿填报咨询辅导会；落实老干部“两个待遇”，组织老干部到北京奥运场馆“鸟巢”和“水立方”进行了参观学习。

**【组织史资料征编工作】** 督导县（市、区）落实《经常性组织史资料征集工作规范》、《征编工作暂行办法》；建立了征编工作人员备案制度；对组织史资料中央卷、省级本、其他地市市级本、县级本资料进行收集整理。多次为市档案局、市委党史研究室等单位编著《二十年大事记》提供了翔实可靠的资料，得到兄弟单位的好评。

**【调研宣传工作】** 扎实做好组工舆论宣传和调研工作，加强对全市各级组织部门宣传工作的指导，全年共在市级以上新闻媒体刊发宣传稿件790余篇（项），其中国家级刊物65篇。圆满完成省下达的《加强村党组织书记队伍建设问题研究》课题，得到了省委组织部研究室领导的充分肯定。围绕深化干部人事制度改革，在深入调研的基础上，牵头起草了市委组织部干部人事制度改革五个专件。

**【信息信访工作】** 充分发挥组工信息交流经验、指导工作、服务决策的作用，进一步加大信息报送力度，全年被中组部《组工信息》采用5篇（条），被省组部《河北组工信息》采用120余篇（条），发稿量在全省位居前列，被市委办公厅评为信息工作优胜单位。下大力做好组工信访工作，继续保持了平稳的态势。

部　　长　兰保良
常务副部长　张志奎
副 部 长　张　莹（人事局长、党组书记）
　　　　　乔玉忠
　　　　　赵忠明
　　　　　范增振
　　　　　李习谦
　　　　　贾永山（援坝，11月离任）

（成月军　李立冬）

# 宣传工作

**【中共保定市委宣传部】** 中共保定市委宣传部是市委主管意识形态工作的综合职能部门。负责协调指导全市理论武装、新闻舆论、文化艺术、精神文明创建、思想政治、国防教育等方面的工作。机构设置：办公室、研究室、干部处、理论处、新闻处、宣传教育处、舆情信息处、文化艺术处、出版处(市扫黄打非协调督查办公室)、机关党委、市文化体制改革与发展办公室,市委外宣局(市政府新闻办公室):综合联络处、事业处,市精神文明建设委员会办公室:调研处、协调处、未成年人思想道德教育处,国防教育领导小组办公室,市思想政治工作研究会。

**【概况】** 2009年,全市宣传思想战线坚持以科学发展观为统领,按照"高举旗帜,围绕大局,服务人民,改革创新"的总要求,认真贯彻落实党的十七大和十七届三中、四中全会、省委七届四次、五次全会和市委九届七次全会精神,以庆祝新中国成立60周年为重点,以"保增长、保民生、保稳定、保变样"为主线,扎实推进宣传思想文化各项工作,为加快实现全市"又好又快发展、强市兴县富民"中心任务提供了有力的思想保证、舆论支持、精神动力和文化条件。保定市宣传思想文化工作多次得到中央、省、市领导的充分肯定,被中宣部等单位授予"全国文化体制改革先进地区"称号,保持了舆情信息工作全国先进的荣誉,提前3个月超额完成了省下达的对外宣传河北的报道指标,先后有22项工作获得市以上表彰奖励。主要做了以下八个方面的工作:1.围绕深入开展"学习实践科学发展观"和"干部作风建设年"活动,扎实推进理论武装工作;2.围绕中心,服务大局,大力营造有利于"保持经济平稳较快发展"、"奋起直追、争先进位"的舆论强势;3.围绕文化建设"五个一"工作,扎实推进全市文化事业、文化产业发展;4.围绕落实文化体制综合改革试点任务,深入推进文化体制改革工作;5.围绕新中国成立60周年,积极组织开展系列庆祝活动;6.围绕提高全社会文明素质,扎实推进精神文明建设工作;7.围绕展示保定形象,全力做好对外宣传工作;8.围绕提高宣传思想工作整体水平,大力加强干部队伍建设。

**【理论工作】** 紧紧围绕深入学习宣传贯彻党的十七届三中、四中全会、省委七届四次、五次全会和市委九届七次全会精神,深入开展了以学习实践科学发展观和干部作风建设年活动为主线的理论武装和宣传报道工作。认真部署市(县)两级党委中心组集中专题学习,组织有关单位和相关人员开展"领导讲、专家讲、群众讲、典型讲"等"四讲"活动和相关学习辅导,开展了"践行科学发展观大型系列采访"和"作风年里看变化"等集中报道,增强了"两项活动"的学习宣传效果。通过对县级理论学习中心组加强指导、完善考核考评机制,带动全社会形成了学习实践科学发展观的良好态势,推动了全市理论学习进一步规范化、制度化。制发了《关于建立县(市、区)理论宣讲工作站的通知》,明确建站要求。组织全市社会各界代表召开了学习贯彻十七届四中全会精神座谈会,在《保定日报》"探索求是"版进行报道。组织开展了"弘扬西柏坡精神,推动经济社会又好又快发展"理论研讨征文,收集论文22篇,其中5篇推荐报省。组织全市社科规划项目的申报、审查工作,完成40个重点课题、164个一般课题。

**【新闻工作】** 围绕市委、市政府的工作大局和全市实现"又好又快发展、强市兴县富民"中心任务,坚持以重大主题宣传活动引领社会舆论,策划组织开展了以"奋起直追,争先进位,加快发展"、实施"一主三次"、"工业西进"和"对接京津"三大主体战略、实现"城镇面貌三年大变样"、"打造文化名城,建设文化强市"、庆祝新中国成立60周年为主要内容的"五大主题宣传活动",为推动全市经济社会发展提供了有力的舆论支持。加强与上级新闻单位联系,制发《关于2009年度对外新闻宣传工作考核办法》,在市级媒体和《保定宣传》上开设"媒体看保定"栏目,量化工作目标,逐月进行通报,进一步加强了在省以上主要媒体和重要栏目、重点新闻网站宣传保定的工作力度,为全市改革发展稳定创造了良好舆论环境。全年省以上媒体共刊播保定市稿件4700篇(条),其中主要媒体刊播2900篇(条),提前3个月超额完成了省下达的对外宣传河北的报道指标。积极配合全市重点工作,组织学习实践科学发展观集中宣传报道活动,邀请新华社、人民日报社、中央电视台等20多家主流媒体记者到保定进行座谈采访,对加快项目建设、调整产业结构、建立群众工作站、开展亲民爱民活动等10个方面的工作进行重点宣传报道。认真接待中国记协和省委宣传部组织的"百家媒体看河北(保定)"大型采访活动,对新能源产业等进行集中宣传,收到良好效果。围绕国庆安保做好维稳宣传,大力宣传各项维稳措施和取得的成效。同时,及时发现"苗头",有效引导"热点",积极应对突发事件,确保舆论安全,为国庆安保工作做出了重要贡献。积极做好防治甲型H1N1流感宣传,提高全民防控意识。认真做好提升保定品位宣传,大力彰显"文化名城、山水保定、低碳城市"三张名片,受到市委主要领导好评。

**【文化建设工作】** 按照年初全省宣传部长会议提出的重点抓好文化建设"五个一"工作要求,积极推进文化事业、文化产业发展，取得了明显成效。一是扎实推进文化产业项目和基地建设。结合城市发展整体规划，谋划推进了以动漫、演艺为主体的文化产业园和以训练、健身、竞赛、体育产品经营为主体的体育产业园。保定动漫产业园创作的大型三维动画电影《麋鹿王》参加了法国戛纳电影节展映，被中宣部、国家广电总局定为国庆60周年献礼片，获得第13届中国电影华表奖、第27届中国电影金鸡奖提名，成为河北省电影史上首部获得电影华表奖的动画片。9月底，在保定成功举行了《麋鹿王》首映礼暨表彰大会。电视版动画片《麋王宝图》在省台少儿科教频道隆重播出。大力发展特色文化产业，重点推动曲阳县石雕定瓷、安新县苇编、易县易水砚绞胎瓷、顺平县桃木雕等文化产业基地建设。其中曲阳定瓷扩建等5个项目在第五届中国(深圳)文博会上签约，签约金额达11亿元。注册成立河北巨力胡玫影视传媒有限公司。顺利完成了文联换届选举工作。二是稳步推进公共文化服务设施建设。启动了市文化中心、体育中心、保定历史文化名人苑、关汉卿大剧院等一批市级标志性文化设施建设。同时，以建设乡镇综合文化服务站、农村文化活动室和改扩建街道社区文化中心为重点，大力推动基层文化设施建设，为城乡居民提供了方便快捷的公共文化服务。三是积极推进精品创作生产。制定实施了《保定市文化精品创作奖励办法》，创办了保定市作家协会大汲店创作基地、天生桥文学创作基地。创排了一大批精品剧目，其中少儿河北梆子《小兵张嘎》、现代戏河北梆子《勺把村》和老调新编历史剧《总督方观承》，入选参演了省第八届戏剧节，《勺把村》、《小兵张嘎》参加了首届河北梆子艺术节公演，获得优秀演出奖，市委宣传部、市文化局获得组织奖。编辑出版了《保定文化概览》、《颜李学派文库》。四是组织开展系列品牌文化活动。成功举办了首届河北梆子艺术节、空竹艺术节、篮球文化节等系列品牌文化活动，承办了第十三届中国少儿戏曲小梅花大赛河北赛区选拔赛，保定市有4位小选手获评“十佳金奖”。组建保定市文化产业协会，成功举办了河北省首届文化产业发展燕赵(保定)论坛。五是加强文化市场管理。坚持一手抓管理，一手抓繁荣，在七一、十一等重要节点，开展系列扫黄打非专项行动。2009年，全市组织联合执法2000多次，出动执法人员1.6万人(次)，收缴各类非法出版物2.4万册(张)，取缔无证店面摊点65个、印刷复制企业56家，有力地维护了文化市场的健康稳定和繁荣有序。

【文化体制改革工作】 按照中央、省、市委要求，制定《关于文化体制改革试点工作若干问题的意见》，深入推进全市文化体制改革工作，取得显著进展，得到了中宣部和省、市领导的肯定，被授予“全国文化体制改革先进地区”称号。一是深入推进市属新闻媒体体制机制改革。保定日报社实行“一社两制、事企分开”的管理体制，成立了保定日报报业经营总公司；市电台积极改革管理机制，实行频率总监负责制，改革了创收与分配制度。全新改版新闻广播，在全国同级电台中率先实现了全天24小时不间断播音。启动运营了中国·保定文化产业精品展览中心；市电视台推进劳动人事、分配和社会保障三项制度改革，实行全员聘任制度。成立经营总公司，实现了“一台两制、事企互动、制播分离”的新运行机制。二是扎实推进市影剧院事转企改制工作。按照中央、省有关要求，完成了电影行政管理职能调整划转工作。引入社会资本对红星剧场进行全面改造，组建了直隶大剧院演艺公司。三是大力推进文艺院团改革。保定古城飞歌艺术团打造的大型实景剧目《印象·野三坡》演出以来，取得良好的经济效益和社会效益，对促进旅游发展和文化繁荣起到了明显拉动作用。四是积极推进文化市场管理体制改革。调整原有的市“扫黄打非”工作领导小组，成立保定市文化市场管理领导小组，组建保定市文化市场行政执法大队。全市所辖22个县全部实行文化和广电合并，成立直属文化市场综合执法机构。

【庆祝新中国成立60周年】 认真贯彻落实中央、省、市委有关要求，突出主题，扎实开展了新中国成立60周年系列庆祝活动及群众性爱国主义教育活动。一是制定实施《关于举行新中国成立60周年庆祝活动的方案》和《关于围绕庆祝新中国成立60周年深入开展群众性爱国主义教育活动的实施方案》。组织举办了“我们走在大路上——爱国主义歌曲大家唱”群众性歌咏比赛、“燃情岁月 实现梦想——红色保定唱红歌”演唱活动、保定市庆祝新中国成立60周年大型演唱会和书画摄影作品展等11项庆祝活动。保定市被省委宣传部授予“河北省庆祝新中国成立60周年暨群众性爱国主义教育活动优秀项目”称号。配合省电视台拍摄了大型专题片《跨越60年》。二是扎实推进以冉庄地道战遗址纪念馆迁建为重点的爱国主义教育基地建设。成功申报白洋淀雁翎队纪念馆、高蠡暴动纪念地为省级爱国主义教育基地。组织全市39个爱国主义教育基地开展"管理服务上水平、展示风采迎国庆"质量月活动。组织全市青少年开展爱国主义教育基地巡学和爱国主义读书教育活动,保定市获得"组织特等奖"。30集电视连续剧《地道战》在冉庄开拍。三是各县(市、区)创新活动载体,广泛吸引群众参与,围绕热爱中国共产党、辉煌成就等六个方面开展宣教活动。各级各类媒体发挥各自优势,制定专题宣传报道方案,在五一、七一、十一等重要节点,结合"双百人物评选"等重要活动,开展宣传报道,营造浓厚舆论氛围。四是组织开展以"赞颂辉煌成就,建设强大国防"为主题的全民国防知识竞赛活动,约有50万人参与。市国教办等单位获得"优秀组织奖"。冉庄地道战纪念馆被命名为首批国家级国防教育示范基地。

【精神文明建设工作】 坚持以人为本,活化载体,扎实推进思想道德建设和精神文明创建工作。一是以"城镇面貌三年大变样"活动为契机,深入推进文明城市创建活动。制定实施了《保定人文明公约》、《保定人行为守则》,组织迎接中央文明办城市文明指数测评工作,开展了"城镇面貌大变样、市民素质大提高"、净化社会文化环境"春风行动"、"城乡少年手拉手,争做一个有道德的人"道德实践和"向国旗敬礼,做一个有道德的人"网上签名寄语等活动。二是完善社会志愿服务工作体系建设。组织志愿者走近社区送文明,开展维护交通、保护环境等系列服务活动。积极组织道德模范评选推荐,保定市有5人获省级道德模范提名奖,15人获市级道德模范。三是广泛开展"三下乡"、"百城万店无假货"和"专业技术人员进万村兴百业"等系列活动。全年组织"三下乡"活动200次,受益群众达100余万人次。四是弘扬传统文化,推进公民道德素质。开展"歌咏三先,传承美德"群众性纪念系列活动。组织优秀童谣评选活动,筛选出100首优秀童谣报省参评。五是思想政治工作和企业文化建设取得新成绩。保定市4项申报课题入选省级重点立项课题,居全省各市前列。其中《敏感期大学生群体思想动态及对策建议》被中国政研会《调查与研究》等多家内参采用,省委常委、宣传部长聂辰席作了批示。《一支不走的基层工作队——来自河北保定群众工作站模式的调研报告》在《人民日报》上发表,省委常委、宣传部长聂辰席和市委书记宋太平给予了充分肯定。市委宣传部、市政研会撰写的《关于发挥县级政研会作用的探讨》在《思想政治工作研究》上刊发。

【外宣工作】 抓特色、展亮点,全方位开展对外宣传。配合全市经济工作和社会维稳工作,特别是重大经贸招商活动,组织召开新闻发布会,开展集中宣传活动。在香港、天津、北京等地开展大型经贸系列宣传,成功组织了"中国电谷"香港投资峰会和厦门投资洽谈新闻发布会、"低碳保定"、"境外媒体看保定"等大型采访系列宣传活动,邀请美联社、英国BBC、法新社等32家境外媒体到保定集中采访。成功举行了新华社、人民日报社、中央电视台等30余家主流媒体采风"长城汽车暖春行"活动,有力地促进了全市的招商引资工作,提高了保定市的影响力和美誉度。固阵地、建队伍,打牢外宣基础。完善新闻发言人制度,设立新闻发言人和联系人1400多名,实现了市、县、乡三级新闻发布网全覆盖。全年共召开市级新闻发布会12次。加大网宣网管工作力度,选聘特约网评员1372名,在国家级重点新闻网站和商业门户网站发稿1152篇。开展整治网络低俗之风、清理不良广告等活动。掌控网上舆论引导权,防止不良信息传播。对外宣传工作得到市领导肯定,市委、市政府给予通报表彰。

【队伍建设】 一是按照中央、省、市委有关要求,扎实开展"学习实践科学发展观"和"干部作风建设年"活动,高标准完成了规定动作和自选动作,部领导班子思想进一步解放、观念进一步更新、作风进一步转变,班子凝聚力、亲和力和战斗力进一步增强。充分发挥职能部门作用,认真做好舆论宣传引导工作,积极推进全市"学习实践科学发展观"和"干部作风建设年"活动的深入开展。制发《关于在部机关开展评选"优秀文章奖"和"工作创新奖"活动的实施方案》,激发了部机关干部职工的工作积极性和主动性。二是部机关干部队伍结构得到进一步优化。在市委县级干部调整中,有12名干部得到提拔重用。在部机关科级干部调整中,通过竞争上岗方式,有30名干部被提拔重用或交流使用。另外,从基层选拔了8名优秀选调生充实到部机关干部队伍中。三是成立了保定市新闻工作者协会,加强了对新闻队伍建设的指导。四是加强调研工作,使宣传思想文化战线服务中心、服务大局的能力得到进一步提高。按照上级有关要求,围绕市委、市政府重大战略部署和宣传思想战线工作重点,组织开展了深入细致的调查研究工作,市委宣传部撰写了《关于保定市发展文化产业的战略研究》、《关于保定市文艺院团体制改革的调查与分析》、《关于定州市公共文化建设的调查与思考》、《保定动漫产业研究报告》等调研报告11篇,为省、市领导科学决策提供了依据。五是全市舆情信息工作成效明显。全年上报中宣部舆情4595篇,被综合采用317篇,单独采用1篇,被中央领导、中宣部领导批示7次。上报省委宣传部舆情信息4913篇,完成中宣部和省委宣传部特别交办任务8次,编发《宣传信息》21期,《宣传动态日报》115期,舆情信息工作在全国100个直报点中处于领先位次、在全省位居前2名。六是认真做好部刊编辑发行工作。创办部刊《保定宣传》,为传达上级精神、指导基层工作、交流工作经验,发挥了较好的作用。

部　　长　王洪斌(11月去世)
常务副部长　张刚强
副 部 长　李成果　赵其国
　　　　　王淑彦
对外宣传局局　　长　刘力权(1月任)
文明办主任　(空　缺)
　　　　　(杨胜利　刘亚辉)

# 统战工作

【中共保定市委统战部】　中共保定市委统战部是市委主管统一战线工作的职能部门。主要职责是联系各民主党派和无党派代表人士,搞好多党合作和政治协商;落实党的民族宗教政策,做好少数民族干部的培养和举荐工作;联系海外工商社团及代表人士做好台胞台属工作;做好党外人士的政治安排和实职安排;联系市工商联做好非公有制经济人士的思想政治工作;搞好统战理论宣传;贯彻落实中央、国务院对台工作的方针、政策,组织、指导、管理、协调全市对台工作;承办市委、市政府交办的其他事项。内设办公室、研究室,一处(民主党派、工商经济处)、二处(民族宗教处)、三处(港、澳、台,海外联络处)、四处(干部、知识分子处)、党总支(老干部室)、综合处、交往交流处、经贸处。台湾同胞联谊会挂靠统战部。

【概况】　2009年,围绕"又好又快发展、强市兴县富民"的中心任务,扎实工作,锐意进取,全市统一战线呈现出了团结、稳定、开拓、活跃的良好局面。1.民主党派、工商联工作。组织召开了市民主党派学习市委九届七次全会精神会议座谈会和全国"两会"精神报告会。组织召开了为全市"又好又快发展、强市兴县富民"做贡献座谈会。对各民主党派县级、科级干部进行了考核。组织了全市民主党派庆祝新中国成立60周年书画、摄影、诗歌作品展,编辑了《作品集》。组织了4次共计150人参加的骨干、新成员培训。政府各有关职能部门聘请了60多名民主党派、无党派人士为特约人员,各县(市、区)聘请特约人员362名。在市政协十一届二次会议上,增补非中共常委20名。各民主党派共交提案154件,大会发言17件。围绕社会热点问题、焦点问题及难点问题上报信息28条。市社会主义学院组织了民主党派市委委员理论培训班,117名学员结业。协助市工商联举办了"民营企业招聘周"大型招聘活动、银企对接会、全国工商联旅游商会、北京工商联民俗旅游商会来保进行的对接洽谈会。2.民族宗教工作。进一步巩固发展了同少数民族、宗教界人士的爱国统一战线。协助市基督教"两会"、市佛协顺利完成了换届工作。积极选送中青年教职人员参加由中央和省有关部门举办的研修班、大专班和短期培训班,举办了一期伊斯兰教人士培训班。建立了领导与宗教界交友谈话制度。3.党外人士工作。市卫生局一名副县级党外干部被提拔为市二医院院长,成为保定市在党外干部实职安排工作上的一次突破。4.海外联谊工作。组织理事参加全国部分中等城市海外联谊会网络年会,继续保持与南京爱德基金会及国际防盲协会中国办公室的联系,引进捐款47.3万元,在市新视眼科、定州眼科、唐县、安国、容城县医院实施了防盲复明项目,累计捐款248.57万元人民币,已为10091名困难白内障患者实施了复明手术。为涞水县河西村解决资金2.3万元;组织涞水扶贫集团工作调度会2次,取得了集团帮扶投入第二名的成绩。5.经济统战及台办工作。为应对金融危机对企业的影响,邀请金融专科学校教授为工商联机关人员进行了题为《世界金融危机与我国的对策》专题集中学习辅导,为三家台资企业申请了贷款。在台湾台塑集团在我省捐赠"明德小学"项目基础上,又积极争取了5所。同时引进台资捐赠资金225万元人民币,省财政1:1配套资金225万元人民币,总计450万元人民币。接待台商考察观光团(组)13批508人次,办理了8批20人次赴台经贸团(组)。办理审核赴台湾交流团体8个62人。年内走访台胞20人次,并对大陆籍回保定市定居台胞及遗孀的生活情况进行了摸底调查,对5位生活困难的台胞争取慰问补助专款12920元,协助5名台胞解决了户籍更改问题,为台胞台属协调办理赴台探亲、子女上学、新娘、财产公证等实事60余件。2009年统战部被评为"中国统一战线宣传先进单位"、"统战理论研究工作优秀组织奖"、"统战宣传工作三等奖"、"国庆安保工作先进集体"、"维护社会稳定工作先进单位"、"综合治理工作先进单位”、“市直机关先进基层党组织”。

【国庆安保工作】 先后组织召开了3次民族宗教领域国庆维稳工作会议，明确了“五个确保”的总目标和制定了7项工作措施。组织各地认真落实各项防控措施。指导市天主教“两会”按照相关政策、法规完成了祝圣神甫活动，进一步壮大了爱国进步力量。指导各地、各相关部门加大了对新闻媒体、文化市场、清真食品市场的监管力度，有效地预防了不稳定因素的发生。为建国60周年活动的开展创造了和谐稳定的社会环境。

【宣传、信息工作】 为了提高保定知名度和影响力这一目标的实现，充分发挥网络宣传快捷、实时、灵动的作用，共调整、更换网页设置8次，更新媒体聚焦200余条。先后邀请台湾“三立电视台”、“TVBS电视台”两批记者来保定就民俗、民风、人文景观、传统文化等进行深度采访，拍摄了《在中国的故事》、《皇陵探秘》等专题片。邀请台湾主要媒体《联合报》记者到保定市就保定·中国电谷，光电、风电产业进行采访。全年上报统战信息200多条，编发《保定统战》3期、《统战信息》20期、《民主党派、工商联简讯》4期、《海联动态》1期、《台联简讯》3期、《保定市台湾同胞联谊会成立20周年特刊》1部、《台情参考》9期、《台办简讯》2期、《台属专刊》2期。

部　　长　王惠欣
常务副部长　周　刚
副 部 长　董桂武　储建增
　　　　　王连水

（马保昆　窦建强）

# 农村工作

【中共保定市委农村工作委员会】 中共保定市委农村工作委员会是市委主管农业和农村工作的综合职能部门。在市委的领导下，对全市农业、农村工作实施宏观谋划、综合协调、政策研究、组织指导、督促检查。内设10个处室：办公室、综合处、农村经济处、社会发展处、农村改革处、政策调研处、机关党委、干部人事处、监察室、机关事务所。

【概况】 2009年，全市农村工作总的要求是：以党的十七届三中全会精神为指针，以开展深入学习实践科学发展观和“干部作风建设年”活动为动力，围绕“又好又快发展、强市兴县富民”的中心任务，以保持农业农村经济平稳较快发展作为首要任务，以农民持续增收为核心，坚持主攻产业化、促进规模化、发展多样化、推进城镇化，统筹区域协调发展的“四化一统筹”发展战略，加强农村基础设施建设，注重改善农村民生，促进农村社会和谐，推进社会主义新农村建设迈出新的步伐。2009年，农业农村保持了平稳较快发展的好势头，取得了好于预期的成绩。农村经济稳定发展，农民人均纯收入达到4677元，较上年增长8%。粮食总产559.4万吨，增长3.7%，连续七年获得丰收。新农合实现了全覆盖，为312.7万农民报免医药费7.39亿元。2.2万农村人口实现脱贫，解决了245个村、29万人饮水安全问题。组织2180个村开展了村级公益事业建设“一事一议”财政奖补试点工作，共申请奖补资金9948.1万元。扎实推进农村新民居建设，投入建设资金25亿多元，其中市、县两级财政拨付1亿元。110个省级农村新民居建设示范村全部开工，完成建筑面积167.6万平方米，完成拆迁面积236万平方米，新入住户8700户。提升农业产业化经营水平，全年农业产业化经营总量303.4亿元，比上年增长11.8%，农业产业化经营率达到50.1%，同比提高2个百分点。稳步推进农村基层民主政治建设，全市6249个行政村全部实行了村务公开，公开率达到97%，群众满意率达到96%以上。2009年市委农工委被省委农村工作部、省委省政府农村工作办公室评为全省农工委（部）系统优秀单位，位列全系统工作排位第三名，被省委农村工作部、省委省政府农村工作办公室评为全省农工委（部）系统信息反馈工作优秀单位，被省政府农业产业化办公室评为全省农业产业化工作优秀单位，被省村务公开和民主管理领导小组办公室评为全省村务公开和民主管理工作实绩突出单位，在年终考核中被市委、市政府评定为2009年度工作实绩突出，被市委、市政府评为亲民爱民先进单位和国庆安保工作先进集体，被市社会治安综合治理委员会评为社会治安综合治理先进单位，被市直机关工委评为先进基层党组织和2008～2009年度市直机关文明单位，被市纪委、市监察局评为纪检监察系统工作实绩突出单位，被市行政服务中心管委会、市优化环境办公室评为优化环境工作成绩突出单位。

【农村工作电视电话会议】 3月6日召开，主会场设在保定军分区会议室，各县（市）设分会场。各县（市、区）党委常委、农工委书记，主管农业和城建的副县（市、区）长，农工委常务副书记，高新区管委会、白沟·白洋淀温泉城管委会主管领导，各县（市、区）列入

2009年农村新民居建设规划的村支部书记、村委会主任及所在乡（镇）党委书记、乡（镇）长、主管农业和城建的副乡（镇）长，市、县（市、区）农村工作领导小组和农村新民居建设工作领导小组成员单位主要负责人分别在主、分会场参加会议。会议的主要议题是安排全市2009年农业农村工作，并对推进农村新民居建设工作进行部署。市领导王惠欣、赵洪涛、李国英、郭普在主会场出席会议。

**【举办农村新民居建设成果展】** 12月25日至27日，保定市农村新民居建设成果展在市博物馆举办。成果展分为图片展、录像片、文艺演出三项内容，突出了"新农村、新发展、新生活"的主题，既是全市农村新民居建设阶段性工作成果的整体展示，也是对所辖各县（市、区）新民居建设的好经验、好做法的一次总结和宣传。25个县（市、区）和白沟·白洋淀温泉城参加了成果展。省委省政府农村工作领导小组副组长、省委农工部长、省农工办主任董经纬，市委书记宋太平，市委副书记、代市长李谦，市人大主任李光耀，市政协主席崔启慧，市委常委、统战部长、农工委书记王惠欣，市政协副主席郭普出席剪彩仪式并参加有关活动。各县（市、区）委常委、农工委书记，主管农村新民居建设工作的副县（市、区）长，市委农工委、发改、国土、财政、规划等农村新民居建设工作领导小组成员单位负责人，省、市新闻媒体记者参加成果展活动。

**【落实国家惠农政策】** 认真贯彻落实中央1号文件精神，加大对粮食直补、农资综合直补、良种补贴、大型农机具购置补贴等各项惠农政策的宣传和检查力度，做到执行政策不走样，资金发放透明公开。积极组织2180个村开展了村级公益事业建设"一事一议"财政奖补试点工作，共申请奖补资金9948.1万元。将110个省级新民居建设示范村全部列入重点奖补范围，按村民筹资总额1∶2给予奖励。

**【扎实推进农村新民居建设】** 全市把推进农村新民居建设作为统筹城乡发展，建设社会主义新农村的突破口来抓。按照新规划为主导，新产业为支撑，新民居建设为重点，新农民为主体，新机制为动力，好班子为保证的总体要求协调推进社会主义新农村建设。出台了《保定市推进农村新民居建设指导意见》，《关于成立保定市农村新民居建设工作领导小组的通知》，成立了由28个有关部门组成的市农村新民居建设工作领导小组并下设办公室。多次组织召开例会、调度会和调研考察观摩活动。按照省委、省政府的总体要求，在层层调查研究的基础上，制定了农村新民居建设三年规划，并制作了规划分布图，实行图表档案化管理。通过组织参观学习、入户宣讲、发放明白纸、出墙报、贴标语、召开各种不同形式的会议等形式进行系列宣传，引导并发挥农民的建设主体作用。市、县两级新闻媒体开辟专栏，连续报道宣传保定市新民居建设中的好典型、好做法、好经验。编发《农村新民居建设工作简报》，刊载群众呼声，反映社会舆情，宣传惠民政策，推动工作开展。建立工作进度台账，落实动态管理办法，坚持每月一调度、每季一联查、半年一小结、年终总考评制度。出台以新民居建设为重要内容的《保定市新农村建设工作考核实施细则》，把推进农村新民居建设工作列入对各县（市、区）委、政府的实绩考核范围。将农村新民居建设项目纳入绿色通道，本着"缺什么补什么"的原则，按照统一规划和年度农村新民居建设计划，整合村镇建设、"村村通"公路、扶贫开发、农业开发、水利、林业、畜牧、文化、教育、卫生、新能源等有关项目与资金向示范村倾斜安排。全市投入农村新民居建设资金25亿多元，其中市、县（市、区）两级财政拨付1亿元（市级2000万元，县级8000万元），多方筹集建设资金24亿多元。全年筛选确定的110个省级农村新民居建设示范村全部开工，完成建筑面积167.6万平方米，完成拆迁面积236万平方米，新入住户8700户。全市总结推广了六种主要建设类型，即集体推动群众自建型、市场运作开发新建型、村企共建型、落实移民政策迁建型、旅游开发扩建型、联户改建型，充分发挥了典型带动作用。

**【提升农业产业化经营水平】** 全市深入开展"听、看、录、帮、考"活动，深化"111"项目建设。确定"111行动计划"项目248项，总投资117.6亿元，完成投资49.6亿元，同比增长23%，其中投资亿元以上项目30个，新开工项目104个，竣工项目90个。积极组织龙头企业参加"9.26"廊坊农交会"超企对接"和农产品加工暨农业产业化高峰论坛，向大会推荐了73家企业的名特优农产品目录，增强企业知名度。大力实施"草牛奶"工程，全市奶牛养殖小区发展到222个，其中市级标准化奶牛小区55个。奶牛存栏达到22.9万头。培育壮大龙头企业，全市市级以上龙头企业发展到203家，其中省级龙头企业34家，固定资产总额73.7亿元，销售收入140.2亿元，产品出口总额1.16亿美元。2009年，全市有116个重点龙头企业新获得了金融部门贷款支持，新增贷款总金额12.2亿元。全市25家农业产业化龙头企业共获省级贴息贷款920万元。深入开展“一村一品”工作,兴业富民取得明显成效。全市符合农业部“一村一品”专业村标准的行政村已发展到367个,比上年增加18个;专业村主导产业从业农户12.9万户,比上年增加7000户;专业村农民人均纯收入达到6584元,比全市平均水平高出1907元,逐步改变了保定市农村“小而散、小而全”的生产经营状况,形成“一县一业、一村一品”的特色块状经济发展新格局。加快农产品加工基地示范县的建设步伐,定州、高碑店、顺平三个省级农产品加工示范基地县(市)围绕乳品加工、果品、蔬菜加工、粮油加工和肉制品加工五大产业集群,强力推进农产品加工业快速发展。农产品加工企业实现销售收入125.3亿元,销售利润31亿元;园区建设完成基础设施投资7270万元,项目投资5亿元,新增入驻企业11家;新开工项目29个,项目建设完成投资5亿元。全年农业产业化经营总量303.4亿元,比上年增长11.8%,农业产业化经营率达到50.1%,同比提高2个百分点。

**【稳步推进农村基层民主政治建设】** 全市以公开阵地建设为突破口,统一村务公开版面格式,不断拓展公开内容,将村务公开内容统一为23项,特别是把财务公开作为公开重点,确保农民有更多的知情权和监督权。全市6249个行政村全部实行了村务公开,公开率达到97%,群众满意率达到96%以上。组织开展了两次全市统一的民主议政日活动,30余万人次参加了民主议政日活动,提出各类意见、建议4.5万多条,各级各部门采纳2万多条。全市所有的村均开展了民主评议村干部活动,普遍建立了“两会”组织,健全完善了“两会”制度。健全了“三资”管理制度,建立了集体资金、资产、资源台账。实行了农村集体会计委托代理服务制,共建立理财小组和村务公开监督小组6230个。“难点村”治理整顿工作扎实推进,在全市295个“难点村”中,完成2009年治理目标151个。

书　　记　王惠欣
常务副书记　刘会恩
副 书 记　孙贵杰(4月离任)
　　　　　李国星
　　　　　霍　林
　　　　　段　军(4月任)
纪工委书记　郝贵良(8月任)

(孙盛林)

# 政策研究工作

**【中共保定市委研究室】** 是隶属于中共保定市委的重要决策参谋机构,职能是根据市委的意图和部署,围绕全市中心工作,通过调查研究和文稿起草,就经济、政治、文化和党建等方面的重大问题提出意见和建议,供市委决策参考。内设秘书处、综合处、经济处、政社处、内刊处5个处室和资料室、信息研究所(2009年3月撤销)2个科级事业单位。2009年市委研究室工作取得了较大成效,分别被中央政策研究室评为“通联信息先进单位”,被省委政策研究室评为“2008～2009年度全省调研工作优胜单位”。

**【概况】** 2009年,市委研究室紧紧围绕全市中心工作,集中力量开展调查研究。按照市委的要求,着眼于长远和大局,明确提出了“围绕中心,突出核心,标定一流,争先创优”的“十六字”调研工作总体思路和建设实干型、效率型、创新型、和谐型“四型”研究室的总体目标。全年共完成各类文稿128篇,其中上报市领导22篇(超过年初市考核目标12篇),获得领导批示16篇(11篇得到市委、市政府主要领导肯定性批示),成果转化80%;上报省委政策研究室25篇;上报市委、市政府36篇;各类报告、资料30篇;储备调研文稿15篇。全年调研载体进一步进行了整合和创新,取得了较好成效。年初完成《调研与决策》3期。改版后,完成《保定发展》3期,得到了广泛认可和一致好评。在保留《调查研究报告》的基础上,又新增《县乡情况反映》、《呈阅件》两种谏言载体。其中编发《调查研究报告》8期,市领导批示6期;编发《呈阅件》6期,市领导批示6期;编发《县乡情况反映》3期,市领导批示2期。完成市委、市政府决策咨询组的协调服务工作,编发《咨询简报》5期,其中2期得到市委、市政府主要领导肯定性批示。市委研究室较好地完成了群众工作站、帮建农村新民居建设示范村、帮扶等市委、市政府交办的重点工作。市委研究室的工作多次受到市委书记宋太平,市委常委秘书长刘颖的肯定和表扬。刘颖在研究室的工作汇报上批示:“很好。研究室的工作有起色、有成效。望再接再厉,为市委决策多提供好的调研报告。”

**【围绕全市中心工作抓好战略调研】** 2009年,市委研究室围绕中心、突出核心,集中主要调研力量就“三大战略”、“三大建设”等全市中心工作开展调研。3月,为配合市委、市政府确定的“一主三次”的城市发展战略,市委研究室到南市区、北市区和新市区走访、调研,完成了《努力打造大而强的“一主”中心城市》的调研报告,就主城区城市建设和经济发展提出了基本思路和战略构想。市委书记宋太平批示："市委研究室所做的这项工作很有意义，报告中所提建议也值得认真研究。请印发市委、政府领导参阅，并注意收集各位领导批示意见。并请三区领导参阅。"8月，市委研究室经过调研撰写了《谋求构建保京津大经济区打造中国最强之心脏》的调研报告，对"对接京津"战略进行了分析，对制约对接进程或影响合作的深层次问题和矛盾进行了解析，提出了一些针对性建议。9月，就"工业西进"战略进行调研后撰写了《"工业西进"重塑保定市经济发展的内在动力》的调研报告。调研报告从四个方面进行了分析，提出：保定市作为地大县多，全国人口最多的地级市，如何保持永久的持续的发展活力，"工业西进"战略是重要的选择。市委书记宋太平批示："此文很有价值。请印发有关领导、单位和县（市、区）同志参阅。"

**【围绕加快发展进行政策调研】** 2009年，围绕加快发展，创造性地贯彻落实中央、省、市方针政策，市委研究室进行了一系列的政策调研。2月，为配合"干部作风建设年"活动，市委研究室组织人员对投资项目审批工作的落实情况进行了跟踪调研，撰写了《再造审批程序任重道远》的调研报告，对再造审批程序提出了建设性意见。市委书记宋太平批示："所涉及到部门要在新闻媒体公开承诺，有关部门要跟踪督察落实情况。"市委常委、秘书长刘颖批示："研究室就是要围绕中心、围绕大局、围绕重点工作展开调研，为决策服务。"

5月，为配合推进"城镇三年大变样"活动，市委研究室到顺平调研后，撰写了《看顺平如何破解"三年大变样"中筹资难问题》的调研报告，就顺平县在"城镇三年大变样"活动中，积极创新思路，破解城建资金难题的做法进行了总结。市委书记宋太平批示："顺平的做法很好。"

**【围绕典型和热点难点问题调研】** 围绕稳定、信访、安全生产、民生等热点难点问题以及基层的一些典型问题，市委研究室2009年组织力量进行了一系列调研。3月，针对大学生就业问题，撰写了《金融危机下我市大学生就业情况与对策》调研报告，并提出了一些有针对性的对策建议。4月总结报社的工作经验，撰写了《报业发展的一面旗帜》的专题报告。5月，撰写了《蠡县致力于由"退"到"进"的实践与思考》调研报告，挖掘总结了蠡县近年来工作的好经验、好做法。与此同时，市委研究室与市安监局组成联合调查组，对全市矿山尾矿库的治理情况进行了调研，撰写了《牢牢守住安全发展的底线——依法治理矿山尾矿库刻不容缓》调研报告，市委书记宋太平批示："依法治理矿山尾矿库任务艰巨，责任重大，请宝玲同志阅示，责成有关部门加大工作力度，确保不出问题。"8～10月，分别对大水系、维稳等工作进行了调研，形成了多篇调研报告：《大水系——提升保定城市品位的点睛之笔》、《从"94"位到"63"位现象中得到的深刻启示》、《夯实基层维稳第一道防线是做好国庆安保工作的关键》、《一种养老事业的新模式——关于我市进行社区居家养老试点情况的调查与建议》，特别是《一种养老事业的新模式——关于我市进行社区居家养老试点情况的调查与建议》的调研报告，得到市委书记宋太平的肯定批示："应鼓励试点，不断探索完善。"11月，市委研究室又组织精干力量对保定市二手车市场进行调研，撰写了《让我市汽车消费市场更加健壮起来》调研报告，市人大副主任袁振江批示："研究室这个调研功夫下得深，情况分析得透，问题找得准，建议提得明确。汽车二手市场的活跃对方便民生、繁荣经济、拉动发展极为重要，应引起重视，下大力解决好当前制约发展的瓶颈问题，促其健康快速发展。"市政府副市长孟祥伟批示："这个调研报告选题准，内容翔实，符合保定实际，对于'华北轻型汽车城'建设和完善汽车生产、消费链条，适应市场消费多元化、个性化都很有意义。请商务局认真借鉴，不仅着眼保定，还要将京津纳进来一起研究，提出落实意见建议。"

**【《保定发展》创刊】** 2009年1月，市委研究室新领导班子上任后，就积极筹措创办一个正式的内刊，为全市各项事业的发展提供一个研究探讨、对外宣传的载体。2～5月，市委研究室主要领导与市领导和省委研究室主要领导经过多次沟通，得到了市委主要领导和上级主管部门领导的大力支持。此后又积极与省新闻出版局联系，经过多方努力，5月20日省新闻出版局正式下发了由中共保定市委主管，中共保定市委研究室主办的连续性内部资料性出版物——《保定发展》的准印证。8月16日，以"倡导求真务实之风，探索科学发展之路"为办刊宗旨；以"围绕中心，突出核心，标定一流，争先创优"为办刊原则；以"好事办好，重在有用"为办刊目标的《保定发展》正式创刊。市委书记宋太平，省委政策研究室主任王书利，市委副书记李剑方，市人大主任李光耀，市政协主席崔启慧，市委常委、秘书长刘颖分别为创刊题词并提出殷切希望。

主　任　彭玉臣(1月离任)
　　　　许秋民(1月任)
副主任　侯朝辉　赵永忠
　　　　赵魁山

（倪　剑）

# 保密工作

**【保定市保密局】**　保定市保密局是市委、市政府管理保密工作的部门。主要负责对党的保密工作方针政策,法律法规进行宣传;对保密工作法律法规贯彻落实情况进行执法检查;对国家秘密的确定工作进行指导、管理;泄密案件查处。内设2个处室:综合处、检查技术处。

**【概况】**　2009年,按照办公厅"标定一流、争先创优"的主基调和《中共保定市委保密委员会2009年工作要点》提出的总体要求,紧紧围绕市委、市政府的中心工作,强化职能、严格管理,积极开展了宣传教育、执法检查、保密技术防范等项工作,充分发挥了保密部门的职能作用,多次受到市委领导、国家保密局和省保密局领导的肯定和表扬。

**【保密宣传教育工作】**　全面部署年度保密法制宣传教育工作。制定了《保定市2009年保密法制宣传教育工作计划》,明确了2009年宣传教育工作的方向、要求、任务。按照国家保密局统一部署,在全市范围内组织征订《党政机关工作人员保密须知》,全市共征订692本。充分发挥党干校阵地作用,按照市委党校教学计划,在中、长期领导干部培训班开设了保密课,全年市、县两级党校接受保密教育的干部近5500人。着力抓好军工科研生产单位的保密宣传教育。年内,配合已经取得保密资质的七家军工单位,对企业涉密人员进行了培训,使他们更新了保密知识、提高了做好保密工作的自觉性、增强了做好保密工作的能力。开展了全市党政机关保密检查动员暨涉密人员持证上岗培训会(共培训182个市直机关涉密人员247名)。通过培训,切实增强了市直机关涉密人员的保密意识和保密技能,为全市各级、各部门做好保密工作,确保国家秘密安全打下了良好的基础。

**【保密管理工作】**　以继续开展"保密管理规范年"活动为抓手,抓好市直党政机关保密工作。在上年开展市直党政机关"保密管理规范年"活动的基础上,进一步完善各项保密管理制度,加大对党和国家关于保密工作的方针、政策及有关保密法律、法规、规定的宣传学习力度,使各级党政领导干部进一步明确了应当履行的保密责任,促进和提高了各部门保密管理水平。努力做好围绕大局,服务中心的工作。市、县两级保密工作部门在辖区内开展的重大经济活动中都能主动服务,积极参与,起到积极的防范作用。健全完善保密规章制度、规范工作程序。做到了办文制度、会议制度、内部事务管理制度等基本制度健全,工作程序规范。其中对基础性、规律性、程序性的工作制定有工作流程,各过程、各岗位的职责明确。继续做好定密日常管理工作。把定密工作与宣传、检查等工作结合起来,对各地各部门定密工作进行检查指导,保证了定密工作制度健全、程序规范、责任到位。对信息公开工作进行了监督、检查和指导。共检查市直单位56个,上网浏览公开信息7000多条。按照国家保密局统一部署,在全市开展了保密承诺书签订工作。本着不留死角、不走过场的原则,全市共签订保密承诺书11330份,做好区域内军工企业保密资格审查认证工作。对已经取得认证的企业进一步加强检查指导,2009年10月配合省认证办对保定乐凯集团、磁性材料厂进行复查(已高分通过复查),为保定市军工企业发展做了大量工作,并对新认证评分标准进行了宣传贯彻。按照省保密局统一部署,在全市范围内开展了涉密计算机维修管理工作。制定下发了《保定市涉密计算机维修管理办法》,并按照要求对申请维修定点单位进行了初审。积极做好国家统一考试保密工作。按照国家、省保密局要求,对保定市中高考保密工作做了严密部署,严格检查。配合省保密局、省考试院、省公安厅对市考试院、市司法局、市卫生局试卷保密室进行了检查,并对0五印刷厂、星光印刷厂试卷分发等环节进行了现场监督。对自学考试、司法考试、医学考试、全省大学生村官考试等派专人进行了全程监督检查,确保了国家统一考试的顺利进行,期间未发生失泄密事件。积极开展涉及国家秘密信息系统分级保护管理工作。为全面贯彻落实全国涉密信息系统分级保护工作会议精神,推动涉密信息系统分级保护工作深入开展,根据河北省涉密信息系统分级保护要求,结合保定市实际,进一步完善了涉密信息系统分级保护工作制度,配备了计算机专业技术人员和必要技术设备,并在保定550厂开展了涉密信息系统分级保护试点工作,已通过专家评估论证,已报省测评中心测评。

**【保密行政执法检查】**　开展了全市党政机关保密大检查。检查活动本着"求严、求准、求真、求实"的原则,按照"不漏一人、一机、一盘、一网"的要求,严格对照检查目录逐项检查核实，当场查看相关原始资料，认真发现存在问题，边查边整边改，确保了检查质量和效果。开展了对武器装备科研生产单位的保密检查。依据军工保密资格认证标准，对全市7家具有保密资质的武器装备科研生产单位进行了检查，查看了保密要害部门、部位的保密防护措施和相关制度的落实情况，并对保密技术防范设备的有效性进行了检测，针对不足之处提出了具体的改进措施。开展了对国家秘密载体定点印刷复制单位的保密检查。为确保检查效果，达到通过检查强化保密管理的目的，围绕重点环节，制定了检查方案，并将检查内容以表格形式细化，并在检查中本着“严、细、慎、实”的工作作风，对印刷的各个重点环节进行了认真检查，进一步规范了各单位的保密管理。开展了对国家秘密载体定点销毁单位的保密检查。参照《国家秘密载体销毁管理规定》，在检查中采取听汇报、查看相关制度、现场查看保密硬件设施、询问有关人员等方法，重点对制度建设和落实情况、涉密人员保密教育情况、要害部位硬件建设完善情况进行了检查，对于存在的问题提出了限期整改意见，提高销毁单位保密管理水平。配合国土测绘、国家安全等七部门，开展整顿规范地理信息市场秩序的检查。在此基础上，同市国土局组成联合检查组，在全市范围内开展了地理信息保密专项检查。

**【保密技术工作】** 实施保密科学技术“十一五”发展规划。市委常委会为保密局解决保密技术装备专项经费60多万元，改变了保定市保密技术检查手段落后，检查设备陈旧的面貌，使保定市保密技术基础建设上了一个大台阶，为今后开展好保密检查工作打下了良好的基础。保密技术检查专用车已经到位，相关检查配套设备正在购置中。同时，在全市范围内开展了涉密载体强制配备工作，共定制涉密U盘380多块。

局　长　彭玉臣
副局长　曹德生　杜振洲

（刘伯超）

# 信访工作

**【保定市信访局】** 保定市信访局隶属市委、市政府领导，县级行政单位。内设办公室、综合信息处、接待处、接待二处、办信处、办案处。

**【概况】** 保定市信访局讲政治、顾大局，为党分忧、为民解难，围绕国庆安保这一中心任务，抓基础、抓机制、抓创新、抓队伍，工作取得明显成效，作为“河北省第一人口大市，进京、赴省访量在全省处于中游水平”，大量的矛盾化解在基层，人员稳控在当地，有力地维护了全市社会和谐稳定。全年共受理群众到市以上来信来访7853件次，其中办理群众来信3323件次，接待群众到市访3152户次、12713人次，其中到市集体访364批次9137人次，处理进京、赴省集体访27批，处置非正常进京上访1061人次（其中超前化解426人次），办理省交办要结果案件659件。国庆期间，没有发生影响首都和省会稳定的信访案件，圆满完成了国庆安保信访工作任务，充分发挥了维护首都稳定“护城河”作用。保定市信访局获市国庆安保工作先进集体。

**【健全落实信访工作机制】** 2009年，进一步完善落实各级领导干部定期接访、信访苗头和群体性事件隐患排查化解、信访情况定期通报、季倒排通报、信访责任追究、重大信访案件协调调度、重点信访案件挂账督办制度，并结合省定信访工作考核目标，制定新的信访工作考核激励机制。全年，市、县、乡三级共有16817名领导干部参与接访下访，共接待上访群众24297人次，解决信访问题8791件，为群众办实事4263件；共排查信访苗头隐患1776件，按期化解1659件，化解率达93.4%，特别是对原乡镇电影放映员、银行系统协解人员、农村信用社原信用站代办员、部分被辞退教师等不稳定群体予以高度关注，通过超前排查，有效稳控，没有发生大规模集体上访及群体性事件；10月，对市区集中供暖隐患进行专项排查整治，使此类问题引发的集体上访同比下降82%；对10个发生非正常进京访较多的乡镇进行倒排通报；协调市级领导召开高规格调度会12次，共协调解决信访案件45件；对27个责任单位和36名责任人进行追究。

**【加强信访局机关建设】** 2009年，市委、市政府对信访部门建设进一步高度重视，为市信访局增设一个内设机构（接待二处）；增拨50余万元专项经费，并将驻京值班经费列入市财政预算；市信访局办公环境、办公设施、接待场所、网络信息系统等基础设施全面得到改善；市信访局一名干部提拔为调研员，两名干部提拔为副调研员。市信访局推行科级领导职位竞争上岗，科员与处室间实行岗位“双向选择”，优化了人才选拔和配置。

局　长　肖宝元
副局长　肖余利（12月改任调研员）
　　　　王再兴　杨东升
　　　　叶江平

（许　丽）

# 工委工作

【中共保定市直属机关工作委员会】 为市委派出机构,内设办公室、组织部、宣传部、市直纪工委、市直团工委、市直妇工委、市直武装部和市直机关工会,实有39人。其中,市直纪工委、市直团工委、市直妇工委、市直武装部分别为市纪检委、团市委、市妇联、保定军分区派出单位,实行双重领导,以市直工委为主;市直机关工会为市总工会派驻单位。主要职责是统一领导市直机关党的工作和群团、民兵工作。

【概况】 2009年,工委紧紧围绕"又好又快发展、强市兴县富民"的中心任务,以开展"两项活动"为主线,奋起直追,争先进位,市直机关党的思想、组织、作风、制度和反腐倡廉建设全面推进。1.强化学习,注重宣传教育,党员干部队伍的整体素质不断提高。狠抓机关理论学习,深入基层检查中心组学习效果,不断提高广大党员干部的理论水平、政治素质和工作能力。积极培树典型,进一步弘扬正气,推动了市直机关思想政治工作和精神文明建设。不断拓展保定机关党建网的平台作用,开设了"两项活动"和学习十七届四中全会专题专栏,共发布信息600余条,访问量达53万余次。2.强化管理,夯实党建基础,机关基层党组织活力明显增强。指导任期届满的基层党组织搞好换届选举,及时对直属党组织班子成员进行调整和补充。严格抓好党员队伍管理,组织94个单位、12646名党员进行民主评议,评出优秀党员1464名,占实参评党员的11.58%。认真做好党员发展工作,以多种形式培训入党积极分子160名,结业率为97.5%。进一步落实发展党员"公示制"、"票决制"和"预审制",全年共发展新党员260名,预备党员转正280名。加大党建检查力度,上半年和下半年,分别组织10个检查组,采取听汇报、查材料、看落实的形式,对市直机关98个单位发展党员、民主评议党员、党费管理和"三会一课"四项工作进行了专项检查,夯实了机关党建工作基础。3.强化监督,营造反腐氛围,党风廉政建设不断加强。大力加强惩防体系建设,创新工作思路和方法,着力构建教育、制度、监督并重的惩治和预防腐败体系。严格受理效能投诉,加大查处违法违纪案件力度,对市直机关落实"十个严禁"情况进行了明察暗访,认真审理6起党员干部违法违纪案。组织市直各单位收看王瑛、苗汝英事迹电视报告会、撰写心得体会、开展学习先进事迹演讲活动。4.强化氛围,开展多种活动,机关工作环境更加和谐。召开了市直机关2008年度先进职工之家表彰大会,形成了学先进、超先进,找差距、比贡献,争一流、促发展的良好风尚。大力推进工会会员重大疾病医疗互助保险,市直机关1738名工会会员参加了医疗互助。"五一"前发放劳模慰问金和救济金,并对部分劳模进行了走访慰问。先后举办了工会干部联谊活动、市直机关游泳比赛、篮球邀请赛和乒乓球比赛,活跃了机关文化生活,增强了机关干部体质和工作凝聚力。激发青年热情,团的工作不断向前发展。充分利用"市直机关青年网"和市直机关团干部QQ群,加强机关团的舆论宣传。积极培树典型,培养、推荐省、市优秀典型26名,组织青年志愿者为群众提供政策法规咨询、义诊等服务,积极引导青年更好地为我市经济社会发展做贡献。以省、市级"巾帼文明示范岗"、"巾帼明星"为抓手,积极培树妇女典型;深化"新女性、新形象、新家园"活动,携手满城县妇联、保定新华书店图书大厦举办"三新"主题文化雅集活动。加强基层妇女组织建设,举办了市直机关妇女干部培训班,进一步更新了观念,加强了交流,提高了实际工作能力。做好民兵整组,市直机关民兵建设不断加强。对68个单位选好配齐了专、兼职人武干部,采取灵活多样的形式加强思想引导,激发各级各类人员参与国防知识竞赛活动的积极性。

【扎实开展"两项活动"】 把深入开展学习实践科学发展观活动和干部作风建设年"两项活动"与本职工作紧密结合在一起,认真安排部署,抽调专人成立了活动办公室,实现了机构、人员、场所、经费的四落实。班子成员带头学习实践,研读了所有必读书目,笔记均在12000字以上,每人撰写了2篇心得体会,保证了学习时间、内容、形式、效果。全面聚焦提炼问题,通过发放征求意见函、公开征求意见箱等形式,征求到了意见建议130余条。扎实整改,对梳理出来的7个突出问题,逐条分析原因,逐条研究制定整改措施,逐条明确责任人和整改时限,使工委的"两项活动"落到了实处,显现了成效。

【成功举办"两项活动"知识竞赛】 为更好地跟进全市"两项活动",举办了有72个市直单位参加的"两项活动"知识竞赛。省委"两项活动"领导小组指导检查组和市委主管领导对活动给予了充分的肯定。此次竞赛激发了机关党员干部参与两项活动的积极性,扩大了两项活动在群众中的影响力,营造了浓厚的活动氛围。

【组织开展庆祝建党88周年和建国60周年活动】 先后举办了市直机关《我们走在大路上》——庆祝建党88周年和新中国成立60周年群众性歌咏比赛和“我为党旗增光彩”庆“七一”演讲比赛，市直各单位踊跃参加，激发了机关党员干部爱国、爱党热情，展现了机关干部良好的精神面貌。

【逐步形成帮扶老党员、生活困难党员长效机制】 春节期间，组织走访慰问生活困难党员和老党员456人，共发放慰问金和慰问品219775元，从党费中下拨慰问金79600元；“七一”前夕，对175名建国前老党员和生活困难党员再次进行走访慰问，共发放慰问品和慰问金40942.30元。建国60周年之际，组织市直各单位走访慰问老党员和困难党员768人（含新中国成立前入党469人），共发放慰问品和慰问金156200元，及时把党组织的温暖送到他们身边。

【认真抓好市委交办的“两项活动”督导检查任务】 抽调13名干部参与全市两项活动督导，健全工作制度和规范，制定了督导组工作职责，明确了督导方法和督导重点；建立督导情况周报和阶段督导情况报告制度，定期和不定期召开督导组工作调度会，总结安排工作；搞好工作协调和指导，及时印发督导工作重点，分别对各阶段的督导工作提出具体要求，在抓好面上工作的同时，深入部分单位搞好协调指导；扎实开展好督导检查，采取灵活有效的督导方式，增加督导密度，整理督导情况报告16份，为全市两项活动的深入开展贡献了力量。

书　　记　刘　颖（兼）
常务副书记　宁洪茂
副 书 记　薛宝友
　　　　　王　洋
　　　　　吴月正
纪工委书记　牛惠萍（4月任）

（安红波）

# 老干部工作

【中共保定市委老干部局】 负责全市离退休干部（简称老干部）工作的专门机构，归口市委组织部管理。主要职能是贯彻落实中央、省、市有关老干部工作的方针、政策；按照有关规定做好离休干部的安置管理工作；检查指导各级各部门落实老干部的政治、生活待遇；配合有关部门组织老干部发挥作用并及时宣传推广老干部发挥作用的典型；指导全市老年教育工作；组织指导老干部开展健康有益的活动。内设办公室、宣传调研处、组织指导处、安置管理处4个处室，另设机关党委。辖市关心下一代工作委员会办公室、市老年大学、市老干部活动中心、市直机关第一干休所、第二干休所、第三干休所共6个事业单位。截至12月底，全市共有离退休干部70682人，其中离休干部6550人。

【概况】 2009年，全市各级老干部工作部门坚持以人为本，扎实工作，老干部政治、生活待遇得到了较好落实，老干部作用得到了较好地发挥，老干部工作部门自身建设得到进一步加强。落实离休干部工资补贴，按照保纪字[2009]5号、保劳社办[2009]69号文件规定，离休人员补贴提高到在职人员同级别90%的待遇规定，已落实到位。关心下一代工作取得成效，2009年在北戴河纪念河北省关工委成立20周年暨先进表彰大会上，保定市关心下一代工作委员会和市关工委宣讲团受到省委、省政府的表彰，涞源县退休干部车志忠在大会上受到表彰并作了典型发言。市老干部局获全国老龄工作委员会办公室举办的“庆祝中华人民共和国建国60周年知识竞赛”活动优秀组织奖。

【积极开展走访慰问活动】 春节期间，市四大班子领导分别走访慰问了69名原市级老领导。国庆前夕，市领导对23名地市级离休干部和3名老红军集中进行了慰问。8月中旬至9月底，结合“百名老干部局（处）长走访千名老干部”和季度走访老干部活动，对全市离休干部进行了走访慰问。据统计，全年各级走访慰问老干部14820户，近3万人次。

【加强离退休干部党支部建设】 全市共有离退休干部党员40789人，离退休干部党支部721个，优秀、合格率达到98%以上。9月，安新县离退休干部第一党支部和涞水县离休干部邓长义、博野县休干党总支书记靳国华受中组部表彰。

【加强改制、破产企业离休干部管理服务工作】 对市直第三批改制破产企业离休干部的安置管理工作进行了摸底、测算，拨付市国资委、市商务局、市粮食局、市供销社上收老干部管理费用共计125.1万元。全市25个县（市、区）1211名企业离休干部全部上收到老干部局管理，市直改制破产企业、困难自收自支事业单位342名离休干部全部上收到主管部门管理。

【全市老年教育工作扎实推进】 全市共有老年大学（老年学校）155所，校舍建筑面积18000多平方米，在校学员15030余名。老年远程教育体系在原有的基础上得到了新的拓展，博野、满城两县今年新开设了老年远程教育课程。25个县(市、区)中已有24个县(市、区)成立了老年教育领导小组，进一步加大了对老年教育工作的领导力度。

【围绕庆祝建国60周年开展一系列活动】 一是举办文艺汇演。9月17日，在玉兰剧院组织19个县(市、区)老年大学400余名老年人举办文艺演出。歌颂新中国成立以来取得的巨大成就，抒发对党、祖国的热爱之情。二是举办座谈会。9月25日，召开"保定市老年人庆祝新中国成立60周年暨学习党的十七届四中全会公报座谈会"，60多位老领导、老劳模、老军人、老教授、老专家应邀参加。三是举行百万老人文体展示活动。9月19日，在保定市体育馆举办《祖国颂》大型文体展示活动，表达了保定百万老人对祖国的祝福。四是举办老干部书画展。9月24日，在市老干部活动中心举办"保定市老干部庆祝建国60周年书画展"。24个县(市、区)、20个市直部门、8个驻保单位400余名老干部参加，500余幅作品参加展览。五是参加省《祝福祖国》文艺演出。9月18日，由省委组织部、宣传部、老干部局主办的"祝福祖国——河北省老干部庆祝新中国成立60周年文艺演出"在河北电视台录制。保定市选送的两个节目分获一、二等奖。六是组织"龙凤杯"七彩夕阳红歌赛。从4月开始，经过初赛、决赛，9月6日举行了颁奖典礼，全市52个单位、128支合唱队、2010人参与。唱响了"共产党好、伟大祖国好、社会主义好、改革开放好、老干部政策好"的主旋律。七是组织知识竞赛活动。举办全市万名老年人纪念建国60周年知识竞赛活动，50多个单位荣获组织奖、100位老同志获优秀个人奖。市委领导对全市老干部开展庆祝建国60周年一系列活动给予了充分肯定，市委书记宋太平在市委老干部局专题报告上批示："对老干部局的工作提出表扬"。

局　长　张　健
副局长　丁海山　许尔强
　　　　宋秀玲

（李卫科）

# 对台工作

【中共保定市委台湾工作办公室】 中共保定市委台湾工作办公室，保定市人民政府台湾事务办公室是市委、市政府对台工作的办事机构，主要职责是贯彻落实党中央、国务院对台方针、政策，坚持"和平统一，一国两制"基本方针，对全市对台工作实行"组织、指导、管理、协调"。内设综合处、经贸处、交流交往处。

【概况】 2009年，牢牢把握两岸关系和平发展的主题，全力贯彻"寄希望于台湾人民"的方针，积极有效地开展对台经贸、交流、宣传、涉台稳定等工作，圆满完成了省、市下达的年度任务目标，各项工作均取得了好成绩。

【对台经济工作再上新台阶】 1.落实各项惠台金融政策，积极协调银行向台企贷款。积极帮助有贷款需求企业向银行提出贷款申请，协调国家开发银行河北分行向河北大发纸品厂有限公司贷款4000万元人民币，为该公司扩大生产规模，实施产业升级，加快企业发展奠定了坚实的基础。2.服务台商，积极为台商、台企排忧解难。重点协调了5件较大涉台纠纷案件，依法保护了台商、台资企业的合法权益，确保了我市涉台稳定。3.积极推进"明德小学"建设，促进保定教育业发展。积极争取台湾台塑集团在保定市捐建"明德小学"5所，引进台湾捐赠资金225万元人民币，省财政配套资金225万元人民币，总计450万元人民币。4.深入开展调研，摸清金融危机下台企所思所想。为应对金融危机对保定台商、台企的影响，走访调研全市大部分台资企业，形成了《金融危机对保定台商、台企的影响》调查报告，梳理汇总了台商提出的不断优化投资环境、促进保台间经济交流合作的意见和建议。5.组织开展各项对台经济活动，为保定经济发展服务。保定市在9·8厦门推介会上，成功举行"携手两岸、共享新能源商机—2009保定·中国电谷(厦门)推介会"。市长于群代表保定市政府与台湾区电电公会签订了战略合作框架协议。本次推介会签约台资项目2个，总投资1.8亿美元，合同利用台资8250万美元。全年共接待来保经贸参观考察团组22个共273人，办理了13批赴台经贸团组共21人。

【对台交流工作成效显著】 1.突出保定特色，筹办重点项目，树立保定形象。积极组织谋划筹办了在涿州举办的以"传承三国文化、促进地方经济"为主题的保台间交流项目。指导涿州市台办举办了以"涿州三国文化特点"为主题的涿州书画展与比赛。2.周密安排部署，做好台胞捐赠和考察观光接待工作。台湾双清文献研究学会创办人陈进乾两次率台湾书画界人士来保定参观交流。向军校纪念馆捐赠了何应钦、孙家勤等人的书籍和原保定军校教官及学员钱大均、郭寄桥、靳云鹏等人珍贵的书画作品。台湾慈济慈善基金会一行166人,赴涞源县进行扶贫捐赠活动。捐赠食品、服装、棉被等,总价值300多万元人民币。精心安排、圆满完成台湾知名人士郝柏村一行21人来保参观访问的接待工作等。2009年共接待台湾来保交流团组6个235人,办理审核赴台交流团组8个62人,为台胞台属办实事50余件。3.加强全市涉台事务管理工作,把党的对台政策落到实处。积极指导保定市第一个赴台旅游团组于4月18日顺利成行。沟通公安、旅游等相关部门,认真探讨开放大陆居民赴台观光旅游后台办的工作思路和切入环节,建立了新的沟通联动工作机制,2009年全市共有近900人次赴台观光旅游。

**【对台宣传、涉台教育工作实现新突破】** 1.入岛宣传品在精品上实现新的突破。继续把《保定军校》大型画册作为2009年重点入岛宣传品,全年共发放画册1500余册,其它宣传品1300余(册)件。2.网站宣传功能在实时快捷上实现新的突破。台办网站建设紧跟工作部署,跟踪两岸形势热点,共调整、更换网页设置8次,更新媒体聚焦内容150余条。不断完善网站的宣传功能,网络宣传的吸引力得到增强,为台胞、台属及社会各界及时了解中国共产党的方针政策及保台交流交往、经贸投资、特色产业及旅游、生态环境等情况提供了平台,实现了网络宣传的新突破。3.不断推进两岸媒体交流、实现媒体报道的新突破。先后邀请台湾"三立电视台"、"TVBS电视台"到保定市就民风、民俗、人文景观、传统文化等进行深度采访,拍摄《在中国的故事》、《皇陵探秘》专题电视片。首次邀请台湾主要平面媒体《联合报》记者,到保定市采访"保定·中国电谷"建设与发展情况,并在《联合报》刊发介绍文章,引起各种媒体的广泛关注和兴趣。4.紧紧抓住两岸关系积极变化,适时开展形式多样的涉台宣传教育活动。根据两岸关系新变化,举办了各种形式的报告会、培训会、座谈会。方面台宣传稿件、图片、影像资料近百篇;共开展涉台宣传教育活动45场(次),台情报告会8场(次),组织涉台宣传专业培训2次,极大浓厚了对台宣传教育工作的氛围。5.加强信息调研、编撰好内部刊物。紧密结合台海局势的发展变化,及时采集上报各类信息33篇,出刊《台情参考》9期、《台办简讯》5期、《台属专刊》2期。紧密结合全市涉台信息上报工作实际,起草下发了《关于涉台信息上报工作的通知》。完成涉台调研文章4篇,在全市一定范围内产生了积极反响和良好的宣传效果。

副　　主　　任　赵彦平
副调研员兼副主任　张　力

（马焕忠）

# 市委后勤工作

**【中共保定市委机关事务管理局】** 中共保定市委机关事务管理局是为市委机关提供后勤管理和服务保障工作的职能部门,隶属市委办公厅,副县级全额拨款事业单位,参照公务员管理。内设办公室、财务处、车辆管理处、总务处、经营管理处、生活服务处、保卫处。主要职责是负责市委办公厅及市委有关部门的经费管理;负责市委机关国有固定资产的管理;负责市委办公厅机关车辆的管理和调配;负责市委机关大院的卫生、绿化、美化、亮化及水、电、暖、电梯的管理和房屋维修使用;负责市委会议室、文印室、机关食堂、医务室、理发室、活动室的管理;负责市委机关内部安全保卫工作等。

**【概况】** 2009年,"以服务拓展职能,以服务提升形象"为工作理念,以开展干部作风建设年活动为动力,以"标定一流、争先创优"为总基调,以"三服务"为根本宗旨,以市委领导和干部职工"双满意"为目标,坚持以人为本,着力提高后勤服务质量和后勤管理水平,各项工作取得显著成绩,全面完成2009年全年既定目标和工作任务,为保障市委机关高效有序运转、降低行政成本,促进全市又好又快发展做出了积极贡献。

**【重点工作高质量完成】** 继续倡导人性化管理,2009年重点工作的高质量、高标准完成。一是以机关餐厅、市委会议室为主的6号综合楼改建工程。遵照市委领导要求,明确专人负责,严格按照相关程序、要求,在确保施工安全前提下,严把工程质量关,并保障了工程进度,该工程从施工到完工仅用7个月,并严格按领导要求于10月1日前投入使用。全面改善了机关干部职工就餐、生活环境,高标准的会议室能满足各种会议的要求,视频、音频效果明显。二是以消防为主体的1号楼综合改造。严格按照市委领导指示精神,克服工程时间紧、任务重,施工现场复杂等的困难,抽调精干力量组成专门领导班子,倒排工期,不分昼夜紧张施工,确保了工程质量、工程进度和施工期间安全。共完成了1~13楼消防设施的安装改造,51个卫生间和洗手间的改造,铺设了6~13层楼道地板砖和1层办公厅所有房间室内地板砖,市委督查室水泥地面铺设木地板,粉刷墙面2万多平方米,更换了400多个办公室房间门,使市委机关办公环境得到全面改善。市委书记宋太平对此项工作非常满意。三是市委东院遗留问题。解决了市委东院青年路综合楼扫尾工程,办理了产权证,收回66间办公用房和160万元资金。四是鹏翔小区遗留问题。为鹏翔小区所有住户办理并发放了住宅房本和车库、门脸房本,解决了业主后顾之忧。

**【服务形象进一步提升】** 积极主动工作,在服务上求精细,管理上求科学,作风上求严谨,全年工作达到了市委及市委办公厅领导和全体干部职工的满意,市委机关大院全体单位及干部职工对管理局有了一个新的认识。一是思想统一,目标明确。"以服务拓展职能,以服务提升形象"目标基本完成,各项工作均有起色,领导交办的各项重点工作完成的都非常出色。与阜平县海岩村党支部结成友好支部,倡议市委办公厅系统党员捐献各类图书1300余册,书橱4个,帮助该村建起一个标准的农家书屋。对外形象有了根本的转变和提升。二是各项规章制度得以健全,工作程序有章可依。制定并完善《管理局值班制度》、《办公用品采购及管理办法》、《固定资产管理办法》和《车辆管理使用的规定(试行)》等多项规章制度,各项工作都得到规范和提升。其中,值班工作更加制度化、规范化、科学化;严格车辆管理,车辆的使用效率得到进一步提高;通过实行定点加油、定点修车及车辆维修保养鉴定制度,堵塞了漏洞,节约了开支,车管费用实际降耗15.3%;办公用品采购及管理得以规范运行,杜绝了浪费现象;通过固定资产的清查,摸清了资产底数等。三是优化人员结构,提高管理职能,充分调动广大干部职工积极性。2人得到提拔重用。内部处室调整得到办公厅的认可。解决了部分工人在干部岗位的待遇,成立6个部(室),增加了6位职工任部门负责人,享受副科级政治待遇。新调入4名同志,充实到重要岗位。与21名临时工签订了正式劳动合同,两次调整临时工待遇并缴纳了养老保险。

**【后勤服务保障更加有力】** 一是扎实开展"两项活动"。把学习实践科学发展观及干部作风建设年活动作为全局的一件大事来抓,精心部署,广泛动员,认真组织学习。二是高标准完成各类文件、会议纪要、会议记录、总结、计划等文字材料工作。三是财务工作更加规范。本着科学合理,勤俭节约的原则,在保障市委机关正常运转所需资金的同时,积极筹措资金,保障了多项重点工程的顺利推进,保障了广大干部职工的工资、福利待遇。同时,合理安排支出,堵塞漏洞,保障了涉及财务的各项工作正常开展。四是加强车辆管理,保障车辆行驶安全。保障了市委领导、市委办公厅领导及各处室的公务用车服务,圆满完成了多项上级交办及大型活动车辆保障服务工作。新购置车辆5台,及时封存并拍卖旧车6台,报废旧车2台,进一步改善了机关公务用车车况。加强了对司机的安全行车教育。及时完成机关车辆年审和机关工作人员驾驶证的换发审验工作。五是节能工作更加高效。根据我局实际,制定节能长效机制,进一步完善各项节能措施。所有公共部位照明灯全部更换为更加节能、节电的LED太阳能灯,卫生间冲水系统全部改造为远红外感应器控制的节水系统,改变了高速路过桥费的报销方式,规范了加油、维修管理办法,减少了费用开支等。六是生活服务、会议服务更加周到、细致。餐厅工作进一步加强。新餐厅投入使用后,就餐环境得到明显改善,饭菜质量明显提高。会议服务工作进一步改进。新会议厅启用后,制定会议服务细则,明确服务标准,确保了会议质量。七是机关大院进一步美化、绿化。高质量完成市委大门口电动门、庭院灯光和1、2号楼彩灯的更换。加强了大院绿化工作的日常管护。完善卫生保洁机制,院内环境更加整洁优美,楼内更加美观、舒适。八是保卫工作进一步提高。加强对保安人员的管理。制发2009年度车辆出入证近千张。在大门口设置值班室,保卫人员与派出所干警联合办公,共接待疏导集体访16起,400余人次,接待疏导零散上访人员500余人次,接待来客4000余人次。加强对重点部位的安全防范,确保了机关大院的安全。国庆期间,制定详细周密的方案,圆满完成市委机关国庆60周年安保任务。九是积极改善干部职工办公、生活条件。对办公楼所有纱窗进行更换,对所有卫生间、洗手间窗户进行贴膜处理,安装了洗脸盆镜子及垃圾桶等;在机关大院共计安装16台热水器,方便干部职工饮用开水;将楼道灯普通灯管全部改为格栅灯等。十是改变经营理念,积极拓展创收空间。上半年,青年路路面维修,附近门店生意受损,为扶持市场,照顾租户,防止出现拖欠房租现象,及时调整出租方案,出台优惠措施。积极联系相关单位,恢复被误拆的门店25.4平方米,开发通道部位129.6平方米,共计拓展可租空间155平方米。

局　长　田红军(6月任)
副局长　齐学增
　　　　靳志余(6月离任)
　　　　尚玉河　赵平安
调研员　靳志余(6月任)

(甄占龙　杨　超)

# 党史研究工作

**【中共保定市委党史研究室】** 中共保定市委党史研究室是中共保定市委主管党史征集、编纂、研究、宣传工作并对所辖县(市)党史部门进行业务指导的职能部门,正县级机构,直属市委领导,业务上受中共河北省委党史研究室指导。内设秘书处、编研处、宣教处、资料处4个处室。附设保定中共党史学会,负责联系、协调全市党史界的学术研究工作。

**【概况】** 2009年,中共保定市委党史研究室深入学习实践科学发展观,大力开展干部作风建设年活动,着力提高党史队伍的整体素质,努力贴近中心、服务现实,注重与时俱进、开拓创新,在党史研究、党史宣教各方面都取得了较大成绩。1.高质量完成《中国共产党保定地方史》(第二卷)(1949~1978)的编纂、出版工作。二卷本成书共45万字,配图108幅。书稿经过4次大的修订,于2009年12月由中央党史出版社出版发行。2.高标准做好保定抗战调研资料丛书《历史的铁证》(共六卷)的编纂、出版工作。丛书共6卷,计300万字,2008年12月,此书经长征出版社出版发行。在2009年保定市第九届社会科学优秀成果评奖中,获历史学编著类一等奖。3.改革开放新时期专题资料的征集、研究和编写工作进展顺利。市党史研究室加大对改革开放新时期专题资料的征集、编写、研究工作的力度和深度,相关人员通过到档案馆、报社、农委等单位征集资料,查阅了300余卷卷宗,拍摄资料770余份,完成10个专题的资料征集、整理和撰写工作,分别是"高新区的建设与发展"、"真理标准大讨论"、"平反冤假错案 落实党的政策——改革开放新时期保定市的拨乱反正"、"一抓双促奔小康"、"双增双节"、"目标管理岗位责任制"、"1983年保定市机构改革"、"整党"、"清理三种人"和"社会主义旗帜高高飘扬——20世纪90年代初保定市农村社会主义教育工作概述"。同时根据保定市党史工作实际情况和工作需要,拟定出第二批专题资料目录共22个。4.社会主义时期保定党史人物资料征编工作全面铺开。2009年,各县(市)和市直各单位在完成征集名单的基础上,继续将已完成编写的人物资料上报市党史研究室。同时,作为省党史研究室下达的重点工作,"王之"人物传记资料的征集、编写任务圆满完成并上报省委党史研究室。5.《中共保定党史大事记》(第四卷)(2000.01~2009.12)资料征集和编写工作基本完成。2009年,市党史研究室着手进行《中共保定党史大事记》(第四卷)的征集和编写工作,已完成资料的征集、整理和补充工作,初稿已送出版社。6.利用重大纪念日,认真开展各种纪念活动。一是认真开展纪念五四运动90周年活动。利用党史研究室现存党史资料和照片,与保定日报社共同编发了一组"五四运动在保定"的史料,在报纸上整版刊登,以史鉴今,激励全市人民特别是青年学生传承"五四"发扬民主、崇尚科学,解放思想、锐意改革的精神,为推进保定又好又快发展、强市兴县富民而奋斗。二是为纪念建国60周年,精心选取新中国成立以来在保定发生的26件大事,一事一篇,组成简要精炼的文稿,并配以历史图片,在《保定日报》上开设"新中国成立60周年·历史回眸"专栏进行连载,以此来回顾保定建设和发展的辉煌历程,展现保定60年来的沧桑巨变。三是切实做好纪念白求恩逝世70周年相关活动。11月12日是白求恩逝世70周年纪念日。市党史研究室组织撰写了《白求恩在晋察冀》一文,并选择了白求恩在晋察冀战斗、工作时的部分历史图片,于11月上旬在《保定日报》星期刊整版刊登,追忆他的感人事迹,弘扬他的伟大精神。

在做好年度内重点党史工作的同时,认真完成了上级领导交办的临时性任务。一是组织各县(市)认真开展了1963年河北抗洪斗争及社会主义新农村建设带头人口述资料征集工作。并按要求于7月底前将保定市及19个县(市)上报的74份抗洪救灾中有关当事人、知情人的口述资料和31幅反映抗洪救灾的照片资料报送省委党史研究室;社会主义新农村带头人口述资料征集工作也按通知要求认真组织了实施,12月中旬将各县(市)上报的48份口述资料和58幅图片上报省室。二是依照省委党史研究室通知要求,组织本室和各县(市)为省党史研究室编纂的《河北省志·共产党志(1979~2005)》征集整理了涉及这一时期中共保定地(市)委及各县(市、区)委组织历史沿革的内容,并于10月底前完成相关资料的整理、上报工作。三是积极参与"双百人物"评选活动。市党史研究室选定了60名新中国成立前的英雄模范人物,并为其中的18名保定籍英模人物整理了事迹材料和照片,及时上报了组委会办公室。

**【完成《中国共产党保定地方史》(第二卷)(1949-1978)编纂出版工作】** 自2002年5月全面展开史稿二卷本的编写工作以来,保定市委党史研究室全体工作人员广泛征集资料,精心编写篇目,准确把握史实,于2006年完成征求意见稿并报送省委党史研究室、保定市委审定。二卷本成书共45万字,配图108幅。书稿经过4次大的修订,于2009年12月由中央党史出版社出版发行。这项工作走在了全省党史系统的前列。

主　任　朱　赤
副主任　卢金婷　李　焱
　　　　郭敬洋

（杨永丽）

# 党校工作

【中共保定市委党校】　中共保定市委党校位于保定市五四东路531号。占地50余亩,建筑面积1.8万平方米,拥有教室26个,学员公寓236间。市委党校坚持从严治校、从严施教、从严管理,以打造"三名两一"(出名师、创名品、建名校、省内一流党校、市内一流单位)为目标,奋发进取,开拓创新,又好又快的发展。

【概况】　2009年,坚持以科学发展观为指导,以贯彻落实《党校工作条例》为抓手,紧密围绕市委"又好又快发展,强市兴县富民"的中心任务,立足党校实际,着眼于建设"三名两一"目标,解放思想,开拓创新,脚踏实地,刻苦奋进,通过全校教职工扎实有效的工作,圆满完成了年初制定的各项任务目标,较好地发挥了党校的职能作用。

【干部培训工作】　主动适应新形势对干部培训工作的新要求。举办了"县处级干部理论进修班"、"优秀中青年干部培训班"、"市直机关处长培训班"等10个班次(含首次举办党外干部培训班2期),共培训学员984名,高标准完成了市委交给的培训任务。同时本、专科和在职研究生毕业学员3400多名,提高了党政干部的学历层次和知识素养。1.更新教学内容。一方面突出党的十七大精神和科学发展观的中心地位,一方面及时把握保定发展的实际和学员需求,把"一主三次"等内容列入培训计划。下半年,又增设了学习党的十七届四中全会精神、突发事件应急能力和群众工作艺术等专题,形成了以理论武装为基础,以问题研究为中心,以能力拓展为重点,以知识更新为补充,以党性锻炼为保证有机统一的教学体系,增强了教育培训的针对性和实际效果,深受学员欢迎。2.创新培训方法。根据教学内容和学员特点,综合运用多种教学方法,调动学员学习、研究的积极性;多次邀请知名院校的专家学者、市直部门相关领导为学员作专题报告,丰富教学内容,提高教学层次;有效延伸教育培训链条,制定了《关于主体班异地培训工作实施意见》,两次组织主体班学员到绍兴、无锡、苏州进行培训,到上海、宁波、杭州等经济发达地区进行考察,到井冈山等革命根据地进行红色教育,进一步开阔了学员视野,增强了加快发展的使命感和紧迫感。3.提高执教能力。继续完善出名师的激励机制,先后制定了《关于教师工作量计算办法》、《关于提高主体班教师讲课费的规定》、《关于优秀教师评选办法》,突出教学实绩,体现公平公正,鼓励能者优先,倡导优劳优酬;继续坚持"走出去"战略,先后选派19名教师外出参加各类培训或考察,学习掌握先进的理论知识、培训技能和教学方法;继续发挥各教研室的团队优势,把集体备课与社会调研紧密结合,实行集体攻关,成果共享,强化了教学效果。4.严格学员管理。在通过授课对学员进行党的路线方针政策、党的先进性、廉洁自律等教育的同时,把学员管理作为实现党性培养目标的重要环节。首次采取教学班主任与行政班主任联合管理的模式,推行"零"误差工作标准,坚持以人为本和学员自主管理,坚持入学教育、党日活动,坚持上课点名、按签就座,严格学籍、学习和考勤制度,并适当组织师生文体活动,把党性锻炼贯穿于学员管理的全过程,使学员的党性观念在潜移默化中得到升华。学历班教学管理也不断推出新举措。对本专科的函授教育突出强调要善始善终。更加严格办学标准,加强班主任队伍建设,定期对授课情况跟踪检查,严格考风考纪,加大廉洁自律教育力度,确保教学质量和办学的声誉;在职研究生教育重视制度建设,完善了《在职研究生保定工作站班主任工作规程》,进一步明确班主任的工作内容和职责,严格学员考勤公示、请销假和补课等制度的落实。开辟了第二课堂,先后组织学员到狼牙山、白洋淀等地接受革命传统教育,到相关县(市、区)就农业结构调整、文明生态村建设等进行参观调研,增强理论与实践结合的能力,努力造就适应保定发展的高素质人才。

【科研工作】　2009年,把科研工作的重点定位在为保定又好又快发展发挥思想库的作用上,并创造性开展工作,取得了丰硕成果。1.创建了市情研究机制。制定了《关于加强保定市重大现实问题研究的意见》,成立了市委党校市情研究所,并在涿州等4个县、市党校挂牌设立了市情调研基地。积极围绕保定市经济社会发展中具有全局性、战略性、前瞻性的重大现实问题和市委、市政府中心工作,搞好应用性、对策性、总结性研究,全年在《保定日报》理论版发表文章近30篇,其中多数为调研文章，申彩虹的调研报告《对保定市“工业西进”战略实施情况的调查与思考》得到了市委书记宋太平和市委副书记李剑方的肯定性批示，对科研工作起到了极大的鼓舞和激励作用。2. 加大了研究课题的评审立项工作。8 项校级课题评选立项，6 项课题列入保定哲学社会科学规划，《“对接京津”战略中保定特色品牌的培育和打造的对策研究》获市级重点课题立项；《新农村建设中的保定新农村合作医疗问题研究》获市级一般课题立项，有力推动了市情研究工作。3. 不断推出精品力作。出版专著 4 部，发表文章 147 篇，其中国家级刊物发表 11 篇，省部级以上刊物发表 33 篇，2 项科研成果获省级以上奖励。3 项成果获保定市第九届社会科学优秀成果奖，专著《保定军校著名师生列传》获一等奖，论文《借力发展文化产业、倾力打造休闲乐园》和《从白沟看如何发展小城镇建设》获三等奖。任牧辛的《保定军校风云谱》从全局角度对保定军校进行了全景式综合考察和历史研究，市委书记宋太平给予高度评价并题词。4. 加强科研成果交流。组织举办了全市党校系统纪念建国六十周年理论研讨会，撰写论文 135 篇，评出一、二、三等奖予以通报表彰。校刊《保定视界》作为科研成果交流的重要平台，进一步明确定位，倾力打造新栏目，更加贴近中心、贴近教学、贴近读者，为推动科研成果交流发挥了积极作用。5. 图书信息化为科研提供有力保障。充分利用数字化图书资源，提高馆藏质量，加快信息化和图书阅读数字化建设，加强校园网信息化平台建设，及时充实信息量，为教学科研提供了有力支持。6. 积极参加对外宣讲。在全市开展深入学习实践科学发展观活动和学习宣传党的十七届三中、四中全会精神中，应邀派出教师到各县（市、区）及市直部门、企事业单位辅导宣讲 100 多场（次），同时，还把党校网站宣传与报刊、电视、广播等新闻宣传工作紧密结合，发挥党校理论阵地作用，受到各界好评。

**【发挥市委重要部门作用】** 党校作为市委的重要部门，除认真履行市委赋予的干部教育培训和科学研究的职能外，对市委安排的其他工作同样高度重视，不折不扣地落实，并努力争先进、拿名次。1. 成功筹备全市党校工作会议。2 月 26 日，全市党校工作会议在党校召开，市委书记宋太平、市委副书记李剑方、市委常委、组织部部长兰保良到会并讲话，市委干部教育培训工作领导小组成员及各县（市、区）委书记或副书记、组织部长参加会议并进行交流。会上还印发了市委关于认真落实省委贯彻《党校工作条例》实施意见的《通知》，会议规格高、规模大，不仅突出了党校工作在全市整体工作中的地位和作用，而且优化了党校建设和工作的环境，取得了圆满成功。2. 扎实开展亲民爱民活动。按照市委安排，党校共帮扶安国市和清苑县 43 名困难群众，制定了详细的帮扶方案，创造性提出了“四帮四解决”（帮思想，解决思想认识、树立信心问题；帮资金，解决生活困难问题；帮思路信息，解决脱贫的方法出路问题；帮联系相关单位，解决低保、贷款、救助问题）工作思路，市亲民爱民活动简报两次介绍了党校的做法。3. 驻村进站面对面做好群众工作。派出 6 人（次）县、科级干部驻村、进站，其中 3 名校级领导先后任社区群众工作站站长，逢五进站，接待来访，走访慰问困难群众，为群众解决实际困难。1 名校级领导到定兴县开展新民居建设工作；1 名校级领导和 1 名科级干部到涞源县贫困村玉皇沟扶贫，通过多方协调，筹集资金和物资计 15 万元，为该村修建 4 米宽 40 米长的钢筋水泥桥一座，蓄水池 8 个，受到了村民和县、市领导的好评。同时，党校认真贯彻落实全市开展的迎国庆、保安全百日会战活动，加强国庆期间的安全保卫工作，为确保全市安全稳定发挥了作用；积极做好复转军人的安置工作，被市委、市政府、保定军分区授予全市军队转业安置工作先进单位；认真开展文化科技卫生“三下乡”活动，被评为全市“三下乡”先进集体；积极参加全市纪念建国 60 周年知识竞赛、“赞颂辉煌成就，建设强大国防”知识竞赛、“风帆杯”书画展、“新一代杯”法律进家庭活动，并全部获得优秀组织奖。

校　　长　李剑方
党委书记、常务副校长　王炳林
（6 月取消党委改校委制）
副 校 长　魏振江
　　　　　李强勇（2 月任）
　　　　　王　纪（2 月任）
　　　　　郭献民（4 月任）
教 育 长　张　宝（2 月任，兼社会主义学院教育长）
调 研 员　张仲才（2 月任）
副调研员　王小宾（2 月任）

（李岳来）

# 社区工作

**【保定市城市社区工作委员会办公室】** 保定市城市社区工作委员会办公室为副县级单位，挂靠市委办公厅。主要职责是协调指导全市社区建设工作，承担和制定年度工作目标。内设综合协调处、调研处、基层指导处。

**【概况】** 2009年,市社区办以创建和谐社区为总目标,以让居民受益满意为着力点,全面提高社区建设工作总体水平。创建和谐社区多项工作举措得到了中央、省、市有关部门和领导的充分肯定,继续保持在全国和全省的先进地位。7月,民政部《民政信息参考》以《河北省保定市要求切实加强社区建设》为题,全文刊登了中共保定市委书记宋太平在全市社区建设工作会议上的讲话;民政部《基层政权和社区建设工作简报》全文刊登我市《2009年社区建设工作要点》;《河北省基层民主建设工作简报》专刊推广保定市社区建设工作经验,指出"保定市委、市政府把加强社区建设当作落实科学发展观和民生工程的大事来抓,探索总结出了'创新工作机制、实现五个到位、突出创建重点、抓好五个工程,加强队伍建设、促进工作落实'的好做法,十分值得借鉴"。市委书记宋太平批示"我市社区建设工作卓有成效,对相关部门、单位和领导同志,对广大社区工作者提出表彰"。在9月召开的全国和谐社区建设工作会议上,保定市一区、一街道和三个社区受到表彰,分别被命名为全国和谐社区建设示范城区、示范街道和示范社区。此外,在国庆六十周年庆典仪式上,市委副秘书长、原市社区办主任王荷丽作为全省社区工作战线的惟一代表登上"和谐社区号"彩车接受了检阅,新一代社区党支部书记温丽丽作为优秀基层党组织代表光荣观礼。市社区办获"全国社区志愿服务工作先进集体"、"全省创建和谐社区工作先进单位"称号,被市委、市政府授予全市信访工作先进单位、维护社会稳定工作先进集体、亲民爱民活动先进帮扶单位、人口和计划生育综合治理先进单位、社区建设先进集体、实绩突出单位、国庆安保工作先进单位、城镇绿化工作先进单位、庆祝建党88周年和新中国成立60周年群众性歌咏活动优秀组织奖等荣誉称号。

**【三项特色创新工作在全国全省推广】** 一是社区建设工作体制机制创新。在全省首个出台《关于加强社区工作者队伍建设的意见》,加强社区工作者队伍建设的工作力度和采取的一系列举措,得到国家民政部的充分肯定,并在全国推广。二是在全省首个启动社区居家养老工作。社区居家养老服务是当前新形势下完善社会养老工作的基础和关键环节,保定市原来仅有机构养老和家庭养老两种模式,社区居家养老工作的全面启动,构建起了完整的社会养老服务体系。三是推进社区志愿者注册登记制度,深化主题服务活动。深入开展社区志愿者注册登记工作,实现了社区志愿者队伍管理的科学化、制度化,积极开展主题服务活动及志愿服务项目建设实现了社区志愿服务工作的规范管理。在国家民政部和中国社工协会志愿者工作委员会联合召开的全国社区志愿服务工作表彰会上,保定市受表彰项目和人数位于全省之首。

**【推进素质教育工程,提高基层组织的战斗力】** 1. 落实市委《关于加强社区工作者队伍建设的意见》成效明显。一是领导重视程度明显增强。各县(市、区)充分认识到社区建设工作在城区管理中的重要性和必要性,部分县(市)对社区办职能设置、领导班子及工作人员配备等进行了调整。二是各项刚性指标完成良好。社区办公、社区工作者生活补贴等各项经费最大限度的向社区倾斜,社区工作者生活补贴动态增长机制、两委干部职务补贴、离任补贴普遍建立,社区工作者生活补贴全部达到当地最低工资标准,社区工作者收入无保障、退后没人管的难题得到有效解决。2009年,市区社区居委会干部平均月生活补贴达到825元,书记、主任以及"一人兼"的均享受职务补贴,最高的975元。社区办公活动经费明显提高,最高的2300元/月,最低的500元/月;社区工作者培训经费高标准落实,全市总计达18万元;社区建设专项资金全部列入财政预算,最高的160万元,低的也有5万元;市区社区工作者全部落实了基本医疗保险、基本养老保险、生育保险、工伤保险,达到了"四险"。2. 社区工作者队伍建设更加规范。各县(市、区)出台相关文件和措施,制定完善了社区干部选拔、培训、考核、奖惩机制,加大公开招聘社区工作者的比例,吸收大批思想好、作风正、有能力、年富力强、热心为居民服务的优秀人才充实到社区工作者队伍。全市共有社区干部1711名,平均年龄36岁,具有中专以上学历的社区干部占总到人数的86%,其中具有大专以上学历的社区干部已占52%。同时,积极安排新录用的公务员、优秀选调大学生等到社区进行挂职锻炼,社区工作者结构更趋合理。

**【抓好创优升级工程,增强社区硬件设施建设】** 1. 启动第五批精品社区建设。重点推进市区老城区、散居型社区精品社区建设和现有精品社区"创优升级工程"。全年投入资金810余万元,共有69个社区完成了精品社区创建工作。其中新创建精品社区6个,老城区、散居型社区改造22个,上档升级41个,新增社区办公和服务用房面积2303平方米,社区办公和服务用房总面积达21718平方米,全市社区硬件建设快步发展,社区管理服务平台更趋完善。2. 开展社区办公服务用房专项治理。通过开发商无偿提供、驻区单位共驻共建、大力开展精品社区建设等多种方式,全市社区办公服务环境得到有效改善。2009 年,市社区办根据市委领导指示,按照“百户三十”标准,与市建设局、市规划局召开专题会议,对 21 家开发建设和自建单位不落实社区办公用房的问题逐一进行调度,并制定相应措施,建立长效机制,减少和杜绝不落实社区办公用房现象的发生。

**【抓好民心凝聚工程,提升社区为民服务水平】** 1. 社区公共服务水平稳步提升。一是搞好社会保障和救助服务。全面开展城镇居民医疗保险工作,强化城市低保救助,实行企业离退休人员社会化管理,其中直接纳入社区管理的企业退休人员 15 万余人。二是加大创建“充分就业社区”和“零就业家庭援助”工作力度,通过社区服务安置下岗失业人员 8038 人,其中公益性岗位安置 315 人,就业困难人员安置 1319 人。走访困难家庭 10964 户,消除“零就业家庭”66 户。三是大力发展社区卫生服务。全市投入专项经费 700 余万元,新建、改扩建社区卫生服务站 5 个。全市已建成社区卫生服务机构 103 个,其中社区卫生服务中心 15 个,社区卫生服务站 88 家,覆盖面达 95% 以上,“居民 15 分钟就医服务圈”初步建立。2. 积极开展社区居家养老服务。保定市在全省率先启动了社区居家养老服务工作,投入资金 21 万元,在首批试点的 21 个社区全部建成了“老年人日间照料室”,主要采取上门照料服务和日托服务两种形式,针对不同老年群体相应提供无偿、抵偿、有偿服务。3. 社区志愿服务取得显著成效。在全市启动“参与志愿服务、共建和谐社区”主题活动,逐步实现社区志愿服务供给与需求的良好对接。通过拓展服务项目,整合服务资源,完善机制建设,社区志愿者在服务社区、服务居民、推动诚信友爱的社会风尚中发挥了重要作用。全市共建立社区志愿者服务站 494 个,社区特色志愿服务队 1800 余支,志愿者人数 94663 人,其中正式注册登记人数 53726 人,全年共开展各具特色的社区志愿服务活动 19 万人(次)。

**【抓好平安创建工程,社区秩序安全稳定】** 市社区办在全市社区组织开展了“迎国庆、保稳定”百日会战活动,充分发挥社区在维护社会稳定中“第一道防线”作用,确保了国庆期间社区内的安全稳定。同时,广泛开展为民帮困解忧活动,全市社区调解各种矛盾纠纷 5140 件,排除上访隐患 3760 起,民间纠纷调解率达到 100%,调解成功率达到 90% 以上。

**【抓好文化品牌工程,提升社区居民文化素质】** 7 月至 9 月,市社区办等七部门共同举办了保定市第六届社区艺术节。艺术节期间,积极开展了“红色情怀”社区经典文艺大赛、“60 年巨变保定”社区老照片征集、“和谐社区风采”书画大赛、“创和谐”周末社区大讲堂等四项主题活动。全市各社区围绕“忆历史、唱发展、颂美好、展新姿、创和谐”的活动主题,以群众喜闻乐见、寓教于乐、形式多样的活动为载体,开展了内容丰富的文化活动,参与活动的社区居民达 10 万余人。其中社区经典文艺大赛共报送节目 172 个,征集社区老照片 98 幅,参赛书画作品 1021 件,在 30 个社区设立周末社区大讲堂,为居民授课近百场。通过本届社区艺术节活动,极大的丰富了社区居民的业余文化生活,充分展示了社区居民的风采和精神风貌,弘扬了社区文明,传播了先进文化,促进了社区各类人才的成长和群众性文化艺术事业的繁荣发展。

**【抓好农村社区建设工作】** 为加快推进农村社区建设,全市进一步调整充实了社区建设领导小组,增加了市农工委、市农业局等八个涉农单位为新成员单位。同时,结合保定市实际,选取了城中村型、郊区型、纯农业型 3 种类型共 58 个农村社区作为实验村,通过大力开展为农村社区居民提供教育、卫生、文化体育、科技、法律、劳动就业、社会保障、公共安全、规划建设等公共服务,加强规划引导,以市场运作的方式为居民提供便民超市、家政服务、农资供应等生产生活服务。全年,市、县(区、市)两级财政共投入资金 91 万元支持农村社区建设,农村社区基本办公条件和基础设施建设显著改善,社区服务、社区管理、社区组织建设不断推进,全市农村社区建设试点工作取得了较大进展。

**【协助政府开展好各项重点工作】** 2009 年,全市街道和社区承担了“三年大变样”、“蓝天行动”、国庆 60 周年安保、“地球一小时”、冬季取暖、全民医保、治理美国大白蛾等多项重点工作,在人员摸底、宣传普及、排查隐患、维护基层稳定等方面做了大量工作。全年悬挂条幅 9013 条,发放宣传单 38 万余份,深入走访居民 6 万余户,得到了群众的支持和认可,为市委、市政府各项重点工作的开展奠定了基础。

主　任　杨增德(兼)

副主任　潘　波　马晓天

(张　蓓)

# 保定市人民代表大会

**【保定市第十三届人民代表大会常务委员会组成人员】**

主　　任　李光耀

副 主 任　高天民　贾体新　赵洪涛(2月任)　梁书屏　陈英杰　袁振江　王恒国

秘 书 长　朱贺星

委　　员　马文河　孔祥琨(2月任)　王文涛　王宝仓　王俊茹(2月任)　王捍东(2月任)　王雁飞　闫增爱　刘　勇　刘文中　刘会恩　刘志刚　刘保生　刘宝燕　庄　平　江永亮　杨　俊　杨文阁　杨玉兰　李　娟　李长海　李和明　李洪林　宋献丰　张卫星　张刚强　张志奎(2月任)　张邯生(2月任)　张树欣　陈文增　苑宝义　岳素然　单光辉　姚忠耿　柴国才　贺宇良　高　山　高银龙　梁连起　董彦超　储耀宏　魏建国

**【市人民代表大会专门委员会】**

财政经济委员会

主任委员　王文涛

副主任委员　谷小兵　李栋梁

**【市人大常委会办事机构】**

办公厅

常务副秘书长　庄　平

副 秘 书 长　李继红　王志海　连晨月(1月任)

研究室

主　　任　张邯生(1月任)

副 主 任　柳向标(1月任)

选举任免代表工作委员会

主　　任　张志奎(兼)

常务副主任　储耀宏

副 主 任　唐建新　孔令印(1月任)

财政经济工作委员会

主　　任　王文涛

副 主 任　谷小兵(12月离任)　李栋梁　宋富强(1月任)

农村经济工作委员会

主　　任　李长海

副 主 任　王会军(1月任)

城乡建设环境保护工作委员会

主　　任　李洪林

副 主 任　陈学聪(1月任)　崔胜利(12月任)

法制工作委员会

主　　任　杨玉兰

副 主 任　李四起(1月任)

教育科学文化卫生工作委员会

主　　任　刘宝燕

副 主 任　魏凤琴(1月离任)

内务司法工作委员会

主　　任　高　山

副 主 任　杨亮辉(1月任)

民族宗教侨务外事工作委员会

主　　任　董彦超

副 主 任　王　军(1月离任)　郭兴武(12月任)

**【市第十三届人民代表大会第二次会议】**　2月5日至2月8日在百世开利会展中心举行，应出席会议代表649名，因事因病请假61名，实际出席588名，符合法定人数。会议听取和审议了保定市人民政府工作报告；审查和批准了保定市2008年国民经济和社会发展计划执行情况的报告与2009年国民经济和社会发展计划；审查了保定市2008年市本级预算及市总预算执行情况的报告和2009年市本级预算及市总预算草案，批准了2008年市本级预算执行情况的报告和2009年市本级预算；听取和审议了保定市人民代表大会常务委员会工作报告；听取和审议了保定市中级人民法院工作报告；听取和审议了保定市人民检察院工作报告。会议以电子表决的方式，通过了关于保定市人民政府工作报告的决议；通过了关于保定市2008年国民经济和社会发展计划执行情况与2009年国民经济和社会发展计划的决议；通过了关于保定市2008年市本级预算及市总预算执行情况和2009年市本级预算及市总预算的决议；通过了关于保定市第十三届人民代表大会常务委员会工作报告的决议；通过了关于保定市中级人民法院工作报告的决议；通过了关于保定市人民检察院工作报告的决议。大会选举赵洪涛当选为保定市第十三届人民代表大会常务委员会副主任，王俊茹等5人当选为保定市第十三届人民代表大会常务委员会委员。

**【市十三届人大常委会历次会议】**

2009年市十三届人大常委会共召开10次会议。

**第六次会议** 1月15日在市人大常委会会议室举行。会议审议了市人大常委会教科文卫工作委员会关于市十二届人大一次会议《关于支持保定市美术中学建设新校园的议案》办理情况的报告、市人大常委会选任委关于市十三届人大一次会议期间代表建议、批评和意见办理情况的报告；听取和批准了市十三届人大常委会代表资格审查委员会关于补选代表的代表资格审查报告；听取和审议了大会筹备处关于市十三届人大二次会议筹备工作情况的报告；通过了关于召开市十三届人大二次会议的决定、保定市人大常委会关于市十三届人大二次会议对市人大常委会和“一府两院”工作报告决议的表决办法（草案）、市十三届人大二次会议议程（草案）、市十三届人大二次会议日程（草案）、市十三届人大二次会议主席团会议日程（草案）、市十三届人大二次会议主席团和秘书长名单（草案、市十三届人大二次会议常务主席名单（草案）、市十三届人大二次会议执行主席分组名单（草案）、市十三届人大二次会议副秘书长名单（草案）、市十三届人大二次会议选举办法（草案）、市十三届人大二次会议议案审查委员会名单（草案）、市十三届人大二次会议关于提出和办理代表质询案的规定（草案）、市十三届人大二次会议关于提出和办理议案及代表建议、批评和意见的规定（草案）、市十三届人大二次会议列席人员名单、市十三届人大二次会议邀请人员名单；讨论通过了市人大常委会工作报告（讨论稿）；表决通过了人事任免有关事项。

**第七次会议** 3月11日在市人大常委会会议室举行。会议听取和审议了市政府关于实施保定市大水系工程建设城区排水系统雨污分流改造项目的议案，表决通过了保定市人大常委会关于实施保定市大水系工程建设城区排水系统雨污分流改造项目的决定；听取和审议了市人大常委会教科文卫工作委员会关于《保定市急救中心迁建扩建项目的议案》处理意见的报告，表决通过了保定市人大常委会关于《保定市急救中心迁建扩建项目的议案》的决议；听取和审议了市人大财政经济委员会关于《关于把清苑县汽车部件及汽车材料工业园区规划为市级工业园区的议案》审议结果的报告，表决通过了保定市人大常委会关于《把清苑县汽车部件及汽车材料工业园区规划为市级工业园区的议案》的决议；审议了市政府关于《市十三届人大常委会组成人员对〈保定市城市总体规划（2008～2020年）〉的审议意见》研究处理情况的报告（书面）、市政府关于《市十三届人大常委会组成人员对市区低收入家庭住房保障情况的报告的审议意见》研究处理情况的报告（书面）、市检察院关于《市十三届人大常委会组成人员对民事行政检察工作情况的报告的审议意见》研究处理情况的报告（书面）；审议通过了市人大常委会关于开展专项工作评议的意见；表决通过了有关人事任免事项。

**第八次会议** 4月8日在市人大常委会会议室举行。会议听取和审议了市政府关于将我市基础设施建设项目信托融资的还款资金纳入财政预算的议案，表决通过了保定市人大常委会关于《保定市人民政府关于将我市基础设施建设项目信托融资还款资金纳入财政预算的议案》的决议。

**第九次会议** 4月28日在市人大常委会会议室举行。会议听取了市政府关于2009年市本级及全市预算调整方案的说明，审议了2009年市本级及全市预算调整方案；听取和审议了市人大财政经济委员会关于《2009年市本级及全市预算调整方案》审查情况的报告、市政府关于贯彻实施“五五”普法规划及市人大常委会“五五”普法决议情况的报告、市人大常委会执法检查组关于检查《中华人民共和国职业教育法》实施情况的报告；表决通过了保定市人大常委会关于批准保定市2009年市本级及全市预算调整方案的决议。会议还讨论选择了市人大常委会专项工作评议议题。

**第十次会议** 6月25日在市人大常委会会议室举行。会议听取和审议了市政府关于行政事业性收费情况的报告；听取和审议了市政府关于奶牛规模养殖场（小区）和奶站建设规划实施情况的报告；听取了市政府关于《保定市人民政府基础设施建设项目信托融资资金管理办法》的说明，审议了《保定市人民政府基础设施建设项目信托融资资金管理办法》；听取和审议了市人大财政经济委员会关于《保定市人民政府基础设施建设项目信托融资资金管理办法》审议结果的报告；审议通过关于建立省、市人大代表履职档案的意见。会议还表决通过了保定市人大常委会关于《保定市人民政府基础设施建设项目信托融资资金管理办法》的决议和人事任免事项。

**第十一次会议** 8月27日和28日在市人大常委会会议室举行。会议听取了市政府关于设立五四路改造、雨污分流等项目向工商银行贷款偿还专项资金并列入财政预算的议案的报告，审议了市政府关于设立五四路改造、雨污分流等项目向工商银行贷款偿还专项资金并列入财政预算的议案；听取了市人大财政经济委员会关于《保定市人民政府关于设立五四路改造、雨污分流等项目向工商银行贷款偿还专项资金并列入财政预算的议案》审查报告；听取和审议了市政府关于保定市2008年市本级预算执行和其他财政收支的审计工作报告；听取和审议了市政府关于保定市2009年国民经济和社会发展计划上半年执行情况的报告；听取和审议了市政府关于保定市2009年市本级预算及市总预算上半年执行情况的报告；听取了市政府关于保定市国民经济和社会发展第十一个五年规划实施情况的中期评估报告的说明，审议了市政府关于保定市国民经济和社会发展第十一个五年规划实施情况的中期评估报告；听取了市人大财政经济委员会关于保定市国民经济和社会发展第十一个五年规划实施情况的中期评估报告的审查报告。会议还对市政府城区雨污分流工作开展专项评议和对市人民检察院涉农检察工作开展了专项评议。会议还表决通过了保定市人大常委会关于《保定市人民政府关于设立五四路改造、雨污分流等项目向工商银行贷款偿还专项资金并列入财政预算的议案》的决议、《保定市人大常委会人事任免办法》和人事任免事项。会议期间，与会人员还参观了保定烟厂。

**第十二次会议** 9月25日在市人大常委会会议室举行。会议听取了市政府关于设立大水系水源工程北线自流引水项目向中国农业银行贷款偿还专项资金并列入财政预算的议案的报告，审议了市政府关于设立大水系水源工程北线自流引水项目向中国农业银行贷款偿还专项资金并列入财政预算的议案；听取了市人大财政经济委员会关于《保定市人民政府关于设立大水系水源工程北线自流引水项目向中国农业银行贷款偿还专项资金并列入财政预算的议案》审查报告。会议表决通过了保定市人大常委会关于《保定市人民政府关于设立大水系水源工程北线自流引水项目向中国农业银行贷款偿还专项资金并列入财政预算的议案》的决议。

**第十三次会议** 10月27日在市人大常委会会议室举行。会议听取和审议了市政府关于代表建议办理情况的报告；听取和审议了市政府关于《把清苑县汽车部件及汽车材料工业园区规划为市级工业园区的议案的决议》落实情况的报告；听取和审议了市政府关于《保定市急救中心迁建扩建项目的议案的决议》落实情况的报告；听取和审议了市政府关于保定市2009年市本级及全市预算调整方案的报告；听取和审议了市政府关于保定市2008年市本级及全市决算的报告；审议了市中级人民法院关于代表建议办理情况的报告（书面）；审议了市政府关于依法行政情况的报告；市政府书面报告了第八届村民委员会换届选举的工作情况和“城镇面貌三年大变样”的工作情况。会议还对市政府2009年度农村饮水安全工作、市政府2009年度创业辅导基地建设工作、市中级人民法院刑事审判工作开展了专项评议。会议还表决通过了市人大常委会关于保定市2009年市本级及全市预算调整方案的决议和市人大常委会关于批准保定市2008年市本级决算的决议。

**第十四次会议** 12月4日在市人大常委会会议室举行。会议采取电子表决器方式表决通过了人事任免事项，表决通过了保定市人大常委会关于接受于群同志辞去保定市人民政府市长职务请求的决定，决定李谦为政府代理市长，任命马誉峰为政府副市长。会议听取并审议了市政府关于提请市人大常委会《关于对防洪堤进行综合整治的议案》和《关于实施市区东湖建设的议案》两个报告，表决通过了相应的决定。

**第十五次会议** 12月22日至23日在市人大常委会会议室举行。会议听取了市政府关于府河片区、西大园片区改造回迁安置房建设项目向国家开发银行河北省分行贷款议案的报告，审议了市政府关于府河片区、西大园片区改造回迁安置房建设项目向国家开发银行河北省分行贷款的议案；听取和审议了市政府关于全市8个重点县（市、区）和13家重点企业履行节能减排目标承诺的报告；审议了市政府关于《市人大常委会组成人员对市政府关于贯彻实施“五五”普法规划及市人大常委会“五五”普法决议情况的报告的审议意见》研究处理情况的报告（书面）；审议了市政府关于《市人大常委会组成人员对市人大常委会执法检查组检查职业教育法实施情况报告的审议意见》研究处理情况的报告(书面);审议了市政府关于《市人大常委会组成人员对市政府关于行政事业性收费情况报告的审议意见》研究处理情况的报告(书面);审议了市政府关于《市人大常委会组成人员对市政府关于奶牛规模养殖场(小区)和奶站建设规划实施情况报告的审议意见》研究处理情况的报告(书面);审议了市政府关于《市人大常委会组成人员对保定市国民经济和社会发展第十一个五年规划<纲要>实施情况的中期评估报告的审议意见》研究处理情况的报告(书面);审议了市政府关于《市人大常委会组成人员对市政府审计工作报告的审议意见》研究处理情况的报告(书面);审议了市政府关于《市人大常委会组成人员对保定市2009年国民经济和社会发展计划上半年执行情况报告的审议意见》研究处理情况的报告(书面);审议了市政府关于《市人大常委会组成人员对保定市2009年市本级及全市总预算上半年执行情况的报告的审议意见》研究处理情况的报告(书面);审议了市政府关于融资资金拨付使用情况的报告(书面);审议了市政府关于《市人大常委会组成人员对市政府城区雨污分流工作的评议意见》研究处理情况的报告(书面);审议了市政府关于《市人大常委会组成人员对2009年度创业辅导基地建设工作的评议意见》研究处理情况的报告(书面);审议了市检察院关于《市人大常委会组成人员对市检察院涉农检察工作的评议意见》研究处理情况的报告(书面)。会议对市政府农村中小学校舍维修改造工作和贯彻《河北省清真食品管理条例》工作开展了专项评议并进行了满意度测评;并补选李谦为河北省第十一届人民代表大会代表。会议还表决通过了保定市人大常委会关于《保定市人民政府关于府河片区、西大园片区改造回迁安置房建设项目向国家开发银行河北省分行贷款的议案》的决议及人事任免事项。

**【代表建议交办会】** 2月20日上午,市人大召开人大代表建议交办会议,市人大、市政府、市中级法院、市检察院以及市财政局、市水利局等14个有关单位负责人参加了会议。此次交办会议的召开标志着保定市十三届人大二次会议代表建议办理工作将全面展开。市人大常委会副主任王恒国参加并讲话,会议由市人大常委会副秘书长李继红主持。选任委常务副主任储耀宏首先介绍了市十三届人大二次会议代表建议情况。市十三届人大二次会议期间有代表212人提出建议、批评和意见119件,其中包括代表10人以上联名提出的由议案改为建议的24件。经逐件梳理,全部建议分为7大类。其中城建环保方面26件,财经方面46件;农林水方面6件;科教文卫方面21件;政法方面11件;党建方面6件;人大工作方面3件。会议通报了市十三届人大常委会第13次主任会议关于今年的确定的6件重点督办建议,内容涉及财经方面2件;科教文卫方面的2件;农林水方面的1件;城建环保方面的1件。市人大常委会副主任王恒国要求,各承办单位要高度重视代表建议办理工作,从讲政治、讲大局的高度,把建议办理工作与推动部门工作紧密结合起来,与"干部作风建设年"活动结合起来,认真转变工作作风,切实把此项工作落到实处。要努力提高代表建议办理质量,特别是对6件重点督办建议提出了具体要求。会上,各承办单位对自己所承办的建议进行了研究和讨论。

**【人大经验交流、培训活动】** 4月15日、17日,市人大常委会办公厅分两片召开各县(市、区)人大办公室宣传工作座谈会。座谈会上,总结了换届以来各县(市、区)人大在宣传工作中取得的成绩、分析了存在的问题,提出了进一步改进工作的建议,明确提出在工作中注重把握好主动与被动的关系,把握好职责与形象的关系,把握好务实与务虚的关系,适应领导要求和工作需要,理清工作思路,强化工作举措,不断提高宣传工作质量和水平,提升人大整体形象。定州、高碑店、安国、高阳、唐县、徐水、涞水、定兴人大办公室等8个单位作了大会发言,围绕内宣、外宣工作中的工作思路和工作方法、工作机制和制度建设、创新形式和有效经验,进行了广泛的座谈和研讨,达到了相互交流、借鉴提高的预期目的。其他县(市、区)也作了即席发言,纷纷表示在今后的工作中要不断增强宣传意识,拓宽宣传领域,取得实在效果。

7月14日至17日,市人大常委会在安新县举办了市人大代表培训班。培训班分两期举行,除科级以上党政主要领导干部和去年参加过培训的市人大代表外,其余代表全部接受了培训,共培训360余人。培训活动专门邀请了省委党校政教部教授刘艳梅、省人大选任委副主任姚生泉,分别就人民代表大会制度与宪法、人大代表履职的基本知识,理论联系实际地进行了全面系统地讲解,来自全市各行各业的市人大代表,还视察了安新县的景区开发和建设情况。结业仪式上,市人大常委会主任李光耀指出,通过培训,代表们提高了认识、学到了知识、交流了感情,希望充分利用学到的知识，研究新情况，解决新问题。认真贯彻落实科学发展观，依法履职，不辱使命，为又好又快发展、强市兴县富民再立新功。他要求，在今后的任期内，代表们一定要发扬成绩，进一步发挥在经济建设、政治建设、文化建设中的作用。要进一步强化宗旨意识，做人民利益的代言人；要进一步强化党的意识，做大政方针的执行者；要进一步强化素质意识，做理论学习的表率；要进一步强化责任意识，做依法履职的模范；要进一步强化发展意识，做各行各业的排头兵，要进一步强化大局意识，做构建和谐社会的主力军。市、县两级人大常委会要继续坚持以代表为本，要高度重视代表工作；要进一步建立完善代表工作制度；要切实搞好闭会期间的代表活动；要为代表履职提供服务保障；要进一步加强代表宣传工作，增强人大代表履职的荣誉感和使命感。市人大常委会副主任高天民、贾体新、赵洪涛、梁书屏、陈英杰、袁振江、王恒国，秘书长朱贺星，市人大常委会各委、办、室主任参加了培训活动。

11月19日至20日，市人大常委会在定州组织召开了全市人大办公室系统工作经验交流会。市人大常委会副主任高天民，秘书长朱贺星出席会议。会议围绕人大办公厅（室）如何发挥职能作用、服务好人大常委会依法履职这一主题，进行了情况交流和经验总结。会上，定州、涿州、雄县等10个县（市、区）作了大会发言，其他单位作了书面交流。朱贺星在讲话中对换届以来各县（市、区）人大常委会的“亮点”工作进行了总结，传达了今年全省各设区市人大常委会秘书长会议精神，并就人大常委会办公室如何更好地发挥职能作用，不断提高服务水平提出了意见、建议。高天民就进一步加强人大机关建设、提高整体工作效能作了重要讲话。他强调，人大机关效能建设不仅是一个科学管理的问题，更是一项涉及人大工作方方面面的全局性工作。效能建设搞得好与否，直接关系到人大机关整体工作水平的高低，影响着为人民代表大会、主任会、常委会“三会”服务的质量。他要求，必须站在讲政治的高度，把机关效能建设纳入工作全局来考虑、谋划和落实。同时，要不断加大人大工作宣传力度，努力扩大和提升人大的形象。会议由市人大常委会常务副秘书长庄平主持。省人大常委会《公民与法治》杂志社社长李元卿应邀出席会议，市人大常委会副秘书长王志海、连晨月，定州市人大常委会主任闫兰申，各县（市、区）人大常委会分管办公室工作的副主任、办公室主任，市人大常委办公厅处长以上干部参加了会议。

**【执法检查、调研】** 2月26日，市人大常委会副主任袁振江带领财政经济专门委员会部分委员，对市十三届人大二次会议主席团交办的《关于把清苑规划为市级汽车部件及汽车材料工业园区的议案》、《关于将保阜路拓宽升级成一级公路的议案》进行了调研。

3月10日，市人大常委会主任李光耀，副主任高天民、赵洪涛，秘书长朱贺星到涞水县就该县对接京津项目进行调研，并听取了该县人大常委会工作汇报。李光耀一行先后到涞水县“天鹅湖”休闲旅游项目，北京北雄科技实业有限公司涞水分公司等对接京津项目实地调研。

3月18日，市人大常委会主任李光耀，副主任高天民、贾体新带领人大机关工作人员到容城县进行调研。李光耀一行先后考察了保定铜牛澳森制衣有限公司、河北大发纸品厂有限公司，听取了容城县县委、县政府的情况介绍。李光耀主任就深入贯彻落实科学发展观，更好地发挥县人大的职能作用，推动容城经济社会又好又快发展，提出了具体的希望和要求。

3月18日，市人大常委会副主任袁振江在市人大常委会副秘书长李继红的陪同下，到曲阳县调研指导科学发展观学习实践阶段活动。袁振江听取了县委副书记张大鹏关于学习实践阶段活动情况的汇报及对口联系单位曲阳县城建局主要领导的汇报。

3月18日至20日，市人大常委会副主任梁书屏带领法制工委及部分市人大常委会委员、市人大代表对保定市贯彻实施“五五”普法规划及市人大常委会“五五”普法决议情况进行了调研。调研组深入到市中级人民法院、市委党校、市教育局、安监局、劳动和社会保障部、城市管理行政执法局、女子职业中专学校、英利绿色能源控股有限公司、鑫丰市场等地开展调研活动，详细了解企事业单位、机关、学校的普法情况。

4月9日，市人大常委会主任李光耀到唐县罗庄乡坡上村开展对口扶贫工作调研。在听取了县、乡、村及市扶贫办、国税局关于扶贫工作情况的汇报后，李光耀指出：去年，该村在市各帮扶单位的大力支持下，在县、乡两级党委、政府的正确领导下，通过村“两委”班子的苦干实干，扶贫工作取得了显著成绩。但离彻底脱贫致富还有一定距离，离建成社会主义新农村距离更大。针对该村今年的扶贫工作，李光耀要求：一要选准一条致富的路子。二要多为群众办实事。三是两委班子要加强自身建设。四是各有关部门要提高对扶贫工作重要性的认识。

4月9日，市人大常委会副主

任贾体新、陈英杰、袁振江、王恒国到涞水县扶贫点开展对口扶贫工作调研。认真听取了县、乡、村及市扶贫办、市委统战部、市公交总公司、五四三厂、高碑店市有关扶贫工作的汇报，详细了解扶贫点赵各庄镇上安北村、宋各庄乡郭各庄村、龙门口乡龙门村、九龙镇河西村的发展思路、发展规划和要求，分别就帮扶工作建立联系，明确责任，对各项任务进行逐项分解和落实。

4月14日上午，市人大常委会主任李光耀、副主任袁振江、秘书长朱贺星等到省农联社驻保定办事处进行了调研。在听取了省农联社驻保定办事处负责人的工作汇报后，李光耀对省农联社驻保定办事处的工作给予了充分肯定，并指出：一是继续深入开展学习实践科学发展观活动，通过学习实践科学发展观，起到转变观念，解放思想，提高凝聚力，促进工作开展的作用，切实见到实效。二是以“干部作风建设年”活动为契机，进一步转变作风，开展好业务工作。三是继续为保定经济、社会发展多作贡献，为保定新农村建设做贡献。四是加强贷款资金和融资资金的管理，防范风险。五是进一步加强与市人大的沟通和联系。特别是与财经委的联系，主动取得人大的监督。袁振江主持了座谈会。

4月21日，市人大常委会副主任赵洪涛带领市人大农经工委全体人员，到市林业局就代表建议办理工作进行了调研。赵洪涛在仔细察看了“两库”水源地绿化现状图和规划图的基础上，认真听取了市林业局以及唐县、阜平、曲阳三县林业局关于“两库”水源地绿化工作情况的汇报和代表的有关建议。详细了解了关于“两库”水源地周边绿化现状、存在问题及绿化规划意见。赵洪涛指出，林业局对办理人大代表建议工作非常重视，起步早、动作快，取得了初步成效。下一步要继续做好具体的科学规划，按照规划确定的目标任务，创新举措，扎实推进，分步实施，切实做好水源地周边绿化工作。要注意扩大绿化覆盖面，搞好“两库”上游流域的绿化，给人大代表一个满意的答复。

5月5日，市人大常委会副主任王恒国、城建环保委主任李洪林、副秘书长李继红及城建环保委有关人员，对城市园林生态建设情况进行了调研。调研组一行听取了市园林局工作情况汇报，在市园林局局长卜根旺陪同下实地察看了二道桥绿地、清水公园、植物园等6个城市景观绿地建设和重要街角绿化景观改造情况，并与园林局负责人进行了座谈。王恒国在讲话中指出，城市绿化工作的目的是为了让人民群众能够在一个舒适、优美的环境中生活，城市绿化建设做得越好，绿化成效越明显，城市环境越好，群众就会越满意，也是城市生活整体水平的体现。

5月6日，市人大常委会副主任高天民带领帮建单位河北金融学院、市电业局及市人大工作人员到徐水县漕河镇平家营村就农村新民居建设进行调研。高天民一行认真听取了漕河镇、平家营村关于新民居建设的初步构想方案及有关问题的汇报，并对新民居建设提出了指导性意见。市人大常委会副秘书长连晨月陪同调研。

5月12日，市人大常委会主任李光耀带领副主任高天民、贾体新、袁振江、王恒国；秘书长朱贺星，城建委主任李洪林；副秘书长连晨月到蠡县进行工作调研。李光耀一行到蠡县美雅集团和经纬纺织有限公司了解、查看了他们的生产经营及节能减排情况，又到县城污水处理厂进行了实地调研，听取了污水处理厂建设、多晶硅项目及园区建设的情况介绍。在听取了县委、县人大的工作汇报后，李光耀充分肯定了蠡县发展里程和各项工作。对县委、县政府下步工作，李光耀提出三点建议：一是抓住新班子的机遇，进一步加强班子建设和干部队伍建设。二是抓住被列入“双三十”节能减排的机遇，大力调结构、上项目，加快项目建设，树立对外的良好形象。三是抓住“三年大变样”的机遇，力推蠡县的城镇建设再上新台阶、迈出大步伐。

5月19日，市人大常委会党组副书记、副主任高天民到高碑店进行调研。先后考察了高碑店市豆豆集团、河北隆基泰和多晶硅项目基地、娃哈哈启力饮料有限公司生产基地和宜家旺商厦等多家企业，与企业负责人就企业的发展现状以及未来发展规划进行了座谈。随后，高天民又考察了高碑店市人大常委会机关，对高碑店市人大常委会工作以及机关建设给予了高度评价。

5月20日至21日，市人大常委会副主任赵洪涛和李书信带领部分市人大常委会委员和市人大代表，对保定市奶牛规模养殖场（小区）、奶站建设规划实施情况进行了调研。先后听取了市政府、市畜牧水产局、财政局、国土资源局和南市区、北市区、清苑县、望都县、徐水县、满城县6个奶牛养殖重点县区政府关于奶牛规模养殖场（小区）、奶站建设规划实施情况的汇报，并在6个重点县区进行了实地调研。先后组织召开了由乡村干部、奶农代表参加的六次座谈会、深入12个养殖小区和奶站实地考察。赵洪涛对该项工作提出具体要求：一是总结经验，创新举措，保证任务目标按时完成。要进一步创新思路，完善举措，圆满完成工作任务。二是健全机制，落实政策，加大工作力度。要加大政策扶持力度，建立健全相应的资金保障机制，降低奶牛养殖的风险。三是巩固成果，强化举措，全面推动工作。要加强疫病监测，检查督导落实程序化免疫和综合防疫情况，保障奶业健康发展。

6月8日至10日，市人大常委会副主任陈英杰带领调研组对保定市《河北省旅游条例》贯彻实施情况进行了调研。本次调研活动采取听取汇报、实地调研和召开座谈会等方式进行。调研组先后听取了《市政府关于贯彻〈河北省旅游条例〉情况》、《涞水县政府关于贯彻〈河北省旅游条例〉情况》和《涞源县政府关于贯彻〈河北省旅游条例〉情况》的汇报；并到涞水县野三坡百里峡景区、白草畔景区和涞源县源头公园、白石山景区进行了实地调研；观看了“印象野三坡”演出。调研中，陈英杰分别对进一步贯彻好《河北省旅游条例》、涞水县和涞源县两县如何进一步抓好旅游工作提出了意见；调研组成员指出了调研中发现的问题，并对如何更好地贯彻落实《河北省旅游条例》提出了很好的建议。

7月10日，市人大常委会副主任王恒国带领市人大城建环保委全体人员，就保定市土地管理与执法情况进行调研，听取了市国土资源局关于全市土地管理与执法情况的汇报，实地到土地评估中心、土地规划测量所和土地储备中心进行了调研，并与市国土资源局有关负责人进行了座谈。王恒国副主任在座谈中指出，市国土资源局着眼全市经济建设大局，以保护和合理利用土地资源为主线，以提高资源保障能力为重点，不断提升行政能力和执法水平，对全市经济发展发挥了重要作用。在支持地方经济的同时，国土资源局严格落实相关的法律法规，没有发生过严重的土地违法案件，对所做出的努力及取得的成绩应给予充分肯定。

7月24日，市人大常委会副主任高天民到保定烟厂进行调研。高天民先后考察了车间、科室、会议室、休息室、职工食堂、浴室、文化广场等生产生活设施，详细了解了烟厂的生产、管理、职工生活情况及面临的困难和问题，并察看了坐落在烟厂厂区内需要搬迁的工具厂宿舍。考察结束后，高天民与厂领导进行了座谈。高天民充分肯定了烟厂取得的骄人成就和对保定所做出的巨大贡献，高度评价了烟厂领导班子的企业管理经验。

7月29日至30日，市人大常委会涉农检察专项工作评议小组在市人大常委会副主任梁书屏的带领下对市人民检察院涉农检察工作进行调研。7月29日上午，评议小组在市检察院听取市院涉农检察工作情况汇报，观看专题记录片，并由市院有关处室负责人就涉农检察工作新机制法律知识进行培训。29日下午和30上午，评议小组分别到蠡县和涞水县听取蠡县、安国市以及涞水县、徐水县检察院相关工作情况汇报并与当地涉农部门、乡村两级联络员、农工委、政法委和信访局的相关人员进行座谈。评议小组还实地视察了蠡县的辛兴镇和兑坎庄村以及涞水县的涞水镇和南王庄村。在实地调研过程中，评议小组随机走访人大代表、涉农检察工作队员、联络员和部分村民，进行了交谈，征求意见和建议。

8月11日，市人大常委会副主任袁振江和王恒国在涞水县人大常委会主任薛兆丰的陪同下，到所帮扶的涞水县龙门口乡龙门村和九龙镇河西村进行调研。袁振江和王恒国实地察看了龙门村道路建设项目和河西村行水坝建设项目实施情况，听取了两个村的书记和主任关于项目建设情况和农村基本情况的汇报。认真视察了解了村支部及村委会选举换届情况，对所包村顺利实现两委换届表示满意。袁振江和王恒国指出：脱贫首先看支部，支部看干部，关键是村支书和村主任。村领导班子成员，特别是村党支部书记和村主任要有事业心、责任心，要有干劲，团结带领群众多干事、干实事，争取尽快脱贫致富。

8月13日，市人大常委会副主任王恒国带领城建环保委负责人对保定市《城乡规划法》贯彻执行情况进行了调研。调研组一行听取了市规划局关于规划执法和城乡规划一体化建设情况的汇报，实地到城市建设档案馆、城乡规划设计院和规划局机关部分科室进行了调研，并与有关负责人进行了座谈。王恒国在座谈中指出，市规划局着眼全市城乡建设和经济发展大局，以抓班子、带队伍的思想理念建局，做到了班子团结、凝聚力强，行政能力和执法水平不断提高，对保定市整体发展发挥了重要作用。

9月14日至16日，按照《保定市人大常委会依法行政工作专题调研方案》的安排部署，在市人大常委会副主任梁书屏的带领下，市人大常委会依法行政工作专题调研组对我市的依法行政工作进行了实地调研。调研组在听取市政府依法行政工作简要汇报的基础上，采取听取工作汇报、与一线执法人员座谈、察看行政执法工作流程、查阅案卷等方式，先后深入到市国土资源局、公安局、交通局、住房保障和房产管理局、建设局、食品药品监督管理局等单位，就依法行政工作进行了实地调研。

9月16日至17日，市人大常委会副主任陈英杰带领市人大常委会专项工作评议小组对市政府贯彻《河北省清真食品管理条例》工作进行了专项评议调研。专项工作评议小组听取了市政府专项工作情况的汇报，先后到市南二环农副产品批发市场、保定味群股份有限公司、河北大午农牧集团食品有限公司清真食品厂及定州伊利乳业有限责任公司、河北伊人奶牛养殖有限公司等地进行实地调研。调研中，陈英杰对如何贯彻好《河北省清真食品管理条例》提出了具体意见；评议小组各成员对加强清真食品市场管理等方面提出了意见和建议。

10月23日，市人大常委会副主任王恒国带领城建环保委负责人对人防工作情况进行了调研。调研组一行实地察看了西苑小区人防工程应急避难场、丽景蓝湾人防工程、世纪华庭人防工程和地下图书城人防工作等的情况，听取了市人防办工作情况汇报，并进行了座谈。王恒国强调，人大要进一步支持人防工作，多了解人防工作。要结合保定市的实际情况，站在人民代表的角度，做好宣传和解释工作，寓监督于支持之中，使保定市人防工作迈上新的台阶。陪同调研的有市人防办主任李铁柱等班子全体成员。

11月3日至5日，市人大常委会主任李光耀、副主任袁振江带领市人大财经委对金融运行情况进行了调研。11月3日，市人大常委会主任李光耀、副主任袁振江在人民银行保定分行听取了9家金融机构的情况汇报并征求了他们的意见建议。在座谈会上，调研组对金融机构的各项工作给予了充分肯定。李光耀指出：在全球性金融危机的背景下，全市金融机构根据市委市政府“保增长、扩内需、调节构、惠民生”的一系列战略部署和政策要求，坚定不移地贯彻落实适度宽松的货币政策，加大信贷投放，对扭转经济增长下滑趋势，实现经济企稳向好、提升市场信心发挥了重要作用。

**【视察活动】** 5月25日至26日，市人大常委会副主任贾体新带领部分市人大常委会委员对档案馆建设和档案开发利用情况进行了视察。视察组听取了市档案局的工作汇报，实地视察了市档案馆，并赴东方家园社区以及污水处理厂对社区档案和重点项目档案工作情况进行了考察。视察组还深入到定州市、容城县，分别听取了当地政府的工作汇报并对档案工作情况进行了详细的了解。贾体新还特别强调要进一步加强档案馆建设，为档案事业的发展奠定坚实的基础。

6月23日，市人大常委会部分组成人员到市质量技术监督局视察工作。视察组成员视察了市质量监督局的产品质量监督检验所、市纤检所纺织品实验室、中国棉花公证检验保定实验室、市计量所实验室等部门。在听取了市质量技术监督局负责人的工作汇报后，市人大常委会主任李光耀指出，通过视察，对质量技术监督局的地位和作用有了更深的认识，并且感受到了市质量技术监督局强烈的责任感，为保定经济社会发展做出了突出贡献，自身建设取得了明显成绩。他提出了四点建议：一要切实提高质量安全法治水平，讲法律、讲程序、讲规定，依法严厉打击各种质量违法违规行为；二要切实做好质量技术监督工作；三要切实提高服务经济社会发展的工作水平；四要切实提高质监队伍整体素质。市人大常委会副主任袁振江同志主持了座谈会。市人大常委会副主任高天民、贾体新、梁书屏、陈英杰、王恒国，秘书长朱贺星及部分市人大常委会委员参加了视察活动。

7月7日，市人大常委会城建环保工委组织驻保部分省人大代表对保定市列入省30个重点县（市、区）和30家重点企业（简称“双三十”）的四个县和一个企业履行节能减排目标承诺的落实情况分别到安新县、满城县、蠡县、高阳县进行了视察，7月8日上午分别听取了天鹅集团对节能减排的工作汇报，听取由副市长刘宝玲代表市政府对节能减排工作情况的汇报，并与市政府有关部门负责人进行了座谈。

7月9日，由市人大常委会选任委组织驻保解放军市人大代表，对保定市大水系建设和旅游工作进行了视察。代表们首先来到古莲花池，实地视察了古莲花池的蕊幢精舍、绎堂、鹤柴三景恢复建设情况。莲池后三景恢复是保定市文化名城建设的重点工作，也是“三年大变样”的重点项目之一。后三景复建竣工，基本再现了历史上莲池鼎盛时期的风貌，代表对此赞叹不已。市委常委、副市长赵常福及市规划局、市旅游局分别汇报介绍了大水系工程建设情况和保定市旅游工作情况，并利用多媒体展示了大水系的总体规划、基本建设、工程进展等情况，使代表们直观、详细地了解了保定市大水系的概况和未来城市的发展。座谈中代表们踊跃发言，对保定市旅游工作和大水系工程建设取得的成绩给予了充分肯定，并提出了很好地建议。保定军分区司令员江永亮代表驻保部队市人大代表，感谢市人大常委会和市政府及相关部门对这次视察活动的高度重视，并表示作为军人和市人大代表责任重大，要为保定经济发展、社会稳定尽职尽责，做出应有的贡献。市人大常委会主任李光耀参加视察活动并讲话。市人大常委会副主任王恒国主持汇报会，并要求市政府及相关部门对代表们在座谈中提出的建议和意见，要认真抓好落实，切实得到解决。

7月22日，市人大常委会内司委组织部分常委会组成人员和人大代表，对公安机关严厉打击刑事犯罪维护社会稳定工作情况进行视察。视察组一行实地视察了市公安局刑侦支队技术处、通信处和指挥中心指挥大厅，听取了市公安局的整体工作情况汇报并就视察内容交换了意见。市人大常委会主任李光耀、副主任梁书屏、秘书长朱贺星参加了视察活动。市委常委、政法委书记、市公安局局长张峰陪同视察。

8月19日至21日，市人大常委会副主任赵洪涛带领部分常委会委员和代表，对扶贫开发第三阶段工作进展情况进行视察。视察组一行先后认真听取了市扶贫办、涞水县、涞源县关于扶贫开发第三阶段总体情况的汇报；同涞水、涞源县的乡村干部、扶贫开发项目企业负责人、脱贫户代表以及相关单位和部门进行了座谈；实地视察了涞水县福信牧业有限公司、三合庄村，涞源县北李庄村、毕家庄村、白石口村等扶贫开发项目、整村推进扶贫开发、移民搬迁新村和合作社建设情况；与市政府交换了视察意见。视察中，委员代表们对全市的扶贫开发工作给予了充分肯定，对进一步落实扶贫政策、加大扶贫开发力度提出了意见和建议。

8月25日，市人大常委会城建环保工委组织部分常委会组成人员和人大代表，对市城市管理行政执法局开展城市管理工作情况进行了视察。视察组一行实地视察了市执法局三大队机关办公情况、户外广告整治情况和执法局指挥中心，听取了执法局局长刘铁英关于整体工作情况的汇报，并就视察相关内容交换了意见。市人大常委会主任李光耀在讲话中说，对市执法局工作情况进行视察，是按照市人大常委会年初工作安排确定的，是一项重点工作。李光耀在讲话中对执法局成立两年多以来的工作，给予了很高的评价。会议由市人大常委会副主任王恒国主持。市人大常委会副主任高天民、赵洪涛、陈英杰、袁振江、王恒国以及秘书长朱贺星参加了视察活动。市委常委、市政府副市长赵常福陪同了视察。

10月13日，市人大常委会城建环保工委组织部分市人大常委会组成人员和人大代表，对“城镇面貌三年大变样”工作进展情况进行了视察。视察组一行实地视察了西大街和裕华路的整治情况、“三大片区”改造拆迁情况、电谷立交桥、东三环、七一路的扩宽项目、宜居新城建设和乐凯大街北延改造情况以及市城市规划展览馆，听取了市委常委、市政府副市长赵常福的工作情况汇报，视察组人员并就相关内容与市政府交换了意见。最后，李光耀讲话。

11月25日，市人大常委会副主任赵洪涛带领部分驻保全国人大代表和部分省、市人大代表，对“两库”连通工程建设进展情况进行视察。视察组一行认真听取了市水利局关于“两库”连通工程进展总体情况汇报，实地视察了湾子隧洞工程入口现场，代表根据视察情况，结合水利局报告，进行了座谈讨论，与市政府交换了视察意见。视察中，代表们对全市“两库”连通工程建设给予了充分肯定，对进一步加快工程进度，确保工程质量提出了有针对性的意见和建议。赵洪涛指出，“两库”连通工程作为大水系建设的重要组成部分，是整个大水系建设的龙头和关键。在市委、市政府正确领导下，市直相关部门及有关县委、政府共同努力，做了大量的工作。通过视察，感受最深的有四个方面：一是领导指挥到位；二是大水系精神贯彻到位；三是相关部门协作配合到位；四是督导检查到位。赵洪涛强调，“两库”连通工程建设时间紧、任务重，要紧紧围绕按期保质保量完工这一任务目标，进一步增强责任感和紧迫感，立足全局，统筹把握，全力抓好各项工作。今后工作要抓好以下三点：一是要进一步加强组织协调。二是要千方百计加快工程进度。三是要严格落实督导检查。

（王明月）

# 保定市人民政府

**【2009 年保定市人民政府市长、副市长】**

市　　长　于　群（12 月离任）
市委副书记
代　市　长　李　谦（12 月任）
市委常委
常务副市长　李　谦（12 月离任）
　　　　　　马誉峰（12 月任）
市委常委
副　市　长　赵常福
副　市　长　李国英　闫立英
　　　　　　刘宝玲　孟祥伟

**【保定市人民政府秘书长、副秘书长】**

秘　书　长　李志刚
常务副秘书长　张英俊
副　秘　书　长　张智惠　王天义
　　　　　　董晓宇　齐志明
　　　　　　李增泉　王占永
　　　　　　葛荣亚　李洪刚
　　　　　　陈　伟　白光明
　　　　　　王　涛

**【市政府工作综述】** 2009 年面对国际金融危机的严重冲击和艰巨的工作任务，市政府以开展深入学习实践科学发展观和“干部作风建设年”活动为动力，紧紧围绕“又好又快发展、强市兴县富民”中心任务和“突出抓发展、重点抓项目、持续保稳定”工作主基调，大力实施三大战略，保增长、调结构、促改革、惠民生，较好地完成了各项任务。

（一）经济形势回升向好，发展后劲持续增强。全年生产总值完成 1737.64 亿元，增长 11%。农村经济稳定发展，粮食总产 559.37 万吨，增长 3.7%，连续七年获得丰收。工业经济持续增长，规模以上工业增加值完成 477.1 亿元，增长 14.6%。汽车、新能源、纺织三大主导产业支撑作用增强，对规模以上工业增长贡献率达到 65.1%。“中国电谷”建设迈出新步伐，新能源企业增加到 175 家，实现工业总产值 318 亿元，增长 30%；汽车工业实现较快增长，整车生产突破 50 万辆，销售收入 380 亿元，增长 48.2%；纺织服装业整合升级步伐加快，引进了京棉、中纺、恒天等战略合作者。服务业稳步提高，社会消费品零售总额完成 730.3 亿元，增长 17.9%；房地产市场逐步回暖；旅游接待总量全省第一。投资增速明显加快，城镇固定资产投资突破千亿元大关，增长 41.3%。亿元以上施工项目 343 项，较上年增加 165 项；列入省重点项目 159 项，居全省第二；争取省项目用地指标 23928 亩，争取新增中央预算资金 9.12 亿元，均居全省前列。六九硅业、长城汽车冲压件、旭阳焦化 20 万吨甲醇等一批重点项目竣工投产。园区建设步伐加快，园区数量达到 43 个，入园企业 3078 家。金融环境明显改善，全年新增贷款 264.52 亿元，是上年的 4 倍。政府融资 71 亿元用于城市建设，华夏、光大银行在保定市设立二级分行，市商业银行完成增资扩股并设立两个县域支行。全部财政收入和地方一般预算收入分别完成 166.69 亿元和 73.26 亿元，可比增长 11.5% 和 10%。

（二）三大战略全面启动，发展活力蓄势迸发。一主三次战略深入实施，对清苑、满城、徐水、安新四县试行按区管理，统筹区域规划和产业布局，“一城三星一淀”大保定框架逐步形成。定州、涿州、白沟·白洋淀温泉城三个次中心城市建设步伐明显加快，特别是白沟·白洋淀温泉城活力增强，项目投资增长 134.6%。工业西进扎实推进，西部 8 县新上千万元以上项目 341 个，投资增长 66.6%，河北钢铁冶金等 16 个工业园区已初具规模。对接京津工作成效明显，在建项目 346 项、投产 257 项、新签约93项，兵装、国电、中船、航天科工等一批央企项目落户保定市。对外开放取得新成绩，实际利用省外资金151.68亿元，增长16.8%。与中科院电工所、台湾电电公会等签署了战略合作协议，巨力索具成功上市。

（三）“三年大变样”深入开展，低碳城市建设迈出新步伐。开通大水系、构建大交通、建设大城市，80项重点工程竣工26项，城市品位全面提升。大水系南线工程如期竣工，王快、西大洋两大水库连通加紧推进，在全省率先完成市区雨污分流全覆盖，实现了清水入市。京石高铁和张石、保阜、大广、张涿高速公路加快推进，市区三环、高速外环“闭合工程”加快实施，七一路引线改造、高速南外环、东三环、乐凯大街北延和电谷立交桥竣工通车。府河、清真寺、西大园三大片区拆迁基本完成。西大街、莲池后三景等一批古迹修复工程竣工。各县（市）城镇建设步伐加快，城镇面貌发生显著变化。太阳能之城建设继续推进，新完成52个小区、16条道路太阳能应用改造，被科技部列为“十城万盏”试点城市。“蓝天、碧水、绿荫”行动深入开展，市区空气质量二级以上天数达到331天。政府投资城市绿化1.2亿元，绿地率、绿化覆盖率和人均公共绿地面积大幅提高。30座污水处理厂建成，15座垃圾处理场开工。“双三十”和“8+13”重点单位节能减排工作扎实推进，全市万元生产总值综合能耗下降5.04%，化学需氧量和二氧化硫排放量分别下降8.41%和3%，全部完成省定目标。被评为“中国节能减排20佳城市”。

（四）人民生活继续改善，社会事业全面发展。在财力十分紧张的情况下，各项保障政策全部落实到位，全年用于民生的财政支出达60多亿元。人民生活水平进一步提高，城市居民人均可支配收入13555元，农民人均纯收入4682元，分别增长10.1%和8.1%。就业形势总体稳定，城镇新增就业7.6万人，城镇登记失业率4.06%。社会保障体系逐步完善，各项社会保险新增55.53万人。33.78万城乡低保对象的基本生活得到保障，为7215户低收入住房困难家庭提供了住房保障。新农合实现了全覆盖，为312.74万农民群众报免医药费7.39亿元。2.2万农村人口实现脱贫，解决了245个村、29万人饮水安全问题。深入开展亲民爱民、亲商重商、建立群众工作站“三项活动”，“金秋助学”、“手拉手”等助困活动取得显著成效。援建四川灾区工作走在全省前列。各类教育协调发展，高考本二以上上线人数连续七年全省第一，中小学校舍安全工程得到省政府充分肯定。县、乡、村、社区医疗卫生机构建设项目全面完成，医疗惠民工作进一步加强。全市财政投入2694万元用于手足口病和甲型H1N1流感防控，取得阶段性成效。群众文化体育活动蓬勃开展。保定市运动员在十一届全运会上勇夺6枚金牌，省政府授予“突出贡献奖”。安全生产连续五年保持事故起数、死亡人数“双下降”，消防安全、道路交通安全水平稳步提高。“三鹿奶粉事件”涉及保定市的遗留问题得到妥善解决，食品药品安全受到上级好评。大规模开展下访接访活动，深入实施打黑除恶专项行动，完成国庆60周年安保任务，社会和谐稳定局面进一步巩固。人口计生、外事侨务、防震减灾、档案管理、民族宗教、妇女儿童、老龄和残疾人、社区建设、国防动员和双拥共建等各项工作都取得新成绩。

（五）政府自身建设不断加强，发展环境进一步优化。扎实推进“干部作风建设年”活动，积极推动政府转变职能、提高效能，尽心尽力为企业解难题、为群众送服务。大力推进行政管理体制改革，在全省率先实行“一章制”审批，291项行政许可事项合并调整到120项，审批公章减少七成。深入推进行政权力公开透明运行，监控机制进一步健全。严格落实“十个严禁”，严厉查处不作为、乱作为等问题。自觉接受人大及其常委会的工作监督、法律监督和政协的民主监督，积极征询社会各界的意见和建议，依法行政水平有了新的提高。

# 市政府办公厅工作

**【概况】** 2009年，市政府办公厅认真开展深入学习实践科学发展观和“干部作风建设年”活动，紧紧围绕“又好又快发展、强市兴县富民”中心任务和“保增长、保民生、保安全、保变样”工作要求，不断强化“五种意识”（实干服务、精细高效、团结和谐、开拓创新、遵章守纪），努力建设“五型机关”（学习型、创新型、责任型、服务型、廉洁型）。在综合协调、督办落实、文字起草、文电运转、会议组织、应急值守、信息调研等方面，经受住了繁重工作和艰巨任务的考验，有效发挥了参谋部、协调部、服务部、信息部作用，工作质量和水平得到整体提升，“团结和谐、风清气正、开拓创新、务实高效”的良好局面得到进一步巩固和发展，受到市委、市政府主要领导的充分肯定，并被市委、市政府评为2009年度工作实绩突出单位。

【以文辅政，切实当好参谋助手】深入开展调查研究，主动搜集掌握经济发展走势、外地工作动态等信息资料，形成了一批有情况、有分析、有措施、有深度的调研成果，为市政府重大决策提供依据。把参谋建议融入重要文稿中，先后组织、协调、参与起草了《关于对徐水县、清苑县、满城县、安新县实施按区管理的意见》、《关于进一步规范房地产项目开发审批管理的意见（试行)》等一系列重要文件，有效推动了相关工作开展。全年起草完成领导讲话、总结汇报、调研报告等重要文稿820余篇，全年被《经济日报》、《河北日报》和《文汇报》、《大公报》等媒体采用新闻稿件10余篇，多篇稿件受到市政府主要领导的肯定和表扬。被省政府办公厅采用信息220余条，为宣传推介保定发挥了积极作用，并被评为2009年度全省政府系统信息工作先进单位、省政府网站建设和内容保障工作先进单位。

【突出重点，全力推进工作落实】一是积极推进“三大战略”实施。组织有关部门制定“一主三次”、工业西进、对接京津等系列配套文件；协调、督导大水系建设各项工作，顺利实现国庆节前清水入市；加大协调南水北调工程建设力度，圆满完成向北京应急供水任务。牵头对接京津，建立了定期分析、定期督导、定期调研、定期通报长效机制，有力推进与京津高层会晤及在科技、教育、旅游、基础设施等多方面对接。上报省政府的《关于对接京津加快京昆高速公路京冀段建设情况的报告》受到省政府主要领导肯定。二是协力推进“城镇面貌三年大变样”工作。参与谋划了全市城建工作“三四五”和“5380”大思路，制定领导责任分包方案，积极协助市领导协调解决工程建设中的问题，并全程跟踪督办落实。三是强力推进市区供暖工作。面对突如其来的雨雪冰冻天气，积极协调供热企业实行弹性供暖，使市区65%以上的供暖小区提前4天实现供暖，受到群众好评。四是协调推进热点难点问题解决。加大双拥工作协调力度，部队随军家属安置工作取得显著成效，受到驻军高度评价；及时组织有关部门做好宝硕、天鹅等企业破产重组以及中小企业改制等工作；协助市领导妥善处理了一批涉及拆迁安置、教产落实等热点难点问题；认真协调处理依棉问题，为领导决策提供有效服务，并积极联系市内企业，帮助破解职工就业难题；在全市多起突发事件中，反应迅速，处置得当，有效控制了事态发展。五是全力做好安全稳定工作。有效督导国庆60周年全市安全保卫工作，并注重强化厅属各机关大院安保措施，实现了市委、市政府提出的“五个不发生”目标，被市委、市政府授予国庆安保工作先进集体；出色完成了河北省重大动物疫情应急演练承办任务，及时总结推进校舍安全工程经验，全力抓好甲型H1N1流感防控措施落实，分别受到省政府领导肯定。

【多措并举，加大督察工作力度】一是制定《政府工作报告落实方案》，跟踪督办，定期通报，确保了政令畅通。二是对市政府决策会议决定、议定事项和领导批办事项综合汇总，逐一立项督办。全年督办领导批示件923个，做到了事事有回音，件件有着落。三是对县城建设、项目建设、园区建设、招商引资、中小企业创业辅导基地等工作加强协调、督导和检查，确保了各项重点工作加快推进。四是牵头组织开展“听看录帮考”和“三看一听”活动，建立了“挂账制”、“黄红牌制”等一系列工作机制，督导194个省、市重点项目年内开工建设。强力督办节能减排工作，确保了两厂（场）建设提前完成年度目标。协调解决惠阳厂搬迁、六九硅业供电用地等多个项目建设中遇到的实际问题，协助巨力索具、中航惠腾、味群3家企业做好上市准备工作。市政府督察工作在全省11个设区市中综合排名位列第一。

【强化服务，营造优质高效政务环境】一是高效办文、精细办会。严格公文办理程序，确保公文制发规范严谨和文电传递安全迅速。积极探索会议服务量化、细化办法，严格会务工作流程，全年组织、承办市级以上会议60余次。认真组织参与香港、厦门、天津、廊坊等地重大招商引资活动，精心筹备上级领导及天津市党政代表团、商务部考察团、欧盟官方、台湾电电公会等到保定参观考察以及美联社等30多家国外媒体采访等高规格活动，圆满完成了各项接待任务，受到中央、省、市领导的肯定与赞扬，并被市委、市政府评为2009保定·中国电谷（香港）投资峰会做出突出贡献先进单位。二是严格值班、耐心接访。认真坚持正副班双人在岗值班、领导在岗带班制度，严格重大紧急事项报告纪律，实现了交接班“无缝对接”。认真答复处理群众来信，及时受理群众诉求电话及短信，交办率100%，办结率90%以上，树立了市政府“窗口”形象。三是积极推进政府信息公开。主动公开群众关心、关注的信息，通过门户网站发布信息2万余条，市级信息公开平台全年主动公开政府信息近4000条，有效推进了行政权力公开透明运行。四是认真做好承办工作。全年承办国家和省级人大代表建议、政协提案21件，市级建议、提案430件，按时办结率、答复率和走访率均达到100%，代表、委员满意率99.01%，解决问题率达到62%，被评为全省政府系统2009年度承办人大代表建议政协提案工作优秀承办单位。五是大力加强作风建设。不断创新工作理念，建立完善公开承诺、首办责任、限时办结、日常考评、追究问责“五项制度”，公开承诺了8方面事项，全面推行“三办”工作周点评制度，强化了用制度管人、靠制度管事的长效机制；认真做好老干部工作，进一步落实老干部政治、生活、医疗保障待遇，被老干部赞誉为“服务楷模”；扎实开展亲民爱民活动，组织结对帮扶贫困户和困难学生81户（名），“爱心捐助”贫困学生10名，慰问困难党员25名，受到社会好评；全面抓好机关后勤管理，着力推进机关事务公开透明运行，公共机构节能工作受到国管局好评。

**【创新理念，努力打造工作亮点】** 一是认真抓好政府投融资工作。积极协调省、市金融部门，全年融资63.95亿元，为全市“城镇面貌三年大变样”提供了有力支持。二是创新政府审批管理机制。对全市120项行政审批项目的前置条件进行清理，受到省有关部门肯定。三是圆满完成电子公文交换系统建设并投入试运行，市政府与各县（市、区）政府、开发区管委会的公文传输实现电子化。四是政务接待水平进一步提高。组建讲解员队伍，在多次大型活动中，讲解人员以崭新的精神风貌，圆满完成了讲解任务，受到省、市领导的一致好评。五是积极为干部成长进步搭建平台。树立正确的用人导向，注重“德、能、勤、绩、廉”全方位考察干部，实行“三聚焦”（实绩突出、群众认可、领导满意）干部选任工作机制。开展科级干部竞职上岗，做到了制定方案、宣传发动、组织报名、资格审查、竞职演讲、民主测评、民主推荐“七公开”和报名资格审查结果及拟任人选“两公示”，实行全程录像、全程监督，对34名科级干部调整提拔到新的岗位，受到市委组织部充分肯定，并被推荐接受了《河北日报》、河北电台等新闻媒体采访。

纪检组长　闫向阳
副调研员　李　航
　　　　　李贺田（2月离任）
　　　　　金达旺　丰世敬
　　　　　刘登宽
方志办主任　刘宝营（4月离任）
（王国勇　李铁军　艾通泉）

# 法制工作

**【保定市人民政府法制办公室】** 是市政府负责政府法制工作的工作部门，属市政府正县级行政单位。负责办理市政府规范性文件审核、行政复议、行政执法监督检查、行政执法人员培训、行政执法证件、罚没许可证件审核管理备案，规范性文件备案，法律、法规执行情况检查，市政府涉法咨询服务等工作。下设综合处、法规处、行政复议处、协调监督处。连续六年被市委、市政府评为“实绩突出单位”。

**【概况】** 深入贯彻落实国务院《全面推进依法行政实施纲要》，围绕“强市兴县富民，又好又快发展”工作主旋律，在加强自身建设尤其是干部作风建设的基础上，突出抓好行政复议案件的审理，规范性文件的审核把关，健全行政监督等方面的工作，为法制环境建设，维护公民、法人和其它组织的合法权益。

**【行政复议】** 2009年，市政府本级共受理行政复议案件75件，其中撤销10件，变更2件，通过调解终止7件，依法驳回4件，维持52件。市政府法制办还对全市行政复议工作进行了检查，并以政府名义下发通报，表扬了先进，督促了后进。市法制办通过严格依法办案，维护了行政管理相对人的合法权益，保证了所办理的行政复议案件均做到了事实认定准、适用依据准、复议决定准，树立了人民政府为人民的良好形象。

**【加大部门规范性文件前置审查力度】** 2009年，市法制办共审查文件103件，其中涉及土地收购储备、招商引资、国有资产运营、行政许可项目清理、行政服务中心制度建设、城市拆迁、农村医疗、职工住房公积金管理等多方面内容。通过进一步提高规范性文件审查质量，坚决杜绝规范性文件中的部门利益色彩，保证了行政机关之间文件制发的统一性、协调性，促进政府各项工作均做到依法行政、依法决策。此外，我办严格按照《保定市政府部门规范性文件合法性审查暂行办法》要求，在全市市直部门中全面开展该项工作，并加大审查力度和范围，共完成前置审查7件，主要集中在建设、工商、科技、民政等部门。从源头上保证了国家、集体和广大人民群众切身利益不受侵害，推动全市法制工作扎实有效的开展。

**【行政执法检查及执法证件管理】**

2月，市法制办起草了保定市深化行政审批制度改革工作的意见。要求各级各部门要进一步规范行政审批工作，严格按照《行政许可法》的有关规定，抓好行政审批配套制度建设，并结合工作实际及时修订完善。3月，拟定印发了《保定市人民政府办公厅关于做好行政执法案卷评查工作的通知》，对2009年度及今后的行政执法案卷评查工作作出部署。12月，按时组织开展了行政执法案卷评查工作。此外，市法制办于1月完成了对全市4600余名新办行政执法证件的信息采集和上报工作。4月完成了对全市行政执法证件的年检工作。5月完成了对全市2008年度行政罚没许可证的年检审核和对《2009年行政事业性收费（基金）罚没项目目录》的审核修改工作。

**【城市管理体制调研，推进“一主三次”工作】** 为进一步加快保定市城镇化进程，促进区域经济协调发展，市法制办起草了《保定市“一主三次”城市发展规范纲要（试行）》，得到了市委、市政府领导的充分肯定。由市法制办牵头成立的保定市推进“一主三次”城市发展办公室（简称市推进办）组织调研活动，先后起草了《关于对三个次中心城市发展情况的调研报告》、《关于进一步促进高碑店市经济社会发展的意见》等调研报告和实施意见10余篇，召开专题工作及协调会议20余次，编发《工作信息通报》17篇，对白沟·白洋淀温泉城证照换发、权力移交等工作进行了跟踪催办，并多次赴次中心城市及相关县（市）进行实地调研考察。对于市推进办工作，市委书记宋太平批示：“报告很好，请继续加大推进力度”。为做大中心城市，市法制办牵头起草了市委、市政府《关于对徐水县、清苑县、满城县、安新县实施按区管理的意见》，并经市委常委会议、市政府常务会议研究通过，已正式印发实施。同时，为拓展高新区发展空间，按市委、市政府要求，“一主三次”办公室还作为“综合组”，承担了对高新区托管（共建）改革的综合协调、组织指导工作。这些大量扎实细致的工作成效明显，得到了市委、市政府的充分肯定。

主　　任　孙新强
副 主 任　曲士平　任秀彦
副调研员　李中元　刘双青

（吴国忠）

## 市政府后勤工作

**【保定市政府机关事务管理局】**

保定市人民政府机关事务管理局隶属市政府办公厅，副县级事业单位。内设办公室、总务处、房管处、财务处、经营管理处、车辆管理处、保卫处、综合管理处8个处室。主要职责是负责市政府办公厅及有关部门和单位的经费管理；负责市政府办公厅机关车辆的管理和调配；负责市政府1号机关院国有资产、办公用房、卫生、绿化、水、暖、电的管理和通讯保障及内部安全保卫工作；负责本级公共机构节能监督管理工作，指导和监督下级公共机构节能工作；负责机关食堂、幼儿园的管理工作；负责市政府2、3号机关院和“五一饭店”办公楼的综合管理工作；负责市直机关5、6号宿舍区及阳光小区的物业管理工作。

**【概况】** 2009年，按照“要高标准抓好后勤服务，要搞好团结，要注重创新，要讲奉献”的总要求，严格责任，强化措施，圆满完成建国60周年国庆安保工作任务；认真落实公共机构节能条例，工作成效明显，在国管局对全省的节能工作检查评比中保定市名列前茅；力求优质服务，有效改善了机关办公环境，干部职工的满意度明显提高；高标准完成了上报省直管理局的全市党政机关和事业单位的车辆统计工作，受到了省局的表扬；强化制度落实，细化目标责任，规范完善了制度，管理与服务工作更加规范，确保各项服务工作再创了新业绩。

**【严格管理，落实各项规章制度】**

一是完善制度。针对工作中出现的新情况新问题，进一步修订完善了局的学习制度、会议制度、安全制度、档案管理制度、财务管理制度、车辆管理制度、办公用品集中采购制度、办公用品领取制度等；新完善了《办公用品请领办法》和《印章管理使用办法》；坚持做到用制度管人、用制度管财、用制度管物。二是强化管理。加强了各项管理与服务工作。在经费管理上，严把经费收支，坚持合理使用，做到专款专用，确保正常运转。财务工作按照“量入为出，特事特办”的原则，合理计划资金。公开花钱审批程序，凡花钱必须先申请、后使用、再报销。在车辆管理上，采取“车车跟”、“人人签”、“月月核”的加油管理办法，有效发挥了服务及时、节约油量、管理规范的效能；严格执行公务用车“五条禁令”和车辆“三检”制度，先后完成200多名驾驶员的年度体检和年度换证工作，并及时进行了安全驾驶宣传；在机关大院管理上，坚决落实出入院规定，加强人员出入和携带物品安全检查，做到电话联系，登记签名，持证出入。进出机关院的所有车辆，必须持有规定的车辆出入证方可出入，其他车辆一律禁止入内，所有出入车辆必须接受登记和安全检查。坚持24小时不间断巡查督查，对重点部位重点检查，充分发挥技防作用，派专人负责监控设施、报警系统，遇有情况能及时处理并报告。注重消防安全，全年共组织治安消防检查9次，维护更换监控设施和消防器材，及时消除安全隐患。在环境卫生治理上，突出日常管理，及时明确划分各单位卫生责任区域，每逢重大节日和大型活动前，都要组织卫生联查并及时通报，督促各单位养成良好的卫生习惯，整洁美化了环境。三是强化督查。为确保服务工作到位，局采取了跟踪督察制，对局年初确定的实事和市政府办公厅明确的主要工作事项进行督查。重点督查责任处（室）、责任人、工作标准和完成时限，协调和解决工作中出现的问题和矛盾，有效促进了工作落实，使实事件件有落实，事事有效果。

【重点工作】　一是高标准抓了市直部门和县（市、区）公共机构节能工作，共核准乡镇以上节能单位7033个，同比节能15%，圆满完成“2005～2008年能源资源统计工作，在国管局对全省的节能工作检查评比中保定市名列前茅。二是严格各项安全措施，有效保证了国庆期间的各项服务工作安全。三是办公用品采购正规，管理正规，手续齐全，保障及时。四是会议服务完成较好，全年共协调保障会议82次无差错。五是不断加大市政府机关大院环境绿化、美化工作力度，及时更换花木，补种、修剪草坪，清运垃圾，确保了环境清洁。六是针对部分电路严重老化情况，改造了市政府1、2号机关院部分供电系统，确保了机关正常用电；及时协调更换1号机关院取暖管道设施，完成了2号机关院市委综合楼改造供暖。七是指导阳光小区物业公司进一步规范完善了阳光小区物业管理办法，使小区的管理与服务工作又上新的台阶。八是对五一饭店机关院、市直机关5号宿舍区供暖设施进行了维修改造，确保冬季供暖。九是幼教工作成效明显，高标准通过了“省级示范园”验收。

【综合服务保障】　一是接待工作受到省政府机关事务管理局的好评，先后接待了国管局、省管局及河南省政府管理局、四川省政府管理局，邯郸和天津静海县机关事务局等单位。二是通讯保障工作快捷、高效。报刊信件收发分送及时无误，全年共收发报刊79万余份，信件1万多封，挂号汇款1万多封，特快专递7000余件，无任何差错；电话站及时维护通讯设施和线路，主动服务到980多个电话用户，确保线路畅通信号无间断。三是组织完成了办公厅、管理局300余人次干部职工体检。四是安全保卫工作制度健全，措施得力。严格了值班制度、巡逻制度和出入登记制度，杜绝了刑事治安案件的发生；全力维护市政府机关大院上访稳定工作，全年共协助接待上访650次，确保了机关院内办公秩序良。五是机关餐厅、小餐厅重服务、重质量、重责任、严制度，全力保障了领导机关干部职工用餐。六是文印中心在全年重大活动多、文印量大、标准要求高的情况下，全体人员加班加点，不计得失，高质量地完成了5000余种各级文件的打印工作，受到领导机关的好评。

局　长　李志刚
副局长　陈海滨

（张瑞勤）

# 编制工作

【保定市机构编制委员会办公室】

保定市机构编制委员会办公室列市委序列，既是市委的工作机构，又是市政府的工作机构，在市委、市政府和市编委的领导下负责全市行政管理体制和机构改革以及机构编制的日常管理工作。内设综合处、行政机构编制处、事业机构编制处、县乡指导处和监督检查处5个处室。下设全额事业单位保定市事业单位登记管理局，负责全市事业单位法人登记管理工作。

【概况】　2009年，围绕市委、市政府中心工作，将工作分为“两项活动”、机构改革、重点工作三条战线，围绕“又好又快发展、强市兴县富民”的中心任务，严格管理，强化服务，着力深化行政管理体制改革和政府机构改革，切实加强机构编制管理，努力提高工作标准和工作效率，创造性地开展工作，圆满完成了各项职能业务目标及其他日常工作，多项工作受到省和市的表彰，被市委、市政府评为工作实绩突出单位和优化环境工作成绩突出单位。

**【政府机构改革工作稳步推进】** 根据省委、省政府和市委、市政府的部署，市、县两级政府机构改革工作全面展开，市编办在认真学习领会上级政策的基础上，进行了深入细致的研究，制定了详尽的工作方案。先后5次到省汇报沟通，争取政策支持；10余次听取市委、市政府和市编委领导指示，10余次到县（市、区）广泛征求意见，多次与其他市沟通情况。通过大量认真细致的工作，拟订了市本级机构改革方案，方案经市编委、市委常委会审议通过，并给予了高度评价，省编办也将我市市级改革方案作为全省向中央编办备案的样板。9月1日，市级机构改革方案经省委、省政府正式批复，同意实施。县级机构改革方案也已经省编办正式批复，这在全省11个设区市中是惟一的一家。按市委、市政府的部署，2009年市编办承担的机构改革各项基础工作已经完成。

**【为推动次中心城市建设做好服务】** 根据市委九届七次全会精神，由市编办承担"积极争取省的支持，在机构限额、人员编制、领导配备等方面对定州、涿州、白沟·白洋淀温泉城给予充分考虑"这一重点工作。市编办严格按照上述要求，帮助指导定州、涿州两个市制订了政府机构改革方案；对白沟·白洋淀温泉城的机构设置、人员编制、领导配备等方面，在已下发"三定"方案的基础上，根据市委要求，按照机构编制管理政策予以了倾斜，得到了市委书记宋太平的表扬。8月20日，向省呈报了《关于组建白沟·白洋淀温泉城》的请示，单位主要领导多次到省编办汇报协调，省编办的态度积极、肯定，并给予全力支持。9月2日由省发改委、省编办组成的课题组到白沟·白洋淀温泉城进行了调研论证，提出了调研意见，并已经省政府主要领导批示。市编办已提出初步机构设置方案，待与省编办汇报、沟通后，按程序呈报、审批。使白沟·白洋淀温泉城机构设置有了实质性推进，机构设置已初步定局。得到市委、市政府和市编委领导的高度评价

**【推进事业单位分类改革】** 按照市政府《关于深化重点领域体制改革的意见》，市编办承担着积极推进事业单位分类改革的任务。市编办深入30多家事业单位进行调研，并为事业单位建立了分类台账。针对大部分事业单位没有明确职责的状况，进行了广泛摸底和研究界定。同时，对事业单位有关机构编制事宜、事业单位增人等方面的业务办理均本着"精简超编人员、杜绝超编现象"的原则，按事业单位改革的目标与方向进行。将进一步进行事业单位调研，为推进事业单位分类改革做好充分准备，待省对事业单位分类改革工作统一安排部署后，再认真组织实施。

**【落实《政府工作报告》分解任务】** 根据《政府工作报告》落实方案，市编办承担了第92项工作，即"抓好13个区域动物产品检疫检测中心，15个动物疫病预防中心和动物卫生监督所建设"。针对此项工作，市编办会同市畜牧水产局，抽调专门人员组成两个专题调研督导组，利用两周的时间，深入到25个县（市、区）进行调查研究，根据市政府要求和各县（市、区）实际情况，提出了落实方案，现此项工作已全部完成。

**【深入基层调查研究】** 市编办针对全市教育系统存在的"超编、混编、有岗无编、有编无岗"的实际情况，由主要领导带队，利用3周时间，进行了深入的调研，解剖了5所中小学校，创新性地提出了"盘活总量、借鸡生蛋、编制置换"的意见，并根据工作需要适时实施；针对市政管理部门编制性质混乱、工作职能交叉等现状，由主要领导带队，利用一周时间，深入到市政公用建设集团和下属单位，经过深入调研，提出了从根本上理顺解决的意见，得到了市委、市政府领导的高度评价。

**【加大监督检查工作力度】** 严格落实机构编制监督检查制度，重点对各县（市、区）机构编制总量控制情况、贯彻落实上级有关机构编制工作方针、政策和法规的情况进行了督查。针对阜平县机关人员超编等问题，主要领导带队督导，帮助其制订了人事编制工作整改方案，报经市编委领导同意，于6月份上报省编办；针对新市区、满城县机关、事业单位人员超编情况，组织专门人员，多次进行调研和督导，现两区县已制定出分流超编人员方案，已经市编委领导审定并上报省编办。通过监督检查，强化了各单位机构编制管理意识，促进了管理制度落实。

**【从全局出发解决遗留问题】** 主要领导调整后，对机构编制工作中存在的部分遗留问题不推诿、不扯皮，从大局出发，对这些问题进行了认真解决，共解决处理了13件遗留问题。如2006年、2007年，超编安置的78名复员兵未能办理"增人增资卡"，市编办本着顾大局和维护政策的一致性、严肃性的原则，多次协调

有关部门，并经请示市编委领导同意后，对这个问题进行了妥善解决，维护了复退士兵的切身利益；为解决原经贸委所属12个公司无主管部门的问题，主要领导积极与相关部门沟通协调，取得配合支持，使问题得到了圆满解决；为落实全市节能减排工作要求，对多年来一直未能解决的市节能检测机构的经费形式进行了理顺。这些问题的解决，对全市发展和稳定大局起到了积极作用。

**【做好乡镇机构改革准备工作】** 对涞源县、徐水县、安国市3个乡镇机构改革试点县（市）改革后运行情况一直进行跟踪指导。为全面展开乡镇机构改革工作，由主管主任带队深入乡镇进行超前调研，对乡镇机构改革试点工作进行了全面总结，同时，摸清了全市323个乡镇的机构编制基础数据，乡镇机构改革的准备工作已全面完成。

**【完成事业单位登记管理工作】** 严格按照国务院《事业单位登记管理暂行条例》，依法完成了302个事业单位法人的年检工作，并履行事业单位法人设立、变更等登记事项112个。同时，对全市事业单位登记管理工作基础薄弱的县（市、区）进行了监督指导和深入调研，制定了整改措施，提出了全面提高登记管理工作水平的建议。

**【认真做好日常管理工作】** 全面完成了2008年度全市党政群机关、事业单位机构编制年终统计工作和2009年度全市事业单位年中统计工作。认真贯彻落实编制实名制管理，完成了《编制证》年检和日常审核工作，共审核单位350余个（次）。全年共办理各类请示件170余件（其中领导批示63件）；办理了300余件增人增资手续；理顺了市纪委监察局统一管理的27个市直部门纪委监察机构；建立了机构编制信息平台；办理了6件人大代表建议和政协委员提案，办理结果均得到了两位代表、委员的满意，其中两件办理结果得到了市委书记宋太平“办得好”的批示，给予了高度评价。

**【扶贫工作成效显著】** 按照市委扶贫工作安排，市编办结对帮扶阜平县牛栏村。为切实做好此项工作，主要领导亲自安排部署，多次带领相关人员深入该村调研考察，积极出主意，想办法，做实事。为帮助扶贫村解决村内道路连通问题，主要领导亲自与有关部门沟通协调，寻求支持与帮助，最终协调资金25万元用于铺路建设，使这一影响制约该村经济发展的瓶颈问题得到解决，受到了当地广大干部群众的一致好评。相关情况在市委《保定快报》专门刊登过，我单位被市评为2009年度扶贫先进单位。

主　任　刘晓莲
副主任　赵彦宗　陈宗奇

（何　华）

# 国有资产监督管理

**【保定市国有资产监督管理委员会】** 为市政府直属正县级特设机构，行政编制。市政府授权国资委代表市政府履行国有企业出资人职责，监管市属企业国有资产。内设17个职能处室：办公室、企业体制处、综合改革处、产权管理处、统计评价和业绩考核处、政策法规处、企业领导人管理处、人事教育处、党建工作处、稳定工作处、机关党委、工会、妇委会、纪检监察室、老干部处。

**【概况】** 2009年，市国资委认真贯彻落实《企业国有资产法》和国务院国资委《关于进一步加强地方国有资产监管工作的若干意见》，深入开展“学习实践科学发展观”和“干部作风建设年”两项活动，坚持以科学发展观为统揽，转变发展理念，创新发展实践，扎实推进国资监管和国企改革工作，全面完成了本年度各项任务目标。

**【规范国有产权基础管理】** 严格按规定程序为531户国有企业办理了产权登记年检，覆盖率达100%；完成产权划转批复2项（天鹅集团产权划转恒天集团、市粮食局所属河北保涞储运公司42%国有产权划转省粮食产业集团），产权注销2项（保定洁诚供水设施服务中心、保定奇迹信息通讯有限公司），资产处置1项（市第一运输公司盘活土地资产），资产评估备案项目2个（市食品公司牛羊肉加工厂冷库报废、市公交总公司乐凯大街停车场转让）。

**【强化经济运行分析和国有资产统计】** 建立完善财务快报体系，加强对所出资企业国有资本和经济运行情况的调研和动态分析。圆满完成全市国有企业国有资产统计和出资人企业财务决算工作，连续四年被评为全省国资系统先进单位。

**【严把资产核销关】** 严格执行资产损失认定标准，按程序规范处置，完成了市机电总公司、市建材总公司、市物资运销公司、市金属回收总公司等4家改制企业资产损失核销和市肉联厂、军粮供应站资产拆除核销的批复工作；完成了天鹅集团、保运集团、公交公司、百世开利集团4家出资企业日常清产核资审核批复工作。

**【强化企业领导人考核管理】** 组织对11户委管单位2008年度经营业绩、领导班子建设等方面工作进行了综合考核，对薪酬管理试点单位天鹅集团、保运集团进行了业绩考核，并依据考核结果对企业负责人薪酬进行测算兑现。

**【建立国有资本收益制度】** 会同市财政局制定下发了《关于收取2008年度市属企业国有资本收益的通知》等文件，明确了运行程序及分类上缴比例等，实现了国有资本收益的规范化管理，并严格预算编制，加大执行力度。2008年度市属企业国有资本经营收益已足额收缴入库。

**【强化企业国有期权股管理】** 研究拟定了《关于进一步加强国有股权管理的通知》，正式印发市属国有企业执行，进一步规范了国有期权股管理。

**【全面完成省政府确定的市县属中小企业改制任务】** 因地制宜、因企制宜，采取多种改革形式，全力推进107户市县属中小企业改制工作，顺利完成了省政府确定的任务目标。通过改制，盘活企业资产154266.7万元，安置职工24379人，支付安置费用31095.51万元。

**【市属企业破产工作进展顺利】** 市属企业破产终结4户（八一电焊条厂、铸机厂、二机床厂、电子设备厂），妥善安置职工4673人，支付安置费用9830.33万元。其他重点企业中，田野集团本部职工安置费测算等基础工作已完成，破产财产资产包转让协议已签署。先锋机械厂203亩土地使用权进行了公开出让。宝硕集团破产财产资产包处置工作正抓紧进行，职工安置进入扫尾阶段。天翔集团进入破产程序，破产管理人已进驻开展工作，并顺利召开了第一次债权人会议。

**【战略重组取得重要突破】** 一是成功实现了天鹅集团战略重组，天鹅集团国有资产全部无偿划转给中国恒天集团。恒天集团承诺在未来3~5内向天鹅集团累计投资不低于20亿元人民币，为其提供技术、资金支持，增强了企业发展后劲；二是成功引入河北钢铁集团整合涞源矿产资源。河北钢铁集团计划投资30亿元打造冶金工业园区，河北钢铁集团涞源有色金属有限公司和涞源河北冶金工业园区管理委员会已正式挂牌；三是加快推进全市煤矿企业联合重组工作。牵头组织成立专门工作机构，研究拟定了《保定市煤矿企业联合重组方案》，完成了新煤炭集团永安公司的注册工作，认真做好增资扩股前期准备工作；四是宝硕股份重组后续工作积极稳妥推进。安全生产许可证顺利办理了延期手续，双17万吨技术改造项目完成了备案，保障了企业正常生产经营，子公司破产重整工作顺利进行。

**【市属企业改制工作规范有序】** 指导企业主管部门和改制企业按程序规范操作，严把清产核资、财务审计、资产评估、市场交易等环节，切实防止国有资产流失，积极维护职工合法权益。完成了市机电公司、市百楼粮库2家企业改制工作，积极指导推进市生物制药厂股权转让、市供水公司与中法水务组建合资公司、市建筑设计院改制等工作，做好商业宾馆改制准备工作。

**【市发投公司市场融资能力不断增强】** 完成增资3500万元，注册资本达到2亿元，资本金规模进一步扩大。积极实施土地资源资本化运作，筹措资金3.5亿元。同时，利用积极的财政政策多方争取资金，为市水利基础设施建设项目贷款2000万元。

**【商业银行贷款扶持能力不断增强】** 保定商业银行在加快推进增资扩股和增设分支机构的同时，加大对保定市支柱产业和项目建设的支持力度，全年累计投放贷款8.25亿元，其中新能源产业5亿元，公路基础设施1.25亿元，政府土地储备2亿元；积极开展小额贷款业务，支持全民创业，累计为下岗职工发放小额担保贷款1.1亿元；为解决“三鹿事件”奶农欠款，向保定三鹿乳业有限公司投入336万元；对受全球金融危机影响而暂时出现困难的中小企业，投放贷款2.2亿元。

主　　任<br>党委书记　张彦儒
副 主 任<br>党委副书记　王东江
副 主 任　魏垣生（1月离任）
　　　　　苏利杰（2月任）
　　　　　申俊岭
　　　　　翟彦君（2月任）
　　　　　张英琪
　　　　　许胜尧（2月任）
　　　　　程现庄（2月任）
副 书 记　高保忠（2月任）
纪检书记　周广义（2月任）
　　　　　李学智（2月任调研员）
调 研 员　李学智（11月离任）
副调研员　张庆丰（2月调离）

齐占生（6月离任）
武伟光
许胜尧（2月任副主任）
黄耀亮（2月任）
（韩红旗　王永坡）

# 经济研究工作

**【保定市人民政府研究室】** 是承担市政府研究任务的工作部门，正县级行政单位。负责通过调查研究形成报告、方案、建议等，为市委、市政府科学决策提供依据，参与市政府综合文件和主要领导的重要讲话及署名文章的撰写，同时负责全市政府系统调研工作的协调与指导。内设办公室、综合处、工财处、农村处、社会处。编发的内刊有《调研呈阅》、《调研参阅》、《调研信息》。

**【概况】** 2009年，市政府研究室紧紧围绕“又好又快发展，强市兴县富民”中心任务，抓班子、带队伍，促业务、上水平，夯实基础，加强建设，努力营造“团结和谐、风清气正、能参善谋、求实创新”的机关氛围，发挥参谋助手职能作用，推进各项工作扎实开展，圆满完成了全年各项工作目标和领导交办的任务，各项工作有了新的起色。撰写重点调研课题分别被市委书记、市长和副市长批示，市级领导批示率达100%。撰写和编发的热点问题调研，市级领导批示率达70%。一篇调研成果被评为市委系统优秀调研成果一等奖，一篇论文获市纪委征文比赛三等奖，参加全市“两项”活动理论考核获得第6名，由研究室牵头负责的群众工作站被市委评为优秀群众工作站，与驻军66393部队在两项活动中开展军民共学互促的做法受到集团军政治部的充分肯定。

**【深入开展“两项”活动】** 以开展深入学习实践科学发展观和“干部作风建设年”两项活动为抓手，正风气，强能力，聚干劲。一是党组高度重视，活动强力启动。成立了两项活动领导小组并设立活动办公室，制定了两项活动实施方案和任务分解表，召开全室干部职工动员大会，做到细谋划、早安排。自两项活动开展以来，先后召开6次党组会、13次主任办公会、碰头会，相继制定了两项活动各阶段推进方案等系列文件，既有总体工作安排，又有责任落实方案和各环节督导检查的要点，确保了活动强力启动，快速落实，深入推进。二是明确工作思路，把握好方向。确定了“热爱研究室，发展研究室”的发展主题，确定了“团结和谐、风清气正、能参善谋、求实创新”活动主题，明确坚持以科学发展观为统领，进一步解放思想，更新观念，完善工作制度，创新体制机制，强化忠诚服务、能参善谋、精细工作、快捷高效、开拓创新、遵纪守法“六种意识”，努力建设学习、服务、创新、开放、务实、廉洁“六型机关”，抓班子、带队伍，促业务、上水平，充分发挥职能作用，为市委、市政府当好参谋助手，为推动全市经济社会又好又快发展、强市兴县富民做出新贡献的工作思路。三是抓好理论学习，营造浓厚氛围。始终把理论学习贯穿两项活动全过程，全室干部职工读书笔记都在万字以上，每人撰写学习体会4篇。为强化学习效果，研究室自编试题，组织了全室干部职工参加的理论学习自测。在全市组织的两项活动理论考核中，研究室取得了全市团体第6名的好成绩。为营造浓厚的活动氛围，一方面按照市活动办要求，将研究室确定的活动主题制成条幅悬挂在机关走廊。另一方面专门设立了学习园地，同时为配合活动进展，及时更新黑板报。四是创新活动载体，促进活动落实。围绕两项活动要求，在做实规定动作的基础上，努力创新自选动作，主要是坚持了五个结合。与军地共学互促相结合。为推动两项活动深入开展，进一步促进作风转变，与驻保66393部队某部开展了军地共学互促活动。请部队理论辅导员作了“落实科学发展观、加强作风建设”专题辅导报告。全室干部职工进营房、到宿舍、去操场、观军史展览，零距离感受了部队良好的作风和军容军纪，有力地促进了机关作风的进一步转变。军地共学互促活动的做法，得到了66393部队政治部的充分肯定。与调查研究相结合。党组成员分别带领调研组，深入县、乡、村和不同类型企业，通过召开部门、企业、村民座谈会，了解经济运行和新农村建设情况，共谋发展思路，破解发展难题，每人撰写了4000余字的调研报告。还结合开展亲商重商活动，5名党组成员分赴不同类型企业，进行调查研究，与企业领导一起探讨应对危机、寻找机遇的良策，协助企业解决实际问题。与开展警示教育相结合。坚持以廉政建设促进作风建设，以“六个一”为主要内容，持续开展季度警示教育。先后组织干部职工观看了6部廉政教育片。制定了行政权力运行廉政风险防范规则，将“十个严禁”规定制成标语牌，挂在机关走廊和每间办公室。组织党员参加市纪委反腐倡廉理论征文。结合观看《警钟》、特别是学习吴大观同志先进事迹，举办了全室干部职工专题学习交流演讲会。与作好群众工作站工作相结合。按照市委要求，研究室派出一名县级领导干部参加北市区新华小区群众工作站工作，协助社区解决了一批难事，办了一批实事。该工作站被评为全市优秀群众工作站。群众工作重新调整后研究室又按照市委统一安排，派出一名县级领导同志，参加南市区红阳社区工作站工作。与开展亲民爱民活动相结合。制定了科以上干部帮扶计划。由原县级干部结对帮扶拓展到科级干部全体参加，帮扶对象由5户扩大到15户。科级以上干部到帮扶对象家中进行走访慰问，筹集资金4000余元帮助解决生活和上学等实际困难。开展了向特困家庭“博爱一日捐”活动，共捐资金3000余元。研究室负责的贫困村帮扶点是顺平县白云乡下庄村，2009年，工作组深入该村召开村民座谈会，与村领导共商发展之计，还组织向该村捐书200余册，帮助建立图书角。

【加强制度建设】 为夯实各项基础工作，严格机关管理，在制度建设上下了功夫。在广泛征求全室干部职工意见的基础上，从大处着眼、小处入手，首次制定了16项工作制度并辑印成册。这些制度既包括主任、副主任和各处工作规则、人事、党务工作制度，又包括文书传递、公文阅览、印章和信函管理以及工会、老干部工作各个方面，旨在强化制度意识，用制度管人、管事。比如：在工作运转方面，除对主任、副主任工作职责和领导体制作出规定外，主要明确了三项制度。一是主任周碰头会。每周五下午，小结本周、安排下周。二是月调研课题调度会。会审起草出的课题，讨论确定下步调研课题。三是季工作小结。听取各处工作汇报，总结前段工作，查找薄弱环节，制定下步工作措施，重点安排好下步调研工作，确保了民主集中制的议事决策规则在工作中坚定不移地贯彻执行。在文件签批方面，为规范文件签批流程，也为充分发挥副职积极性，将过去文件签批全部由主任直接批办，改为先由办公室拿意见，再由各副主任批办拿意见，最后再由主任批办。在文件资料阅览方面。过去已有的资料阅览室一直闲置，而在文件资料阅览上实行各处依次传阅的办法，这样轮下来，至少也得十天半月，不利于同志们及时了解掌握工作动态，而且传阅中间也极易出现截留文件的情况。鉴于此，将闲置多年的资料阅览室收拾整理，重新启用，并健全了查阅、借阅制度。在微机管理方面，过去内外网混用，没有保密措施。按照保密规定，制定了严格的管理制度，内外网分设，增置保密U盘，加设开机密码，达到了保密要求。在值班工作方面，严格了值班制度，变挂机值班为带班领导、值班人员在岗在位，有效地保障了上情下达，正常运转。这些制度和措施进一步规范了机关工作程序，提高了干部职工的责任意识和工作效率，将作为长效机制坚持下去。

【加强业务建设】 在调研工作思路、方向和选题上，都坚持了紧紧围绕贯彻落实市委九届七次全会精神来展开。在全室开展了“三个一”活动。即每周全室干部搜集、整理上报一条信息；每月各业务处室人员完成一篇一事一议的调研文章；每季每个业务处人员完成一篇有分析、有建议的重点调研课题。为加强干部队伍建设，提高业务素质，还专门召开了调研体会学习交流会，全室人员谈体会、查不足、提建议、议措施，在相互学习中得到提高。工作中，一方面，建立工作平台。创刊了《调研信息》，重点编发国内外最新动态、外埠经验借鉴和基层工作典型动态。创刊了《调研呈阅》，主要刊发重点调研课题。改刊《保市调研》为《调研参阅》，重点编发基层工作经验做法、重点工作推进中急需研究解决的问题等。另一方面，集中力量开展重点调研。围绕“一主三次、工业西进、对接京津”三大战略、“开通大水系、构建大交通、建设大城市”三大建设、“三年大变样”、产业聚集区建设、县按区管理体制改革等全市重点工作，积极展开对策研究。完成重大调研课题6个（《加快彰显西大街特色的思考》、《盘活存量土地 破解用地难题》、《对我市五个融投资集团发展情况的调查》、《我市国有中小工商企业改革情况的调查》、《江苏省园区共建从省内帮扶到跨省共建的启示》、《唐县易县阜平整合支农资金的启示》），分别被市委书记宋太平、市长于群、代市长李谦、副市长赵常福、李国英、孟祥伟批示，批示率达到100%。完成热点问题调研10个（《“汽车下乡”实施细则出台 微车受益最大我市应高度关注》、《发达国家把新能源作为经济复苏的“发动机”》、《珠三角住房公积金互贷为我市对接京津提了个醒》、《总投资4万亿的中国智能电网建设为我市带来机遇》、《扬州制定LED和太阳能光伏产业发展政策实施办法》、《加快我市现代物流业发展的建议》、《关于“西城名筑”同类问题标本兼治的调查与建议》、《成都市创新融资模式破解中小中小企业融资困局的做法值得借鉴》、《关于我市停车难问题的调查与思考》、《应把扩大与央企合作作为谋划“十二五”规划建设项目的重要切入点》)，有7个被市长于群、代市长李谦、副市长赵常福、孟祥伟批示，批示率达到70%。在2009年上半年市委系统评出的20篇调研课题一等奖中，研究室一篇入选。再一方面，开辟系列调研专栏。以此配合推动全市中心重点工作的开展。目前，开辟了“工业西进”、“三年大变样”、“园区建设”三个专栏，已刊发了20多个县（市、区）和部门的调研文章，对相互学习借鉴、推动工作深入开展发挥了应有作用。还有，围绕全市重点工作，按照市统一安排，进行和参与进行了进一步规范市房地产开发项目审批管理、县按区管理、一主三次管理体制等专题调研工作，调研成果都被市委市政府研究议定后，制发了全市文件。还承担了省政府研究室和市交办的对接京津实施意见等10余项专题调研任务。同时，积极做好外宣工作。市“两项活动”办公室、《保定日报》、《保定晚报》、市电视台以及《经济论坛》、《保定视界》刊播研究室稿件10篇，以调研为中心的各项工作取得了新突破。

主　　任　齐志明
副 主 任　王凤柱　李树礼
　　　　　穆亚利（4月任）
　　　　　张　岩（12月任）
纪检组长　彭彦岭

（焦广丽）

# 外事侨务工作

**【保定市人民政府外事办公室】**

保定市人民政府外事办公室（保定市人民政府侨务办公室）为市政府工作部门，是外事侨务港澳工作的归口管理职能部门。主要职责是贯彻执行党和国家外事侨务工作的方针政策和法律、法规、规章，研究制订本市外事侨务工作规章制度和工作规划，并负责组织实施；负责本市与国外友好城市交往活动的组织工作，指导全市民间对外交往；组织接待来保访问的国宾、党宾和其他重要外宾，指导本市外事礼宾接待工作；归口管理全市因公出国和赴港澳地区的工作，办理应邀来保的外国人员的审核报批，统筹安排市领导公务出访活动；负责组织、指导来保外国记者的采访活动，负责协调处理全市重大涉外事件；协助有关部门做好各项侨务政策的落实，负责归侨侨眷合法权益维护工作和统筹协调涉侨部门和社会团体开展华侨华人和港澳同胞工作。内设6个处室：秘书处、机关党总支、出国人员管理处、友好城市处（礼宾处）、涉外新闻处、侨务处。

**【概况】**　2009年，围绕“又好又快发展、强市兴县富民”的中心任务，扎实工作，锐意进取，开拓创新，外事侨务港澳工作取得新的成绩，为促进全市对外开放和经济社会发展起到了积极作用。市侨办被国务院侨办评为“全国侨办系统先进单位”，全市外事侨务港澳总体工作被列为全省先进行列，“境外媒体保定行”等多项外事活动受市政府通报表扬。

**【对外友好交流合作】**　一是礼宾接待水平取得新提高。2009年共接待重要外宾团组34批455人次，与上年相比，分别增加35%和15%。来访团组呈现出规格高、驻华使节多、目的性强等新特点，对扩大保定市国际影响、树立良好国际形象起到了积极作用。二是服务经济和社会发展取得新成效。努力推进一批实质性合作项目的对接，取得了多项成果；积极推进教育、文化、环境、技术等领域的合作，达成了一批对外合作意向。三是对外宣传呈现新亮点。先后邀请和接待外国主流媒体和记者14批82人次来保采访报道，成功举办32家外国媒体集中采访“中国电谷”主题活动，扩大了保定和“中国电谷”的国际知名度与影响力。

**【因公出国（境）管理工作】**　共审核报批因公出国（境）团组70批217人次，保证了对外交往的正常进行。深入开展制止党政干部公款出国（境）旅游专项工作，严格控制无明确公务目的和无实质性内容的出访团组6批10人次，出访团组和人次与上年同期相比分别减少27%和23%。

**【涉外管理工作】**　与有关部门积极协调，妥善处理涉外事件，减少负面影响，维护稳定大局。认真做好涉外突发事件应急准备，进一步修改完善了各类涉外应急预案；积极参加省、市反恐处突应急演练，提高反恐处突作战能力。国庆六十周年期间，实现了涉外安全零事故。

**【侨务工作】**　为26名“四侨考生”办理了中、高考升学加分身份认证，为39人出具“归侨侨眷身份证明”。积极协调帮助归侨侨眷解决住房、就业、入学、社会保障、生活困难等问题，走访慰问贫困归侨侨眷82户190人次，向归国六十周年的70多名老华侨颁发荣誉证书和每人500元的慰问金，发放困难补助和慰问金共计8万余元。接待马来西亚沙巴州同乡会代表团来访，参观了长城汽车公司，并将进一步谋求实质性交流与合作。组织开展“走白求恩的路、宣扬白求恩精神”活动，加拿大医务工作志愿者来保义诊，并向革命老区学校和卫生院捐赠价值2万余元的学习用具和医疗用品。初步和日籍华人竹内林书女士达成捐赠意向，将与河北大学联合筹备设立1亿日元的“高校贫困大学生救助教育基金”。大力实施归侨侨眷关爱工程，在虎振技术学院挂牌成立“河北省归侨侨眷关爱工程技能培训基地”，为81名归侨侨眷或子女免费提供技能培训。积极实施“侨爱工程”，容城县东牛村成为保定市首个由国侨办和农业部联合命名的“侨爱新村”。

【外事往来】

1.2月6日，日本松下集团副社长牛丸俊三一行5人访问保定，并参观英利新能源公司、直隶总督署。

2.3月1日~7日，联合国防止化学武器扩散核查小组一行5人来访，对保定市化工企业进行了核查。

3.3月4日，世界银行中国蒙古局长杜大伟一行3人访问保定市。

4.3月5日，由中国机电商会组织，毛里求斯驻华大使、加纳驻华公使以及秘鲁、美国、埃及等19国45名外交官组成的大型使节团访问保定市，参加了英利集团举行的公司发展前景新闻发布会，并实地参观、考察英利集团。

5.3月7日~8日，由国防部外事办公室组织的61个国家驻华使馆武官夫人代表团一行115人来保访问社会福利院、清西陵、容城服装厂等单位。

6.3月9日，市长于群就保定市新能源产业的发展情况接受美国哥伦比亚广播公司记者采访。

7.3月27日，毛里求斯驻华大使和夫人一行4人来访，参观、考察了保定市新能源产业。

8.4月1日~4日，市长于群率投资贸易代表团赴香港参加2009年河北省（香港）投资贸易洽谈会。

9.4月9日，由13国20人组成的阿拉伯联盟使节团（其中包括巴林、埃及、伊拉克、约旦、科威特、毛利塔尼、索马里、阿联酋等8国大使）访问长城汽车公司。

10.4月17日~23日，市委副书记李剑方率新能源代表团访问埃及、乌干达和肯尼亚，考察电力能源开发利用状况和新能源市场，开展经贸洽谈和宣传推介活动。

11.5月7日，波黑塞族共和国总统一行6人访问保定市。

12.6月23日，非洲驻华使节夫人小组一行15人访问涿州，考察妇女脱贫项目。

13.6月24日，美联社、共同社、半岛电视台等32家外国媒体50名记者来保进行“保定·中国电谷”主题采访活动。

14.6月29日，市长于群就保定市新能源产业的发展情况接受《美国基督教科学箴言》北京分社首席记者采访。

15.8月19日~20日，比利时东佛兰德省副省长德布克一行15人访问保定市新能源企业、驻保高校、省畜牧研究所等单位。

16.8月28日，世界城市和地方政府组织亚太区秘书长彼特·伍兹来保考察新能源企业，探讨将保定市列为2012年世界气候项目案例城市的可能性。

17.8月28日，赞比亚大使鲁潘多·姆瓦培先生一行5人来访，就赞比亚与保定市开展新能源和科技合作相关事宜进行了洽谈。

18.9月8日，瑞士联邦国务秘书盖尔伯先生、驻华大使博戴尔先生一行9人访问天威集团，考察了薄膜太阳能电池生产情况，就双方的合作进行了探讨。

19.9月9日，哥斯达黎加商务部长马尔科·路易斯先生、驻华大使安东尼奥·布尔格斯先生一行5人来访，参观了长城汽车公司和高开区新能源企业。

20.9月15日~16日，德国马卡尔登—迈宁根县县长拉尔夫·路德先生一行6人访问保定市新能源企业。

21.9月20~21日，俄罗斯列宁格勒州副州长库兹涅措夫一行9人来访，参观了河北大学、保定外国语学校，就双方互派留学生事宜进行了洽谈。

22.9月24日，丹麦驻华大使叶普先生一行3人访问定兴，参加丹麦格兰富公司援建的太阳能水井项目落成仪式。

23.10月24~25日，荷兰王国南荷兰省副省长达惠斯女士一行8人来访，就惠腾公司与该省企业开展风电产业合作进行了洽谈。

24.10月28日，冰岛驻华大使贡那尔松先生一行3人来访，参加冰岛恩莱科斯公司、中国石化新星石油有限公司、雄县政府三方联合开发地热资源协议书签字仪式。

25.12月1日~8日，副市长李国英率经贸代表团赴美国、加拿大进行商务访问。

26.12月4日，澳大利亚广播公司北京分社社长麦笛文一行四人就低碳城市发展情况来保采访拍摄。

27.12月5日~13日，人大

副主任袁振江率商务代表团访问澳大利亚、新西兰。

主　　任　刘志强
副 主 任　鹿建芳（5月任调研员、10月免）
　　　　　刘国建（12月免）
　　　　　冯　真
　　　　　卢建春（5月任）
纪检组长　王惠娟（8月离任）
　　　　　王海龙（8月任）
副调研员　李　刚（6月免）

（张兆强）

# 民族宗教工作

**【保定市民族宗教事务局】** 市民族宗教事务局为保定市政府的组成部门。主要职能是贯彻执行党的民族宗教政策，依法对民族宗教事务进行管理，发展少数民族经济、教育、文化、科技、体育、卫生等各项事业，维护少数民族、宗教团体的合法权益，促进民族团结、宗教和睦与社会和谐。市民族宗教事务局为正县级行政机关，内设办公室、政策法规宣传处、民族处、经济处、宗教一处、宗教二处。

**【概况】** 2009年，市民族宗教事务局全面贯彻落实民族宗教工作基本方针，实现了民族团结，宗教和谐，社会稳定，为实现"又好又快发展、强市兴县富民"的目标做出了贡献。2009年10月，被市委、市政府评为国庆安保工作先进单位；2010年2月，被市委、市政府评为2009年度维护社会稳定工作先进集体；被市综治委评为2009年度综治目标重点考核单位"好"的档次；被市纪委、市监察局评为2009年度纪检监察系统工作实绩先进单位；2010年3月，市扶贫开发领导小组对市民族宗教事务局2009年度扶贫帮扶为好的单位予以通报表扬。

**【加强政策法规宣传培训，做好国庆安保工作】** 广泛宣传党和国家民族宗教政策法规，进一步规范民族宗教工作，坚持"三手抓"不放松，即抓培训，抓规范，抓普及，使党和国家的各项民族宗教政策法规深入人心。一是积极做好国庆安保工作，抓住重点、制定预案、开展活动、掌控全局，对每个重点领域分别制定了工作预案，开展"三项活动"实现全市民族宗教领域和谐稳定；二是采取集中学习、理论讲授、分类实施的方法，分别举办了全市民族宗教局长、全市阿訇及部分寺管会主任、市佛协、道协理事会理事、市基督教两会三期义工班及其工作人员公文文书等培训工作，共计培训6批，约350余人参加了培训；三是圆满完成市佛教协会、市基督教两会换届工作；四是在年终市民族宗教事务局召开了五大宗教团体工作汇报会，连续进行了七年。通过五大宗教团体负责人对全年工作的汇报，体现了党对宗教工作的坚强领导，加强了宗教团体对政府依法管理宗教事务的认同感，激发了全市宗教界投身经济社会建设的热情；五是积极开展"和谐寺观教堂"创建活动，召开动员、制定方案、量化标准全面推进创建活动；六是认真贯彻执行《中华人民共和国行政许可法》，对行政许可项目进行认真清理，取消行政审批项目5项，下放3项行政许可项目到县（市、区），只保留4项市级行政许可项目，开展实施"服务窗口亮起来"工程，在市民族宗教事务局办公室设立了"便民便企"服务窗口，在政法处设立行政许可事项服务窗口。省民族宗教事务厅审批宗教活动场所2处、市民族宗教事务局审批宗教活动场所4处，共接待信教群众咨询共600余人次，发放办事宣传明白纸1200多张，为1家清真食品企业开办了行政服务，为全面推进政府审批制度化、政府权力公开化、政府行为规范化、政府法制化进程贡献了力量。

**【加强民族团结促进经济发展】** 市民族宗教事务局全面贯彻党的民族工作政策，促进各民族共同繁荣进步。一是认真贯彻落实中办发［2009］34号《关于深入开展民族团结宣传教育活动的意见》及国办发［2008］33号《关于严格执行党和国家民族政策有关问题的通知》，深入开展"各民族共同团结奋斗，共同繁荣发展"主题教育活动，牢固树立"三个离不开"即"汉族离不开少数民族、少数民族离不开汉族、少数民族之间也互相离不开"的理念，宣传党和国家的民族政策，营造团结稳定、繁荣发展、和谐进步的良好氛围，维护民族团结。二是坚持以人为本，积极为少数民族群众服务，促进少数民族定点企业发展，民族经济完成五件实事。即：完成了少数民族发展资金项目申报和资金下达工作，在深入调研的基础上，收集少数民族发展资金项目申请14个，经市县两级筛选上报11个，争取项目资金190万元，为10个县（市、区）的15个民族村解决了行路、饮水、种植和养殖等问题；完成了"十一五"期间保定市少数民族用品定点生产企业的调整工作，除高碑店豆豆集团外，全市还有6家少数民族用品定点生产企业继续享受优惠政策；完成了2008年度少数民族基本情况统计工作，对25个县

（市、区）53个民族成分，21.3万人、3个民族乡、199个民族村和全市少数民族干部情况进行了统计审核；积极配合有关部门完成了2007、2008年度少数民族专项资金使用情况综合治理检查工作，对涉及到的11个县（市、区）的309万少数民族专项资金使用情况，逐县逐项目一一检查，保证了少数民族专项资金使用的规范合法；配合省民族宗教事务厅做好少数民族示范村工作。涉及易县凤凰台、满城县东方顺村等6个省级少数民族工作示范村，采取领导分包试点、落实年度计划、制定三年规划、规范财务管理等方法，民族示范村创建工作成效显著。

**【维护社会稳定工作】** 市民族宗教事务局牢固树立"民族宗教无小事"的观念，认真做好民族宗教领域的稳控工作，保持了各民族的团结和宗教形势的稳定。抓好"4.13"、"5.24"、"12.12"、"12.21"、"圣诞平安夜"及国庆安保等重大敏感期的平稳过渡，实现了连续14年宗教形势稳定的良好局面。

党组书记
局　　长　李同聚（12月离）
　　　　　闫兰申（12月任）
副 局 长　马文福　李正如
　　　　　闫克军
纪检组长　李世友
调 研 员　李丰岐
副调研员　金明河

（任　海）

# 档案工作

**【保定市档案局】** 保定市档案局（馆）隶属保定市政府领导，实行局（馆）合一，一套机构，两个牌子，为全额拨款事业单位，参照公务员法管理，内设办公室、法规处、业务指导处、科教处、编研处、保管利用处、现行文件中心。主要职能是对全市档案事业实行宏观管理，依据有关法律、法规进行档案行政执法、监督、指导、检查、协调档案业务工作；负责集中统一管理市直机关的重要档案资料，保守党和国家机密，维护档案的完整，确保档案资料的安全，负责调查、收集散存在外的本市档案资料和与本市有关史料；组织档案科学技术和理论研究，推进本市档案工作的科学化管理和现代化建设；制定本市档案工作人员队伍建设规划，组织档案专业教育和档案干部培训工作，协助做好档案专业技术职务评聘的有关工作；负责全市档案宣传工作，统一管理全市档案资料的对外交流，协调全市档案工作的外事活动；负责全市档案信息开发、开放规划与管理，发挥档案信息资源作用，为社会各方面提供服务。

**【概况】** 2009年，结合全市档案工作实际，经过反复讨论和广泛征求意见，确定了"建立两个体系（覆盖人民群众的档案资源体系和方便人民群众的档案利用体系），坚持资政惠民，推动全市档案事业又好又快发展"的活动主题；深入开展干部作风建设年和学习实践科学发展观活动，切实加强档案法制建设、基础建设、业务管理及干部队伍建设。2009年，省档案局对11个设区市和扩权县的档案事业发展状况进行了综合评估。为了迎接评估工作，市档案局自2009年初将评估内容的六大项54小项分解到处室，逐项落实到人，局领导每周调度进展情况。省局评估组听取了我市档案事业发展状况的汇报，实地查看了市档案馆和抽查了高开区管委会档案室，根据评分细则给保定市评为167.1分，在全省11个设区市中名列前茅。

**【基本建设】** 1. 馆库建设。在做好建设保定市国家档案馆立项准备工作的同时，把工作重点放在推进县级国家档案馆建设上。把市档案馆新馆建设列入市委、市政府《关于大力提升保定城市品位的指导意见》之中，并积极规划保定市新档案馆的建设。县级档案馆建设取得了明显进展，25个县级档案馆的面积由2005年的7617平方米增加到2008年的18761平方米，增幅为146%。2. 馆藏建设。按照《中华人民共和国档案法》和《河北省档案工作条例》，将达到进馆年限的档案及时接收进馆。通过向社会征集档案来丰富馆藏和改善馆藏结构。挖掘档案馆设施设备和专业人员的技术优势，为有需求的法人提供寄存档案服务。2009年全市已接收进馆档案近7万卷，其中市档案馆接收21800卷，市档案馆馆藏总量达到近27万卷。全市馆藏档案总量到1102052卷，在全省11个设区市中名列第二。定兴县被评为全省档案资源建设先进县。3. 落实国家档案局8号令，完成了对机关、团体、事业单位文件归档范围和保管期限表的审核备案，市直机关归档合格率达到95%以上，县直机关归档合格率达到90%以上。4. 对国有企业和重点项目及民营企业的档案工作加强了检查和业务指导。5. 列入《政府工作报告》的"建设350个文明生态村规范档案室"的任务已完成361个，提前并超额完成了任务（规定12月底完成）。6. 接受了市人大对落实《档案法》情况的视察，并得到市人大的肯定。7. 承办了市政协委员关于加强档案馆建设和重点档案抢救保护的提案，提出案由的市政协委员对承办结果表示满意。8. 全市共争取中央财政对重点档案的抢救保护经费17万元，其中市馆《直隶保定救济院档案资料》为6万元。

【档案馆数字化建设】 自2008年启动保定市档案馆数字化建设一期工程以来，加大工作力度、加班加点扫描档案，到年底，市馆已扫描档案741多万页，著录100多万条，一期工程如期完成。同时，加大了对25个县（市、区）档案馆数字化建设的监督指导力度，发出了保定市档案局《关于加快县级国家档案馆数字化工作进度》的通知，提出了每个县档案馆年内完成30万页的扫描任务，并且为他们提供技术支持和业务指导，调动了各县（市、区）档案馆进行数字化建设的积极性。到年底，全市县级档案馆已扫描档案近500万页。此外，在接收市直机关纸质档案时，同时接收电子档案，为档案数字化建设打下坚实基础，并很快进入到全省的先进行列。2009年，高阳县被评为全省档案数字化建设先进县。

【大力开发档案信息资源】 1. 做好查阅档案的接待工作。据不完全统计，全年共接待查阅档案人员近万人次，提供档案2万多卷次，为领导决策、编史修志、历史研究和解决工龄、房改、退休等涉及民生问题提供了凭证和依据。2. 将满30年的档案经过鉴定后向社会开放，并且通过网络公开开放档案目录，给查档人员提供方便快捷高效的查档途径。3. 搞好档案编研工作，与河北大学合作编印的《保定商会档案汇编》（50卷）和市档案馆承担的《保定农业史料汇编》（暂定名）都在编辑之中。满城县档案馆、雄县档案馆、涞源县档案馆等重印了清朝或民国版的县志，得到县领导的重视和好评。4. 市档案馆和25个县（市、区）档案馆积极开展政府信息公开查阅工作，购置设施设备，制定规章制度，开展服务承诺，成为政府与公众沟通的桥梁，受到社会公众的欢迎。省、市两级政府信息公开工作领导小组办公室对我局的工作予以了充分肯定。5. 积极组织河北省开发利用档案优秀成果申报工作，全市共有9项利用成果获奖，其中二等奖1项，三等奖2项，优秀奖6项。

【推进国家档案馆建设和国家档案资源建设】 档案馆建设被列为文明城市的评比条件之一，国家建设部和发改委批准公布了《档案馆建设标准》，自2009年开始，国家为扩大投资需求，对中西部省份建设县级档案馆，由中央财政给予补助。市档案局抓住时机，与市发改委积极配合，促成全市22个县（市）对建设新档案馆做出承诺和规划，及时上报省发改委和省档案局，经审核后上报国家发改委和国家档案局审批。按规划，保定市将分三批在22个县（市）全部建设新档案馆，可争取中央财政补助3000万元以上。第一批已上报7个县待批，望都县3000平方米的新馆已经开工，阜平县5200平方米的新馆和涞源县3600平方米的新馆将于近期开工兴建。

党组书记、局长　许平洲
副局长　张维清　辛书田
纪检组长　李变巧
调研员　崔彤启
副调研员　李根来

（白雅冰）

# 综合政务服务

【保定市行政服务中心管委会(优化办)】 保定市行政服务中心于2006年2月28日正式挂牌运行，2008年9月成立保定市行政服务中心管理委员会（优化办），为市政府特设机构，单独列编，实行市委、市政府双重领导，设在市纪委，负责市行政服务中心的管理工作和全市优化环境工作。共有45个单位入驻、其中审批和服务事项285项，并引进收费银行、会计师事务所、保险、邮政、照相、环评等配套服务单位和中介机构12家。主要职能：负责对进入行政服务中心的各项审批（含行政许可、非行政许可、其他行政权力）事项和与之相关的服务事项进行协调、指导和监督；负责行政服务中心相关制度落实情况的监督、检查；负责对进入行政服务中心工作人员的日常管理和向有关部门建议后备干部人选；主持召开重大事项联审会，组织和监督《保定市投资项目联合审批实施方案》的实施；对进驻行政服务中心的审批、服务事项涉及的费（税）（含行政事业性收费、政府性基金、经营性收费、国有资本经营收益、税收）实行集中统一收取；负责对涉及公共资源交易有关事项的管理、监督；负责对行政服务中心各分厅的管理和监督；制定全市优化发展环境方面的政策措施，并组织实施、督导检查；负责对全市优化环境及驻行政服务中心窗口工作的考核，对各县（市、区）和市直各部门及工作人员提出考评意见；受理有关行政服务中心和优化环境方面的群众投诉，负责调查、核实危害发展环境案件，并提出处理意见；组织和监督《保定市委、市政府关于进一步优化骨干工业企业、高成长型工业企业和重点工业企业发展环境的若干规定》的实施；负责行政服务中心的后勤服务、安全保卫及网络维护等工作；完成市委、市政府交办的其他任务。内设办公室、综合业务处、督查一处、督查二处、效能监察处、行政处。

**【概况】** 2009年，以扎实开展“学习实践科学发展观”、“干部作风建设年”和“亲商重商”三项活动为抓手，按照“便民、规范、公开、高效”的原则和“一制、二化、三抓、四定”总要求，突出抓好“优化环境建长效机制、中心建设抓上档升级、队伍建设强干部素质”三项工作，完成各项任务目标。整体工作和多项单项工作得到中纪委、省委、省政府、省纪委以及市委、市政府领导的充分肯定和表扬。2009年5月在全省行政服务中心建设经验交流会议上介绍了经验，受到省委、省政府通报表彰；被评为全省干部作风建设“十佳集体”；同时被市委、市政府评为推动全民创业工作实绩突出单位和信访工作“先进单位”；2009年5月，在处理顺丰快递货物遗失工作中表现突出，被市政府通报表彰；涿州市行政服务中心受到省委、省政府通报表彰；顺平县蒲阳镇便民服务站被评为全省干部作风建设“十佳服务窗口”。

**【推进“三位一体”管理体制】** 2008年9月，市委、市政府成立市行政服务中心管委会，挂市优化办牌子，赋予了对行政服务中心建设和全市优化环境工作的政策制定、组织协调、工作指导和督促检查职能，正式确立了纪检监察、优化环境和中心管理三位一体的管理体制和工作机制。按照市领导要求和全市行政权力运行监控机制建设暨行政服务中心建设推进会议部署，各县（市、区）委、政府高度重视，认真组织谋划，截止去年底，各县（市、区）全部参照市里做法，将行政服务中心管委会和优化办合署办公，统一设在纪委。全市市、县、乡三级系统建设初步理顺，“三位一体”领导体制初步形成。

**【强化组织指导和监督检查】** 1. 加强制度建设，夯实优化环境工作的根基。2009年，市行政服务中心管委会（优化办）代市委、市政府制定出台了《关于进一步优化投资环境的实施意见》、《关于实施“服务窗口”亮起来工程的工作方案》等10余个文件；并以市优化办的名义制定出台了《关于开展优化企业发展环境专项整治活动意见》等5个文件，明确了优化环境工作的任务目标、工作重点和具体措施。各县（市、区）和市直部门也积极加强制度建设，共制定出台关于优化环境的文件246个，有力促进了优化环境工作的扎实开展。加大明察暗访力度，推进优化环境工作深入开展。市优化办制定了《优化发展环境暗访工作实施办法》，并深入部门单位、乡镇社区、企业厂矿，不间断地进行明察暗访，共对276名机关工作人员进行了责任追究，力度之大、追责人数之多在全省居前列；各县（市、区）组织开展了不同形式的明察暗访，共纠正各类问题300余个，查处人员547人；市直各部门也结合“干部作风建设年”，不断强化制度约束，加强监督监察，净化发展环境。高阳县在优化环境工作中改“评先进”为“选最差”，曝光反面典型，收到了很好的效果；阜平县在明察暗访中严格实行“把握热点、找寻线索、暗访曝光、督促整改、责任追究”的“五步”工作法，促进了该县经济发展环境的持续优化。3. 精心组织专项活动，营造亲商重商浓厚氛围。各级优化办以“优化企业发展环境专项整治”、“服务窗口亮起来”和“优化环境群众评议”等活动为载体，大力规范行政执法行为，在全社会形成了亲商“零距离”、助商“零障碍”、扶商“零缺位”的共识。一是畅通投诉渠道。制定了《关于优化环境投诉督查案件办理程序》，充分发挥优化环境投诉中心等信息平台的作用，通过分类梳理投诉信息，进一步掌握了企业和群众呼声，了解了企业意见和建议，为企业和群众解决了许多困难和难题。全市优化办系统协调处理各类投诉470余件，为企业减免经济损失达数百万元。二是建立联系渠道。结合开展“亲商重商”活动，深化领导干部联系企业制度，全市相关部门副科级以上领导干部和4000余个企业结成帮扶对子，深入到帮扶企业，了解企业发展状况、存在问题与困难、发展思路和要求；各级领导干部分包企业解决难题、化解纠纷8116个。三是拓宽服务渠道。制定了《重大投资项目全程服务办法》。2009年，全市共为236家企业实行领办代办，其中市行政服务中心共为52家企业无偿领办、代办阶段性审批事项76项。四是拓展帮扶渠道。市行政服务中心管委会（优化办）在结对帮扶企业的同时，深入开展了“行政审批服务阳光行活动”，多次组织驻厅窗口人员到企业、厂矿、社区等提供政策宣传、咨询、指导等服务，发放宣传册1000余份，现场答复和解决问题600多个。市优化办通过组织企业座谈会，到重点监测企业走访调研等方式，深入了解优化环境工作中存在的问题和企业需求，及时解决企业难题，明确工作着力点。五是扩大信息公开通道。制定了《保定市房地产项目审批信息发布办法》和《保定市房地产开发联合审批服务指南》，并公开发布。对行政审批项目的受理、承办、批准、办结和告知等审批环节通过政府门户网站、行政服务中心网站等进行动态公开，实行阳光操作。2009年省政府四次对我市房地产开发行政审批和收费制度改革情况进行检查，对我市给予高度评价，指出“保定市从实际出发，创造性落实上级精神，成效显著，值得推广”。

**【探索行政权力运行监控机制建设】**制定出台了行政权力运行监控机制建设的《工作方案》、《考核办法》、《行政权力廉政风险评估预警工作方案》和《关于推进行政权力运行监控机制标准化和规范化建设的实施方案》，强化对各级各部门的组织协调和监督检查，推动工作深入开展。2009年先后两次组织召开行政权力运行监控机制建设推进会和观摩调度会，对各县（市、区）和市直部门进行调度，推进行政权力运行监控机制建设在全市迅速展开。2009年，全市共清理各类行政权力43215项，查找风险点近10万个，制定监控制度4346项，实行了“三定”、“三色”、“三星”、“三网”行政权力监管模式，建立完善了“一事两方案”、“一岗双报告”、“三级轮岗”制度。同时，把行政服务中心作为行政权力运行监控的平台，组织各驻厅部门窗口逐条查找风险点，制定严密、扎实、针对性强的防范措施，并通过在窗口设立廉政风险警示牌和评议器等方式，加强对行政权力行使全程、全方位的监督，促进了窗口审批服务工作阳光、公开、透明运行。此项工作得到省委常委、省纪委书记臧胜业三次肯定性批示，其中市本级2次，望都县1次。

**【推行“两化”标准】**按照市委、市政府出台的《关于加强行政服务中心建设的意见》和《关于加强行政服务中心建设的若干规定》要求，三级行政服务中心建设取得历史性突破，成效主要体现在三个方面。1. 中心软、硬件建设全面上档升级。按照“软件建设规范化、硬件建设标准化”的要求，市行政服务中心管委会通过争取财政支持和自筹资金近百万元，先后对中心大楼进行了内部装修、升级改造，增添设施，建成了省内一流的行政权力运行监控中心；设立了统一登记服务，进一步规范了办事程序，增强了透明性。各县级行政服务中心，也多方筹集资金，高标准、高质量进行中心建设和升级改造。涿州市投资5000万元，建成了省内一流的县级行政服务中心；易县累计投资百余万元对中心软硬件进行了升级改造，其中包括投资26万元更新了审批和电子监察系统。市行政服务中心各分厅在提升服务水平上也取得了新进展，车辆管理分厅提出了“能一趟解决的问题决不能让群众跑两趟，能一天办结的事情决不能让群众等两天”的高标准服务理念，增设了驾驶员体检项目；房地产交易登记分厅为方便群众查询和办事，将档案室整体搬迁到业务大厅，同时降低收费标准，减半收取住房交易手续费；建设工程招标分厅印制了招投标程序指南，积极推进全市招投标管理平台建设。2. 行政审批效率全面提升。一是在全省率先提出并实施“一章制”。市行政服务中心管委会代市政府制定出台了《关于实施行政审批“一章制”的实施方案》，将原来涉及43个有审批事项部门的81枚公章压缩到45枚；为确保“一章制”落到实处，提出并大力推行“一口”对外制、“一次”告知制、“一条龙”服务制、“一长”负责制、“一章”审批制等“五个一制度”。2009年2月18日《河北日报》在头版头条介绍了这一做法；省电视台也在河北新闻等重要栏目中做出专门报道，此做法在全省推广；二是加大行政审批事项的削减和管理力度。按照“关、停、并、转、放”的要求，对各部门审批事项进行了再次梳理，通过合并、取消、转变管理方式以及下放权限的方法，减少审批事项171项，使审批效率整体提速60%以上。三是强力推进联合审批。先后制定出台了《保定市房地产开发项目联合审批实施方案》、《固定资产投资项目行政许可和行政审批事项工作方案》、《房地产项目审批联席会议制度》和《固定资产投资项目联合审批办法》等规范性文件，通过减少审批环节、优化审批流程、全程跟踪服务等制度，切实提高审批效率，提升服务水平。同时，各县（市、区）也按照市委、市政府的要求，大力推行“五个一”制度，精减事项、缩短时限，促进审批提质提速。高阳县将原有的277项行政审批事项削减到91项，实现了所有审批事项进驻中心办理。3. “三网并轨”建设起步良好，效果初显。按照

“党政领导有终端、部门有窗口、企业有通道、基层有平台”，实现全境式覆盖的要求，建成了集行政审批、电子监察、行政权力运行监控功能于一体的保定市电子政务服务平台。该网络是河北省第一家以行政审批平台为基础、电子监察平台为核心、权力运行全程监控、数字证书保驾护航的电子政务服务审批系统，在全国电子政务平台建设中也是首创，实现了“信息全程公开”的群众监督、“全部流程定制”的技术监控和“行政服务中心全程封闭运行”的监察监督“三项监督”的有机结合。国家预防腐败局领导在市行政服务中心调研指导工作中对“三网并轨”运行系统给予了高度评价和充分肯定。市县联通、部门联动工作稳步推进。

主　　任　王振民
常务副主任　庞海林
副 主 任　孟庆良　宋红敏
副 调 研 员　王晓辉

（王宇鹏）

# 无线电管理工作

**【河北省信息产业厅保定无线电管理分局】** 河北省信息产业厅保定无线电管理分局隶属河北省信息产业厅，负责全市无线电管理工作。正县级单位。内设综合科、业务科、监督检查科、监测站。

**【概况】** 2009年，无线电管理工作围绕“加强管理、保护资源、保障安全、健康发展”的工作方针，认真贯彻《中华人民共和国无线电管理条例》和《河北省无线电管理规定》，按照依法行政、规范程序、把握重点、搞好服务的工作思路，不断加大无线电管理工作力度。在开展深入学习实践科学发展观、干部作风建设年活动，加强廉政建设的基础上，认真落实了国庆六十周年无线电安全保障为重点的全年任务目标。

截至2009年12月10日，保定辖区共设各类无线电台站16493座（部），其中：公众网移动基站6022座（包括GSM基站4117座、TD－SCDMA基站546座、WCDMA基站620座、CDMA2000基站739座），直放站958座，各类无线接入基站（含PHS、SCDMA及其他无线接入系统）5262座，扩频台站64座，超短波台（含移动台）1124座（部），短波台4座，集群台站586座，公检法专用频段台站1245座，广播电视台站80座，MMDS台站6座，校园调频发射台15座，民航导航台站1座，卫星地球站13座，各类微波台站524座，雷达站1座，业余电台772部。2009年共审批频率15个，恢复使用频率3个，审批及恢复使用台站380台；撤销停用频率1个，撤销停用台站54台；共发放电台执照505张。其中完成中央电视台涿州拍摄基地等单位设置使用超短波通信网的审批、验收和发照工作；完成保定市路灯管理处恢复使用数传网和超短波通信网的审批和重新发照工作；完成中国移动保定分公司TD－SCDMA网络新建基站验收工作；严格审批办理业余无线电台225部。截至年底，共收取频率占用费70万元，重点进行了干扰协调14次及违章查处20次，共收缴封存各类无线电发射设备7部。

**【国庆60周年无线电安全保障】** 根据省无线电管理局《首都国庆六十周年活动河北区域无线电管控工作实施方案》（以下简称《省局方案》）的部署，结合保定无线电管理工作实际，精心组织，提前动手，加强协调，严格执法，积极开展清理违法对讲机、无线电执法检查和监听监测工作，保障了北京周边良好的电磁环境。从7月起，无线电管理分局监测站根据资料进行逐一对国庆用频开展保护性监测。共排查出业余频段违章设置的台站20座，其中有3个频率为首都国庆用频。9月，利用11个工作日对辖区的广电局以及保定电台、保定电视台、省广电发射中心等共计21个单位进行了检查，与21个单位的第一责任人签订了确保国庆庆典期间严格按审批技术参数发射的《责任书》。消除了干扰隐患，为首都国庆无线电保障工作奠定了良好的基础。为保障北京国庆庆典无线电用频不受干扰，防止突发事件发生。抽调各科人员成立了由副局长担任组长的涿州保障组于9月29日进住涿州，设立了临时监测点，开展了监听监测和执法巡查工作。自9月29日晚至10月1日夜，涿州保障组利用固定监测站、监测车和便携式监测设备同时开展监听监测，累计监测时间56小时，采集频谱图94幅，查没非法设置中继台2个。国庆期间，保定辖区内未出现一起恶意干扰案件，实现了“零案件”目标，圆满完成了国庆无线电安全保障任务。由于保障工作成绩突出，4人被评为“做出突出贡献的个人”。

**【参加“长城6号”反恐演习】** 6月，在涿州进行的“长城6号”反恐演习中，市无线电管理分局配合省无线电管理局承担实施电子侦察和电子对抗的无线电保障任务。演习中，分局共出动监测车2辆，便携监测测向设备10（台）套，保障人员8人，累计开机监测时间32小时。经过4天紧张奋战，完成了无线电保障任务。参加演习和保障的全体同志团结协作，密切配合，圆满完成了预定任务，受到了公安部有关单位和演习指挥中心有关领导的高度赞扬。

**【积极清理违法使用对讲机专项行政执法活动】** 针对违法使用对讲机愈演愈烈的趋势及严重扰乱破坏正常空中电波秩序的情况，根据工信部《关于开展清理违法使用对讲机专项行政执法活动的通知》（工信部无〔2009〕134号）精神和省无线电管理局的统一安排部署，开展了清理违法使用对讲机专项执法活动。利用现有设备建立了无线电纠察台，进行宣传和查处违章工作，并通过媒体发布了《关于开展清理违法使用对讲机专项行政执法活动的通告》，对160多家宾馆、饭店、娱乐场所、超市等单位以及出租车、私家车等流动性较强的车载电台使用车辆进行了宣传，共发放《通告》1700余份。对市区宾馆、饭店、超市、物业、娱乐场所等88家单位进行了检查，共检查对讲机300余部，共查处17个非法中继台。规范其对讲机使用，督促其办理相关的设台手续，已有114家单位或个人前来办理设台手续，共办理对讲机201部，中继台2部，收取频率占用费0.67万元。

**【干扰协调及违章查处工作开展情况】** 为加强无线电台站的监管工作，维护空中电波秩序，以国家有关清查无线电台站精神为指导，按照年度工作计划，对出现的违章行为进行及时查处。截到年底，重点进行了干扰协调14次及违章查处20次，共收缴封存各类无线电发射设备7部，罚款0.4万元。近年来，卫星电视信号干扰案件有增多的趋势，严重了扰乱了人们的正常工作和生活，工信部也批转了驻保部队节目受干扰的文件。针对这一情况，无线电管理分局加大了对这类案件的监测、查处力度，将此项工作作为重点来抓，全年共查处9起卫星干扰案件。通过昼夜监听，广泛宣传，严格执法，使擅自设置使用卫星电视干扰器的势头等到有效遏制。

**【完成全国考试的考场无线电通信监测工作】** 根据国家和省、市安排，通过保定市政府协调有关部门，全力保障全国研究生招生考试、全国普通高校招生考试等九次考试期间无线电安全，防范和打击了利用无线电台作弊行为。在9次考试保障无线电管理分局共出动车辆34车次，人员100余人次，先后查获利用无线电设备作弊10起，没收用于作弊的无线电设备11套（部），协助考务部门查获作弊嫌疑人8人。

**【无线电监听监测和技术保障】** 分局监测站今年认真完成了常规频段监测工作、国庆使用频率监测任务，以及国家、省局下达的临时专项监测计划任务。包括国庆庆典期间开展的监测任务，全年累计完成监听监测时间4532小时。针对国庆保障工作的重点和要求，监测站编写完成多种监测设备的操作使用课件供技术人员学习。与此同时还组织开展了技术练兵活动，通过集中训练使大家的专业技术水平、处置突发干扰事件的能力有了很大的提高。

**【积极推进3G通信网建设】** 在“干部作风建设年”蹲点调研活动中，局班子成员带领机关人员到电信运营企业对3G通信网建设进行专题调研，共征求意见和建议8条，提出了有针对性的服务措施。无线电管理分局还特别对3G通信网建设开辟绿色通道服务，快速高效办理干扰投诉，为3G通信网顺利开通运行做了大量工作。业务科配合省局分别对移动、联通和电信的3G基站建设进行了调研，并就台站数据库资料转换进行了试验。试验成功实现了运营商网管数据与无线电管理分局现用数据库资料的转换对接，确保了台站数据库的完整性、准确性和时效性，为今后的无线电台站数据管理奠定了基础。为了能更好地掌握三大运营商的基站情况，在年底开展了检查活动，共检查基站55座。

局　长　宋宗勋
副局长　吴庆华　赵　强

（赵　强　张天骄）

# 驻外办事处工作

**【保定市人民政府驻北京联络处】** 为正县级单位，下设办公室、信息处、经济协作处、稳定协调处。主要职能是按照“振兴保定，服务首都”的总体工作思路，进行稳定协调、招商引资、信息编发、接待服务等工作。

**【概况】** 2009年，驻京联络处深入学习实践科学发展观，深入开展“亲民爱民”活动，转变干部作风，对全处5个科级职位进行了竞争上岗。努力转变工作职能，强化服务意识，主要围绕对接北京、国庆安保等开展工作。

【对接北京工作】 为了切实把对接北京工作落到实处，以“三个对接”为突破口，推动对接北京工作向纵深发展。1. 突出项目对接工作。深挖与北京的人缘、地缘、业缘关系，充分发挥人脉资源优势，瞄准战略投资者，牵手更多的合作伙伴。截至目前，共联系推介项目15个，其中4个重点项目是：一是联系中国红十字基金会等机构深入保定市开展“大病爱心救助”活动。联系协调中国红十字基金会、北京市红十字基金会、北京军区总医院，组织专家队伍20余人，深入我市顺平县等，开展“大病爱心救助”活动。通过义诊方式现场筛查，对大病（先天性心脏病、肿瘤）患者，北京红十字基金会按每位患者资助5000元，军区总医院为每位患者提供1.5～3.5万元的医疗救助。二是邀请并陪同北京市铸锻行业协会到涿州市高官庄镇铸造企业考察调研。联络处主要领导邀请并陪同北京市铸锻行业协会副理事长兼秘书长王青、协会技术咨询部主任、教授级高工牟伟善等一行到涿州市高官庄镇对铸造行业进行考察。与当地6家具备一定规模的铸造企业进行座谈，并对生产工艺、产品质量、技术难题等方面提出了中肯的意见和建议。同时详细介绍了铸造行业外迁的政策和思路，明确高官庄镇作为铸造业外迁的首选，并提出了在高官庄镇建设园区式、集群式、循环经济的铸造工业园区的设想。三是促成房山·涿州友好区市流通行业联谊会暨菊花白酒品鉴会在涿州举办。通过联络处牵线，房山区、涿州市商务局主办，北京市仁和酒业有限责任公司承办的“房山·涿州友好区市流通行业联谊会暨菊花白酒品鉴会”于7月9日在涿州阳光酒店举行。会上推介了有147年历史、被列为国家级非物质文化遗产的“菊花白”酒。此次活动促进了两区市流通行业进一步沟通、合作，为友好区市的交往增加了交流的机会。四是阜平县造纸项目。石头造纸是台湾龙盟科技股份公司历经12年研发，在全球48个国家注册专利的高科技项目。该环保项目技术含量高、后续项目多，发展前景极为广阔。从2009年下半年接触该项目后一直跟踪不放，先后16次同台商联系洽谈。邀台湾龙盟科技股份公司总经理杨雄辉先生等一行3人，专程从台湾到阜平进行项目考察洽谈。阜平县政府与台湾龙盟科技股份公司、阜平县炭灰铺煤业有限责任公司签订石头造纸项目合作意向书。11月底，阜平和联络处有关人员已赴台对该项目进行了实地考察。2. 突出搜辑分析上报对接信息。利用在北京的驻地优势和与国家各部委、北京市、各大媒体、科研院所的密切关系，紧紧围绕市领导关注的关系到经济社会发展、对接重点、热点问题，作为信息搜辑报送的着力点。报送信息做到了有情况、有分析、有建议。目前共编发各类信息160余条，采用率10%以上，市对接办信息工作考核，驻京联络处名列第一。3. 突出对接北京联络服务工作。一是积极开展高层互访。周密组织了保定市领导和北京市相关领导的会面洽谈对接事宜。协助保定市有关部门与国家部委、有关部门开展广泛、务实合作，有计划地开展对口交流，建立定期会晤和联席协商。特别是市委书记宋太平、市长于群带队，与铁道部、北京规划委和交通委等部门领导进行了高层会晤，就加快京保区域交通基础设施对接达成共识，加快推进了保定火车站改造建设，争取到了最优的政策、资金支持。其他四大班子领导也相继拜会北京有关领导，就发改、旅游、商务、教育等问题达成共识。二是积极帮助县（市）搞好宣传、联络工作。协助8个县（市）在北京举办了同乡好友新春联谊会，帮助联系会场，协调有关事宜，邀请北京市的各界领导和高管累计达170余人次出席会议。协助有关县（市）组织好项目洽谈会、招商会、恳谈会等活动。邀请了有关部委及北京市有关单位的领导50余人次到保定进行指导、考察工作。三是积极了解有关县市情况，做到有的放矢搞对接。开展对接工作以来，先后派得力人员到涿州市、高碑店市、涞水县、安新县、雄县、容城县、阜平县和涿州市的高官庄镇，了解在对接北京工作中需要我们做什么工作，回京后根据有关县市的要求召开专门会议，进行专题研究，有针对性地帮助解决工作中遇到的困难和需求。

【国庆安保工作】 一是高度重视，明确认识，强化领导。成立了专项工作领导小组，“一把手”亲自抓。始终把国庆安保作为一项重要的政治任务，做到一切工作紧紧围绕国庆安保、服从国庆安保。二是扎实工作，措施得力，确保稳定。从8月开始，联络处取消双休日，实行主任带班制度。将现有人员划分成3个固定值班组，每班有一名科级干部在位严格职守，24小时不离岗，做到了电话随时接，上情随时达，下情随时报，问题随时解，不论大事小事从未误过。三是加强协同，快速反应，化解矛盾。针对保定距离北京近，上访人员相对较多的特点，主动与各县（市、区）及其在京值班的有关人员取得联系，帮助他们解决棘手问题，处理一些突发事件。对上访人员，不管白天黑夜，接到信息在第一时间赶到现场，及时将上访人员接到办事处，做耐心细致地思想工作，并以最快的时间向有关部门反馈。直接处理的集体访、非正常访和突发事件共计10起，协助、参与处理的上访事件共计13起，累计达到90余人次。四是积极主动，密切联系，防患未然。主动与中纪委、国家信访局等有关部门加强联系，通过联络处和有关部门的共同努力实现了无登记进京集体访、非正常访和突发事件。五是主动请缨，服务京都，效力国庆。选派得力人员参加当地的联防队；积极协助街道办事处做好户籍车辆的核查清理工作，落实了安全责任制，消除了保定在北京落籍车辆的安全隐患，被当地领导和有关部门称为“最佳友好协助单位”。全年共直接处理集体访41次，非正常访15次。由于国庆安保工作突出，受到市委表彰，被市委、市政府评为“国庆安保工作先进集体”。同时联络处有三人分别给予立功和嘉奖奖励。

主　任　贾亮君

副主任　张宝国　张立洲

（许　平）

【保定市人民政府驻天津办事处】

保定市人民政府驻天津办事处是保定市人民政府在天津的窗口。主要有对接京津、招商引资、经济协作、信息工作、政务接待五大职能。内设四个处室：办公室、经协处、经贸处、接待处。

【概况】　2009年，办事处工作以对接京津战略为中心，为更好地发挥前沿阵地和桥头堡的作用，提高站位，站在服务大保定的高度开展工作，结合职能，明确了一个宗旨，搞了一个分解落实方案，出了一系列调研文章。一个宗旨：“信息、联络、协调、服务”；一个分解落实方案：针对保定市全面对接京津工作2009年落实方案，结合驻津办实际出台一个单位具体任务分解落实方案，目标明确，责任到人；一系列调研文章：结合驻津办工作职能和对接工作实际出一系列对接京津理论研讨调研文章，为对接京津工作的深入开展打下了良好基础。2009年度被市委、市政府评为信息工作优胜单位，被天津市人民政府合作交流办公室评为“双向服务先进单位”。

【围绕“对接京津”战略搞好服务】1. 当好桥头堡，服务各县市。以文化对接为突破口，联络天津画院赴保定市、易县及顺平县进行文化交流。促成天津画院与保定画院结为友好画院，为津保之间更宽更广领域的文化对接提出了可行性建议。促成清苑县与天津南开区，唐县与天津北辰区，易县与天津汉沽区结为友好区县；协助易县、安新县、蠡县分别在天津成功召开旅游推介会、“亲情安新 魅力白洋淀”招商推介会、项目推介会；促成望都县与天津北方集团的合作框架协议，联络天津河北商会有关企业赴保定望都考察。2. 当好后勤，服务企业。促成保定电谷科技有限公司与天津五矿新城机电设备有限公司合作意向，为保定市企业开拓国内外市场打下良好的基础；引进天津隆华房产在保投资刘守庙项目，协调联络望都辣都有限公司成为天津康师傅股份有限公司的辣椒供货商。3. 当好助手，服务政府部门。为宣传好实施好“对接京津”战略，分别走访了天津市发改委、交委、经协办、天津河北区政府、天津市卫生局等单位并进行了深入座谈；为4. 18津洽会保定代表提供优质服务；为保定市争取到“第三届国际融资洽谈会”20家企业的特邀免费名额。此外，协调解决保定市5名县处级干部在津、易县12名科级干部在汉沽区挂职锻炼问题。

【积累人脉，搭建对接平台】在滨海新区成立保定同乡会。同乡会共有保定籍老乡75人，分布在塘沽区开发区政府、海关、铁路、石油、建筑及各大企业。保定同乡会的成立为保定市全面对接京津搭建了平台，为开展对接工作奠定了人脉基础。联系保定市立中集团等10余家企业加入天津河北商会，搭建起在津河北企业沟通、交流、互助、共谋事业的平台和桥梁。

【深入调研，成果显著】　信息工作以“对接京津”战略为重心，日常信息加强与各省市驻津办信息的交流，拓宽信息渠道，挖掘信息深度，为市领导了解天津、对接天津提供决策依据。信息工作在市直同类单位名列榜首，其中省政府信息处采发一期，市领导批示信息、调研各一期。深入企业搞调研。重点对长城汽车股份有限公司投资滨海新区进行了调研，深入分析了长城投资天津滨海的利弊，调研文章《长城入驻滨海的喜与忧》、《办事处组织架构创新是对接京津的重要举措》、《对接京津是系统工程》被市政府信息处采发，《对接天津服务外包 推动保定科学发展》被市委信息处采发，市委书记宋太平做了重要批示并获市委优秀调研成果二等奖。

【攻坚克难，破解难题】　驻津

办大楼因京沪高速铁路工程拆迁，由于涉及承包户利益，大楼拆迁及拆迁补偿成为办事处工作的难点。为了确保国有资产保值增值并争取拆迁补偿最大化。驻津办以大局为重，多次给承包户做工作，数次与拆迁指挥部交涉，最终历时五个月时间与拆迁指挥部达成拆迁协议，为保定市政府争取了两千多万的拆迁补偿款，使大楼拆迁难题得以解决，既支持了国家重点工程，又保证了拆迁补偿利益最大化。

主　任　李保旗

（贾集良　康　军）

# 政协保定市委员会

【综述】　政协保定市委员会是中国人民政治协商会议的地方委员会之一，在中共保定市委的领导和河北省政协的指导下开展工作。主要职能是政治协商、民主监督、参政议政。政协保定市委员会设置32个委员界别，2009年委员总数724名。

2009年，市政协在中共保定市委领导下，高举中国特色社会主义伟大旗帜，牢牢把握团结和民主两大主题，紧紧围绕全市"保增长、调结构、促变样、惠民生、保稳定"的基本要求，充分发挥优势，认真履行职能，为促进保定市"又好又快发展、强市兴县富民"做出了积极贡献。市政协机关被评为全市工作实绩突出单位、社区建设先进集体、亲民爱民活动先进帮扶单位、"两项活动"优秀组织奖、全省社情民意工作先进单位、省政协《乡音》征订工作先进单位、文史资料征订工作先进单位。

【市政协第十一届委员会常务委员会组成人员】

主　　席　崔启慧

副 主 席　陈占国　孙建恒　张国立　赵桂良　姚秀珍　刘建立　郭　普　李小亭　许　皞

秘 书 长　陈占国(兼,1月免)　槐建国（1月任）

常务委员（共113名，以姓氏笔画为序）

万进儒　马会杰　马　河　王士芳　王玉祥　王红艳　王丽华　王连群　王炳刚　王胜利　王　谦　王新利　王福友　王慧燕　冯文堂　冯鹤菁　左　群　田双喜　白红敏　龙苏梅　刘立新　刘伟音　刘利忠　刘国旗　吕玉锦　孙建设　孙树贵　孙新怀　师蕴珩　许红琳　邢彦学　闫克军　吴剑松　张云彩　张文龙　张志民　张志茹　张怀明　张英俊　张荣芳　张敬东　张瑞春　张冀明　李大忠　李旭辉　李连才　李明凯　李荣月　李　晔　李桂琼　李雁鸣　李献强　杜亦大　杜建强　杨坤龙　杨学举　杨益存　狄国良　陈玉忠　周文琪　周连生　范艳艳　郑明慧　宫娜景　赵立柱　赵志国　赵清华　郝春海　贾春顺　崔和平　梁　山　曾　刚　焦冠军　程宝山　葛长青　董桂武　释真广　臧瑞平　颜世民　冀学明　霍占利　王　议　王　征　王勇山　宁洪茂　田海林　乔玉忠　刘　力　刘立青　刘　鹏　邢　斌　齐立伟　吴金霞　吴洪琴　吴　琼　张占忠　张学敏　李　义　李成果　杨冬梅　杨伟坤　杨军华　杨增德　邹洪利　周　刚　武文革　赵　静　倪贺营　郭　芳　郭运通　高　玉　崔玉林

程和平

【市政协十一届二次会议】 政协保定市第十一届委员会第二次会议于2009年2月4日至2月7日在保定百世开利会展中心举行。会议应到委员724名，实到704名。市委、市人大、市政府、军分区领导和政协历届老领导应邀出席了大会开幕式、闭幕式。市委副书记李剑方在开幕式上代表市委讲话。讲话指出，一年来，新一届市政协在中共保定市委的领导下，团结带动各级政协组织和广大政协委员，高举爱国主义和社会主义两面旗帜，牢牢把握团结和民主两大主题，围绕中心，服务大局，认真履行工作职能，充分发挥协调关系、汇聚力量、建言献策、服务大局的作用，开创了我市政协工作的新局面，为推进我市改革发展稳定做出了积极贡献。今年是经济发展非常困难的一年，也是蕴含重大机遇的一年。在这个特殊时期，我们比以往任何时候都更加需要各党派团体的大力支持，更加需要全市人民和各族各界人士的大团结、大联合，更加需要中国共产党与各民主党派、工商联、无党派人士肝胆相照、荣辱与共。就做好今年的政协工作，李剑方提出具体要求。一、统一思想认识，牢记职责使命；二、紧扣工作中心，服务发展大局；三、加强党的领导，支持政协工作。

市政协党组书记、主席崔启慧代表市政协第十一届委员会常务委员会向大会作工作报告。报告回顾了过去一年的工作，并根据新形势、新任务，提出2009年市政协工作的指导思想和总体要求：在中共保定市委的领导下，以邓小平理论和“三个代表”重要思想为指导，深入学习实践科学发展观，牢牢把握团结和民主两大主题，紧紧围绕市委九届七次全体会议确定的目标任务，切实增强政治意识、大局意识、责任意识和忧患意识，以更加奋发有为的精神、更加求真务实的作风、更加开拓进取的姿态，认真履行政协职能，团结带动全市各党派团体和各族各界人士，同心同德，共克时艰，为促进“又好又快发展、强市兴县富民”做出更大贡献。随后，刘建立代表政协第十一届常务委员会作提案工作报告。

与会委员列席了市十三届人大二次会议，会议听取并讨论了李剑方代表中共保定市委所作的讲话，审议通过了市政协主席崔启慧所作的市政协常务委员会工作报告和市政协副主席刘建立所作的十一届一次会议以来提案工作情况的报告，听取并协商讨论了市长于群所作的政府工作报告，协商讨论了保定市2008年国民经济和社会发展计划执行情况与2009年国民经济和社会发展计划（草案）的报告、保定市2008年市本级预算及市总预算执行情况和2009年市本级预算及市总预算（草案）的报告、保定市中级人民法院工作报告、保定市人民检察院工作报告等，圆满完成了各项议程。会议期间，来自全市各族各界的700多名政协委员，以高度的政治责任感和历史使命感，围绕全市经济建设、政治建设、文化建设、社会建设和政协工作中的重要问题，认真履行委员职责，积极建言献策，充分展现了政协委员情系发展、关注民生、不辱使命的崭新风貌。

【市政协2009年常委会议】 2009年，市政协共召开4次常委会议。

市政协第十一届三次常委会议于1月6日召开。会议审议通过市政协关于召开十一届二次会议的决定、市政协十一届二次会议议程、市政协十一届二次会议日程、市政协十一届委员会常务委员会工作报告、市政协十一届委员会常务委员会关于十一届一次会议以来提案工作情况的报告、关于委托崔启慧向十一届二次会议作常委会工作报告的决定、关于委托刘建立向十一届二次会议作提案工作报告的决定、市政协十一届二次会议委员编组办法、小组召集人名单；会议还审议通过有关人事事项。

市政协十一届四次常委会议于2月5日在市政协十一届二次会议期间召开，会议听取大会秘书处对委员讨论情况的综合汇报；审议通过政协保定市第十一届委员会第二次会议选举办法（草案）；审议通过总监票人、监票人建议名单（草案）；听取王惠欣关于陈占国不再担任政协保定市第十一届委员会秘书长的说明；听取王惠欣关于槐建国为政协保定市第十一届委员会秘书长人选和增补常务委员情况的说明；审议通过政协保定市第十一届委员会第二次会议政治决议（草案）、政协保定市第十一届委员会第二次会议关于常务委员会工作报告的决议（草案）、政协保定市第十一届委员会第二次会议关于政协十一届一次会议以来提案工作情况报告的决议（草案）、政协保定市提案委员会关于政协十一届二次会议提案审查情况的报告（草案）。

市政协十一届五次常委会议于3月19日召开，会议审议通过市政协2009年工作要点；通报提案工作情况；审议通过有关人事事项。

市政协十一届六次常委会议于7月16日召开，审议通过了市政协《关于加快推进“工业西进”战略几个重要问题的建议案》，邀请全国政协研究室原副主任李松晨作了有关政协知识讲座。

【扎实开展深入学习实践科学发展观活动】 按照中共保定市委确定的“增强危机意识、改善发展环境、加快争先进位、促进科学发展”的主题，市政协严格完成“学习调研、分析检查、整改落实”的规定动作，扎实开展学习实践科学发展观活动。通过深刻学习领会科学发展观的科学内涵、精神实质和根本要求，查找出不适应科学发展观要求的5个方面16项突出问题，并制定措施逐一整改，努力把科学发展观转化为服务发展促进和谐的坚强信念、正确思路和实际能力，贯穿到履行政协职能的全过程和各个环节。

在学习实践科学发展观活动中，广泛征求各党派团体的意见和建议，把进一步发挥各民主党派和无党派人士在政协工作中的作用，作为落实整改措施的一项重要内容。按照“民主协商、平等议事、求同存异、体谅包容”的原则搞好合作共事，坚持重点办理党派集体提案和社情民意，有计划地组织党派成员参加政协开展的调研、视察、考察活动，鼓励、支持各民主党派负责人和无党派代表人士，通过政协各种会议发表见解和主张，围绕全市大政方针协商议政，在重大理论和实践上形成了广泛共识。

结合学习实践科学发展观活动，大力加强委员的学习引导，通过举办专题讲座、业务辅导、报告会等形式，组织委员深入学习中共十七大和十七届三中、四中全会精神，学习胡锦涛总书记在庆祝人民政协成立六十周年大会上的重要讲话，学习中共中央和省、市委一系列重大方针政策，引导广大委员把思想和行动统一到科学发展观的要求上来，努力成为科学发展观的自觉实践者、积极宣传者和忠实推动者，自觉用马克思主义中国化最新成果武装头脑，不断巩固团结合作、促进发展的共同思想政治基础。

【为全市又好又快发展建言献策】 一主三次、工业西进、对接京津“三大战略”和大水系、大交通、大城市“三大建设”，是市委、市政府统筹全市经济社会协调发展的重大决策。2009年，市政协围绕这些重大决策的谋划制定提出了许多协商建议，并积极参与到工作实践之中。5～7月，重点围绕“工业西进”战略的实施，组织部分专家教授和经济界委员，深入西部8县进行充分调研论证，经市政协第十一届六次常委会审议通过，形成《关于加快推进“工业西进”战略几个重要问题的建议案》，从明晰发展思路、注重生态保护、加强科学规划、建设工业园区、整合各类资源、突破瓶颈制约、促进产业升级等七个方面，提出30余条建设性意见和建议，受到了市委、市政府主要领导的充分肯定和高度评价，为进一步完善有关“工业西进”的政策措施，提供了重要参考依据。9月，在深入调研的基础上，提出了“关于加快推进京津冀经济一体化发展的建议”，市《对接京津工作简报》予以全文转发，要求有关单位和部门在实际工作中借鉴参考。11月，就“城镇面貌三年大变样”和“一主三次”建设情况，组织省、市委员开展联合视察。面对壮观的电谷立交桥、还清的护城河道、快速崛起的宜居新城、日新月异的白沟·白洋淀温泉城新貌，各界委员深受鼓舞，对市委、市政府的科学决策有了更为深切的认识，并就加强清水入市后河道管理、打造高效市内交通体系、美化街区景观环境等，提出了一些具体意见和建议。

市政协有关专门委员会和委员活动小组结合各自职能特点和界别优势，组织委员就打造“中国电谷”、延伸汽车产业链条、整合纺织服装产业、完善金融服务体系、支持外贸企业应对金融危机、深化行政审批制度改革、发展壮大县域经济、推进农业发展和新民居工程建设等课题，开展各类调研视察50余项，向市委、市政府及有关部门提交调研视察报告30多篇。关于“振兴装备制造业”、“推进经济结构调整和节能减排”的建议，还在省政协常委会上作了专题发言。

为促进全市经济早日回升向好，市政协主席、副主席和机关领导干部，深入30多家对口联系企业走访调研，帮助协调解决融资、土地、供电、人才引进等方面的实际困难。通过政协专委会和活动小组搭建交流合作平台，促成一些中小企业“抱团取暖过冬”，共度发展难关。民建界委员举办的“危机下新能源发展与机遇论坛”、九三界委员主讲的“金融危机与对策系列讲座”、农工界委员开展的“小额信贷业务咨询”，受到企业界人士的欢迎。科技、教育界委员积极开展产、学、研联合攻关，促进科技成果转化和产业升级。工商联、侨联界委员利用人脉优势和资金实力，在招商引资、扩大生产等方面做了大量工作。河北省民营企业家（政协委员）保定联谊会组织部分会员赴江浙发达地区考察，使大家开阔了视野，更新了理念。在全市经济建设的各条战线和各个领域，都活跃着政协委员履职尽责、献智出力的身影，充分展现了政协组织围绕中心、服务发展的独特优势和重要作用。

**【广泛团结各族各界各阶层人士】** 围绕市委、市政府构建“和谐保定”的总目标，市政协充分发挥党委、政府与人民群众之间的桥梁纽带作用，积极畅通民意诉求渠道。提案工作突出交办、督办和落实三个环节，通过召开提案交办会、设立提案联络员、督办重点提案、进行年度考核等举措，不断提升提案办理实效。全年共立案并交办提案325件，市委、市政府主要领导批示27件。到年底办结324件，办复率、委员满意率稳步提高，促进了一大批群众关心的热点难点问题的解决。社情民意工作注重在收集、采编、报送上下工夫，通过修订“反映社情民意实施细则”、加强信息联络员培训、完善报送党政领导“直通车”机制，提高了社情民意报送质量和办理效果。全年向上级政协和市委、市政府领导报送社情民意信息20多期，其中，《清苑、满城、徐水群众急盼缩短与主城区的“时空距离”》、《确立城市主色调，让保定更具品位》等信息得到市委主要领导批示，为党委政府了解民情、集中民智、科学决策发挥了积极作用。

保定市是民族宗教大市，做好民族宗教工作意义重大。市政协组织部分委员，就“少数民族乡经济发展情况”进行调研，提交的调研报告被市政府办公厅全文转发，供各县（市、区）和有关部门采纳借鉴；就“发挥宗教界人士和信教群众在促进经济社会发展中的作用”、“宗教寺庙周围环境建设”开展调研，提出意见和建议；组织动员民族宗教界政协委员，积极宣传党的民族宗教政策，协助党委政府做好民族宗教工作，为促进全市民族团结和宗教和睦做出了积极贡献。

市政协高度关注民生，组织委员对扩大就业再就业、失地农民社会保障、医药卫生体制改革、人口出生性别比失衡、看守所监管及基础设施建设、华人华侨捐赠教育资金使用情况等开展调研视察，向有关部门报送了调研视察报告。市各民主党派联合有关部门举办“2009促进就业人才招聘会”，为求职者提供工作岗位近7000个。民盟界委员小组就“消除环京津贫困带”进行调研，民进界委员小组对“促进职业教育发展”提出建议，民革界委员小组为涞源县黄土岭村协调扶贫资金30万元。在全市“寒门学子助学基金”捐赠活动中，各界政协委员捐款200多万元。按照市委开展“亲民爱民”活动的要求，市政协机关干部对30余户困难家庭和10多名贫困学生进行结对帮扶，定期进驻群众工作站协助解决基层群众生产生活中的实际问题。市政协在曲阳县下河乡开展的科技、卫生、法律“三下乡”活动，受到了群众的欢迎和好评。

**【做好文史、宣传工作】** 弘扬保定文化、建设文化名城，是市委、市政府提出的一项重大任务。市政协充分发挥文史工作的职能特点和人才优势，对全市文史资料工作进行摸底调查，组织力量征集《再现根治海河》、《河北文史资料全书·保定卷》史料400多万字，完成《重走建国路》等电视专题片的史料搜集工作，既挖掘丰富了保定市历史文化内涵，又较好地发挥了文史资料“存史、资政、团结、育人”的作用。市政协组织相关界别委员重点就古莲花池“后三景”恢复、淮军公所修缮、西大街仿古步行街改造等开展调研视察，对文物古迹的保护和开发利用提出了一些专业性建议。以书画界政协委员为主体，吸收部分国家、省级书画界知名人士参加，成立了“保定市政协书画家联谊会”，为繁荣保定市书画创作、扩大保定文化影响搭建了平台。社科、新闻、文艺、体育等界别的委员，积极参与“提升保定城市品位”论证工作，就其基本内涵、重要原则、主攻方向、保障举措等提出了许多真知灼见，为市委、市政府谋划制定《关于大力提升保定城市品位的指导意见》提供了智力和民意支持。加大宣传工作力度，积极扩大保定文化名城的影响。利用《保定日报》专版、保定电视台专栏、“保定政协”网站、《保定政协》会刊等，发布文字50余万字，图片80多幅，全方位展示政协工作，向广大政协委员和各界人士广泛宣传保定市历史文化底蕴和文化名城建设成果。同时，在《人民政协报》、《乡音》等全国、省级媒体刊发专稿，积极参加“中国世界遗产地政协主席联席会”等4个横向联谊活动，接待兄弟政协到保定参观考察团组100多批次，在更高层次和更广范围宣传推介保定，进一步扩大了“文化名城、山水保定、低碳城市”的知名度和美誉度

**【开展庆祝新中国暨人民政协成立60周年活动】** 2009年是中华人民共和国成立六十周年，也是人民政协成立六十周年。60年前，中国人民政治协商会议第一届全体会议选举产生中央人民政府，宣告中华人民共和国成立，开辟了中华民族历史的新纪元。60年来，伴随新中国从民族独立“站起来”到改革开放“富起

来”、从“一穷二白”到迈向“全面小康”、从百废待兴到繁荣富强的沧桑巨变，人民政协事业同共和国一起成长，与全国人民一道前进，深深植根于党和人民建设社会主义的伟大实践，融汇于实现中华民族伟大复兴的历史进程，为国家、民族和人民建立了不朽业绩。为了讴歌新中国取得的伟大成就和人民政协走过的光辉历程，市政协隆重举办了庆祝新中国暨人民政协成立六十周年主题书画展、专场文艺晚会、大型座谈会等系列活动。全市各民主党派、工商联和各县（市、区）政协也分别举办了红歌会、摄影展、诗歌朗诵、知识竞赛等丰富多彩的庆祝活动。政协委员和各界人士积极响应、踊跃参与，市政协书画家联谊会会员和市内外书画界名人积极创作参展佳作，部分省、市经济界委员出资邀请多位演艺名家来保演出，充分展示了政协委员的良好形象，受到了社会各界的广泛赞誉。市委对市政协举办的系列庆祝活动高度重视，市委书记宋太平全程参加并在座谈会上讲话，全面总结了保定市政协组织60年来的光辉历程和宝贵经验，高度评价了市政协组织为全市社会主义革命、建设和改革开放做出的重大贡献，对做好新形势下全市政协工作提出了殷切希望和要求。系列庆祝活动的成功举办，营造了隆重热烈、喜庆祥和的节庆氛围，加深了社会各界对人民政协性质、地位和作用的认识，广泛宣传了中国共产党领导的多党合作和政治协商制度，极大激发了广大政协委员和各界人士热爱祖国建设保定的热情。

**【大力加强自身建设】** 市政协把“两争两为”活动作为发挥委员主体作用的重要抓手，加大各委、办、室对活动小组的联系指导力度，建立委员实绩台账，推进委员活动室建设，强化委员小组活动的管理和保障机制，引导各委员小组紧扣全市重点工作和社会热点问题开展活动，号召广大委员立足本岗建功立业、服务大局履职尽责，得到热烈响应。经济界委员中的企业经营者带头倡导“不裁员、不减薪”，医卫界委员奋战在防治甲型H1N1流感第一线，农业界委员积极服务于农业增产、农民增收，工会界委员大力促进“劳动关系和谐型企业”建设，青联、妇联、社保等界别委员踊跃开展志愿者服务、帮残助困、送温暖献爱心等社会公益活动，稳定战线的委员为国庆安保做出了重要贡献。市政协按照“一年一次评比、届内两次表彰”的规定，对“两争两为”活动及时进行了分片交流和阶段总结，对评选出的23个先进活动小组和114名优秀委员进行了表彰，进一步调动了广大委员履职尽责、争先创优的积极性。按照省、市委要求，市政协机关扎实开展“干部作风建设年”活动，通过深化学习、召开民主生活会、查摆突出问题、落实整改措施等环节，取得阶段性成果，干部作风和精神面貌明显改进，服务意识和能力显著增强，工作效率和质量不断提高。对所有科级干部实行竞争上岗，探索建立了一套优胜劣汰的干部任用机制，提升了士气，鼓舞了干劲。根据形势发展和工作需要，对各项工作制度进行全面修订，印发《保定市政协规章制度汇编》，有效推进了政协工作制度化、规范化和程序化进程。

**【市政协机构及成员】**

常务副秘书长　杨坤龙
副秘书长　龙苏梅（1月免）
　　张　旭
　　邢发欣（3月任）

研究室
主　任　张云彩
副主任　王　健

经济科技委员会
主　任　赵立柱
副主任　闫会斌（3月免）

文教体卫委员会
主　任　崔和平
副主任　（空缺）

社会法制委员会
主　任　马会杰
副主任　赵建民（3月免）

学习宣传委员会
主　任　范艳艳
副主任　朱东利（3月任）

提案委员会
主　任　李荣月
副主任　丁国胜（3月免）

台港澳侨委员会
主　任　曾　刚
副主任　王庚申

文史资料委员会
主　任　王胜利（1月免）
　　崔玉林（1月任）
副主任（空缺）

人口资源环境委员会
主　任　臧瑞平
副主任　张艳彬

机关党委
书　记　槐建国（兼）
副书记　（空缺）

（王　波　张　涛）

# 纪检·监察

【**中共保定市纪律检查委员会、保定市监察局**】 中共保定市纪律检查委员会、保定市监察局履行党的纪律检查和行政监察两项职能，在市委、市政府和中共河北省纪委、省监察厅的领导下开展工作。内设21个室（处），即：办公室、政策法规研究室、监察综合室、第一纪检监察室、第二纪检监察室、第三纪检监察室、第四纪检监察室、第五纪检监察室、干部监督管理室、案件审理室、案件监督管理室、党风廉政建设室、纠风室、执法监察室、行政效能监察室、信访室、宣传教育室、培训管理室、监察信息管理室、机关党委、老干部管理服务室。

【**概况**】 2009年，全市各级纪检监察机关始终坚持以科学发展观为统领，以建立健全惩防体系为重点，围绕中心，服务大局，突出重点，打造特色，全面推进，全市党风廉政建设和反腐败各项工作取得了明显成效。查办案件、行政权力监控机制建设、法规建设、案件审理、案件管理、执法监督、行政效能、信息工作、素质建设工程等多项工作，得到省纪委领导的批示和肯定，其中信访监督、农村“三资”委托代理服务制、公车贴标等工作在全国介绍了经验或在中央级媒体进行了专题报道。

【**优化环境工作**】 在全省率先推行行政审批“一章制”改革，市政府本级行政许可事项由291项减少到120项，房地产所需审批公章由108个减少到9个，审批时限由29个工作日压缩为10个工作日。建立了“访查结合、两建两公开”工作机制，完善了一口收费制、进企检查准入制、执法检查“四步规程”（先行告知、指导服务、纠错整改、行政处罚）、处罚下限制、自由裁量权基准制等五项规范执法制度。聘请了100名作风建设年监督员，对市直18个重点部门452件行政审批事项进行了抽查，发现纠正各类问题56个。严格执行《对机关工作人员不作为、乱作为投诉举报的处理办法》和“十个严禁”规定，开展不间断明察暗访活动。共查处干部作风方面的问题255件，给予党政纪处分246人，183人受到组织处理，进一步优化了经济发展环境。

【**预防腐败工作**】 1. 完善行政权力运行监控机制建设。清理行政权力43215项，查找风险点近10万个，制定节点监控制度4346项，实行了“三定”、“三色”、“三星”、“三网”行政权力运行监管模式，建立完善了“一事两方案”、“一岗双报告”、“三级轮岗”制度，制定出台了《关于行政权力运行监控机制建设工作考核办法》、《责任追究办法》。不断强化对专项资金、重大工程项目等涉及人民群众利益的重要行政权力运行情况监控的办法措施。开展了国有企业和高等学校权力运行监控机制建设试点工作。2. 加强反腐倡廉制度建设。研究出台了《保定市固定资产投资项目联合审批实施意见》、《房地产项目审批联席会议制度》、《关于进一步加强工程建设招标投标监督检查工作的通知》、《国有建设用地使用权招标拍卖挂牌出让方案的确定办法》等一系列制度规定，反腐倡廉法规制度建设进一步向前推进。3. 开展廉洁从政教育。广泛开展了学习王瑛、苗汝英同志先进事迹、“学习实践科学发展观、扎实推进惩防体系建设”理论征文、警示教育“六个一”等多种宣传教育活动。对754名拟提拔科级干部进行了党纪条规知识考试，发放《党纪政纪知识手册》一万余份。按照“四个一批”（建设一批廉政文化基地、创作一批廉政文化精品力作、宣传一批廉政模范典型、开展一批重大廉政文化活动）的要求，加强廉政文化建设。深化廉政文化“六进”活动，开展了廉政文化观摩活动。建立2处市级廉政教育基地示范点，积极探索乡村（社区）廉政文化基地建设，努力形成市县乡村四级廉政教育网络。4. 依靠科技力量反腐。建立了河北省惟一采用数字证书认证技术（CA论证）的电子政务平台，首次实现了网上审批、电子预警、电子监察三网对接并轨运行。建立网上审批系统。将所有权力运行的依据标准、条件要求、办理流程等信息通过政府网站和行政服务中心网站向社会公示，全面实现网上咨询、网上申报、网上审批、网上管理，建立了电子预警系统。

**【查办案件工作】** 进一步规范实体与程序并重的工作运行机制、案件动态管理机制和纪律保障机制。研究出台了《保定市纪检监察机关案件检查工作考核办法（试行）》和《关于进一步加强和规范办案工作的实施办法》，建立健全了查办案件台账管理制度，实行领导包案、一月一通报、两月一调度、一季一分析、半年一总结的综合调度制度，强化了案件监督、管理和考核。开展“清理遗留案件突击月”专项活动，清理了2004年以来涉及11个县（市、区）的遗留案件70件。案件审理工作进一步加强，推行了案件审理助辩制度，探索实行了案件公开审理制度，审理监督工作在全省进行了推广交流。全市各级纪检监察机关共立案查办各类违纪违法案件3306件，其中大案要案496件，给予党政纪处分3605人，为国家挽回直接经济损失4545.03万元。

**【领导干部廉洁自律工作】** 1. 严格执行各项制度。严格落实廉政谈话、函询、述职述廉制度和领导干部出国审批制度，对不符合出国（境）条件的3批次人员未进行审批。完善了定点接待审批备案制度、公款接待费用公示备案制度。严格对楼堂馆所建设的监管，会同发改委、财政局进行了联合检查。加强了领导干部经济责任审计，出台了《领导干部任中经济责任审计办法》。认真落实党内监督条例，市、县两级纪委领导同党政机关主要负责人共谈话2112人次、诫勉谈话317人次、对42名科级干部进行了函询。2. 强化公务用车监管力度。对全市6000余辆公务用车统一张贴标识，亮明公车身份，接受群众和社会的监督，保定市的做法被全国各大报刊、电台、电视台及网站刊发，引起了强烈反响。3. 加强农村“三资”管理。以强化农村资金、资产、资源管理为核心，在全市广泛推行了农村“三资”委托代理服务制，共建立农村“三资”委托代理服务中心321个，5455个村纳入委托代理服务范围，规范了农村干部的施政行为。这一做法被《中国纪检监察报》、《河北日报》头版进行了宣传报道。

**【执法监察和纠风专项治理工作】** 1. 围绕重点工作开展执法监察。各级纪检监察机关紧紧围绕贯彻落实科学发展观，加强对中央扩大内需、促进经济增长、保持社会稳定等重大决策部署的监督检查，加强对节能减排、环境保护、城镇“三年大变样”、重点工程项目建设的监督检查。全年共立项执法监察项目26项，提出监察建议125件，组织专项检查45次，确保了政令畅通。2. 认真开展专项治理。会同有关部门加强对强农惠农政策落实情况的监督检查，纠正和查处损害农民利益问题270个，处理相关人员333名；查办各类商业贿赂案件51起，15人受到党政纪处分，涉案金额2266万元；认真开展“小金库”治理工作，清理纠正“小金库”52个，涉及金额2698万元；加强专项资金清理，共清理专项资金27.45亿元，查出问题资金1.336亿元；继续治理教育乱收费问题，查处教育违规收费问题51个，涉及金额509万元；纠正医药购销和医疗服务中的不正之风问题73个，涉及金额143万元；认真开展公路“三乱”集中整治，查处公路“三乱”案件10起，处理相关人员23名；严肃查处安全生产责任事故背后失职渎职行为和腐败问题，对15名责任人进行了严肃追究；对建筑工程建设领域突出问题和房地产市场进行了专项治理；认真清理党群系统评比达标活动，撤消评比达标表彰项目63项。3. 深化民主评议工作。改进民主评议办法，建立民主评议日常工作档案，加大评议结果的运用，聘请了300名民主评议监督员，组织社会各界代表1.3万余人进行问卷测评，共解决群众反映强烈的各类问题930个，收到较好的社会效果。

**【信访工作】** 积极探索信访监督的有效途径和方法，制定出台了《加强纪检监察机关信访监督工作的实施办法》，建立了各项职能配合、综合协调推进的工作机制，形成了具有保定特色的信访监督体系。2009年，全市通过各种信访监督形式解决问题1274

件，接受监督的党员、党员领导干部及行政监察对象共计1232人次，全市反映基层党员干部的信访举报同比下降了30%，疑难访、重复访、越级访下降了25%。我市实施信访监督的做法，受到中纪委和省纪委的充分肯定，并在全国纪检监察信访监督工作研讨会上介绍了经验。

**【机关建设】** 健全完善理论中心组学习和务虚会制度，修订完善了市纪委常委会议事规则，严格贯彻执行民主集中制。深入开展了以“五查五看”为主要内容的思想作风纪律教育整顿活动。积极推动机关干部人事制度改革，实行了“一推、二考、三注重、四公开”的干部选拔任用机制，进一步激发了纪检监察干部队伍的活力。不断加大培训力度，开展了“信息订货会”、“办案体会沙龙”、“函授作业”等多种形式的岗位练兵活动，对全市640名纪检监察干部进行了培训，全省素质建设工程现场会在保定召开，总结推广了保定市的做法。

**【中共保定市纪委九届四次全会】** 中国共产党保定市第九届纪律检查委员会第四次全体会议于2月20日在保定市百世开利会展中心召开，本次会议就学习贯彻中纪委十七届三次全会和省纪委七届四次全会精神，对加强新形势下的党风廉政建设和干部队伍作风建设进行安排部署。参会人员有省纪委副书记商黎光，市委书记宋太平，市长于群，市人大主任李光耀，市政协主席崔启慧，以及在保的市委常委、政府副市长和市法院、市检察院的领导。

**【农村三资委托代理服务制现场会】** 全市农村集体“三资”委托代理服务制现场会于4月9日在定州市召开，会议总结推广了定州市农村“三资”管理的经验作法，就构建农村基层惩治和预防腐败体系建设，进一步推进全市农村基层党风廉政建设工作进行了安排部署。参会人员有市委常委、纪委书记司存喜，纪委副书记、监察局长刘伟音等。

**【市委反腐败协调小组会议】** 保定市委反腐败协调小组会议于6月16日召开，会议就贯彻落实省委反腐败协调小组第一次会议精神，充分发挥协调小组的作用，进一步提高了认识，统一了思想。会议还研究讨论了《中共保定市委反腐败协调小组工作规则》。参会人员有市委常委、纪委书记司存喜、反腐败协调小组各成员单位。

**【市直单位行政权力运行监控机制建设观摩调度会】** 保定市市直单位行政权力运行监控机制建设观摩调度会议于8月24日召开，会议主要就深入贯彻落实省、市有关文件和会议精神，分析形势、查找原因、研究举措；对重点领域、重点单位行政权力运行监控机制建设工作进行了集中调度。参会人员有市委常委、纪委书记司存喜，市纪委副书记、优化办主任王振民等。

**【惩防体系建设检查工作自查阶段安排部署会】** 全市推进惩防体系建设检查工作自查阶段安排部署电视电话会议于11月16日在保定市召开，会议主要就进一步安排部署自查阶段工作任务，统一思想，细化要求，狠抓落实，并就推动和促进全市惩防体系建设整体工作的落实进行了安排部署。参会人员有市委常委、纪委书记司存喜，纪委副书记、监察局长刘伟音等。

书　记　司存喜
副书记　刘伟音（兼任监察局长）
　　　　孔祥琨
　　　　王振民（兼任行政服务中心（优化办）主任）
　　　　钱君杰
常　委　赵　华（兼任监察局副局长）
　　　　冯瑞启
　　　　李木栓
　　　　雷　鸣
　　　　李晓锋（兼任监察局副局长）
　　　　张宏升（兼任监察局副局长）
监察局纪检员　李社章

（李朋朋）

# 民主党派·工商联

## 民革保定市委

【中国国民党革命委员会】（以下简称“民革市委”）隶属民革河北省委，为县级行政单位，内设办公室。至2009年底，全市民革党员355人，按界别划分为11个基层支部，党员中高级职称86人，中级职称127人，平均年龄50.7岁；保定民革现有省人大代表3人（常委2人），省政协委员1人，市人大代表1人（常委），市政协委员23人（常委4人），区政协委员22人。

【概况】 1. 深入开展理论学习，着力加强成员思想政治教育。全年开展多次学习活动：组织党员学习中共中央5号文件；贯彻学习十七届三中全会有关精神及胡锦涛总书记的政府工作报告，结合政治交接学教活动，召集骨干成员开展座谈，畅谈学习体会，并在市委简报上开辟专栏，刊登体会文章，巩固学习成果。根据民革中央、省委的工作部署，2009年，民革市委继续深化“坚持中国特色政治发展道路，搞好政治交接”学教活动，于2月份编辑出版了“开展中国特色社会主义主题学习教育活动经验材料汇编——民革分册”。举办培训班对成员进行党章、党史和优良传统教育；以举办迎春座谈会、中秋节等活动为契机，邀请市政协的领导讲多党合作的历史，邀请老党员为大家讲党史，通过他们的言传身教进一步增强对民革优良传统的理解和传承意识。

2. 落实科学发展观，参政议政、民主监督取得阶段性成效。民革市委进一步完善了与各基层组织上下互动、优势互补的参政议政机制。分别于2月、9月、12月三次召开参政议政工作会议，根据民革省委、市政协下发的调研题目结合市政府工作重点布置参政议政调研课题，强调要突出特色，注重全局性、前瞻性问题的研究。文章作为2009年民革参政议政成果结集成册并评优奖先。

在市政协十一届二次会议上，民革政协委员共提交提案21份，其中大会发言3份：《关于打造“中国电谷”推进低碳保定建设的建议》、《发展我市文化产业，打造“保定动漫”》、《关于在推进“三年大变样”中注重建设卫星社区的几点建议》。大会发言《关于打造“中国电谷”推进低碳保定建设的建议》质量高，可操作性强，得到市委、市政府主要领导的批示及肯定，三份提案均被列为政协重点提案办理。2009年底，民革全体市委委员参加市委统战部组织的“保定市民主党派社会主义学院理论培训班”，为进一步做好参政议政工作打下了坚实的理论基础。在全市政协系统深入开展的以“争做优秀政协委员，争创先进活动小组；为发展保定做贡献，为人民政协添光彩”为主题的“两争两为”活动中，民革各界别市政协委员活动小组因参政议政成效显著，被评为“优秀政协小组”；三名委员被评为市政协2009年度优秀政协委员。

3. 优化组织结构，稳步推进自身建设。2009年3月，民革中央、省委“关于组织建设与发展工作调研组”到保定，民革市委向调研组领导汇报了保定民革近几年在自身建设、基层组织建设、后备干部培养、党员信息化管理等方面所作的工作，取得的经验、成绩，并对存在的问题提出了意见、建议。各基层支部主委也分别汇报了支部相关工作开展情况，调研组领导对保定民革近几年组织工作发展及取得的经验给予了充分肯定。2009年组织工作进展顺利，发展新党员13人，平均年龄32岁，均具有大学以上学历，其中具有中级以上职称8人，女性成员2人。广大党员立足本职、发挥优势、在各自的工作岗位上做出了优异的成绩，为民革组织争了光。机关支部成员梁卫江在中国工商银行股份有限公司第七届最佳个人金融员工评选中，作为保定市惟一一名入选者，当选为全国最佳个人金融员工；河大总支成员，知名书画家赵逢明书法、谷中良绘画作品代表民革市委参加省政协纪念建国六十周年书画展并获奖；教育支部成员李新的文章《改革开放三十年统一战线势更坚》，在中共河北省委统战部“改革开放30年”征文比赛中荣获二等奖；经济支部成员刘永红所著《我与改革开放30年》，以其文风朴实、内容真切感人，被民革中央团结报收入《民革纪念改革开放30年征文选编》。2009年市委会加大宣传工作力度，全年在团结报发稿1篇，市级刊物发稿18篇，在民革省委刊物上发稿16篇，电视报道2次，成员在省级简讯发稿4篇。

4. 发挥自身优势，积极做好社会服务工作。2009年9月，民革保定市委与民革北京西城区委联合组织两地民革成员30余人到顺平县安阳乡南峪村开展扶贫捐助活动，提供50台换代电视。此外，联合扶贫组还向村民捐款1200元，电脑3台，捐赠衣物100余件、科技书籍300册和价值10000多元的药品。民革副主委、保定学院副教授王炳刚在涞源县黄土岭村扶贫时，向该村每一位村民赠送运动服一套，共计615套，价值3万余元。年底，市委领导班子成员到老党员家中走访、慰问，看望困难党员，并送去粮油，使他们感受到民革组织的温暖。2009年8月，台湾南部地区受台风“莫拉克”袭击，灾情严重，台湾是中华民族的一员，灾情牵动着民革党员的心，市委响应民革中央号召，积极组织成员捐款，8540元爱心款通过救灾账户汇往台湾。

5. 发挥民革特色，做好祖统和联谊工作。民革市委遵循中共中央对台工作的方针、政策，牢牢把握政治定位和工作定位，努力发挥民革对台工作的优势和整体作用，积极有效地开展祖国统一工作。做好台湾来保人员的参观游览接待工作，让他们更多地了解保定悠久的历史和文化，提升保定的知名度和美誉度。做好保定民革涉台党员的工作，使他们在与台湾亲友的交流中多做宣传祖国、宣传保定的工作，加强联系与交往，并全力帮助他们解决各方面诉求，适时地将其中的难点和问题与参政议政工作结合起来。11月，民革省委组织召开全省祖统工作会议，会后，民革市委认真组织成员领会会议精神，学习兄弟市祖统工作的经验和做法，进一步推动保定民革祖统工作的深入开展。

6. 开展丰富多彩的活动，不断增强会的凝聚力。4月，保定民革、民盟等六家民主党派，利用市人事局人才市场的优质平台，成功举办了“2009保定市民主党派促就业”大型人才招聘会，为求职者提供近7000个岗位。其中民革市委组织成员企业42家参加招聘会，提供就业岗位1801个；5月，民革保定市委与民革承德市委、民革唐山市委联合举办书画、摄影展，共展出民革成员作品150幅，展出为弘扬历史文化，推介经济文化名城风采，扩大民革的社会影响起到了积极的宣传作用。

主任委员　李小亭
副主任委员　姚忠耿　赵志国
　　　　　　李金善　王炳刚

（张凌然）

# 民盟保定市委

**【中国民主同盟保定市委员会】** 中国民主同盟保定市委员会。以下简称“民盟市委”，隶属民盟河北省委，为县级行政单位，内设办公室。民盟市委委员30人。至2009年底，保定市民盟盟员总数为682人，女盟员299人，大学以上506人，博士27人、硕士79人、学士158人，其中正高职称96人、副高职称301人、中级职称220人，平均年龄53.5岁；中共党员为36人。教育工作者367人；科技工作者65人；医药卫生界120人；文化艺术界7人；新的社会阶层人士48人；政府机关35人。民盟市委现有基层组织20个（4个总支、16个支部）。全市盟员中2人为省人大代表，3人为市人大代表，13人为区（县）人大代表；3人为省政协委员，33人为市政协委员，41人为区（县）政协委员，7人在政府机构任实职。2009年获民盟中央“中国民主同盟盟务工作先进集体”称号。

**【概况】** 1. 民盟市委围绕中共保定市委市政府的中心工作以及人民群众普遍关心的社会热点和难点问题，组织盟员开展了多项专题调研，在市政协十一届二次会议上，提交13件集体提案、4件大会发言，委员个人或联名提案22件，涉及保定市经济建设和社会发展诸多方面，所提意见和建议均已被市委、市政府及其相关部门在实际工作中予以采纳。《全力应对金融危机，确保我市经济平稳较快发展》的大会发言，得到市长于群的批示。全会期间，盟员委员围绕“确保我市经济平稳较快发展”、“如何通过现代科学技术推广，全面提高农业产能”、“营造低碳经济理念”等接受了市电视台《沟通》栏目的专访；2009年，民盟市委组织开展了《全力打造休闲之都 助推“对接京津”大发展》、《消除环京津贫困带，实现区域协调发展》、《推进现代高效农业发展》、《加快现代畜牧业发展步伐》、《大力发展我市现代物流业》、《进一步促进就业再就业工作》等20项调研，形成了提交市政协十一届三次全会的大会发言和集体提案，涉及全省经济社会发展方面的提案已提交盟省委采纳，其中《消除环京津贫困带，实现区域协调发展》的调研建议被民盟中央采纳；全年向上级盟组织和市政协提交社情民意信息80余件。

2. 加强自身建设，深化政治交接学习教育成果。2009年，作为惟一地市级特邀代表，民盟市委驻会副主委参加了民盟十届七次中常会暨民盟思想建设和宣传工作会议，会上被安排第一个做了题为《努力加强思想建设，为建设社会主义新农村贡献力量》的典型发言。由民盟市委组织编辑出版的《保定民盟五十年》和《民盟保定市委开展中国特色社会主义主题学习教育活动经验材料汇编》在会上展出；先后组织开展了“基层组织建设问卷调查”、“思想建设和宣传工作问卷调查”、“盟员思想状况调查”、“后备干部队伍建设”等调研和问卷调查，共收到答卷近400份；中共十七届四中全会召开后，民盟市委及时组织召开主委会议，领导班子成员首先认真学习座谈会议精神，安排部署全市盟组织学习任务，采取座谈会、专题研讨会、国际形势报告会、参观考察等多种形式，组织广大盟员加强政治理论学习，交流学习心得和体会；7月，组织盟务骨干暑期学习班，50多名盟员参加了此次培训活动，对民盟的建立、发展历程、党的统一战线理论进行培训学习。通过培训，盟员的政治理论水平得到了提高；组织举办了庆祝“新中国成立60周年、人民政协成立60周年”座谈会、“庆祝新中国成立60周年书画、摄影、诗歌作品展”；精心组织，圆满完成基层组织换届工作，基层组织总数达到20个；2009年发展新盟员34名，其中具有大专以上学历的33人，硕士研究生13人，高校14人，平均年龄34岁。

3. 信息宣传工作。全年编印《保定盟讯》4期，在《团结报》、民盟中央网站、《河北民盟》、《乡音》杂志、燕赵政协新闻网等省以上刊物发表文章、简讯36篇，在《保定日报》、市《统战信息》、《政协信息》等发表文章及简讯140余篇。

4. 社会服务工作。3月，组织召开“烛光行动”对接研讨会，成立盟内“农村教育烛光行动”专家组并按照学校的课程设置分成13个组，负责教学研讨活动的组织和实施，充分利用盟内的优质教育资源，为提高农村教师业务素质和教学水平、建设社会主义新农村发挥作用；4月，组织信息技术教育专家组成员率先到东金庄中心校进行调研，商定帮扶措施；5月，组织畜牧专家赴邢台广宗县，开展科技扶贫工作，为当地群众讲解樱桃谷鸭饲养管理与疫病防治技术。组织机关干部和盟内专家到对口帮扶的涞水县九龙镇柏林城村进行扶贫调研，实地查看村容、村貌，与基层干部、部分村民代表座谈，共商发展大计，为民盟市委帮扶对口柏林城村组织协调解决扶贫资金3000元；组织盟员医疗卫生专家社会服务工作队到革命老区阜平县城南庄和唐县王宗镇东冯村等地开展“学习贯彻科学发展观，医疗卫生进老区”活动，共诊治患者470人次（含心电图、B超、化验），发放宣传材料2200多份，并免费发放价值4200余元的药品；会同兄弟党派共同与市人事局成功举办2009大型人才招聘会。盟员企业共9家“张榜纳贤”，提供岗位200多个，当场初步达成就业意向者180余人。

主 任 委 员　李和明
副主任委员　李雁鸣　邢彦学
　　　　　　李博文　贾春顺
　　　　　　张小莉

（刘澎涛）

# 民建保定市委

**【中国民主建国会保定市委员会】**（以下简称“民建市委”）隶属民建河北省委，为县级行政单位，内设办公室。民建市委有市委委员25人。2009年下设3个总支和13个支部。会员515人，其中经济界381人，占会员总数的74%。具有高级职称的127人，中级职称的221人，全市会员中有省人大代表3人，省政协委员4人，省政协常委1人，市人大代表2人，市人大常委1人，市政协委员34人，市政协常委14人，区人大代表6人，区人大副主任2名，区政协委员46名，常委15名，政协副主席1人。

【概况】 1. 切实加强思想建设，不断提高政治素质。市委会开展了深入学习贯彻科学发展观活动、“我为应对国际金融危机影响献一策”活动、“与祖国同呼吸，与民建共奋进”主题征文活动、“纪念建国60周年”展览等多项活动；组织企业家会员参加了民建中央举办的“非公有制经济论坛”、“风险投资论坛”；组织市委委员参加了市委统战部召开的“学习实践科学发展观、应对国际金融危机报告会”、市社会主义学院民主党派市委委员科学发展观理论培训班等历次学习培训活动。整理编印学习资料。参与举办“民主党派纪念建国60周年书画摄影诗歌作品展”，编印了《政治交接材料汇编（民建分册）》。本年度共编辑《保定民建》简讯4期，被《民讯》、《河北民建》、《保定日报》等刊物采纳宣传报道69篇次，其中图片新闻20篇次。市委会2008、2009连续两年获得民建河北省委年度宣传报道工作优秀组织奖，同时也被市政协评为2008年度“宣传报道先进单位”。

2. 不断完善组织建设，进一步强化组织基础。做好新会员发展工作。全年发展新会员28人，其中社会新阶层人士17人。充分体现了民建的党派特色。开好市委会工作会议。2009年召开全委会4次，下发通知决定等各种文件20件。在中共市委统战部的指导下进行了后备干部选举工作。6月和12月，市委会还与各党派共同召开两期基层组织建设工作研讨会，交流探讨推进组织建设工作的新思路、新机制。发挥专委会作用。企业委员会积极为会员寻找企业间经济互助项目，在经济危机中“抱团取暖”；经济委员会组织“应对国际金融危机报告会”、“国内经济形势分析会”、“危机下的新能源发展与机遇论坛”；宣传委员会举办“会内监督机制建设”理论座谈会；妇女委员会召开纪念“三·八”妇女节座谈会，举办健康讲座；组织委员会协助市委会开展新会员的培养和考察工作等等。2009年8月，市委会承办了民建河北省委妇女委员会2009’年会。10月，市委会作为河北民建代表参加了民建中央（北片）基层组织建设工作研讨会，王雁飞副主委所作的汇报发言得到了与会代表的一致好评。会员白红敏、李赶顺、杨学举、姚克荣、王征荣获民建河北省委2009年度“优秀会员”称号。

3. 认真履行参政党职能，切实发挥参政议政优势。市委会2008、2009连续两年被民建省委评为“集体提案工作先进单位”，2008年还荣获民建省委“反映社情民意工作优秀组织奖”。在市政协十一届二次会议上，民建市委提出集体提案18件、个人提案29件，5篇提案入选大会发言，《关于增加党派机关办公经费的建议》的提案得到市委书记宋太平的批示，《关于我市汽车等主导产业配套产品本地化的建议》和《关于搞活保定金融的几点建议》得到市长于群的批示，并专门制订方案予以落实。《关于我省无地农民问题的现状和建议》和《关于搞活河北金融的几点建议》被选为省政协十届二次会议的集体提案并得到省领导重要批示。本年度，市委会共反映社情民意24件，被民建河北省委采纳13件，其中《关于河北旱情情况的调查报告》被民建中央采纳，在调研工作方面，注意发挥民建密切联系经济界的优势，支持会员积极参与民建中央、民建省委等各级重点课题的调研，形成一批有分量的调研报告。《天津“双城双港”建设的空间战略布局对我省港口经济发展的影响》、《关于统筹冀东经济区的对策建议》、《当前河北省民营经济发展面临的制约因素及对策》等三篇调研报告都得到中共河北省委领导的批示；《推进经济增长与节能减排协调发展》一文所提建议受到了国家级刊物及国务院参事室的认可和重视。

4. 积极打造保定民建特色，不断提高社会服务水平。积极参加民建中央、省委组织的社会服务活动。7月，保定市副市长、民建市委主委闫立英，会员苗连生、白红敏参加了民建中央组织的丰宁满族自治县扶贫调研活动。副主委王雁飞陪同中华思源工程扶贫基金会副秘书长陶鸣赴顺平县导务村考察，争取了思源工程扶贫基金10万元拨款用于解决该村饮水和灌溉问题。设立唐县西大洋庄村为长期扶贫点，树立“造血式扶贫”理念。该村已更新了全村饮水管道7000多米，还并被县水利局评为“移民后期扶植试点村”，计划拨款200多万元用于该村建设。另外，与各党派共同向涞水县九龙镇柏林城村捐款3000元。市委会组织百余位会内专家学者、企业界会员与英利集团共同在电谷大厦举办了第一届“危机下的新能源发展与机遇论坛”，活动有力地诠释了民建会员“为国分忧、为会争光”的信心和决心，树立了民建组织的良好社会形象。市电视台、电台、《保定日报》、《保定晚报》等新闻媒体均对此次活动进行了专题报道。组织会员企业举办“民主党派促就业招聘会”。会同市各民主党派、市人事局在市人才市场举办了“民主党派促就业招聘会”。将关爱老会员工作形成传统、做出特色。深化开展了关爱老会员活动。市会联系到了田文等多年失去联系的老会员；对原工商业者、三小会员展开了慰问活动。2009年，全国人大常委会原副委员长、民建中央原主席成思危，全国人大常委会副委员长、民建中央主席陈昌智，全国政协常委、民建中央常务副主席马培华先后到保定视察民建工作，对民建保定市委会的各项工作给予了肯定和赞扬。河北省政协副主席、民建河北省委主委武四海及民建河北省委驻会副主委李远征更是多次来到保定，对工作进行视察指导。

主任委员　闫立英
副主任委员　梁　山　董金皋
吴剑松
王雁飞（驻会）

（刘　琳）

## 民进保定市委

【中国民主促进会保定市委员会】（以下简称“民进市委”）隶属中国民主促进会河北省委员会，主要职责是政治协商、民主监督、参政议政。民进市委机关为县级行政单位，内设办公室，下设学习宣传、组织建设、参政议政、社会服务四个专门委员会，1个总支部委员会，21个基层支部。

【概况】　民进市委围绕中共保定市委市政府的中心工作，针对“城镇面貌三年大变样”、打造“文化名城、山水保定、低碳城市”这三张城市名片、提升“保定品位”、“开通大水系、构建大交通、建设大城市”等构想开展工作，积极缓解保定市毕业生及下岗职工的就业压力。

【思想宣传工作】　全年共下发《关于认真学习贯彻胡锦涛同志在全国政协民盟、民进联组会上重要讲话精神的通知》、《学习贯彻十七届四中全会精神》等学习文件19件，组织基层支部深入学习贯彻科学发展观，围绕“自身科学发展和服务科学发展”、“成员思想状况”等方面问题进行了两次问卷调查活动，下发问卷120份，收到反馈答卷110份，通过对答卷的梳理和汇总查找工作中的薄弱环节，强化自身建设。机关干部和基层支部负责人参加中共市委统战部组织召开的“组织建设研讨会”，6篇理论文章在会上进行交流发言。全年共编辑《保定民进》五期，累计印发1000余册。全年采用交叉报送的方法推荐稿件50篇，其中30篇被《乡音》、《河北民进》、《保定日报》、《保定政协》、《统战信息》和各级网站采纳，部分活动在县市电视台播报，被市政协评为宣传工作先进单位。在民进省委思想宣传工作会议上作了重点发言，得到省委的充分肯定和兄弟市委会的高度赞扬。

【参政议政】　在参政议政能力建设方面民进市委总结出“参政议政工作与后备干部人才队伍建设相结合、与组织发展相结合、与社会服务相结合、与基层支部活动相结合”的工作方法，驻会副主委杨俊在民进省委参政议政年会上做了典型发言。保定市政协十一届委员会第二次会议期间，民进市委向大会提交了三篇大会发言、十二篇集体提案。大会发言全部得到中共市委书记宋太平、市长于群的批示。所有提案都得到相关部门答复，并在工作中采纳制定相关政策。十二篇提案涉及文化、教育、节能减排、农业、卫生及就业等问题。《推进保定文化产业又好又快发展的建议》，市委书记宋太平批示：“请洪斌同志、祥伟同志阅示，请宣传、文化等有关部门认真研究，用以完善我市文化名城建设的实施方案”，市长于群批示：“请祥伟同志研阅”。《关于落实科学发展观，加强职业教育的建议》，宋太平批示：“办好职业教育的关键是与经济发展紧密结合，请教育局、劳动和社保局认真研究，吸纳所提建议，加快职教发展”。《我市节能减排工作的几点建议》，于群批示：“请发改委研究”。10月，民进省委参政议政部到保定调研，和骨干成员探讨合作调研等事项，形成合作课题3件。全年共围绕社会热点、焦点及难点问题上报信息50条，提出意见建议10余条。

【自身建设】　组织工作得到了民进省委的肯定，驻会副主委杨俊代表民进河北省委向民进中央做了汇报。1. 重要会议。民进市委十一届六次委员会会议讨论通过了《民进保定市委2009年工作要点（草案）》和《民进保定市委2009年工作进程表（草案）》。民进市委十一届七次委员（扩大）会议总结了民进保定市委2009年工作；讨论通过了《民进保定市委2010年工作要点（草案）》和《民进保定市委2010年工作进程表（草案）》。召开争创民进全国先进地方组织、先进基层组织动员大会部署了全会开展的创建活动；集中了学习保进字［2009］第18号文件《民进保定市委关于开展创建民进全国先进基层组织活动的通知》和《实施方案》。2. 后备干部队伍建设。按照中共市委统战部54号文件《中共保定市委统战部关于推荐民主党派市级组织领导班子后备干部的实施方案》要求和程序，完成了关于市级组织领导班子后备干部的选拔、推荐和选举工作，通过两轮无记名投票和组织谈话，选举出主委后备干部人选2名，副主委后备干部人选4名。3. 组织发展。全年共发展会员26人，截至2009年底共有会员529人，具有中高级职称的会员有504人，省人大代表2人、省政协委员3人（常委3人）、市人大代表3人（常委1人）、市政协委员24人（副主席1人、常委5人）。4. 组织活动。领导班子赴民进定州总支调研组织建设情况；组织全体市委委员分两批参加了保定市社会主义学院举办的科学发展观理论培训班；组织青年会员学习活动和市委委员、支部主任联谊活动5次；组织全体会员参观考察孤山寨；三八妇女节组织保健知识讲座；在节假日走访慰问离退休老会员，和战斗在一线的广大会员；为庆祝建国六十周年举办了“爱我中华——传承爱国主义书画、摄影、诗歌作品展”，展出作品30余件。5. 完成民进市委1979～2005年组织发展和1988～2005年参政议政、学习宣传和社会服工作的归纳和整理，撰写了2008年年鉴，共计3万余字。编写《保定市民主党派活动纪要》，书中将收录2006至2010年间的大事要事、参政议政、重要会议及活动和社会服务、组织发展等五方面的重大事件。已完成2006年和2007年纪要的资料收集和编写工作。

**【社会服务】** 到满城县坨南乡帮扶，在明德小学建立了“民进保定市委帮扶网站”，捐赠三台电脑；确定了16对“手拉手”学生名单，颁发奖状并捐赠16套学习用品；并捐资5000元，帮助两个村建设村委会。在对满城县坨南乡连续三年的帮扶活动中，民进市委始终以“缩短城乡教学差距、共享教育资源”为活动目的，从根本上改善教育均衡的问题，明德小学的教学质量首次达到山区县第一名的好成绩。同时在中华路小学开展的“中小学综合实践课程”得到河北省教育专家的首肯，中央教育电视台专门录制了50分钟的教育节目，宣传推广经验，并将此片永久作为全国中小学校长培训课程的固定教材。4月，和人事局合作举办“2009保定市民主党派促就业”大型人才招聘会。提供聘用职位7000个，求职人才达1万1千人。6月，会同市各民主党派向扶贫点捐赠资金3000元，核桃树苗200棵。在“亲民爱民”活动中，为帮扶贫困学生和下岗职工送去2000元慰问品。

主任委员　张国立
副主任委员　张利平　杨　俊
　　　　　　杨敏生　王连群
（柯　岩）

## 农工党保定市委

**【中国农工民主党保定市委员会】**（以下简称“农工党保定市委”）隶属于农工党河北省委员会，市委机关为县级行政单位。2009年有委员19人，下设2个总支委员会，11个支部委员会，党员270人，其中医药卫生界197人，占党员总数的73%，具有高级职称者186人，占党员总数的68.9%。

**【概况】** 1. 思想建设。农工党市委带领广大成员继续深入学习中共十七大、十七届三中、四中全会以及中共省委七届五次全会精神，不断增强自觉接受中国共产党领导的自觉性，以科学发展观、构建社会主义和谐社会为统领，指导参政党的各项工作。紧密结合当前形势，充分发动全市各基层组织和广大党员认真学习宣传《六个“为什么”——对几个重大问题的回答》、及《人民日报》评论员文章《论坚持和完善中国共产党领导的多党合作制度和政治协商制度》六论等专题材料。在新中国成立60周年、人民政协成立和中国共产党领导的多党合作和政治协商制度确立60周年之际，农工党市委积极响应农工党中央、省委及中共保定市委的号召，组织全市农工党员积极参加为庆祝新中国成立60周年暨多党合作制度确立60周年的征文活动和知识竞赛答题活动，并获农工党省委颁发的“庆祝建国暨多党合作制度确立60周年知识竞赛优秀组织奖”；积极参加在市博物馆举办的保定市各民主党派庆祝建国60周年书画、摄影、诗歌作品展，农工党市委共有42幅作品参展，其中书画17幅、摄影22幅、诗歌3首。

2. 参政议政。在全市农工党员中有各级人大代表4人，其中省人大代表2人，市人大代表2人（常委2人）；各级政协委员27人，其中省政协2人（常委1人），市政协主席1人、市政协常委3人、委员13人，区政协委员9人。农工党市委在市政协十一届一次大会上的发言《关于促进保定市农村小额信贷可持续发展的建议》（后转为集体提案），得到市长于群批示，此外共提交个人提案6件。农工党通过参加市委、市政府召开的座谈会和征求意见会，就保定市经济工作及《政府工作报告》等方面给出了自己的建议和意见。组织广大成员认真开展了“我为应对国际金融危机影响献一策”活动，全年向农工党省委、市政协以及市委统战部报送社情民意和各类信息上百条。农工党市委还对农工界别的各级人大代表和政协委员进行集中培训，并多次召开政协小组会议及活动；组织市委委员、人大代表和政协委员进行调研考察，努力为保定市的经济和社会发展出谋划策。由于农工党在参政议政工作中的突出表现，2009年被农工党河北省委评为参政议政工作先进单位。

3. 组织建设。农工党市委领导班子成员、市委委员以及基层组织负责人每人都要通过参加农工党省委及中共市委统战部组织的各种培训，不断增强政治思想素质和理论水平。市委组织部分市委委员赴海南学习考察；举办了2006—2008年度新党员及基层组织部分负责人培训班；组织社情民意信息员参加了农工党省委的培训；组织100多名党员及家属到北京孤山寨、仙栖洞参观考察等活动；将理论学习与考察调研结合起来，不断提高自身能力。同时还积极配合中共市委，完成了新一届后备干部的推荐工作。市委机关以及基层组织的代表还参加了“保定市民主党派组织建设研讨会”和“保定市民主党派基层组织建设研讨会”，对各民主党派的组织建设进行交流和研讨。市委严格按照《河北省民主党派组织发展工作规程》冀农工（2008）第51号通知精神的要求，发展了20名各界人士加入到农工党组织。农工党市委被农工党中央表彰为“组织工作先进集体”，被农工党省委表彰为“组织建设先进单位”。

4. 社会服务。农工党保定市委于10月对农工党中央的定点帮扶乡镇卫生院——容城县南张中心卫生院进行调研，着重了解南张中心卫生院的发展现状，以及探讨如何进一步增强现有的医疗条件及医务人员。同时还对当前农村落实中央及各级政府的各项惠农政策情况进行了调研，征求了农村基层对解决问题的意见和建议。在第二十一届中国国际科学与和平周期间，由农工党河北省委和保定市委组成的医学专家义诊团，在农工党中央定点帮扶单位——南张中心卫生院开展义诊咨询和宣传活动，发放预防糖尿病、高血压和心脑血管疾病的宣传册1500份，受到当地人民群众的热烈欢迎，有近200名群众受益。农工党市委还参加了由六个民主党派联合举办的“2009年保定市民主党派促就业”大型人才招聘会，进场企业达209家，前来求职人员达1.1万余人，为求职者提供近7000各岗位。此外农工党市委还会同其他几个民主党派向涞水县九龙镇柏林城村捐赠现金3000元及核桃树苗200棵。农工党保定市的各基层组织和广大农工党员充分发挥自身优势、特长和技能，坚持服务于社会、服务于人民的宗旨，在防控甲型H1N1流感工作中，坚守在各自工作岗位认真实施防控措施；积极到市区居民区、贫困山区进行义诊和医学知识宣传；到各大院校、公司为职工进行医疗卫生保健讲座，到各县医院及乡镇卫生院对基层医护人员进行业务培训和技术指导。

主任委员　孙建恒
副主任委员　张卫星　尹博英
　　　　　　李　娟　李　晔

（赵　涛）

# 九三学社保定市委

**【九三学社保定市委员会】**（以下简称“社市委”）隶属九三学社河北省委，社市委机关为县级行政单位，内设办公室。市委会有委员22人，下设1个县级组织，2个基层委员会，14个支社。主要职能是参政议政、政治协商。现有社员604人。

**【概况】** 1. 加强组织建设。全年共召开主委会4次，委员会3次。本年度共发展新社员22名，其中博士2名，硕士8名，本科8名，大专4名，高级职称10名，中级职称12名，平均年龄37岁。完成关于市级组织领导班子后备干部的物色、推荐、上报工作，通过两轮投票确定了主委后备2人，副主委后备4人。根据新形势新任务需要，结合基层组织的实际情况，对三个基层组织领导班子进行了微调。

2. 参政议政、民主监督。本年度社市委领导参加市委、市政府召开的通报会、政府工作报告征求意见会、人大政协人事安排征求意见会等20人次。省政协十届二次会议上，共提交2件集体提案，6件个人提案，并全部立案。其中集体提案《关于发展农民专业合作社的建议》作为省政协重点提案，省政协副主席高喜同带队到保定就此提案进行调研。保定市政协十一届二次会议与人大十三届二次会议上，共提交大会发言4件，集体提案8件，个人提案21件，向市人大提交议案1件。其中社市委集体提案《关于加快实施保定“工业西进”战略的建议》与《规划与改造同步打造我市高效市内交通体系》分别受到了市委书记宋太平，市长于群的重视及批示。《关于加快实施保定“工业西进”战略的建议》被列为此次政协会一号提案。为了落实社省委征集“我为金融危机献一策”的通知，组织广大社员积极撰写建议，完成《积极稳妥地发展农村资金互助组织》与《浅议金融危机档期下的保定企业生存与发展》两篇可操作性较强的调研报告。先后承接三个重点调研课题，分别是《促进人口、资源、环境协调可持续发展的建议》、《加强新形势下食品安全工作》与《推进地方金融改革发展》。调研报告《积极稳妥地发展农村资金互助组织》受到河北省政协副主席的重视，亲自督办。完成了“九三论坛”“省直管县”课题调研报告，并被九三中央采纳，编入“九三论坛”出版的《聚焦省直管县改革》论文集。我社4名行风评议监督员，参加行风评议、民主测评等各类活动20余人次。

3. 科技扶贫、服务社会。(1) 副主委阎增爱带领4位定兴县西高里村农民朋友代表省九三参加九三中央举办的第一届“‘新华杯’新农村建设乒乓球比赛”，取得了团体第五名、女子单打第二名的好成绩。(2) 社市委积极参加“2009保定市民主党派促就业招聘会”的组织活动，利用保定市人事局人才市场的优质平台，联系我社4家社员企业提供岗位50多个，登记在册人员近500人。(3) 副主委张志桐带队，组织内科、骨科、皮肤科和耳鼻喉科等近10名医务界专家赴涞源县川里为山区村民义诊，共诊治病患100余人次。(4) 社市委扶贫点—涞水县九龙镇扶贫办主任、村长、村书记等人来保商定扶贫事宜，社市委集资3000元用于村基础建设。

4. 树立形象，宣传九三。2009年共编印《保定社讯》6期，近7万字，出版《保定市民主党派开展中国特色社会主义主题学习教育活动经验材料汇编之九三学社分册》。向各类报刊、杂志和内部刊物投稿50余篇，其中在省级以上刊物发表18篇。

主任委员　许　皞
副主任委员　阎增爱　赵清华
　　　　　　张志桐　杜兵建

（王　烨）

## 保定市工商联

**【保定市工商业联合会】** 保定市工商业联合会是中国共产党领导的工商界组成的人民团体和商会组织，是党和政府联系非公有制经济人士的桥梁纽带，是政府管理非公有制经济的助手。市工商联机关为正县级单位，内设办公室、组宣部、经济部、联络部。截至2009年底共有会员22707名。2009年市工商联先后被评为“河北省工商联宣传教育培训工作先进单位”、“河北省工商联光彩事业工作先进单位”、保定市“困难学生救助基金”建立和“金秋助学”活动表现突出单位、全市优化环境工作先进单位及全市社会治安综合治理工作先进集体。

**【概况】** 2009年，全市工商联组织围绕全市中心工作和省联“听、帮、引、促”活动要求，发挥职能优势，积极引导非公有制经济人士健康成长，大力促进非公有制经济健康发展，全面完成了年初制定的目标任务，为促进保定市经济“又好又快发展、强市兴县富民”做出了应有贡献。

**【围绕中心工作，积极参政议政】** 在各级人大、政协会议期间，全市共提交提案、建议220余份，在政协保定市十一届二次会议上，市工商联作了《关于推进京津冀经济一体化发展的建议》的大会发言，市委、市政府主要领导对建议给予充分肯定，并以《对接京津工作简报》的形式予以转发；《关于促进我市非公有制经济发展的建议》的提案也受到有关方面的重视和认真办理；会主要领导协同市政协组织全市有关专家、教授及部分企业界政协委员，就“工业西进”战略实施情况进行专题调研。为应对国际金融危机带来的不利影响，在全市范围内以调查问卷、走访座谈等方式，就国际金融危机对企业的影响以及企业如何规避风险、积极应对等展开广泛深入调研，撰写了调研报告；全年在工商联系统组织开展的一系列调研活动中，共撰写各类调研材料20余篇。积极参与组织举办人民政协成立60周年庆祝活动。

**【壮大会员队伍，夯实组织建设基础】** 组织全市各级工商联认真抓好会员发展和组织建设工作，年内成立各级行业商会、基层组织9个；不断壮大会员队伍，系统新增会员1010名。认真做好工商联系统信息数据库建设工作，进行了专题培训，举办了“河北省工商联网站群系统”培训班，实现了工商联系统网络互通和信息共享。组织参加了第四届河北省优秀中国特色社会主义事业建设者表彰大会，保定市4名非公有制经济人士被授予“优秀中国特色社会主义事业建设者称号”。

**【加强宣传引导，做好思想工作】** 激发企业家爱国热情，切实做好庆祝建国六十周年活动。协调筹备了“保定市非公有制经济人士迎国庆、庆中秋联欢晚会”；联合市委宣传部、中小企业局、民营企业协会等部门举办了民营企业家庆祝中华人民共和国成立60周年红歌演唱会。与市委宣传部、精神文明办、中小企业局、妇联及民营企业家协会等联合主办了“和谐2009首届保定市民营企业家‘贤内助’评选活动”。组织企业出席河北省民营企业文化建设经验交流会暨河北省工商联企业文化建设委员会成立大会，做好相应贯彻落实工作。面对国际金融危机，多次组织举办应对金融危机专题讲座活动。

**【强化服务工作，促进非公有制经济健康发展】** 一是努力推进京津冀经济一体化发展进程。由市工商联牵头，京保旅游事业发展对接座谈会在保成功举办，并签署了《关于促进京保两地旅游事业全面发展备忘录》。二是加大招商引资力度。经河北省工商联、保定市工商联牵线搭桥并协调运作，内蒙古河北商会会长、包头市世纪金华实业有限公司董事长姜威一行就保定市唐县自来水管网和天然气等城市基础建设及配套设施项目进行了考察，并促成在第十一届环洽会上与唐县政府签署了投资额6000万元的城市基础设施项目。三是搭建银企合作良好平台。市工商联与华夏银行石家庄分行保定营销部签署了关于加大对民营企业信贷支持的协议，两家联合召开了银企对接会，20家民营企业与华夏银行当场达成合作意向。经追踪了解，华夏银行共为保定市民企融资额度超过2亿元。四是为企业人才、用工排忧解难。市工商联和人事局共同搭建非公有制经济企业技术人员职称评定平台，共同开展非公有制经济企业技术人员专业技术职称评定工作。举办“民营企业招聘周”大型招聘活动。活动期间，进场招聘单位达到656家（次），其中民营企业573家（次）；提供就业岗位11909个（次），其中适合高校毕业生的岗位7694个；共签定就业意向人数3962人（次），其中下岗失业人员265人（次）。据不完全统计，全市工商联系统为会员企业组织出国（境）考察13次，举办各类经济发展培训30多期，发布经济信息900条，为企业排忧解难60余起，协助企业引进人才258名，组织参加各类展销经贸洽谈活动11次。

**【推动和谐发展，光彩事业不断深化】** 一是将全市亲民爱民活动落到实处，将机关结对帮扶工作在原来副县级以上干部进行帮扶的基础上拓展到副科级以上干部，将帮扶对象拓展到更多贫困家庭和需要解决民生问题的群众。二是配合市委、政府做好困难学生救助基金筹备工作，积极动员会员企业奉献爱心。在全市举行的“寒门学子助学基金”启动暨2009“金秋助学”受助仪式上，副主席（会长）企业三利集团宏润公司捐款100万元，中国巨力集团捐款50万元，建新建筑集团捐款30万元，隆基泰和集团捐款5万元。三是扎实做好顺平县蒲上乡南吴村对口帮扶工作，协调运作电力部门解决该村路灯照明电力线路8000多米，横担68副等配件，并帮助施工安装了路灯，总投资2万元，使全村实现了亮化。四是向中国光彩事业促进会推荐河北荣毅通讯有限公司光电缆工程项目，争取中国农业银行国家扶贫贴息贷款3000万元额度。五是新奥集团为易县菜园乡新奥光彩小学捐赠了33000元以及价值17000元的电脑、桌椅等学习用品。截至年底，全系统为救灾、扶贫、助教、修路等社会公益事业捐款1500余万元，安置下岗职工、复转军人、毕业生及农民工3500多人，援助贫困学生470余人，促进了光彩事业活动的发展和光大。

主　　席　赵桂良
党组书记　董桂武（兼）
副 主 席　董桂武　郭武昌
　　　　　刘占奎　杨建平
　　　　　葛大壮　魏建军
　　　　　王　凤　王　超
　　　　　李晓恩　张振堂
　　　　　梁连起　孙树贵
　　　　　臧立根　杨建忠
　　　　　康玉柱　李小社
　　　　　魏少军　杨东升
　　　　　成　燕　李春波
　　　　　董跃中
秘 书 长　胡铁成

市总商会
会　　长　赵桂良
副 会 长　袁大炳　李建新
　　　　　杨金庆　杨文革
　　　　　郭运通　梁　伟
　　　　　孙占启　李　鹏
　　　　　刘继台　刘彦忠
　　　　　芦新菊　左玉龙
　　　　　张春奇　张建军
　　　　　张志民　国宝莲
　　　　　周乐新　赵明亮
　　　　　徐新革　崔　炜
秘 书 长　胡铁成

（王树平　王立祥）

# 群众团体

## 工　会

【保定市总工会】　保定市总工会是市委联系广大职工的桥梁和纽带，是会员和职工利益的代表者和维护者，基本职责是维护职工合法权益。内设办公室、机关党委（干部人事处）、纪检监察室、研究室（政策法规处）、组织部、经济技术部（技术协会办公室）、财务部、民主管理部、法律工作部、保障工作部、宣教文体部、女职工部、劳动保护部、经审办、劳动福利事业管理部、教育工会（副县级机构）、工业建设农林水工会、市直机关工会、财贸金融轻纺工会。下设职工培训中心、工人文化宫、第二工人文化宫等3个直属事业单位。

【概况】　2009年全市共有基层工会9621个，涵盖法人单位13286个，会员120.18万人。各级工会多措并举，强力推进，保证了各项工作的顺利进行。市总工会有3项工作获得全总表彰，21项工作获得省总表彰，9项工作获得市委、市政府表彰。所承担的市委12项考核目标和省总16项量化考核目标、5项定性考核目标全部完成或超额完成，整体工作在11个设区市居于前列。市委书记宋太平等市领导先后9次对市总工会工作进行批示，予以充分肯定和表扬。2009年12月21日，宋太平指出："工会工作很好，省总兰翠、建华同志充分肯定，在全省走在了前列。工会班子团结和谐，有凝聚力和战斗力，能办人事，善办难事，敢于碰硬，不回避矛盾，勇于解决难点问题，一举扭转了长期以来工会工作在全省和全市的被动局面，为工会的加快发展和长治久安做出了卓有成效的工作，市委很满意。"

【市工会十七次代表大会】　4月16~18日在百世开利会展中心召开。市领导宋太平、于群、李光耀、崔启慧，省总工会河北省总工会党组书记、常务副主席栗建华等出席会议，市委书记宋太平和栗建华分别讲话。大会系统总结了十六大以来的工会工作，全面安排部署了今后五年工会工作任务，选举产生了新一届领导集体。陈英杰当选为市总工会主席，周文琪当选为常务副主席。周文琪作了题为《努力建设中国特色社会主义工会，为实现又好又快发展强市兴县富民而奋斗》的工作报告。

【工会工作新格局】　换届之后，市总领导班子团结和谐，优势互补，解放思想，开拓创新，形成了工会系统坚强的领导核心。各县（市、区）委、市直部门党组（党委）也普遍加强对工会工作的领导，调整优化了班子，配齐配强了干部，理顺协调了关系，使工会整体作用的发挥上了一个新台阶。坚持用"四个正确看待"统一思想、用"五坚持五反对"凝聚力量；用"五抓"工作法推进工作；用"四新"和"四个服务"的要求，加大工作创新；用"组织工作要出彩，工会经费要较真，创新工作要跟上"的要求，对会费收缴、组织建设和创新性工作进行督导检查，收到了很好的效果。

【职工经济技术活动】　围绕全市经济建设大局，深入开展"争当强市兴县富民先锋，为保定又好又快发展建功立业"七项劳动竞赛。保定市汽车行业劳动竞赛列为全省十大示范性劳动竞赛，职工创新创造成果获省1项最佳奖、10项优秀奖。在省职工技能大赛汽车维修工比赛中，获团体第一名和优秀组织奖。据统计，全市72.52万职工参加了不同形式的劳动竞赛，提合理化建议73082条，实现较大创新成果1815项，创造效益15.4亿元。

【职工素质工程】 积极推进企业文化建设，建设“职工书屋”，大力开展“创建学习型组织，争当知识型职工”、“知荣辱、树新风、促和谐”职工道德实践活动，积极开展“争当金牌工人、争做能工巧匠”活动，在女职工中开展了“双十佳”评选活动，表彰了十佳女职工标兵和十佳女职工示范岗。国庆60周年职工庆祝活动丰富多彩，职工体育活动蓬勃向上，展示了新时期工人阶级的主人风采。

【企业民主管理工作】 规范了劳动关系和谐单位评审办法，涌现出1个国家级、60个省级、287个市级和400多个县级和谐企业。积极开展“共同约定行动”，参与企业达到2565家。9月23日举办了全市工会系统职工民主管理培训班，制发了职工代表大会规范化操作流程，编纂了职工民主管理学习资料。加强了企事业单位民主管理，推进职代会星级认证和厂务公开。坚持企业改制中民主管理、民主参与和民主监督。

【困难职工帮扶工作】 拓宽帮扶资金来源渠道，规范资金的使用管理，实名录入7880名困难职工和特困职工，实现了“依档案管理、实名制帮扶”。大力实施促进就业援助行动，完成职业介绍6876人次、职业培训10033人次、就业安置7163人次。按照省政府与省总第三次联席会议要求，促成解决了726名特困职工加入医保、295户无房或住房困难户实现廉租或房补、64名特困职工大学毕业子女就业问题。开展了节日“送温暖”、暑期“送清凉”、冬季“共享阳光、共建和谐”等多种形式的帮扶活动，发放帮扶资金389.76万元。继续推进工会会员重大疾病医疗互助活动，全年新增7217人，医疗救助78人。“金秋助学”纳入市委“亲民爱民”活动，155名特困职工子女受助40万元，被市委、市政府评为“金秋助学”活动先进单位。

【职工法律援助工作】 创新矛盾排查调处方法，组织心理咨询师进行心理咨询疏导390多人次，全总、省总领导和太平书记等市领导予以高度评价。加强劳动关系矛盾纠纷排查和争议调处工作，大力推广定向职工法律援助，聘请24名律师为企业服务，依法维护职工合法权益。全力投入国庆安保，发挥劳动关系预警机制作用，确保了国庆期间职工队伍没有发生群体性事件。

【基层组织建设】 以农民工入会为重点，认真查找会员发展的空白点和潜力点，开展了“工会组建月”、“建会百日攻坚”行动，建会、入会实现稳步增长。加强乡镇（街道）总工会建设，制定了配套政策，明确了干部配备原则和经费来源渠道，总结推广了公开选拔乡镇工会主任的做法，在全省作了引领性发言，341个乡镇（街道）全部建立了总工会，3872个村（社区）建立了工会组织。克服困难，圆满完成了基层工会和会员实名制录入工作。大力推进建家活动，25人以上基层工会普遍进行了法人资格登记。

市总工会十七届委员会
主　　席　陈英杰
常务副主席　周文琪
副 主 席　文　霖　王松元
　　　　　赵金柱　杨占辉
教育工会主任　刘爱国
经审主任　仝秀明
纪检组长　吴国锋
市总工会党组
党组书记　周文琪
党组副书记　文　霖
党组成员　王松元　赵金柱
　　　　　杨占辉　刘爱国
　　　　　仝秀明　吴国锋

（杜俊社）

# 共青团

【中国共产主义青年团保定市委员会】 是中共保定市委领导下的先进青年的群众组织，机关设办公室、组织部、宣传部、青工部、青农部、学少部、统战部机关党总支部和青少年宫、青年服务站两个事业单位。

【概况】 2009年，团市委围绕市委确定的“又好又快发展，强市兴县富民”两大主题，汇聚全市团员青年的力量，全面自觉地贯彻市第十七次团代会提出的构想和要求，扎实深入开展了县、乡两级团委集中换届、青年就业创业、服务三年大变样、家乡文化大搜索等重点工作，团的工作全局活跃、亮点突出、成果丰硕，团市委先后荣获河北省服务农村青年增收成才奖先进集体、推动全民创业工作实绩突出单位、捐资助学模范先进集体等荣誉称号。

【大力提升保定青年理想信念】 加强青少年理想信念教育，广泛开展了“红旗下的誓言”等主题教育活动。“六·一”期间成功举办“我们是飘扬的红领巾”大型文艺演出，与市委组织部联合开展“红领巾牵手基层老党员，两代人共话科学发展观”活动，与市委宣传部、市文明办联合主办“红色保定唱红歌”活动；以开展家乡文化大搜索活动为主题线，积极构建青少年精神文化。与市文明办、市教育局联合下发了《关于进一步深化保定市青少年家乡文化大搜索活动的通知》，及2009年工作目标及考核办法，制作、发放《家乡文化大搜索活动培训光盘》，组织各县（市、区）团委进行培训，团市委及22个县（市、区）团委已经初步完成了家乡文化大搜索系列丛书的编纂工作；通过省、市共青团组织先进典型的评选活动，加强对榜样典型的宣传，用他们的先进事迹教育青少年、影响青少年。组织开展“激扬青春、放飞梦想”——保定市优秀中学生中国名校参观；“我与祖国共奋进—共享成长·杰青与您面对面”等活动；加强团市委网站建设，投资5000余元对保定青年网站进行改版，积极开通三年大变样专题网站，对县（市、区）团委网管人员进行网站操作管理、模块内容添加、信息报送、图片上传等内容的培训。

**【深入推进团的组织建设】** 以县、乡两级团委集中换届为契机，强力推进团的基层组织建设。全市已有24个县（市、区）团委、300个乡镇团委完成了换届工作，基层团组织建设充满了生机和活力。积极抓好徐水、定兴等县、市就大学生“村官”、“三支一扶”志愿者兼任村、社区团支部书记的试点工作。《中国青年报》对我市围绕团的基层组织建设开展集中换届工作进行了连续报道。4月28～30日，共青团保定市第十七次代表大会召开。市委书记宋太平出席大会开幕式并讲话。团省委副书记张泽峰代表团省委向大会的召开表示祝贺，并就进一步做好共青团各项工作发表了讲话。大会主席团常务主席刘志刚主持会议，并代表共青团保定市第十六届委员会作了题为《坚定信念，奋发有为，团结带领全市广大团员青年为实现又好又快发展强市兴县富民贡献青春和力量》的工作报告。大会选举产生保定市共青团第十七届委员会委员、候补委员。团十七届一次全会选举产生新的一届常委、书记、副书记。扎实开展团员队伍建设，2009年全市共发展新团员50000名；加强中学生团校建设，为团的各项工作开展，巩固团的源头建设提供了阵地保障。积极做好推优入党工作，全年推优入党人数580名。进一步加大团干部的培训力度，通过各种形式培训全市基层团干部800余人次。认真选派机关7名政治、业务素质高的团干部到县级团组织开展为期半年的驻点工作。完善与青联委员沟通的两个短信平台，对756名委员的数据信息逐一进行了核实修改。组织开展了“互帮、互学、互访活动”等大小型交流活动80余次，委员参与率达到79%。积极参与市政府妥善安置依棉职工工作，为依棉职工提供备选岗位400余个，达成就业意向87人。

**【积极服务广大青年成长成才】** 制定出台《共青团保定市委全民创业工作方案》，组织召开“青年创业就业工作座谈会”，建立各级青年就业创业见习基地80余家，提供见习岗位千余个。实施开展“携手创业路”百名团干部帮扶百名创业者活动，100名团干部、100名创业指导师与基层创业者结成帮扶对子，团市委就业创业工作受到市委、市政府表彰。与工商联联合开展“企业家进校园宣讲”活动，参与承办“2009保定市大中专毕业生春季人才招聘会暨高校毕业生就业创业论坛”，为应、往届毕业生提供8400多个岗位，近35000名大学生前来应聘，达成就业意向3100个。推荐11名“青年能人”加入全省农民合作经济组织青年人领办人协会，深入开展农村青年创业小额贷款培训工作，通过实地、网络等形式开展培训近20场，培训团干部和农村青年共500余人。开展返乡农民工培训工作，利用各种形式共培训返乡农民工2000余人，并实现就业转移。

实施“联想项目”和“四季沐歌太阳能阳光创业行动”。联合21家与青少年维权工作密切相关的单位齐抓共管，共同开展青少年保护法律法规的宣传工作。积极做好12355青少年维权热线工作，全年共接听投诉、咨询电话60余个，90%以上的问题在工作人员的电话解答、说明后得到处理。青少年宫培训项目从20个增加到近百个，年龄层次从4岁到初高中生，年培训量达到14000多人次，并对100多名贫困家庭孩子减免了培训费用。组织开展“阳光下成长”少儿红歌会、“新希望托起明天的太阳”等一系列活动。与市亲民爱民办公室组织开展金秋助学活动，组织开展“冬日暖阳照耀希望助困志愿服务活动”，为弘德家园的孤儿送去温暖。积极争取北人集团、廊坊新奥集团的支持，捐助资金9万余元，救助涞水、易县等5个县120名贫困高中生。加大希望小学的建设力度，协调省青基会、香港宝莲禅寺捐助资金

50余万元，在阜平、满城援建两所希望小学，同时，团市委积极募集资金20万元，在对口扶贫县涞水县赵各庄镇改扩建希望小学一所。以希望工程实施20周年为契机组织开展“旧书换新书，情系农家娃”、“携手走进希望小学”等活动。

【广泛参与经济社会又好又快发展】　深入开展助力“三年大变样”活动，举行“服务城市大发展、争当城市志愿者”为主题的“服务三年大变样——百万志愿者爱城行动”启动仪式，发动全市5000余名志愿者参与了活动。积极联合利家世纪房地产公司为府河拆迁市场的建设者送去了价值5000元的防暑降温食品和药品。组织青少年宫小记者深入到拆迁户家中对部分拆迁户进行采访。组织市第一中心医院的专家主任到乐凯北大街建设现场开展送医送药活动，为建设者送去健康。将青年助力“三年大变样”工作向社区延伸，在青东巷社区举行了青年宜居社区启动仪式。组织青联委员走进县（市、区）活动，后走进涿州市、定兴县、白沟白洋淀温泉城，通过实地参观考察、座谈交流等形式，使青联委员更深地了解各县（市、区）经济发展情况和特色，为当地的招商引资以及青联委员之间的项目合作搭建平台。推广使用《志愿者服务书册》及《注册志愿者服务登记证》，使志愿者服务活动制度化、规范化。2009年，完成注册10000余人，全市的注册志愿者人数已超过12万名。积极利用国庆节期间在全市广泛开展“非常假期·国庆感恩”——保定市青年志愿者“8+1”志愿服务活动。参加此项活动的青年志愿者达2000余名，受助的老年人和残疾人2000多名，引起社会强烈的反响。组建170余支暑期社会实践小分队，以“牢记青春使命，勇担时代重任”为主题，分赴广大农村和城市社区开展社会实践活动。对青年文明号集体实行严格、规范的评选、考核、管理，通过“青年文明号创新创效”、“创建青年文明号诚信建设示范单位”、“青年文明号扶贫助困”等多种载体，打造青年文明号诚信品牌。

书　　记　刘志刚
副 书 记　许红琳　杨跃峰
　　　　　周　峰

（王晓明）

# 妇　联

【保定市妇女联合会】　保定市妇联是中共保定市委领导下全市各族各界妇女的群众团体组织，正县级单位。按照“三定”方案，设办公室、组织联络部、宣传部、城乡工作部、权益部、儿童工作部6个部室，内设党总支。下设保定市妇女儿童活动中心一个事业单位。保定市人民政府妇女儿童工作委员会（以下简称妇儿工委）办公室设在市妇联。妇联的主要职能是代表和维护妇女合法权益，促进男女平等。

【概况】　2009年，市妇联围绕党委政府中心工作，围绕“三保”，针对“三难”（就业难、上学难、看病难），强化“三服务”，突出重点抓特色，奋发有为求创新，积极探索项目化、社会化、品牌化工作方式，不断优化困境妇女儿童生存发展环境，取得了显著成效。市妇联被评为全国维护妇女儿童权益先进集体、省妇联系统信息工作先进单位，河北省“三八”红旗集体，被市委、市政府评为实绩比较突出单位、领导班子定档实绩比较突出。市妇联获保定市委系统信息工作先进单位、保定市政府系统信息工作先进单位、亲民爱民活动先进帮扶单位、优秀群众工作站、信访工作先进单位、国庆安保先进集体、全民创业工作实绩突出单位、优化环境工作成绩突出单位、社会治安综合治理工作先进集体等称号。在保定市民主评议满意度测评中获第五类中的第一名。救助贫困儿童、项目化运作工作在全省妇联会议上作经验介绍，普法工作、廉政文化建设工作在全市会议上作典型发言。

【召开保定市第十四次妇女代表大会】　保定市第十四次妇女代表大会于11月19日—20日召开。来自全市各条战线、各个领域的400多名优秀妇女代表出席大会。大会审议通过了主席团常务主席蒋兰梅代表第十三届执行委员会向大会作的题为《全面落实科学发展观 团结动员各族各界妇女为保定经济社会又好又快发展强市兴县富民而努力奋斗》的工作报告。选举产生了保定市妇联第十四届执行委员会、市妇联十四届常委、主席、副主席，新一届妇联领导班子成员全部全票当选。会议认真回顾总结了市第十三次妇女代表大会以来，保定市妇女运动和妇女工作取得的成就和经验，明确了今后五年妇女事业发展的任务目标。省妇联主要领导和市五大班子领导出席大会。市委书记宋太平在对大会召开表示祝贺的同时，高度评价了保定妇女在推进全市经济社会发展中作出的巨大贡献，充分肯定了全市各级妇联组织的桥梁和纽带作用，并对广大妇女、妇联组织和各级党委、政府提出了要求和希望。省妇联主席王淑玲代表省妇联发表了讲话，对保定市妇女运动和妇女工作所取得的成就给予高度评价，并提出新的希望。市委常委、保定军分区政委高树义，团市委书记刘志刚代表各群众团体向大会致贺词。

**【纪念“三八”国际劳动妇女节99周年】** 一是召开纪念“三八”国际劳动妇女节99周年大会。3月4日，全市各界妇女代表200多人欢聚一堂，以“共促科学发展、共建和谐社会、共创美好生活“为主题，召开纪念大会。市四大班子领导出席大会。市委常委、市农工委书记、统战部长王惠欣主持会议。市妇联主席蒋兰梅作“三八”致辞，市领导对获得全国“巾帼建功”先进个人、省“十大女杰”、省十大女企业家、市维权工作先进个人和市关爱儿童工作特殊贡献奖及市优秀家政服务员的代表进行了颁奖，四位来自不同行业的优秀妇女代表做了典型发言。二是开展“三八”维权周活动。3月6日，由市妇联牵头，市人大常委会内司委、市综治办、市司法局联合在保定大润发超市门前广场开展了“三八”妇女维权周法律宣传咨询活动，法律工作者，巾帼志愿者及机关干部共计60多人参加活动。

**【开展“三新”行动】** 一是开展“洁、齐、美”突击月活动。组织妇女积极参与家居环境卫生整治，绿化美化家园活动，使城乡面貌焕然一新。全市3万多人共清除垃圾300余立方米。举办“关爱我家、绿色有约”家庭植树活动，共植树8万多株。二是开展群众性爱国主义教育活动。围绕国庆60周年，举办迎国庆60周年知识竞赛活动和七彩夕阳红歌赛。三是举办“三新”大讲堂。举办宴嫂培训，学员们掌握了20余种热菜及面点制作方法。全市共举行了女性修养、文明礼仪、心理健康等各种培训班280期，培训妇女2万人次。四是为新市区大汲店农家书屋捐赠各类书籍近400册。五是选树先进妇女典型。张秀玲等6人获全国“三八”红旗手，保定一中等3个集体获全国“三八”红旗集体。六是联合开展第二届“道德模范人物”评选活动，6名妇女荣获道德模范称号。七是在广大群众中广泛宣传节约理念，积极提倡创建节约家庭。3月22日，联合5单位在人民广场召开科学节水进社区进家庭表彰大会。八是牵线搭桥，为单身朋友提供服务。以热情的服务为单身朋友搭建爱的桥梁，“E网情深”网络会所会员有1000余人。与驻保66396部队联合举办军地青年联谊会，200多名年轻军官和地方女青年参加。

**【实施女性创业促进行动】** 按照“以培训促创业、以创业带就业”的工作思路，坚持社会支持、市场导向、自主创业原则，加强调查研究，宣传扶持政策，优化创业环境，实现了创业促发展和创业带就业的良性互动。1. 加强调研，增强创业就业工作的针对性。召开各个层次的座谈会，摸清底码，研究对策。一是召开成功创业女性座谈会，探讨如何再发展、再壮大；二是召开有创业愿望的女性座谈会，研究探讨怎样走上创业之路；三是召开4050下岗失业人员座谈会，探讨如何依托家政服务实现再就业；四是召开科技局、中小企业局、劳动局等职能部门座谈会，探讨怎样对创业女性提供政策支持。2. 强力宣传，营造妇女创业的良好舆论氛围。召开创业女性事迹报告会，在保定电视台《沟通》栏目和《精英360》栏目为成功创业典型制作了访谈录，宣传她们的创业事迹。联合开展“保定市十大创业标兵”评选活动，3名女性当选，为创业女性树立了榜样。3. 分类培训，提高妇女创业就业竞争力。一是针对外出务工女性，重点进行法律知识、权益保护、城市生活常识培训。二是针对初高中毕业生，开展英语、书法、计算机等项目的定单培训，培训上千人，帮助400多人找到岗位。三是针对4050下岗失业妇女，依托市妇联再就业服务中心，打造家政服务品牌，开展母婴护理、宴嫂等各类培训32期，培训1600人次，帮助1000多人找到了工作。四是开办创业类和提升类培训。推荐9名女企业家参加省女性创业促进会，提高她们经营管理水平、自主创新能力以及应对市场竞争的能力。4. 强化服务，为妇女创业就业搭建平台。指导7个县（市、区）成立了女性创业联谊会。市妇联创立了“保定市妇女创业基金”，为5名妇女争取小额贷款25万元，帮助20多名妇女成功创业。组织十余名企业家参加“河北省女性创业服务周启动暨河北省女性创业就业网开通仪式”，参加女性创业成果展，有3家企业当场与省会商家达成合作协议。主动为政府分忧，两次组织20多名女企业家参加市政府召开的协调会，为依棉下岗职工提供就业岗位300多个。省妇联副主席刘保平、高天就女性创业工作分别来保调研，召开座谈会，深入企业进行实地考察，对保定的创业工作给予了高度评价。为进一步完善下岗失业人员小额担保贷款财政贴息政策，保障妇女发展权利，作好妇女创业就业工作，四个单位联合下发保财社［2009］66号文件，个人小额担保贷款最高额度为8万元。市妇联被市委、市政府评为保定市推动全民创业工作实绩突出单位，奖励3万元。

【实施女性成才行动】 一是实施万名妇女学习培训工程。继续办好第五届女状元大专班，开办了第二次集中面授。在课程设置上，坚持实际、实用原则，除种植、养殖、经济管理课程外，又增设了文明礼仪、个人形象修养等专业，受到学员欢迎。创建妇女培训学校17个，举办培训班315期，培训妇女5.2万人。组织11名“双办”主任参加全国“双办”举办的培训班。二是实施“科技牵手工程”。全市建立“巾帼科技示范基地”、“三八绿色工程示范基地”45个，占地23万亩，扶持近千名贫困妇女走上致富之路。三是深化“巾帼示范村”创建活动。选树市级“巾帼示范村”50个，创建省级“巾帼示范村”8个。四是开展“巾帼文明岗”争创活动，举办各类岗位技能培训班237期，培训在岗女职工24586名。开展“巾帼志愿者”服务活动，参与交通协管，创造安全畅通文明的道路交通环境。五是加大对女性人才的宣传力度。在市级以上媒体刊播稿件196篇（条），其中国家级10篇（条），省级22篇（条）、市级164篇（条），广泛宣传了优秀女性人才的先进事迹，展现了保定女性的风采。六是联络联谊。与省女企业家密切联系，为优秀企业家沟通搭建平台。推荐8名女企业家加入省女企业家协会。协调推荐2名副会长、3名常务理事、3名理事。郝海玲获得“河北省十大杰出女企业家”荣誉称号，张淑芬、白红敏获得“河北省优秀女企业家”称号；带领女企业家参加了省女企业家协会2009年年会。

【积极探索项目化运作】 努力探索新形势下妇联工作的新途径，积极尝试项目化运作，做到真心找项目、诚心引项目、精心做项目。2009年争取上级妇联、慈善机构、知名企业、热心人士的大力支持，实施运作多个项目，共争取项目资金、物品折合人民币200多万元。一是开展“关爱母亲健康活动”。争取全国妇联、中国妇女发展基金会捐赠保定市5辆“母亲健康快车”和1台价值40万元的TVB仪器。“母亲健康快车”分发到顺平、易县、博野、望都、涞水。义诊68次，为贫困母亲体检10000人次，发放宣传资料5000余份，为500多名妇女作了宫颈癌免费筛查，检查出62名阳性患者，做到了早诊断、早治疗，降低了宫颈癌的发病率和死亡率。二是争取中国儿基会弱视办弱视儿童免费治疗项目。为顺平、定兴、博野的200多名儿童义诊，其中有27名贫困家庭弱视儿童分别得到5000元资助，共计13.5万元。三是争取全国妇联、美国LDS慈善协会的轮椅项目全部落实到位。全国妇联、省妇联领导出席捐赠仪式并讲话，250辆（价值25万元）轮椅捐赠给保定市250名贫困残疾妇女和儿童。四是争取中国儿基会在易县、安新建立“春蕾班”。连续3年为易县50名小学生和安新50名高中生每年提供2万元和6万的助学款。已到位资金5万元。五是争取中国儿基会首个格兰富中国太阳能供水系统项目落户定兴柳卓乡中学，价值10万元，现已投入使用。六是举办“河北省妇女法律援助社区行”启动仪式，争取省妇联法律援助资金5万元。七是善美天使工程基金协会捐赠项目资金20万元，建立10所中国保定留守流动儿童素质拓展学校。八是北京市仁爱慈善基金会资助保定市1000名在读初高中孤儿，每名初中生每人每年450元，每名高中生1000元，直到高中毕业，首批资助89名，资金到位5万元。九是河北卓正集团和杨卓舒为进入本二线的25名高中春蕾女生发放每人2000元奖学金，共计5万元。十是争取恒源祥集团总价值6.5万元的毛线，举行2009年保定市“恒爱行动”启动仪式，为500名孤残儿童寻找“爱心妈妈”编织爱心毛衣。十一是协调贝因美公司向市社会福利院和涞源贫困家庭捐赠总价值25万元的儿童食品。

【为妇女儿童办好事、实事】 一是联合开展廉政文化进家庭活动。下发《关于开展“廉政文化进”工作方案》，组织签订家庭助廉承诺书，开展“参与社会奉献日”活动，举办廉内助培训班、廉洁家庭座谈会、知识竞赛、助廉警示格言征集、参观警示教育基地、访问贫困家庭等活动。在妇女特别是家庭中宣传廉政文化，筑牢家庭拒腐防线。二是开展“双有”主题活动，加强未成年人思想道德建设。举办少儿“弟子规”书法大赛、开展了“安全知识流动课堂”主题活动、开展“与新疆儿童手拉手”图书捐赠活动、“向国旗敬礼、做一个有道德的人”网上签名寄语活动、组织收看动漫教育片、积极推广未成年人健康上网的软件工具——“绿坝花季护航”，优化网络环境。2009年保定市妇女儿童活动中心新增右脑潜能教育、软雕塑数学、作文项目的培训，共开展青少年培训项目7个，参训学员约1000人次。书法培训学生500人，参赛选手获奖率已连续三年位居全国榜首，同时还获得了优秀集体组织奖。英语培训学生已达300余人，在2009年全国举办的百家童星英语类大赛上，伊顿学生囊括了该项目金银铜奖。三是开展亲民爱民活动。到市社会福利院慰问，带去了价值5000余元慰问品。三次深入安新县7乡17户困难群众家庭中，送去学习及生活用品。举办救助贫困家庭、扶植女性就业爱心捐助仪式，为200个贫困家庭捐助价值一万元的米、面、油，50名困难女职工接受了就业培训。慰问电谷立交桥工程建设者。举行了慰问仪式，赠送了价值万元的矿泉水、水果、毛巾。开展"六一"慰问活动。对赴四川灾区援建队员61名子女进行了"六一"慰问，送去了价值15000元的慰问品。四是做好群众工作站工作。派出2名副主席担任群众工作站站长。开展了"健康牛年、送福到家"、"友好共建单位"等系列活动。建立了"党员活动基地"，解决居民房屋质量问题、信号塔辐射污染等矛盾纠纷。省、市妇联领导两次到低保户家中慰问，送去慰问金2000元和生活用品。张树欣被评为优秀群众工作站站长。在永华中路社区，发放法律宣传资料2000多份。带着感情关注民生，安排陈某到保健器械企业上班；为5名残疾人争取5辆轮椅；争取社会资金4000元，救助20名贫困母亲儿童；帮助6名4050人员再就业。群众工作站的工作受到群众广泛赞誉，保定日报多次进行了报道。五是做好扶贫工作。为贫困村顺平县西柏山村办实事。协调香港善美基金会工程协会捐赠价值1万元的电脑、打印机、传真机，现金1.2万元，为学校改善了办学环境。为解决村民饮水问题，协调扶贫办拨专项经费3万元。开展为村民送知识、送健康活动。向村民发放《妇女权益保障法》、挂历等千余册。开展慰问贫困家庭活动。送去价值1万元的大米、白面、毛衣、学习用品等，为17名贫困儿童发放救助款2000多元。改善了群众生活条件，增强了村民致富能力。

**【开展妇女儿童权益保障行动】** 坚持维权与维稳相结合，把推动解决妇女儿童根本利益问题作为妇联工作的根本点和落脚点。1. 认真落实妇女儿童两个规划。对2008年度妇女儿童情况涉及到的123项指标进行专项统计；并重点对国家级示范县清苑县在落实两个规划方面进行检查指导。做好省专家组对清苑县就"儿童纲要"执行情况的检查督导，对重点和难点问题提出了具体整改意见和建议。根据市领导分工和部分成员单位人员调整，对保定市政府妇女儿童工作委员会组成人员进行了调整。2. 深化"平安家庭"创建活动。一是起草《保定市关于预防和制止家庭暴力的实施意见（征求意见稿）》，向市人大提出预防和制止家庭暴力的建议，构建反家庭暴力的社会干预机制。二是积极参与基层平安创建活动。"一把手"与综治委签订了责任书，将蠡县小陈乡作为基层平安联系点。召开座谈会，并为学校的孩子们送去了价值2000多元毛衣、书包、篮球；对保定市人大25号建议给予了答复。3. 认真处理来信来访，积极维护社会稳定。把"迎国庆保稳定百日会战"作为重中之重，成立机构，制定方案。坚持值班、信息报送制度。共接待信访186件，处理9起典型案件。发放维权解困资金2.4万元，救助权益受侵害的妇女儿童120多人。2名同志被抽到依棉工作组。经多次协调，被拐卖16年的满城县妇女吴某案件在顺平法院开庭审理，委托律师为其提供法律援助，此案正在审理中。实现了"五个不发生"。权益部被市委、市政府评为"国庆安保先进集体"。4. 深化"法律进家庭"活动，提高广大妇女的法律素质。一是组织参加全国"亿万妇女学法律 平安家庭促和谐"知识竞赛；联合举办"新一代"杯法律进家庭知识竞赛。二是深入到新世纪花园社区调研，为居民送去书籍、画册、宣传画600多本（册）。三是举办"河北省妇女儿童维权法律援助社区行"启动仪式。争取省妇联法律援助资金5万元。成立了"保定市律师协会女律师工作委员会"。《保定日报》、《中国妇女报》给予宣传报道。四是开展了12·4法制宣传日活动，发放资料5000份，咨询105人次，并深入定州市大辛庄乡普法。市妇联在全市"法律八进"工作经验交流会上做了典型发言。

**【加强妇联自身建设】** 1. 加强妇联基层组织建设，夯实工作基础。一是把妇联基层组织建设纳入市委基层组织建设和基层政权建设的统一规划，加强督导和整建力度，县乡级妇联组织健全率100%，村级妇代会健全率98%。二是开展了妇代会换届直选工作。成立了领导小组，与民政局联合下发文件，并进行专门部署，使农村妇代会组织和农村"两委"换届同步进行。深入县（市、区）进行督导检查，全市396个村完成了妇代会直选工作。1940名女性进入村委会，1928名女性进入村支部，女性进村"两委"

的比例达到62.2%。三是开展了基层示范组织创建活动和“先进妇联组织、优秀妇联干部”创评活动。我市2个县、15个街道和乡（镇）、128个社区和村被省妇联评为基层组织示范县、乡、村。4个县级妇联、5名妇联干部被评为省妇联系统先进集体、先进工作者。市妇联评选表彰示范县10个、示范街道和乡（镇）50个、示范社区和村150个，优秀妇联干部100名。典型的树立，扩大了妇联组织和优秀妇女的影响力。2. 加强妇联干部队伍建设，提高综合素质。一是开展“强素质、练内功、岗位读书”活动，重点组织妇联干部认真学习全国妇联推荐的学习用书，通过多种形式激发妇联干部争创学习型妇联组织、学习型妇联干部。二是建立有利于科学发展的正确用人导向，提拔副县领导2名。认真组织了机关科级领导职位竞争上岗工作。新提拔科级干部8名。三是强化培训。市妇联举办了百名县乡村三级妇联干部参加的“保定市妇联干部业务知识培训班”；组织市县乡村妇联干部、妇委会主任25人参加上级妇联、党校的培训班；加强妇代会直选培训力度，市妇联发放直选工作指南、培训光盘6400余册（张），组织开展形式多样的培训，激发直选热情，提高她们处理各种复杂问题的能力。3. 贯彻男女平等基本国策，推动妇女参政。协调市委组织部将男女平等基本国策内容纳入市委党校领导干部培训课程，提高各级领导干部男女平等基本国策意识。积极配合市委组织部落实《培养选拔女干部发展女党员五年规划》，建立了妇女人才库和优秀妇女干部档案，实行动态管理，不定期补充和更新妇女人才信息，县乡党政班子全部按要求配备了女干部。力促第八届村“两委”换届妇女参选比例大幅度提高，落实女性候选人“定位产生”制度。全市5368个村按照女性候选人“定位产生”制的方法进行了选举，占全市总数的86.4%，

主　　席　蒋兰梅

副 主 席　张树欣　张荣芳

　　　　　韩　雅　李秀恩

（杨荣芳）

# 侨　　联

**【保定市归国华侨联合会】** 保定市侨联是共产党领导的由全市归侨、侨眷组成的人民团体，是党和政府联系广大归侨、侨眷和海外侨胞的桥梁和纽带。主要职责，贯彻侨法，维护侨益，充分调动广大归侨、侨眷和海外侨胞的积极性，为我市的对外开放和经济建设服务。内设办公室、宣联处。

**【概况】** 2009年，保定市侨联深入开展了学习实践科学发展观和“干部作风建设年”活动，紧紧围绕全市“四保”（保增长、保民生、保稳定、保变样）的要求，发挥优势，扎实工作，为实现我市“又好又快发展、强市兴县富民”做出了应有的贡献，被中国侨联评为“全国侨联系统先进基层组织”。

**【开展“两项”活动，坚持正确发展方向】** 以“解放思想，凝侨心，聚侨力，促进侨联科学发展”为主题，深入开展学习实践科学发展观活动，认真查找影响和制约侨联科学发展的突出问题，进一步明确了促进侨联科学发展的努力方向。“作风建设年”活动中，坚持以侨为本，问政于侨，问需于侨，问计于侨，在落实承诺事项、解决突出问题上下功夫，进一步增强干部队伍的宗旨观念和党性修养，为促进侨联各项工作的开展奠定了坚实的组织基础。

**【发挥侨界力量，促进经济发展】** 一是扩大对外宣传，做好对外接待。2009年，市侨联和各位委员共接待来自美国、加拿大、冰岛等国家和地区的社团组织和海外媒体近40批500余人次，进一步提高了保定的国际知名度，促进了我市与世界各国的经贸联系。二是以“亲情、乡情”为纽带，拓展海外联谊渠道。新增补侨联委员7名，其中海外委员1名，新委员的加入为侨联队伍注入了新的生机与活力。三是引导侨资侨属企业健康发展。深入到保定浪拜迪变压器有限公司、美新公司等企业开展工作调研，为企业排忧解难。同时，积极向河北省青联、河北省侨联国际华商会推荐优秀企业人才，为促进企业更好发展搭建相互交流的平台。

**【关注侨界民生，促进社会和谐发展】** 1. 以“追忆历史，感受辉煌”为主题，开展了庆祝新中国成立60周年系列活动。组织部分老归侨及二三代参观保定留法勤工俭学运动纪念馆，协助中国侨联做好老归侨口述历史采访活动，召开了“庆国庆，迎中秋”老归侨座谈会，进一步激发了广大归侨侨眷爱国爱乡热情。2. 做好困难归侨侨眷的帮扶和以法维权工作。与市侨办联合开展“送温暖，献爱心”活动，走访慰问贫困归侨侨眷86户180人，发放慰问品和困难补助金3.5万元。协同市住房保障和房产管理局，为蒙古归侨岳秀英圆满解决

了新的住房问题。全年接待涉及侨界群众的拆迁补偿、企业分流人员权益等50余件次，通过协同市政府有关部门，合理诉求都得到妥善解决。3. 开展“亲民爱民”活动。多次深入涿州、定州，详细了解困难群众的生活情况，为帮扶对象送去米、面、油等生活用品和慰问金，带去了市委和侨联对人民群众的关爱。

主　　席　张友良

副 主 席　李玉华

（李玉华　林薇）

## 社科联

【保定市社会科学界联合会】 保定市社会科学界联合会（简称“市社科联”），是中共保定市委领导下从事理论研究和理论宣传的学术性人民团体，是保定市社会科学界各学会、协会、研究会的联合组织，负责对全市社会科学学会、协会、研究会进行业务指导、管理、组织、协调，是党和政府密切联系社会科学工作者的桥梁和纽带，正县级全额拨款事业单位，与中共保定市委讲师团合署办公。

【概况】 2009年，市社科联围绕中心，服务大局，发挥优势，突出特色，团结和凝聚全市社科队伍，在社科理论研究与宣传、干部理论教育和形势政策教育、学会管理、社科知识普及等方面取得显著成绩。在全国大中城市社科联工作年会上，被评为“全国先进社科联”，被河北省社科联评为全省“社科联系统先进单位”，获省市级组织奖3项，1人荣获“全国大中城市社科联先进工作者”称号。

【积极开展理论研究】 1. 为“提升保定城市品位”提供智力支持。组织专家学者对市委文件精神分专题研究，撰写理论文章，在《保定日报》《保定社会科学》《保定社科网》等媒体专版（专栏）分批刊发，形成规模效应，进行舆论引导，提供理论支持。2. 围绕中心，加强应用对策研究。完成的《新<劳动合同法>下的保定农民工劳资关系的调整》课题成果，受到市人大常委会主任李光耀的肯定性批示。该调研报告获全市优秀调研成果一等奖。完成《实现职业教育与市场对接——关于保定市职业教育的调查》，得到副市长闫立英肯定性批示。3. 发挥优势，积极开展基础理论研究。进行第2项国家课题《用社会主义核心价值体系引领社会思潮》的研究。在《保定日报》开设专版5版。所属学会发表120多篇。指导学会开展学术交流和理论研讨6场（次）。4. 积极搭建平台，开展理论研究和交流。举办“社科界学习十七届四中全会精神座谈会”，及时整理座谈发言摘要《保定日报》开辟专版发表，引导学习，营造氛围。联合举办“纪念新中国诞辰60周年理论研讨会”。参加市委宣传部等部门联合组织的“红色保定唱红歌”活动知识竞赛评委工作。

【认真开展理论宣讲工作】 1. 创新建立基层理论宣讲工作机制。一是与市委宣传部联合下发《关于建立县（市、区）理论宣讲工作站的通知》，以县（市、区）委宣传部为主体，建立了县市区理论宣讲工作站，以此作为延伸理论工作的一个重要和关键“抓手”，探索理论宣讲工作规范化、制度化和常态化。二是做好省级理论宣讲工作站管理。2. 建立“保定市特聘宣讲员”队伍。与市委宣传部联合发文，建立“保定市特聘宣讲员”队伍。大家深入到大中小学校、农村社区、机关企事业单位等进行宣讲120余场，受众约10万余人次。3. 认真抓好理论宣讲。一是认真学习全省《学习贯彻党的十七届四中全会和省委七届五次全会精神宣讲提纲》，并结合保定实际起草宣讲提纲，为搞好宣讲工作打基础。二是结合形势需要搞好专题讲座。4. 准确把握上级工作精神。一是参加全省讲师团宣讲工作年会，并在会上汇报保定市宣讲工作情况，受到了会议的充分肯定。二是参加省委宣传部组织召开的全省学习领会十七届四中全会精神工作座谈会，按照全省和市委部署，认真谋划保定市四中全会精神的宣讲工作。

【开展丰富多彩的社科活动】 1. 组织举办“保定市喜迎新中国60华诞”硬笔书法大展赛。共收到作品5000余幅，评出特等奖10名及等级奖200名。获特等奖的作者授予“保定市硬笔书法十佳”荣誉称号，推荐加入河北省硬笔书法协会、中国硬笔书法协会。2. 组织举办“庆祝新中国成立60周年书法展”。共展出我市著名书法家作品100余幅。3. 积极组织参与省有关活动。一是组织驻保高校和市属院校参加“河北省大学生庆祝新中国成立60周年诗歌朗诵和校园短剧大赛”。选送作品获优秀奖，社科联获优秀组织奖。二是组织参加“河北省庆祝建国60周年书画作品大展”，选送作品多，成绩好，受到省有关领导好评，获优秀组织奖。三是组织参加全省“庆祝中华人民共和国成立六十周年知识竞赛”，获优秀组织奖。4. 组织开展“情系老八路，联手赴深山——革命精神万里行”活动。

【开创科普工作新局面】 1. 强化工作特色。组织诗人词家进行大水系采风，创作诗词歌赋，大力宣传市委、市政府的正确决策，弘扬大水系精神。《保定日报》整版刊登，《保定社会科学》设专栏刊发。部分作品在省级刊物发表，提升宣传层级，扩大保定影响。2. 打造精品阵地。围绕市委、市政府重大决策部署，在《保定社会科学》、“保定社科网”开辟专栏，推出了一批优秀社科成果，在巩固阵地、培植人才、服务中心等方面发挥了积极作用。3. 突出科普主题。突出爱国主义主题，着眼提高市民素质、服务提升保定城市品位，组织科普讲座，举办书法比赛，发放科普资料，推动科普工作进校园、进基层、进农村，扩大影响，提升规模，成效显著。4. 组织协调市保险行业协会所属的6个单位，参加全市“12.4”法制宣传日集中活动。现场咨询123人（次），发放社科知识书籍200本，发放宣传活页、联系卡、报纸等合计10500份，形成声势，放大效果。

【社科规划与评奖工作进一步完善】 1. 实现社科规划工作制度化、规范化。制定发布《保定市哲学社会科学规划课题管理办法》，加强对立（结）项课题的结题管理工作，注重社科研究的应用性、地域性和实用性。课题成果通过《成果要报》《保定社会科学》《保定日报》等进行多渠道转化。2009年，从申报的332个项目中，评出立项课题203项，其中40项为重点课题立项，163项为一般课题。2. 完善社科评奖工作机制。圆满完成了保定市第九届社科成果评奖工作。本届共收审参评成果373项，评出一等奖20项，二等奖50项，三等奖118项。通过《保定日报》保定社科网进行公示，发放了奖金和证书。

主　　席　李成果（兼）
副 主 席　张秀贤
　　　　　孙彦君（8月离任）
　　　　　李万一（1月任）
　　　　　王惠鹏（8月任）
副调研员　朱丽娟（8月任）

（高继承）

# 文　联

【保定市文学艺术界联合会】 保定市文学艺术界联合会是中国共产党领导下的人民团体，是市委、市政府联系广大文学、艺术工作者的桥梁和纽带，是全市各文艺家协会和各县（市）、区文联和企业（产业）文联的联合组织。机关设办公室、组联部、辅导部、艺术精品开发处。下属三个科级事业单位：保定市文学研究室、保定市文联文化艺术培训部、《青少年文学》杂志社。另下辖十个文艺家协会和一个书画院：作家协会、书法家协会、美术家协会、摄影家协会、音乐家协会、舞蹈家协会、戏剧家协会、曲艺家协会、民间文艺家协会、影视家协会；保定市文联书画院。

【概况】 2009年，市文联深入学习宣传贯彻党的十七大精神，坚持科学发展观，坚持“二为”方向、“双百”方针和“三贴近”原则，坚持“推动文化大发展大繁荣”发展主题，以“两项活动”作动力，以“喜迎建国六十年，续写文艺新篇章”为主线，以“壮大文艺家队伍，开创文化产业发展的新路子”为目标，团结广大文艺工作者，倾力于构建和谐文化、创建文化名城，圆满完成了市委、市政府下达的年度目标任务，为促进“又好又快发展、强市兴县富民”建设发挥了积极作用，文联的整体工作呈现良好的上升发展势头。

【召开首届文代会，组织各协会换届】 经两个月精心准备，于3月30日召开了文代会。市四大班子主要领导出席了会议，市委书记宋太平，市委常委、宣传部长王洪斌分别讲话，为保定文艺工作的发展提出了要求。这次大会的召开，在保定文艺事业发展历程中具有重要的历史性作用。经多次请示，以市委、市政府名义，出台了《保定市文化精品创作奖励办法》（保办字［2009］39号），对十大协会在全国全省有重大影响的获奖作品给予奖励。为落实全市文代会精神，根据文联《章程》有关规定，按照《保定市文联关于各文艺家协会换届选举工作的实施细则》，经过两个多月的精心筹备，在6月5日至7月21日间，先后组织舞蹈家协会、影视家协会、民间文艺家协会、音乐家协会、摄影家协会、书法家协会和美术家协会进行了换届工作。

【文艺活动异彩缤纷】 以庆祝新中国成立60周年为主线开展了一系列丰富多彩、形式多样的文艺活动。先后在大汲店和阜平天生桥举行了“作家创作基地”挂牌仪式，举办了“祖国颂——保定市庆祝新中国成立60周年美术作品展”、“古城新韵——保定市庆祝新中国成立60周年书法、摄影作品展”、“庆祝建国60年、改革开放30周年暨全国优秀流行歌曲征集大赛”、“阳光下成长”2009迎新春少儿红歌会、《转阳弧》作品研讨会、“庆祝建国六十周年诗歌朗诵会”、“挽救18岁生命”大型书画义拍、老等（宋福生）画展、“保定市首届社区广场舞蹈大赛”、首届“荷塘月色”国际大型书画摄影展、“小小舞蹈家”大赛、“田园情”农民画展；组织了“新农村、新春联送万家”活动、少儿戏剧“小梅花奖”大赛、8位书画名家到驻保66393部队进行拥军慰问、送书籍和艺术作品下乡，丰富农家书屋等；完成了《保定人文明公约歌》和《保定人行为守则歌》的创作、录制、教唱活动。通过这些文艺活动的开展，有力地促进了文艺工作的繁荣与发展，推动文联整体工作，使文艺家的责任意识进一步增强。

**【文学创作和文艺评论成绩斐然】** 全年出版文学作品50部、篇、首。刘素娥的图书《奥运情缘》、涞水的大型音乐舞蹈剧《印象野山坡》、河北大学的动漫《防震减灾小常识》获省“五个一工程”奖。刘素娥、张劲鹰、杨自群、张永胜等十多位作家的作品在省、国家级大报大刊上发表；田禾、石英杰的诗歌，长笑的散文分别获专项奖励。我市推荐的《从青春版牡丹亭看昆曲继承与古典文化的关系》（刘素娥、吴媛）等11件文艺评论作品在“河北省第五届文艺评论”上获奖，为全省各参评单位之首。吴占良论文《北宋保州书法考实》获“全国第八届书学讨论会”三等奖。

**【各协会文艺作品硕果累累】** 书法：两人获全国书法“兰亭奖”（一个是三等奖，一个是提名奖）；美术：有25件作品入围、15件作品入选“全国第十一届美术展”；摄协：马寅喜的作品《法事》获“影像亚洲·PPA国际职业摄影师颁奖典礼”铜奖。舞协：舞蹈《蝶赋》获全国舞蹈大赛“荷花奖”，《花雨》获中国首届江南舞蹈比赛银奖。剧协：韩丽主演的京剧《四郎探母》在中央电视台戏曲栏目中获“状元”。影视协：完成了30集儿童电视剧《快乐宝贝》、电视剧《梨园小子》和电影《打春》文学剧本的编写；民协：推选的农民画获“河北省农民画”精品大赛一个银奖和两个铜奖。

**【认真履行“联络、协调、服务、管理”职能】** 积极组织和指导各县市文联围绕庆祝新中国成立60周年，先后举办丰富多彩的系列文艺活动，提升了文联的影响力。协调和指导安新县成立了县文联，并开展了系列活动。徐水县文联为鼓励文艺创作，代县委起草并出台了《关于鼓励文艺创作促进文艺繁荣的意见》和《徐水县文化精品创作奖励办法》。涞源、定州、徐水、阜平、定兴、曲阳安国、高碑店、涿州、清苑等先后举办各类文艺活动，推动了当地的文艺事业发展。

**【期刊编印工作】** 《青少年文学》杂志完成了24期的编辑出版发行任务；《荷花淀》文学内刊完成了6期的编辑出版工作。《名人传记》图书初稿已基本完成，《中国民间故事全书》已有15个县市完成征集编纂工作。

主　　席　郑维康（1月离任）
　　　　　李桂琮（1月任）
党组书记　李桂琮（1月离任）
　　　　　郭树林（1月任）
副 主 席　刘素娥
　　　　　张劲鹰（1月任）
副调研员　牛力强（1月任）

（李永清　陈　伟）

# 军　　事

## 保定军分区

【概况】　2009年度，保定军分区在省军区和市委、市政府的正确领导下，坚持以邓小平理论、“三个代表”重要思想为指导，深入学习实践科学发展观，按照“固强补弱、科学发展、创新创优、争先进位”的工作思路和“谋大分区发展，树强分区形象”的目标要求，紧紧围绕突出“一个中心”，抓好“五个重点”，实现“三个突破”开展工作（即：突出“学习实践科学发展观”这个中心，着力抓好“完成多样化军事任务、党委班子和干部队伍能力建设、机关基础设施建设、基层建设、安全管理”五个重点，力争在提高贯彻落实科学发展观能力上有新突破、在军事斗争准备和国防动员建设上有新突破、在解决遗留问题和军分区新营院建设上有新突破），军分区全面建设呈现出稳步推进、创新发展、整体上升的良好局面。狠抓师团两级党委中心组学习，高标准举办副团职以下干部理论集训，认真开展“四好”教育，确保了官兵政治坚定、思想稳定和道德纯洁。充分运用“六位一体”教育模式和“三考一争”激励督导机制，促进创新理论的普及深化。紧紧扭住培育当代革命军人核心价值观主题教育这条“红线”，围绕“知、信、行”三个关键环节，采取理论宣讲辅导、红色资源激励、依托实践转化的形式，夯实官兵践行核心价值观的思想基础。深入学习实践科学发展观，紧紧围绕军分区党委确立的“解放思想、破解难题、争先进位、科学发展”活动主题，自觉把学习实践活动作为首要政治任务来看待、作为解决突出问题的难得机遇来把握、作为推动国防后备力量科学发展的实际步骤来落实，取得扎实成效。军分区的经验做法，在《中国国防报》、《战友报》头版头条报道。圆满解决国防大楼确权分割遗留问题，机关新营院迁建取得实质性进展。紧紧围绕确保新兵质量，坚持把征兵工作作为第四季度中心任务突出出来，狠抓宣传育、审查把关、依法征兵、廉洁自律四个环节，圆满完成省政府、省军区赋予的新兵征集任务，省军区纪委、省征兵办转发廉洁征兵做法。以重大安全隐患排查治理和特殊时期安全管理为重点，狠抓国庆期间安全管理，确保了全区集中统一和安全稳定。进一步巩固资金集中支付改革成果，召开党委理财暨业务培训工作会议，党委理财更加规范。不断推动军人保障卡扩试工作，积极推行公务卡结算，后勤保障水平逐步提高。高度重视干休所建设和老干部工作，服务意识进一步增强，干休所全面建设水平有新提高。党管武装工作取得新进展，有效解决了制约军分区建设发展的瓶颈性问题。

**【圆满完成接待驻华武官夫人来保参观任务】**　3月7日至8日，61个国家驻华武官夫人115人，在北京军区、省军区首长机关的陪同下来保观光游览。游览了涿州影视城、易县清西陵、保定总督署，参观了易县易水砚及容城县大水集团服装展览和生产工艺，在保定福利院举行捐赠活动。这次接待活动，在省军区的指导下，保定市政府和军分区精心筹划、严密组织，圆满完成接待保障任务，受到国防部外事办公室领导及外宾的高度赞扬。

**【民兵防化分队参加国家“长城6号”反恐演习】**　6月17日，国家“长城6号”反恐演习在涿州市举行，保定市民兵防化救援分队作为河北省惟一一支民兵力量参加这次演习。省军区和省反恐办赋予任务以来，军分区党委首长高度重视，作为一项严肃的政治任务摆在重要位置，明确提出要“当好河北省代表队、当好省军区窗口”。参演官兵以最佳训练的水平投入实战圆满完成任务，受到国家和省反恐办领导高度评价。市民兵防化分队参加国家“长城6号”反恐演习，圆满完成任务，参演分队荣立集体三等功，6名同志被保定市表彰为先进个人。通过这次演练，充分展示了保定市国防后备力量建设的风采，提高了组织民兵应急专业分队遂行应急任务的能力，摸索了军警民在执行非战争军事行动任务中协同作战的路子，为省军区添了彩，为保定人民争了光。

**【保定市领导军事日活动】** “八一”前夕，市委宋太平书记、政府于群市长代表市委、市政府向军分区赠送慰问礼牌和慰问品，向全体官兵、离退休干部和民兵预备役人员致以节日的问候。上午，保定市四大班子领导到市民兵训练基地参加军事日活动。活动期间，市领导参观了市民兵装备仓库，慰问了即将赴乐亭靶场参加演习的保定市民兵高炮分队，现场观看了训练成果汇报演示。市委李剑方副书记代表市委、市人大、市政府、市政协讲了话，鼓励参演分队要当好保定市代表队，以一流成绩为保定人民增光添彩。军分区部门以上领导，新市区委、区政府、人武部主要领导也参加这次活动。27日晚，中央电视台进行了报道。

**【民兵高炮分队赴乐亭靶场参加实弹战术演习】** 7月29日至8月13日，保定军分区组织民兵高炮分队，赴乐亭靶场参加省军区高炮实弹战术演习，获得4个第一，1个第二，2个第三的好成绩，总评成绩在全省17个师旅级单位参演部队中名列第一。军分区司令员江永亮、政委高树义，政治部主任李大忠代表军分区全体官兵赴演习现场慰问。这次比武活动，保定市民兵不负众望，不负重托，取得了辉煌的胜利，为市委、市政府、军分区争了光，为保定人民添了彩，也向新中国成立60周年献上了一份厚礼。

**【组织县级国防动员指挥演练】** 根据河北省国防动员委员会和省军区要求，9月9日至10日，保定市县级国防动员指挥演练在25个县（市、区）同时展开。这次演练是以提高应对多种安全威胁、完成多样化军事任务应急动员组织指挥能力为背景展开的。军分区司令员江永亮、政委高树义，军分区部门以上领导，市国动委委员观摩检查演练活动，各县（市、区）国动委领导、全体委员、所属民兵应急分队共1100多人参加演练。通过这次演练，探索了战时县级国防动员组织指挥程序、内容和方法，提高了县级国动委组织指挥能力。江永亮司令员代表市国动委对演练给予充分肯定，就巩固演练成果，抓好国防动员建设提出三点希望。他强调，要强化特色意识，正确把握国防动员建设的重点。要强化标准意识，扎实推进国防动员能力建设。要强化职能意识，切实形成齐抓共管的合力效应。全体参演同志还通过视频观摩了石家庄市桥西区国防动员指挥演练。

**【北京军区副政委杨建亭到军分区视察指导工作】** 11月17日，北京军区副政委杨建亭在省军区副政委李光聚的陪同下，到保定军分区进行调研。杨副政委认真听取了军分区党委关于政法纪检工作和深入学习实践科学发展观活动开展情况的汇报，高度评价了军分区深入学习实践科学发展观活动取得的成果，充分肯定了军分区主动作为抓好政法纪检工作的成功经验，并对军分区积极发挥桥梁纽带作用紧密军地军民关系所做的工作表示赞赏，提出要进一步贯彻落实十七届四中全会精神，着力研究解决风气建设上全局性、规律性的问题，力争取得更大的成效，为军区部队兄弟单位提供可借鉴的有益经验。此外，杨副政委还对解决好官兵涉法、家属安置等疑难问题也提出了相应要求。

**【省委常委、省军区政委杨彦欣到军分区检查指导工作】** 9月3日，省委常委省军区政委张彦欣带机关工作组到保定军分区检查指导工作。张政委先后考察了涿州市、徐水县、易县、涞水县等人武部，到军分区机关营院新址进行现场指导。张政委充分肯定了军分区深入学习实践科学发展观取得的突出成绩，提出要进一步抓好整改落实，着力深化学习实践活动成果，不断推动保定市国防后备力量建设科学发展。同时，对人武部党委班子建设、干部队伍建设、应急应战力量建设、参建等工作提出希望和要求。

**【军分区师团两级深入开展学习实践科学发展观活动】** 3月初到8月底，军分区在全区开展了深入学习实践科学发展观活动，师团两级紧紧围绕科学发展的活动主题，按照“党员干部受教育、科学发展上水平、履行使命见成效”的总要求，突出党委班子和党员领导干部这个重点，组织领导坚强有力，理论学习系统扎实，查摆问题具体深入，整改落实效果明显，进一步确立了科学发展观的指导地位、形成了推进科学发展的思路举措、提高了领导科学发展的能力水平、解决了一批制约科学发展的突出问题、夯实了基层建设发展的基础，圆满完成了各个阶段各个环节的工作，取得了扎实成效。同时，结合工作实际，军分区组织开展“新任地方党委常委、新任党委正副书记、新交流干部”教育培训；根据第三批学习实践活动安排，指导士兵队、市民装库、军分区物业、修械所4个小散远直单位，开展了深入学习实践科学发展观活动。

**【开展当代革命军人核心价值观教育活动】** 紧贴军分区实际，充分发挥驻地红色资源优势，围绕“知”字抓学习、紧扣“信”字重引导、突出“行”字促深化，采取理论宣讲辅导、红色资源激励、依托实践转化的形式，夯实官兵践行核心价值观的思想基础，有效推动了主题教育活动的深入开展，其经验在中央人民广播电台、总政《宣传简报》、《中国国防报》等媒体进行了报道，在北京军区、省军区部署会上交流经验。

**【有效推动全区军人保障卡扩试工作】** 军人保障卡扩试工作在时间紧、任务重，头绪多的情况下，严格按上级规定的时间节点完成了数据采集、业务培训、软硬件系统建设、网络调试，保障卡请领及数据维护核对等任务，并指导财务、被装、营房等分业务口，圆满完成了读卡机具系统安装工作。

**【机关营院迁建工作全面推进】** 为加快推进机关营院整体迁建进度，坚持聚集聚力，积极协调市委、市政府和地方各职能部门，整合各方面力量，多次召开调度会议进行研究和协调部署，解决建设中遇到的突出矛盾和问题，有力地推动了军分区新营院迁建工作进度。

**【参加全市河道清理暨卫生整治活动】** 为迎接“十一”清水入市和新中国成立60周年，保定军分区积极响应市委、市政府号召，组织官兵参加全市大水系河道清理暨国庆城市卫生集中整治义务劳动。9月18日，全体官兵清理道路护栏400米，清扫环境卫生8000平方米，清运垃圾10车，高标准高质量完成任务，以实际行动为第二故乡建设做出贡献。

| | |
|---|---|
| 司令员 | 王亚光(4月离任) |
| | 江永亮(4月任) |
| 政治委员 | 高树义 |
| 参谋长 | 江永亮(4月离任) |
| | 周　明(4月任) |
| 政治部主任 | 李大忠 |
| 后勤部长 | 丁建民(10月离任) |
| | 韩瑞新(11月任) |
| 副参谋长 | 苏文福 |
| 政治部副主任 | 赵树奇 |

（张国斌　张　强）

## 武警保定支队

**【概况】** 武警河北省总队保定市支队于2005年6月1日由原第四支队和原保定市支队合并组成，行政级别为旅级。2009年，在总队党委、保定市委市政府的正确领导下，支队坚持以科学发展观为指导，紧密结合支队实际，努力在学习贯彻创新理论上求深入，在落实经常性、基础性工作上求精细，在解决制约部队发展的重难点和倾向性问题上求突破，转变观念，科学统筹，振奋精神，真抓实干，强基固本抓建设，科学发展上质量，高标准实现“两个确保”，部队整体建设水平有较大进步和提升。2009年11月被武警总部评为保密工作先进单位，年底被武警河北总队评为先进支队，在“长城6号”反恐演习中被保定市委市政府评为先进集体，在“国庆安保”任务中被保定市委市政府评为先进集体。

12月，武警河北总队政治部授予武警保定市支队四大队定兴县中队集体二等功。

**【圆满完成“长城6号”反恐演习任务】** 5、6月份，武警保定市支队担负“长城6号”反恐演习中的先期侦查、周边封控、夺控要点、疏通要道、现场警戒和建立封控线以及上级首长视察、其他参战武警部队保障等任务，在武警河北总队前指和市反恐指挥部领导下，圆满完成演习任务。为高标准完成国家“长城六号”反恐演习任务，先后8次组织前指和参战分队参加省、市两级的合练预演，拟制各类文书68份，绘制作战用图12张，演习脚本8份，全体参战官兵英勇顽强、机智果敢，圆满的实现现场指挥部的作战意图，达到磨合指挥机制、检验实战能力、锤炼部队作风的目的。支队长杨福生、参谋长秦志强分别荣立二等功、三等功；2个中队荣立集体三等功；1名战士荣立二等功，9名参演官兵荣立三等功，支队被市委市政府评为先进集体。

**【主动参与打捞两名落水儿童的**

搜救任务】 由于连降大雨，保定市北市区任庄村北黄花沟（排水渠）水位升至1米深，且水流湍急。7月17日12时30分，一名7岁男孩和一名4岁女孩在此过渠时，被急流冲走。北市区政府组织力量进行搜救，但一直未找到落水儿童。支队接到通知后立即从九中队挑选10名会游泳的战士，亲自进行教育动员，提出明确要求。根据现场情况，立即组织参战官兵进行任务区分，提出具体要求。通过近4小时的拉网式搜查，最终找到两名遇难儿童的尸体。

【与联通公司举行双拥共建签约仪式】 7月31日上午，武警保定市支队与联通公司保定分公司举行双拥共建签约仪式。仪式由刘兴国政委主持，支队常委与联通公司主要领导共同出席。仪式上，杨福生支队长与中国联通保定分公司崔世君总经理共同签署双拥共建文明公约。全年联通公司为支队投资150余万元开通室内、外话吧亭261个，办公专用手机300余部，有效解决官兵通讯难、通讯贵的实际问题。

【圆满完成国庆安保任务】 为认真贯彻全省国庆安保联勤武装巡逻会议精神，切实加强社会面巡逻防控工作，严防和打击各类街头违法犯罪活动，努力为新中国成立60周年庆典营造安定祥和的社会环境，保定市支队按照市公安局统一部署，从9月20日至10月10日，出动70名兵力配合市公安局巡警大队在市区重要部位和重点路段开展“大巡逻”活动。受领任务后，支队党委高度重视，按照上级联勤巡逻要求，结合当地严峻的社会形势，先后两次召开专题会议，对武装巡逻工作进行研究部署。执勤分队严格落实出发前有要求，巡逻途中有监督，返回有讲评的机制，以高度的政治责任感，认真履行职责，坚持正规、文明、依法执勤，为驻地安全、和谐、稳定提供一个安全舒心的环境，树立了武警部队的良好形象。

【积极开展为老兵捐款解困活动】 针对部分复退老兵家庭困难、经济压力较大的困难实际，11月，在全部队开展“资助困难退伍兵”活动，活动采取党委带头、机关与基层同步、各支部统一捐助的方法进行。支队专门组织支队常委、机关全体干部进行集中捐款解困，基层官兵对此次活动积极相应，踊跃捐款，通过“三级网络”共同参与其中。活动期间，全支队官兵捐款5.7万元，捐款结束后，支队将款项累加到“解困基金”中，并采取公开透明的方式直接送到20名家庭及个人实际困难突出的复退老兵手中，确保活动真正落到实处。

【各类临时勤务】 先后担负中共保定市第九届委员会第七次（扩大）会议、市“两会”安保，建国60周年红歌演唱会，中国·保定第三届篮球文化节暨全国CBO篮球总决赛，保定市第八届新年万人长跑比赛、市“迎新春文艺晚会”临时勤务、“全民健身日”活动表演警戒任务、等重要会议、重大活动的现场警卫勤务；担负5月13日、14日保定市中级人民法院关于李涛等黑社会性质组织一案庭审期间的武装押解和审判现场机动备勤任务，5月21日市中级人民法院对30名犯罪嫌疑人公审公判期间武装押解和现场警戒任务，6月18日雄县政法机关对17名犯罪嫌疑人公捕公判期间武装押解和现场警戒任务，12月22日、23日保定市中级人民法院关于安少贤等黑社会性质组织一案庭审期间的武装押解和审判现场机动备勤任务。

| | |
|---|---|
| 支队长 | 王亚兵（1月离任） |
| | 杨福生（1月任） |
| 第一政治委员 | 张峰（公安局局长兼） |
| 政治委员 | 刘兴国 |
| 副支队长 | 秦志强 |
| | 付军国 |
| | 薛建功 |
| 副政治委员 | 唐培生 |
| 参谋长 | 秦志强（兼） |
| 政治部主任 | 田志坚 |
| 后勤部部长 | 张宏峰 |

（李岩松）

# 人民防空

【保定市人民防空办公室】 保定市人民防空办公室是市国防动员委员会常设办事机构，是市政府人民防空工作的主管部门，负责人民防空知识教育、人防工程建设、人防指挥通信建设、人防专业队建设，管辖26个县（市、区）的人防业务工作。人防办机关设秘书处、工程处、指挥通信处、人事宣传处、财务处。

【概况】 全市人防工作在市委、市政府、保定军分区和上级人防部门的正确领导下，以党的十七大精神和“三个代表”重要思想为指导，深入贯彻落实科学发展观，大力开展“干部作风建设年”活动，紧紧围绕人民防空应急准备和“两防一体化”建设的新要求，从提高人民防空“战时应战、平时服务、急时应急”入手，加强人民防空建设，圆满完成了各项工作任务，被评为河北省人防工作先进单位；河北省人防指挥通信建设先进单位；河北省人防工程维护管理先进单位；河北省人防机关“准军事化”建设先进单位；河北省人防宣传教育先进单位；河北省人防筹资和财务管理工作先进单位；河北省人防工程平战结合先进单位；河北省人防优秀派出站。全系统有两个县（市）评为河北省十佳县级人防办，6个县（市）被评为河北省县级先进单位。

**【人防工程建设】** 人防工程审批工作，紧紧围绕全市的经济建设服务，窗口按期办结率、办件准确率均达100%，进一步拓展了人防工程“两防一体化”功能，世纪华庭等10个设施较完善的人防工程被市政府应急办列入重大突发事件应急避难场所，其中西苑小区人防工程作为全省首家地震应急避难场所投入使用，在全国名列前茅。在紫园生活区、河北大学附属医院地下车库、丽景蓝湾地下车库等还开展“纳凉送爽”活动。加强了人防工程质量管理和工程维护管理工作，全市共完成质监工程40个，对市区内全部人防工程进行了摸底排查，消除了工程隐患。

**【人防指挥通信建设】** 完善各级人防机构的设置，加强人防指挥通信手段，进一步修订各级人民防空预案，加强人防专业队建设，完成了防专业队年度整组任务，建立人防直属特种应急救援队伍和重要经济目标单位人防专业队伍，应急救援能力得到加强。加强应急指挥演练，结合防空警报试鸣，进行室内指挥程序演练，检验了应急指挥能力，锻炼了指挥和保障队伍，加强了防空警报建设，市区新增数台户外防空警报器，并完成无线统控升级改造工作，7月7日按省人防办统一部署，成功进行防空警报试鸣。

**【人防宣传教育】** 积极做好“四进”（进机关、进学校、进企业、进社区）、“两防一体化”（防空、防灾）的宣传，全市共发放宣传资料7万份，《防空防灾应急避难知识》课本3000册，强化了全民人防意识，取得较好的社会效果。充分发挥新闻媒体作用，扩大人防宣传，全年在电台、电视台播发人防工作新闻12条，市级报刊刊登13篇，省级报刊刊登51篇，制作宣传片2部。

**【财务筹资与管理】** 依法进行资金筹集工作，全市征收人防工程结建费2267万元，全市落实地方财政预算153.4万元，争取到国家人防办业务建设资金100万元，规范管理和使用人防建设资金，严格执行财务收支制度，加强资金使用的监督管理。

**【人防法制建设】** 组织行政执法人员参加法律法规培训，制定完善了相关的制度，依法加强了行政审批监督，层层签订了责任状，实行岗位责任制和过错追究制，组织开展行政执法工作，对长期拖欠人防结建费的20个单位进行追缴，16个单位交法院强制执行，挽回了经济损失，对6个批而不建的单位，按法定程序下发督办通知，对61个人防工程竣工后长期没经验收就投入使用的单位进行强制性验收，对34个不合格工程责成有关单位进行了整改。

**【准军事化建设】** 组织开展学习实践科学发展观和“干部作风建设年”活动，认真落实首问首办责任制、限时办结制、责任追究制。办中层干部交流面达70%，通过活动的开展，进一步转变了机关工作作风，检验了整体素质，狠抓影响和制约人防发展重点难点问题的解决，机关“准军事化”建设得到加强。

主　　任　李铁柱
副 主 任　张子泉（5月离任）
　　　　　冯亚非
　　　　　张才修（1月任）
纪检组长　段林虎

（边秀珍）

# 政　　法

## 政法工作

【中共保定市委政法委员会】 中共保定市委政法委员会是市委领导、管理政法工作的职能部门，负责指导、协调、督促和检查全市政法工作和社会治安综合治理工作，部署阶段性政法、综合治理及社会稳定工作任务，协调政法各部门的关系，督办重大疑难案件，协助市委及组织部门管理政法机关的领导班子和领导干部。与市社会治安综合治理委员会合署办公。内设办公室、政治部（组织干部处、教育法纪处、政法干警培训处）、综合治理处、制非处、研究室、执法监督处、矛盾纠纷排查调处办公室。2009年被市委、市政府评为实绩突出单位，全市社会治安综合治理工作被省综治委等五部门评定为实绩优秀等级。

【概况】 2009年，政法委围绕市委"又好又快发展、强市兴县富民"这一中心任务，以深入学习实践科学发展观和"干部作风建设年"活动为统领，指导政法、维稳部门创新机制，破解难题，各项工作取得显著成绩。指挥各级各部门协调联动，圆满完成国庆60周年安全保卫任务。深化"打、防、管、控、治"等措施，社会治安综合治理各项工作取得新突破。建立稳定工作会商研判新机制，解决了大量疑难复杂问题。积极回应人民群众新诉求，办结涉法涉诉信访案件332件。坚持政治建警，从严治警，政法干部素质能力进一步提升。加强执法监督和质量考评，执法不严、执法不公等问题得到及时纠正。

【全市稳定工作会议】 2月18日召开全市稳定工作会议，总结2008年工作，部署2009年稳定任务，对2008年度全市社会稳定工作先进集体和个人、信访工作先进集体进行表彰。市长于群主持会议，市委书记宋太平、市委副书记李剑方作重要讲话。市领导张峰、刘颖、王惠欣等出席。各县（市、区）委书记、分管副书记、政法委书记、副县（市、区）长、公检法司四长，统战部长，信访局长，防范办主任，民宗局长，安监局长，综治办主任及市直各部门主要领导、稳定战线各部门中层干部共800人参加会议。

【全市政法工作会议】 2月19日召开全市政法工作会议。市领导李剑方、张峰、梁书屏、孟祥伟及市中级法院院长孙盘柱、检察院检察长周庆平出席。市委政法委，市直政法部门领导班子全体成员，各县（市、区）委政法委书记、常务副书记、综治办主任、公检法司四长参加会议。会议由孟祥伟主持。张峰总结回顾2008年工作，部署2009年政法稳定工作任务。李剑方对全市政法机关开展"干部作风建设年"活动进行动员。定州、唐县、定兴、新市区等6个县（市、区）就做好2009年政法工作作重点发言。

【改建政法综合信息网】 根据中央、省委政法委相关要求，结合全市政法网络建设现状，按照"统一规划、分级负担、简约高效、整合资源"的原则，对原有政法网络实施改造建设。具体目标是：纵向以市、县两级公安机关为核心，形成骨干传输通道，横向连接同级政法委和政法各部门，实现各级政法部门与骨干网的连接。年内市本级投入资金

121万元进行设备改造，政法二级网已全部开通使用，三级网和接入网的前期准备工作基本完成，预计2010年投入运行。改建任务完成后，将大面积扩展网络覆盖，满足政法各部门信息共享、信息应用的需要。

**【保定市维护稳定情报信息中心成立】** 为贯彻落实中央关于“突出加强维护国家安全与社会政治稳定工作”的要求，进一步完善以情报信息引导维护国家安全和社会政治稳定的工作机制，经市委批准，市委政法委牵头成立由国家安全、公安等27个部门组成的“保定市维护稳定情报信息中心”。主要任务是搜集维稳情报信息，对重大事件、敏感时期节点、社会政治稳定可能面临的威胁、威胁指向对象、威胁发生可能产生的后果，以及上述各因素综合作用而带来的安全风险，按等级进行评估，形成风险评估报告向市委、市政府和上级机关报送，为市委、市政府提供决策依据。至年底该中心已获取有价值情报信息10份，排查出7个方面重点群体、21类重点人员、15个重大隐患，并全部落实到具体单位、责任领导和责任人，避免了多起重大事件（事故）的发生，为维护全市社会政治稳定发挥了重要作用。

**【圆满完成国庆安全保卫工作任务】** 保障建国60周年庆典在京顺利进行，是本市继奥运安保之后承担的又一项时间较长、标准极高的工作任务。7月初，市委、市政府出台《关于做好国庆60周年安全保卫工作的方案》，成立“迎国庆保稳定百日会战”领导小组，办公室设在市委政法委。按照市委“像保奥运一样保首都稳定，用保奥运的办法做好国庆安保工作”的要求，先后开展五次严打专项行动，破获各类刑事案件6700起，抓获犯罪嫌疑人4000余名。动员12.6万名社会治安志愿者参与大巡逻、矛盾纠纷排查和重点人、重点目标看护，化解各类矛盾纠纷8018件，监控重点人1276名，看护重点目标510处。派出万名干部下访接访，公开接访8264批15959人（次），解决群众疑难问题13000多件。组织千余名专业人员强化重大危险源和重要部位的监控，消除了一批事故隐患。严把进京关，劝返上访人员33名，抓获逃犯8人，缴获管制刀具、易燃易爆物品等危险品400多件。围绕国庆安全保卫工作，全市上下团结一致，全力以赴，以超常的措施、过硬的作风，高质量、高标准完成了各项任务。期间，全市没有发生任何影响社会稳定的政治事件、重大恶性刑事案件、大规模群体性事件和安全生产事故，没有使一个危险分子、一件危险物品流入北京，以全市的安全稳定保障了首都的绝对安全，受到北京市委、河北省委高度赞扬。

**【全市社会治安综合治理表彰暨国庆安保志愿者誓师大会】** 9月8日在人民广场举行。市领导宋太平、李剑方、李光耀、张峰以及省见义勇为基金会负责人莅临大会。市综治委委员，全国平安建设先进县（市、区）代表，全省综治先进集体、先进工作者代表参加会议。来自市区各部门的志愿者、政法干警、武警和预备役官兵共1400人、20辆警车组成14个方阵，举行了庄严的宣誓仪式。大会由李剑方主持。张峰宣读受中央、省、市表彰的综治先进集体和先进个人名单，省、市领导颁奖，并向志愿者行动大队授旗，全市国庆安保志愿者行动正式启动。

**【平安创建工作向基层推进】** 按照中央和省委、省政府要求，制定了《关于进一步加强社会治安综合治理基层基础建设的意见》，组织开展平安单位、平安集体创建工作。在农村，广泛开展平安乡镇、平安村创建活动，全面推行“一体四防”（一体：每十户、每百户各组成一个联防体；四防：自防、互防、联防、巡防）防控机制，全市“一体四防”覆盖率达到85%。在城市，大力推进平安社区创建活动，严密各项防范措施，加强小区居民自治组织建设，强化居民小区的日常管理和安全防范工作。全市已创建封闭小区845个、半封闭小区937个。市、县（市、区）两级共命名表彰平安乡镇（办事处）215个、平安村4105个、平安社区345个、平安学校1584所、平安企事业单位760个。全市达到平安建设标准的基层单位数量比上年提高15%。

**【见义勇为工作取得好成绩】** 自1998年市见义勇为基金会启动以来，通过财政拨款、发行有价明信片、社会募捐等方式，基金总额已达150多万元。2007年，保定市见义勇为工作者协会成立，进一步推动了此项工作的开展。十多年来，全市相继涌现出王伟东、张立健、刘均田、王超等一批受全国、全省表彰的先进集体和先进个人，市综治委先后对42名见义勇为先进个人和2个先进集体进行表彰奖励，发放奖金20多万元，有力保障了见义勇为人员的合法权益，调动了人民群众参与社会治安综合治理和同违法犯罪做斗争的积极性。

【综合治理工作年度考核】 年底，市综治委按照自评、实地检查、提供情况、综合评定等步骤，对27个县（市、区）、160个市综治目标重点考核单位进行检查考核。考核内容包括领导责任制落实、国庆安保工作、严打整治和专项斗争、“两个排查”和“三位一体”调解、综治基层基础建设、平安创建和社会治安防控体系建设、综治委五项专门工作、经费保障、综治宣传和创新、发生重大案件（事件、事故）、群众安全感及市交办任务完成情况等12项。根据得分情况，将被考核对象划分为“好”、“较好”、“一般”三个档次。考核结果已经提供给市干部考核委员会办公室，同时对“好”的档次的县（市、区）和市综治目标重点考核单位进行了表彰奖励。

书　记　张　峰（市委常委）
副书记　时　群（常务副书记，正县，12月离任）
　　　　马文河（常务副书记，正县，12月任）
　　　　荆国平（正县，1月任）
　　　　张敬东　曹彦杰
　　　　田文江（1月任）
　　　　高国联（女，市综治办专职副主任）

市社会治安综合治理委员会办公室

主　任　时　群（市委政法委常务副书记兼，正县，12月离任）
　　　　张敬东（市委政法委副书记兼，正县，12月任）
副主任　高国联（女）

（李素文）

# 公　安

【保定市公安局】 保定市公安局是保定市人民政府主管全市公安工作的职能部门（正县级单位），业务上受河北省公安厅监督和指导，担负着领导指挥和组织协调全市公安工作任务。保定市公安局内设39个职能机构，其中，职能部门14个，直属支队13个，监管机构3个，直属分局9个；管辖22个县（市）公安局。

【概况】 2009年，在市委、市政府和上级公安机关正确领导下，全市公安机关以科学发展观为统领，以建国60周年大庆安全保卫为主线，始终保持对维稳形势的清醒认识和正确判断，全力以赴保稳定，积极主动促发展，公安工作各条战线都取得了明显成效。共破获各类刑事案件17481起，抓获犯罪嫌疑人9860名，打掉犯罪团伙424个，追捕各类网上逃犯3856名，有力震慑了犯罪，维护了稳定。涌现出63个省级先进集体和先进个人，406个市级先进集体和先进个人，共有65人荣立个人二等功，272人荣立个人三等功，334人荣获个人嘉奖。

【圆满完成国庆安保任务】 一是突出反恐防恐。按照“管好人、控好物、看好重要部位”的工作思路，夯实基础，强力推进。对全市涉危涉爆单位进行反复检查，落实购买实名、流向登记等管制措施。深入开展“清控”行动，共破获涉危涉爆案件109起，打掉团伙23个，收缴炸药13672.8公斤、雷管64096枚、黑火药542公斤、枪支119支、子弹4513发。对涉及首都国计民生的陕京输气管道、50万伏超高压输电线路、南水北调工程、通信光缆等重要设施，公安机关加强指导，组织6650名专业队员和治安积极分子严防死守。二是维护政治稳定。坚持防范在先、处置在先，积极拓展信息渠道，排除重大事件隐患，确保政治稳定。三是严密社会面控制。坚持打防管控多措并举，全面加强国庆安保期间社会面管控。深入开展社会治安整治百日会战、“霹雳”行动，共破获各类刑事案件7919起、抓获犯罪嫌疑人4305名、打掉犯罪团伙260个。9月13日开始，全市公安机关43%以上的警力走上街头，全面开展国庆安保联勤武装大巡逻，配合设立216个卡点，共出动警力4.6万人次，车辆1.05万台次，国庆节当天市区没有发生一起刑事案件。对全市出租房屋、流动人口展开彻底清查，共清查出租房屋52965处、流动人口148195名，从中抓获犯罪嫌疑人695名，网上逃犯157名。对全市刑释解教重点管控人员，全部落实了稳控措施。全市宾馆、旅店、洗浴、网吧均严格落实了实名登记、实时上传信息制度，通过信息比对抓获网上逃犯253名。整治治安乱点66个，整改治安隐患684处，整改交通隐患55处，整改消防隐患21560处。四是严把进京关口。9月10日，涿州、涞水3个环京治安检查站全面启动，对所有进京车辆和人员逐一检查核对，共盘查进京人员233万人，机动车46万辆，没让一名危险分子、一件危险物品通过本市流入北京。

【全力维护社会治安稳定】 一是构建了整体情报格局。坚持情报信息主导警务工作，建立了5张搜集网络，目前这5张网络已初步建成并处于完善运行状态，社会信息方面已成功采集医保、社保、房产等11种信息。完成市、县两级公安情报中心建设，强力推进重点人员动态管控和重大事件预警工作。二是构建整体维稳格局。按照“实战化、常态化、长期化”目标，全方位强化反恐防恐工作。出色完成国家“长城6号”反恐演习任务，进一步增强了反恐处突意识、磨合了反恐处突机制、锻炼了反恐处突队伍，受到省市领导和国家反恐专家高度评价。制定防爆炸、防核生化等12个预案，组织150名应急处突力量集中备勤，开展了4次反恐处突应急演练。三是构建整体打击格局。以刑侦、经侦、缉毒专业化打击力量为主力、以严打经常性工作机制为纽带，相关警种责任明确、协调联动，严厉打击各类犯罪。全年，相继开展了“冬季亮剑”、“社会治安整治百日会战”、治爆缉枪、“霹雳”、“清控”等系列专项行动，共破获、查处各类案件44095起，其中各类命案198起，现行命案破案率达到91.24%；抓获犯罪嫌疑人9862名，其中涉嫌故意杀人逃犯99名，省督逃犯9名，市督逃犯125名；打掉涉黑涉恶团伙27个。四是构建整体防范格局。进一步完善“点、线、块”治安防控体系，形成以110指挥中心为龙头，交警、巡警控“点”控“线”、派出所民警控“块”，路面、社区与卡点相呼应的“点、线、块”治安防控新机制，实现了防控方式从局部到整体的转变、防控职能从单一到集约的转变、防控模式从“盲目”到精确的转变。市局配套出台了网上《“点、线、块”治安防控考核系统》，全面推行了“一卡通”治安管控责任倒查机制，社会治安防控能力明显提升。

**【全面推动公安工作实现可持续发展】** 一是加强基础设施建设。市级投资4076.7万元用于基础设施建设，投资1164.4万元用于基本装备建设，投资1774.7万元用于技术装备建设。市看守所迁建项目和金盾工程二期建设任务圆满完成，全市公安机关警务用车、办公设备、通信器材、反恐搜爆装备得到明显改善。二是加强公安信息化建设。全市三级网全部由10兆提升至1000兆，拓展了全网数据交换和承载能力；完成了市、县两级政法网核心机房改造建设；完成了全市光纤架设工作。全市公安网计算机6950台，平均拥有率达到88.04%，注册率达到100%；建成四大平台和两大资源库。三是推进科技防控建设。新装、联网视频监控探头416个，其中道路监控探头159个，企事业单位、居民小区、学校医院、重点部位、复杂场所监控探头257个，主要道路监控覆盖率达到80%，重点部位覆盖率达到30%，市区15个派出所和12个交警驻警点建成二级监控中心。全市2770家宾馆（旅店）、173个留宿洗浴场所安装了旅店业信息系统，全市系统安装率达到100%。

**【有力服务经济发展大局】** 一是维护市场经济秩序。严密防范经济领域的社会稳定风险，严厉打击各类经济领域犯罪活动。全市公安系统全年共立各类经济犯罪案件325起，破案352起，抓获犯罪嫌疑人239名，涉案总值约115420.8万元，挽回经济损失5632.47万元。集中开展了“打击假币犯罪09行动”，侦破假币案件9起，查缴假人民币205.71万元，假美元38.4万元。加大对传销打击力度，共打掉传销窝点317个，打掉传销团伙106个，教育遣返11561人，立案92起、起诉98起，刑拘282人，批捕107人。组织开展打击整治发票犯罪专项行动，查获假发票71042份，查获违法真发票4662份，涉案金额20335万元，立案57起，打掉团伙4个，抓获犯罪嫌疑人37名，有力的净化了本市的市场经济秩序。二是优化政务环境。制定出台《保定市公安局服务发展便民利民八条措施》，从事关人民群众切身利益的工作入手，不断推出新的便民、利民、惠民措施，真正为人民群众提供方便。对重点建设项目和重点工程，派驻了31个警务室，实行上门服务。全面清理规范公安行政收费事项，畅通咨询和投诉渠道，取消了24个审批项目的业务章，实现公安审批对外一章制。三是提升各项管理服务水平。进一步放宽了本市城镇落户条件，简化户籍审批手续，户籍办理公开投诉电话，实施阳光作业。推出车、驾管业务“一揽子”便民措施，小型汽车注册登记业务全部下放，小型汽车直考报名业务全面开展，群众可就近办理业务，当天领取牌照、行驶证、登记证书。

**【不断强化队伍建设】** 一是强力推进公安信息化建设。开展了全警信息化应用培训和信息采集两个“百日会战”。开展应用培训687次，参训民警5.8万人，全市民警信息化“六会”考试达标率99.6%。整合公安内部信息资源51项，整合社会信息资源12项，新采集各类信息数据1.76亿条，变更维护数据1971.6万条，信息数据总量较会战前增长271%。二是强力推进执法规范化建设。颁布《保定市公安机关办理轻伤害案件暂行规定》等执法守则，对市局3062名民警进行行政执法人员培训，推广“公安机

关执法与监督信息系统”，严格执法办案全程网上监督。三是强力推进警察职业化建设。选派36名业务骨干到北京市公安局房山分局交流学习。启动轮训轮值，以训备战、以战促训，实行了政治部、指挥中心、警察培训中心和巡特警支队四位一体的运行模式、大队、中队、小组三级建制的组织模式、训练、战备、执勤三班轮转的勤务模式。

| | |
|---|---|
| 市委常委<br>政法委书记<br>市公安局党委书记<br>局长 | 张　峰 |
| 党委副书记<br>常务副局长 | 王星亮 |
| 党委副书记<br>副局长 | 安增奇 |
| 党委委员<br>副局长 | 王百顺 |
| 党委委员<br>副局长<br>交警支队支队长 | 李振平 |
| 党委委员<br>副局长 | 张五进 |
| 党委委员<br>副局长 | 杨东川 |
| 党委委员<br>纪委书记 | 李金萍 |
| 党委委员<br>政治部主任 | 王　亮 |
| 党委委员<br>市综合执法局局长 | 刘铁英 |
| 党委委员<br>涿州市公安局局长 | 李栋梁 |
| 党委委员<br>国保支队支队长 | 董　元 |
| 党委委员<br>定州市委常委<br>政法委书记<br>公安局局长 | 庄春来（12月任市公安局党委委员） |

（王　飞）

# 检　察

**【保定市人民检察院】**　保定市人民检察院是国家的法律监督机关，依法独立行使检察权。保定市人民检察院的检察长由同级人民代表大会选举产生，领导干部和检察机关的工作接受同级人大监督。保定人民检察院内设两个局（反贪污贿赂工作局、反渎职侵权工作局）、23个处室队。

**【概况】**　2009年，全市检察机关在市委和省院的正确领导下，在市人大及其常委会的监督下，以邓小平理论和“三个代表”重要思想为指导，以科学发展观为统领，认真落实党的十七届三中、四中全会精神，紧紧围绕“强化法律监督，维护公平正义”的根本任务，紧紧围绕“保增长、保民生、保安全、保变样”的工作大局，强化大局意识，强化服务意识，强化稳定意识，强化责任意识，切实履行各项检察职责，为实现“又好又快发展，强市兴县富民”的目标做出了新贡献。

**【以涉农检察工作为“龙头”，认真履行法律监督职责】**　保定是农业大市，80%的检察业务涉及到农村。工作中，全市检察机关以业务工作为中心，把涉农检察工作作为推动工作的切入点，将检察工作融入本市的工作大局，自觉服务经济社会科学发展，积极维护社会和谐稳定，取得明显成效。新华社、新华网等主流媒体予以报道，市委书记宋太平给予充分肯定，市人大常委会对涉农检察工作专项评议满意度达93.48%，为本年度市人大常委会专项工作评议中满意度最高之一。

**【服务大局，为经济平稳较快发展提供司法保障】**　一是及时出台服务经济发展举措。从不断满足人民群众的新期待新要求出发，制定下发《关于实行涉农检察工作新机制的指导意见》，与市财政局联合下发《关于对支农惠农资金规范管理专项监督工作的意见》，对18.14亿元的支农惠农资金是否足额到位进行跟踪监督。二是坚决查处妨碍经济发展的职务犯罪。依法查办涉农职务犯罪148人。依法打击严重破坏市场经济秩序的犯罪活动，查办商业贿赂案件26人。注重对能源资源、生态环境和知识产权的司法保护，查办危害能源资源和生态环境犯罪21人。积极参加工程建设领域突出问题专项治理，查处工程建设领域职务犯罪3人。三是更加注重保障政府投资安全。加强对民生工程、基础设施、生态环境建设等重大工程建设和项目资金使用的监督。对本市61个重大建设项目全部纳入预防机制程序，通过检察宣传、预防咨询、检察建议等有效措施，帮助建设单位堵塞制度和管理中的漏洞，建立健全了职务犯罪风险预警机制。四是改进办案方式方法。对于一些重大、疑难、复杂案件，本着维护改革成果、维护职工利益、维护社会稳定、维护法律权威的原则，正确区分罪与非罪、工作失误与渎职犯罪的界限，坚持文明办案，慎用扣押、冻结和拘留、逮捕等强制措施，努力实现法律效果、社会效果和政治效果的有机统一，有效维护了良好的发展环境。

**【维护稳定，切实履行检察职能】**　一是把维护农村稳定作为履行第一责任的重要内容。什么问题突出就重点治理什么问题，依法重点打击坑农、害农、侵害农民利益、危害农村社会稳定的犯罪活动，彰显了法律威严。二是把确保60周年庆典活动顺利进行作为首要政治任务，切实做好检察环节维护稳定工作。深入开展严打整治专项斗争，共审查批准逮捕刑事犯罪嫌疑人7404人，提起公诉7792人（含积案）。全面落实宽严相济刑事政策，依法纠正漏捕183人、漏诉124人，不捕485人、不诉122人。深入开展“迎国庆保稳定百日会战”，全市检察系统有近80%的干警坚守在一线，恪尽职守，不怕辛劳，默默奉献，圆满完成了国庆60周年安全保卫任务，市检察院等8个单位和部门、34名干警，受到保定市的记功、表彰。三是把依法化解矛盾纠纷作为促进和谐的重要手段，以阳光操作定纷止争。扎实开展涉检信访案件化解专项活动，中政委、省委政法委交办的17起和市检察院排查出的43起案件，全部息诉罢访。认真落实检察长接待日，实行下访、巡访和联合接访等制度，以对人民群众高度负责的态度，依法妥善处理群众诉求，深入乡镇664次，重点村3718次，接待来访1795人，化解农村矛盾纠纷775件，息诉罢访1178人。

**【反腐倡廉，惩治与预防职务犯罪】** 一是集中力量查办大案要案和侵害群众切身利益、群众反映强烈的案件，查办案件有新突破。坚持数量与质量并重，既抓大案要案，也不放过小案，办案数量和质量有了新提高。共查办贪污贿赂等职务犯罪案件185人，其中厅级干部2人，县（处）级干部9人，挽回经济损失5800万元。侦查终结181人，提起公诉177人，判决166人（含积案），立案数、公诉率、有罪判决率均位全省前列。反渎职侵权工作，立案侦查88人，侦查终结81人，提起公诉77人，法院做出有罪判决74人，案件的立、诉、判是检察机关恢复重建31年来的最好成绩。二是办案中炼队伍，实战中求提高，查办大要案的能力有新突破。承办上级交办的3起专案，涉及地域广、异地办案沟通难，涉案人员职务高、发案时间长取证难，涉案人员智商高、反侦查意识强突破难，涉案金额大、地方保护追赃难。迎难而上，历时11个月，往返广东等十几个省市，行程数十万里，在法定时限内全部侦查终结。中纪委、高检院、省院相关部门领导专程来保致谢，赞扬本院讲政治、顾大局、办案经验丰富、业务能力强，为反腐败斗争做出了贡献。三是完善惩防一体化建设，预防职务犯罪工作有新突破。以开展农村职务犯罪预防为重要内容，开展法制宣传4360次，发放宣传资料27万份。深入推进反腐倡廉教育，开展警示教育40次。完善行贿犯罪档案查询制度，开展行贿档案查询135次。召开京石铁路客运专线专项预防职务犯罪工作会议，与15家预防单位制订“携手共创廉洁文化，共同预防职务犯罪”实施方案，特别是重大项目专项预防成效明显。

**【强化诉讼监督，维护司法公正】** 一是以监督促公正，不断深化诉讼监督。紧紧围绕人民群众反映强烈的执法不严、执法不公等问题，不断加大法律监督力度，共监督公安机关刑事立案239人，监督撤案55人；针对侦查活动、审判活动存在的问题提出纠正违法意见456次；依法对减刑、假释、保外就医、暂予监外执行不当等问题，提出纠正意见156人次；对认为确有错误的判决和裁定，提出刑事抗诉17件，提出民事抗诉107件，提出再审检察建议56件。二是以延伸促效果，抓住人民群众最关心的突出问题开展专项监督。开展了进村入户惠农资金发放情况专项监督活动、对派出所涉农案件专项监督活动，加大对涉及农民土地承包经营权和其他权益纠纷而不服法院生效判决裁定的申诉案件监督力度，将监督的触角延伸到农村。三是以打击促监督，严肃查办执法不公背后的职务犯罪。查办司法人员涉嫌贪赃枉法、失职渎职等监管单位职务犯罪案件4件6人，通过精准的法律监督维护了公平正义。

**【加强思想政治建设】** 两级院进一步更新执法观念，对检察机关法律监督定位的认识有了新提高；坚持执法办案服务科学发展，服务大局意识有了新提高；坚持执法办案保障民生，维护社会和谐稳定，对检察工作自身发展规律的把握有了新提高；注重树立忠诚、公正、清廉、文明的检察形象，检察干警的责任感、荣誉感有了新提高。涌现出河北省劳动模范孙元芳、河北十大杰出青年、人民满意的公务员于新峰等378个先进个人。

**【加强队伍作风建设】** 从规范办公、办事抓起，严格工作纪律，落实首办责任制、限时办结制、责任追究制，进一步树立了求真务实的工作作风；从整改查摆出的问题抓起，面向社会发出1287份征求意见函，归纳问题5类56条，制定整改方案，落实到具体工作中，进一步提高了改革创新、破解难题的能力；从面向基层，服务基层抓起，为基层院争取经费3320万元，车辆42台，进一步促进了各项检察业务的开展；从领导率先垂范抓起，市院党组成员坚持以身作则，为干警树榜样，09年度市委、省院分别对市院的考核，班子优称率均为100%；从群众关心的热点、难点抓起，积极创新便民利民举措，开通12309举报电话，开展送法下乡等活动，进一步树牢了执法为民的理念；从廉洁自律抓起，坚持敲警钟日活动，用反面典型警示教育，做到警钟长鸣，进一步筑牢了拒腐防变的坚固防线。广大干警工作作风转变，普遍受到干部群众的好评。

以深化“双建”工作为抓手，全面加强队伍建设。一是深入开展“学业务、比奉献”活动，努力提高法律监督能力。广泛开展了岗位练兵活动，有2人被评为全省业务专家，对拟晋升的95名检察官进行了培训。在市直机关“两项活动”知识竞赛中，市院获得第一名。加强队伍专业化建设，11人取得法律硕士学位，13人考录法律硕士，68人任命为检察官，为156人办理了晋升检察官手续，55人通过司法考试，司法考试通过人数连续两年全省检察系统第一。二是坚持文化建院，培育检察文化。以增进友谊、增强团队意识为主旨，组织了全市检察机关乒乓球赛，青年检察干警素质拓展训练等。取得全省检察机关乒乓球赛团体第一名的好成绩，全省检察机关“双庆”文艺演出四个奖项中，保定市院都榜上有名。成功举办了全市检察机关“高扬公平正义歌”文艺汇演活动，全面展示检察成就，进一步激发了检察人员的工作热情。三是深化基层基础建设，推进检察事业全面进步。坚持从优待警，做到政治上鼓励、物质上奖励、生活上关心。深化争创先进检察院活动，扎实推进基层院执法规范化、队伍专业化、管理科学化、保障现代化建设，保定市检察院被评为全国精神文明建设先进单位，全国先进检察院新市区院等111个先进集体受到表彰。

**【加强制度建设，规范内部管理】**

抓落实求规范，严格制度管理。认真落实党委和上级院有关制度，严格落实党风廉政建设责任制，加强职业道德建设；实行自侦办案批捕上提一级制度，规范办案行为；落实省纪委等部门《关于狠刹不良风气的规定》，做到转变作风、规范言行，机关内部管理进一步规范。定制度求完善，提高可操作性。在修改完善已有规章制度的基础上，又出台了《关于规范刑事案件提请批准逮捕、移送审查起诉程序的规定》等一批相关制度。仅涉农检察工作，制定各种制度15项，确保每项工作都有章可循。谋长远求实效，形成长效机制。加大制度执行力度，完善考评考核办法，建立了与考绩相一致的奖惩机制，克服了粗放型管理的弊端。加大对违反制度的处罚力度，坚持有错必纠，开展清理扣押、冻结款物专项活动；坚持从严治检，强化检务督察，做到了用持续、稳定的制度管人、管事。

**【加强信息化建设，提高管理水平】** 向科技要警力。加大政法网建设的投入，推进办公自动化建设；开通法律法规查询功能，方便干警办案；加快检察信息交换与资源共享平台建设，实现远程指挥调度案件，提高了工作效率。向科技要规范。落实讯问职务犯罪嫌疑人同步录音录像制度，实行多媒体示证，增强了质证效果；积极推行电子卷宗管理，规范执法办案；建立执法瑕疵档案，实行责任倒查，实现了检察执法全程规范运行。向科技要管理。充分利用现代科技手段实施全程动态管理，对检察办案实行过程控制，建立了办案流程管理机制。充分发挥电子综合统计监测分析功能，对办案过程、数量、质量进行综合分析，实现了科学化管理。

**【坚持党的领导，接受人大监督】**

认真坚持党的领导，坚持重大事项向党委请示报告制度。自觉接受人大及其常委会的监督，每年向人大常委报告专项工作，定期向人大代表寄送《保定检察》，主动到代表驻地征求意见等。认真办理人大代表的提案、建议，人大常委会交办的95件代表的批评、建议和意见全部在规定的时间内办结。主动接受人民监督员的监督。去年选任第二届人民监督员215名，人民监督员监督检察机关“三类案件”（犯罪嫌疑人不服逮捕决定的；拟撤销案件的；拟不起诉的）11件，“五种情形”（应当立案而不立案或者不应当立案而立案的；超期羁押的；违法搜查、扣押冻结的；应当给予刑事赔偿而不依法予以确认或者不执行刑事赔偿决定的；检察人员在办案中有徇私舞弊、贪赃枉法、刑讯逼供、暴力取证等违纪违法情形的）6件，人民监督员工作被评为全省第一。认真接受人民群众及新闻舆论监督。积极拓宽接受监督的渠道，推行“阳光检务”；坚持市院党组成员走进电台直播间，答疑解惑；深化检务公开工作，确保群众知情权；落实公开承诺制度，接受社会监督，实现以公开促公正、保廉洁。

党组书记 检察长 周庆平
党组副书记 副检察长 孙元芳

| | |
|---|---|
| 党组副书记<br>副检察长 | 赵大明 |
| 党组成员<br>副检察长 | 王　启 |
| 党组成员<br>副检察长<br>渎检局局长 | 王蓬蓬 |
| 党组成员<br>副检察长 | 彭少勇 |
| 党组成员<br>反贪局长 | 张　华 |
| 党组成员<br>纪检组长 | 刘章栓 |
| 党组成员<br>政治部主任 | 周　涛 |
| 党组成员 | 郭建新 |
| 党组成员 | 安军旗 |

（何开联　赵连江）

# 审　判

**【保定市中级人民法院】**　保定市中级人民法院在市委领导、市人大监督下，主管全市的审判工作，业务上受河北省高级人民法院的监督和指导，审理法定管辖的第一审案件，基层人民法院移送审判的第一审案件，对基层人民法院判决、裁定的上诉、抗诉案件，对本院发生法律效力的判决、裁定、调解提起的再审案件；执行本院受理的第一审案件；监督和指导基层人民法院的审判工作。保定市中级人民法院编制人员308人，现有干警325人，其中法官209人。内部机构28个：立案庭、刑事审判第一庭、刑事审判第二庭、民事审判第一庭、民事审判第二庭、民事审判第三庭、民事审判第四庭、行政审判庭、审判监督庭、执行局、执行一庭、执行二庭、司法技术处、信访督办室、法警支队、政治部、组织人事处、法官管理处、教育培训处、宣传处、办公室、研究室、机关党委、纪检组监察室（合署办公）、计财装备处、老干部处、工会、妇委会。

25个县（市、区）人民法院，编制人员1916人，现有人员1926人，其中法官1320人。

**【概况】**　全市法院在市委的正确领导，人大的有力监督，政府、政协的大力支持下，坚持以邓小平理论和“三个代表”重要思想为指导，以科学发展观为统领，以“干部作风建设年”、“审判质量年”活动为载体，高起点抓审判，高效能抓管理，高标准抓队伍，一项项提升业绩，一步步赶超进位，各项工作又有新发展。全年共审、执结各类案件45372件，结案率99.65%，再居全省第一位，创历史最好水平，为促进全市经济发展，维护社会稳定提供了司法保障。2009年省高级人民法院为保定中院荣记集体二等功。

**【刑事审判工作】**　坚持严打方针，开展了严打整治专项斗争。整合力量，重拳出击，重点打击黑社会性质组织犯罪，爆炸、杀人、抢劫、绑架等严重暴力犯罪。公开审判了桑凡启等33名被告人、李涛等33名被告人、安少贤等22名被告人组织、领导、参加黑社会性质组织犯罪等重大刑事案件。共审结各类刑事案件5615件，结案率99.75%，同比提高1.05%。判处犯罪分子6782人。判处十年以上有期徒刑281人，无期徒刑以上224人。对不构成犯罪的6人宣告无罪。刑事审判坚持宽严相济、罪刑法定原则，重大案件提前介入，快审快结。积极推行量刑规范化，将量刑纳入法庭审理程序，刑期长短，当庭论证，公开透明。最高人民法院以《工作动态》形式推广了本市量刑规范化的经验。市人大常委会专项评议刑事审判工作并给予肯定性评价。省高院以《法院工作简报》形式刊发本院刑事审判做法，要求全省法院学习借鉴。刑事审判打出了声威，判出了效果，最大限度地预防和减少了犯罪。

**【民事审判工作】**　紧紧围绕市委、市政府经济工作重点，明确服务方向，细化服务措施，拓展服务范围，落实《关于为全市“加快发展，争先进位”提供司法保障和法律服务的指导意见》。全年，共审结各类民事案件30580件，结案率99.63%，同比提高0.80%。坚持以人为本，开展民生审务。注重保护妇女儿童、现役军人的合法权益。加大“三农”案件审理力度。积极清收破产企业债权，妥善安置企业职工，成功审结了宝硕股份、保定维尔铸造机械厂等破产案件。强化知识产权纠纷审判，依法保护自主创新成果，知识产权审判位居全国前列。

**【行政审判工作】**　依法调整行政法律关系，建立制度化的沟通协调机制，强化协调手段，化解行政纠纷。共审结各类行政案件462件，结案率为99.78%。其中通过协调方式结案246件，占53.25%，既保护了行政管理相对人的合法权益，又促进了行政机关依法行政。

**【执行工作】**　紧紧依靠党委，多措并举，创新机制，各方联动，开展集中清理执行积案活动。规范执行行为，优化执行措施，加大执行力度，最大限度实现当事人债权。共执结各类案件8715件，同比增加981件，结案率98.66%，同比提高2.01%。有财产可供执行案件执结率达到100%，重点案件执结率100%，执行难得到有效缓解。中央督导组先后两次来保定，经过查卷、汇报、接待当事人等多项检查和验收，对本市执行工作给予充分肯定。

**【规范审判管理工作】** 严格政绩考核。健全完善目标量化考评，全面实施制度管人、制度管案、制度管评的法官管理体系。制定了《案件质量评估办法》，设定了审判公正、审判效率、审判效果三大指标，将结案率、执行率、发还改判率、调撤率、上诉率、服判息诉率、申诉率、人均结案、干警违纪等项指标作为考核的主要内容，与奖惩挂钩，与评先挂钩，与使用挂钩。设立专门审判管理机构，实现了管理机构从无到有，从弱到强，从手工到智能的转变。审判管理的作用日益凸显，优化了审判力量，激发了审判活力，提高了审判质效，调动了办案的积极性，实现了案件随收随结的良性循环。

严格日常监督。为了防止发生小事拖大、大事拖难、难事拖乱的问题，强化了审判流程管理通报、发还重审次数通报、典型瑕疵案件通报、审委会委员发言准确率通报、超审限案件通报和案件评查结果通报。不仅严格法定审限，而且规定庭长审核和院长把关的期限。通过加强日常监管，实现了工作目标更明确、重点更突出、责任更清楚、奖惩更分明。

严格制度约束。延伸审判管理职能，不能量化考核的，制度约束。保证案件实体正确，庭审程序合法，法律文书准确，档案装订规范。加强庭审管理，严格开庭时间，规范法官着装，统一法槌使用。中院实行了向市人大报送排期庭审制度，将案件性质、当事人姓名、主办法官、开庭时间，提前一个月报市人大。常委会组成人员及人大代表可选择案件和法官，随时旁听庭审。既能监督案件的审判，又能考评被任用法官的履职能力；既提高了法官接受监督的自觉性，又增强了高效庭审的责任感。中院取消书记员手写记录，实行微机速录，提高了庭审速度和质量。开展法律文书随机抽样评比，两级法院评出10个优秀法律文书先进单位，规范了文书制作，提高了文书质量，减少了文书差错。

通过严格审判监督管理，发还改判率由去年的29.16%，下降为19.58%；申诉率由去年的1.42%，下降为0.50%；人均结案数由去年的11.84件，提高到33.53件。全市法院办案质量和效率明显提升。

**【治理涉诉信访工作】** 本着有访必接，事要解决，排查隐患，不留积案的原则，逐案分析历史遗留信访老案。实体错，实体纠；程序错，程序纠；无错的做好工作，促其息诉。通过再审程序改判案件18件，一批上访老户案结事了。在解决旧案的同时，加大新案信访的查处力度。立足源头治理，信访一件查处一件，确有问题的，一并处理。落实首问接访制，凡有上访的，全部登记复查。共接待群众来访1035人次，受理申诉案件168件，立案复查168件，结案168件，结案率100%，同比上升1.8%。国庆安保期间，本院成为全省惟一“零登记”、“零通报”的中级法院，被省法院评为全省惟一的中级法院国庆安保信访先进单位。

**【落实司法为民要求】** 注重诉讼调解，把诉讼调解作为促进社会和谐的有效手段。通过对下指导、案例分析、调解座谈、交流经验等方式，转变“判决简单、调解麻烦”的观念，树立“调解优先、调判结合”的理念。将调解纳入审判质量效率评价体系。实行邀请调解、委托调解、协助调解等方法，提高法官整体调解水平。大量难案调解结案，多年积案握手言和，大批调解能手在办案中产生。全市法院民事案件调撤率达到71.85%，刑事附带民事诉讼案件调解率达到61.28%，执行案件和解率达到45.23%，三项指标均高于全省法院平均水平。

加大司法救助。让有理的打得赢官司，让困难的打得起官司，让打赢官司的困难户拿到钱，这是新时期对审判提出的新课题。两级法院拓宽司法救助渠道，正确适用救助措施。对746件农民工、下岗职工、孤寡老人、残疾人等特困群体案件，减、免、缓诉讼费450万元；为523个确无经济来源、无力委托辩护人的被告人指定辩护人，以维护平等合法权益。两级法院多方筹措资金639.38万元，建立执行案件特困群体救济扶助机制。对234件、579个当事人实行基金救助，多起执行信访老案息诉罢访，真正让人民群众感受到司法的人文关怀。

落实便民措施。延伸审判职能，强化人民法官为人民的理念。想当事人之所想，急当事人之所急，帮当事人之所需。公开承诺“司法为民十八条”。实行立案、导诉、法律咨询、指导举证一站式服务；诉中实行巡回办案、小额速裁、判后答疑，庭审在田间地头；诉后加快执行、穷尽手段，最大限度地减少当事人负担，实现当事人债权。

**【加强法官队伍建设】** 加强廉政建设，提高拒腐能力。从办案环节抓起，从一点一滴抓起，从落实制度抓起，预防惩处并重，立足把问题解决在萌芽状态。严格廉政管理，落实干警廉政档案。建立瑕疵案件档案，发现瑕疵案件，以案查人，查是否有人情案、关系案、金钱案。严明廉政纪律，以身边的事教育身边的人，让警钟长鸣。

坚持公平竞争，激发工作活力。根据市委的统一部署，中院实行了科级领导职位全员竞争上岗。中院将三年的办案指标（办案数量和质量）全院前20名、各庭前2名公布于众，供干警讨论，中层正副职从他们中产生。通过竞争，留任的经过竞争淘汰的过程，增强了责任感、危机感和使命感，新任的具备了文化高、年龄低、业绩强、品质好的特点。作风踏实、为人老实、办事务实、业绩突出的同志走上领导岗位。落实了有为才有位，有位必有为，凭实绩论英雄的干部选拔任用机制。竞争上岗后，争出了团结和干劲，呈现出争办案、快调解、积业绩、你追我赶的局面。

坚持从优待警，挖掘干警潜力。继续解决编制待遇。在市委、人大领导的关怀支持下，5名同志解决了副处级待遇，18名干部取得审判资格，25名干部也将通过挂职锻炼充实审判一线。积极争取省法院和省编办，新增16个中央政法编制，解决了本院多年超编，部分干警不在编，更无法招录和从基层选调法官的问题。在各县（市、区）委的支持下，20个基层院全部和部分落实了庭长副科级待遇。鼓励支持干警学业务、学政治、学法律。今年，全市法院52名同志通过司法考试，通过率为86.25%，较去年提高3.12%，再居全省中院第一位。

以作风建设年为契机，以严管厚爱为手段，以细化管理为措施，队伍建设发生了根本变化，呈现出聚精会神多办案，严把质量防瑕疵，爱岗敬业比贡献的局面。先进典型不断涌现。全市法院首次产生结案超百件的17名办案能手、9名调解能手、5名执行标兵、8名优秀书记员，推动了审判工作的开展。最高人民法院首席大法官王胜俊院长在保定调研时评价：保定市两级法院的工作，体现了“四高三强”，“四高”即：结案率高、调解率高、息诉率高、执结率高。之所以取得“四高”的局面，重要的原因有“三强”：一是大局意识强。二是群众意识强。三是管理意识强。保定两级法院善于靠管理提高效率，靠管理承担繁重任务，充分挖掘内部潜力，调动各方面的积极性，管理意识和能力表现都很出色。

| | |
|---|---|
| 党组书记<br>院　　长 | 孙盘柱 |
| 党组副书记<br>副 院 长 | 李　毅　苑三国 |
| 党组副书记<br>纪检组长 | 徐占军 |
| 党组成员<br>副 院 长 | 刘文钧<br>高素英(3月任)<br>靳晓光 |
| 副 院 长 | 刘玉婷 |
| 党组成员<br>政治部主任 | 殷文胜 |

（晋层山）

## 司法行政

**【保定市司法局】** 保定市司法局是保定市人民政府主管全市司法行政工作的职能部门，业务上受河北省司法厅指导，是担负组织、指导、协调、部署普法依法治理、民间矛盾纠纷调解、安置帮教、社区矫正、国家司法考试、法律服务、法律保障、法律援助、司法鉴定等工作的行政执法机关。市局机关内设15个处室，下辖25个县（市、区）司法局。

**【概况】** 2009年，全市司法行政机关全面实施“五五”普法规划，加强各级干部和普法骨干培训，成功召开全市“法律八进”现场经验交流会，积极开展大型法制宣传活动，突出宣传国庆安保和事关社会和谐稳定的法律法规，普法依法治理工作成效显著；积极开展“春风化雨”民间矛盾纠纷集中排查化解活动和“迎国庆、保稳定”百日会战活动，认真解决基层司法所人员编制、经费保障、基础设施建设方面存在的问题，进一步推进司法行政基层基础工作规范化建设，大力加强基层调解组织、各级各类调解人员的培训，全力维护“两节、两会”特别是国庆六十周年期间的安全稳定。全年共排查民间矛盾纠纷6843件，调处成功6706件，成功率98%；全市在册社区矫正对象2220人（其中：管制342人，缓刑1739人，假释55人，监外执行45人，剥夺政治权利39人），全部落实了教育矫正措施。自2006年以来共接收刑释解教人员8326人（其中：刑释7270人，解教1056人），创建过渡性安置帮教实体、基地9个，过渡性安置释解人员436人，最大限度地使“三无”释解人员得到了妥善安置，实现了帮教率100%，安置率90%，重新违法犯罪率1%以下；全市律师共办理各类法律事务15700余起，比去年同期增长15%，其中刑事诉讼案件4600件、民事诉讼及仲裁案5900件、行政诉讼案件710件、非诉讼法律事务2600件，担任法律顾问1200余家，提供法律援助1490件，咨询和代写法律文书3万余次，参加社会公益活动4000余人次；全市累计办理公证事务17757件，其中，国内10678件，涉外7014件，涉港澳台65件；全市28家司法鉴定中心共完成鉴定6552例，实现了“巩固完善、适度发展”的目标；法律援助机构共办理法律援助案件950件，“12348”法律服务热线解答法律咨询22750人次，在各类活动中发放宣传资料9.65万余份；成功组织了全市2009年度国家司法考试工作，共531人通过国家司法考试。

2009年，市司法局被省司法厅荣记国庆安保工作集体二等功；被市委、市政府评为国庆安保工作先进单位、维护社会稳定先进单位和信访工作先进市直单位；社会治安综合治理工作被评定为“好”的档次；率先在全国、全省实现了律师行业党建工作全覆盖，此做法分别在国家、省律师行业党建工作会议上做了经验介绍，创出了保定律师党建工作品牌；社区矫正工作在全省社区矫正工作会议暨业务培训班上作经验介绍，并在全省范围内推广；在“民主法治村”创建活动中，本市推出两个“国家级民主法制示范村”和18个“省级民主法制示范村”。

**【突出抓好重点普法对象的法律宣传教育工作】** 突出抓好领导干部的培训，组织全市县级干部、中小企业经营管理人员培训，共培训县级干部1100人，企业经营管理人员4800人；围绕全市第八届农村“两委”干部换届选举，全市制定下发了对两委干部培训的宣传活动方案，重点宣传和培训了《村民委员会换届选举法》、《村民委员会组织法》、信访条例及依法治村等方面的政策法律法规；狠抓了选前、选中、选后三个环节的法律宣传教育工作，全市发放法律宣传资料280万份，出动宣传车380台次，悬挂横幅7000条，培训“两委”干部和工作人员2.4万人。

**【积极开展大型法制宣传教育活动】** 4月22日至4月24日，分别在顺平县、唐县、望都县举行了隆重的“河北省‘新农村建设法制宣传燕赵行’公益宣传活动”启动仪式。参加此次活动的县级领导19人，县执法部门120个，3000多名干部参加仪式，展出展板645块，发放各种宣传资料16万份，解答群众咨询2600人次，9万名群众参与宣传；“七一”前夕，在保定植物园，与市委组织部联合开展了“庆七一‘人民律师忠于党’”主题日活动，市律师协会组织100多名律师利用节假日到社区进行以“六个百”为载体的“法律进社区，和谐千万家”活动，引起了良好的社会反响；9月，市委宣传部、市文明办、市司法局、市社区办、市科协、市法宣办、市律师协会联合组织，在保定市社区全面开展以“六个百”为主要内容的“法律进社区、和谐千万家”活动，保定市委副书记李剑方、人大副主任梁书屏及有关部门领导、公证员、律师和群众400多人参加活动启动仪式；国庆期间，以“喜迎国庆、与法同行”为主题，在全市开展了大规模的法制宣传教育活动，2700个部门和单位，4.7万名法制宣传和行政执法人员，到活动现场进行法律宣传、法律咨询和群众接访工作，发放宣传资料130万份，现场咨询近1万人；12月2日上午，在人民广场举办主题为“加强法制宣传教育，服务经济社会发展”大型法制宣传日活动，省司法厅副厅长时清霜，市委常委、政法委书记、公安局长张峰，市人大副主任梁书屏、市政府副市长孟祥伟、市政协副主席赵贵良等领导到现场视察，带头参加宣传和解答群众问题。全市有2670个部门和单位、4.2万名法制宣传和行政执法人员，到活动现场进行法律宣传、法律咨询和群众接访工作，发放宣传资料125万份，现场咨询近1万人，接待群众来访216件，发表电视讲话23场，出动宣传车34台，38个文艺演出团体现场演出法制文艺节目。11月中旬至12月中旬，在全市开展了“12·4”法制宣传月活动，组织万名干部开展“法律八进”活动，极大地促进了基层民主法制建设。

**【市人民调解员协会成立】** 11月6日，保定市人民调解员协会成立大会隆重召开，全市选举产生全省首家人民调解员协会，大会聘请保定市委常委、政法委书记、公安局长张峰，市人大副主任梁书屏，市政府副市长孟祥伟，市政协副主席刘建立同志为协会名誉会长。选举保定市司法局局长周立光为市人民调解员协会会长，全省其他10个市司法局长到会观摩。人民调解员协会的成立，使本市人民调解工作逐步纳入行业管理的轨道，对全市社会和谐稳定起到积极的推动作用。

**【大力开展民间矛盾纠纷排查治理工作】** 以为建党88周年和新中国成立60周年营造良好的社会环境为目标，以“春风化雨”民间矛盾纠纷集中排查化解活动和“迎国庆、保稳定”百日会战活动为依托，加大民间矛盾纠纷排查治理工作的力度，使大量民间纠纷化解在基层，消灭在萌芽状态。全年共排查民间矛盾纠纷6843件，调处成功6706件，成功率98%，有力地维护了全市的社会稳定。

【基层法律服务工作进一步拓展】 进一步加强基层法律服务队伍的管理，净化基层法律服务市场、纯洁队伍，完善了法律服务所的各项制度，提高整体素质。全市基层法律服务所共调解经济矛盾纠纷1509件，办理法律援助490件，担任法律顾问270家，代写法律文书967件，解答法律咨询4523人次，代理诉讼694件，代理非诉讼135件，发放宣传品2万余份，开展法律讲座13场。

【突出衔接环节，加强社区矫正和安置帮教工作】 进一步强化社区矫正、安置帮教工作，完善衔接、矫治、管理、帮教制度，建立健全了矫正、帮教档案和工作信息管理平台。调整充实了专职工作人员队伍，专职矫正、帮教队伍达2126人。聘请离退休干部、人大代表、政协委员、律师、法律工作者组建了4295人的社会志愿者队伍。同时，加强培训，对分管领导、司法所人员和社会志愿者分批、分期进行了集中培训28场次，参训人员达5136人。全市在册社区矫正对象2220人(其中：管制342人，缓刑1739人，假释55人，监外执行45人，剥夺政治权利39人)，全部落实了教育矫正措施。自2006年以来共接收刑释解教人员8326人(其中：刑释7270人，解教1056人)，创建过渡性安置帮教实体、基地9个，过渡性安置释解人员436人，最大限度地使“三无”释解人员得到了妥善安置，实现了帮教率100%，安置率90%，重新违法犯罪率1%以下，最大限度地避免和减少了重新犯罪。

【成功召开第四次律师代表大会】 9月7日至9日，在华电接待中心召开了保定市第四次律师代表大会，大会审议了第三届律师协会理事会工作报告，选举产生了由43名执业律师组成的律协新一届理事会，顺利实现了律师协会领导机构人员转换，行业自主治理的特色进一步显现，基础更加坚实。

【积极做好法律服务工作】 注重改善律师执业环境，与市中级人民法院联合下发《关于在市、县两级人民法院设立律师更衣室的紧急通知》，全市25个县(市、区)法院均已设立律师更衣室。全市律师紧紧围绕经济发展这个中心，突出“优化环境、扩大开放、加快发展”的主旋律，积极参加“严打”整治斗争和涉法涉诉集中接访活动，全力维护社会稳定，积极服务民生。152名律师为各级党委、政府及部门领导提供法律服务，参与政府招商引资、经济贸易谈判；积极开展定向法律服务，为189个乡镇政府430个村委会(社区)和百家企业提供定向服务；积极开展解困帮扶法律服务，为297位困难农户(居民)提供了力所能及的帮助。全市律师共办理各类法律事务1.57万起，比去年同期增长15%，其中刑事诉讼案件4600件、民事诉讼及仲裁案5900件、行政诉讼案件710件、担任法律顾问1200家、非诉讼法律事务2600件，提供法律援助1490件，咨询和代写法律文书3万次，参加社会公益活动4000人次。全市累计办理公证事务17757件，其中，国内10678件，涉外7014件，涉港澳台65件。

【司法鉴定工作有序开展】 组织开展了司法鉴定业务质量检查活动，推动了各鉴定中心规范管理、规范执业。全市28家司法鉴定中心共完成鉴定6552例。在抓好现有鉴定机构自身建设的基础上，积极推进司法鉴定体制改革，依托河北大学附属医院组建成立了河北大学附属医院司鉴中心，对其进行了筹备指导和协调，实现了“巩固完善、适度发展”的目标。

【法律援助工作取得新成效】 进一步加强了法律援助工作宣传力度，重点宣传《法律援助条例》、《妇女权益保障法》、《未成年人保护法》、《老年人权益保障法》、《工会法》等与法律援助相关的法律法规，提高了公众对法律制度的认识。在各县(市、区)开展了送法下乡活动，在农村集贸市场设置法律咨询台，相继在保定市老年协会和市中级人民法院设立了法律援助工作站。举办各种法援业务培训班16班次，参加培训人员400人次。6月，在全市积极组织开展了法律援助便民服务主题活动，引起了积极反响，逐步在全市范围内形成了“有困难，找法援”这一良好的社会氛围。全市法律援助机构共办理法律援助案件950件，“12348”法律服务热线解答法律咨询22750人次，在各类活动中发放宣传资料9.65万份。

局　　长　周立光
副 局 长　耿凤忠　刘占博
　　　　　郝春海　师蕴珩
纪检组长　王小洪
政治部主任　杨海明

(王文鹏)

# 综 合 管 理

## 宏观经济管理

【保定市发展和改革委员会】 保定市发展和改革委员会为综合研究拟订经济和社会发展政策、指导总体经济体制改革的市政府组成部门。负责研究提出全市国民经济和社会发展战略目标和重大方针政策，组织编制全市国民经济和社会发展中、长期规划和年度发展计划，研究分析经济形势和发展情况、全市经济体制改革和对外开放的重大问题、产业结构战略性调整和升级、区域经济和城镇化发展等方面的工作，承办市政府交办的其它事项。内设26个职能处（室）：办公室、人事教育处、政策法规处、发展规划处、国民经济综合处、经济体制改革处、固定资产投资处、产业政策处、外资利用处、地区经济处、农村经济处、交通能源处、经贸服务业处、高技术产业处、环境和资源综合利用处、社会发展处、就业和收入分配处、财政金融处、经济技术协作处、汽车办公室、重点建设领导小组办公室、重点建设项目稽查特派员办公室、机关党委、纪检监察室、老干部处、保定市工业经济促进局。7个事业单位：保定市交通能源办公室、保定市建设投资公司、保定市支援油田建设办公室、保定市黄金冶金矿山管理办公室、保定市节能监察中心、保定市散装水泥办公室、保定市农业区划办公室。2009年，在市委、市政府的正确领导下，市发改委认真贯彻落实党的十七届三中、四中全会及市委九届七次全会精神，全面贯彻落实科学发展观，紧紧围绕全市经济社会发展中的大事、实事，积极谋划新思路，扎实推进各项工作，经济社会稳步发展，圆满完成了年度工作目标和市委、市政府交办的各项任务。2009年，我委在重点项目建设、农村公路改造项目、京石客专征地拆迁、政务督察等项工作中受到省发改委表彰，老干部处被省发改委评为全省发改系统老干部工作先进单位；在2009保定·中国电谷（香港）投资峰会工作、电力设施保护工作、接待联合国禁止化学武器核查工作、纪检监察工作以及基层党建、信息、党内统计、人大代表建议政协提案、档案管理等项工作中受到市级表彰；宋太平书记在《保定快报》（50）上对“保定市发改委争取2009年第三批新增中央投资3750万元在全省名列首位”予以批示表扬，在《工业西进工作简报》第23期上对“市发改委强力推进‘工业西进’战略的实施”予以批示表扬，闫立英副市长在市发改委《工作简讯》第六期上对“积极谋划，加强跑办，我市2009年社会事业项目新增中央投资争取工作取得成效”予以批示表扬。

【概况】 2009年，工业企稳回升并实现较快发展。规模以上工业增加值完成477.1亿元，增长14.6%，较年初提高6.5个百分点，增速居全省第2位。主导产业带动作用突出，三大主导产业实现增加值201.6亿元，增长21%，拉动全市工业增长9.5个百分点。其中汽车及零部件、新能源及能源设备制造、纺织服装业增加值分别增长29.6%、24.7%和9.0%。规模以上工业实现利税156.3亿元，大幅度增长34.4%；实现利润98.1亿元，大幅度增长47.6%。园区建设步伐加快。全市产业园区达到43个，入园企业3078家，其中新增入园企业493家，新增就业人数4.34万人。园区主营业务收入

1498.7亿元，实现增加值323亿元，实现利税136.7亿元，比上年分别增长25.1%、27.2%和26%。工业西进扎实推进。西部山区8县新上千万元以上项目341个，河北冶金工业园等16个工业项目集中区初具规模。中央投资项目进展良好。在四批中央新增预算内资金中，我市共落实中央投资项目954个，总投资45.1亿元，完成投资22.7亿元，共争取中央投资9.12亿元。竣工项目达459项。项目数量、建设进度、配套资金落实和资金管理使用等方面位于全省先进行列。重点项目建设力度加大。455项省、市重点项目全年完成投资393亿元，超计划37.3个百分点，其中，159项省重点项目完成投资284.3亿元，超计划44.8个百分点。英利集团500兆瓦太阳能电池组件、六九硅业一期工程、长城汽车冲压件、旭阳焦化20万吨甲醇等一批重大生产性项目竣工投产；京石客运专线和张石、保阜高速公路等一批重大基础设施项目建设进展加快。城镇面貌"三年大变样"扎实推进。大水系、大交通、大城市建设步伐加快。80项重点工程累计完成投资470亿元，26项（包括14项国庆献礼工程）竣工。府河、清真寺、西大园三大片区危旧住房拆迁改造取得突破性进展。西大街等一批重点文物古迹修复工程竣工。大水系南线工程如期竣工，两库连通加紧推进，在全省率先完成市区雨污分流全覆盖，实现了清水入市。市区三环、高速外环"闭合工程"加快推进，高速南外环、市区东三环、乐凯大街北延、七一路改造、电谷立交桥等全部竣工。农村经济稳步发展。全年农林牧渔业总产值451亿元，增长4.9%。畜牧业产值占农林牧渔业总产值的比重为32.2%。粮食生产连续七年保持增长，总产达到559.4万吨，增长3.7%。全年肉类、禽蛋、鲜奶总产将分别达到55.7万吨、37.6万吨和65.6万吨，分别增长7.4%、3.0%和4.7%；蔬菜产量783.45万吨，增长1.7%；水果产量11.56万吨，增长2.3%。农业产业化步伐加快，203家市级重点龙头企业，实现销售收入118.8亿元，增长12.6%，其中34家省级重点龙头企业实现销售收入62.2亿元，与上年持平。国家支农惠农力度进一步加大，全年落实良种补贴资金1.4亿元，下拨粮食直补资金1.13亿元，农资综合补贴资金6.46亿元，中央级农机购置补贴资金9622万元，新增节水灌溉面积24.3万亩。服务业发展保持平稳。市场贸易发展较快。商贸物流项目建设力度加大。国际小商品城、国际轻纺城等大型商贸项目启动。保定市白沟鑫通源物流中心、九州通集团安国现代中药材物流中心、保定无水港等一批大型物流项目陆续开工。全市新建、改扩建市场15个，年末在建市场7个，总投资2.5亿元。东部商贸城工业品批发市场、中华大府河、农大农副产品便民市场投入使用。"家电下乡"工作全面铺开，销售家电31.4万台（件），销售金额6.57亿元，发放补贴8153万元；销售汽车、摩托车6.9万辆，发放补贴资金11361.7万元。全年社会消费品零售总额730.3亿元，增长17.9%，增速高于预期目标2.9个百分点。旅游业发展加快。全年接待国内游客2278万人次，同比增长20%，旅游收入114.2亿元，同比增长24.1%。接待国外游客8.1万人次，同比增长9.4%，创汇2790万美元，同比增长26.1%。接待人数和旅游收入达到近四年来的最快增长。利用省外资金151.68亿元，增长16.8%，超预期目标11.68亿元。对接京津成效明显，与京津签署了一批战略合作协议，在建的对接京津项目346项，投产257项，新签约93项，全年引进京津资金345亿元，同比增长539%。积极引进战略投资者，成功引入恒天集团重组天鹅化纤；引入河北钢铁集团整合涞源矿产资源，投资30亿元打造冶金工业园。香港、廊坊和厦门洽谈会共签约利用外资项目15项，拟利用外资5.02亿美元。白洋淀流域生态系统综合治理与环境保护项目，有4个项目实现成功报账，到位亚行资金657万美元。改革开放打开新局面。国企改革成效明显，全市107户国有企业完成改革、改制85户。4户市属企业破产终结，妥善安置职工4673人，支付安置费用9830万元。田野集团签署资产转让协议，先锋机械厂203亩土地使用权公开出让，宝硕集团职工安置进入扫尾阶段，天翔集团进入破产程序。中小企业信用担保体系建设稳步开展。全市已建立市、县级中小企业信用担保机构，形成了45亿元的融资担保能力。企业上市工作积极推进。巨力集团上市列入证监会发审议程，中航惠腾公司正在进行前期准备。深化行政审批制度改革，认真清理审批事项。经济运行效益提高。全部财政收入166.69亿元，同比增长11.5%，其中地方一般预算收入73.3亿元，同比增长10%，可比增长22%。全部财政收入可比增速高于GDP增速11个百分点。城市居民人均可支配收入13555元，增长10.1%，农民人均纯收入4682元，增长8.1%。信贷投放力度加大。金融机构本外币各项存款余额2456.6亿元，比年初增长24.2%；本外币各项贷款余额976亿元，比年初增长37.2%，新增贷款264.5亿元。在人民币短期贷款中，私营及个体贷款增长83%，建筑业贷款增长36.1%，农业贷款增长16.5%。存贷比为39.7%，同比提高3.7个百分点。节能减排成效显著。“双三十”和“8+13”重点单位节能减排工作扎实推进，万元GDP能耗和主要污染物排放量全部完成省定目标。积极淘汰落后产能，提前关停了河北灵山发电有限责任公司1、2号机组，淘汰落后产能5万千瓦；拆除河北八达集团白合水泥有限公司、顺平县蒲阳河水泥有限公司机立窑水泥生产线，淘汰落后产能28.8万吨，年减少能耗3万吨标煤；拆除涞源县龙达钢铁有限公司110立方米高炉1座，淘汰落后产能13万吨，年减少能耗7.5万吨标煤。实施16个市级以上节能重点项目，年节能32万吨标煤。“蓝天行动”成效显著。全市取缔改造燃煤锅炉472台，其中市区120台。市区二级以上达标天数331天，比上年增加19天。“两厂（场）”建设加快。全市32座污水处理厂全部建成投运，设计日处理能力104.7万吨；12座在建垃圾处理场1座竣工，本年新增年处理能力250万吨。积极推进“太阳能之城”建设，市区投资5716.9万元，对52个生活小区、16条路段、15家企业、5所学校等进行太阳能应用改造。实施节能产品惠民工程，推广高效节能照明产品39万只，年节电3130万度。

**【全面落实科学发展观】** （一）加大对重点领域的规划指导。充分发挥市委、市政府的参谋助手作用，有针对性地进行专题谋划，在重大项目推进、城镇建设、产业培育、园区建设、节能降耗等方面研究、制定、出台了30多份政策文件，以市委、市政府文件下发执行。围绕加快项目建设，制定出台了《关于实行建设项目领办代办制的实施意见（试行）》；严格项目审批，制定了《保定市人民政府关于保定市区域禁（限）批建设项目的实施意见（试行）》；加强项目监管，制定出台了《关于落实扩大内需政策积极争取上级资金支持奖励办法的通知》。围绕调整优化产业结构，构建现代产业体系，制定了《关于加快调整产业结构、转变经济发展方式，推进现代产业体系建设的实施意见》；围绕培育壮大主导产业，制定了《保定市工业倍增计划》和汽车、新能源、纺织服装、食品加工和建材工业倍增五个专项计划；围绕加快服务业发展，制定了《关于促进服务业发展的实施意见》。围绕优化产业布局，推进产业园区建设，制定了《关于加快产业园区建设的意见》和《保定市产业园区管理考核办法》。围绕发展壮大县域经济，起草了《关于加快县城建设，促进县域经济发展的意见》。（二）按照《政府工作报告》中所承担的目标任务严格抓好落实。我委承担《〈政府工作报告〉2008年工作落实方案》第一责任目标任务共计19项，其中，提前完成11项，其余8项均如期完成。提案、议案办理工作。（三）2009年，我委共承办人大议案、政协提案36件，其中人大议案8件，政协提案28件（主办25件、协办3件），通过承办处室的共同努力，沟通率和满意率均达到100%。

**【狠抓重点项目建设，力促投资较快增长】** 全市固定资产投资实现较快增长，全社会、城镇固定资产投资双双突破千亿元大观，实现41.3%的增幅。把重点项目建设作为拉动经济增长的关键环节，认真落实市委、市政府《关于加快推进重点项目建设的意见》，积极开展“听、看、录、帮、考”活动，组织召开十余次重点项目调度会，加强协调调度，强力推进项目建设进程。完善重点项目工作机制，采取了“挂账制”、“领代办制”、“重奖制”、“黄红牌制”、土地资源配置“择优制”等措施，加强了项目督导考核。一批主导产业支撑项目取得明显进展。总投资126亿元的六九硅业硅材料项目一期工程于9月底建成投产；投资16.2亿元的河北大无缝铜光亮杆项目土建工程提前完工，年底部分试生产；英利集团太阳能电池及组件、长城汽车冲压件、容城澳森制衣扩建、河北宏润高档精梳纱及面料、定州旭阳焦化年产20万吨甲醇、白沟出口箱包等81个省、市重点项目均已竣工投产。一批交通能源项目建设步伐加快。经过不懈努力，全面完成了京石客专征地拆迁工作，征用土地6940亩，临时占地3288亩，拆迁25.5万平米；定洲电厂二期3、4号机组投入商业运营；南郊热电厂60万千瓦发电项目经过积极争取，已获得国家发改委核准；年处理生活垃圾40万吨、发电量约1.44亿千瓦时的垃圾发电项目，电气控制楼等主体建筑完工；“陕—京三线”输气管道地上附着物补偿工作年底将完成。全市经济发展基础将得到进一步夯实。

**【加强经济运行调节，促进经济企稳回升】** 针对全球金融危机产生的不利影响，我委采取措施，积极应对，努力遏制经济下滑势头。加强经济运行分析和预警。经济运行分析通报由季度改为月度；及时把握经济运行态势，组织力量编发了《保定市经济和社会发展手册》；强化预警机制，对出现异常波动的县（市、区）和重点企业及时发布预警，及时化解矛盾。加强了电、煤、油、运和资金等要素调度，保障了重点企业生产和高峰用电。组织干部深入企业，帮助解决资金、项目占地、产品销售等问题；引导企业调整产销结构，挖潜增效，降低成本。组织企业参加华交会、广交会、昆明进出口商品交易会和商务部举办的访俄、访欧、访台经贸促进活动；参加省政府在香港、天津、廊坊等地举办的大型经贸洽谈活动；组织参加全省《重点建设项目与主要工业产品产需衔接洽谈会》，促成部分企业签约亿元订单；编制了《重点建设项目与本省主要工业产品衔接指南》和《推荐全省重点建设项目选用的产品名录》，组织全市重点项目与本市主要工业产品的产需衔接洽谈会，达成供需意向46项，签订供需协议12项。通过运行调节和帮扶活动，企业开工率逐月回升，外销市场有所好转，内销份额逐步扩大，生产和效益逐步走出低谷，企稳回升。

**【调整优化产业结构，构建现代产业体系】** 围绕调整产业结构、打造现代产业体系、推进产业聚集、强化工业带动，推进工业化、城镇化进程，通过深入细致的调查研究，瞄准存在问题和重点领域，向市政府提出一系列对策建议。一是培育壮大支柱产业，推进现代产业体系建设。围绕三大战略支撑产业和食品加工、电子信息等成长性产业，筛选了100个投资亿元以上的工业项目重点推进，一批产业支撑项目相继竣工投产。二是推进产业园区建设，调整优化产业布局。上半年，全市各类产业园区达到43个（其中省级以上7个），总规划面积355平方公里，已开发113平方公里，实现工业增加值159.94亿元，同比增长38.2%。三是提高企业自主创新能力，促进产业发展和优化升级。加强对企业技术中心的指导，全市拥有国家企业技术中心6家，省企业技术中心30家。全年共有5家分获国家、省认定，其中：巨力索具股份有限公司被认定为国家企业技术中心；河北天威英利新能源有限公司、保定蓝波节能灯具有限公司、鹏达建设集团有限公司、河北大洋饮食品有限公司四家被认定为省级企业技术中心。2009年共争取专项资金1800万元，其中：中国乐凯胶片集团公司技术中心创新能力建设项目争取国家补助资金500万元、保定天威集团有限公司技术中心创新能力建设项目争取国家补助资金500万元、长城汽车股份有限公司技术中心创新能力建设项目争取国家补助资金800万元。

**【发展农村和社会事业，努力保障和改善民生】** （一）大力支持“三农”建设。加强与国家、省的沟通联系，积极与市直农口部门协调，大力争取上级支持。全年共争取农业项目146项，总投资45455万元，省和国家资金20963万元（投资计划已下达）。其中包括大型商品粮基地、农村沼气、以工代赈、农村饮水安全、病险水库除险加固、动物防疫体系建设、退耕还林、节水灌溉、旱作农业、水土流失重点治理工程，大型灌区续建配套和节水改造、小水电、退耕还林工程、防护林工程等项目。（二）积极扶持贫困地区发展。加大以工代赈项目工作力度，积极争取上报项目的落实。争取到2009年以工代赈国家资金1766万元（投资计划已下达），其中中央预算内一般以工代赈资金1385万元，国债以工代赈示范项目381万元，重点支持了贫困地区农田基础设施、生态环境、乡村道路等方面建设，并带动了贫困人口收入水平的提高。（三）全力推进社会事业发展。紧紧围绕农村卫生服务体系建设、教育基础设施建设、文物旅游基础设施建设、基层计生服务体系建设、农民体育建身工程、残疾人事业发展、乡镇文化活动场所建设、爱国主义教育场所建设八个方面，有583个社会事业项目列入国家投资计划，共落实中央资金45297万元。

**【抓好节能降耗，推进“低碳保定”建设】** 2009年度全市万元GDP能耗降低率完成5.04%，超额完成节能目标任务。推进节能减排重点工程建设。突出抓好16个市级以上节能降耗技改项目、3个省级循环经济重点项目，目前，涞水顺天电极有限公司碳素炉窑等6个节能技改项目已提前竣工，并达到了节能设计要求，已形成年标煤13万吨的能力。16个项目全部竣工后，预计年可实现节约标煤32.58万吨。加大节能监察（监测）力度。重点加强对全市热电、冶金、水泥、煤炭、化工等高耗能、高污染行业的节能监察监测，依法监测年耗能5000—10000吨标煤的企业20家，并配合省节能监察中心对全市31家年耗能1万吨标煤以上重点耗能单位进行了节能监察。加强对重点耗能企业的监管。突出抓好对省“双百”、“双三十”及全市“8+13”节能减排重点企业的管理。引导和鼓励企业积极开展节能技改，进一步降低产品能耗，提高能源利用率。加强对“8+13”单位的日常监管，每月一调度、每季一通报。强化建筑领域节能。针对建筑领域的薄弱环节，配合市建设局起草《保定市既有建筑供热计量与节能改造实施方案》，并确定乐凯生活区、风帆生活区、省太行监狱生活区近20万平方米为2009年既有建筑节能改造示范小区。加快推进“低碳保定”建设。协调有关部门，成功组织了“地球1小时”活动，成立了“低碳城市研究会”，完成了《保定市低碳城市发展纲要》，目前正与清华大学合作共同编制《保定市低碳城市发展规划》，规划中两大主要部分——《低碳社会规划》和《低碳产业规划》已经编制完成。

**【加强改革开放，为经济发展增添动力和活力】** 深化行政管理体制改革。深化行政审批制度改革，积极开展“机关作风建设年”活动，认真清理审批事项。行政许可由291项削减到120项；房地产开发项目由140项减少到50项，审批部门由86个环节减少到28个环节；固定资产投资项目实行行政审批“一章制”，由原来43个部门61个审批章减少到28个。实行了领办、帮办、代办等制度，推行首问负责、一次性告知和限时办结制等。健全完善了“并联审批、一会办结”运行机制。积极与京津对接。组织开展与京津的高层互访，县（市、区）与京津区、县和企业签署了一批战略合作协议。涿州市与北京房山区在9个方面29项具体工作开展战略合作，高阳、容城等县与北京企业签署了合作协议。推进对外开放。组织参加了“3.26”河北（香港）投资贸易洽谈会、“5.18”东北亚暨环渤海（廊坊）国际商务会、“9.8”厦门投洽会等，在全球金融危机造成经济低迷的大背景下，仍签约外资项目15个，拟利用外资5.02亿美元，全年实际利用外资4.4亿美元。并采取实地考察、会议调度等多种形式，对签约项目进行摸底、调度、检查，抓好项目落实和资金到位。依照市政府与国家发改委国际合作中心签订的合作框架协议，多次接待、组织国合中心介绍引荐的美国IBM公司、瑞士UCIC公司等国际机构来保考察、洽谈，成立了国合中心、IBM、保定市三方联合工作组，并签署了《中国城市（保定）国际合作项目全面战略合作框架协议》。

**【践行科学发展观，加强机关内部建设】** 以“两项活动”为契机，不断加强机关建设。（一）做好废改立，加强制度建设。坚持中心组理论学习制度，重点抓好“三会一课”、“四个层次”、“五个严格”和“六个一”，在原《工作守则》的基础上，健全完善规章制度，将42项规章制度汇编成册，并在全委执行。（二）加强学习交流，打造我委“窗口”形象。编辑发行《发改简报》和《学习参考交流》（内刊）。自5月份开始编发以来，《发改简报》共编发53期，《学习参考交流》共编发17期，分别报送市四大班子领导、市直各部门领导、各县（市、区）主要领导，有效推动了机关内部及对外交流。（三）加强干部队伍建设。一是严格执行《党政领导干部选拔任用条例》、《国家公务员法》等相关规章制度，对委内干部进行了调整，涉及人员38名，其中提职17名（领导职务4名、非领导职务13名），把懂得经济、业务熟练、踏实肯干的干部选到领导岗位上，让想干事、能干事、干成事的人得到发展，使干部结构配备趋于合理。二是会同市人事局在全市公开选调工作人员。严格按照公开选调的有关规定，经过笔试、面试、体检、考察等程序，选拔出10名政治合格、综合素质高、有基层工作经验的同志进入我委，为我委干部队伍注入了新鲜的血液，对我委乃至全市的工作起到了积极的作用。（四）加强机关效能和党风廉政建设。一是抓好《河北省行政机关首问首办负责制度（试行）》的落实，组织开展自查自纠。二是对本委办理的审批服务事项进行了抽查，对部分项目的申请人进行了回访。重点调查我委工作人员是否有利用职权或工作便利“吃、拿、卡、要”，推诿扯皮，不落实首问首办责任制，不按承诺时限办结等问题。三是起草印发了《关于开展优化企业发展环境专项整治活动的实施方案》，并组织开展相关工作。四是严格落实党风廉政建设责任制，制定我委《2009年党风廉政建设安排意见》，明确了责任领导，对工作落实情况不定期进行督导检查。五是积极开展警示教育，通过组织观看警示教育录像和参观警示教育基地等活动，教育广大党员干部弘扬正气，反对歪风，增强法制观念，增强廉洁自律意识，提高拒腐防变能力。六是深入开展政风行风建设。各委领导和处长按照确定的重点联系县（市、区），采取明查与“暗访”相结合、现场查看与听取汇报相结合等形式，对县（市、区）发改局进行全面督导检查，特别是对政风行风建设近两年排位相对落后的县（市、区）加大了督导力度。七是建立了有效的工作机制，积极开展治理商业贿赂工作。

**【对口援建工作】** 对口援建工作是市委、市政府赋予我委重大而光荣的任务。援建前线指挥部进驻平武响岩开展工作以来，我委全体援建人员牢记使命，不负重托，励精图治，忘我奉献，与平武干部群众同心协力，全力推进支援平武尤其是响岩镇灾后重建的各项工作。全年，对口援建响岩镇项目11个，总投资9421万元，全部为交钥匙工程。11个援建项目已全部开工建设，其中响岩中心小学和清水小学两个项目已竣工，为我省最早竣工的两个交钥匙工程，也是平武县最早竣工的学校项目。截至12月31日，累计完成投资9789万元，占总投资的95%。

**【亲民爱民工作】** 认真贯彻落实市委、市政府精神，以改善贫困户基本生活条件为重点，以确保贫困学生不因家庭困难而失学、辍学为突破口，把亲民爱民活动纳入了全年工作日程，认真组织实施，同时在深化和拓展上下功夫，研究制定了我委《深化拓展亲民爱民活动的实施方案》，通过半年的帮扶，取得了明显的成效。2月份上旬，为了确保帮扶对象过好春节，委领导分别到帮扶对象家中进行走访慰问，带去慰问品、慰问金合计5400元。5月10日至15日，郝国赤主任带领发改委帮扶人员，分别到博野县和蠡县走访慰问，给帮扶对象带去慰问金14400元、学习用具1200元。国庆、中秋两节前又对帮扶对象送去了帮扶资金13200元，慰问品1400元。1～10月累计帮扶资金和物品35600元。

党组书记
主　　任　郝国赤
副 主 任　苑丰平　康　青
　　　　　王向明
　　　　　汪立柱（4月免）
　　　　　曹继东
　　　　　孙志强（4月免）
　　　　　刘建国（4月免）
　　　　　李建领　杨　军
　　　　　王建华
　　　　　尹绪龙（4月任）
　　　　　张林峰（3月任）
纪检组长　孙振军
调 研 员　郭　岩（1月免）
　　　　　杨国庆
　　　　　汪立柱（4月任、12月免）
　　　　　刘建国（4月任、12月免）
　　　　　孙志强（4月任）
副调研员　王志军
　　　　　梁志勇（3月任）
　　　　　尹绪龙（4月免）
　　　　　李文恒
　　　　　崔永凯（12月任）
　　　　　毛苏宇　陈　隽
　　　　　张卫强

（张林峰　张学军　刘晓宇）

# 统计管理

**【保定市统计局】** 保定市统计局是主管全市统计和国民经济核算工作的市政府工作部门，业务上受河北省统计局和市政府双重领导。保定市统计局设10个职能处室。全局干部职工109名。主要职责是：（一）拟定保定市统计工作规章；制定统计改革、统计现代化建设规划和统计调查计划；组织领导和监督检查市内各县（市、区）、各部门统计和国民经济核算工作，监督检查统计法律法规实施情况。（二）贯彻执行国家、省国民经济核算体系、统计指标体系和基本统计制度；管理全市各项核算制度；制定地方统计调查标准和统计调查制度；组织管理、审批各县（市、区）、各部门统计调查项目（包括社会和涉外）、调查计划、调查方案；组织全市统计登记工作。（三）组织完成国家、省部署和普查任务；研究提出重大市情市力普查和抽样调查计划，并组织实施；组织各县（市、区）、各部门社会经济调查，汇总、整理全市基本统计资料；对国民经济、科技进步和社会发展等情况进行统计分析、统计预测和统计监督，向市委、市政府及有关部门提供统计信息和咨询建议。（四）统一核定、管理、公布、出版全市性基本统计资料，定期向社会公众发布全市国民经济和社会情况统计信息。（五）管理全市统计信息自动化系统和统计数据库体系；管理全市统计数据库网络。（六）组织管理统计人员持证上岗，协助组织管理统计专业技术资格考试和专业技术职务评聘工作。（七）承办市委、市政府交办的其他事项。

**【概况】** 2009年，全市统计系统以开展学习实践科学发展观和“干部作风建设年”活动为动力，紧紧围绕市委、市政府的决策部署和中心工作，勇于开拓，锐意进取，统计改革和建设取得新进展，较好地完成了全年各项工作任务。

**【重大普查、调查工作】** 经济普查工作取得圆满成功。在全市广大普查人员的共同努力下，顺利完成了普查各阶段工作，市局以及北市区、南市区、满城等17个县（市、区）被国务院第二次全国经济普查领导小组授予先进单位荣誉称号。第六次全国人口普查各项准备工作扎实推进。市、县两级普查机构的组建工作已经完成，市和部分县（市、区）普查经费已经列入本级财政预算，市人口普查网站正式开通。第二次全国R&D资源清查有序开展。顺利完成了前期各项准备工作，全面清查工作正在扎实有序开展。城乡划分、组织工作满意度、群众安全感、人口劳动力等专项调查工作顺利完成。

【基层统计管理模式改革初见成效】 推进县以下统计管理模式改革，是加强基层基础建设的一项重要举措。涞水、满城、顺平、徐水、新市区、涿州等6个县（市、区）进行了有益探索，统计管理模式改革取得一定进展，主要有以下四个特点：一是招聘专职人员，强化系统管理。涞水县政府统一招聘了21名大专以上毕业生充实到各乡镇统计站，聘用人员与县人劳局签订事业单位聘用合同，由县统计局统一调配，统一管理并负责工资、养老保险的发放和缴纳，有效的解决基层统计人员不稳、素质偏低的现状，实现了系统管理。二是实行集中办公，强化系统管理。顺平县将全县10个乡镇统计人员每月集中5～10天到县局办公，县局配备必要的办公设备，实现了对乡镇统计人员和统计工作的有效管理。三是建立激励机制，强化系统管理。新市区政府出台了相关文件，对乡、村两级统计人员实行“双定双考”工作机制。区政府每年拿出一定资金，对考核前三名的乡（镇、街道办）和合格的村、社区统计人员给予奖励，基层人员积极性得到调动，基础工作得到加强。四是提高人员待遇，强化系统管理。徐水县、满城县、涿州市政府出台了《关于加强和促进统计工作的意见》，对乡、村两级及企业统计人员的配备做出了明确规定，并对基层统计人员给予一定的工作补助。

【基层基础建设得到加强】 9月份，省局对本市统计工作进行了全面巡查，并延伸到蠡县、唐县、顺平开展了巡查工作。接到开展巡查工作的通知后，市局党组高度重视，召开了会议进行认真研究，同时积极向市政府领导进行汇报，并以政府办公厅名义下发通知，对巡查工作进行了周密的部署。借势借力，全市基层基础工作实现了较大突破，基层基础工作进一步规范，整体水平有了明显提升，硬件建设得到根本性改善。市、县两级在硬件建设方面的投入达到263万元，其中市局投入达73万元。各县（市、区）在信息化建设方面投入达150万元，更新办公设施方面投入达20多万元，在制度上墙和统计宣传方面投入达20多万元。高阳、徐水、顺平、新市区、涞水在基层基础规范化方面工作力度大，效果明显，被省局评为县级统计机构规范化先进单位，高阳被省局命名为县级统计机构规范化示范单位。

【统计服务成效显著】 一是调研分析针对性强，服务水平不断提升。面对国际金融危机的影响和各级党政领导的新需求，市、县两级统计部门加大了统计咨询服务力度，提供了一大批质量高、时效性强的统计信息和统计分析报告，为各级党政领导提供了重要决策依据。市局共撰写统计分析报告和统计信息178篇，其中16篇被市委、市政府主要领导批示，78篇次被市委《保定快报》和市政府《保定信息》采用，充分发挥了统计部门的职能作用。二是服务领域不断拓宽，服务效率不断提升。市局编印的《保定市国民经济主要指标特辑》，增加了反映三大主体战略、主导产业等栏目和经济指标运行图表，服务内容进一步拓宽。与有关部门一起按月度编辑《保定市经济社会发展手册》，手册内容涉及30多个部门、1000多项指标。在数据和信息的提供上，强化了实效性，同时，注重发挥“专报”的作用，使各级领导能够及时掌握全市经济发展情况，满足宏观决策和指导工作的需要。三是加大监测评估力度，提高分析研判的能力。每月召开经济形势分析会，对主要经济指标运行情况和党政领导班子和主要领导考核指标完成情况进行监测评估，强化对主要经济指标和经济运行走势的研判，对影响发展的苗头性、趋势性问题，以专报形式及时上报市委、市政府主要领导，供领导决策参考。四是积极参与党委、政府中心工作，不断拓展统计职能。市局主要领导，随市政府主要领导，深入全市各个县（市、区），就项目建设、两场情况进行调研，并对各个县（市、区）经济运行情况提出指导意见和建议。参与了市政府“听看录帮考”工作和对县（市、区）党政领导班子和领导干部的实绩考核以及全市节能目标完成情况和“双三十”单位节能减排目标考核工作。

市委、市政府主要领导对市局的工作给予了高度肯定，并多次做出重要批示，8月10日，市政府办公厅还专门下发了通报，对市统计局进行了表彰。各县（市、区）在参与宏观决策、提供服务方面也做了大量的卓有成效工作。新市区、徐水统计部门与有关部门一起，组成经济调研组，参与对当地经济运行的指导。安国开展了“为经济建设献一策”活动，定州开展了“分析研究质量提高年”活动，博野、曲阳、容城、唐县、北市区等县（市、区），发挥统计优势，为政府内部专刊提供了大量的经济信息和分析文章，易县、望都、高碑店、安新等县市撰写分析调研报告数量多、领导批示多，在服务决策方面发挥了很好的作用，得到领导的肯定。

【统计保障能力大为提高】 统计法制建设取得新进展。以新《统计法》和《统计违法违纪行为处分规定》颁布实施为契机，深入开展统计法制宣传活动。对全市27个县级单位所属的600余名乡镇统计人员进行了统计专业和统计法律法规知识培训。市、县统计部门对507个单位进行了执法检查，立案查处26件，结案18件，处罚4件，通报、警告批评14件，有效的保证了统计工作的正常开展。

各县（市、区）立足本地实际，采取不同形式，积极开展工作。南市区、北市区对经济普查的多家单位进行了依法检查。望都县强化了经常性执法工作，充实和加强了执法力量。易县将普法与统计人员持证上岗培训和在职教育相结合；顺平依靠统计执法推动了统计人员持证上岗工作；清苑、博野、高碑店、徐水等地以巡查为契机，开展了统计执法大检查和统计数据质量大检查，收到良好效果。

干部队伍建设取得新成效。分三期对全市县、乡两级基层统计人员进行了系统的业务培训，共培训基层统计人员820余名。对全市666名具有统计从业资格和统计专业技术资格的人员进行了系统的培训和考试，大大提升了统计队伍的整体素质和水平。市局领导班子进行了调整，领导干部知识结构、年龄结构更加优化，科级干部进行了竞争上岗，27名同志被选拔到科级岗位，52名同志得到岗位交流，全局同志们的积极性得到充分调动。

统计信息化建设迈上新台阶。完成了市统计信息网改版工作和市、县、乡三级网络客户端部署工作，保障了全市统计信息网络及各种应用服务器安全正常运行。市局按照省局要求，投入12万元，建成了高标准的视频会议室，各县（市、区）在信息化建设方面投入达150万元，信息化整体水平有了明显提升。

党风廉政和统计文化建设取得新突破。扎实推进党风廉政建设，落实党风廉政建设责任制，领导干部用权行为进一步规范。加强统计文化建设，首次举办了全市文艺汇演，13个县（市、区）参加了演出，弘扬了统计精神，展示了统计风貌。在全省统计系统文艺汇演中，我市选送的节目均在省汇演中获奖，望都县的《科学发展说统计》还作为河北惟一的参赛节目，参加了全国统计系统文化建设汇报演出，并荣获二等奖，为省、市争得了荣誉。

局长<br>党组书记　梁瑞萍<br>国家统计局保<br>定调查队队长　李凤江<br>局党组副书记<br>副局长　蔡毅儒（12月任）<br>　　　　刘建民（2月任）<br>　　　　朱德连（1月任）<br>　　　　田　毅（1月任）<br>纪检组长　刘永志（3月任）<br>调研员　闫国成（10月离任）<br>副调研员　何树新　贺新平

（沈国清　赵一丁）

## 人事管理

【保定市人事局】 保定市人事局是市政府下设的综合管理全市人事工作、推进人事改革的职能部门。担负着人才引进、开发、交流，公务员录用、事业编制人员聘用、调配，培训教育、专业技术人员管理、工资福利、非师范类大中专毕业生就业指导和机关事业单位人员岗位结构调整等工作任务。下设10个职能处室：办公室、综合计划处、录用聘用调配处、考核任免奖惩处、培训教育处、工资福利处、专业技术人员管理处、职称管理处、工人培训考核处、军官转业安置处。下设4个事业单位：人才交流服务中心、人事考务中心、自主择业军转干部管理中心和转业军官培训中心。

【概况】 2009年，是深入学习实践科学发展观之年，是广泛开展“干部作风建设年”活动之年，更是服务市委、市政府“一主三次”、“工业西进”、“对接京津”等强市兴县富民大战略、开创人事人才工作新局面之年。在市委、市政府和省人社厅的正确领导下，本局坚持围绕中心、服务大局，紧贴职能特点，以市委、市政府下达的考核目标为牵引，以深化“双百工程”为载体，以推动高校毕业生创业就业等工作为重点，凝心聚力，创新进取，圆满完成了年度工作任务。本局被市委、市政府评为维护社会稳定工作先进集体、亲民爱民活动先进单位、保定市国庆60周年安全保卫工作先进单位；被授予“推动全民创业工作实绩突出单位”荣誉称号，并给予奖励。被市纪委、市监察局评为“工作实绩突出单位”。年底考核，被市委、市政府评定为“实绩突出单位”。两项工作受到国家级表彰。其中，军转办被国务院军队转业干部安置工作领导小组、中组部等四部委评为全国军队转业干部安置工作先进单位；录用聘用调配处被人社部、公安部等三部委评为全国清理整顿人力资源市场秩序专项行动先进单位。

【开展调查研究活动】 2009年第一季度，结合职能特点，围绕促就业、利民生、抓业务、正行风等，共搞了3个批次的调研活动，局领导带队，先后对涿州、高碑店、定州、白沟·白洋淀温泉城、西部山区八县、高新区等18个县（市、区）、30个乡村和50多个机关企业和14所驻保高校，进行了深入调研。其中，呈报给市政府的《服务大战略、做好人事人才工作的调研报告》，梳理分析了调研中发现的5方面19个具体问题，讨论研究了人事人才工作服务大战略的13条措施和5条建议，并对措施进行了目标分解，得到市政府主要领导的充分肯定，被市政府办公厅摘要转发。局党组书记、局长张莹同志，围绕促进大学生创业就业问题，在深入河北大学等6所驻保高校充分调研的基础上，撰写了《以创业促就业打造大学生就业新模式的调研报告》，被市政府办公厅《内情通报》加按语刊发，并得到来本市调研工作的省人社厅傅厅长的好评。

【推动高校毕业生创业就业】 组织力量，及时对企业人才智力需求情况进行征询，积极与走访高校签订《人才智力资源开发合作协议》，广泛与分布在15个省、18个市的66所高校联络，进一步充实丰富了“双百工程”人才智力需求信息库。加强了校企对接力度，出台了鼓励、服务大学生创业的具体措施。主要是，给驻保14所高校校长发了函。在市行政服务大厅人事局窗口，设置了“大学生创业就业政策咨询手续领办”服务专牌。选定业务能力强、个人素质好的工作人员专门接待创业大学生，提供创业信息交流、创业政策咨询等服务，并帮助领办各种审批、登记手续，以实际行动帮助创业就业大学生坚定创业信心，缩短创业过程，提高创业成功率。另外，在全市范围内集中开展了高校毕业生就业援助活动。制定了方案，先后进行了调查摸底、汇总分析、人员登录、岗位对接等工作。特别是，在河北农业大学举办了旨在推动高校毕业生创业就业专场招聘会，受到广泛好评。

【举办专场招聘会】 3~4月份，先后在清华大学、河北农业大学和保定军校广场等地成功举办3次大型人才招聘会。全市共引进各类人才1887人，其中高层次人才527人。其中，北京清华大学招聘会，市长于群到会指导，并作专题演讲，提升了招聘会的影响力。本局在北京清华大学和保定军校广场举办大型专场招聘会的做法，受到市主要领导的充分肯定，两次被市政府办公厅通报表彰。这种因同类别工作，连续受到通报表彰的情况，是多年来少见的。

【拓展企业专业技术人员职称评定工作】 本局主动与市工商联联系，在广大企业的积极配合下，创新性开展了企业专业技术人员的职称申报推荐工作。就企业专业技术人员职称评定问题，深入部分企业充分调研、广泛听取各方面的意见建议。在此基础上，积极主动对企业的职称评审进行了政策倾斜，实行了申报数额不受限制、对基本条件具备人员实行“先评后补”、发放“人才成长建议卡”等办法，促进了企业特别是主导产业、支柱产业的人才成长，受到用人单位和广大企业专业技术人员的普遍好评。

【完成年度军转安置计划】 2009年，按照国家和省有关安置政策规定，结合本市实际，在深入驻保部队充分调研和广泛征求待安置军转干部意见建议的基础上，经市委常委会研究通过，本市出台了2009年军转干部计划安置办法。主要是，加大阳光安置力度，坚持“公开、公平、公正”的原则，确立既重实绩，又重素质的导向，实行了“考试考核、积分选岗”的安置办法。本市共接收转业干部409名。其中计划分配373名，自主择业36名，随调家属29名。工作中，从严把关，规范操作，于11月底完成了军转安置任务，达到了用人单位、部队、转业干部“三满意”，得到了省军转办、市委的充分肯定。

党组书记<br>局　　长　张　莹

党组成员<br>副 局 长　陈克祥　李彦英<br>颜雨田<br>石俊奇（3月任）<br>陶连海　付爱国

党组成员<br>纪检组长　石俊奇（3月离任）<br>杨　静（3月任）

（李西华）

## 劳动和社会保障工作

【保定市劳动和社会保障局】 是市政府管理全市劳动和社会保障工作的职能部门，辖办公室、人事处、法规监察处、养老保险处、医疗保险处、就业处（失业保险处）、仲裁处、职业培训处、规划财务与工资处、农村社会保险处等10个职能处室和机关党委、纪检监察室两个党务部门及保定市就业服务局、小额担保贷款中心、社会保险事业管理所、机关事业单位养老保险所、医疗保险基金管理中心、劳动保障监察支队、职业教研与鉴定指导中心、信息中心、高级技工学校等9个事业单位。

**【概况】** 在市委、市政府的正确领导下，以深入贯彻开展学习实践科学发展观、干部作风建设年活动为契机，积极应对国际金融危机对劳动保障工作的影响，严格落实政策，创新工作举措，使全市就业局势保持稳定，社会保障功能得以充分发挥，全市劳动保障事业在困难中实现新突破，为全市经济社会的平稳快速发展做出了应有贡献。

**【就业再就业工作取得新突破】** 全市新增就业8.86万人，下岗失业人员再就业3.92万人，安置就业困难对象1.55万人，分别完成任务目标的118.1%、122.5%和129.2%；再就业技能培训3.31万人，创业培训3800人，分别完成目标任务的137.8%、134.7%。城镇登记失业率4.06%，控制在省定目标4.5%以内。新增转移农村劳动力8.93万人，完成目标任务的107.7%；全市职业介绍机构介绍下岗失业人员再就业0.73万人，完成全年计划的115.6%。

**【援企稳岗显成效】** 联合市财政、税务等部门，及时制定出台《贯彻落实冀劳社传〔2009〕2号文件精神减轻企业负担稳定就业局势的实施意见》，充分发挥社会保障功能，为企业减轻负担，稳定就业岗位。具体措施在困难企业认定范围、具体政策扶持上，都做了最大限度的放宽和优惠。全年共认定困难企业92户，累计拨付岗位补贴9442.44万元，涉及职工37470人。通过降低费率，减征16家企业工伤保险费37.59万元，为25家企业免缴医疗保险费622.44万元，受到企业的广泛赞誉。

**【强化公共就业服务，开展就业援助】** 以三类就业人群为重点，承办了“保定市2009年人力资源大型招聘会”，为求职人员提供了2万余个就业岗位。同人事、教育、扶贫办、总工会、工商联等部门联合举办“民营企业招聘周”大型招聘活动，组织656家（次）招聘单位，提供1.2万个（次）就业岗位；积极对困难家庭未就业高校毕业生进行就业援助。专人上门进行职业指导，每周至少为其提供一次专业相对匹配的就业岗位信息，直至实现就业；主动对接京津，解决农民工就业问题。成立劳务对接京津办公室，出台了《关于加强劳务对接京津的实施意见》，全面开展对接京津劳务。组织参加京冀首届人力资源交流洽谈会，积极向北京市场推荐本市各类优秀人力资源，与北京349家企业达成初步就业合作意向16.6万人，占全省合作意向的19%。

**【社会保险覆盖面进一步扩大】** 养老、医疗、失业、工伤、生育等五大险种新增参保21.1万人，其中：企业养老保险新增3.8万人，完成全年目标的137.4%；机关事业单位养老保险扩面1.39万人，完成全年目标的504%；城镇职工基本医疗保险新增8.66万人，完成全年目标的144.4%；失业保险新增2.8万人，完成全年目标的280%；生育保险新增6万人，完成全年目标6万人的100%。

**【扎实推进企业职工基本养老保险】** 为全市17.47万名企业退休人员调整基本养老金，月人均增长130.40元，调整后月人均基本养老金达到1141.20元；积极向上级争取调剂金9.92亿元，比2008年多争取2.4亿元，共为全市14.5万名企业离退休人员发放养老金1.8亿元，确保了企业养老金的按时足额发放；按照全省“六个统一”的要求，企业职工基本养老保险省级统筹顺利实施，基金调剂能力得到显著提高。

**【维护劳动者合法权益，促进劳动关系和谐稳定】** 开展“劳动关系和谐企业”创建活动，推进签订劳动合同“三年行动计划”和“春暖行动”，督促劳动关系双方签订并履行劳动合同，从源头上建立和谐劳动关系；会同有关部门组织开展农民工工资支付检查、清理整顿人力资源市场秩序、整治非法用工打击违法犯罪等专项活动，联合执法工作机制逐步规范。全市共监察用人单位8360户，涉及劳动者32.5人，依法取缔非法职业中介机构187户，清退童工17人，督促缴纳社会保险费255.3万元，为2.31万名劳动者追讨工资1106万元；积极支持国企改革，共征集近6300企业工作岗位和594个公益性岗位，有效维护了国庆期间的社会安全稳定。

**【全力提升职业培训教育水平】** 扎实开展各类培训，提高劳动者综合素质，提升就业能力。积极支持市委、市政府“工业西进”战略，开展“名师西部送技能”和“送技能、送信息到山区”活动，对西部各县职业教育师资队伍进行免费培训；落实"城乡技能就业扶助计划"；强化创业培训，启动"创业项目库"的建设，指导下岗失业人员自主创业，全年参加创业培训0.38万人；对2006年以后复员的军人开展免费创业技能培训，增强创业能力；积极推进"金蓝领"培训鉴定工作，加快高技能人才培养；以农村劳动力转移培训阳光工程为龙头，不断提高农村劳动力职业技能。

党组书记
局长　吕坤力
副局长　田爱军　王德全
　　孙福君　张普霖
纪检组长　耿国岚
助理调研员　王小莉　张建英
　　赵丽萍

（孟照胜　郝　斌）

# 国土资源管理

【保定市国土资源局】　保定市国土资源局是保定市人民政府国土资源行政执法部门。依照《中华人民共和国土地管理法》、《中华人民共和国矿产资源法》和《中华人民共和国测绘法》规定，承担全市土地、矿产资源、测绘的管理和监督工作。内设办公室、法规综合处、财审处、规划处、耕地保护处、地籍处、土地利用处、矿产开发管理处、地质勘察处、地质环境和科技处、测绘管理处、执法监察处、人教处、工会、机关党委、纪检室等16个处室。辖土地储备中心、土地开发整理中心、土地产权评估办公室（征地管理办公室）、国土资源执法监察支队、国土资源规划测量所、地产评估中心、国土资源信息中心等7个事业单位。

【概况】　2009年是全市国土资源管理难度最大、任务最重的一年，也是工作成效显著、受到广泛好评的一年，更是经受特殊锻炼和严峻考验的一年。全年，在省厅和市委、市政府的正确领导下，坚持以科学发展观为统领，以开展"双保行动"、国庆安保、城镇面貌三年大变样及干部作风建设年等活动为抓手，紧紧围绕保增长、调结构、保民生，齐心协力、开拓进取、主动作为，国土资源管理工作实现新跨越。市局被国土资源部评为"双保行动"先进单位；被市委、市政府和省厅评为"工作实绩突出单位"；被市委、市政府和省厅授予"行风建设优秀单位"；被省测绘局评为测绘工作先进单位；被市委、市政府评为"国庆安保工作先进集体"、"安全生产先进单位"；被市纪委、市监察局评为"工作实绩突出单位"；被市直工委授予"绿色机关"称号；被市优化办评为优化环境工作成绩突出单位；被评为电网建设先进单位等。

【保障经济发展成绩显著】　2009年，着力增强资源保障能力，服务省市重大项目建设，促进了全市经济社会平稳较快发展。编制完成了《保定市土地利用总体规划修编工作方案》和《保定市土地利用总体规划大纲（送审稿）》，已报国土部待批。在"双保"行动中，全力助推"三大战略"，努力在保增长上有作为、见成效，全年总计利用新增建设用地指标23928亩，通过置换解决项目用地1204亩，为全市经济回升向好提供了强有力的国土资源支撑。在供地服务上，高质量、快节奏地做好建设用地组卷报批工作，年内共完成组卷上报建设用地2.15万亩，为项目及早开工奠定了坚实的基础。积极支持城镇面貌三年大变样，配合开展了火车站改扩建及西大园、府河、清真寺等三大片区拆迁改造，涉及土地面积3500亩，并以土地储备中心和地产集团为平台，向银行融资20亿元，为三年大变样提供了资金保障。

【资源市场化配置不断推进】　2009年全市土地出让金总额34.45亿元，占全市财政收入166.6亿元的20.7%。全年市本级以招拍挂方式出让土地使用权32宗，面积2550.69亩，土地出让金收取额为12.44亿元，比2008年增幅4.2%，占市本级财政收入的25.9%。以协议方式办理土地出让30宗，面积410.32亩，成交价款1.64亿元。对省厅委托出让的14宗探矿权进行了挂牌出让，成交总价款346万元。

【保护资源工作整体推进】　严格耕地保护目标责任制，2009年年底耕地总面积1212.5万亩，确保了1182万亩耕地保有量不减少。土地开发整理补充耕地1.96万亩，实际占用1.78万亩，实现了全市耕地占补平衡有余。全年国家、省连续四次对本市耕地占补平衡和耕地保护工作进行检查，国土资源部和国家土地督察北京局等五部委也就本市开展"双保"行动进行调研，均对本市耕地保护工作给予充分肯定。清苑县被国土资源部、农业部评为基本农田保护先进单位。

【执法监察力度不断加强】　积极开展2008年度卫片执法检查工作，坚守"红线"。市区受检图斑114块166宗，面积3657亩。涉及违法用地40宗，面积348.8亩，其中耕地面积173亩，违法占用耕地占新增建设用地占用耕地的比例为9%，低于全省平均水平，所有违法案件均已结案。在全市范围内组织开展了“打击盗采国家矿产资源专项行动”，共取缔非法采矿点75个，没收捣毁非法采矿设备208台（件）。投资500万元用于矿山生态环境恢复治理工作，项目已经全部批复实施。

【维护群众权益水平不断提升】 在全省国土资源系统内率先出台了《耕地破坏鉴定办法》，实际鉴定9宗，对破坏耕地罪的定性提供了依据，省厅对此项工作予以高度评价。加强驻市行政服务中心工作，印发了《驻厅工作人员管理规定》，严格实行了“一章制”、“一长制”，并对涉及本局审批及服务事项和进厅的收费事项进行了清理，将审批事项减少到32项，走在了市直部门的前列。

【全力做好信访工作】 认真做好涉及国土资源的信访工作，全年市局共受理群众来信来访1093件次，部省要结果的信访案件18件，市要结果信访案件115件，均全部办结。认真做好国庆安保工作，国庆期间市局共排查化解重大矛盾纠纷隐患19件，发挥职能作用，为容城李郎村信访问题提供政策依据，促进了问题的妥善解决，为国庆60周年社会稳定做出了积极贡献。协助市政府办理行政复议案件1件，审理因县局具体行政行为引起的行政复议案件4件，既支持了依法行政，又维护了行政相对人的合法权益。

【高度重视地质灾害工作】 投资200万元建设了全市地质灾害防治中心和实时管理与应急指挥系统，并在满城举行了地质灾害应急避险演练。涞源、顺平被国土资源部评为群防“十有”县。积极争取抗旱专项资金，将国土资源部投放河北省用于抗旱的1000万元专项资金全部争取到本市，共打井56眼，受到市场政府的通报表彰。

【测绘管理工作迈出新步伐】 开展了整顿和规范地理信息市场秩序工作，完成了2009年度测绘资质注册工作，60家单位通过了测绘资质年度注册。

【土地二次调查工作全面完成】 按照国家土地调查办的统一部署和要求，全市第二次土地调查工作取得“决战年”的全面胜利。全市各级土地调查办公室克服时间紧、任务重、要求严、技术性强、任务量大的困难，打破常规，土地调查任务按照国家、省进度要求全部完成，基本农田上图成果和土地调查成果已上报国家确认，为合理利用本市土地资源提供了基础数据支撑。

【各项业务工作成果显著】 完成矿产资源储量评审备案111份，采矿权评估备案22份，占用储量登记61份；争取地质勘查专项资金项目3个，共计1425万元；开展了全市土地市场动态监测与监管工作，对10个县的土地市场动态监测与监管系统运行情况进行了监督检查；财务工作实现收支平衡，加强了预算监管和审批机制建设，全年经费支出进度符合年度计划，非税收入被市评为优秀单位。

【干部队伍建设持续加强】 深入开展学习实践科学发展观和干部作风建设年两项活动，完成了规定动作，民主测评群众满意率100%，实现了“统一认识，提高能力，解决问题，创新机制”的目标。组织全系统广大青年工作者参与了省厅举办的“改进作风增强执行力，金色年华奉献国土事业”演讲主题活动，获得优异成绩。参加了市直部门歌咏比赛，获得三等奖。全面推进党风廉政和政风行风建设，制定了《首问首办责任制（试行）》、《“一领双责三到位”工作机制》，对行政许可、项目审批及人事管理、财务管理、物资采购供应等权力，确定了风险等级。开展了基层国土资源所干部培训，培训工作覆盖到215个国土资源所、2380名基层国土资源干部职工。

党组书记<br>局长 张德义<br>
党组副书记<br>副局长 刘杰<br>
党组成员<br>副局长 刘新社 张彦杰<br>
张民立<br>
纪检组长 蔡建会<br>
副调研员 肖秀芬 祁建英

（彭玉英 胡继英）

# 物价管理

【保定市物价局】 保定市物价局是市政府价格主管部门，负责对全市价格（收费）进行调控、监管和服务。内设7个处室：办公室（人事处）、机关党委、价格政策协调处、商品价格管理处、价格信息监测处、国家机关及公益事业收费管理处、公用事业价格及经营收费管理处。下辖事业单位4个：价格监督检查分局、价格成本调查队、涉案物品价格鉴证中心、收费许可证审验服务中心。

【概况】 2009年，全市物价系统在各级党委的正确领导下，全面落实科学发展观，求真务实、奋发有为，出色地完成了各项物价工作任务，取得了显著成绩。运用多种手段积极进行价格调控，保持了物价基本稳定，全年居民消费价格指数为100.01；认真履行工作职责疏导价格矛盾，促进全市经济健康发展；加强民生价格监管，着力解决关系民生的价格热点问题、难点问题，减轻群众负担，2009年，全市共查处各类价格违法案件1067件，实施经济制裁629万元（其中：退还用户117万元）；下大力清费治乱，优化了发展环境；对2008度本市主要农产品生产成本收益综合情况汇编成册，撰写了4篇专题调研报告；深入学习实践科学发展观，服务科学的能力和水平明显提高；在全省率先出台了《保定市价格监测预警实施方案》，加强了突发事件和应急价格监测工作；认真落实“四电两报两站”价格政策、信息发布制度，确保了价格调控目标的实现；强化基层群众基本医药价格管理、开展“农村电力价格管理及优质服务十项承诺”公开服务活动，工作效果显著。被评为全省物价系统先进集体。

【开展清费治乱专项活动】 根据《省清理规范收费行为工作方案》要求，会同市财政局对行政事业性收费和经营服务性收费项目进行了全面清理。共同拟订取消行政服务性收费项目36项。其中取消7项、停止征收7项、合并2项、转经营20项；拟保留经营服务性收费项目105项、取消5项、市场调节15项；分别对涿州、易县、定州等9个检测点的收费项目、收费标准的执行情况进行了跟踪调查，对存在的问题及时进行了整改，从而使全市各检测点的收费逐步规范、合理。积极协助交通部门认真完成省政府关于公布取消二级公路收费站的通知精神，撤销政府还贷二级公路收费站共16个，及时注销该16个收费站的《收费许可证》。

【稳定防控“甲流”相关商品价格】 为了防止防控“甲流”疫情相关商品价格的过度上涨，为建国60周年营造和谐价格环境，9月，在中药材集散地安国市召开了“保定市防控甲流疫情相关商品价格政策提醒告诫会”。参加会议的药品经营企业表示将模范地遵守价格政策，做到不借机涨价，为社会承担责任。会后，市局会同三区物价局，对市内相关药品市场进行了拉网式检查，向200多家企业送达了提醒告诫书。各县局对本辖区内的医药市场进行了认真检查。维护了防控疫情相关商品和药品价格的稳定，为全市防控“甲流”疫情工作做出了积极贡献。

【改革化肥价格形成机制】 与有关单位联合转发了《关于改革化肥价格形成机制的通知》，取消化肥价格限制政策，将国产化肥出厂价格除钾肥外的进口化肥港口交货价格由政府指导价格改为市场调节价。化肥价格形成机制的改革，有利于充分发挥市场配置资源的作用，保证国内化肥供应，保障国家粮食安全。为确保此项改革顺利出台，防止化肥价格异动，及时建立了市场价格预警监测机制，确定第一农资公司、易县等6个单位为化肥价格直报县，每周上报化肥价格，同时加大对市场的巡查力度，先后多次深入产粮大县（市），就化肥价格及市场走势进行专题调研，为领导决策提供参考。全年除钾肥受国际市场影响上涨幅度较大外，农作物用氮肥、磷复肥价格趋于稳定。

【完善石油价格形成机制】 下发《关于认真贯彻成品油价格和税费改革工作的通知》和《关于印发石油价格管理办法的通知》，在全市确立了“当国际市场原油连续22个工作日移动平均价格变化超过4%时，可相应调整国内成品油价格”的调定价机制。上列价格政策的出台，对于保证成品油市场供应，维护价格稳定发挥了积极作用。根据国家统一安排，全年共6次调整了成品油零售价格，均做到了按时出台，定期上报。全市成品油市场供应充裕，价格稳定。

【创建并开通国内首家以价格信息服务为宗旨的“价格一点通”手机网站】 作为2009年市委、市政府62件惠民实事之一，利用现代通讯手段创建并开通了国内首家以价格信息服务为宗旨的“价格一点通”手机网站。市政府孟祥伟副市长、省局有关领导亲临手机网站启动仪式暨新闻发布大会并做重要讲话。省、市各大新闻媒体到会报道。通过这个平台，及时将价格信息提供给广大用户，使用户能够便捷地在手机上浏览到各类价费信息，并随时掌握国家的重要价格政策；价格协会还充分发挥自身的协调与服务职能，为会员单位提供了优质信息服务。

| | |
|---|---|
| 党组书记<br>局长 | 张良军（8月任） |
| 正县调研员 | 曹大水 |
| 党组成员<br>副局长 | 齐力军 |
| 党组成员<br>副局长 | 王占河 |

党组成员
纪检组长 左建立
副调研员 崔志红

（黄 明）

## 工商行政管理

【保定市工商行政管理局】保定市工商行政管理局是河北省工商行政管理局的直属机构，是保定市政府主管市场监管和行政执法工作的职能部门，下辖涿州市工商局、徐水县工商局、新市区工商局等26个县（市、区）局，内设办公室、人教处、信息中心、注册分局等20个行政处室及直属事业单位。全系统共有干部职工5440人（含离退休人员）。

【概况】 2009年，在市委、市政府和省工商局的正确领导下，全市工商系统坚持以邓小平理论和“三个代表”重要思想为指导，深入学习实践科学发展观，扎实开展“干部作风建设年”活动，不断强化服务经济发展意识，严厉打击各类经济违法违章行为，狠抓干部队伍和党风廉政建设，各项工作都取得了新的成效，树立了良好的社会形象。

【服务市场主体健康发展】 全面落实“一审一核”、简易登记事项“审核合一”、企业名称远程预先核准、网上登记、网上年检等一系列便民措施，进一步简化了办事程序；积极开展上门年检、巡回年检，方便企业，进一步提高了年检效率；大力实施“服务窗口亮起来”工程，完善了公开承诺制、首问首办责任制、一次告知制和限时办结制，窗口服务质量得到明显提升。全年，全市共新设立个体工商户20060户、内资企业4547户，变更企业7515户，注销企业953户；新设立外商投资法人企业8户，分支机构37户，投资总额13432万美元。

【整顿和规范市场经济秩序】 认真履行市场监管职责，突出监管重点，加大执法力度，切实维护了市场经济秩序安全稳定。一是流通环节食品安全监管得到加强。认真贯彻执行《食品安全法》，有序推行食品流通许可证制度，集中开展了奶制品市场、节日食品市场、夏季饮品市场等专项执法行动，出动执法人员13365人次，检查经营户15414户次，整治重点地区49个，重点产品93种，有效维护了食品市场秩序。二是“红盾护农”行动卓有成效。加大农资市场巡查和违法案件查处力度，全年共检查农资经营企业3944个，抽检农资商品720个批次，整顿农资市场78个，查办各类农资违法案件1047起，为农民避免经济损失162.9万元。三是打击传销力度进一步加大。以《刑法》增设组织领导传销罪为契机，与公安机关密切配合，始终保持打击传销的高压态势，共捣毁传销窝点275个，教育、遣散涉嫌传销人员2730人次。四是保护注册商标专用权和整治虚假违法广告取得新成效。加大注册商标专用权保护力度，重点围绕保护涉农、涉外、食品药品和驰名、著名商标组织开展专项执法行动，查处各类商标违法侵权案件167件。集中检查户外广告2万余块，规范广告牌匾4000余块，查办虚假违法广告案件174起；监测各类广告59007条，发布监测通报9期。五是查处取缔无照经营工作效果明显。拉网式检查9万余户经营主体，整治重点区域437处，取缔无照经营4678户，补办营业执照4179户。

【完善消费维权体系】 一是开通了12315视频维权系统，实现了市局12315指挥中心与市区6家大型商场、超市的联网运行，12315受理员与消费者、经营者可三方视频对话，现场调解消费纠纷，为消费者维权提供了更为快捷、高效的通道。二是组织开展了“工商局长公开接待消费者维权申诉咨询活动”，在当地政府中心广场或辖区最繁华地段，由工商局长公开接待消费者咨询、申诉和举报，认真倾听群众对工商机关在监管执法、服务态度、工作纪律、队伍素质、廉洁自律等方面的意见建议，共接待消费者咨询4547人次，受理消费者投诉186件、申诉131件、举报9件，发放宣传材料52959份。三是深入推进12315网络和“一会两站”进商场、进超市、进市场、进企业、进农村，切实保障各类消费纠纷化解在基层，解决在萌芽状态。全年12315系统共受理消费者申诉134件、举报990件、咨询67016件、建议86件；“一会两站”共受理消费者投诉243件，解决235件，为消费者挽回经济损失5.68万元。

【法制建设工作取得新进展】 一是规范执法主体。结合统一换发行政执法证，对全系统3013名公务员进行了执法资格考试。组织参加了全省注册登记审查员、核准员考试，708人取得了任职资格。二是完善执法制度。制定了执法办案工作暂行规定、规范行政处罚自由裁量权暂行规定、执法过错责任追究制度和执法评议考核制度，全面推行网上办案，有效减少了执法办案的随意性。三是强化执法监督。严格落实案件核审和重大疑难案件集体会审制度，核审行政处罚案件5017件，案值达2000余万元；认真做好行政复议工作，组织开展执法案卷评查活动，促进了基层办案水平的进一步提高。

**【扎实开展“干部作风建设年”活动】** 一是抓好清理查纠。围绕省局确定的八方面整治重点，结合系统实际，扎实开展了行政收费、执法案件、举报办理、执法队伍等四项清理，召开了离退休老干部代表座谈会，人大代表、政协委员、新闻记者座谈会和重点企业负责人座谈会，深入开展了述职述廉活动，征求社会各界意见建议300多条。二是抓好建章立制。针对清理查纠出的突出问题，纠建结合，抓好整改。围绕接待群众来访，建立了局长接待日制度；围绕严肃劳动纪律，完善了上下班、值班、请销假、着装、卫生管理等方面的规章制度；围绕勤俭节约，完善了公务接待制度；围绕规范执法，严肃办案纪律，严格执法程序，规范自由裁量权的行使；围绕组织纪律，严格了人事管理制度。三是抓好督导检查。组成暗访组，先后深入16个县（市、区）局、48个基层工商分局，对上下班纪律、服务态度、工作效率、“一帮一”开展情况等方面进行督导检查，对发现的问题，责令有关单位进行了整改，并在全系统进行了通报。

**【干部队伍廉政意识进一步增强】** 一是认真落实党风廉政建设责任制，不断推进符合系统实际、体现工商特色的惩防体系建设，受理群众信访举报42件，查处违规违纪问题23个，党政纪处分9人，组织处理3人。二是围绕行政审批权、行政执法权和队伍管理权，加强对重点部门和重点岗位的监督检查，在系统内部共查找廉政风险点和执法风险点71个。三是深入开展一线执法人员面向管理服务对象述职述廉活动，全系统1300多名工商干部进行了述职述廉，邀请社会各界代表6000多人次，征求各类意见建议820条。四是深化行政权力公开透明运行，依法主动公开7大类203条政府信息，切实保障了群众的知情权、表达权和监督权。五是强化队伍监督，对上下班纪律、服务态度、工作效率等情况加强督导检查，专门聘请市电视台记者不间断对市局机关、各县（市、区）局和基层分局进行暗访，定期在系统大会上进行公开曝光，发现问题严肃处理，整肃了队伍纪律。在民主行风评议中，保定市局获第四名。

局　　长　宋维杰（9月任）
　　　　　杨建平（9月退二线）
副 局 长　梁长顺（6月退二线）
　　　　　郭久森（3月调河北省工商局任职）
　　　　　谷庆池
　　　　　张瑞清（9月调邢台市工商局任职）
　　　　　苑丙成
纪检组长　翟中申
调 研 员　梁兵利（5月任）
副调研员　田占军
　　　　　宋建新（5月任）

（杨永红）

# 审计管理

**【保定市审计局】** 保定市审计局主要职责是对本级政府各部门和地方人民政府及其各部门的财政收支、国有金融机构和企事业单位组织的财政收支的真实、合法、效益进行审计监督，对党政领导干部，国有及国有控股企业领导人的经济责任进行审计。设有办公室、法制处、人教处、财政审计处、金融审计处、行政事业审计处、经贸审计处、农业与资源环保审计处、社会保障审计处、固定资产投资审计处、外资运用审计处、经济责任审计处、机关党委、监察室、内审处15个职能处室。下设2个事业单位和1个社团组织，经济责任审计办公室、基建审计中心、内部审计协会。

**【概况】** 2009年，在上级审计机关和市委市政府的正确领导下，全市审计机关以邓小平理论和“三个代表”重要思想为指导，深入开展学习实践科学发展观和干部作风建设年活动，按照市委市政府提出的“保增长、保民生、保安全、保变样”的工作主线，坚持“依法审计、服务大局、围绕中心、突出重点、求真务实”的审计工作方针，团结一心，拼搏进取，努力工作，圆满完成了年初确定的各项任务目标和领导交办的各项工作任务。全年共完成审计单位351个，查出违纪违规行为资金45929万元，管理不规范资金97617万元，上缴财政资金2552万元，提交审计报告（信息）269篇，被上级机关采纳（批示）159条，移送公安、纪检监察机关案件4件6人。审计署新闻媒体56次对本市审计工作进行报道，市领导先后25次对审计成果做出重要批示，精神文明建设、民主评议工作、亲民爱民、信访工作、“迎国庆保稳定百日会战”等多项工作受到市委市政府和上级机关的通报表彰。

**【财政审计】** 市本级的预算执行审计，市局对15个部门和46

个所属单位进行了审计，揭示了漏征、漏缴税费，应缴未缴财政专户资金，少缴漏缴养老保险等两大类11个方面的问题，提出了4条建议。市局代表市政府向市人大作的2008年度市本级预算执行及其他财政收支情况的审计工作报告，得到市人大的充分肯定。围绕决算编制情况，收入、支出情况，决算结余、结转情况等，重点检查是否存在依法编制预算、依法组织财政收入、应收尽收、检查有无截留上级收入、支出是否合理合法等问题，完成了对涿州、定州等5个县（市）财政决算审计，促进加强了财政管理，严格依法理财。

【专项资金审计】 全市审计机关开展了社保、农业开发和卫生医疗等五项民生审计，促进了各项惠民政策的落实。在对2008年度本市五项社保资金收支管理情况审计中，共审计资金39.14亿元，发现有问题资金8.62亿元。在积极肯定社保工作充分维护群众利益、促进社会和谐发展的同时，也指出了社保基金存在的9类问题。市局两次派出审计组，远赴四川平武县对本市对口援建的响岩镇中心小学、卫生院等11项基础设施项目进行了“全过程跟踪，全覆盖审计”，依据审计结果，相关部门对建设费用及时进行拨付，从而保障了援建工作的顺利进行。

【经济责任审计】 根据省审计厅要求，市局还组织对河北钢铁集团下属的唐山、承德钢铁公司开展了经济责任审计。受市委委托，全年对36名县级领导干部的离任审计，提出了审计结果报告，为党委使用干部提供了依据。加强了对权力运行的监督与制约，促进了领导干部依法行政、依法理财。为进一步规范经济责任审计程序，市局经责处编印了《保定市经济责任审计范文及法律法规汇编》，对提升审计质量，规范审计行为，切实提高经济责任审计效果，起到了指导作用，深化了经济责任审计。

【行政事业审计】 在对全市交警系统财务收支审计中，实施审计机关联动，树立全市审计上下“一盘棋”思想，实行全市审计计划统一管理，科学安排审计项目资源。对授权县级审计机关的25个审计项目，统一组织、统一培训、统一审计内容和重点，统一处理处罚标准，并加强了对授权项目的监督和指导，收到了显著效果，对于规范交警系统财务管理、促进完善内控制度起到了积极作用。

【企业审计】 为促进国有企业提高经营效益，市局对市公共交通总公司2006~2008年度经营情况进行了审计调查，摸清了企业经营情况，也发现了制度管理等方面问题，市领导批示要求总公司要认真研究审计建议，责成有关部门提出加快城市公交事业发展的实施意见。根据计划，市局还对交通局下属企业和中小企业局进行了审计。

【开展保稳定审计】 为维护社会稳定，化解社会矛盾，市局先后对依棉集团、市政建设集团、保定宾馆、钱红游泳学校等市领导批示的信访案件进行了审计，客观公正、实事求是地出具调查结果报告，为领导解决信访问题提供了可靠依据。通过审计，消除了隐患，解决了问题，维护了社会稳定。

【创新审计方式】 在贯彻落实《河北省国家建设项目审计条例》中，市局着眼国家建设项目审计机制建设，以市政府名义下发了学习贯彻条例的通知，出台了协审单位管理办法，市政府组织市直20多个部门行业的主管领导，全市会计师事务所、工程造价咨询公司主要负责人和内部审计机构负责人召开专题会议就贯彻落实条例进行安排部署。既实现了国家建设项目全过程跟踪、全覆盖审计的目的，也有效规范了国家建设项目审计行为。

【创新技术手段】 在硬件建设方面，市局按照要求建成了网络视频会议室，并积极筹措资金，购买20余部笔记本电脑、2台大容量服务器及打印机、照相机等投入审计一线。重新启动了审计专网网站和互联网网站，市局主办的审计信息和简报，以及下发的一些非涉密文件均可在网页里浏览，为审计人员的学习交流提供了高效便捷的平台，大大减少了办公耗材，降低了办公成本。为全力推动计算机审计应用，强化新技术方法的在岗培训，编印下发了《OA审计管理系统项目操作手册》，全市238名审计人员报名参加了审计署组织的全国AO培训认证考试，有201名同志通过了考试，通过率达到84.5%。

【信息宣传成绩突出】 在信息宣传工作方面，通过强化学习培训，强化督促指导，强化激励机制，信息工作呈现出数量多、质量高、进步快的良好局面。据统计，全市在审计署媒体发表稿件56篇，在省级媒体发表稿件341篇，市局共编发审计信息294期，审计简报39期，对外宣传和审计信息工作分别位居全省第二和第四。

【强化审计队伍建设】 一是强化工作交流，转变审计观念。组织部分县（市、区）新任审计局局长参加审计署的综合培训，组织部分干部到审计工作先进单位考察学习，组织多名业务骨干参加了省厅业务培训，促进了审计干部观念和思路的转变。二是强化机关学习培训制度，努力打造复合型审计人才。建立周五学习活动日制度，由局领导、业务处长和骨干结合自己的工作，讲解业务知识，传授工作经验，达到共同学习、共同提高的目的。三是强化了作风建设。在开展干部作风建设年活动中，提出了“五比五看五不让”的口号，通过落实管理、教育和监督措施，使审计干部牢固树立“责任、忠诚、清廉、依法、独立、奉献”的审计文化理念，真正使审计队伍成为风清气正、高效务实、开拓创新的战斗团队。

【强化审计机关制度建设】 在开展深入学习实践科学发展观活动中，通过加强制度建设，提高工作效能，促进了审计机关的和谐发展。一是优化了人才机制。市局机关对部分处室负责人和审计人员进行了轮岗和调整，最大限度地实现人力资源的合理配置。二是建立完善管理机制。为科学安排审计计划，市局对所有被审计单位进行了全面摸底排队，实行了A、B、C分类管理制度，加强和规范了审计计划管理。三是强化廉政机制。为全面推进审计机关党风廉政建设，切实维护好“公平、公正，廉洁高效”的审计形象，认真落实中央《关于建立健全惩治和预防腐败体系2008～2012年工作规划》和省市要求，相继建立完善了《行政权力廉政风险等级目录》、《行政权力运行廉政风险防范规则》、《关于切实加强党风廉政建设工作的意见》和《内部监督检查办法》，对于加强廉政建设管理工作起到了积极作用。

局长 党组书记 孙淑花
副局长 党组副书记 罗凯
副局长 温丽娜 范国庆 张建波 陈仕强
纪检组长 朱春友
总审计师 温丽娜（兼）

（王连军）

# 技术监督

【保定市质量技术监督局】 保定市质量技术监督局是主管全市标准化、计量、质量、特种设备安全监察等工作的政府职能部门，承担着综合管理和行政执法两大职能。质监系统2000年实行省以下垂直管理，作为以技术支撑为手段的部门，承担着综合管理和行政执法两大职能，是《标准化法》、《计量法》、《质量法》的执法主体，另外还执行14部法律、24个行政法规、6个地方性法规、11个省政府规章、93个部门规章，共计151个。市局下辖22个县（市）局、4个区分局，市局机关内设13个处室，下设保定市产品质量监督检验所、保定市计量测试所、保定市纤维检验所、保定市特种设备监督检验所、保定市标准化所等5个直属事业单位。全系统干部职工共有2466名（含离退人员），其中在职公务员618人。专业技术人员443人，其中高中级工程师120人。

【概况】 2009年，保定市质监局在市委、市政府和省局的正确领导下，深入开展学习实践科学发展观和“干部作风建设年”活动，不断夯实工作基础，强化监管服务，以“强监管、树正气、讲和谐、促发展”为总要求，紧密围绕省局和市委、市政府中心工作，全面履行监管和服务职责，以“保稳定，保民生、抓行风，促发展”为主线，科学谋划，创新思路，强化职能，扎实工作，圆满完成了市委、市政府和省局交给的各项任务。

【食品安全监管基础得到夯实】 建立了食品安全责任体系，将全市26个县（市、区）细化分为143个责任区，层层签订《食品安全监管责任状》，以定期巡查、回访、监督抽查、强制检验为手段，责任到人，责任到企业。进一步加大重点区域性食品整治力度，重点对定州的蜂蜜，高碑店的豆腐丝、小麦粉，满城的蜜饯、小麦粉，清苑的粉条、小麦粉，望都的辣椒制品，雄县的糖果，徐水的白酒、驴肉制品，博野的肉制品进行了专项整治。强化进京食品监管，制定《进京食品监督管理办法》，以奥运安保模式重点加大了进京食品监管力度，确保了进京食品安全。严格实施食品安全市场准入制度。深入开展打击违法添加非食用物质和滥用食品添加剂专项整治，巡查企业和小作坊1896家，监督抽查各类食品共计900批次，为全市1100余家企业统一制作食品添加剂展板，企业明示上墙，提高了企业按标准要求使用添加剂的意识。

【特种设备安全监察工作扎实开展】 完善监管机制，推进动态监管体系建设。落实了特种设备安全监管责任制，逐级签订责任状。加大特种设备专项整治力度，先后开展了车用气瓶、冶金起重机械、压力管道元件、液氨制冷行业专项整治，圆满完成市政府下达的任务。编制了《保定市特种设备安全状况白皮书》，为市政府提供决策参考。强化特种设备安全状况现场监督检查制度，进一步提高了特种设备使用登记发证率，加大了特种设备作业人员培训考核和宣传力度。加强对重点建设工程的监管和服务，提前介入重点建设工程，主动到六九硅业有限公司、北京动力机械研究所涞水工地、东郊垃圾电厂等现场，落实特种设备的管理工作，实施现场服务，树立了"在监督中服务，在服务中把关"的工作理念，受到企业的欢迎。全年全市特种设备安全状况现场监督检查10776台，整改隐患2147处，定期检验特种设备9495台，确保了特种设备安全。

**【区域产品质量监管水平有新提高】** 严格落实辖区监管责任制，实行网格化管理，做到每个区域、每家企业都有明确的监管人员。全力开展区域性产品和12类重点产品整治。在省质监局明确高阳毛巾、容城（高碑店）毛绒玩具为重点区域产品整治的基础上，又将雄县塑料管材、清苑手拉葫芦和博野油漆作为产品整治重点，实行挂牌督办，确保了整治工作有效推进。全省区域性产品质量整治现场会、全省质监系统毛巾产品专项整治现场会先后在高阳成功召开，毛巾产品整治工作得到了各级领导的肯定。全力开展农资打假"春苗行动"，全市系统共出动执法人员2848人次，检查企业479家，查处案件42件，保护了农民的利益。

**【"提升质量、服务企业"活动取得良好效果】** 开展质量安全"进企业、进社区、进乡村"活动，营造了产品质量安全氛围。在"质量专家企业行"活动中，对保定建新彩钢工程公司、河北晨阳工贸集团有限公司、河北新希望天香乳业有限公司、保定市王成兰食品有限公司4个企业提供了优质服务，深受企业好评。先后深入长城汽车公司、巨力索具股份有限公司、风帆股份有限公司，实施零距离服务。创新服务模式，与巨力索具股份有限公司签署《合作备忘录》。积极开展"打击假冒名牌"专项行动，共出动执法人员3820人次，执法车辆1300辆次，检查企业、各大超市、商场830家，查处案件36起，维护了名牌企业的利益。

**【质量管理和认证认可工作再上新台阶】** 积极做好名牌产品培育工作。重点对列入2009年争创省名牌产品的重点产品企业进行帮扶。通过积极培育，2009年度全市共获省名牌产品39项、省优质产品25项、省服务质量奖6项、省质量效益型企业10家、省质量管理奖企业1家，全市获省名牌奖数量创历史最高，位居全省第二。认真开展竞争力指数分析和质量状况分析工作，加强质量宏观管理，对全市275家企业进行了竞争力指数调查。对絮用纤维制品、人造板、装饰材料、汽车配件、洗涤用品、电线电缆、水泥、建筑钢材等8类重点产品生产企业100%建立了质量档案。

**【标准化工作取得新突破】** 成功申报《全自动脱硫静电除尘余热利用技术规范》、《农家院服务质量规范》等5个省级地方标准，组织制定《瓜蒌》、《天花粉》和《无公害谷子生产技术规程》等7项保定市农业地方标准。完成采用国际标准18项，完成采标标志13项；帮助企业制定260多个标准，备案企业标准400多项，帮助搜集200多个标准。第一批节能减排重点标准化项目（全自动脱硫静电除尘余热利用系统）已基本完成建设任务，其标准填补了国内空白。3个第六批国家级农业标准化示范区（安国瓜蒌、定兴蔬菜、涞源无公害谷子）完成阶段性建设任务。高标准完成组织机构代码年度验证和复查代码电子档案任务，积极开展商品条码应用推广工作。

**【计量工作扎实推进】** 大力开展"关注民生、计量惠民"专项行动。进130个社区开展宣传活动，计量知识咨询30次，提供免费检测服务90次。实施强检计量器具目录管理工作，共对5306家企业进行了建档登记。对21个县供电公司进行计量专项授权现场考核。为30家企业办理省级计量保证能力合格确认，提高了企业能源计量水平。帮助企业建立计量标准100余项，为全市12家企业建立企业最高计量标准74项。加强制造计量器具许可证工作管理，办理12家制造计量器具许可证。

**【技术机构检验能力有效提升】** 制定出台《保定市质检机构2009～2011年发展规划》。加强实验室建设，培育区域性省级检验站。积极争取省局政策支持，建成了高阳毛巾、蠡县橡胶输送带省级站，曲阳石雕、安国水泵、顺平再生塑料颗粒质检站均已完成筹建。全市系统食品质量安全检验检测体系初步形成。建成以市质检所为中心，以涿州、徐水、高碑店、博野、定州5个县级所为分中心的"一主五次"覆盖全市食品检验项目的检验检测体系。市质检所和定州、望都、高阳、涿州、徐水、博野、高碑店、清苑、容城10个单位已配备高效液相色谱仪并开展检测工作，圆满完成市政府交办的任务。全省系统食品实验室建设现场会在本市召开，食品实验室建设工作得到了省局领导和与会人员的肯定。为支持本市新能源产业发展，积极争取国家光电产品质量监督检验中心在本市立项。市政府无偿划拨41.38亩土地，并提供相应政策支持。制定了《保定市系统检验报告、原始记录编写规范》，填补了质检工作的一项空白，此项工作在全省系统处于领先位置。

局　　长　郭宝忠（1月任）
副 局 长　周立雄　赵禄勋
　　　　　焦书建　李宝方
纪检组长　张好顺
调 研 员　张志明
副调研员　宋书合

（田　凯）

# 食品药品管理

**【保定市食品药品监督管理局】** 2009年是食品药品监督管理系统的机构改革年，在改革未完成前，保定市食品药品监督管理局继续在保定市政府的领导下对食品、保健品、化妆品进行综合监督、组织协调和依法组织开展对重大事故查处。在省食品药品监督管理局领导下对药品（包括中药材、中药饮片、中成药、化学原料药及其制剂、抗生素、生化药品、生物制品、诊断药品、放射药品、麻醉药品、毒性药品、精神药品、医疗器械、卫生材料、直接接触药品包装材料和容器等）的研究、生产、流通、使用进行行政监督和技术监督。内设办公室、食品安全协调处、食品安全监察处、药品注册与安全监管处、药品市场监督处、医疗器械处、药品稽查处、人事教育处、财务装备处、法规处、机关党委、纪检监察室等12个处（室）。保定市药品检验所为局直属单位。

**【概况】** 2009年，全市食品药品监管系统干部职工在市委、市政府的正确领导下，以邓小平理论和“三个代表”重要思想为指导，坚持用科学的发展观统领食品药品监管工作全局，始终把确保全市1100万人民群众的饮食用药安全和市委、政府提出的“强市、兴县、富民”的发展战略作为核心任务，扎扎实实，团结奋进，全年没有发生一起食品药品安全事故，保障了人民群众的饮食用药安全和医药经济的健康快速发展。先后被河北省和保定市评为“河北省食品药品安全监管工作先进集体”、“整顿和规范市场经济秩序工作先进集体”、“国庆安保先进单位”。

**【确保人民群众饮食用药安全】** 一是严格按照GMP、GSP相关要求彻底规范药械企业的生产、经营行为，从源头上保证药品质量，对放松管理，出现违规苗头的21家企业进行了限期整改。二是始终保持打假治劣的高压态势，有力震慑违法违规行为。2009年，全系统共受理举报248起，查办假劣药械案件275件，罚没款470万元。利用“三位一体”药品打假工作制度保护消费者和企业的合法权益，挽回直接经济损失近50万元。三是在全系统推出“假一赔十”特别规定，药品消费者凡在本市药品经营、使用单位买到假药，将获得十倍赔偿，以此强化企业“第一责任人”的意识，激发人民群众的维权监督意识和安全用药意识。四是广泛宣传，加大正面舆论引导，让新闻部门、人民群众和监管部门齐抓共管，增强人民群众对食品药品监管系统的认知度和满意系数。四是深入开展全市“打击违法添加非食用物质和滥用食品添加剂专项整治”，专项整治以食品生产加工、流通、餐饮消费为重点环节，以面粉制品（糕点、面条、馒头）、肉及肉制品（卤制熟食）、乳制品、豆制品、水产品、酒类等节日畅销食品为重点品种，以食品生产经营企业、超市、小食杂店、承办宴席的餐饮单位为重点区域，以假冒伪劣食品、食品生产加工违法添加非食用物质和滥用食品添加剂为重点内容。通过各部门协调联动。紧密配合，专项整治工作取得显著成效，完善了各项制度，增强了企业的自律意识，规范了添加剂的经营和使用行为，为百姓创造了良好的消费环境。五是全力推进《食品安全法》贯彻实施。成立了由主管市长为组长、主管副秘书长和食品药品监管局长为副组长，有关部门领导为成员的食品安全监管协调领导小组，按照“地方政府负总责、企业是第一责任人、监管部门对本部门工作职责负全责”建立健全工作责任制和责任追究制度。市、县、乡三级层层落实责任制，逐级签订责任状，确保人员、意识、责任、措施环环紧扣，确保我市食品安全工作万无一失。同时，广泛宣传，深入发动，通过开展食品安全宣传月活动，营造了公众关心、支持、参与食品安全的良好社会氛围，提高了全市食品安全保障水平。

**【确保医药经济健康快速发展】** 针对本市医药经济规模比重失调，工业经济小散乱，不成规模的现状，积极采取措施，帮助企业上档升级，提高科技含量，增强市场竞争力。协调安国金木药业有限公司兼并濒临倒闭的保定中药厂，重新建设现代化的新药厂；协调三九济世生物药业通过重组，实现规模化生产；将停产五年的古城药厂实施改制，恢复生产；引进西安步长集团加大在定兴与保定步长天浩药业的投资扩建，使其成为本市医药经济新的增长点，年产值超亿元，实现利税1000多万元；依托京津区域优势，帮助扶持安国建立制药工业园区，因地制宜出政策，规范引导促发展，优化安国投资环境，做大做强医药产业，安国制药工业园区占地1100亩，已引资进住并开工建设的医药企业6家，计划总投资5.1亿元。其中有外省有名的吉林金泉宝山药业公司和贵州百灵药业公司。为延伸药业产业链，促进安国药业整体上档升级和中药材种植走标准化之路，积极帮助创建示范带动体系和药业种植模式，初步形成了中药种植"公司+基地+农户"的标准化格局，极大地带动了安国和全省药业向高效、高品质方向发展。安国中药材专业市场生产、经营户迅猛增长，销售额已由2005年的36亿增至上百亿元，安国中药饮片经营企业58家，年销售收入11.8亿元。全市共发展药品生产企业49家，医疗器械生产企业62家，药品经营企业2329家，药品、医疗器械从业人员6万多人。医药商业额更是连年攀升，已由2005年的17亿元、2006年的37亿元、2007年的50亿元、2008年的60亿元发展到2009年的72亿元。

**【深入开展"学习实践科学发展观"和"干部作风建设年"活动】** 一是强化大局意识，增强纪律观念。动员全体干部职工以积极的心态面对机构改革，服从大局，顺应形势，坚决执行并认真落实上级的决策部署，切实做到市场监管不出空档；在原有的考勤制度下，加强了工作期间的查岗制度，采取暗访、抽查等办法，将人员在岗在位情况全局通报；对机关所有办公电脑进行检查清理，删除各种与工作无关的软件。二是强化服务意识，优化政务环境。将法定的行政审批45个工作日压缩50%到22个工作日，网上办理行政许可更加便捷透明，自窗口按照新的时限运行以来，无一超时，办结率和群众满意率达100%；落实首问首办责任制，凡来办事的人员，都有领办人员负责接办。三是推行行政权力监控机制建设。对行政许可、行政处罚、人事管理、财务管理等行政权力及其运行进行了廉政风险等级评估，并制定了防范措施。四是强化廉政建设。领导班子率先垂范，加强党风廉政和行为准则的再学习、再落实，坚决防止和杜绝在机构改革期间出现违规违纪行为；围绕干部干事不出事，加强廉政勤政制度建设，实行了会审会和处务会制度，对重要许可事项、处罚事项等召开会议研究并形成纪要并进行监督检查。五是强化机关管理。坚持严格的值班制度，局长总带班，每天一名副局长24小时带班，重要岗位不断档，严肃值班纪律，确保通信联络畅通和举报投诉畅通。

**【强化干部队伍素质和执法水平建设】** 加强和完善了干部选拔任用工作机制，配齐配强各级领导班子。坚持用科学发展观的要求指导实践，不断强化执政理念，坚持传帮带，老带新、专业带动非专业，使老中青三代领导干部从思想方法、行为方式跟上时代的步伐。同时，全面提升全体干部应急处置能力。一旦发生食品药品安全突发事件，迅速启动应急机制，快速反应、及时应对、有效处置，最大限度地减少危害和损失，及时消除负面影响。

| | |
|---|---|
| 党组书记<br>局　　长 | 徐顺通 |
| 党组成员<br>副 局 长 | 黄军来　杨进考<br>李光平　常顺礼 |
| 党组成员<br>纪检组长 | 赵　彤（1月任） |
| 副调研员 | 张会亭　曹根来 |

（臧清芙）

# 安全生产监督管理

**【保定市安全生产监督管理局】** 是保定市人民政府主管全市安全生产综合监督管理的直属部门。依法对煤矿、非煤矿山、危险化学品、烟花爆竹等行业的安全生产和职业健康工作实施重点直接监管；从综合监管的角度指导、协调和监督有关部门（行业）和工矿商贸生产经营单位的安全生产管理工作，承担保定市市安全生产委员会办公室的日常工作。内设办公室、安全生产协调处、政策法规处、规划科技处、人事培训处、应急救援指挥办公室、煤炭安全管理办公室、非煤矿山监管处（一处）、综合监管处（二处）、危险化学品监管处、职业卫生监管处以及机关党委、纪检监察室、工会等13个处（室），下设执法监察支队、矿山安全生产服务中心。

【概况】 2009年，局领导班子团结带领全局广大干部职工，紧紧围绕市委、市政府中心工作，按照“带一流队伍、创一流业绩、树一流形象”的标准要求，齐心协力，负重拼搏，圆满完成了年度安全生产各项工作任务，全市安全生产基础不断加强，安全生产形势继续保持平稳。2009年，全市共发生各类生产安全事故1193起，同比减少12起，下降1%。全年没有发生死亡10人以上的重特大安全生产事故，仅发生较大事故1起，较大事故起数、死亡人数同比下降50%。全年事故死亡291人（比省定控制指标少40人，占87.9%），同比减少26人，下降8.2%。其中：工矿商贸企业事故13起，死亡16人（比省定控制指标少23人，占45.7%），事故起数同比减少11起，下降45.8%；死亡人数减少15人，下降48.4%。；道路交通事故914起，死亡268人（比省定控制指标少28人，占90.5%）。在全省和大部分设区市事故总量上升的情况下，连续5年实现了事故起数、死亡人数“双下降”的目标，各类事故死亡人员总数、工矿商贸企业事故死亡人数、道路交通事故死亡人数远远低于省规定的控制指标，在全省11个设区市中完成控制指标和目标任务是最好的，整体工作在全省名列第一。由于国庆60周年安保成绩突出，本局被市委、市政府授予国庆安保先进集体荣誉称号，3个处室被评为市级先进单位，1名同志被市委、市政府记个人二等功，2名同志记三等功，4名同志受到嘉奖。同时，本市率先在全省完成了尾矿库治理攻坚任务，受到省政府、省安监局的充分肯定和市委、市政府的表彰。由于群众工作站工作突出，有2名局领导被市委、市政府评为优秀工作站站长。在社会治安综合工作中有1名同志被评为先进个人记二等功。同时，由于机关建设、宣教、完成目标任务、培训、企业标准化建设、科技推广、铁路道口安全监管、维护社会稳定、尾矿库治理、军队转业安置、党委、政府系统调研督查、信息、纪检监察等23项工作都取得了明显成效，分别受到国家安监总局，省政府、省安监局、省委宣传部，市委、市政府，市纪委的表彰和奖励。

【加大安全生产组织领导力度】 市委、市政府主要领导对安全生产工作非常关注，列入一把手工程，认真履行安全生产第一责任人职责，始终坚持亲自主持安全生产专题会议，亲自督办重特大事故预防工作，亲自深入企业就安全生产问题进行调研。5月初至6月底，于群市长带领安监等部门主要领导，分别对全市27个县（市、区）的安全生产工作逐一进行了督导检查，直接督促各县（市、区）排查整改隐患，并提出具体严格的要求。6月上旬，市政府又组成了6个工作组，分别由6个副市长带队，对各县（市、区）安全生产工作进行了督查，在6月26日的市政府常务会议上，每位副市长对检查情况进行了汇报，对县（市、区）工作情况逐一进行了排队点评，有力的推动了工作落实。同时，为支持安监工作顺利开展，保定市委、市政府对安监系统在“政策措施、人员编制、干部提拔使用、经费保障”等方面给予重点倾斜，对安监工作给予了最大限度的支持。一是在全市严格落实了领导干部安全生产“一岗双责”。在县乡推行领导干部安全生产“党政同责”，强化各级党委对安全生产工作的重视程度；对安全生产重点工作和重大隐患问题，实行领导干部分包督办制，在重点敏感时期实行领导干部分包巡查制，强化监督检查，有力地推动了全市安全生产工作的顺利开展。二是市政府连续3年把安全生产重点工作列入年度《政府工作报告责任落实分解方案》，实行“年初建账、年中查账、年底对账”，通过市委常委会、政府常务会、市长办公会、季度防范安全事故例会等，及时进行部署、调度和督察，由市委、市政府两个督察室对工作开展情况进行跟踪督办，确保相关工作落到实处。三是在连续6年将安全生产列入了市委、市政府对各县（市、区）总体工作考核范围，实施专项考核的基础上，将安全生产考核所占权重由60分调到70分，加大安全生产考核力度。同时将安全生产与领导干部政绩直接挂钩，出台政策规定，凡发生较大以上安全生产事故的单位，其党政主要领导、主管领导两年内不得提拔使用；凡发生较大以上安全生产事故，或对重大事故隐患不排查、不报告、治理不力的地方和部门，实行一票否决，取消评先资格。

【加强安全生产“三项建设”】 始终把安全生产长效机制建设作为长远大计来抓，在安全生产法制机制体制建设、保障能力建设、安全监管监察队伍建设等方面做了很多研究和探索。一是不断完善安全生产工作机制。为推动安全监管工作秩序向规范化、常态化方向发展，以规范隐患排查治理作为突破口，研究制定了《保定市安全生产事故隐患排查治理制度》，对市、县、乡三级和企事业单位的隐患排查治理责任、排查频次、排查内容、情况报告、隐患整改、登记建档等做出了明确具体的规定，进一步规范各级各部门的安全监管行为。为进一步增强安委会成员单位监督检查和执法工作的针对性、协调性和一致性，调动部门监管的积极性，建立了安全生产“三联互动”（联席会议、联合检查、联合执法）机制，制定印发了《保定市安全监管“三联互动”实施方案》。先后召开了建筑施工、道路交通、民爆物品、职业卫生等安全监管联席会议，组织开展了职业卫生联合执法、建筑施工安全联合督查、高速公路施工安全专项联合检查等活动，安全监管工作效能明显提升。为进一步落实企业安全生产主体责任，增强企业自我管理的责任意识，在继续深化“承诺制度”的基础上，组织开展了“安全诚信企业”创建活动，在全市筛选了248家不同行业企业，分别制定了危化、烟花爆竹、建筑施工、机械、纺织等行业企业创建达标实施细则，明确了部门和责任人，组织专家和相关技术人员逐企业进行了重点培育帮扶，对存在的隐患问题和薄弱环节进行梳理检查，逐个进行整改和规范提高，全年共召开了5次现场会对典型企业的经验进行了推广，推动一大批企业安全管理水平明显提升。二是不断充实安全监管力量。在巩固、壮大市县两级安监队伍的基础上，进一步强化了乡镇基层安全监管工作力量，市编委专门下发文件，在全市各乡镇设立安监所、配置专职安全监管人员，全市354个乡镇（街道办事处）全部成立了安监所，新增安全监管人员1141人；同时，在行政人员编制非常紧张的情况下，市委、市政府特别为市安监局调配了13名军转干部，全局人员总数达到了110多人。除公安、建设、质监等专业监管部门已设置专门安监机构外，在教育、卫生、供销等部门也设立了专门的安全监管工作机构，统筹行业领域的安全监管工作。三是不断加强安全生产保障能力建设。实行了企业安全生产经费提取、安全生产风险抵押金、工伤保险等制度和安全生产隐患举报奖励政策。为切实解决危险化学品和烟花爆竹行业经营不景气、资金匮乏、难以依法足额存储风险抵押金（等额承保）的现实问题，在充分调研的基础上，积极探索，大胆创新，在全市组织推行了以“雇主责任险”和“公众责任险”为主要框架，融风险抵押金、职工保险、领导责任险等多种功能为一体的“安全生产责任险”。全市参保企业达到566家，缴纳保费306万元，承保金额达2.12亿元。一举改变了过去企业无力存储、消极抗拒，无法完成风险抵押金工作任务的被动局面，用较少的资金，有效破解了风险抵押金存储不足导致的“企业出事，政府买单”的尴尬局面，取得了良好的社会效应。投入503万元用于市级应急救援指挥平台建设，现一期硬件建设已全部到位；市危险化学品救护队投入248万元、市灵山矿山救护队投入180万元，进一步改善车辆、器材和防护装备，市燃气抢险救援队等8支专业救援队伍都进一步增加了投入，对装备器材进行了补充完善，对人员进行了调整和培训，应急保障能力明显增强。同时，对《保定市安全生产事故灾难应急预案》和《保定市危险化学品事故灾难应急预案》等8部全市性应急预案进行了修订完善，督促指导全市企业制定各类预案15800余份，对1321家重大危险源进行了登记建档；组织企事业单位开展应急演练19856次，重大危险源单位和高危行业演练覆盖率达100%。

**【推进安全生产“三项行动”】** 一是全方位排查事故隐患。组织各县（市、区）和市直有关部门对监管范围内企业进行了细致摸底，将所有企事业单位隐患排查治理责任全部落实到具体部门、具体人，严格落实了《安全检查表》，区分不同类型企业，每月或每季定期组织开展隐患排查督查活动；在企业全面推行了“厂（矿）月排查、车间周排查、班组和岗位日排查、重要危险源点每日定时排查”制度。同时，组织力量编辑印制了3万册《生产经营单位事故隐患排查治理实用手册》，下发到所有企事业单位和市、县、乡各有关部门，指导企事业单位做好隐患排查治理工作。市安委会分别于5月份和7月份，组织对各地、各部门和重点企业隐患排查治理开展情况进行了督导检查。全年共检查企业30252户次，查出隐患19028条，完成整改13815条，落实隐患治理资金583.06万元。

二是积极开展安全生产执法检查。结合“安全生产攻坚年”总体部署，组织开展了3次较大规模的安全执法行动。从3月底到6月底，组织开展了“安全生产百日集中执法”活动，采取市县联合的方式，逐个县明确执法重点，进行集中执法。共检查企业7176家，整改隐患12791条，立案479起，结案415起，收缴罚款343.6万元。7月份至9月底，在全市组织开展了“迎国庆、保稳定”安全生产百日会战活动，重点对烟花爆竹非法生产和储存、矿山非法开采、危险化学品非法生产运输和使用、非法建设、“三合一”“二合一”作业场所以及其他各类非法、违法行为进行了严查严打。全市共查处各类非法生产经营案件2909起，其中无证无照经营2129起，无证非法开采124起，烟花爆竹非法生产经营27起，非法建设47起。从8月1日至9月30日，按照全省统一安排，在全市组织开展了“奋战六十天，安全迎国庆”安全生产执法检查特别行动。从市安监局和有关部门抽调66人，成立了14个联合执法队，并组织各县（市、区）和市政府有关部门分别成立了专项执法队，全面展开了执法检查行动。全市共出动各类执法队（组）10307队次，出动执法检查人数41713人次，检查企业38832家，立案665起，停产停业整顿1634家。

三是大力开展宣传教育培训。进一步扩大企业负责人、安全管理人员、特种作业人员的培训覆盖率，确定了全市规模以上企业主要负责人、安全管理人员持证率达到80%以上，特种作业人员持证率达到100%的工作目标，全年共培训各类企业负责人、安全管理人员、特种作业人员12100人，组织企业进行全员培训约2万人。针对县级领导干部换届和乡镇安监所新成立的实际，组织各县（市、区）政府主管领导、安监局长和市政府有关部门主管领导进行了集中学习，对乡镇安监所人员进行了业务培训，共培训县级领导干部和安监人员1200多人次，进一步提高了安全监管工作业务水平。认真组织开展了“安全生产月”活动，组织52个部门和60余家企业在人民广场、军校广场开展了集中宣传咨询活动，直接受教育群众达10万人，市两报、两台进行了追踪报道；组织开展了“万册图书进企业”活动，继续深化安全知识“五进”（进企业、进农村、进社区、进学校、进家庭）活动，组织有关部门重点就消防安全、农村用电安全、道路交通安全、农村建筑安全等内容进行普及宣传，全社会安全防范意识有了明显提高。

四是全力打好安全生产攻坚战。针对全市安全生产领域的重点矛盾和难点问题，我们集中主要精力，强化督导调度，全力进行攻坚。尾矿库治理：全市共有各类尾矿库600多座，在全省排第二位。按照国家、省统一安排，发扬“铁心肠、铁面孔、铁手腕”精神，多措并举，严整严治，组织了80余名专家、7家评价机构、8家设计单位、200余家有资质的施工队伍和监理单位，对危、险、病库进行了大面积治理，对全部469座危、险、病库进行了排险加固。期间，先后召开了3次专项调度会和3次现场观摩会，共投入治理资金1.48亿元，动用大型设备2721台次，完成土石方15.4亿立方，修筑排洪渠13780米、坝肩渠15722米、排洪洞6243米、排渗管1465米，拆除“头顶库”下游房屋160间，查封210间，撤离人员385人，出动安全检查人员26230人次，消除隐患25000余处，多年积淀形成的尾矿库重大隐患问题已基本得到解决，总体工作走在全省前列。省安监局有关领导多次到本市专题调研督导，对本市的尾矿库治理工作给予了充分肯定。市委、市政府对尾矿库治理工作进行专门表彰，共有39个单位被授予先进集体称号，11名同志荣立二等功，22名同志记三等功，60名同志受到嘉奖。危化企业搬迁：新兴化工厂已在涞水县选定100亩建设用地，对防护距离不足的氯碱厂进行搬迁，目前正在进行土地平整工作。宝硕氯碱公司已完成周边搬迁村民的调查摸底工作，待企业重组完成后立即实施搬迁。煤矿治理：全市现有煤矿5处，产能都在30万吨以下，正在根据省政府有关要求，对5家煤矿进行整合重组，目前已完成新的企业的注册登记（永安煤业公司），正在组织企业进行技术改造。为确保整合期间安全，重点强化了现场管理，逐矿指派了驻矿安全监督员，严格控制井下维护作业人数，严防私自开工生产。同时，积极进行安全技改，涞水煤矿投资100万元对“两堂一舍”进行了全面的装修改造，涞源煤矿投资8万元对井下水仓和通风设施进行了改造，5处煤矿的“三条线”（通风、通水、通讯）建设已全部完成，安全水平大大提升。打非工作：一直把打击“非法生产、非法经营、非法建设”行为作为安全生产的重点工作之一，建立并落实了打非工作联合执法机制和打非举报制度，广泛发动人民群众参与到“打非”工作中，组织131万户居民签订了“不进行烟花爆竹、民爆物品非法生产经营活动，不为烟花爆竹、民爆物品非法生产经营活动提供场所和条件”的保证书，由市国土局领导分包各山区县，进行不间断地督导检查，对列入市重点隐患的矿区，派专人进驻，严防死守。5月底，组织开展了“打非”执法行动，重点对矿山非法开采、非法生产经营烟花爆竹和民爆物品、非法生产经营运输危险化学品、非法制造安装使用特种设备等容易造成群死群伤事故的非法、违法行为进行严厉打击。6月底，又组织开展了以“七查”（烟花爆竹、民爆物品、危险化学品、矿山非法开采、“三合一”“二合一”生产经营场所、非法建设、其它）为重点的“打击非法、违法生产经营活动集中行动月”活动，有力地打击和震慑了各类非法违法行为。

五是继续深化安全专项整治。组织开展了"煤矿、非煤矿山、危险化学品、烟花爆竹、民爆器材、道路交通、人员密集场所消防、建筑施工、特种设备"9个方面的专项整治和市政基础设施、学校及周边等安全专项检查，全面启动了职业卫生监管工作。

非煤矿山：围绕推动矿山安全生产状况的进一步好转，重点组织开展了矿山企业安全生产标准化建设和以涞源为重点的矿产资源整合，对爆破、提升、通风等重点事项进行了全面整治；组织有关部门对盗采国家矿产资源、以采代探、超层越界开采等行为进行了严厉打击，共排查非煤矿山企业482个，整改隐患76处，取缔非法采矿点75个。在全部187座适用露天矿山推行了中深孔爆破技术，完成了全部39座地下矿山的机械通风改造。

危险化学品：在危化生产、经营企业中组织开展了安全生产标准化建设活动，对所有使用企业进行了安全评价备案；强化了对剧毒和易制毒、易制爆企业的日常监控，组织开展了危化行业安全大检查、化工生产企业安全专项检查、液氨制冷行业专项整治等活动，共计出动3310组次，检查企业2328家次，发现整改各类事故隐患2613处，依法关闭企业9家、注销企业78家，责令停业整顿63家。狠抓源头管理，实施危险化学品建设项目安全许可60项，针对部分加油站安全距离不足的问题，积极推行阻隔防爆技术，完成了9家加油站阻隔防爆技术改造，危险化学品领域安全生产状况明显改善。

烟花爆竹：完成了11家烟花爆竹生产企业的转产或退出工作，在剩余4家烟花爆竹生产企业中全面推行了安全生产标准化，并建立了安监派出所，实行驻厂安全监督员制度，强化日常监管。持续开展"三超一改"（超定员、超药量、超范围、改变工房用途）专项治理工作，强化危险工（库）房标识和定员定量核定，进一步完善岗位安全操作规程，严防违规操作。严把烟花爆竹储存企业准入关口，组织实施烟花爆竹储存库房安全设施设计审查3项，竣工验收审查2项。对24个烟花爆竹批发库、332家常设销售网点的安全管理和日常销售行为进行了规范。

特种设备：强化了现场监督检查和定期检验工作力度，共对11121台特种设备进行了现场监督检查，整改隐患2265处；定期检验特种设备9884台，评定特种设备165台，特种设备使用中的历史遗留问题逐步得到了解决。开展了车用气瓶、冶金起重机械、压力管道元件、液氨制冷行业四个专项整治，为959只车用气瓶办理了使用登记证，完成84台吊运熔融金属起重机械的改造更新，停用冶金起重机械12台，检查液氨制冷单位188家，组织各承压类特种设备生产单位对存在的问题进行了整改，保证了特种设备的产品质量。

民爆物品：今年以来，相继在全市部署开展了"治爆缉抢专项行动"、"危爆物品专项整治战役"、"社会治安整治行动"、"安全生产执法检查特别行动"、"重特大安全生产事故隐患大排查大整治行动"、"迎国庆保稳定危爆物品安全生产百日会战行动"等活动。共收缴炸药26972公斤、雷管76408枚、导火索92739米、黑火药2415公斤，查处案件162起，行政拘留84人，刑事拘留111人，逮捕10人，捣毁非法制造、买卖窝点18处，打掉非法制造、买卖团伙12处。

道路交通和水上交通：大力加强道路交通安全基础建设，完成了市区11条道路、57个路口的规范化建设，在市区增设了170块指路标志牌，铺设了6.6万米防护栏，安装了500个反光防撞桶，施划标线11万平米；强化隐患整改，对55处道路危险点段逐一明确了整改措施和责任单位，进行挂账督办，已完成整改46处，其它正在整治中；排查国省干道列养桥梁767座、农村公路桥梁1367座，对39座存在隐患的桥梁列入计划进行改建，对没有列入计划的进行了限载、限速并派专人看守；检查道路运输企业183家次，停业整顿2家，查处无证照经营5家；全面加强了水上交通的安全监管，对渡口渡船实行"一渡一档、一船一档"管理，检查船舶815艘次，查处违法船舶29艘，取缔水上漂流1处，治理擅自从事挖砂活动的船舶11艘。组织开展了道路交通秩序整治"百日行动"和严查酒后驾驶专项行动，滞留违章机动车20463辆，暂扣驾驶证9095个，行政拘留1289人，使各类交通违法行为得到了有效遏制，道路交通事故大幅下降。集中整治期间，全市道路交通事故起数、死亡人数、受伤人数同比分别下降52.55%、63.33%和65.71%，机动车守法率和行人守法率分别提高了3个百分点和2个百分点，道路交通秩序明显好转。

消防安全：组织开展了"两节"、"两会"、元宵、清明、"五一"、"十一"及公众聚集场所、高层、地下建筑、旅游景点消防专项治理等活动，共检查社会单位27290家，发现隐患31812处，整改火灾隐患29624处，责令三停单位827家，取缔查封38家，行政拘留11人；加速推进社区、农村消防工作，投资800余万元新建乡镇“四有”消防站190个，确定专兼职消防员1520名；全市313个城市社区消防工作“六有”普及率达100%，5761个农村“八有”建设普及率达89%；全市57处重点火灾隐患已整改销案完毕，消防安全形势总体平稳。

建筑施工：以严防施工现场脚手架、起重机械倒塌、施工坍塌和触电、工地模板构件垮落和高处坠落事故为重点，对各施工现场的防护、消防、卫生等基本措施进行了重点排查，全年共检查建筑施工项目单体工程493个次，下达限期整改通知书182份，停工指令书135份；严厉打击非法施工行为，全年共查处非法工程项目40个，涉及单体工程88个；创建了74所建筑工地农民工业余学校，对农民工进行岗前培训9941人，进一步提高了农民工的安全防范意识。

校园及周边安全：认真实施校舍安全工程，对2848所学校的17922栋单位建筑进行了排查鉴定，总建筑面积达1086万平米，对11.9万平米D级危房进行了拆除，已开工建设84.4万平米；对校园周边200米以内的娱乐设施、网吧、摊点进行了全面清理，对16家违规接纳未成年人的网吧进行了行政处罚，清理流动摊点1200处，取缔无证经营87个，清理违规店外经营710家，责令整改23户；投入45000多元对14所中小学校门前道路黄（白）格线进行了重新施划，对部分学校周边的交通警示标志进行了完善。

水利基础设施：对河道采砂进行了拉网式检查，取缔非法采砂点184个，查扣采砂机械640台，回填土方59万方，平整河道106公里；狠抓水库和河道堤防的除险加固，已整修加固堤防77公里，完成工程量95万立方米；消除阻水河障3000立方，阻水引道154米。

职业卫生：全面启动了职业卫生安全监管工作，组织2224家企业完成了申报工作，在全省列第一位；组织开展了职业卫生专项执法和联合执法检查，共下达整改意见书33份，查出并整改隐患146条；组织对3394名相关企业负责人和职业卫生管理人员进行了职业卫生管理安全培训。

**【确保特殊时期安全稳定】** 在元旦、春节、“两会”、“五一”等重大节假日和特殊时期，先后组织了6次全市性的安全生产大检查和12次专项检查。为全面做好汛期安全防范工作，从5月初开始，组织国土、质监、建设、水利、气象、交通等有关部门，对“烟花爆竹、危险化学品、非煤矿山、建筑施工、道路交通、水利设施、特种设备、地质灾害易发部位、人员密集场所”等易受高温、强降雨等恶劣天气影响的行业领域开展了安全隐患大排查活动，实行了重点盯防。为做好冬季事故防范，10月份，专门整理印发了《保定市冬季安全事故防范要点》，分18个行业领域，对冬季易发事故的规律、特点和预防措施进行了归纳总结，提出了具体对策，用于指导各地做好冬季事故预防工作，同时组织开展了冬季隐患大排查活动，确保四季度安全生产形势稳定。

为全力确保建国60周年庆典安全，市委、市政府把防范安全事故作为压倒一切的政治任务，及早动手进行了周密的安排部署，率先在全省启动了国庆60周年安保行动。7月7日，市委、市政府召开全市领导干部广播电视大会，部署开展了“迎国庆、保稳定”百日会战行动，分政法、安全生产、信访三条战线全面强化安全稳定工作。国庆安保期间，宋太平书记、于群市长和有关市领导分别带队，始终在各地明察暗访，督促各项工作有效落实。从7月份开始，全市安监系统广大干部职工全部放弃休息，全力以赴投入国庆安全保卫战中，组织开展了“迎国庆、保稳定”安全生产百日会战行动、“奋战六十天、安全迎国庆”安全生产执法检查特别行动、安全生产大检查和隐患整改“回头看”活动，深入排查各类安全隐患，严厉打击非法生产经营活动，组织对重点单位部位实施严密盯防，全面强化各项防范措施。根据保定特殊的地理区位和承担的特殊责任，在重点高危行业启动了“临时特别管制措施”：9月15日至10月15日，对5处煤矿和347座非煤矿山实施了停产，24家烟花爆竹批发企业和332处常设经销点全部停业，2家民爆物品生产企业和9家民爆物品批发库全部停止了生产经营活动。对1321家重大危险源单位、30家剧毒企业和317家易制爆企业，采取了领导分包、派驻安全监督员、专人监控、加大巡查频次等措施。同时，关闭取缔尾矿库59座、危化生产企业37家，对121家危化生产和经营企业进行了停产停业整顿，关闭加油站78家。国庆期间，全市安全生产形势平稳，没有发生任何有不良影响的安全生产事件。

**【较大及以上事故情况】** 全市未发生一次死亡10人以上的重特大安全生产事故。工矿商贸企业发生较大事故1起：8月2日，涿州新怡佳园19号楼勘测现场发生触电事故，3人死亡。

党组书记
局　　长　王宪刚
党组副书记
副 局 长　刘义和
党组成员
副 局 长　周福生
　　　　　刘　军
　　　　　白宏伟
　　　　　李铁庆
　　　　　张占军
党组成员
纪检组长　孟贤会
局党组成员
监察支队长　薛文龙
调 研 员　张伟光（3月从冀中煤监分局调任）
副调研员　王会义

（赵　路）

# 农　　业

## 综　述

2009年全市农业工作贯彻落实中央1号文件和中央、省、市农村工作会议精神，开展深入学习实践科学发展观和“干部作风建设年”活动，围绕“又好又快发展、强市兴县富民”中心任务和“突出抓发展、重点抓项目、持续保稳定”工作主基调，以现代经营管理理念谋划农业、以发展工业的理念抓农业，以加快现代农业建设步伐为总目标，落实国家惠农政策，打造高效绿色基地，发展食品加工产业，建设基础设施工程，完善社会服务体系，构建高效低碳大生态，农林牧渔总产值和增加值分别达到451.0亿元和265.5亿元，分别增长4.9%和4.75%；全年农民人均纯收入达到4682元（不含市区），比上年增长8%。强化责任，周密组织，落实国家各项惠农政策，全市累计发放直补资金75876万元，良种补贴18269万元、大型农机具购置补贴9525万元，惠及225万户、885万人。申报村级“一事一议”财政奖补项目的共有2180个村，申报财政奖补项目2180个，共申请奖补资金9948.1万元。将110个省级新民居建设示范村全部列入重点奖补范围，按村民筹资总额1∶2给予奖励。推进集体林权制度改革，明晰产权面积1214.7万亩。推进粮食基地建设，全面提高粮食综合生产能力，粮食单产首次突破400公斤，创历史新高，总产达到559.4万吨，连续七年获得丰收；粮油等大宗农产品播种面积、总产均居全省第一位。全市蔬菜总产783.4万吨，比上年增长1.66%，初步形成十大特色蔬菜区域种植基地。泌乳奶牛规模养殖比例达到100%，畜产品产量大幅增加。优质特色林果业实现果品产量110万吨，产值18亿元，完成果树结构调整15万亩，初步形成6大果品基地。以打造绿色食品加工供应基地为目标，全市农业产业化经营水平进一步提高。全市农业产业化经营总量303.4亿元，增长11.8%，农业产业化经营率达到50.1%，同比提高2个百分点。大水系水源工程建设效果初显，国庆节前夕清水入市目标顺利实现。南水北调工程京石段应急供水顺利实现，天津干线征迁已全部完成。水利基础设施建设争取新增中央投资5亿多元，总投资占全省新增项目总投资的1/6。11个县（市、区）基本完成了基层技术推广体系改革任务，进一步完善了农产品质量安全体系，推进了动物防疫体系建设，全市重点动物疫病免疫率常年保持100%，合格率在80%以上，全年没有重大动物疫情发生。农村现代流通网络体系建设日趋规范、完善和发展。围绕低碳城市，大力发展林业生态建设。全市完成农田林网植树500万株，全年未发生森林火灾，病虫害得到有效防治，取得了多年以来的最好成绩。

（孙盛林）

## 种植业

**【保定市农业局】**　保定市农业局是主管全市农业与农村经济发展的市政府工作部门，负责研究制定农业和农村经济发展规划、农业产业政策；指导监督农业产业有关法律法规的实施；指导农业社会化服务体系建设和乡村集体经济组织、合作社组织建设；落实农村基本经营制度，指导监督减轻农民负担工作；预测并发布农业各产业产品及农业生产资料供求情况和农村经济信息；负责农业机械化和农机。内设办公室、劳动人事处、计划财务处、农业处、科技教育处、农村合作经济管理处、农机管理处、市场信息处8个职能处（室）、15个局属事业单位。全系统干部职工752人，现有专业技术人员161人，其中农业技术推广研究员18人，副高职66人，中职55人，初职以下24人。

【概况】 围绕“又好又快发展、强市兴县富民”中心任务，以“粮食增产、农业增效、农民增收”和发展现代农业为目标，推进“五个农业”（安全农业、节约农业、特色农业、循环农业和开放农业）建设，全市农业继续保持良好发展态势。全市农作物总播种面积1799.5万亩。粮食播种面积1362.4万亩，总产559.4万吨，单产411公斤，粮食播种面积、总产均居河北省第一位，总产约占全国粮食总产的1%强。其中小麦播种面积580.9万亩，总产228.2万吨，单产393公斤，播种面积、总产均居河北省第一位；玉米播种面积679万亩，总产300万吨，单产442公斤，播种面积、总产均居河北省第一位。蔬菜（含瓜类）种植面积238.3万亩，总产880.7万吨，面积、总产均居全省第三位，在北京市场占有率达15%左右。共有16项工作受到省农业厅和市委、市政府及市直有关部门表彰。

【农业种植结构更趋合理】 近抓适应性调整，远抓战略性调整，农业结构调整步伐加快，农业结构不断优化，粮经比75:25，年内发展优质专用小麦410万亩、优质专用玉米570万亩。全市主要农作物新品种更新面积达到210万亩，主要农作物良种覆盖率达到97%。区域特色产业不断壮大，面积达到250万亩，芦笋、麻山药、食用菌等新兴特色产业种植规模不断扩大，成为农民增收的新增长极。

【农产品质量安全水平稳步提升】 开展高毒农药专项整治和农资打假行动，围绕重点品种，在重点季节、重点地区集中开展农资市场的拉网式检查，严肃查处大案要案，确保源头净化。全市共出动执法人员2.54万人次，检查企业1.29万个次，整顿市场123个次，受理举报案件143件，全市立案141起，其中市局立案19起，查缴高毒农药580公斤，查处其它违法农资328.8吨，为农民挽回经济损失3200多万元。推进无公害农产品产地认定和产品认证。全市无公害环评面积211.68万亩；新增和复审无公害农产品基地10个，新增认证无公害农产品8个，认定无公害农产品生产基地49个，认证无公害农产品64个。加强市、县、市场（基地）三级农产品质量安全检验检测网络建设，健全检测队伍，完善检测手段，提高监测能力。唐县、定兴和涿州三个农产品综合质检站项目已开工建设，全市已建成2个具有常规检测能力的农产品质量安全监督检测中心和20个具有快速检测农药残留能力的县级质量检测机构，基本上覆盖主要农产品生产区域。全市共检测农产品样品3721个，其中市农产品质量监督管理站抽检690个，农药残留合格率达到99.27%；对认定基地和认证产品进行了全覆盖检测，认证产品的农药残留合格率达100%。

【农业循环经济快速发展】 围绕“节本增效”和资源综合利用，发展农业循环经济，促进农业可持续发展。全市新建沼气池48852户，沼气池保有量达到39.5万余户，普及率达到17.6%；年产沼气11850万立方米，实现经济效益5.14亿元，受益人口158万。在清苑、涞水等七县（市）选取22个试验、示范点，分别在小麦、玉米、蔬菜、棉花、谷子和甘薯六种作物上进行抗旱保水剂试验、示范，不断提高农业用水生产率。全市共落实小麦、蔬菜节水面积325万亩和40万亩。引导农民“科学、经济、环保”用肥，提高科学施肥技术的到位率、覆盖率和肥料利用率。全市推广测土配方施肥面积358万亩，免费为农民测试化验土壤样品3.51万个；平均每亩较常规施肥增产22.5公斤，新增粮食总产17万吨，节肥总量达到6.1万吨，总增效益1.6亿元。在推广农作物秸秆机械化粉碎还田技术基础上，探索棉花等秸秆利用新途径，拓宽食用菌生产、秸秆气化、秸秆堆沤等秸秆综合利用渠道，提高秸秆综合利用率。全市秸秆综合利用面积1081万亩，其中小麦、玉米秸秆还田面积分别达到537万亩和544.3万亩，秸秆综合利用率达到86%。

【农业生态安全得到有效保障】 全市建立粮食作物绿色防控示范区22个，面积1.1万亩；蔬菜绿色防控示范区22个，面积0.88万亩。重点抓了小麦白粉病、吸浆虫、蝗虫、草地螟等重大病虫害防治，对迁飞性、流行性病虫害实行了联防联控。发布病虫情报76期，测报准确率达到92%，小麦、玉米、花生和蔬菜等重大病测报准确率高达95%以上；防治病虫草害1243亩次，完成蝗区生态控制改造2.9万亩，确保粮食生产安全。

【农业科技支撑能力进一步增强】 开展“百、千、万”农业干部下基层、解难题、送服务行动，多渠道、多形式开展农民培训教育，把先进技术和经营管理、市场信息交到农民手中。全市下基层技术人员达到2903人次，举办培训班9741场次，培训农民55万人次，发放技术资料78万余份。加大以“两晚”、节水高效、玉米“一调五改”等重点技术的推广力度，推广“优质专用小麦品种及配套栽培技术”和“优质玉米品种和高产配套栽培技术”项目，优质专用小麦推广面积发展到480万亩，优质专用玉米配套技术推广达到了360万亩。在农作物生长关键时期，组织粮食、蔬菜等专家顾问组进行田间考察，提出管理指导意见，并通过电视、报纸、农业信息网络、手机短信等形式指导全市农业生产。有11个县（市）基本完成了基层农技推广体系改革与建设任务，共建农业技术推广区域站86个。

【农民专业合作组织迅速发展】 依“因地制宜，分类指导”原则，推动农超对接、专家进社、辅导员进社工作开展，多个优质粮食生产、农机、蔬菜等各具特色的产业带、产业集群初步形成，农民的组织化程度大幅提高。全市经工商部门注册的农民专业合作社达1050个，入社农户达到2.3万户，各类农产品营业额突破6亿元；推荐评选省级示范县2个，省级示范社27个，市级示范社26个。

【农民合法权益得到有效维护】 全市良种和农机具购置补贴实现全覆盖。落实良种补贴14072万元，覆盖农作物1388.1万亩；落实农机具补贴9585.59万元，新增农机具9628台，受惠农户近9500户。乡镇为重点，建立健全土地流转有形市场，培育土地流转载体。开展土地流转信息服务，创造土地承包经营权公平、公开、公正交易市场环境，为农村土地承包经营权有序流转、提高农业产业化水平创造有利条件。通过采取转包、转让、互换、入股等形式，流转面积已达57.4万亩，占农村土地总面积的5%，其中，转包24.96万亩，转让1.25万亩，互换12.1万亩，出租13.4万亩，股份合作2.14万亩，以其他形式流转3.54万亩。强化农民负担监督管理工作机制，处理涉农负担各类案件，规范面向农业、农村和农民的各种行政性收费行为。开展涉农负担专项治理活动，落实减轻农民负担“四项制度”，防止农民负担反弹。落实农村集体资产管理和集体收益分配等各项政策，加强对农村资产和财务审计，特别是对村干部依法进行了在任和离任审计。全市共接待农民群众来访200余人次，调解、处理涉及农村土地承包的纠纷44起，查处涉农违规收费300多万元。对全市2600多个村进行了财务审计，审计金额高达2.69亿元，查处违法违纪金额252万元。

局　　长　吕　先
副 局 长　王贺鹏　郭太保
　　　　　郑继陆　张凤洋
总农艺师　刘洪勋
纪检组长　杜长安

（张志刚）

# 农业机械

【概况】 全市农机总动力已达1140万千瓦，比上年增加42万千瓦，同比增长3.82%。平均每亩耕地拥有农机动力101千瓦，比上年增加4千瓦，受农机购置补贴拉动，大中型拖拉机呈快速增长趋势，保有量达到2.34万台，比上年增加0.17万台；小型拖拉机保有量14.06万台，比上年减少0.35万台；联合收获机械达到13074台，增加583台，增长4.67%，其中小麦收割机12128台，比上年增加361台；玉米收获机达到946台，增长30.66%。与此同时，配套农机具也呈增长之势，大中型配套农机具增长3.8%，配套比1：1.63。农机原值达到60亿元，比上年增加3亿元，增长5.26%。

落实农机购置补贴资金9585.59万元，其中：中央补贴资金9346.617万元，省级资金178.937万元，市级补贴资金50万元，县级补贴资金10万元，共补贴各类机具9628台，受惠农户达9500余户。

实施农机购置补贴惠农政策，农机总量大幅增长，农机化新技术广泛应用推广，农机结构进一步优化，农机具向动力大型化、作业系列化、功能复合化的方向发展，促进了全市农机装备结构调整优化和农机化水平的提高。小麦生产和玉米播种已基本实现机械化，小麦机耕、机播、机收水平分别达到了96%、97%、95%；玉米机播率达到82%，玉米机收面积105万亩，较上年增长65.7%，玉米机收率达到15.46%，玉米机收创历史最好水平；秸秆还田作业稳步推进，全市共完成小麦机械化秸秆还田474万亩，玉米机械化秸秆还田350万亩，铁路沿线和高速公路两侧重点区域县秸秆综合利用率达到了75%以上，有效地缓解了焚烧秸秆问题，促进了农业生产的可持续发展。

农机装备不断发展，农机作业服务领域逐步拓宽，作业领域由粮食作物向经济作物、大田向设施农业、种植业向养殖业、农产品加工业全面发展，由产中向产前、产后延伸。2009年，全市共组织3000多台小麦收割机赴河南等地进行跨区作业，异地作业面积135万亩，为农民创收5500多万元。

（张志刚）

# 林　业

**【保定市林业局】** 保定市林业局是保定市人民政府主管全市林业工作的职能部门，负责全市林业发展规划的制定和组织实施，负责国家林业方针、政策及法律法规的组织实施和监督检查，负责组织指导全市造林绿化工作，负责全市的森林资源和野生动物资源的保护管理及监测工作，负责全市林业科研及技术推广工作。局内部设办公室、植树造林处、果树蚕桑花卉管理处、森林资源管理处、发展计划与资金管理处、林业工程项目综合办公室六个职能处室，局直属事业单位12个。

**【概况】** 全市完成造林60.2万亩（含封山），占年度目标任务的100.33%；义务植树完成1433.5万株，完成年度目标任务的102.4%，创造了历史新高。2009年共获得各级表彰15项，其中：省林业系统表彰四项，分别是：林业统计报表工作先进单位、全省林业宣传工作考核第二名、全省林业执法年先进集体、河北省参加第七届中国花卉博览会“突出贡献奖”；市级各种表彰11项：分别是市信访工作先进单位、全市军队转业安置工作先进单位、保定市国庆安保工作先进集体、市长专线电话和市长短信平台工作先进单位、市安全生产工作监督管理先进单位、“安全生产月”优秀组织单位、上报市委信息工作先进单位、市直机关先进基层党组织、市直机关游泳比赛优秀组织奖、市级部门预算编制先进单位。

**【创建国家森林城市战略构想】**

国家森林城市是我国对一个城市在生态建设方面的最高评价，最具权威性、最能反映城市生态建设水平。按照“让森林走进城市，让城市拥抱森林”绿化理念，确立西部山区生态屏障建设、城区森林体系建设、乡镇村屯绿色家园建设、平原农田林网建设、水系净水护堤林建设、绿色廊道建设、森林公园湿地和自然保护区建设、生态文化体系建设等八大城市森林建设。中共市委书记宋太平、市长于群在《保定日报》发表《创建国家森林城市 打造生态保定》署名文章，号召全市人民投身于造林绿化的宏伟事业，为建设生态保定、和谐保定、山水宜居保定贡献力量，并要求各级党委、政府把造林绿化工作纳入重要议事日程，加强组织领导，严格落实造林绿化目标责任制，强化措施，真抓实干。落实全国造林绿化工作会议和全省林业工作电视电话会议精神，宋太平书记、于群市长和李国英副市长对全市创建国家森林城市工作做出重要批示，5月5日，市委、市政府出台了《关于创建国家森林城市的意见》。先后在望都县和涞源县召开创建国家森林城市平原林业工作现场会和山区林业工作现场会，创建国家森林城市成为全市的工作重点之一。初步完成了创建国家森林城市的规划纲要、考核办法、宣传方案的编制和草拟工作。

**【森林资源管护得到新加强】**

各级全力落实森林防火工作责任制，加强防火队伍建设，九个山区县全部完成防火专业队伍的人员编制、器材配备、处置预案，年内，全市未发生森林火灾，受害森林面积为0。配合国家、省林业局完成林木采伐管理体制改革调研工作。制定《关于改革平原商品用材林采伐管理的实施意见》和《保定市征收森林植被恢复建设费实施办法》。完成28万亩国家重点公益林申报工作。争取完成12家国家、省级湿地公园的材料组织和申报工作。完成国家重点陆生野生动物驯养繁殖及经营加工利用产品审核并上报12家，非国家和省重点的陆生野生动物驯养繁殖及经营加工利用产品的审批174家。完成森林净增量考核工作，全市2009年度森林净增量面积为17593.6592公顷，占国土面积的0.79%，达到了年增长目标，森林覆盖率增至19.27%。防治作业223万亩次，其中完成地面防治美国白蛾140万亩次，飞防37万亩，收购美国白蛾虫蛹1142公斤，诱杀成虫13.4万头，释放周氏啮小蜂7亿头，落实防治资金2928万元。全市森林病虫害成灾率为4‰，无公害防治率达85%，测报准确率达85%，种苗产地检疫率96%，完成了省下达的防治目标，实现了“一降三提高”；美国白蛾防治工作重点防控区有虫株率0.070%，经济用材林有虫株率0.583%，村庄四旁林有虫株率3.524%，全部超额完成既定指标。山区九县全部建立了森林公安局，并全部纳入政法专项编制，执法力量得到加强。年内查处各类涉林案件200多起，罚款500多万元，100多人受到处罚。先后组织38名新增林业执法人员参加省法律、法规知识培训。组织24名野生动物保护工作人员参加国家林业局组织的野生动物驯养繁殖及其产品经营利用行政许可培训。对新成立的白沟白洋淀经济社会发展局林业工作人员进行业务知识培。接待群众来电来访及林业法律、法规咨询300多起，处理行政复议1起，调解林地、林权纠纷4起。

**【完成集体林权制度改革】** 涞水、易县、唐县、定兴、雄县、阜平、涞源七县按时完成森林资源流转中心组建并挂牌工作。满城、曲阳两县率先行动，运作森林资源流转中心建设，现已挂牌运行。全市流转林地65宗，面积3.651万亩，流转金额5510万元。办理林权抵押贷款23宗，面积348.95万亩，贷款金额3539万元，林改配套改革走在全省前列，河北省电视台，《中国绿色时报》相继报道市和涞水县、满城县、易县、定兴县建立森林资源流转中心的经验做法，省林业局林改办给予充分肯定。

**【科技兴林取得新突破】** 在完成易县和安国两县（市）11个基层林业站建设改革试点的基础上，完成了涞水、望都两县15个基层林业站建设开展林业科技“16推”，推广先进技术12项，面积63万亩。完成《城市立体绿化及屋顶造绿技术示范推广》项目的实施、《薄皮核桃栽培技术规范示范点》项目的实施和《黄桃优质丰产模式化栽培》示范点项目的申请工作。在山区县推广轻基质容器育苗和容器苗造林，容器苗树种增加到10多个。满城、阜平、涞源等县利用食用菌残料、蛭石、腐叶土（由杂草、树叶、园土混合腐熟后待用）等混配而成的轻基质进行容器育苗，取得了较好效果。顺平县、满城进行毛黄栌、五角枫容器育苗，实现常规树种向景观树种的延伸。阜平县完成大规格容器育苗10万株。容器苗造林占全市山区县工程造林总任务的90%以上，成活率由原来的40%提高到80%以上。加强无公害果品安全生产监管，完成果品抽样214个，合格率99%；果品基地认定10万亩（阜平枣树）。

**【林业产业呈现良好态势】** 完成保定西部浅山丘陵区果品产业带规划，全年新发展果品标准化出口创汇基地7.5万亩，新增花卉面积1500亩，完成果树树体改造25万亩，完成浇水面积141.1万亩，施肥面积达到172.3万亩，其中有机肥施入量占到用肥总量的74%，生草覆盖面积13.3万亩。完成阜平10万亩大枣示范区四期工程建设。“二优”苹果栽培模式、大枣烘干房建造技术推广面积不断扩大。全年实现果品产量115万吨，销售收入突破23亿元，出口果品1.2万吨，创汇3299万美元，均创历史新高。汇源冀中分公司扩建、北京盛芳园公司落户徐水、喜之郎公司定兴建厂、百丰公司万吨气调保鲜库建设、亚林板业升级改造等项目的完工，带动了全市林业产业发展。全市拥有现代化选果线9条，果品分级处理能力达到11.5万吨，储藏能力达到8.25万吨，果品加工率超过21%，产业化经营率超过56%。果品协会增至59个，经纪人队伍扩大到6300余名。全年123个果品抽样，合格率99.9%。年内争取国家项目2个，省级财政项目9个，总计资金1700多万元，居全省第二位。

**【林业宣传再上新台阶】** 全市建护林宣传碑牌620多个，在要道路口书写宣传标语8400余条，印发宣传资料3万多份。协调媒体，广泛宣传林业法规、政策和创建国家森林城市相关知识，定期播放防火警示和公益广告。以顶级域名在互联网开通“保定林业”网站，更新网页图片100余幅，刊载保定林业动态新闻105条、林业调研文章21篇。在市以上媒体发表林业建设信息200多篇，其中在省以上媒体登载60余篇。被国家和省局林业网采用90余条，林业宣传工作受到省局通报表彰。

局　　长　姜明慧
副 局 长　荀志惠　卢富强
　　　　　曹昕尔（1～6月）
　　　　　王立加（1～4月）
　　　　　陈　飞
　　　　　田景梅（4月任）
纪检组长　臧思良（党组成员）
森林公安局局长
　　　　　李忠琦（党组成员）
森林公安局政委　张建华

（韩忠礼）

# 畜牧水产业

**【保定市畜牧水产局】** 保定市畜牧水产局是保定市人民政府主管全市畜牧水产业的直属事业机构。其主要职责是：贯彻国家畜牧水产法律法规并监督执行。拟定并落实全市畜牧水产业发展规划、政策；负责全市重大畜牧水产业建设项目的立项、初审和申报工作。制定全市畜牧水产业科技普及、培训、技术引进、推广规划和年度计划，并监督实施；组织科研课题的技术攻关和科研成果的推广应用。制定全市畜牧水产养殖品种繁育和改良规划；指导生产、繁育和推广畜牧水产良种工作。负责全市动物防疫、检疫、医政、药政、药检和动物卫生监督工作。负责全市草地资源保护、建设、开发、利用的组织实施工作，制定草地资源、农作物秸秆资源开发的中长期规划及年度计划，指导全市草原防火工作。负责《中华人民共和国动物防疫法》、《中华人民共和国畜牧法》、《中华人民共和国草原法》、《中华人民共和国草原法》、《中华人民共和国渔业法》、《中华人民共和国野生动物保护法》《中华人民共和国水污染防治法》、《中华人民共和国传染病防治法》、《中华人民共和国农产品质量安全法》、《国务院种畜禽管理条例》、《国务院兽药管理条例》、《国务院饲料和饲料添加剂管理条例》、《国务院水生野生动物保护法》、《国务院病原微生物实验室生物安全管理条例》、《河北省动物防疫条例》、《河北省种畜禽管理条例》、《河北省渔业管理条例》、《河北省渔业船舶检验条例》、《农业部动物检疫管理办法》等8部法律、9部法规和40多项规章的监督执行。承办市政府交办的其他事项。

**【概况】** 2009年，全市共完成肉类总产59.06万吨，禽蛋总产37.08万吨，奶59.93万吨，水产品5万吨，与去年相比分别增长3.97%、基本持平、4.17%和持平；生猪存栏404.61万头，出栏616.23万头，同比分别增长7.3%和10%；家禽存栏4091.52万只，出栏4704.95万只，同比分别增长1.5%和4.4%；羊存栏217.22万只，出栏214.91万只，分别增长9.9%和4.5%；牛存栏41.56万头、出栏26.68万头，分别增长1.8%和0.5%，其中奶牛存栏23.37.万头，同比增长2.7%，较去年三聚氰胺事件发生后增长32.6%。畜牧水产业总产值171.5亿元，同比增长6.3%，占大农业总产值的比重38.3%，比上年增加0.5个百分点。同时，规模养殖势头强劲，全市年出栏500头以上的生猪养殖场1233个，比08年增加179个；存栏万只以上蛋鸡场424个，增加67个；年出栏万只以上的肉鸡场432个，增加157个；存栏50头以上的奶牛场663个，增加175个。生猪饲养量居全省第二位，肉羊饲养量居全省第三位、奶牛和蛋鸡饲养量居全省第四位。

年内有12项工作任务目标列入2009年市政府工作报告，为近年来最多的一年。畜牧业发展、重点动物疫病防治、动物产品质量安全监管、特色水产养殖等整体工作和奶业规范与发展、动物产品检验检测体系建设、项目争取与落实、乡镇兽医站建设、政务信息与宣传、兽药饲料专项整治等单项工作均位居全省前列。所承担的12项政府工作报告落实事项，全部在10月底前完成。

**【工作亮点增多】** 完成全省重大动物疫情应急演练承办任务，省防治重大动物疫病指挥部、市政府办公厅专门发出通报表彰。年内新建和扩建小区（场）新增栏位大大超过了106975个栏位的规划任务，新增栏位已完全满足散养奶牛入区集中养殖需要，是全省第一个实现泌乳奶牛100%规模养殖的市。在日报、晚报等平面媒体刊登文章20多篇。畜牧水产信息网每天点击量超过300次，政务信息工作获全市“优胜单位”。

**【加强动物产品质量安全检测监管】** 开展“动物产品质量安全整治”、“动物产品质量安全执法年”等8项专项整治行动，层层签订动物产品质量监管工作责任状，与养殖加工企业签订产品质量安全承诺书，各负其责、齐抓共管的质量责任体系和监管工作体系。

局　　长　郝俊愿
副 局 长　贾志清　刘学军
　　　　　李学忠　王连卿
纪检组长　陈殿恒
总工程师　赵东岗

（季晓明）

# 中小企业

**【保定市中小企业局】** 是市政府主管中小企业、民营经济的职能部门，承担全市民营经济规划、协调、监管、服务职能。设7个处、室。

**【概况】** 2009年，实施“一个战略（催生、助长、扶强）”，推进“两大工程（企业成长、素质提升）”，市民营经济持续稳定发展。全年实现增加值1164.3亿元，同比增长11.07%；上缴税金70.2亿元，同比增长15.63%。截至年底民营企业达20988家，年内新增605家，完成增加值597.4亿元，同比增长13.62%。其中，规模以上企业个数新增122家，达到1320家。全年共完成增加值245.2亿元，同比增长21.27%，高出全市民营经济平均水平10.2个百分点。巨力集团全年实现营业收入27.5亿元；长城公司全年实现营业收入169亿元。容城县来福灯泡有限公司投资2.3亿元，开发生产新型车灯，已投产。沃克有限公司投资9900万元，新上食品加工项目，7月投产。徐水县抢抓“中国电谷”建设机遇，谋划一批大项目。巨力集团投资10亿元新建太阳能发电项目，投资1.9亿元新建风电材料生产项目，均已开工建设。其中，风电材料生产项目10月份投产。企业在产品结构调整上谋求大的发展，赛赛尔有限公司引进消化法国技术，开发出超级石油物碳检波器和数字石油物碳检波器，该产品附加值高，市场前景广阔。三利集团调整发展战略，新上羊绒针织产品，向高端、终端产品延伸，在高阳纺织行业起到示范带动作用。采矿业4433家，企业全部开工生产，共完成增加值32.4亿元、税金5.7亿元，同比增长12.89%和29.55%。农产品加工业完成增加值184.2亿、税金8.65亿元，同比增长45.77%和38.02%。电力、信息传输、商务服务业到年末主要经济指标均达到一倍以上的增长，信息传输计算机服务业增加值增长194.07%，上缴税金增长317.15%。

**【推动全民创业和发展民营经济】** 2月，经市委、市政府同意，牵头组织对全市所有县（市、区）和38个市直部门进行了全面考核。制定出台《保定市推动全民创业和发展民营经济考核办法》、《推动全民创业工作考核细则》、《保定市2008年推动全民创业工作考核方案》等文件，规范考核内容、方法和程序。对全体考核组人员进行了动员和培训，并组织了模拟考核。采取“听、查、问、看、核”考核方法，考核后，市创业办进行综合汇总和评定。下发《关于08年推动全民创业工作实绩突出单位的表彰决定》。市农工委、市财政局、市中小企业局等10个市直部门和涞源、曲阳、定州等8个县（市）入列，市委、市政府对受奖市直部门和县（市）分别奖励3万元和10万元。

**【融资担保机构发展迅速】** 全市已建立担保机构42家，资本金总额达到9.2亿元，形成45亿元以上的担保能力。制订市级国有控股、产权多元化担保集团有限公司组建方案，组织开展增资扩股工作，落实市财政增资4300万元，社会募股意向达5800万元。与人行、银监局制定出台《关于加强银、保机构合作的指导意见》，代市政府起草《关于加快融资担保机构建设的意见》。全市担保机构已为企业提供担保5278笔，担保总额4.3亿元，其中市担保中心与建行、农行、农发行、城市商业银行建立合作关系，累计担保资本金1.5亿元。

**【创业基地建设步伐加快】** 对已建成的26个创业辅导基地逐个明确补项内容和标准。培育和树立省、市级8个示范基地。创业辅导基地建设工作，列入了市人大常委会对政府八项重点评议工作之一，22个县（市）中，17个县（市）新增50亩专项用地得到省批示，另外5个正在组卷报批。全市创业辅导基地建设共完成资金投入3.4亿元，建筑面积完成40.24万平方米，新吸纳入驻企业610户，安置就业人员1.5万人。

**【产业集群工作有序发展】** 重点加强对产业集群实施科学规划和管理。组织河北大学、河北农大等驻保高校专家教授组成评审委员会，对10亿元以上重点产业集群中长期发展规划进行逐个论证。已完成容城服装、博蠡橡胶机带、望都辣椒等产业集群规划论证工作。曲阳雕刻、易县易水砚等产业集群已完成了规划编制，正在广泛征求专家学者的意见。对产业集群“一会四中心”（行业协会、技术研发中心、检测中心、信息中心、培训中心）服务平台建设加大支持力度，增强集群内企业产品研发和技术创新能力。高阳纺织、容城服装、白沟箱包等10个年营业收入20亿元以上产业集群参加全省重点产业集群评审。到年底，年营业收入5亿元以上的产业集群达24个，其中50亿元以上7个。集群内聚积企业及加工户28446个，实现营业收入1000亿元，同比增长20%。

**【成长型企业帮扶成效明显】** 组织对市级100家成长型企业筛选调整，全面推行“双帮扶”活动，54个市直部门与成长型企业对口帮扶成效较为明显，为76家企业解决发展难题189项。筛选51家高成长性企业进行挂牌保护。到年底，市级成长性企业完成增加值30亿元以上，同比增长20％以上。

**【人才服务工作成绩突出】** 组织实施民营企业“百千万”人才培训工程。即：组织百名企业家参加为期一年半的清华大学高级研修班，进行高层次系统化培训，组织千名企业家进行短期培训，组织万名企业家进行远程教育培训。对已安装清华大学远程教育系统的单位，继续进行完善设备。建立清华远程教育培训基地35个，8万多人次进行了收看。以保定机电技工学校为依托，成立“保定市中小企业技能人才培训中心”，开设专业技术培训，短期培训。在定州、容城、高阳等县（市）举办“名家讲坛”，2160名企业经营者参加了培训。通过会议交流，专场招聘，网上招聘，为中小企业和高校毕业生搭建双向选择平台。组织中小企业高级管理人员参加了清华大学“高级经营管理”培训班，组织中小企业如何应对金融危机、职业生涯培训等7次培训讲座。3月，会同河北农业大学、市人事局、共青团保定市委、市民营企业家协会等单位在河北农大举办了“保定市2009年大中专毕业生春季人才招聘会暨高校就业创业论坛”，共吸引616家招聘单位和3万多名来自保定及其他地区的高校毕业生参会，提供就业岗位8400多个，达成就业意向3100个。

党组书记<br>局　　长　葛大壮

党组成员<br>副 局 长　许西岭　李曙慧

纪检组长　刘建丽

（党保荣）

# 工　　业

【保定市工业经济促进局】　保定市工业经济促进局是保定市人民政府负责工业经济运行的宏观调控部门。负责全市工业产业化促进和工业经济运行调节；分析全市工业发展形势，研究拟订全市工业发展战略、行业规划；组织工业项目前期工作，安排大中型及市管以上工业项目；负责电力行业管理、协调调度和行政执法。机关实有人员41名。内设六个职能处室：综合运行处、工业处、电力处、行业协调一处、行业协调二处、行业协调三处。此外，承担着市减轻企业负担、三电、春运、治理整顿小水泥、煤炭流通秩序整顿等领导小组办公室工作。另外还担负着市加快纺织服装产业发展、加快食品工业发展、加快西部工业发展、工业强市等领导小组办公室工作。

【概况】　2009年主要工作：1. 完成《政府工作报告》中承担工作。《〈政府工作报告〉2009年工作落实方案》中涉及11项工作内容。均已全部按时完成。其中与其他单位共同作为第一责任单位的3项事项中完成20家纺织服装企业整合升级工作已经完成26家，提前超额完成。

2. 广泛调研，强化政策性基础工作，初步构建了促进保定市工业经济发展的政策框架。在2008年起草了《关于加快西部地区工业发展的意见》（保发［2008］14号）、《关于加快工业经济发展的实施意见》（保发［2008］17号）和《关于推动全民创业的若干意见》（保发［2008］37号）的基础上，2009年起草了与《关于加快工业经济发展的实施意见》其配套的《实施细则》。为解决工业经济发展的要素保障问题，在调查研究的基础上，起草了《关于急需新增市区工业热源点保障冬季重点工业企业正常生产的建议》和《关于加快工业园区电网建设，提高供电能力保障工业经济科学提速发展的建议》报告。

3. 强化运行分析调度，不断提高保定市工业经济运行质量。面对国际金融危机影响和国内不断变化的经济形势，坚持动态监测，及时把握运行趋势。多次召开工业经济运行调度会，听取运行情况汇报，分析研究运行中存在的问题，对企业需要政府协调解决的非市场性问题进行梳理，协助政府做了大量卓有成效的工作。

4. 突出重点，强力推进工业园区和工业项目建设。一是起草了《保定市工业倍增计划》，为未来3年至5年工业经济发展制定了规划。二是园区、重点项目建设取得了新进展：除西部八县推进的18个工业园区外，落户清苑汽车产业园区4.67平方公里的长城汽车技术中心和试验中心现正在征地，预计到2011年竣工。惠阳科技工业园已初步选址在北市区河北保定工业园区二期规划区内，现已立项，正在做环评。徐水工业园、定州唐河循环经济产业园、白沟·白洋淀温泉城产业聚集区已列入省首批省级产业聚集区。按照中央扩大内需要求，筛选的总投资82亿元的26个项目上报省发改委，经省改委筛选报国家发改委项目6个，项目总投资21.7亿元；报国家工信部项目2个，总投资4.3亿元。目前，有3个机械轻纺项目经国家发改委和工信部审核通过并下达计划，共争取国家资金2150万元，排全省第五位。重点项目建设进展顺利，六九硅业项目一期已完成总工程量的85%，正在进行设备安装；兵装天威等重点项目也正在按计划进度进行建设。同时，加强项目储备库建设，目前，项目储备库中已储备项目55个。其中汽车及零部件项目13个、装备制造项目8个、纺织项目9个、轻工、食品项目17个、建材项目6个、冶金钢铁项目2个。并对储备库中的项目进行了逐个仔细审查，对缺少材料的项目督促项目单位抓紧时间补全，为下一步争取国家资金打下基础。

5. 狠抓“工业西进”等战略的落实，实现保定西部八县工业发展新突破。一是制定了《强力推动“工业西进”战略实施方案》，积极谋划“工业西进”战略的工业布局。即：“依山、沿路、五业、十六园”。2009～2011年工业发展预期目标，西部8县谋划实施工业项目90项，总投资500亿元，项目全部达产后，可实现销售收入450亿元，利税超100亿元（相当于8县2008年的10倍），工业增加值142.4亿元（相当于8县2008年规模以上工业增加值的2.5倍）。二是加强服务，提高成效。西部8县正在全力推进18个工业园区和38个千万元以上工业项目的建设，“工业西进”战略在西部山区全面展开。顺平县一次集中5个工业项目签约，签约资金19亿多元。“3·26”香港经贸洽谈会，满城年产1000吨多晶硅项目、涞源年产1000吨尾矿选矿厂项目签约，共利用外资2978万美元。特别是涞源县引进河北钢铁集团入驻，该集团将在涞源建设总投资150亿元的河北（涞源）冶金工业园区，是一个立市、立县的大项目。全部达产后，可实现年销售收入180亿元，利税54亿元（相当于该县2008年工业利税的2.9倍）。

6. 积极谋划全市工业发展布局，构建特色现代产业体系。一是推进纺织服装产业整合升级。已经完成26家企业的整合升级工作，其中14家企业通过新建项目和技改项目建设，扩大生产规模，提高企业技术水平，提升节能减排效率；6家企业通过引进品牌或发展自有品牌实现上档升级，充分发挥品牌的优势，提高市场占有率和企业赢利水平；6家企业通过企业联合、兼并、重组等手段，组建企业集团和股份公司，实现资源优化配置。全市纺织服装规模以上销售收入166.82亿元，同比增加4.6%；完成工业增加值52.66亿元，同比增加7.7%；实现利税10.6亿元，同比增长17.8%。二是打造“京南绿色食品加工（供应）基地”。全市食品工业主营业务收入104.37亿元，同比增长57.5%；完成工业增加值30.17亿元，同比增加7.2%，利税总额17.41亿元，同比增长30.2%。园区集群效应日益显现。正在大力打造以高碑店食品产业基地、定州黑龙泉绿色食品产业园、顺平食品工业园为主体的三大食品工业基地。

7. 加快电网建设，促进电网建设新机制的落实。一是对今年在建的电网建设工程加强调度，召开电网建设调度会，及时协调解决建设中存在的问题，力争项目早建设，早投运。二是把电网建设项目倒排工期，划分时间节点，明确时间、任务和责任人，保证保定电网建设顺利进行。三是及时解决施工受阻问题，确保重点项目建设。

8. 坚持服务发展理念，积极为企业发展排忧解难。一是帮助企业解决现实问题。帮助企业进入工业园区、协调关系完善手续。局领导先后解决企业面临的瓶颈问题约20余件，挽回直接经济损失6000余万元；二是积极帮助企业解决历史遗留问题。保定市工具厂与保定卷烟厂签订房地产转让合同未履行搬迁义务的问题久拖不决，严重影响烟厂的规划建设及技术升级改造，制约企业的发展壮大。为尽快落实（2002）保市府办65号文件精神，在调查研究的基础上，针对工具厂宿舍搬迁问题，局提出了建设性的解决方案，经市政府批准，已拨付搬迁资金600万元，由南市区政府具体负责工具厂宿舍的搬迁。

9. 迎难破险，扎实工作，妥善处理了大量较为棘手的问题。一是协调解决工业用汽问题。保定进入采暖期后，由于优先供应居民取暖用汽，造成了工业用汽不足，缺口144蒸吨/时。局组织专门人员对供汽和用汽单位进行多次调研，并组织召开供需双方协调会，使热源得到合理调配使用，在此基础上又组织人员与市环保局共同对市区具备热源的6家企业进行走访调查，调查出潜在热源252蒸吨/时，启用潜在热源的建议已上报市政府。二是协调解决工业用电煤紧张问题。在运行局前期沟通协调的基础上，11月27日至29日，副市长刘宝玲带领运行局会同大唐保定热电厂主要负责人等一行7人组成求援组，代表市政府赴山西省阳泉、段王、寿阳等地的煤炭企业，协调保定热电厂电煤告急问题。经过3天的拜访、求援和反复细致地工作，求援取得了较好效果，有效缓解了电厂电煤紧张问题。三是保稳定，积极配合解决依棉问题。局先后抽调出6人参加依棉工作组，局长任依棉工作组副组长，几个月来，多次进京与中纺依棉进行协调沟通，为大王店保定中纺依棉项目建设早日竣工，3个月时间内天天到施工现场督导施工进度，多次召开中纺依棉与施工单位协调会，保证了施工进度。为了分流安置依棉职工，运行局又组织了20余家大、中型企业提供了近3000个工作岗位，依棉职工的分流安置工作已接近尾声。四是保稳定，积极配合解决涞钢涞铜问题。涞源钢铁厂、涞源铜矿破产，需要安置大量职工，市委政府点将，运行局又成为市驻涞源县涞钢、涞铜破产工作指导组成员，局领导多次冒雪走访一线职工，积极协调县委、县政府及有关单位、企业，做好职工安抚工作，防止矛盾激化，并积极研究政策，想办法妥善安置下岗职工，帮助起草了钢铁厂、涞源铜职工再就业安置方案、意见、细则，这项工作正在有序进行之中。五是主动做好对原工业局所属事业单位接收前的调查摸底工作。原市6个工业局下属12个经营公司（在职和离退休人员383人），2002年市直机构改革时，将原几个工业局撤销，反映无主管部门、欠发工资生活困难、欠缴养老保险、未办医保或欠缴医疗保险不能享受医保待遇、国有资产流失、拆迁遗留问题等问题现象严重，为落实市领导指示精神，主动做好对原工业局所属事业单位接收前的调查摸底工作，为市委政府排忧。六是督导企业做好接受国际核查准备工作。配合省禁化武办公室对顺发、金星等监控化学品生产企业进行了检查，督导企业做好生产特别许可和接受国际核查资料准备工作。对顺发、金星、信誉三家监控化学品生产企业，办理生产特别许可申报资料进行了初审，协助企业完善申报资料。

局　　长　苑丰平
副 局 长　闫海清
总调度长　冯跃强

（邱佃河）

# 工业运行

【概况】　2009年，在整体经济环境受金融危机影响极度困难的情况下，保定市工业依然实现了较快增长，顺利完成了年度目标任务。

【工业生产增速稳定提升】　全市规模以上工业完成增加值477.1亿元，居全省第5位；工业增速14.6%，完成了全年14%的任务目标，高于全省平均增速1.2个百分点，居全省第2位。规模以上工业增加值累计增速逐月回升。受金融危机的冲击，09年初市规模以上工业增加值增速降至了近年来最低点，在国家扩内需政策的拉动下，经过工业系统的共同努力，工业增速逐月回升；从下半年开始，工业增长的积极因素增多，工业企稳回升态势基本明朗。全市25个县（市、区）和2个开发区中，22个县（市、区）和2个开发区均超额完成了2009年规模以上工业增加值增速目标，南市区、望都县、白沟·白洋淀温泉城、高开区的规模以上工业增加值增速达到了20%以上。全部工业完成增加值710.2亿元，同比增长11.7%，占GDP的比重（工业化率）为40.8%，比上年提高了0.2个百分点；其中规模以上工业增加值占GDP的比重为27.5%，同比提高了2个百分点，表明保定市工业经济的主导作用进一步增强，规模工业的集中度有了进一步提高。

【工业经济效益明显好转】　全市规模以上工业企业达到1520家，较上年增加173家；实现主营业务收入1900.1亿元，同比增长17.1%；实现利税156.3亿元，同比增长34.4%；实现利润98.1亿元，同比增长47.6%；亏损企业264家，较上年减少21家；亏损企业亏损额8.14亿元，同比下降67.8%；工业经济效益综合指数194.1%，同比提高了12.3个百分点。工业主要效益指标增幅排全省首位，且明显高于生产增速，实现了效益和生产同步提升。工业纳税是市财政收入的主要来源，贡献不断增加。据国税和地税部门统计，2009年全市工业（制造业）整体上交税金72.7亿元（其中国税61.9亿元，地税10.8亿元），较上年增长了20.8%（其中国税增长21.8%，地税增长16.1%），占全市全部税收的51.9%，占全部财政收入的43.6%，所占比重较2008年分别提高了1.9个和3.6个百分点。

【重点产业支撑作用突出】　保定市重点发展的汽车及零部件制造、新能源及能源设备制造、纺织服装、食品和建材五大主导产业，不断发展壮大，对工业经济的支撑作用更为突出。1～12月份，五大主导产业完成工业增加值260.5亿元，增长18.3%，增速高于规模以上工业3.7个百分点，占规模以上工业的比重为54.6%，较上年增加了9.8个百分点，拉动规模以上工业增长11.3个百分点，对规模以上工业增长的贡献率达77.2%。五大主导产业实现利税95.8亿元，同比增长31.2%，占规模以上工业的比重为61.3%；其中汽车及零部件制造业实现利税35.3亿元，同比增长102.7%，占规模以上工业的比重达22.6%，支撑作用显著。

【项目和园区建设成效显著】2009年，保定市工业完成城镇固定资产投资466.0亿元，同比增长31.6%。全年279项省、市重点工业项目完成投资183.1亿元，完成年计划的115.6%，其中，省重点工业项目92项，完成投资115.2亿元，完成年计划的101.1%。一批重点产业支撑项目竣工投产，极大增强了保定市工业发展后劲：总投资126亿元的六九硅业硅材料项目一期工程建成投产；投资16.2亿元的河北大无缝铜光亮杆项目土建工程提前完工；英利集团太阳能电池及组件、长城汽车冲压件、容城澳森制衣扩建、河北宏润高档精梳纱及面料、定州旭阳焦化年产20万吨甲醇、白沟出口箱包等39个省、市重点项目已竣工。此外，国华定洲电厂二期3号机组投入商业运营，4号机组正抓紧施工；南郊热电厂60万千瓦发电项目年前已经国家发改委核准，已成功奠基正在抓紧建设。2009年底，全市各类产业园区达到43个（其中省级以上7个），入园企业达到3078家，其中新增入园企业493家，新增就业人数4.34万人，总规划面积384平方公里，已开发114平方公里。园区企业实现主营业务收入1498.7亿元，实现增加值323.0亿元，实现利税136.7亿元，比上年分别增长25.1%、27.2%和26%。

【“工业西进”战略全面展开】按照“依山、沿路、五业、十六园”的总体思路，保定市研究制定了西部工业2009～2011年预期发展目标，谋划实施工业项目90项，总投资500亿元，这些项目达产后，每年可实现销售收入450亿元，利税超100亿元，新增增加值142亿元。保定市积极通过招商引资加快项目建设，助推进西部工业发展，09年新上千万元以上项目341个。其中组织顺平县一次集中5个工业项目签约，签约资金19多亿元。“3·26”香港经贸洽谈会，满城1000吨多晶硅项目、涞源1000吨尾矿选矿厂项目签约，利用外资2978万美元。特别是涞源县引进了河北钢铁集团入驻，投资150亿元建设河北（涞源）冶金工业园区，达产后年可实现销售收入180亿元，利税54亿元。目前，西部8县的16个工业园区已初具规模，新上341个千万元以上工业项目正在加紧建设，“工业西进”战略已全面展开。

【企业自主创新能力进一步提高】2009年全市共有5家企业分获国家、省认定，其中：巨力索具股份有限公司被认定为国家企业技术中心；河北天威英利新能源有限公司、保定蓝波节能灯具有限公司、鹏达建设集团有限公司、河北大洋饮食品有限公司四家被认定为省级企业技术中心。截至目前，全市拥有国家企业技术中心6家，省企业技术中心30家，09年共争取专项资金1800万元，其中中国乐凯胶片集团公司技术中心创新能力建设项目争取国家补助资金500万元、保定天威集团有限公司技术中心创新能力建设项目争取国家补助资金500万元、长城汽车股份有限公司技术中心创新能力建设项目争取国家补助资金800万元。

【存在的主要问题】 同省内先进市相比，保定市工业经济总量在省内仍处于中等偏下水平，人均工业指标省内排位依然靠后。工业经济中仍有许多问题有待于进一步通过加快发展得到解决。

1. 工业整体实力不强，发展水平相对较低。保定市是全省的第1人口大市，人口总数占全省的1/6。但是工业经济总量目前仍处于全省的中游（规模以上工业增加值总量居全省第5位），人均指标在全省排位仍较为落后（人均规模以上工业增加值居全省第10位）。2009年尽管市规模以上工业增加值增速始终位于全省前列（第3季度保持在首位），但与兄弟市仍存在较大的差距。同时，工业化和城镇化水平低，已成为制约保定发展的“短板”，工业对经济的支撑作用有待进一步加强。2. 县域特色产业聚集度低。保定市有很多县的产业有一定的特色和传统优势，但聚集度低，区域关联性差，基本上是各自为战，没有形成完整的产业链。有的县尽管谋划了一些工业聚集区，但基础设施不完备，园区管理不健全，不能形成资源、信息、土地、人才、服务等共享，没有规模优势，形不成合力。3. 工业产品结构有待提高。保定市传统的中间加工型产品占整体工业的比重较大，产业链条短，集约聚集化和产业集中度还不够；工业企业初级产品多，高端产品少，缺乏名牌产品和拥有核心技术的产品；企业自主研发能力不足，掌握核心技术少、自主创新能力较弱，与实现“工业强市”目标要求还有较大差距。4. 受资源、环境影响较大。保定市自然资源相对匮乏，工业结构以加工制造业为主，主要工业产品原材料成本占比重产品价格的70%以上，受上游原材料价格和终端产品市场的制约严重。同时，工业项目建设和企业经营发展中面临的土地、资金等“瓶颈”制约，短时期内难以有效缓解，工业可持续发展受资源环境限制多，基础弱、压力大，后劲不足。

（邱佃河）

# 部分企业简介

【长城汽车股份有限公司】　长城汽车股份有限公司是一家大型民营跨国公司，是中国首家在香港H股上市的民营整车汽车企业，是国内规模最大的皮卡、SUV专业厂商。公司下属控股子公司20余家，员工18000多人，拥有4个整车生产基地（皮卡、SUV，轿车、MPV），具备发动机、前后桥等核心零部件自主配套能力，年产能40万辆。

在中国自主品牌汽车中，长城汽车经营质量首屈一指。长城汽车连续多年在各大银行，包括民营银行的信誉等级达到3A+级。2009年底，实现销售收入169.7226亿元。利税9.7757亿元，没有贷款。

2006年4月，长城品牌被中国机电产品进出口商会评为“推荐出口品牌”，长城汽车同年入选《福布斯》中国顶尖企业100榜，同时被中国商务部、发改委授予“国家汽车整车出口基地企业”称号。2007年1月，长城品牌被商务部评为“最具市场竞争力品牌”。

2004年以来，长城汽车多次荣获“民营上市公司十强”、“中国企业500强”、“中国机械500强”、“中国制造500强”、“中国工业企业500强”、“中国汽车工业销售收入三十强”、“河北民营百强之首”等荣誉。

2007年11月，国家发改委（发改工业〔2007〕2934号）文正式核准批复了长城轿车项目及长城工业园三期工程建设规模。长城汽车的产品理念是“定位于全球市场，融汇最新技术，打造高质价比创新技术的精美产品”。在轿车、MPV体系中，长城汽车已成功研发出6个品种，长城“精灵”、长城“炫丽”、长城“酷熊”，“凌傲”、长城“迷你”SUV和“嘉誉”MPV。

在皮卡系列中，形成高、中、经济型全系品种；在乘用车系列中，正在开发生产10款0.8～1.5升轿车，两款MPV。在整车生产研发的基础上，长城注重汽车产业链的完善，长城正在规划中的零部件基地占地3600亩，一大批节能、环保的发动机、变速箱、汽车底盘、电器、车身、内外饰、模具制造等主要零部件配套产品在这里落户。

【保定卷烟分厂】　保定卷烟分厂是一个历史悠久的国有企业，2004年与石家庄卷烟厂联合重组。占地面积近200亩，拥有固定资产原值4.8亿元，在册职工1700多人。企业拥有多台套具有先进技术水平的卷接包、制丝等主要生产设备，生产制造工艺达到国际标准，2001年通过ISO9002质量体系认证，年生产能力近40万箱。

主要生产“玉兰”、“白沙”、“新石家庄”等名优品牌。“玉兰”卷烟是河北省名牌产品、全国卷烟优等品，2002年5月，“玉兰”商标被河北省工商行政管理局依法认定为“河北省著名商标”，2004进入全国卷烟产品百牌号目录。企业先后荣获中国百佳工业企业形象、中国烟草制造行业企业形象十佳、全国质量·服务诚信示范企业、河北省百强工业企业、河北省质量效益型先进企业、河北省工业行业综合实力优强企业等荣誉称号。

2009年企业主要经济指标创历史最好水平，全年累计实现销售收入15.0815亿元，实现利税7.7901亿元。

根据企业定位，保定卷烟分厂制定了“打造一流的卷烟生产加工企业”的发展战略，大力推行精细化管理，注重提升精益生产水平，使企业步入了健康、快速发展的轨道。

【保定天威集团公司】　保定天威集团有限公司（前身为保定变压器厂）始建于1958年，1995年成为国务院建立现代企业制度百户试点企业中首家按照《公司法》改制并规范运营的企业集团，2001年在上海沪市发行A股股票（天威保变），2008年正式成为中国兵器装备集团公司全资企业。两次荣获全国“五一”劳动奖状。

天威集团拥有15个控股子公司，9000余名员工。主导产品电力变压器，产能达到1亿KVA，是世界上电压等级覆盖最广、产品品种最多、设备设施最齐全、单厂产量最多的变压器供应商，是世界上惟一一家500kV变压器“零事故”的企业集团。天威集团还加大对硅材料、太阳能电池、风力发电以及系统集成项目的投资，成立了风电公司，还参股天威英利公司和新光硅业公司，具有从硅料、硅片、电池到系统集成完整的光伏产业链。

2008年列中国制造业500强第308位，220kV级变压器被评为中国名牌产品。企业综合经济效益连续多年在全国变压器行业居第一位。

2009年，天威集团实现营业收入1501325万元，年上交税金47563万元。

【保定钞票纸厂】　保定钞票纸业有限公司，隶属于中国印钞造币总公司（以下简称总公司），其前身为保定钞票纸厂。2009年8月25日更名为保定钞票纸业有限公司（简称保钞纸业公司）。位于保定市新市区，始建于1956年，是新中国第一家钞票纸厂，也是目前世界上规模最大的钞票纸专业生产厂家之一。是中国钞票纸生产的主力军，高级防伪纸张的主要供应商，也是中国钞票纸新工艺、新技术、新材料的研究开发基地，2001年成为亚洲规模最大的钞票纸专业生产厂家。该厂位列中国工业企业500强，多次荣获“河北省文明单位”称号。

全厂有职工2600余人，近500名工程技术人员；各类机制纸生产能力为30000吨。2009年该厂实现销售收入158678万元，年上交税金27966万元。

该厂坚持用科学发展观指导企业经营，努力提升“绿色工艺”水平，实行清洁生产，注重污水治理，是河北省惟一一家“国家环境友好企业”。实施“科技兴厂”战略，钞票纸技术研究所2003年被确认为省级企业技术中心。致力于研发防伪技术和专有技术，《一种中性钞票纸生产工艺的研究》获2005年度国家科学技术进步二等奖；多项研究成果应用于第五套人民币的印制，被中国印钞造币总公司授予一等奖，另有多项技术获国家知识产权局授予的专利证书。

**【涞源县奥宇钢铁有限公司】** 奥宇钢铁有限公司隶属于河北奥威实业集团，是一家以钢坯生产、销售为主的民营钢铁企业，公司依托集团自有矿产资源优势初步形成以冶金产业为核心，集铁矿石开采与精选、球团、烧结、炼铁、炼钢、发电、冶金贸易于一体，综合实力居于同行业前列，具有较强的市场竞争力。公司自06年以来先后荣获保定市“先进纳税企业”、“AA+级信用客户”、“省级信用优良企业”、“河北省百强企业”等多项荣誉称号。

截止到2009年底公司资产总额10.04个亿、员工2120人，具备年产生铁100万吨、钢坯120万吨生产能力。2009年度实现销售收入25.2438个亿，实现利税1.8027亿元。

作为一家民营钢铁企业，公司将在延长产业链、提高产品附加值方面加大投入力度，以适应日益严峻的市场形势。未来五年，公司将充分发挥资源优势重点发展符合国家产业政策、适应市场需求的热轧、冷轧、彩涂板卷等深加工项目，努力建设精品钢材、特种钢材生产基地。并积极向做大、做专、做强的方向不断迈进

**【英利绿色能源控股有限公司】** 英利绿色能源控股有限公司是中国领先的一体化光伏产品制造商。公司业务涉及电池组件的设计、制造和销售，以及并网、离网光伏应用系统的设计、销售和安装。是目前国内惟一拥有从多晶硅铸锭、切片、电池片、电池组件到光伏系统应用完整产业链的企业。目前注册资本33.75亿元，总资产60.63亿元，英利公司2009年实现销售收入75.8956亿元，年上交税金1.6991亿元。经过一、二、三期的建设，截至目前为止，英利在多晶硅铸锭、硅片、光伏电池片和光伏电池组件等环节的产能均已达到200兆瓦。2007年6月8日，英利绿色能源控股有限公司成功登陆美国纽约证券交易所，成为河北省第一家在美国纽交所主版上市的企业。

目前英利在保定拥有六个厂区；在中国拥有3个分公司；在世界——英利欧洲、英利中国、英利西班牙、英利希腊、英利意大利……英利已经成为国际化生产、全球化营销的企业；入选2007年德勤亚太地区高科技、高成长500强，三年的业务增长率为1260.18%；2008福布斯中国最具潜力企业；YGE被美国纽约证券交易所评为175年以来增长速度最快和最活跃的股票之一，为企业发展奠定了坚实基础。

2009年英利面临新的市场形势，随着世界环境恶化的加剧，气候变暖的加快，油价攀升，可再生能源的发展已受到各国政府的高度重视，可再生能源产业已经进入一个快速发展的新阶段。站在新的起点上，英利将以创新者的睿智开创工作新局面，以务实者的执著扎实干好每一项工作，继续做实做强可再生能源产业，参与更深、更广泛的国际竞争，高起点、高标准地谋划新项目建设，提升经济规模和经济实力，全面完成2009年生产、经营计划，实现英利又好又快发展。

**【中航（保定）惠腾风电设备有限公司】** 中航（保定）惠腾风电设备有限公司成立于2001年，是由中国航空工业第二集团公司、保定惠阳航空螺旋桨制造厂、中国航空工业燃机动力（集团）公司和美国美腾风能有限责任公司四方投资兴建的中美合作经营企业。公司注册资金1.475亿元人民币，主要开发和制造系列化风力发电机组风轮叶片产品，主要产品有600kW、750kW、1.0MW、1.2MW、1.3MW、1.5MW、2.0MW、2.5MW、3.0MW等系列风电叶片。

公司研发实力雄厚，公司成立以来承担了国家“863”计划、国家科技支撑计划和国家科技攻关计划等10余项国家课题，成为推动风电机组国产化工作的核心

企业，是国内规模最大的风电叶片专业制造商。截至目前，公司各种型号叶片共3000余副发往风场，已经在新疆达坂城、甘肃玉门、黑龙江木兰、山东长岛、内蒙赤峰等50余个风电场装机运行；特别是2007年，公司部分产品实现出口美国、南非等国家，奠定了国产叶片进军国际市场的里程碑；1.5MW叶片在我国惟一海上风电场机组装机运行，实现了海上风电机组装机零的突破。

2009年，公司实现销售收入212569万元，年上缴税金26503万元，占据国内新增风电叶片40%左右的市场份额。

**【河北国华定洲发电有限责任公司】** 河北国华定洲发电有限责任公司由北京国华电力有限责任公司、河北省建设投资公司、河北省电力公司三方按4：3：3比例共同出资于1999年3月创始组建。公司于1999年6月18日正式成立筹备处，2000年8月15日正式注册为"河北国华定曲发电有限责任公司"，2001年1月16日更名为"河北国华定洲发电有限责任公司"。2009年公司主营业务收入217946万元，年上交税金16650万元。经过二次股权转让，目前公司股东由中国神华能源股份公司（40.5%）、河北省建设投资公司（40.5%）、大唐河北发电有限公司（19%）三方组成。中国神华能源股份有限公司国华电力分公司负责对定洲发电公司执行董事会的决议情况、以及董事会闭会期间的基本建设、生产经营等日常工作进行管理。

公司设有总经理工作部、人力资源部、财务产权部、经营管理部、企业文化部、生产技术部、安健环部、发电运行部、设备维护部、物资部共十个部门。

公司一期工程建设2台600MW国产引进型亚临界火力发电机组，于2001年8月18日开工，1号机组于2004年4月26日比计划工期提前5天投产，2号机组于2004年9月10日比计划工期提前81天高标准通过168小时满负荷试运行，两台机组投产后，运行状况良好。

一期工程建设按照国华公司“六更一创”的内在要求和贯彻落实“小业主、大监理、大咨询”的基建管理体制，实现了“安全、优质、正点、规范”的目标。获得了“国家优质工程”银奖。整体工程施工建设质量被专家评定为“华北一流水平”。工程总投资决算为349340万元，大大低于465363万元的工程概算，用投资结余主动上了脱硫工程，做到了“占地小、投资省、用人少、管理新”，为以国产设备打造“国际一流电厂”做出了有益的探索和实践。

定洲发电厂二期工程于2007年6月15日经国家发展和改革委员会发改能源【2007】1313号文核准，于8月16日开工建设，下设工程部、计划部、基建物资部三个部门。

2008年，公司坚持“创建五型企业，提高核心竞争力”这一战略核心，抓住“确保一期两台机组安全、高效运营，确保二期工程高品质、高速度建设”的两条工作主线，突出“加强设备管理、建立技师机制、推进工程建设”三项重点工作，把握“决策科学、责任明确、机制完善、流程简化、执行高效”五项管理原则，实现一期生产经营、二期工程建设双丰收，开创定电公司“五型企业”建设新局面。

**【河北长安汽车有限公司】** 河北长安汽车有限公司注册成立于2002年5月17日，系长安（汽车）集团公司的控股子公司。2002年7月8日，举行了开业挂牌仪式，首辆长安小卡SC1011G下线，河北省政府才利民副省长等省、地、市各级领导到会祝贺，标志着长安小型商用车生产基地的正式成立。从2003年产销3000辆，到2007年产销双双突破15万辆，河北长安成为河北省产销量最大的汽车整车生产企业，以惊人的速度创造着跨越式发展的奇迹

2009年公司实现销售收入632223万元，年上交税金26116万元。

经过近年来的快速发展，河北长安现已成为长安（汽车）集团小型商用车和出口车的重要生产基地，是长安汽车实施“北上战略”的重要窗口企业，公司现有员工2300余人，注册资本2.65亿元，厂区占地面积300余亩，整车年产能力达到20万辆。河北长安立足华北平原，产品畅销全国，其中微型货车的市场占有率为同行业第一。公司产品出口美国、巴基斯坦、叙利亚、阿尔及利亚等50多个国家和地区，深受海内外用户的青睐。

公司拥有集冲压、焊装、涂装、总装四大工艺为一体的生产线，具备国内同行业先进水平；公司产品结构以升级换代的微型汽车——“长安星卡”系列和以“长安星光”为代表的小客车系列为核心，基本形成了“两大组群，四大系列”的产品谱系，产品品种达到200多个。

总规划面积达5000亩的“河北长安汽车工业基地”，目前已初具规模，现入园企业达到11家。工业基地以集团优势为依托，以市政府优惠政策为纽带，吸引配套企业投资建厂，以降低运输成本，挖潜增效。河北长安工业

基地的开发建设，将进一步优化保定市和定州市投资环境、发挥汽车产业链的巨大拉动作用，促进和带动地方工业经济的增长。

河北长安公司连年被评为河北省“重质量、守信誉”单位，跻身河北省百强企业，已于2004年初通过ISO9001：2000版质量体系认证、通过了中国3C强制认证，形成了规范、完善的质量管理体系，并实施了ERP信息化管理系统。河北长安一直致力于小型商用车产品的研制，并拥有一支依托长安汽车工程研究院、专业从事小型商用车产品设计、研发的科技队伍，不断推出新产品。公司尊重人才、重视科技、以创新作为发展的动力。

河北长安公司紧紧围绕中国兵器装备集团公司提出的“622”和长安集团“3337”发展战略，全力推进“大长安”企业文化，强化集团管理意识，倡导“团结拼搏，求实创新”的企业精神，开拓具有河北长安特色的发展之路，缔造小型商用车优质品牌的象征。

（邱佃河）

# 商　　贸

## 贸　　易

**【保定市商务局】** 保定市商务局是主管全市国内外贸易和国际经济技术合作的市政府工作部门。内设职能处室24个：办公室、人事教育处、政策法规处、财务处、国际经贸关系处、商业改革发展处、市场体系建设处、对外贸易处、市场运行调节处、外国投资管理处、对外经济合作处、机电科技产业处、进出口公平贸易和产业损害调查处、信息化处、投资服务处、畜禽定点屠宰管理处、保定市整顿和规范市场经济秩序领导小组办公室、纪检监察室、老干部处、信访办公室、机关党委、工会、妇女工作委员会、共青团委员会。设有酒类监督管理局、保定商务局畜禽定点屠宰稽查大队、调味品稽查队、贸促会等4个事业单位。

**【概况】** 2009年，受全球金融危机的影响，外贸进出口总额40.24亿美元，同比下降12.69%，低于全省平均降幅(22.99%)。其中，出口27.84亿美元，同比下降18.22%，低于全省平均降幅（32.62%），总量排位由上年的第三升至第二，增速排位由第五升至第三，占全省出口总量份额由14.2%提升到17.7%；进口12.18亿美元，同比增长3.26%，高于全省平均增幅6.7个百分点。实际利用外资43883万美元，同比下降18.1%。社会消费品零售总额730.3亿元，同比增长17.9%。

**【精细化招商取得新成效】** 年内，先后在香港、廊坊、厦门、南宁、深圳等地参加国家、省组织的一系列大型经贸洽谈活动，围绕新能源及能源设备、汽车及零部件、纺织服装三大支柱产业举办多次宣传推介和对接洽谈活动。特别是在香港举办的“危机下的新能源产业——2009保定·中国电谷（香港）投资峰会”，主题鲜明、形式新颖、内容充实、组织严密，项目规模大，客商实力强，宣传效果好，省领导及与会客商予以高度赞扬和一致好评。

**【服务基层】** 先后6次组织外经贸政策、业务专题培训活动，对全市近700家外贸进出口企业进行政策宣讲和业务培训。争取省外贸发展专项资金支持110家企业利用电子商务拓展业务。指导帮助14家重点出口企业利用财政预算往来资金加快出口退税进度。组织30余家进出口企业参加省政府举办的银企对接会。争取市财政落实300万元专项资金用于企业出口信用保险补贴。在省商务厅支持下将机电产品自动进口许可证打印终端延伸到该市。落实国家汽车及零部件出口基地支持政策，谋划启动汽车出口公共服务平台项目建设，帮助7家汽车整车生产企业获得汽车出口经营资质。全市有进出口业绩的企业756个，比上年同期新增加40个。

**【境外投资规模扩大】** 全年新批对外投资项目11个，其中超过1000万美元的项目2个，超过500万美元的项目4个，中方投资总额5607.4万美元，是去年同期的12倍。区域包括韩国、孟加拉、德国、朝鲜、香港等多个国家和地区，呈多元化发展，产品销售网络日渐成熟，区域布局渐趋合理。领域涉及新能源、机电产品、石材加工、农副产品、纺织服装、生物制药等6大行业多种产品，基本涵盖全市优势产业，行业覆盖面广、产品定位准确。

**【实施“对接京津”战略】** 商务对接实现新突破。组织参加“4.18”中国·天津第十六届投资贸易洽谈会、2010河北省迎新年经贸恳谈会、第十三届中国（廊坊）农产品交易会等对接京津经贸洽谈活动。发布重点合作项目60项，投资总额50多亿元。起草全市对接京津工作落实方案、考核办法及数据库建设方案。建立保定市商务局对接京津工作网站，包括工作动态、商贸合作、商贸信息、重大活动、人才交流、产业转移等栏目，上传信息140多条。与北京市商务委、北京海淀区商务局、天津市商务委、中国商业联合会四单位积极联系，经多次沟通，已与天津市商务委正式签订了战略合作框架协议。

**【家电下乡、汽车以旧换新工作启动】** 成立领导机构，出台了《保定市家电下乡实施方案》。全市共销售家电下乡产品31.4万台（件），销售额6.57亿元，农民领取补贴额8152.6万元。产品销售数量和金额列全省第一。按照国家和省政府要求，会同市财政局、市环保局等部门联合制定《保定市汽车以旧换新工作实施方案》，第一时间在市行政服务中心设立了汽车以旧换新服务窗口，是全省最早开展此项业务的设区市。全市共办理汽车以旧换新车辆156台，核发补贴资金88.6万元。数量和补贴金额居全省前列。

**【农村市场流通体系日趋完善】** 推荐“万村千乡市场工程”承办企业18家。已完成信息化建设的“农家店”600余家，在全省名列前茅。共新建、改造1000家标准化“农家店”及6家配送中心。标准化市场建设、“农超对接”和农贸市场调研考察工作进展顺利。申请的7家省级标准化农产品批发市场，6家得到批准，并已授牌；申报1家农产品批发市场、3家农贸市场列为“双百市场”项目；申报1家大型超市、1家农产品流通企业列为“农超对接”项目。以上项目共争取到国家支持资金1472万元。

**【市场运行监测系统覆盖面加大】** 新增加45家样本企业，监测样本企业总数达到105家。强化企业数据上报督报工作，企业数据报送率由年初的50%上升到目前的95%以上。在做好月度、季度、年度市场运行监测分析报告的基础上，加强元旦、春节、五一、国庆、中秋等节日市场分析，市场监测分析的时效性、准确性进一步增强。应急管理和市场供应保障机制进一步健全。

**【开展畜禽产品质量安全专项整治】** 学习贯彻新修订的国务院《生猪屠宰管理条例》和《河北省畜禽屠宰管理办法》，创新监管模式。组织定州、唐县、新乐等县（市）建立了跨区域执法协作机制，会同工商、质监、公安、卫生、畜牧等部门完善联合工作机制。加速推进牛羊鸡定点屠宰管理，7月和11月分别开展“夏日骄阳”、“朔风吹雪”等畜禽产品质量安全专项整治行动。全市定点屠宰生猪110万头，无害化处理病害猪2668头。查处违法案件560多起，没收销毁不合格肉品4580公斤。市区上市猪肉定点屠宰率达到100%，县城达到98%，确保上市肉品质量。

**【酒类市场监管创新】** 开展散装白酒集中整治专项行动。共查处各种违法违规案件1066起，收缴各类假冒伪劣和违规上市酒7764瓶，取缔不合法散白酒经营户19家。“禁止向未成年人售酒”明示牌发放率市区达到100%，县（市）城镇发放率达到95%以上；酒类零售许可证持有率市区达到95%以上，县（市）城镇达到90%以上。分析研究散装白酒流通环节存在的问题，探索、总结出散装白酒“密闭包装”销售方式和有重点、易操作的“代理商负责制”管理模式。这一做法得到省商务厅高度评价，10月22日在该市召开现场会向全省示范推广。

局长、党委书记 王庆龙
党委副书记、纪检书记 李丙申
副局长 孟荣才（3月离）
李宝成（2月免）
梁保生
张庆丰（3月任）
刘二强（3月任）
李　岱（3月任）
郑立奎（3月任）

（唐文兵）

# 海　关

**【中华人民共和国保定海关】** 保定海关隶属石家庄海关，于1999年6月正式对外开办业务，依法对保定市（包括22个县）内进出境的运输工具、货物实施监管，征收关税和其他税、费，查缉走私，并编制海关统计和办理其他海关业务。保定海关内设办公室、人事政工科、财务科、征统科、监管和技术科、加工贸易监管科、稽查科，并有石家庄海关缉私局派驻保定海关的缉私科共同开展工作。

【概况】 2009年，贯彻“依法行政，为国把关，服务经济，促进发展”方针，落实党组“四个一”工作思路，按照“健全完善三项机制、抓好五项重点工作”总体要求，全面开展“两白人”活动，采取有效措施化解和防范廉政风险和执法风险，全面履行把关服务职能，应对国际金融危机，促进地方经济平稳较快发展，较好地完成全年各项工作任务。全年共征收关税2568.5万元，增值税1.28亿元，合计1.54亿元，创开关以来历史新高。在总关开展的“两白人”（清清白白做人，明明白白做事）表彰活动中，保定海关“两白人”活动组获得组织推动奖，“清白人”小组上报的研究成果获得优秀成果三等奖。

【提升保税监管水平】 受金融危机影响，手册备案数及备案金额出现较大幅度萎缩，共办理加工贸易手册备案243本，备案金额5293万美元，同比下降45%，保税金额1345.5万美元，同比下降48%。针对这种情况，紧密依托风险管理平台，结合业务自主分析监控的开展，对加工贸易重点企业、重点合同进行筛选，加大监管力度，防止不法企业借金融危机铤而走险，违法、违规操作，造成海关执法风险。加强风险监控，着力构建防控预警制度。运用风险数据平台等工具，重点跟踪加工贸易业务量较大、备案金额高的手册执行情况是否正常，对有风险提示的手册及时处置，对风险较大的手册征收风险保证金，加大到期手册催核力度。加强监管工作，及时化解监管风险。增加下厂核查密度，对有经营异常倾向的企业在执行手册予以及时跟进，防止货物脱离海关监管。同时，引导和支持加工贸易企业利用好国际国内两个市场，在出口受阻的情况下采取内销方式消化保税料件，加强核销环节的归类、审价和实地核查工作，增加备案环节保税料件审价工作，从源头掌握料件的价格信息，确保税款应收尽收。

【加强稽查和企业管理】 开展常规稽查、专项稽查和验证式稽查，共稽查企业专项稽查4起，完成总关下达的年度稽查任务。办理企业注册176家，按照新的《企业分类管理办法》，根据动态调整原则，对原有A类及AA类企业进行了重新审核，受理新的适用A类企业申请11家，向上调整企业类别2家，及时将相关材料及时上报石家庄海关，为守法经营企业提供便利通关条件。开展注册登记企业信息核查和数据清理工作，成立核查小组，建立企业信息核查档案，并通过在报纸上刊发公告、在报关大厅张贴公告的形式周知企业，严格按照标准对企业信息数据进行甄别、审核，保证企业的进出口业务的正常运行，避免通关受阻，受到企业好评。

【建立健全风险管理机制】 风险管理部门围绕影响税收的相关因素，采取有效措施加强风险布控工作：加强组织协调，业务科室之间密切合作、数据共享；发挥征管、查验部门的业务职能，发现业务运行中的风险点，将带有普遍性的问题以风险参数的形式上报总关职能部门，提高布控命中率；选查岗位、审单、接单环节严格按照相关操作规程规范执行布控指令，准确、及时、规范录入。

【服务地方经济较快发展】 落实《海关总署关于支持扩大内需促进经济增长的十项措施》和《石家庄海关促进经济平稳较快发展帮助进出口企业渡过难关的八项举措》，开展“暖冬”行动，抓好“三了解三帮三送”活动，帮助企业度过金融危机难关。结合保定市实际情况，出台《保定海关促进保定市外经贸发展的几项措施》：落实国家税收优惠政策，实施担保通关，加快通关速度，支持扩大出口，建立良好关企伙伴关系；落实加工贸易政策调整措施，促进加工贸易健康发展；做好企业分类管理工作，落实便捷通关措施。先后帮助乐凯胶片股份有限公司、天威英利三期工程等重点企业、重点项目解决了区域通关等问题，为企业提供快捷通关服务。下半年，国家重大技术装备进口税收政策进行较大调整，涉及保定的主要有风电、太阳能发电、超特高压输变电等行业企业，且多为“保定－中国电谷”的主要企业。组织人员对文件进行了认真学习、讨论，吃透文件精神，对辖下10余家相关企业进行政策宣讲，帮助企业用足用好国家政策，为“中国电谷”重点建设项目的顺利开展提供优质服务。开展宣传培训工作。按照“点对点”（针对具体企业具体问题现场办公）和“点对面”（针对一个区域的经济发展特色进行政策宣传）相结合方式，开展调研走访工作，深入企业了解有关情况，同时进行政策宣讲，受到企业好评。推行24小时预约通关、加工贸易联网监管、网上支付税款以及区域通关模式，打造守法便利、统一规范、快捷高效、和谐顺畅的通关环境，通过现代科技手段，帮助企业降低经营成本，提高贸易效率。有6家企业开通区域通关业务；7家企业开通网上支付业务，网上支付税款日益增多；2家管理规范、业务量大的企业开通电子联网监管业务。

关　长　关伟仁
副关长　赵世民

（宿蓓蓓）

## 粮油购销

【保定市粮食局】　保定市粮食局是保定市人民政府负责全市粮食流通管理职能部门。内设办公室、党办室、人事劳资处、购销调控处、仓储基建处、行业发展处、财务审计处、纪检监察室、监督检查处、工会、妇委会、老干部处12个处室，工作人员48人。下辖5个事业单位，12个局属企业。

【概况】　全年完成销售收入6500万元，实现利润90万元。军供计划完成110%。市军供站、第二粮库完成搬迁，冀中油脂储备库搬迁选址确定，新建2000吨油罐提前完成。大众厨房实现扩建，标准化生产车间达2100平方米，放心馒头产品达三大系列150多个品种，营销网点达200多个，日产销馒头等系列产品8吨。重点指导扶持望都县益海物流、满城县中天农林商贸公司、博通饼业、涿州贡米等项目和品牌企业。总投资5000万元、占地25亩的望都县益海物流项目已开工建设，满城县中天农林商贸公司投资6000多万元、占地400亩、存栏8000多头的规范化养殖场已正式运营。腾并仓容53.86万吨、校验检测仪器1299多台件，质检人员504名，认定贷款资质企业48家，确定储存库点60个。落实国家托市收购惠农政策，6至9月，共托市收购小麦8.3万吨。组织辖区10多家粮食购销企业与京津大型粮食集团签订购销协议20万吨。全市入统粮食购销企业完成粮食购销总量172万吨，占全年任务目标172%。落实省级成品面粉储备3000吨，完成省级储备小麦轮换任务2.8万吨，竞价销售市级储备小麦2.55万吨。22个县（市）全部出台粮食应急预案，制定市级储备粮应急出库方案，完善粮食应急指挥系统。投资50万元改造了粮油化验中心基础设施，取得河北省计量认证资质证书和“河北省保定市国家粮食质量监测站”资质。

【强化监督职能】　全市监督检查内设机构16个、执法队达13个。年内审批粮食收购资格47家。截至年底，全市具备粮食收购资格涉粮企业506家。抽调400余人，抽样调查1157农户、361居民户、31家粮食转化企业、189家非国有粮食企业、208家国有粮食企业，进行了全市粮食流通统计台账推广工作，完成2009年度粮食供需平衡调查任务。

【粮食清仓查库】　选调粮食、财政、农发行等部门200余人，投入清查设备160台件、检查车辆82台，分5组赴22个县（市）及市区进行15天普查，共检查存粮库点80多个，检查粮食1070293吨，其中检查本辖区存粮975245吨、外省（市）代存粮95048吨。对辖区内国有粮食企业库存粮食进行全面彻底清查，保质保量地完成清查任务，得到省复查组和国家抽查组肯定。

【粮食储备管理】　继续普及电子测温、粮情检测、环流熏蒸等现代保粮技术，定期开展“一符四无”认定工作，全市科学储粮率达到97%，高出目标7个百分点；“一符四无”库站达到98.6%，高出目标3.6个百分点。组织3家企业申报中储粮代储资格，通过省局初审和国家局审核。

【职工生活保障】　全年帮助零就业家庭和下岗职工76人进行再就业，协调公益性岗位297个，争取特困救助金3万多元，救助特困职工42户，协调减免企业养老保险金410万元，协调解决了企业拖欠职工工资等问题，促进了企业的稳定。

【安全生产】　全系统实行“一岗双责”和“一票否决”制，每月一调度，一季一排查，加强对重点单位、重点部位、关键环节等检查力度。开展春秋两季安全储粮检查和粮食质量安全专项整治工作。做好防汛保粮工作，共准备防汛苫布1308块、油毡697捆、麻袋20.1万条、水泵188台、砂石2139方、方砖40.8万块，垒筑防水墙996米，疏通下水道1.2万米，组织抢险队167个，抢险队员达1543人，确保粮食安全度汛，全年未发生任何安全责任事故。

党委书记
局　　长　张文兴
党委副书记
副 局 长　丁进忠
副 局 长　安增敏　李　利
纪检书记　李建华

（刘永华）

## 供销合作

【保定市供销合作社】　是保定市供销合作经济的管理、监督、协调、服务部门。

**【概况】** 全市供销社系统完成创建食盐安全村4365个，完成碘盐供应4.4万吨，完成化肥供应66.2万吨。建立完善农副产品网络龙头22个，农资网络覆盖率达85%以上。规范完善日用消费品超市、农家店3500个，并打造示范农家店120个，建立再生资源回收网点137个，烟花爆竹经营网络覆盖率达到100%。供销社系统领办农民专业合作社512个，发展各类行业协会83个，建设农合联乡镇分会104个。建成村镇社区综合服务中心80个。161个基层社已改造重组。与本市惠友超市"农超对接"，订单生产、定向采购、分时生产、错季销售。

**【农资流通服务网络日趋规范】** 指导各县（市）供销社对标识、连锁配送流程及管理制度等进行规范完善，农资网络做到"线条明晰、管理规范、标识统一"，"环节少、流通畅、质量高、服务好"，建成市级及区域性农资配送中心31个，农资连锁直营店、加盟店2200个，网络覆盖率达到85%以上。

**【日用消费品网络不断完善】** 引进系统内外有实力大型贸易龙头企业，将其它经营单位纳入到供销社的网络，健全服务体系，增强供销社实力和为"三农"服务能力。全年发展日用消费品网络龙头29个，规范完善日用消费品超市、农家店3500个，打造示范农家店120个，

**【农副产品经营网络建设】** 围绕当地主导、特色产业，进规范和完善行业协会和专业合作社、专业批发市场等农副产品龙头企业经营行为，统一标识。发展涉农专业网站，将农民的产品信息发布出去，扩大销路，促进农副产品的增值和助农增收。全年发展完善农副产品网络龙头22家，购销网点477个。

**【再生资源回收网络逐渐恢复和发展】** 规范、整合和利用现有再生资源回收渠道，抓住回收网点建设、市场集散交易两个环节，利用闲置场地，兴办交易市场，引导系统内外的回收企业和个人开展合作。建立行业协会，以协会为龙头，将社会上闲散的个体回收户纳入到协会中，规范管理，已组建废旧物资网络龙头5个，建立再生资源回收网点137个。

**【专业社建设取得新突破】** 供销社系统共领办各类专业合作社512个，专业社吸纳社员18000多户，辐射带动农户数近10万户；培育各类农产品品牌54个，年农产品经营总额近10亿元，实现助农增收超1亿元。各级"农合联"探索专业合作社新的组织模式、新的服务内容，在土地流转、金融服务、农机服务、旅游休闲等方面进行了有益的探索。具有土地流转性质的"定州市怀德村农产品销售专业社"正式注册成立。涿州市"农合联"在所辖专业社中，开展"农户联保"和"内部资金互助"等形式的农村金融服务，累计融资1850.5万元，解决了农民发展生产中急需金融支持的难题，促进了当地相关产业发展。蠡县、清苑开展农机专业社试点，在专业社内统一调配生产机械的使用，发挥整体机械作业潜力。阜平县"农合联"借鉴北京昌平、山东莱芜等地兴办"农家乐"旅游专业社典型经验，与县旅游局合作在阜平天生桥景区筹建旅游专业社，把分散经营的10余个"农家乐"旅游服务点整合起来，统一标准、统一价格，形成有机整体，共同培育、开发、管理好当地旅游服务市场。

**【加大信息服务力度】** 全市农合联系统建成网站16个，发布各类信息9486条。与联通公司达成深度合作协议，将"保定农村合作经济网"与"保定热线"的"保定三农"栏目并网运行。日访问量500人次，提升了市"农合联"网站影响力。

**【推进项目建设步伐】** 全系统内引外联项目28个，总投资1.8亿元，其中：加工项目3个，流通项目15个，服务项目3个，养殖项目1个，商住楼项目5个，基层社改造1个。投资1000万元以上项目5个，3000万元以上项目2个。

**【创建"食盐安全工程"】** 创建"食盐安全工程"被列为市政府年内为民办的62件实事之一。坚持"党委领导、政府行为、部门负责、全面参与"原则，落实责任目标。全市已建设"食盐安全村"4365个，提前超额完成市创建"食盐安全工程"任务目标。按照市政府《关于对全市创建食盐安全工程进行考核验收的通知》精神，协调公安、工商、卫生、教育等有关部门，组成5个考核验收小组，考核验收26个县（市、区）创建工作，完成全年创建任务目标。

党委书记<br>主　　任　杜永昌<br>副 主 任　孟荣才　陈光耀<br>　　　　　段根栓　鲍世尧<br>纪委书记　尤永顺

（王景武）

# 烟草专卖

**【保定市烟草专卖局（河北省烟草公司保定市公司）】** 1984年12月成立，直属河北省烟草专卖局（公司）管理，主要职能是贯彻落实《烟草专卖法》、整顿规范保定辖区内的卷烟市场经营秩序、《卷烟零售许可证》的发放与管理，以及卷烟市场的货源调配与供应，集烟草专卖执法和卷烟经营为一体。2006年12月由保定市烟草专卖局（分公司）改制更名为保定市烟草专卖局（公司）。市局（公司）机关设办公室、综合计划科、专卖监督管理科、政策法规与体制改革科、财务管理科、审计科、人事劳资科、思想政治工作科、监察科、安全保卫科、卷烟销售管理科、烟叶管理科、经济信息中心、机关服务中心、稽查中心、营销中心、物流中心17个科室（部门）。下辖曲阳、安国、安新、定兴、阜平、博野、满城、蠡县、易县、顺平、徐水、涞水、高阳、唐县、容城、涞源、高碑店、清苑、望都19个县（市）烟草专卖局（营销部），涿州、雄县2个稽查大队（营销部）及定州稽查大队（卷烟经理部）。拥有总资产8.6亿元，其中固定资产7576万元、流动资产7.2亿元。共有在岗员工1256名。

**【概况】** 2009年，坚持严规范、保指标、抓创新的经营思路，综合分析卷烟市场，科学测算销量及毛利，精确制定购销计划，动态调整货源供应，扎实推进订单供货，开展工商协同营销，全面提升卷烟市场调控水平，全年共销售卷烟34.54万，其中低档烟销售15.71万箱，实现税利65369万元。

**【开展公益事业】** 全年捐赠扶贫帮扶款10.35万元及米、面、油等一批生物必需品。捐款慈善协会、爱心基金款项1.5万元，支持文明生态村、社区和农村新民居建设捐助款项3.53万元，困难群众和特困群众案件救助基金捐助款项3.05万元，为文明生态村建设捐助健身器材2.68万元，捐赠助学款5000元，捐助荒山绿化、植树款1.45万元，节前慰问困难群众和教师节捐助款2.03万元，振灾救助款物6.03万元，计划生育帮扶款和防火基金款7000元。

**【加强专卖管理】** 全年查处各类案件808起，查扣各类违规卷烟4223件，捣毁制假售假窝点3个，查获各类制假机械6台，破获国家烟草专卖局标准的网络案件8起，拘留51人，其中批捕32人，判刑16人。

| | |
|---|---|
| 党组书记<br>局长 | 张书林 |
| 党组副书记<br>经理 | 王春怀 |
| 党组成员<br>纪检组长 | 耿拴羊 |
| 党组成员<br>副局长 | 谈家俊 |

（季体新）

# 石油购销

**【中国石油化工股份有限公司河北保定石油分公司】** 河北保定石油分公司为中国石油化工股份有限公司地市级分支机构，拥有华北地区最大油库（库容量6.1万立方米）1座，年吞吐量110万吨，铁路专用线长2.5公里。有在营加油站230余座，有保定市惟一B级油品化验室一个，可24小时进行汽、煤、柴、润四大类成品油的32项指标进行精准化验。

**【概况】** 全年实现销售总量50万吨，实现销售收入27亿元，实现利税8748万元，资产总额9.95亿元，市场占有率41%。实施“油非互动、卡非互动、点对点竞争、加油卡积分优惠、目标客户开发”等组合营销策略，目标客户开发工作取得突破性进展。5月15日与保定市交通局签订京昆高速保定段全部12座加油站20年的经营租赁协议，改写河北保定石油分公司没有高速服务区加油站的历史，开创网络建设新局面，促成河北石油分公司与保定市交通局签署了战略合作协议。12月30日与保定市交通局签订张石高速公路二期和保阜高速公路服务区（停车区）加油站合作协议。对65座加油站9299平方米的旧损标识进行了喷涂和罩棚修缮；更换加油机307台，投入资金58.53万元对安国城西等10座加油站的破损地面进行了维修；投入专项资金129万元对南库660米道路进行了维修，解决困扰多年的“行路难”问题；完成48座加油站IC卡改造及17座加油站的形象改造任务。金苑加油站成为保定公司首个国家级青年文明号，受到省公司团委表彰。

**【开展“我要安全”主题活动】** 制订完善《安全生产责任制》、《红外线报警器使用管理办法》等多项制度，逐级“全覆盖和无缝隙”签订了279份安全环保、273份质量计量责任书和1475份员工安全承诺书。活动中多项作品被石化报、石化新闻网、省公司选用，知识竞赛、征文演讲、DV短篇均获得省公司及总部奖项。组织消防、应急演练5场，组织员工专题培训3次。投入专项维修资金450万元，对南库及11座加油站进行隐患治理；投入专项资金22万元为所有在营加油站安装报警设备。

**【加强企业管理】** 加强油品入库、储存和出库管理，231座加油站开展加油机铅封普查，1430条加油枪的主板、芯片、编码器进行了确认、施封。开展反盗油专项整治行动，查处盗油举报案件3件。坚持每季度数质量联合检查制度，强化了油罐标定、计量精度周期检测、计量交班制度、超耗问责制度、油罐加装防盗装置、定期督察等多项管理措施。阜平河口站严格执行库存管理规定，坚持日监控、日分析，库存管理成绩斐然。发挥油样抽检跟踪负责机制作用，协调工商抽检3次，油样69个，有效规避了经营风险。

**【市场整顿力度加大】** 协调配合工商、公安等执法部门，全年清理假冒仿、冒中石化标识的罩棚31座，加油机120余台，霓虹灯5具，成品油市场得以净化。

**【职工生活得到改善】** 投入14.7万元打井资金为22座加油站解决“员工吃水难”问题；投入2万元改善职工食堂设施；投入15万元修缮55座加油站房屋；投入救助资金85.22万元，对468人给予适时困难救助；定期组织员工职业病健康检查。推进五小工程建设，截止年底共建小食堂59个、小浴室31个、小活动室9个、小阅览室43个、小药箱213个、小菜园20个。

经　理　赵文勇
书　记　胡　林
副经理　车正乐　林　鹰
　　　　谢连君

（李玉田　葛　茜）

# 集贸市场

**【保定市市场建设服务中心】** 保定市市场建设服务中心是市政府直属正县级事业机构，是全市各类市场的主管部门，编制71人，为全额拨款单位，主要职责是：1. 负责制定全市市场布局规划、市场建设，组织市场论证，负责市场登记工作；2. 负责对所辖市场经营活动的日常管理，调解市场纠纷，管理市场物业，提供有偿服务，收取设施租赁费；3. 配合有关执法部门或有关执法部门委托，对市场经营者违法违章问题进行查处；4. 负责所辖市场的防火、防盗工作，配合公安、消防等部门，对市场的日常安全和消防设施管理使用达标情况进行规范和检查；5. 负责市场培育开发，引进现代化商业业态，推动市场上档升级；6. 组织各类庙会、商品交易会；7. 负责市场统计与分析；8. 组织市场检查评比、验收；9. 指导各县（市）市场建设服务机构的业务工作；10. 发挥好市场管理协会的作用，进一步规范全市各类市场健康有序发展；11. 承办市委、市政府交办的其他事项。内设办公室、党办室、监察室、人事教育处、财务审计处、市场建设处、市场管理处、市场稽查处等8个处室，下辖3个区市场建设服务中心、2个直属经营处：东风桥经营处、工农路经营处，3个区市场建设服务中心，即：南市区中心、北市区中心、新市区中心。直接经营和管理东风桥市场、工农路蔬菜果品批发市场、南二环农贸批发市场、建华路批发市场、化纤市场、中华社区便民市场、农大西等60多个市场，市区建成5个便民市场。年成交额30亿元。

**【概况】** 全市各类商品市场发展到920余个，市场建设服务系统采取多种筹资形式，投入市场建设资金2.3亿元，全市新改建市场16个，其中市区投入资金8560万元，新改扩建市场8个，改造升级3个，全市市场年成交额460亿元，其中市区市场成交额40亿元（包括鑫丰市场等）；市场年成交额超亿元市场36个，超10亿元市场6个，国家级文明市场6个，全国百强市场3个，省级百强市场19个。涌现安国药材、高阳纺织、庞口农机配件、白沟箱包、留史皮毛、曲阳雕刻、雄县古玩、定州蔬菜、保定工农路蔬菜果品、阜平大枣、满城草莓等在全国有一定影响的大型专业批发市场。形成以国家级、省级大型批发市场为龙头，封闭型永久性市场为骨干，遍布城乡的零售便民市场为基础，连接生产和消费，多层次、多领域、网络化的市场以城乡一体化为纽带，以区域专业和特色经济为龙头的市场发展发展新格局。在促进县域特色经济发展、增加就业、增加财政收入等方面发挥了重要作用。在国庆安保工作中，有两名同志被市委、市政府评为“先进个人”。

**【开展“两项”活动】** 按市委《关于“两项”活动的实施方案》总体要求，中心党委和各基层党组织以学习实践科学发展观和干部作风年为主线，“深入实际，破解难题、提高队伍素质，促进市场建设管理水平再上新台阶”，坚持正面引导、正面教育，边学、边查、边改，转变工作作风。下发《市场中心科级干部职位竞争上岗实施方案》，全系统科级干部全部实行竞职上岗，严格按照条例规定的程序、条件、方法选拔任用干部；坚持党的领导和党委分工负责制，坚持重大事情党委集体讨论决定；完善各项制度，堵塞各种漏洞。市场中心的好做法、好经验，《河北日报》、《保定日报》、《保定晚报》等有关新闻媒体、市委、市政府信息进行刊登宣传。

【建设便民市场】 加快《市政府工作报告》明确督办的5个便民市场建设项目建设，总投资7000余万元，建筑总面积30000余平方米，5个便民市场已全部投入运营。即：①东部商贸城工业品批发市场已建成投入使用，市场摊位占有率达到80%以上，实现了支农路拆迁周边鞋类商品经营摊点120多个进厅经营；②中华大府河便民市场已建成启动投入使用，实现中华小区、大慈阁小区周边摊群200余户进厅；③农大农副产品便民市场已建成启动投入使用，实现了府河市场部分搬迁商户及其他经营户900余人实现再就业，维护了社会稳定；④保府便民市场改造已启动运营，实现了南关大街早、日市摊点660余个退路进厅目标，净化了周边环境；⑤复兴西路便民市场已启动运营，实现了周边瑞祥大街、仁和街等30多个摊群退路进厅的目标。实现了近千个摊点退路进厅，为900余人提供了就业岗位。

【谋划市场项目建设求发展】 年内建设大的项目有：容城双丰箱包市场，顺平县城东综合批发市场，保定东部商贸城工业品批发市场等市场项目。全市新建、改扩建市场15个，在建市场7个，总投资2.5亿元。市区谋划新建市场11个，扩建市场1个，总投资8560万元。谋划建设高档次新市场。从市场建设规划着手，以500米~800米为服务半径，制定市区便民市场建设实施方案，组成3个调研组对各类市场的布局、配置发展进行调研，把市场建设纳入城市发展总体规划，用规划统揽市场建设，把全市近、中、远期市场发展融入到城市建设中，避免重复建设和资源浪费现象，为建设高档次的市场打下基础。按全市“城镇面貌三年大变样”工作总体部署，便民、利商、增加就业、优化环境、突出公益性，在市场建设资金投资采取社会融资与政府扶持相结合等方式，解决市场建设资金上的难题，确保东部商贸城工业品批发市场，农大新校区等便民市场任务目标顺利完成。

【市场规范化管理取得明显成效】 联合市城市管理行政执法局开展集中整治马路市场百日活动，取缔和搬迁部分马路市场，占道经营得到治理。校园周边环境得到优化，4月省督导组检查验收中得到认可。农产品药残检测得到规范，8月省检查组检查中，南二环市场代表市参加迎检，受到好评。5月全省“百城万店无假货示范街”评比验收、全省爱国卫生运动和省防控猪流感等项检查，先锋街便民市场代表市参加验收，受到很高评价。市中心开展为期2个月市区早、夜市摊点专项整治行动，出动600余人，260余台（次）车辆，发放明白纸6000余份，发放整治夜市通告3000余份，发放夜市登记申请表1300余份，申请办理夜市登记证300余份，办理夜市登记证210份。开展百日市场销售食品专项检查整治活动，严把食品准入关，完善健全了日巡查制度、上市商品台账制度、索证索票制度和登统计制度，下发安全生产和食品安全工作应急处理预案，防止过期或不合格食品流入市场，确保食品销售安全。召开三区中心科（所）长以上“限塑”工作会议，禁止在市场内使用超薄塑料购物袋，实行统一制作、统一规格、统一销售的“三统一”制度，所辖市场中已有50余个市场使用合格塑料袋。

【做好承办工作】 年内完成人大建议2件、政协提案9件，这些建议和提案的办结率、走访率、答复率、代表委员满意率均达到100%；

党委书记<br>主　　任　陈永华<br>副 主 任　贾海江　曹路祥<br>　　　　　李贺田　张亚辉<br>　　　　　孙宪军　李建民<br>纪委书记　马增凯

（帅金城）

## 商　检

【保定出入境检验检疫局】 隶属河北省出入境检验检疫局，是国家质检总局在保定设立的涉外行政执法机构。内设9个科室。

【概况】 全年检验检疫出入境货物14937批，货值113414.64万美元，同比批次减少25.23%，货值减少32.25%。其中，出境货物13748批，货值93141.52万美元，同比批次减少25.63%，货值减少31.87%；入境货物1189批，货值20273.13万美元，同比批次减少20.2%，货值减少33.98%。检出不合格出境货物61批，货值214.10万美元，不合格入境货物27批，货值219.87万美元。签发各类原产地证书9195份，签证金额41636.61万美元，其中普惠制产地证6303份，签证金额29132.26万美元，为企业享受直接减免关税优惠2595.8万美元。按照国家有关规定，减免农产品、纺织品等检验检疫费151.24万元。

**【实验室硬件和软件建设水平得以提升】** 投资105万元的综合实验室改扩建项目于12月竣工并投入使用。比原有实验室面积扩大一倍，检测项目增加，检测效率提高三分之一以上。申请配置的液相色普串联质普仪、微波消解仪、快速溶剂萃取仪、PE原子吸收仪等大型检测设备及时安装到位高效运转，提高实验设备的配套率，在现有条件下实验室自检率接近100%。检测样品5607个，检测项目2.78万项，同比增长22.4%和47.6%。共检出不合格样品429个，"不合格检出率"由上年的2.01%提高到现在的7.65%。为适应新的实验室检测，先后组织岗位培训50余人次，走出去学习12人次，请进来交流学习32人次。7月，综合实验室接受并顺利通过了CNAS首次复评审及扩大认可范围评审，实验室认可检测项目由去年的12大类商品、70个标准、183项目，增加到14大类商品、86个标准，226项目。年内陆续开展偶氮染料、甲醛以及苯咪甲环唑、啶虫咪、三唑酮、三唑醇、环氟菌胺、扑草净、炔螨特等农药残留检测。纺织品中富马酸二甲酯，果酱果汁中棒曲霉毒素检测等技术准备工作也已基本成熟。

**【开展企业"大走访、大培训"活动】** 按照河北检验检疫局关于开展企业"大走访、大培训"活动要求，在一、二季度集中开展企业大走访和大培训工作，对辖区700余家出口企业进行走访或约谈，组织企业培训20期，涉及企业470余家（含59家非法检企业），培训人员1000余人次。培训内容涉及《食品安全法》等最新政策法规、国外技术壁垒、报检知识、产地证及普惠制知识、实验室检测技术、欧盟注册肠衣企业迎接欧盟官方检查等多方面知识。

**【彰显检验检疫扶持外贸发展的理念】** 长城汽车公司不断提升产品质量和档次，经检企双方努力，打开保定汽车通往澳洲的大门，是长城汽车公司打开第二个西方发达国家的国门。天威保变集团出口的变压器，出口批次比往年减少，出口货值却不断攀升，全年出口货值3086.78万美元，同比增长90%。对纺织服装出口企业，5~8月分别组织纺织服装、毛毯、进口棉、玩具等不同行业的培训班，培训人员200余人次，出口玩具批次、货值同比增长49.15%和33.42%，出口橡胶制品同比增长34.9%和38.5%，出口到阿联酋、埃及、以色列和伊朗等中东地区的化纤毯和服装类商品，同比增长44.5%和35.1%。对出口金属类和有机化学合成染料类企业，做到"严格、细致、及时、高效"，自3、4月始，辖区各类有机染料出口逐月回升，到年底已恢复到去年出口最旺盛水平。哑铃出口批次增长63.4%，货值增长76.8%，也呈现出持续增长的良好势头。对出口动、植、食产品企业指导企业完善质量管理体系和产品溯源体系，强化出口企业诚信体系建设，指导企业建立安全防护计划，加强食品、农产品科学"研判"，通过严密监管和有效帮扶，部分县域特色产品出口批次（或数重量）、货值增长显著，出口大枣制品增长69.8%和87.4%，出口杏仁露增长100%和117.3%，出口番茄酱增长18%和22.6%，出口兰花种苗增长17.4%和24.8%，出口干燥花增长84.4%和93.6%，出口调味品增长28.6%和26.4%，供港活牛增长43.3%和37.9%。

**【敏感产品专项整治】** 开展"食品添加剂整治"行动，敦促77家出口食品、农产品生产企业建立原辅料、添加剂、包装材料供应商档案和文件化的控制程序，规范生产企业对原辅材料、食品添加剂的验收、保管和使用记录。对所辖出口食品生产企业提交的所有原辅料、食品添加剂及食品包装材料的相关材料进行登记备案，要求其供应商或原辅料、添加剂种类发生变化时提前申请和提交备案材料。帮助30余家出口食品生产企业完善实验室建设，提高企业自检自控能力。

**【运行17020质量管理体系】** 在河北检验检疫局系统试点导入并有效运行了17020质量管理体系，检验检疫执法工作更加规范。制定详实工作计划，组织开展内部人员培训，结合本局ISO9001质量管理体系，整理编写质量手册1部，程序文件25个，作业指导书65个，修订各类质量记录表格60个，按照上级要求推进17020体系运行和现场执法流程相关工作，为检验检疫执法工作有效性提供科学依据。

**【欧盟FVO肠衣残留监控检查顺利通过】** 11月，欧盟FVO考察团对中国输欧肠衣及兔肉进行检查，目的是通过对企业的检查来验证CIQ对欧盟注册企业的监管是否有效并符合欧盟的相关要求。保定检验检疫局为欧盟FVO考察团检查的最后一站，局党组高度重视，倾全局之力，在河北检验检疫局领导和认监处等相关处室的帮助指导下，奋战数月，顺利通过检查。欧盟FVO考察团用“非常惊喜、非常到位”两句话概括了到保定检查肠衣检验监管工作的感受。

**【做好甲型H1N1流感防控工作】** 制定《保定出入境检验检疫局机关职工及家属加强人感甲型H1N1流感疫情防控工作预案》。第一时间派2人参加河北检验检疫局援沪小分队到上海国际机场防控甲型H1N1流感任务，得到上海检验检疫局和河北检验检疫局领导表扬。

**【加强调查研究】** 到辖区700多家出口企业进行走访和调研，采取召开座谈会、培训会、电话约谈、发函征求意见等多种形式，全面宣传贯彻检验检疫政策、法规，传授实验室检测技术，指导和帮助进出口企业规避风险，全局中层以上党员干部撰写调研报告15篇，其他党员干部撰写执法把关和服务类论文30余篇。

局　　长　续延卿
副 局 长　徐国栋　闫凤莲
纪检组长　郎国君

（丁选亚）

# 水利·电力

## 水利

【保定市水利局】 保定市水利局为市政府组成部门。其主要职责是负责全市防汛抗旱、水利水电建设、农村水利、水利工程管理、水利水电工程规划设计、水土保持、水资源管理、水库移民管理、水行政执法等项工作。内设办公室、水利水保处、建设与管理处、财务处、人事科教处、规划计划处、水政水资源处7个职能处室（不含离退休干部处、机关党委）。

【概况】 2009年的水利工作是在国家、省、市积极应对国际金融危机的大背景下实施推进的，全市水利系统干部职工紧紧抓住国家"增加投入、扩大内需"的政策机遇，坚决贯彻市委、市政府"保增长、保民生、保稳定"的各项决策部署，奋发努力、锐意进取，真抓实干、合力攻坚，全市农村水利基础设施进一步夯实，南水北调、大水系等重大水利工程建设快速推进，山区水土保持和农村水电事业稳步发展、水资源管理保护全面加强、大中型水库移民后期扶持政策落实工作扎实有效，为全市经济社会又好又快发展提供了有力保障。

【大水系水源工程建设取得重大进展】 在市委宋太平书记提出的"团结协作、攻坚克难、科学推进、优质高效"的大水系建设精神鼓舞下，市水利局周密组织、精心安排，扎实工作、强力推进，大水系水源工程建设取得重大进展。2009年"十一"国庆前夕，清水入市目标顺利实现，受到古城人民的热烈欢迎。截止到2009年底，大水系水源工程已累计完成投资1.51亿元，南线的湾子隧洞、朱家峪沟整治、一亩泉补水渠和北线的自流引水、唐河灌区段整治等各项工程均按计划正常推进。

【水利工程投资项目建设处于全省前列】 2008年第四季度以来，市水利局紧紧把握党中央、国务院扩大内需政策出台的契机，按照"出手要快、出拳要重、措施要准、工作要实"的总体要求，积极谋划，细化举措，狠抓落实，全市水利工程投资项目建设实现了跨越式发展。经过一年多的努力，截止到2009年底，在建的各类水利工程总投资达到11.42亿元，其中争取省以上资金近6亿元，投资规模和争取上级支持均创造了保定市水利建设的历史之最，在全省水利系统中也处于先进行列。

【防汛抗旱工作扎实有效】 针对2009年的防汛抗旱形势，市水利局严格落实防汛责任制，大力实施蓄滞洪区和应急度汛工程建设，积极开展防汛知识培训，精心组织防汛军民联合演习，科学制定洪水指挥调度预案，加大防汛物资储备，强化通讯预警系统建设，认真开展防汛工作大检查，确保了全市安全度汛。

2009年保定市发生了较严重的旱情，市水利局全面加强抗旱监测，为各级领导指导抗旱提供科学依据；充分发挥抗旱服务组织主力军作用，深入田间地头指导农民科学抗旱；大力实施节水灌溉，积极推广抗旱新技术；充分利用抗旱资金，开展应急抗旱工程建设。同时，科学调度水源，有效满足各供水目标需求。经统计，王快、西大洋、安格庄三大水库放水1.49亿立方米，抗旱浇地73万亩（次）；西大洋水库、西大洋供水有限公司向保定市区安全供水6640.7万立方米；安格庄水库向白洋淀放水6974万立方米，进淀1725万立方米；积极实施了第三次“引黄补淀”工程，进淀水量6500万立方米；王快水库向北京及潴东地区应急供水3.537亿立方米。

**【民生水利建设取得突出成绩】**

2009年是保定市民生水利建设实施项目最多、投入最大的一年。**一是病险水库除险加固**。总投资2.5亿元的西大洋水库、瀑河水库除险加固工程，正在按计划实施。总投资1.43亿元的龙潭、累子、宋各庄、马头等4座中型水库和大悲、莲花池等17座小Ⅰ型水库除险加固工程已经全部开工建设。目前，蔡家井、麻棚、马连川、南道神等9座水库已经完工，龙潭、宋各庄、于家寨、高昌等4座水库主体工程基本完工。**二是农村饮水安全建设**。按照“统一规划、城乡一体、整县推进、户户通水”的农村人饮思路，着眼构建新农村供水保障体系，重点支持联村集中供水和城乡一体供水工程。全年投入资金1.37亿元，建成万人以上集中联村供水工程28处、单村供水工程93处，解决了304个村、33.3万人的饮水安全问题。**三是农田水利建设**。通过实施大型灌区续建配套与节水改造，抓好节水灌溉和集雨工程建设，积极推进基层水利技术推广体系建设和农民用水者协会建设，深入开展农田水利基本建设“海河杯”竞赛活动，促进了全市农田水利建设的扎实开展。2009年，全市累计投入农田水利建设资金近2亿元，完成工程项目7700多项，新增节水灌溉面积27.5万亩。在全省农田水利基本建设“海河杯”竞赛活动中易县荣获一等奖，容城、望都荣获二等奖。经过积极争取，望都、定兴列入全国第一批小型农田水利重点县，容城、雄县、高碑店、涿州被确定为全国现代农业县，2009年这6个县（市）每县获得省以上投资900万元。**四是水土保持综合治理**。以太行山国家水土保持重点治理工程、国家新增水土保持项目、省财政水土保持项目等国家、省重点水土保持治理工程为依托，全年投入资金4600万元，完成水土流失治理面积180平方公里。**五是农村水电建设**。总投资1.2亿元的阜平不老台、牛角台，涞源龙门、龙家庄、六十道沟，易县胶东沟口，唐县倒马关等7座水电站，目前正在建设中。总投资5000万元的涞源、易县、阜平3个县小水电代燃料项目顺利完成了规划。2009年，全市水电站共完成发电量8000万度。**六是水库移民后期扶持**。2009年共向水库移民发放后扶资金9717万元，后扶资金管理规范、运转高效、资金安全。在做好资金发放的同时，市水利局结合库区和移民安置区实际，投入资金950万元，完成扶持项目130个，受益人口7.1万人。截至2009年底，库区移民的生产生活条件得到明显改善，人均收入得到大幅度提高，库区移民稳定工作没有出现任何问题。

**【水利管理与改革工作成效显著】**

**一是节水型社会建设**。博野、高阳两个省、市节水型社会建设试点县正在按计划积极推进，其他县（市）根据实际情况也设立了一批试点村。各试点单位围绕水权分配、节水激励、用水计量、水权流转和协会建设等关键环节，进一步完善“用水双控、计量到户、节奖超罚、协会自治、市场激励、群众参与”的节水新机制。同时，围绕节水型企业和节水型社区创建活动做了大量卓有成效的工作。**二是水资源管理保护**。认真落实计划用水管理，严格水资源论证和取水许可制度。加强水功能区监督管理、核定重点水域纳污能力，坚持城市饮用水水源地水质旬报、城市饮用水水源地保护联席会议和重大水污染事件报告等制度，形成了由水行政主管部门牵头、相关部门配合、上下联动的格局。大力开展自备井关停工作，在市区与120家单位签订了关停协议，已关停自备井44眼。认真做好征费工作，征收水资源费1920万元，南水北调基金1728万元。**三是水利改革**。市直属单位（四大水库）和县（市）管理的55个水管单位全部完成了水管体制改革任务，并顺利通过了省水管体制改革验收组的验收，保定市被评定为整体良好等级。**四是水利科技**。依托国家自然科学基金重点项目、中科院重点实验室开放基金项目、水利部“948”项目以及省水利厅科研项目，积极搭建科研平台，多方争取资金支持，一些科研课题取得了新进展。2009年，由市水土保持试验站主持的“山区水土资源综合可持续利用技术研究”课题荣获河北省科技进步三等奖，这是全省水利系统中惟一获此殊荣的基层科研单位。**五是行政审批**。驻市行政服务中心水利窗口严格实行“五个一”制度，提质提速，减少审批环节，提高工作效率。2009年，该窗口共办理审批事项80件，接受群众咨询200多人（次），所有办结事项全部符合规范要求，未发生一起群众投诉和不满意事件。**六是水行政执法**。以“世界水日”和“中国水周”为契机，多形式、多角度开展水法宣传活动。同时，根据保定市实际，突出抓了河道采砂管理工作。2009年，全市共出动执法人员 2 万余人（次）、警力 1 千余人（次），取缔非法采砂点 184 个、查处采砂机械 640 台、发放宣传品 2 万余份；动用机械 248 台（次），回填土方 59 万立方米、平整河道 106 公里、堤防护险 5 处，有效遏制了非法采砂活动，维护了全市正常的水事秩序。

**【安全稳定工作实现了预期目标】** **一是信访稳定工作。**针对水利系统在建工程多，遗留问题复杂的实际情况，超前谋划，强化举措，牢牢控制住了稳定局面，全年没有发生有影响的事件。**二是安全生产工作。**始终坚持“安全第一、预防为主、综合治理”的方针，全面实行安全生产责任制，建立安全生产台账，举办安全生产知识竞赛，开展安全生产大检查，全年排查消除各类安全隐患百余处，没有发生一起安全生产事故。**三是国庆安保工作。**在认真总结 2008 年奥运安保工作的经验基础上，针对南水北调、水库移民、拒马河水事纠纷等省、市关注的焦点，进一步建立完善了各项安保措施，2009 年以来尤其是“十一”国庆期间，全市水利系统维护稳定工作没有出现任何问题，得到了上级主管部门和市委、市政府的充分肯定。

**【精神文明建设和干部队伍建设进一步加强】** 认真学习党的十七届三中全会、省委七届四次全会和市委九届七次、八次会议精神，促进了班子和队伍思想政治建设。扎实开展“深入学习实践科学发展观”、“干部作风建设年”等主题活动，进一步提升了实践科学发展观的能力，作风建设明显加强。按照“以才取人，有为有位”的总要求，抓班子、带队伍，激发干部职工干事创业的积极性和主动性，一大批单位和个人分别受到市以上奖励和表彰。以建立预防和惩治腐败体系为重点，进一步推进党风廉政建设的深入开展，努力提高为基层、为群众办事的质量和效率。注重抓好水利宣传，营造了良好的舆论氛围。认真办理人大代表建议和政协委员提案，各项满意率均为 100%。认真落实老干部政策，努力为老干部搞好服务。机关政务和事务工作做到了主动为机关服务、为基层服务、为群众服务。注重发挥工、青、妇等群众组织和水利学会、科研单位的作用，促进了全市水利事业的发展。

党委书记<br>局　　长　张千里
副书记<br>纪委书记　王兰芬
党委委员<br>副局长　张光伟　郑宝贵
张海波
宋彦斌(10 月免职)
朴丽芬
副局长　吴剑松
党委委员<br>总工程师　郝记栓
副调研员　张文郁(1 月任)

（陈吉华　蒋晓丽）

**【保定市南水北调办公室】** 为保定市南水北调工程建设委员会的办事机构，是保定市人民政府负责指导、协调、督促、检查辖区内南水北调工作的职能部门，为参照公务员管理的正县级全额拨款事业单位。内设综合处、计划财务处、设计环境处、征迁安置处、建设管理处。主要职责是配合国家和省做好南水北调中线主体工程建设的协调和服务工作，组织实施征地拆迁、移民安置，牵头组织保定市受水区配套工程的规划设计、资金筹措、建设实施等。

**【概况】** 2009 年，在市委、市政府的正确领导和省南水北调办公室的大力支持下，市南水北调办公室深入贯彻落实科学发展观，大力推进干部作风建设年活动，紧紧围绕年初制定的工作目标，团结一心、奋力拼搏，在重大任务前经受住了考验，增强了队伍的凝聚力和战斗力，圆满完成了各项任务。市南水北调办被国务院南水北调办评为南水北调系统宣传工作先进集体，被保定市社会治安综合治理委员会评为社会治安先进集体，被市委评为 60 周年国庆安保先进单位，1 人记三等功，2 人记嘉奖。

**【应急供水安保和国庆安保双告捷】** 2008 年 9 月 18 日至 2009 年 8 月 20 日，河北省的黄壁庄水库和王快水库向北京应急供水 4.35 亿立方米。按照省、市政府部署，市南水北调办承担了保定段 170 公里的应急供水安全保卫任务。为确保应急供水工程安全运行，专门成立了应急供水工作领导小组，建立健全了工作方案和应急预案，并组织沿线九（县）市南水北调办逐级落实责任，组建了一支 236 人的应急供水安全保卫队伍，统一佩戴“临时通水安全员”红袖标 24 小时巡视值勤。为确保渠道沿线人民生命安全和水质安全，开展了四次大规模的安全宣传活动。累计张贴应急供水安全宣传画 3300 张、安全通告 1000 余份，发放《应急供水安全宣传册》近 4000 册，安全供水宣传单 10000 余份、告学生家长通知书 30000 余份，使安全供水做到深入人心、家喻户晓，圆满完成了省、市政府交办的向北京应急供水安全保卫任务，受到国务院南水北调办、省南水北调办的表扬。

国庆60周年期间，作为全省“六护”之一的南水北调工程是重点保护工程。市南水北调办制定和下发了“迎国庆、保稳定、促发展”平安创建活动实施方案，与各县（市）政府签订了《国庆期间南水北调工程安全保卫工作责任状》，组织各县和项目部逐级建立国庆安全保卫组织机构，加强领导，同时对保定境内170公里渠段内的桥梁、隧洞、渡槽等重点部位建立安保台账，组织1030名看护人员昼夜严看死守，实行日报告制度。市南水北调办还成立了3个督导组对境内的安保工作进行不间断明察暗访、督导检查，有力的保证了南水北调各项安保措施不折不扣的落实，圆满完成了国庆安全保卫任务。

**【南水北调总干渠后续工作成果显著】** 截至2009年底，南水北调工程共发生临时占地2.65万亩，其中需要复垦的临时占地为1.78万亩，市南水北调办组织各县（市）严格按标准实施了复垦工作，并使复垦后的土地耕种条件较占用前有了较大的提高，受到了农民朋友的欢迎和称赞，为工程沿线农业和农村经济发展创造了有利条件。为满足渠道两侧群众出行需要，完成南水北调总干渠沿线连接路建设608条，总长267.4公里，完成交叉建筑物115座，累计完成投资6470万元。

**【天津干线征迁安置工作稳步推进】** 天津干线是南水北调中线主体工程的重要组成部分。全长155公里，穿越本市徐水、容城、白沟·白洋淀温泉城、雄县四个县，经廊坊进入天津。工程竣工通水后，将为徐水、容城、白沟·白洋淀温泉城、安新、雄县等城镇供水，对于缓解本市严重缺水局面、促进工农业生产协调发展、改善生态环境都具有重大的现实意义。天津干线在本市境内长度75.97公里，涉及14个乡镇、77个村、14万人。实施方案批复工程占地面积1.68万亩，其中永久占地365亩，临时占地1.65万亩；拆迁房屋1.76万平方米；搬迁工矿企业及村组副业66家；迁建各类通信线路192条，输油输气管道2条，切断各类道路228条。征迁安置包干投资为3.1亿元，征迁安置任务繁重而艰巨。

按照省南水北调办确定的2009年底交付天津干线施工用地的总体目标要求，市政府于8月18日在容城召开了征迁安置工作动员大会，全面部署了天津干线保定段征迁安置工作和土地勘界及实物量指标核查入户工作。会后，市南水北调办集全办力量，历时一个月完成了外业核查任务。随即利用国庆长假进行测算，拟定出了征迁安置补偿标准实施方案，此方案经省政府批准后，市委、市政府于11月27日将天津干线保定段征迁安置任务与投资包干到了各县，与各县政府签订了责任状，并对下步征占资金兑付工作进行了安排部署。截至2009年年底，入户工作全部完成，公示73个村，资金兑付69个村，累计完成资金兑付3638.41万元，提交工程建设用地1239.79亩。

**【配套工程前期工作取得重大进展】** 按照省办工作部署，市南水北调办对全市南水北调配套工程规划进行了修改、补充和完善，并最终定稿；完成了南水北调向白洋淀补水方案编制大纲和工作大纲初稿；配套工程一期建设项目的可行性研究已按省办下达的工作计划完成了相关内容。4月13日，市政府召开廊坊干渠征迁工作动员大会，安排部署了征迁实物指标调查工作。会后，由市南水北调办牵头组织，历时20天完成了廊坊干渠实物指标调查工作，以满足初设报告编制和补偿资金兑付要求。廊坊干渠初步设计报告已经省专家委员会审查通过，设计单位根据审查意见进行了修订完善，已上报省待批。

**【南水北调中线工程对唐河灌渠补偿项目顺利完工】** 唐河灌渠补偿项目是市南水北调办经过努力争取才获得批准的补偿项目。该项目的实施大大降低了南水北调中线工程对唐河灌渠的影响，同时也是本市大水系建设的组成部分。工程总投资750万元。由于工期紧、任务重，市南水北调办积极协调有关部门，在确保工程质量的前提下，加快施工进度。办领导也多次到现场对工程质量、施工进度进行督导，最终保证唐河灌渠补偿项目工程顺利完成，确保了国庆前夕西大洋水库清水入市。

主　任　朴丽芬
副主任　马　杰（1月任）
　　　　陈国庆（1月任 在市大水系建设办公室工作）

（郝红梅　谢长江）

**【西大洋水库管理处】** 西大洋水库管理处位于唐县境内。主要任务是防汛、工程管理、水源地管理、城市供水、工业供水及农业灌溉。2009年内设党委办公室、行政办公室、人事科、监察室、工程管理科、财务科、机电科、派出所、老干部组、综合经营科、水源地办公室、水政大队等19个科室。

【概况】 西大洋水库地处海河流域大清河系南支唐河的出山口处，控制唐河全部山区流域面积4420平方公里，现有防洪标准为两千年一遇。总库容11.37亿立方米，为大（Ⅰ）型水库。唐河发源于山西省浑源县抢风岭，河道全长273公里，经定州市、望都县、清苑县入白洋淀。枢纽工程由一座主坝（全长1799.55米）、4座副坝（全长2794.3米）、正常溢洪道、固定口门式非常溢洪道、泄洪洞、输水洞及电站组成。配套工程有总干渠一条，长40.78公里；干支、斗渠共417条，总长523.70公里；建有闸、涵、桥、泵站、水电站等各类建筑物2938座。2009年是连续干旱的第十二个年头，全年入库水量1.2813亿立方米，最大入库流量为12.513立方米/秒，年平均入库流量4.08立方米/秒，年最高库水位129.55米，最低库水位126.33米，最大库容2.4676亿立方米，总出库水量1.6718亿立方米。西大洋站年降水量461毫米，年蒸发量954毫米。2009年向保定市城市、生活供水0.6711亿立方米，定洲电厂供水0.1478亿立方米。

【水库加固工程进展顺利】 2005年6月，除险加固工程开始。2009年，西大洋水库除险加固工程完成正常溢洪道开挖、重建工程，主坝帷幕灌浆工程，泄洪洞进出口启闭机、闸门更新及洞身裂缝处理工程，主坝及六轴坡副坝填筑工程，六轴坡副坝干砌石护坡、主坝干砌石护坡砌筑工程。三个副坝的招标、征地工作正在进行。

【灌区工程建设有新突破】 一是完成唐河灌区2006年度续建配套与节水改造工程。工程建设内容为一干渠、总干三支渠、二干渠，二干一支渠下游和总干北高昌桥，此项工程从7月底开工，11月初全部竣工，完成投资300万元。二是完成唐河灌区2008年度续建配套与节水改造工程。工程建设内容包括总干渠首量水工程、一干六支渠、总干四支渠、二干二支渠和八干渠浆砌石墙维修，工程从8月底开工，11月初全部竣工，完成投资200万元。三是完成唐河灌区2009年度续建配套与节水改造工程实施方案的编报及工程招标工作。唐河灌区2009年度续建配套与节水改造工程总投资1330万元。此项目进入前期征迁工作。四是灌区水价改革暨末级渠系改造工作共完成投资600万元，其中国债300万元，群众投劳折资320.37万元。

【加大水源地保护力度】 开展普法宣传教育，组织水政执法人员加强水法规的学习和研究，利用电视、广播等媒体广泛宣传《水法》、《水污染防治法》、《渔业法》等法律法规，在库区醒目位置设立警示牌，提升库区周边村民的护水意识。配合市环保和卫生部门，定时对水质取样化验，监测水质变化；入库区村庄，加强水污染源调查监测；打捞水上漂浮物，确保“库面清、库岸洁”。强化水政巡查和执法力度，坚持开展日常性巡查制度，打击破坏库区环境、污染水质、违章建筑和偷盗鱼行为，保障水库水质的安全。西大洋水库水源地保护领导小组办公室、市公安局西大洋治安分局、水政监察大队统筹协调，分工协作，责任到人，维护水源地良好的管理秩序，保证保定市百万市民饮水安全。

【安全度汛】 做好大坝观测工作，把观测资料分析整编和归档。对重点部位进行砌石、灌浆处理，消除工程隐患。汛前管理处组织4次工程检查，发现问题现场制定整改方案。完善和修定防洪预案，明确责任，严格操作规程及应急措施。健全防洪组织，实行以行政首长负责制为核心的责任制，成立防汛办公室，坚持“4224”防汛值班制度，确保安全度汛。省市级领导来库检查工作均给予充分肯定。

【积极参与大水系建设】 西大洋水库管理处负责唐河灌区总干渠部分渠段6.2公里的树木清理工作。大水系唐河灌区段建设自4月2日开工至9月15日工程投入使用，历时五个多月，共清除影响工程建设树木12800余棵，解决处理临时占地及影响施工纠纷30起，出动人力860工日、134车次，保障“清水入市”工程的顺利实施。自9月15日开闸放水至10月15日结束，历时30天，供水量2737.3万立方米。

【做好国庆安保工作】 成立安保工作领导小组，班子成员按分管科室安排轮流值班，24小时不断岗，夜间到各岗位点和重点工程部位进行巡查。水政大队负责水面昼夜巡逻，治安分局负责坝上公路巡查，在引水口增加警卫力量，设立警戒区，安装探照灯、摄像头，实行24小时监控。对主要入库区路口的各类车辆、装载货物和人员进行认真检查、登记，严禁携带危险品、爆炸品进入库区，对非管理人员进行有效劝阻、劝退。建立库区信息员日报制度。库区周边协理员坚持每日一报，有事报事，无事报平安。

【弘扬企业文化】 发挥工会、

共青团、妇联的作用，组织一系列职工文化和技术攻关活动，丰富职工文化生活。单位内部刊物《大洋园地》自2007年创刊2009年底共出版18期，对弘扬水利文化，增强干部职工凝聚力起到重要作用。

主　任　李士贤
副主任　刘建国　刘宏楼

（刘　欣）

【王快水库管理处】　王快水库管理处的主要职能是防汛、大坝工程管理、渠道工程管理、水源地保护、城市供水及农业灌溉用水管理调度等。内设党委办公室、行政办公室、人事科、财务科、工程管理科、工程科、机电科、灌溉科、派出所、保卫科、经营科、水源地办公室、水政大队等13个科室，并建立了曲阳、定州、安国、博野、蠡县等7个基层灌溉管理所。现有在职职工276人，离退休人员132人。

【概况】　王快水库坝址位于曲阳县党城乡郑家庄西，海河流域大清河水系南支沙河上游，为全国大（Ⅰ）型水库，距保定市和石家庄市分别为100余公里，总库容13.89亿立方米，是一座以防洪为主兼灌溉和发电的水利枢纽工程。水库下属的沙河灌区是全国大（Ⅱ）型灌区，有效灌溉面积76万亩，总干渠从曲阳到沧保界134公里，控制流域面积3770平方公里，占总流域面积的59%。水库主要建筑物有拦河坝、溢洪道、泄洪洞、水电站。2002年9月20日除险加固工程开始动工，2005年9月竣工，达到规划防洪标准。防洪标准为500年一遇洪水设计，10000年一遇洪水校核。

【安全度汛】　2009年是王快水库防汛特殊年，一是水位达历史最高，高水位运行；二是给沧州和北京同期供水，时间长，流量大。为了做好度汛工作，坚持“两早七提前”的原则，即：早运行，早行动；提前召开会议，落实责任制；提前工程排查，投入21万元对大坝进行整修；提前组建13个防汛专业组，健全防汛组织，实行以行政首长负责制为核心的责任制，成立防汛办公室，坚持“4224”防汛值班制度，做到24小时昼夜有人值班，确保安全度汛；提前军民联防，雨天进行演练；提前备物料；提前做预案；提前巡护。

【顺利供水】　2月20日开始，从曲阳县境内的南水北调连接段提闸供水，到7月23日完成供水任务，历时154天，供水总量为3.8亿立方米（其中给沧州1亿立方米，北京2.2亿立方米，曲阳0.6亿立方米）。为做好供水工作，水库管理处主要从五个方面做到位：一是思想到位，长期给北京供水是机遇，更是责任，不仅代表水库，更是代表保定市、河北省；二是宣传到位，在库区设立安全警示牌80块，写标语265条，下发供水通告2000份，出动宣传车宣传一周，当地电视台播放供水通告；三是组织到位，成立前方指挥部，组建六个工作小组；四是准备到位，投入25万元对工程进行维修加固；五是落实到位，63人组成4个护渠队，6个管护组，搭设帐篷12个，114个日夜吃住在输水线路边。2009年，水库利用供水，发电3800万度、浇地37万亩（其中沧州36万亩，曲阳1万亩），实现收入2300万元（不含二期北京供水1亿立方米，水费1900万元），取得了良好的社会效益和较好的经济效益。

【水源地保护工作成绩显著】　王快水库作为饮用水源地之一，保护水质安全是工作的重中之重。王快水库水源地办公室和水库执法大队为做好此项工作，多措并举，进乡入村张贴通告，在原有的基础上增设警示牌，还通过宣传车、广播、电视等媒体进行普法宣传，让广大群众认识了解水源地保护工作的重要性。成立群管网络组织，积极配合水政执法大队的人员进行昼夜巡护，对在水库水域内毒、电、炸鱼，网鱼和采铁砂等非法行为及时制止。对在王快水库一、二水源地保护区（周边41平方公里）内，开设饭店等非法经营活动依法予以取缔。全年共清理采砂船70条，清除旅游船9条，使水库水质常年保持在二类以上。

【完成国庆安保工作】　统一思想认识，由领导班子成员按分工进行管理，成立2个安保工作小组，深入排查，消除隐患，不留死角。各小组实行24小时不断岗值班，对重点工程部位加强巡查。执法大队加强水面巡逻，保证水面不出现投毒或其他非法行为。在大坝、出水口及渠道增加巡逻力量，设立警戒站，对主要入库路口的各类车辆和可疑人员进行认真检查、登记，严禁携带危险品进入库区。库区及渠道巡逻人员认真填写日志，做到有事及时报，无事报平安。节后，管理处被中共曲阳县委、县政府评为2009年国庆安保先进单位。

【做好安全生产工作】　进一步建立健全安全组织，对安全生产进行制度化、规范化管理。以安全生产责任制为龙头，实现隐患排查治理工作制度化、规范化、经常化，从工程隐患排查到隐患整改形成一套完整的资料体系，并报处安委办备案。2009年，共编写18项制度，17项安全操作规程，投资10.5万元购买安全生产器材，被省定为全省水利安全生产先进示范单位。

【积极配合大水系建设】 王快水库作为两库联通建设工程的源头，为早日实现引清水入市，积极做好征地和与周边村的协调工作，以确保工程顺畅施工。还派出技术人员到"两库"连通建设处支持施工建设。

【灌区工程建设有新突破】 2009年，在已完成的第四期节水改造工程基础上，投资1200万元，顺利实施了灌区第五期节水改造工程。

主　　任
党委书记　蔡翔涛
副 主 任
党委副书记　刘正龙
党委委员　葛进昌　张献军
任玉良

（蔡贵胜　王红亮）

【安格庄水库管理处】 为副县级差额补贴事业单位，归属保定市水利局。管理处内设党委办公室、行政办公室、工程管理科、人事劳资科、财务科、治安室、灌溉科、水政科（兼水政执法大队）、综合科及向阳、高村、裴山、太和庄、横岐、南尚乐六个管理所。

【概况】 2009年开展了"转变干部作风年"、"深入学习科学发展观"两次活动，认真完成了每一个规定动作，收到良好的成效。6月10日零时开始提闸放水，进行补水给淀。此次给白洋淀补水历时22天，共计6900多万立方米，为淀区群众生产生活、旅游业及白洋淀湿地生态平衡奠定了坚实的基础。2009年全年供灌溉用水2216万立方米、灌溉面积8.2万亩次；供发电用水9116万立方米，发电671.2万度；经营创收125万元；工程设备完好率达到95%以上。

【加强安全生产工作】 安全稳定组织健全，一年中积极开展工作，多次对水库、灌区的所有工程设施、生产生活设施进行检查，发现安全隐患及时处理解决。对影响防汛工作的一些工程和生活设施进行了维修，并落实了责任制，做到了一级抓一级、层层抓落实，确保了单位的安全与稳定。在2009年9月省"安全生产执法检查特别行动"中，管理处受到了市水利局表彰，被评为先进单位。

【灌溉放水】 灌溉收入是水库收入的主渠道，既不能出任何安全责任事故，又必须保证水费收缴到位，还要千方百计的扩大浇地面积和节约用水。这项工作能否达到预期目的，决定着水库管理处经济拮据局面能否扭转。2009年共放水两次，都严格按照"高度重视、计划周密、科学调度、落实责任"的十六字方针，处领导亲自带队，组织精干力量到一线调度指挥，鼓舞了职工的士气，调动了积极性。全年共浇地40多天，灌溉用水2216万立方米，灌溉面积8.2万亩次。

【加强工程管理】 5月中旬，处领导、防汛委员、工程技术人员对大坝、溢洪道、输水洞、所有闸门启闭设施、备用电源等进行检查和试运行。6月上旬，对供电线路进行检修并对高压走廊进行了清理，对防汛物料进行了清点，并造册登记。严格落实了防汛值班制度，为雨情、汛情等信息及时准确的上传下达提供了可靠保障。

【易水灌区节水改造工程】 按照市委、市政府改革开放、优化环境的总体要求，紧紧抓住中央财政政策机遇，积极跑部进厅，争取项目，争取资金，加快灌区节水改造各项工程的顺利开展，2008年新增项目1500万已经顺利完成，并通过了中央、省、市检查组的检查；2006年~2008年新增项目已基本完成。灌区工程改造给当地农民灌溉减轻了经济负担。

书　　记
主　　任　任嘉祥
副 主 任　李锁成　李　玉

（刘　凯）

【龙门水库管理处】 龙门水库管理处位于保定市满城县白龙乡东龙门村，隶属保定市水利局，为副县级差额事业单位。内设办公室、工程科、渠道科、多种经营科、财务科、治安派出所、水政监察大队、渔政站和纪检监察室等科室。至2009年底，共有在职人员61人，其中管理人员13人；专业技术人员中副高级职称3人，中级职称5人，初级职称24人；工勤人员中技师7人，高级工16人，中级工5人，初级工2人。

【概况】 龙门水库位于保定市满城县东龙门村漕河中游，是一座以防洪为主，兼有灌溉、养殖等综合用途的大II型水利枢纽工程。该水利枢纽工程包括主坝一座，长539米，最大坝高40.5米；副坝四座全长2237米，除十八坡副坝高程为131米外，其它坝顶高程均为131.8米；新建泄洪闸全长96米，设8孔闸门，堰顶高程为120米，净宽80米；百年一遇洪水设计，两千年一遇洪水校核。控制流域面积470平方千米，最大库容1.267亿立方米。

**【高压线路改造工程】** 水库供电是由保定供电公司通过惠阳机械厂进行转供，惠阳机械厂到水库设有10kv供电专线，全长10km。该线路从惠阳机械厂到十八坡副坝后再分别输送到主坝输水洞、泄洪闸、管理处大院、李庄副坝输水洞。由于供电电线为裸线，线路所经之处多为山区，地形复杂，树木繁多，每年因风雨雷电等原因造成的短路、停电、击毁配电设备的现象时有发生。为了消除隐患，确保安全供电，本处争取资金20多万元，进行了线路改造，将现有的裸线更换为YJV22－8.7/10－1×70绝缘线，更换距离为1km，更换电缆长度为3km，并更换高压空气开关一台，低压配电盘两台。

**【安全度汛】** 在日常的工程管理中，做好工程维护，大坝观测、降雨量和水位观测，及时把观测资料整编归档；修复了主坝迎水坡和背水坡的台阶。在防汛工作中，按照“防重于抢、抢重于救”的指导思想，汛前在思想、组织、工程、物资、预案、通讯等方面做好充分准备，对闸门、启闭机和备用电源进行了试运行，对主副坝进行了检查，对沙江、李庄、十八坡泄洪闸进行了巡查，消除了隐患；认真落实岗位责任制，加强工程监测及巡查检查工作，加强汛期值班，在全体干部职工的共同努力下，安全度过了汛期。

党委书记
主　　任　贾爱成
副 主 任　李军良　穆文才

（安玉兰）

# 电　力

**【保定供电公司】** 保定供电公司是隶属河北省电力公司的国家特大型供电企业，担负着保定市4区22县的供电任务，负责220KV、110KV、35KV及10KV以下电压等级的电网规划、建设、运行、维护等任务，负责对辖区内电力用户的用电情况进行监督、管理和检查，并负责华北电网保定境内500kv714千米超高压输电线路的管理，供电覆盖面积22109平方公里。公司下辖22个县级供电公司，本部设有职能部室14个：办公室（党委办公室）、发展策划部、人力资源部、财务资产部、安全监察部、生产技术部、基建部、营销部、审计部、监察部（纪委办公室）、思想政治工作部、农电工作部、保卫部、工会；有二级单位（车间）18个。2009年，公司本部有职工2071人，公司系统共有职工1.9万人。吉达电力建设集团有限责任公司是供电公司多种经营企业，集输电、变电、供用电、运输、建筑等电力建安业务为一体，由变电分公司、线路分公司等10个独资子公司组成，机关本部设7个职能部室。

**【概况】** 截止2009年底，保定供电公司共有110千伏及以上变电站115座，变电总容量13805兆伏安，其中220千伏变电站22座，主变容量7290兆伏安，110千伏变电站93座，主变容量6515兆伏安。110千伏及以上输电线路248条4473.06千米，其中，500千伏线路6条714千米，220千伏线路54条1509.26千米，110千伏线路188条2449.8千米。2009年完成售电量178.57亿千瓦时，同比增长12.07%，再创历史新高。线损率完成3.95%，完成省公司指标；电费回收率完成100%；市场占有率完成99.39%，同比提高0.04个百分点；负荷率完成77.82%，超计划任务3.82个百分点；综合电压合格率完成99.439%，供电可靠率完成99.929%，均超额完成省公司指标。完成了三个“百日安全长周期”，并且全年无事故。多种经营实现销售收入5.62亿元，实现税后利润5812.9万元。2009年公司荣得“全国文明单位”、“中央企业先进集体”、“全国电力行业优秀企业”、“全国企业文化建设先进单位”等荣誉，被保定市委、市政府授予捐资助学模范荣誉称号，并连续18年保持了河北省文明单位，连续12年保持了保定市文明行业竞赛“便民利民杯”第一名，并连续多年荣获保定市思想政治工作优秀企业称号。公司领导班子连续多年被河北省电力公司和市委市政府授予“四好班子”和“实绩突出领导班子”。

**【圆满完成国庆保电工作】** 公司负责维护的6条714公里500千伏超高压线路，担负着首都三分之一以上的用电量，6条220千伏线路担负着支援北京用电的任务，上述线路共有铁塔2267基，不仅点多、线长、面广，而且大部分建在高山峻岭之上。国庆安保期间，公司系统2万余名员工坚守岗位，出动地方护电人员5000多人，看护犬2000多条，并对6条500千伏和6条220千伏进京线路实行24小时不间断巡护，共消除隐患20处，清除线下违章树木4万余棵。公司举全局之力，充分借鉴奥运保电任务的成功经验，克服种种困难，保障了电网安全稳定运行，圆满完成了国庆保电任务。

**【深入开展学习实践科学发展观活动】** 公司党委按照河北省电力公司党组的统一部署，严格按照三个阶段、六个环节的活动要求，紧紧围绕“一岗两讲五结合”的活动主题，以深入学习为基础，以解放思想为先导，突出实践特色，通过学习调研、征求意见、召开专题民主生活会、撰写分析检查报告、制定整改措施、进行群众满意度测评等方式，圆满完成了学习实践活动的各项任务。在学习实践活动中，公司领导班子深入一线和基层开展专题调研，召开专题民主生活会查找不足，对领导班子分析检查报告进行了群众满意度评议，测评结果“非常满意率”达到了97.2%，“满意率”达到100%。通过学习实践活动，实现了“党员干部受教育、科学发展上水平、人民群众得实惠”的总体要求，达到了“提高思想认识、解决突出问题、创新体制机制、促进科学发展”的目标。

**【电网建设进一步推进】** 2009年完成主网投资8.26亿元，投产110千伏及以上工程18项，主变容量173万千伏安，线路316.8公里，公司首座数字化变电站——白洋淀变电站顺利投运；完成配网投资7681.8万元，营销专项工程投资4855.19万元，这些电网建设项目的投运，进一步优化了保定市电网布局，提升了电网的供电能力和信息化水平。农网建设和改造共完成投资3.52亿元，完成了一个县（雄县）、12个乡和224个村的新农村电气化建设与改造任务，完成15502眼排灌机井的“户户持卡”改造任务，完成733个村的低压治理工作。积极配合保定市城镇“三年大变样”工作，完成了西大街、东三环、高速引线改造等10项重点工程的电力线路、电力设施改造及拆迁任务。

**【大力推行标准化经营管理】** 公司把标准化建设作为提升公司管理水平和员工素质的重要抓手，系统策划了“部室20条、车间20条和班组16条”建设标准，建立了层次清晰的三级标准体系，实现了对安全生产、经营管理等各项工作的全过程控制，公司的管理水平和员工素质明显提升，公司发展的综合实力明显增强。公司的蠡祁监控中心被河北省电力公司确定为学习实践科学发展观活动实践基地，国家电网公司在保定召开了基层标准化建设现场经验交流会，对公司的标准化建设工作给予了高度评价。

**【科技创新取得一系列成果】** 公司的信息网与所有110千伏变电站具备联网条件，与所有县供电公司管理信息网络实现联网，公司荣获中电联“电力信息化标杆企业”称号。2009年，公司8项科技成果获省公司科技成果奖，数量再创新高，取得9项专利申请号，获得专利授权8项，获省公司“创新型企业”称号。公司积极开展智能电网前沿研究，太阳能光伏并网关键技术等项目取得了阶段性成果，并参与了省公司智能电网规划的编制工作。

**【千方百计提供优质服务】** 公司坚持一切以客户为中心，坚持“四个服务”宗旨，把优质服务作为各项工作的重中之重。优化业扩报装流程，实行客户报装预约服务，接电时间平均缩短了3.14天。拓展电费收费方式，新设立47个代收网点，形成了人工、自助、网络等相互补充的缴费方式，使市区达到了273个收费网点和8种交费方式，初步形成了10分钟缴费服务圈。“一户一表”改造被市政府列为“惠民、利民”工程，截止到2009年底，共完成12653户。为方便居民生活，将因设备检修等计划性工作会影响居民正常用电的情况及时通过电视字幕及保定晚报提前刊登停电通知。积极应对50年一遇的严重春旱，组织公司系统职工深入田间地头开展供电服务，24小时处理报修及突发事故，为夺取夏粮丰收提供了电力保障。

经　　理　李晓辉
党委书记　闫晓丁
副 经 理　荆　宇　唐　勇
　　　　　周爱国　张继刚
工会主席　崔建勇
纪委书记　任玉池
总会计师　刘海涛
总工程师　沈海泓

（刘春蕾）

# 交通·邮政·电信

## 铁　　路

【保定火车站】　隶属北京铁路局北京车务段管辖，是全国铁路一等站。按业务性质为客货运站；按技术性质为区段站。有客运、运转、货场、清苑货场和满城站5个运输生产部门；一线生产班组67个；设站长1人、站党总支书记1人，副站长3人，站工会主席1人；2009年在职职工890人。

【概况】　保定站管辖北站（客运站）、南站（货物列车技术作业站）、3个货场（南货场、清苑货场、刘守庙东货场）、1条支线（保定—神星）。全站线路189条，总延长181.6公里。担当保定市及所属22个县（市）旅客和货物的铁路运输及区段、摘挂列车的编解任务，有站管专用线35条。

主要生产设备：各式门桥吊6台、装卸叉式车7台；配属调车机4台、行包牵引车5台。客运站台3座、候车室2个、售票厅和软席候车室各1个。

2009年完成旅客发送474.37万人；货物发送95.79万吨；装17144车；卸64902车；运输收入42900.78万元，是年计划的122.98%，超额8015.78万元。

【确保国庆60年安全稳定】　开展“大干60天，国庆保安全”活动，进行全员分析审查，领导和干部包保安全生产不放心人、患有精神类疾病的职工等。做好国庆安保反恐防爆工作，制订实施多种《应急预案》。全面平推检查和整修，保障设备良好使用。加强消防检查，消除火灾隐患；加强信号楼、车站调度楼等行车指挥重地和库房治安保卫工作。车站保安队加强南、北站区“全封闭”护网和围墙的安全巡逻，保安全防破坏。重新审核办理危险货物运输的专用线，审核资质、重签《安全运输协议》，并按部局规定，适当采取停、限装（到）措施。9月接受了铁道部、河北省国庆安保工作检查。

【实现职工人身安全12周年】　1997年1月26日该站1名职工违章作业造成人身死亡。12年来，全站牢记教训，警钟长鸣，一直把职工作业人身安全作为重中之重，做到了天天讲、班班强调。规范了接触线路作业职工上下岗走行的固定路线、同去同归、机车动轮前必须通知作业全员。结合季节特点、提速、调图、施工等重点工作，制订实施相应的人身安全保证措施。开展“自控型”班组建设，深化岗位自控、班组互控和工种联控。加强干部盯控、安全管理、督导和检查，要求月度人身安全问题发牌考核率不低于全月量化指标的20%。开展“安全在我心中”和“安全发展”等理念教育。“三新”（新职、新岗、新调入）人员尤其做到必经考试合格上岗，学员未学习期满考试考核合格不得师徒分离单独顶岗。开私家车、摩托车的职工，“上班交钥匙、下班取钥匙”部门统一保管的措施，严禁当班和酒后驾车。杜绝了车站责任职工工伤死亡事故的发生。

【开展“绿色车站”创建活动】　响应市环保局等市直7部门联合发起的“五绿”创建活动号召，贯彻科学发展观，打造保定城市“名片”，结合北京铁路局开展的“建设京广提速安全达标线”活动，在保定北站区、南站区、货场区、清苑货场区和满城火车站区开展了“绿色车站”创建活动，赢得了社会好评和赞誉。车站荣获市环保局命名的“绿色机关”称号。

**【开展建设和谐车站活动】** 结合铁路运输生产力布局的调整、深化改革的实际，探索段管一等站全新的管理模式。开展“和谐客运”等活动。在站舍面临大改造的新形势下，从细节做起，靠软件和内功提高客货服务质量。从车站班子做起，关心解决职工生产、生活实际困难。发展车站和谐文化建设。讲政治、讲团结、讲奉献，开创工作新局面。客运和货场保持了路局级“文明客运站”和铁道部“星级货场”称号。

**【良好完成军运任务】** 6月和8月，先后2次通过严密组织，严格把关，连续奋战，完成26列军运装车发运和到达卸车的重点任务，受到驻军赠送锦旗感谢。

**【开办客票代售点】** 5月至7月，在市区陆续新开办“客票代售点”16个，抽调23名主业人员划归段多经从事“客票代售点”售票工作，印发宣传单，加大宣传力度，欢迎分流购票，有效缓解站售压力、减少旅客购票排队时间，受到社会各界欢迎。

（张　翔）

## 公路交通

**【保定市交通局】** 保定市交通局是市政府主管全市公路、水路的重要职能部门，担负着交通建设、运政管理、运输生产等任务，管辖全市22个县（市）的交通业务工作。交通局机关设10个职能处室，行政编制60名，设局长1名、副局长5名，纪检书记1名，总工程师1名，科级职数19名。下辖事业单位43个（2009年2月根据保编办字［2009］7号文件精神，新增高速公路路政支队）、编制4494人，直属企业10个、约1940人。全系统涌现出国家级精神文明先进单位1个，省级文明单位21个，市级文明单位26个。

**【概况】** 2009年计划投资63亿元，实际完成101.8亿元，完成年计划的123.9%，其中高速公路建设完成投资80亿元，占112.7%；高速公路连接线完成投资1亿元，完成年计划的100%；农村公路完成投资3.5亿元，完成年计划的116%，建设里程905.2公里，实现了全市村村通油路的历史性宏伟目标。一般干线完成投资3.8亿元，占年计划的100%；保定交通物流中心完成投资0.2亿元，干线公路养护完成投资1.5亿元，占年计划的100%，完成大修102公里、中修39.6公里。全年完成客运量11938万人次、客运周转量完成675099万人公里、货运量完成11198万吨、货运周转量完成3900397万吨公里，同比增长16%、6.1%、34%、28.5%；推进城乡公共客运发展，新增公交线路3条，新购150部公交车全部投入运营。截至年底，全市通车总里程达到17581公里，其中国道1036公里，省道1813公里，农村公路14732公里，全市基本实现村村通油（水泥）路，公路密度达到79.5公里/百平方公里。

**【保阜高速公路跨京广铁路分离立交桥成功转体】** 全国转体跨度最大，转体重量最重的T型钢构转体桥，于1月9日实现转体。保阜高速公路上跨京广铁路及107国道分离立交桥全长1247米，采用全幅平衡转体法施工。转体桥为T型钢构，跨径160米，转体段长138米，转体重量为11564吨，为国内目前T构转体跨度最大，转体重量最重的转体桥。

**【保定电谷立交桥建成通车】** 保定电谷立交桥是市城区第一座立交桥，位于保定连接线与北三环交叉处，立交形式采用部分定向的苜蓿叶形互通式立交，主线桥长240米，引道桥两座共长228米。该项目全长2.82公里，投资2.2亿元，于2008年7月31日开工，2009年9月28日竣工通车。优化了保定路网布局，缓解市区交通压力，提升了城市品位，改善城市形象和投资环境。

**【保阜高速公路一期工程建成通车】** 保阜高速公路一期工程（保定高速南外环）全长30公里，东接保沧高速，西连张石高速，途经满城、顺平两个县，主线采用双向四车道标准建设，路基宽度28m，设计行车时速120km/h。该段设互通式立交3处，大桥8座，中小桥6座，通道涵洞62道，天桥1座，分离立交8座。该项目于2007年9月开工建设，2009年9月28日建成通车，项目投资12.7亿元（不含保阜转体立交桥）。

**【荣乌高速公路一期工程（保定市高速北环）开工建设】** 12月24日，荣乌高速公路一期（保定市高速北环）工程举行奠基仪式。荣乌高速公路（山东荣成－内蒙古乌海）是国家高速公路主干线，规划“7918网”中的第四横，同时也是我省“五纵六横七条线”高速公路网规划的重要组成部分。荣乌高速保定段分两期建设，一期工程为保定市高速北环。起点位于保津高速公路连接京港澳高速公路的商庄互通，向西跨国道107线、保津城际铁路及京广铁路，在大王店枢纽互通与京昆高速公路相连，路线全长26.5公里，概算投资23.8亿。技术标准为双向四车道，设计行车速度120公里/小时，设互通式立交3处；分离式立交5处；特大桥1座3660米，中桥6座355米；服务区1处；养护工区1处；监控分中心1处。计划2年完成项目建设。

该项目建成通车后，将构建成总里程为146公里的环城高速公路，有效完善本市“三纵四横一环”的高速公路网络布局，进一步提升市道路交通的通行能力。

**【京南涿州公交换乘站正式开通】** 京南涿州公交换乘站位于涿州市107国道京广铁路桥北侧路西，项目占地300亩。一期项目总投资2700万元，占地约70亩，建筑面积8500平米。京南涿州公交换乘站的设立，是市交通局落实市委、市政府对接京津的重要举措之一，通过场站对接模式，实现了与北京公交客运无缝隙对接。涿州公交换乘站的开通，可以开辟南方各省、市通往北京的互通班车，使涿州成为京南各省、市人流、物流集散中心，实现保定背靠北京，辐射全国，进而加快与京津对接客运“一体化”步伐。

**【圆满完成七一路绿化工程】** 该工程是市“城镇面貌三年大变样”的重点工程，工程总投资1400万元。首次大规模引进名贵银杏树种，工程更换改良土2600余方，栽植各种苗木18万余株，撒播草坪9万平方米。工程于3月2日施工，5月15日完工，后期制定了详细的后期养护计划，确保了所植苗木的成活，绿化景观效果已初具雏形，一条高质量、高标准的银杏风景大道初步呈现。

**【保定市高速公路路政支队正式成立】** 5月22日，保定市高速公路路政支队成立，隶属保定市交通局，负责管理保定市交通局作业主的张石保定段、保阜、荣乌、张涿、京昆高速京冀界段667公里的高速公路路政管理和执法任务。高速公路路政支队分1个大队，4个中队，共53人，负责已开通的张石高速保定段一期162公里的工作任务。

**【与中国石化河北石油分公司签署近3.5亿元的协议】** 5月15日，市交通局与中国石化河北石油分公司举行战略合作暨张石高速服务区油品合作经营签约仪式，并签署了价值3.488亿元的协议。由中石化公司负责办理张石高速（保定段）服务区成品油销售全部行政许可手续，租赁经营加油站，租赁期限为20年，租金合计3.488亿元。同时签署市局与中国石化河北石油分公司的全面战略合作协议。两项协议的签订，有助于全面提高市高速公路运营水平和服务质量，完善服务区功能，有利于开拓双方合作的更大空间，发挥强强联合作用，促进经济社会和谐发展。

| | |
|---|---|
| 党委书记<br>局长 | 李正群 |
| 党委副书记<br>副局长 | 杜小铁（10月改任调研员） |
| 党委委员<br>副局长 | 宋海振<br>李泉海（10月改任党委委员调研员）<br>刘英杰　张树林<br>肖　健（10月任） |
| 党委委员<br>纪检书记 | 方永明 |
| 党委委员<br>总工程师 | 吴刊峰 |
| 党委委员<br>公路处处长 | 孙树彬（10月任） |

（郝　琰）

## 公路运输

**【河北保定交通运输集团】** 集团公司是一家以道路旅客运输、城市公共交通、旅游以及汽车修理、汽车销售、物流、宾馆、餐饮服务等业务为一体的大型综合道路运输企业。拥有国家一级客运资质、二级货运资质，是京、津、晋、冀、鲁、豫“六省市道路运输联合会”会长单位。下辖15家子公司、60家分公司、2个一级客运站，22个二级客运站。在职职工8984名。

**【概况】** 拥有各类客运车辆3000余部，各类货运车辆557部，长途客运线路713条，市区全部公共交通班线50条，日输送旅客16万余人次。担负着保定区域内和跨省市旅客运输的重要任务。2009年实现客货周转量191124千吨公里，实现利税总额3204万元。安全四率分别为：事故率0.6起/百万车公里；伤人率0.3人/百万车公里；亡人率0.03人/百万车公里；经损率1.5万元/百万车公里。保运集团荣获省政府国资委党委“河北省企业优秀思想政治成果二等奖”称号，荣获中国企业文化研究会“全国企业文化先进单位”称号，荣获河北省企业联合会“河北省明星企业”称号，荣获中国道路运输协会“中国道路运输百强诚信企业”，荣获省政府国资委党委“河北省企业四创活动三等奖”称号，荣获河北省交通工会、河北省交通体育协会“2005～2009年度河北省交通职工体育工作先进单位”称号。保定总站荣获河北省交通厅、河北省交通工会“工人先锋号”称号，荣获中国交通企业管理协会质量管理专业委员会“全国百强品牌客运站”称号。五公司客运管理QC小组荣获“全国优秀质量管理小组”称号。九公司荣获河北省交通工会“先进职工之家”称号。

【职工生活得到改善】 解决长期困扰职工的住房难问题，将竣工的两栋住宅楼抓紧时间分售给职工，加快运作，筹建原汽车南站和六叉口原一公司大院住宅楼项目。筹措资金200多万元，解决退休职工独生子女奖励。提高职工工资收入水平，年集团公司职工工资总额突破亿元，较上年多1818万元。提高职工福利待遇，多为职工缴纳五险一金748万元。保定总站关心职工健康，严冬给路口售票组买来棉鞋、手套，“三伏”天送去西瓜、绿豆汤。三公司积极为职工谋福利，投资9万元为全体职工体检和注射流感疫苗，投资1.6万元改善南院食堂职工就餐环境。六公司投资20万元，为职工配发了制式工作服和优质羽绒服。九公司、修理公司每逢职工生日送去生日蛋糕，并通过广播表示祝福。职工医院巡回10多个单位，为3000余名职工进行体检。

【强化管理】 加强企业采购的监督管理，深化物资公开竞价采购制度，执行阳光工程，完成大宗物资采购90余项，金额402万多元，节省支出20余万元。开展“小金库”专项治理工作，检查的重点主要是三产租赁、集约车辆管理费、车辆承包转让、废旧物资处理、各项罚款及其它收入等62项款项是否计入账面，相关人员如实填写《收入项目明细表》，基层单位一把手签订了《防范和杜绝“小金库”承诺书》。深化经济合同报批审核制度。按照《合同审核备案办法》严把合同订立关，共审核备案经济合同44份。推进权力运行监控机制建设。依据61个权力风险点的风险程度，评定一级风险点8个、二级风险点14个，三级风险点39个，制定了《保运集团行政权力运行廉政风险防范规则》。加强行政效能监察力度，确保集团公司决策执行到位。

【确保国庆60周年庆典安全稳定】 从源头管理抓起，强化安全教育。安管部门先后两次组织安全教育培训，对驾驶员从安全法律、法规、安管制度以及安全行车规范等方面进行系统教育。二、四、八、十公司坚持周五安全例会，利用专栏、板报、橱窗、广播等形式进行安全教育。三、五、九公司发挥多媒体安全教育的优势，制作形式多样的课件，针对性强。一公司3次组织安全知识竞赛，开展驾驶员“岗位技术大练兵”活动。七公司同唐县交警大队联合召开“遏制重大交通事故安全动员大会”。六公司组织各类安全培训10次，自制课件22件。开展“迎国庆保稳定安全生产百日会战”和“奋战六十天安全迎国庆安全生产执法检查特别行动”。各交通派出所落实安保防范措施，设卡点31个，盘查可疑人员1367人、劝返219人；拦截进京上访人员9起49人；盘查可疑车辆296辆，劝返38辆；盘查密集人员场所7处，收缴管制刀具469把。保定总站和各县车站克服困难，落实进京旅客凭身份证购票，实行实名乘车制度，严格执行“三不进站、五不出站”。公交总公司制定《安全管理实施办法》，严格抓好落实，安全行车间隔里程45.8万公里，较上年度同比提高6.3%；经损率、事故率同比分别下降50.9%和4%。集团公司安管部门组织各分公司安全科长组成南北两个查车小组，共查车1311辆，查处违章109次。开展“安全行车无事故日”活动，五、七、二等分公司分别创191天、76天和62天连续无事故良好局面。提升科技管理手段，3月下发《关于客运车辆安装“GPS车载终端”的通知》，要求所有跨区车辆必须安装“GPS+屏显车载终端”，安装总数达1400余部。强化治安防范和消防管理。武保部门组织消防安全及治安防范检查37次，大联查6次，检查消防设施、器材达4000余件，查出隐患6起，当场予以纠正。集团公司共投资20余万元，更新维修了治安防范监控探测点38个，灭火器1700余具，消防水带300余米。交通公安派出所共破获刑事案件15起，打击犯罪嫌疑人35人，查处治安案件6起，处罚12人，打掉犯罪团伙2个（19人），调解各类纠纷45起，查获黄色光盘、出版物800多件，查获鞭炮2万响，易燃易爆危险品200多公斤，为旅客创造了安全乘车环境。年内完成市“五个不发生”任务目标，荣获市“国庆安保先进单位”。

【推进客运公交一体化进程】 集团公司在涿州设立大型公交换乘站，通过场站式对接模式，实现与北京公交客运无缝隙对接。

该站开通后，可以满足北京、保定两地人员出行需求，以此为依托，使涿州公交换乘站成为京南大型客运枢纽，形成人流、物流集散中心，实现背靠北京，辐射全国，全面实现对接京津客运“一体化”。同天津长途公司进行了4次接触，双方达成合作意向，依托保定区域丰富的旅游资源和商品市场资源，通过运输结构调整和天津无障碍对接，本着“互利、双赢”的原则，共同经营、利益共享。按市委、市政府“一主三次”发展战略，集团公司结合实际完成了《长途客运公交化实施方案》，逐步改造现有长途班车，运行保定至白沟、保定至涿州、保定至定州高速公交线路，进而方便旅客出行，实现可持续发展的战略目标。

**【规范运营秩序】** 集团公司下发《建立稽查监控网络的通知》，实行长期区域划分监控负责制。稽查部组织专项治理活动18次，并先后6次组织大规模联查活动，全年共稽查车辆达2万车次，查处各类违规车辆4725车次，纠正处理违规司乘人员1800余人次，治理黑车630车次，处理旅客投诉318起，有效地规范了客运市场秩序。

**【提高客运市场竞争力】** 新开省际线路10条，市际6条，区内4条。区域内发往北京班车延伸至县城线路4条8部客车，已报请省运管局同意，待北京行管部门同意后开始运行。新增省际旅游车辆20部，完成省际线路延续经营51部，市际线路103部，区内线路121部，全年更新车辆275部，提高了客运市场竞争力。

**【优化公交线路运行结构】** 公交总公司采取4项措施，加强优质服务，积极吸引市民选择公交出行。开辟50路、51路两条新线，新购交车150部。合理调整人力物力，在部分线路上推行“驾驶员单班作业”，年内职工人数较上年度减少39人，运营车数增加37台，人员比由3.51人/车下降到目前的3.22人/车。方便市民购卡充值，IC卡消费收入迅速提高，IC卡营运收入978万元，同比增加82.6%，占总营运收入的比例，从上年度的7.7%上升为13.8%。为落实政府安排，提高社会效益，开通315路公交车，解决一棉职工到新厂区交通问题。

**【加快物流业发展】** 对各单位物流业务进行整合，成立保运物流公司，利用河北快运集团的物流网络优势和保运集团的区域资源优势联合组建河北快运保定物流公司。开发多条区内、区外物流专线。修理公司签订油墨配送合同，保运物流公司签订中能风电运输风叶合同、天威华瑞运输变压器合同等。运作保定、北京两个网络平台筹备工作，形成辐射全国的物流受理网络。

**【整合汽贸汽修业】** 集团公司驻保汽贸汽修业原三个单位，业务分散。汽贸业务自上年9月始大幅下降。决定对汽贸汽修单位进行资源整合，经过两个步骤将三个单位合并。合并后发挥组合优势，改进服务，走品牌战略，多方开拓业务，采用产品推介会、到全区各县举办巡展等方式进行促销，使品牌4S店形成多元化经营。实现销售收入2.18亿元。

**【推进车站公司化经营管理】** 提升企业管理水平，促进企业发展，进行车站管理体制改革。曲阳、涞水两个县站试点，8月全面推开，将15个县站纳入8个运输分公司管理。实行站务管理体制改革后，各分公司利用自身人力资源、管理资源优势，挖掘县站地域资源，发展相关业务，提升经营管理水平。各公司已提出利用县站地域资源上项目促发展建议100多条，如利用现有站务设施开办第三产业、开辟客运线路，拓展城内公交、出租、农村班车及物流业务等。实践证明，站务管理体制改革对促进车站的经营管理水平，扩展基层公司发展空间，发挥车站资产效能，创造良好的经济效益，发挥了积极作用，效果正逐步显现。

**【拓展旅游包车业务】** 金色阳光旅游分公司经常拜访大客户，了解客人用车需求，加强包车市场调研，与多家企业、厂矿建立稳固业务关系，全年出车1765班次，旅行社发团450余次，组织游客1.9万余人次，宾馆接待住宿旅客1.9万人次。一分公司发动全体职工联系旅游包车业务，努力建立自己的旅游网点，先后与40多个旅行社建立旅游业务，旅游收入205万元，较上年增加104万元。五分公司根据市场需求，订购67座、53座客车投入旅游市场，开展联动机制，互相协调配合，共承揽旅游包车651车次，创收127万元。三分公司合理调配车辆，加强对外包车业务，抢抓旅游收入455万元。九分公司旅游部内强素质，外树形象，以优质服务求效益，共计包车3434车次，收入842.1万元，较去年同期增长26%。

**【建设和谐企业】** 集团公司每月召开信访稳定分析会，进行矛盾纠纷排查，落实重点人员“五看一”责任制，阻止8起进京赴省上访案件。全年共排查化解矛盾纠纷61起，接待到集团公司上访170人次，处理率100%。春节及中秋期间，走访看望特困职工41户，慰问离休人员和军转干部达200余人。全年出版发行《保定交通运输报》12期24000份，引导广大员工保稳定，求发展。组织"优秀员工先进事迹报告团"，到各基层单位巡回演讲，进行爱岗敬业教育。保定汽车总站"小红帽"服务组、九分公司"保运快客"乘务组，连续多年保持了省级"青年文明号"称号。公交总公司101路、保定总站"彩虹服务队"、一分公司"太阳花女子乘务组"、保定总站派出所"亮剑"服务队荣获市级"青年文明号"称号。保定汽车总站郭娜陆地航空班以微笑服务，荣获"全国十佳巾帼文明岗"、"全国三八红旗集体"殊荣，5月1日，郭娜陆地航空班被授予"全国工人先锋号"荣誉称号。中共中央政治局委员、中央书记处书记、中央宣传部部长刘云山为航空班班长郭娜颁奖，受到国家副主席习近平和全国总工会主席王兆国接见。年内涌现拾金不昧典型事例180余起，收到表扬信件2万余封（条），锦旗镜匾40余面（块）。年内，组织业务知识赛、驾驶技能赛、修理技能赛、服务技能赛等20余场次。8月举行的"河北省2009年汽修技术技能大赛"中，分获个人第二、四、五名，团体总分第一。

【开展质量管理活动】 集团公司共注册质量管理小组37个，其中24个小组完成了PDCA循环出了成果。主要围绕改善服务、创建诚信班线、节能降耗、强化管理开展了活动。6个小组参加省交通行业质量管理小组发布评审会，均取得优异成绩。五分公司客运管理小组、保定总站航空班QC小组、九分公司保运快客QC小组（全国质量信得过班组）荣获了"全国优秀质量管理小组"称号。一分公司天津班线QC小组、六分公司生产办公室QC小组、三分公司乘务队QC小组荣获"全省交通行业优秀QC小组"。集团公司被评为"河北省优秀质量管理单位"。

| | | |
|---|---|---|
| 董事长<br>党委书记 | 张　生 | |
| 总经理<br>党委副书记 | 王陵江 | |
| 副董事长 | 魏成华 | 解绍平 |
| 工会主席 | 侯泉禄 | |
| 党委副书记<br>纪检委书记 | 李淑珍 | |
| 副总经理 | 刘　俊 | 张　宇 |
| | 李　力 | 梁玉民 |
| | 王　冀 | |

（田梦波）

# 邮　政

【保定市邮政局】 完成县（市）局机构改革，将9个原设置"二部一室"的县（市）局调整为"一部一室"，计划财务部与综合办公室合并，人员和机构撤并情况已全部完成。市局成立大客户中心，各专业局成立市场部，县（市）局成立专业部，形成市局、专业局、县（市）局三级营销体系，共有专职营销人员632人，占全部从业人员的13.7%，组建营销团队87个。

【概况】 按照"保增长、练内功、调结构"工作要求，推进三大板块持续协调发展。邮务类业务实现大幅增长。速递物流类业务保持稳步发展。市邮政速递物流分公司成立后，充分整合速递、物流两大专业的网络资源、业务资源优势，整章建制、理顺关系、完善营销体系和机制，初步实现由专业管理向企业管理的转变；金融类业务规模不断扩大。克服全球金融危机带来的影响，发展邮政储蓄业务，确保净增规模；加快结构调整，提高活期比例；与保险公司合作，做大代理保险市场。

【创新方法抓管理】 推进"双定"工作。本着"管理人员不超过生产定员人数8%，营销人员不低于从业人员10%"的设置原则，市金融业务局、发投分局、营业分局、邮区中心局、图片中心及22个县（市）局的用工情况进行写实，市局机关管理岗开展了岗位描述。加强车辆管理。县内邮路全部实行委代办，邮区中心局车辆及邮路运行费用进行压缩，使用车辆实行单车核算、定点维修、定额加油；收缴的81辆生产报废车，除不能正常运行的12辆上交报废公司外，其余的69辆全部面向社会公开拍卖。加强网运管理。强化网点成本管理，对业务收入少、服务半径小的网点进行撤并或实行委代办；优化区内邮路，确保邮件传递时限；优化业务流程，由各专业梳理本单位现有作业组织程序，并按照实际生产需求制定优化方案，进而减少无效劳动和重复环节。加强后勤管理。机关院、转运楼、东关和西下关家属区冬季取暖进行外包，机关食堂进行了装修改造，为机关、部分生产科室职工就餐提供方便，亦为市局召开的各种会议及业务培训人员就餐提供保障。加强审计工作。开展财务收支真实性、合规性审计，经济责任人离任、任中审计，加强对固定资产投资项目和工程项目审计，减少费用支出。成立集中采购中心，加强成本项目集中管理。

**【提升能力树形象】** 全市47个邮政营业网点进行装修改造。新增储蓄台席33个。更新视频监控设备29套。新增电子化支局1个，新增电子化支局台席7个。新装ATM机10台。协助省公司完成投递信息系统上线、物流分销系统上线、电子商务系统上线、OA系统上线工作。完成全市邮政245条生产电路的全部升速、市局办公网改造、速递二期上线、储蓄系统物理大集中及二类网点小额信贷机器安装等工程。开发集中采购物资配送系统、报刊大客户订阅系统、工资分专业统计和办公自动化辅助系统软件。推进"双创"工作，组织开展"创新服务理念，创建示范窗口"活动，学习北京东四邮电局服务理念，强化邮政营业内部管理，完善监督考核机制，提高对外服务水平。

**【落实制度提效率】** 结合干部作风建设年活动，在市机关部门开展"四个一"活动（每一个部门每个月、联系一个基层单位、做一次细致调研、解决一个实际问题），强化机关为基层服务的职能。制定出台《劳动用工管理暂行办法》、《薪酬集中发放管理办法》、《领导干部实绩考核办法》、《不胜任现职领导干部淘汰制办法》等。落实年度目标管理，对全年邮政重点工作进行细化分解，确定工作目标和完成时限，落实到职能部室和责任人，对不能按时完成工作目标要求的单位实行督办，办结率97.7%。

**【强化监督保安全】** 落实"三个规定"。成立"邮政金融资金安全管理委员会"，制定下发《保定市邮政金融系统柜员管理办法》、《审计稽查报告书签批和问题整改规定及流程》、《储蓄从业人员不良行为排查制度》、《岗位轮换和强制休假暂行办法》等规章制度。建立完善服务质量指标考核体系，加大监督检查和处罚力度，重点对金库库存现金、储蓄网点及营业网点安全进行联查，防止资金案件发生。强化邮件传递时限，加大检查频次，发现问题及时查找原因，落实整改方案，理顺作业组织，提高邮件传递速度。

党委书记<br>局　　长　王新立

副 局 长<br>纪检书记　崔合营

副 局 长<br>工会主席　曹力英

（李文彬）

# 联　通

**【中国联合网络通信有限公司保定市分公司】** 中国联合网络通信有限公司保定市分公司（以下简称保定联通公司）是中国联通在保定市境内的分支机构，是保定市具有电信全业务经营资质的宽带通信与综合信息服务运营企业。保定联通公司拥有结构合理、技术先进、功能强大的现代通信网络，主要经营移动电话、固定电话、小灵通、宽带和信息应用、信息内容、系统集成等通信信息服务产品，肩负着党政军专用通信、应急通信等重要任务，竭诚为全市人民提供通信服务。保定联通公司辖市分公司本部和22个县（市）分公司等23个分支机构，其中，市分公司本部设综合部、市场部、财务部、人力资源部、网络运维部、计划建设部等32个部门，另设有市移动网络分公司，共有各类从业人员5143人。

**【概况】** 2009年，面对社会信息化需求迅猛增长的新形势和企业融合重组后的新要求，保定联通公司坚持以科学发展观统领全局，贯彻"融合创造新优势、3G实现新发展"理念和"抓机遇、保增长、调结构、上水平"十二字工作方针，深化战略转型，加速创新发展，推进社会信息化建设，完成各项目标任务。截至年底，固话交换机容量达160万门，无线市话容量达53万门，移动通信网拥有GSM容量160万门、WCDMA容量83万门，宽带接入端口容量90万个，互联网出口带宽120G；拥有电话客户270万户、宽带客户50万户。

**【全市最大规模的3G网络投入商用】** 3月15日，公司在全国首个实现WCDMA网络试运行，5月17日、10月1日分别在全国首批实现网络试商用和正式商用。全年新建3G基站708个，网络覆盖市区、22个县城及高碑店市白沟镇，同时覆盖了全部9个4A级以上景区，成为保定市规模最大、技术最先进的3G网络。不断丰富3G应用，建成全省首个WAP门户网站，自主研发的全省首个"PC及手机移动办公系统"投入使用。

**【加速推进农村信息化步伐】** 依托强大的网络实力，加快农村信息化进程。年内在农村区域新建移动通信基站304个，比上年底增加53.2%；实施"村村通宽带"工程，全市6200余个行政村全部实现宽带网络覆盖。及时将网络建设成果转化为惠及客户的服务产品，组合固话、手机和宽带等产品，推出“联通信息化村”业务，农村客户享受到固话无月租、手机和宽带低资费、固话与手机通话免费等优惠，年底“联通信息化村”渗透率达到20.7%；推出“联通平安互助村”业务，村民家中固定电话与村委会广播喇叭相连，遇险情及时向外界求助，到年底“联通平安互助村”渗透率达到88.5%；推出“12316新农村热线”业务，村民通过家中固定电话可直接向农业专家进行咨询；推出“乡情号簿”业务，方便村民之间通信联系。信息技术的广泛应用，为农民获取信息、使用信息提供了便利，促进了科技脱贫和信息致富。

【围绕客户感知改善服务质量】 完善内部客户投诉机制和服务问题预警机制，建成全面覆盖县城以上营业厅的视频监控网，开展“诚信与效率服务”活动，落实重大服务问题“百分百问责制”，组织中层以上干部及业务主管到前台轮流值班。开展服务质量提升活动，落实“营业时间全天候”等六项服务承诺，开通服务热线3G业务专家坐席，推出iPhone手机专线服务。深化“宽带当日通”品牌建设，逐步推行“无障碍受理”和7×8小时不间断售后服务，“当日通”比例保持全省首位。提高服务便捷性，深入社区、农村开展现场销售常态化工作，营业厅进一步完善一台清和免填单等系列人性化服务。

【全力打造精品通信网络】 年内累计实现固定资产投资8.4亿元。开展宽带、移动网络建设会战，推动EPON技术应用和宽带下移，全年新增EPON端口22万个、ADSL端口15万个，IP城域网出口带宽扩容到120G。累计开通2G宏基站370个、直放站125个，新增室内分布覆盖面积770万平米；与合作伙伴开展基站共建共享合作，年减少建设资金支出5000万元。加强全网维护管理，参加国家“长城”反恐演习，完成国庆60周年通信保障任务，在全省行业内首个实现固网与移动网的网管融合。全面做好网络优化，实施宽带升级提速、资源匹配、线路整治等工程，完成网络翻频、GPRS升级、拆闲补忙、传输系统升级等多项优化工作，利用“村通宝”快速解决山区移动网络覆盖问题。到年底，移动网通话质量良好率达到95.7%，固话、宽带障碍修复及时率都达到98.9%以上，大客户故障恢复及时率达到100%。

| | |
|---|---|
| 总经理<br>党委书记 | 崔世君 |
| 党委副书记<br>工会主席 | 刘　波 |
| 副总经理 | 刘　波　黄立新<br>师学林　刘长山<br>郭志杰　马治中 |
| 纪检委书记 | 郭志杰 |

（裴建英　乔　杰）

# 移　动

【中国移动通信集团河北有限公司保定分公司】 隶属中国移动通信集团河北有限公司，内设8个部室，2个中心。下设22个县分公司和2个市区营销中心，现有各类职工2303人。

【概况】 2009年主要经营第二代（GSM）移动数字电话和第三代（TD－SCDMA）移动电话通用号段：139、138、137、136、135、134、147、150、151、152、158、159、157、187、188（新增152、187，147专用G3上网本）。现有移动数据业务种类：个人数据业务包括短信、彩信、飞信、手机上网、无线音乐（彩铃、彩振、歌曲下载、音乐随身听）、话单粉碎、手机阅读、移动MM、手机报、手机证券、手机支付/手机钱包、来电提醒、手机地图、手机导航、手机视频/CMMB手机电视、手机游戏、号簿管家、139手机邮箱、手机游戏、12580综合信息服务门户、139社区、无线宽带（WLan）移动终端（G3上网卡/上网本、手机销售、短信终端、无线POS、IP公话）等。集团类业务包括企信通、MAS、农信通、农政通、校讯通、小区短信、无线PBX、互联网专线、语音直连、电路出租、企业建站、企业邮箱、手机邮箱、集团无线座机、集团V网、集团彩铃、移动总机、M2M、综合信息平台等。

【多渠道为客户提供便利服务】 启动“便捷服务满意100”主题服务活动，从为客户提供满意便捷服务的角度出发，推出了“资费套餐量身优选”、“异地交费随时随地”、“电子渠道以指代步”、“积分兑换足不出户”、“G3业务无障碍办理”、“垃圾信息自主屏蔽”六项便捷服务举措，并采用增加建设自动缴费机，提供24小时缴费服务等措施减少客户办理业务所需等待时间，提高客户服务质量。

【网络建设迈上新的台阶】 把网络作为核心竞争力的核心要素来培育，网络工作的重点定位于保持行业领先这一目标，以客户感知作为衡量网络质量的惟一标准，坚持适度超前的建设原则，农村区域以广度覆盖为主，城市区域加强深度覆盖，努力打造市场型网络。保定作为TD建设先行城市，开展TD优化大会战，提升TD网络质量，2G、3G网络运行水平明显提升。

**【推动无线城市建设】** 依托日渐成熟的TD-SCDMA技术，助力保定市政治、经济、文化建设。3月，保定市政府在保定移动公司召开了“TD-SCDMA发展建设推进会”，刘宝玲副市长到场并做了重要讲话。4月，保定市政府与河北移动共同签订了建设“无线城市”备忘录。7月，保定移动公司与多家政府部门签订了购买G3无线上网笔记本协议。TD-SCDMA网络已经覆盖市区及县（市）区主要交通线路、重点地区，为发展建设“无线城市”做好了技术支撑。

**【企业文化】** 将“专业、专家、科学、人本”作为企业文化的发展目标，打造以客户为中心的客户文化、追求卓越的领先文化、追求三满意的和谐文化（客户满意、员工满意、合作伙伴满意），加强管理创新、服务创新、产品创新，做到业务、服务、网络三领先。

总 经 理　杜海锋
党委书记
副总经理　李　民　王忠武
党委副书记
纪检书记　刘廷臣

（李祺伟）

# 电　　信

**【中国电信集团公司保定市分公司】** 2003年成立，下辖22个县（市）分公司和3个市区业务发展部，在职员工900余人。

**【概况】** 2008年通信行业重组后，保定电信具备了全业务经营的资格和能力，主营固定电话、移动通信、互联网接入及应用等综合信息服务，拥有“天翼”、“我的e家”、“商务领航”、“号码百事通”、“互联星空”等知名品牌，具备电信全业务、多产品融合的服务能力和渠道体系。2009年，坚持“用户至上，用心服务”的服务理念，围绕“战略转型上水平，服务信息化创一流”。年内先后获得扶贫工作先进单位，“落实消费与责任年主题优秀企业”、“河北市场诚信守法公众满意单位”等荣誉称号，并在全省C网建设会战中，获得年度河北电信C网建设一等奖。

**【加强网络建设】** 2008年保定电信承接CDMA网络后，开展移动网络工程建设。在全网同步进行新建、替换及扩容工程，在各大高校、星级酒店、高档写字楼等区域，开展无线宽带局域网建设。截至2009年底，无线网基站规模和网络承载能力及稳定性较2008年相比均实现翻番，甚至翻两番。网络质量实现质的飞跃。网络扩容，宽带质量提高，掉线率、故障率明显改善，网速更加畅快，在同行业处于领先水平。

**【举办3G新闻发布会】** 7月，举办3G业务开通新闻发布会，3G网络覆盖市区全部、22个县城及30%的重点乡镇，并在京广铁路、重点公路同步实现了全方位覆盖。中国电信3G业务在保定正式投入使用。

**【开展宽带惠民活动】** 年内共计开展宽带惠民活动11次。7月至8月联合社区开展的全市（含22个县）“暑假电影进社区”活动，以丰富学生暑期生活，构建和谐社区为主题，共计免费放映电影149场，进驻小区100余个。用户切身感受到电信公司的贴心服务，得到新老用户认可。

总 经 理
党委书记　王会民
副总经理　吴　燕　王雅璐
　　　　　王继军

（郝建昌　蔡若菁）

# 城建·环保

## 城乡规划

**【保定市城乡规划管理局】** 是组织编制全市城乡规划并实施管理，负责对各县（市）规划局进行业务指导和监督管理的市政府正县级部门。局内设9个职能处（室）：办公室、人事教育处、总工程师办公室（规委会办公室）、县乡规划管理处、城区规划管理处、建设规划管理处、市政规划管理处、规划监察处，下设南市区、北市区、新市区、高新区4个直属规划分局，下属4个基层单位：市规划编制研究中心、市城建档案馆、市规划设计研究院、市城乡建筑设计院，1个行业管理单位：市建筑设计院。

**【概况】** 2009年，按照市委、市政府实施的"三大战略"、城镇面貌三年大变样"三四五"总体部署，扎实开展"城乡规划年"活动和"规划设计集中攻坚行动"，超前谋划、科学编制、调控引导，强力推进重点项目建设。重点完成了三大片区（府河、西大园、清真寺）改建规划设计方案、展览馆规划建设、火车站改造规划方案、"一城三星一淀"规划建设、大王店产业园区控规编制、清苑工业园区规划、第二地表水厂选址论证、东三环规划设计，完成了万博广场、世纪财富广场、新燕赵商务广场、香江新天地商贸广场、市区雨污分流工程建设、南郊千亩生态园建设、垃圾处理发电厂建设、电谷立交桥建设、市区5座过街天桥建设、西部连山人道、白洋淀旅游大道、看守所和直升机场搬迁等涉及本局的各项规划工作。完成了七一路和朝阳大街及乐凯大街三条样板街景观整治、裕华路和西大街整治改造、市区铁路沿线和七一路高速引线两侧以及107国道南口和北口拆迁整治、市区14个街角绿化景观改造、市区新建30座移动公厕等规划设计任务，并督察指导各县（市）"双百工程"、农村新民居规划编制等工作，推进了城乡规划全覆盖。

**【开展"城乡规划年"活动】** 按照省建设厅《关于2009年开展"城乡规划年"活动实施方案》，扎实开展以提高规划设计水平、健全规划体系和严格规划执行为主题的"城乡规划年"活动，内强素质、外塑形象，不断加强城乡规划队伍自身建设，全面提高规划系统人员业务能力和专业水平；改革机制，全面开放规划设计市场，采取公开征集、邀标招标等方式，广泛引进国内外优秀规划设计机构、知名专家和设计大师，参与和指导保定市城乡规划设计，着力提高规划设计水平。对22个县（市）积极进行规划编制指导工作，22个县（市）总体规划编制已完成并经市政府审批；邀请国内7家优秀规划设计单位编制完成控详规并通过专家评审，待上规委会和市政府审批；按照方案比选制度和优中选优的原则完成西大园、府河、清真寺、东湖、西湖五个重点地段或重要节点的城市设计和修建性详细规划；为深化完善城乡规划，健全城乡规划体系，结合城市总体规划完成了保定市总体城市设计等22项专项规划的编制工作。为严格规划执行，提高服务水平，改进规划许可管理，提高规划审批效率，对房地产项目出台了《联合审批实施方案》，精简审批项目、再造审批流程，首问负责、限时办结、一章审批、处室不过夜、局内不超两天，对工业项目和重点工程，实行"绿色通道”，确保按规定时限完成各项行政审批任务。

【全面开展城市规划设计集中攻坚行动】 自8月份开始，根据全省城市规划设计集中攻坚行动的总体部署，市政府办公厅印发了《保定市2009年城市规划设计集中攻坚行动实施方案》，召开全市动员大会，成立了以市长、主管市长、主管秘书长、规划局长及相关局委办主要领导为成员的指挥部，下设办公室，设在市城乡规划管理局。在指挥部的指导下，指挥部办公室多次召开协调调度会，制定实施方案，明确责任领导和责任人员。指挥部办公室对每一个项目设立了第一协调人，直接负责该项目的督导工作，以便能够及时掌握各个项目的进展情况。攻坚行动完成了全部的规划编制及专家审查工作，其中战略和专项规划23项；完成了中心城区210平方公里总体城市设计和建成区20条主次干道城市容貌与环境整治规划编制；完成了总体城市设计导则等8项规划技术导则；完成了《城市土地使用和建筑管理技术规定》及《规划条件管理办法》等政策法规的修改、完善；完成了覆盖全部城市规划建设用地范围的控详规56个单元划分，共计210平方公里的编制工作；同时结合保定市实际完成夜景照明专项规划等其他8项城市专项规划。规划设计经费共投入5404.8万元，城乡规划编制体系实现了全覆盖。

局　　长　倪贺营
副 局 长　陈　谦　范跃进
　　　　　张鹤楼
纪检组长　王惠娟
总工程师　王宝玉

（徐雅靖）

【保定市城乡规划设计研究院】

保定市城乡规划设计研究院为市属副县级事业单位，归口保定市城乡规划管理局，主要职能为城乡规划研究、规划编制、规划设计、市政工程研究与设计、城市测绘与工程测量。资质为城市规划甲级、工程咨询甲级、市政设计乙级、城市测绘乙级，其中城市规划编制是全省具有甲级资质的五个单位之一。规划院现有职工70人，各类专业技术人员57人。其中教授级高级工程师6人，高级工程师13人，工程师29人，注册规划师15人，国家注册结构师2人，国家注册建筑师1人，国家注册公用设备师1人，注册工程咨询师12人。

内部机构设城乡规划一所、城乡规划二所、城乡市政规划一所、城乡市政规划二所、城乡规划研究所、地理信息所、城乡规划业务管理室、城乡规划技术质量管理室、院办公室、后勤管理室。拥有微机100余台，测绘仪器包括GPS各种卫星定位仪在内20余套，各种复印扫描设备10余台。拥有多种先进正版设计软件，全院建立了先进的网络系统，计算机出图率100%。

【概况】 2009年完成的政府工程项目主要有：（1）与中国规划设计研究院合作完成了保定市总体规划的编制；（2）全市人民关注的市区大水系建设项目，经过近两年反复修改、论证汇报，规划设计通过市委、市人大、市政府的审议并实施；（3）保定市城市面貌大变样的重点项目，清真寺区片改造、府河区片改造、西大园区片改造、高铁区片改造，从项目建议书到可研究性报告，直至市政工程初步设计；（4）为配合市容市貌整治目标完成，组成多个项目组，参观考察先进城市，结合具体情况，先后编制了裕华路、东风路、朝阳大街等12条主要街道的街景整治规划，（5）根据《保定市2009年城市规划集中攻坚行动实施方案》通知的要求，本院负责的保定市控制性详细规划全覆盖工作，已全部完成。同时完成了空间战略发展、地下空间利用、消防、人防、集中供热、供电、商业网点、综合交通、电信、燃气、太阳能利用等11个专项规划；（6）作为保定市基础设施建设最主要的技术部门，先后完成了东三环、市区五座人行天桥，东风路东延、西延，富昌路及一些主次干路的施工图设计，并且完成了永华北大街地道桥、高铁区片工程改造等一批基础设施改造方案；（7）根据省、市对口援建四川地震灾区灾后重建工作的安排，本院负责四川省平武县响岩镇的规划编制与设计。院里组织以党员和领导干部为骨干的援建小分队，组成规划、市政、测绘项目组，完成了灾区的总体规划编制和道路桥梁、给排水等基础设施施工图设计以及有关建设项目的协调服务工作。

【强化技术管理，树立精品意识】

全面贯彻执行IS09001—9002质量管理体系标准，2009年本院被评为河北省住房与城乡建设厅系统精神文明建设先进单位、省对口援建规划工作先进单位。党支部被评为规划系统先进基层党组织。有10余项设计作品在省级优秀设计项目评奖中获奖。其中，一等奖2项，二等奖2项，三等奖6项，分别是：

1. 保定市城市总体规划（2008～2020年），荣获全省优秀城乡规划编制成果评选一等奖。

2. 保定市东三环新建工程可行性研究报告，荣获全省优秀工程咨询成果评选一等奖。

3. 保定市朝阳大街街道景观整治规划，荣获全省优秀城乡规划编制成果评选二等奖。

4. 高碑店世纪大道城市设计及局部地段控制性详细规划，荣获全省优秀城乡规划编制成果评选二等奖。

5. 河北省安新县安州镇总体规划（2008～2020年），荣获全省优秀城乡规划编制成果评选三等奖。

6. 保定市城市公共交通规划，荣获全省优秀城乡规划编制成果评选三等奖。

7. 保定市中廉良村详细规划调整，荣获全省优秀城乡规划编制成果评选三等奖。

8. 保定市南八里庄村改造详细规划，荣获全省优秀城乡规划编制成果评选三等奖。

9. 保定市五四路改造工程可行性研究报告，荣获全省优秀工程咨询成果评选三等奖。

10. 涞源县城供水扩建工程项目申请报告，荣获全省优秀工程咨询成果评选三等奖。

院　长
书　记　姜　健
副院长　郭志奇　孙燕明
　　　　周志强
总　工　王志仓

（刘文学）

**【保定市建筑设计院】** 为正县级事业单位，行业管理隶属市规划局。具有建筑工程勘察、设计、监理甲级资质证书，施工图审查一级资质证书，建筑行业人防设计乙级、市政公用行业（道路）设计乙级、招标代理乙级资质证书及咨询丙级资质证书等。

现有职工194人，各类专业技术人员165名，其中教授级高级工程师6名，高级工程师47名，工程师58名。国家一级注册建筑师8名，国家一级注册结构工程师20名，国家注册监理工程师17名，注册岩土工程师7名，国家注册咨询师6名，注册造价工程师2名，注册设备师8名。

生产机构配置有：设计一、二、三、四所，北京分院，勘察处，监理部，保定全祥工程设计咨询事务所，保定世元工程建设咨询有限责任公司。为专业齐全、配套合理、设备先进，集建筑工程咨询、规划、设计、勘察、监理、施工图审查、造价咨询、招标代理为一体的科技含量高、技术密集的服务机构。

**【概况】** 2009年，面对全球性金融危机带来的巨大影响及本地区市场竞争激烈、价格走低的实际情况，全院干部职工同心同德，积极转变经营思路，克服重重困难，全年共实现产值收入近5000万元，与2008年相比增长23.7%。全年获国家优秀人防设计三等奖1项，省优秀省级二等奖2项，省优秀勘察三等奖1项，省优秀监理安济杯奖3项，市优秀设计一等奖1项、二等奖2项，市优秀勘察二等奖1项。获省市级优秀论文23篇，其中省级一等奖1篇、二等奖5篇、三等奖7篇、优秀奖2篇。2009年度河北省勘察设计行业优秀QC小组成果评选中，本院获一、二、三等奖各一项。

**【转变市场观念，提高市场占有率】** 2009年，市场工作的主要思路就是“市场适应型到价值创造型的转变”。从常规的接触市场、了解市场、适应市场、占有市场，到为客户提供价值、超价值的服务，引领市场、创造市场，取得竞争优势，提高市场占有率，在保定市区的市场占有率达到60%以上。

**【做好质量工作、严把质量关】** 大力推进协同设计工作，自2009年初在全院全面推行使用以来，已有190个项目在协同平台上使用。全年共举办各类外出培训、学习、考察17次，举办院内技术讲座49次。共组织评审项目50次（98个子项），设计验证100多个子项。完善了质量管理体系文件，对质量目标进行了修改，并出台了质量目标实施细则。通过以上措施，使设计质量持续改进与提高。

**【加强企业文化建设，营造和谐环境】** 加大了企业文化建设力度，一是积极开展职工关怀工作，如安排职工休假，为每位职工发放生日贺卡、蛋糕和节日购物卡，院红白理事会积极配合和帮助解决职工生活中的各项难题，开展丰富多彩文体活动，安排技术骨干出国考察，重视年轻干部培养，安排在职和退休职工体检等。二是通过电视、报刊、杂志、院刊、发放印有本院作品的宣传册、贺卡、台历、邮册等多种方法宣传本院。三是完善后勤物业工作程序，加强后勤物业人员管理，做好各项服务工作。四是增强安全意识，加大安保巡检力度，每季度对办公楼消火栓、电器、线路、电脑等安全隐患进行巡检，消除不安全隐患，确保安全保卫工作。

院　　长　陆　峰
书　　记　贯国禄
副 院 长　李铁凡　张国龙
　　　　　王海鹰
总工程师　张国龙
总建筑师　李铁凡

（郝兵杰）

# 城乡建设

【保定市建设局】 是负责全市建设行政管理的政府工作部门，负责综合协调、监督、管理和指导全市城乡建设工作，编制58人，内设11个处（室），辖10个事业单位。主要负责贯彻执行国家、省、市有关城乡建设工作的法规、方针、政策，研究拟定全市城市建设、工程建设、村镇建设、建筑业、住宅与房地产业、勘察设计咨询业及县（市）市政公用事业的有关政策及发展规划，并指导实施和进行行业管理。管理、监督全市建筑活动；规范建筑市场，监督、管理建筑市场准入、工程招投标、工程咨询、工程监理、工程质量、工程稽查和安全；组织或参与重大工程质量事故的调查处理；负责工程质量的审核与评定及对工程质量纠纷的仲裁。监督指导全市各类工程建设标准、定额的实施；对工程造价实施管理，研究拟定全市工程建设标准定额和工程造价管理的规章制度，会同有关部门制定、发布工程建设地方标准和建设系统各行业的工程标准化、经济定额、产品标准，并组织实施和监督。负责建筑安装、建筑装饰的行业管理，包括对建筑安装、建筑装饰企业的资质管理；监督检查工程质量及施工安全。参与制定城镇国土规划和区域规划；负责城建科学研究工作；会同文物管理部门对历史文化古迹进行保护和管理；负责拟定各类房屋建筑及其附属设施和城市市政设施建设工程的抗震设计规范；综合管理全市建设工程抗震设防工作；指导城市地下空间开发和利用工作。研究拟定本市建设事业的发展规划、产业政策；会同有关部门编制城建资金使用计划、资金筹措及监督使用。负责城区防洪堤建设维护管理工作；主管全市风景名胜区工作；负责城区内的防汛工作。指导全市住宅与房地产业行业管理；负责本市房地产开发经营活动的监督管理工作，推动住宅产业化；监督指导全市经济适用住房建设；参与城镇土地使用权有偿出让工作。指导全市乡镇和村庄的建设与管理，推动村镇建设的改革与发展。负责全市建筑工程勘察设计工作，规范勘察设计市场；拟定建设系统科技发展规划、计划和技术经济政策，组织科技论证、开发和成果的推广应用；拟定和实施建设系统行业人才培养规划；组织管理建设系统专业经济技术职称的评定工作。负责建设系统的法制宣传教育工作；指导和监督建设行政执法工作。受市政府委托负责管理房屋拆迁及安置工作。

【概况】 2009年，在市委、市政府的领导下，市建设局围绕全市总体部署，圆满完成了任务目标。全年完成建筑业总产值270亿元，建筑节能、安全生产、文明施工总体水平继续位于全省先进行列。进一步规范了建筑、房地产、建材、勘察设计等四个市场行为。完成了重点工作任务。城镇建设取得了长足进展。

【抗震援建工作取得突出成绩】 2009年年初，省政府决定将2008年四川平武县尚未进入招标程序的援建项目由“交支票工程”调整为“交钥匙工程”。保定市对口援建响岩镇11个项目，要求2010年底前完成移交。市建设局接受任务后，派遣援建队在四个援建市中第一个抵达施工现场。到年底，完成四个项目。在河北省2009年加快援建平武县工作部署会上，因保定市援建工作突出受到省政府的表扬。

【完成6项重点工作任务】 *府河片区拆迁工作取得突破性进展* 府河片区拆迁面积达70万平方米，其中住宅近8000户45万平方米、企事业单位54家25万平方米。至2009年底，已经拆除与正在进行拆除的企业合计42家30万平方米，占91%。住宅拆迁完成3618户20万平方米，占50%。启动了片区内回迁房建设。

*西大园片区拆迁完成了阶段性任务* 西大园片区需拆迁面积达61.62万平方米，其中住宅约4549户37.5万平方米、企事业单位50家24.12万平方米。至2009年底，共完成住宅动迁1663户10.61万平米，约占拆迁总量的37%；已拆除及正在实施拆除的企业共计17家8.9万平方米，占拆迁总量的34%。

*启动火车站改扩建工程* 铁路方面“京畿之门”站房方案已确定。土地用地预审和环评报告、火车站改造工程可研已完成并召开审查会。火车站周边市政工程可研已完成。

*万博广场拆迁进展迅速* 需拆迁地上建筑物2.02万平方米，其中办公楼0.94万平方米、住宅151户1.08万平方米。至2009年底，拆迁住宅106户0.71万平方米，占70%；拆迁办公楼0.90万平方米，占45%。

*成功恢复莲池后三景* 共拆迁5000平方米，完成了鹤柴、蕊幢精舍、绎堂、响琴榭、西小院的修复，面积达1218平方米。于4月30日提前两个月完工，并通过了国家古建专家组验收。古建权威罗哲文给予“莲池十二景，历史久闻名。辉煌今再现，盛世

颂太平”的高度评价。

推进太阳能综合应用　共设计节能灯364盏，LED光源共4889w，建筑面积达25万平方米。

【加强建筑业管理】　全市建筑业企业2009年完成总产值270亿元，较上年增长5%。加强建筑工程安全生产许可管理，保证了施工安全。

【规范建设市场秩序】　加强建筑市场管理，办理施工许可61个212万平方米。审批效率大为提高，房地产审批事项由20项削减到9项，审批公章由18个削减到1个，办理施工许可时限由15日压缩到1日。

加强建设工程交易中心建设，完成建设工程施工招标项目87个198万平方米。应招标工程和应公开招标工程招标率均达到了100%。

加强工程质量管理，监督市区建筑工程2806个2378万平方米，覆盖率达98%，工程质量全部合格。

根据省厅要求，做好了计价依据的相关调整工作；落实建筑工程最高限价规定，完成9个最高限价工程项目。

加强勘察设计市场管理，依法审查施工图39项87万平方米，查出少报建筑面积2300平方米。

加强建设市场稽查，共检查市区内在建工程项目291个835万平方米，查处存在违法违规行为的工程项目40个136万平方米。保定市首创的数字化建设稽查新模式，被推荐列为国家十一五科技支撑示范项目，在全国同行业处于领先地位。

【继续清理“双拖欠”】　受理拖欠工程款投诉64件，协调解决工程款1.5亿元；受理农民工投诉86件，为近6000余名农民工追讨拖欠工资3200万元。深入施工现场检查建设工程项目453个，查处未按合同约定拨付工程款的工程15个，催拨工程款328万元；查处拖欠农民工工资的工程项目9个，为509名农民工补发工资241万元。督导解决省、市交办的重点案件22件，清偿“两拖”总额8411万元。

【积极推进建筑节能工作】　新增新墙材生产能力61万方；清理粘土实心砖厂20余家，腾地1400余亩。对10个项目52万平方米进行了既有居住建筑节能改造。并加大现场检查力度，确保工程符合“禁实”要求，建筑节能设计标准执行到位。

【加快城镇建设步伐】　实施农村新民居示范工程，抓好重点镇建设，推广太阳能应用技术，在白沟镇、留史镇进行了第一批试点建设，指导各县（市）实施两厂（场）建设。11座污水处理厂已进水运行，12座垃圾处理场已全部开工建设。

【城建拆迁工作依法进行】　在拆迁项目管理中，重点抓好项目审批和房屋市场价格评估，有针对性地改变管理和监督方式，实行全程跟踪，现场调查，有效地竭制了各种违法违规行为的发生。

【加大抗震工作管理力度】　受理完成80个单位184项工程的抗震设计审查备案工作。对25个单位51个工程进行了现场核查，对80个单位120项单体工程进行了主体抗震措施专项检查。

【重视城区防汛管理工作】　完善了应急预案，储备充足的防汛物资，对影响行洪的河道进行了清淤清障。依法制定，报请政府通过了《保定市城区河道保护管理办法》，多措并举，认真实施，保证了河道还清成果。

【科教工作取得新突破】　提高在岗职工业务素质，举办起重设备特种行业培训一期近500人。结合全省建设工程材料设备专项整治工作，主要采取日常巡查和专项检查相结合的方式，保证了入场工程建材质量。

【完成城市科学研究专项课题】　完成了《保定市名城文化资源与京津对接研究》专项课题；组织专家研讨城隍庙开发问题，并上报了《如何合理开发保定市城隍庙座谈会会议纪要》。

| | |
|---|---|
| 局长<br>党委书记 | 李英泽 |
| 副局长 | 焦　龙　张建宗<br>刘　虹　葛新民<br>黄吉欣　辛　勇 |
| 总工程师 | 凌　霄（3月任） |
| 纪委书记 | 牛力学 |
| 调研员 | 刘长水 |
| 助理调研员 | 欧玉卿　张朝怀 |

（陈冠群）

# 市政公用事业

【保定市市政公用事业建设集团】　保定市市政公用事业建设集团是承担全市城市公用事业、市政基础设施建设、维护和管理任务的市政府事业单位。负责贯彻执行国家、省、市有关城市建设方针、政策、法律、法规；参与制定市政公用事业方面地方性法规、文件和实施细则，并组织实施；建设和管理城市市政公用事业基础设施，保证市政公用事业基础设施正常运行。市政集团机关内设10个职能处室，下辖供水总公司、排水总公司、燃气总公司、市政维护管理处、路灯管理处、城兴市政建设投资有限公司、市政公用工程建设监理有限公司等7个单位。2009年，集团先后被授予全国“巾帼文明岗”和省级先进集体、精神文明建设先进单位、省优市政公用建设工程、青年文明号杰出成就奖等荣誉，被市委、市政府授予优质服务杯竞赛优胜单位、思想政治工作先进单位、联系共建社区先进单位、安全生产监督管理先进单位等荣誉。集团领导被市委、市政府授予大水系建设和“城镇面貌三年大变样”国庆献礼工程先进工作者等荣誉称号。

**【概况】** 2009年，市政公用事业建设坚持高效能管理、高质量建设、高标准服务，牢固树立“精细化”和“创优服务”理念，全面提升城市基础设施建设、管理和维护水平，各项工作取得了显著成就，全年共完成市政公用基础设施建设和改造投资10.1亿元，其中：道路桥涵设施投入6亿元、供水设施投入2163万元、燃气设施投入2899.93万元、排水设施投入3.47亿元、路灯设施投入1238万元。全年新建、改造市政道路18.5公里，实现安全优质供水7703万立方米、天然气7198.53万立方米、液化气8639.2吨，处理污水7270万立方米，排水管道疏通率达100%，路灯亮灯率达98.6%。截止年末，市区市政道路总长249公里，供水管道总长755公里，排水管道总长673公里，燃气管道总长788公里，路灯总数达22162盏。

**【组建保定市城兴市政建设投资有限公司和城兴市政设计院有限公司】** 城兴市政建设投资有限公司作为市政府开发城建项目的投融资平台，受市政府委托，担负着组织运营国有资本、行使国有资本投融资主体的职能，主要经营管理本市城建优质资产，变资产为资本，盘活存量，扩大增量，努力提高资产利用率，组织开发建设和经营管理市政公用基础设施项目，为加快保定市基础设施建设步伐，推动全市城建工作又好又快发展提供可靠的资金保障。城兴设计院的成立，标志着保定市城建系统拥有了专职的设计院，实现了城建系统的一个“零”的突破。

**【完成市区雨污分流改造工程】**

雨污分流改造项目是市委、市政府为改善市区环境、提高城市品位做出的重大决策，是实施大水系建设的重要配套工程，旨在彻底解决雨污水混接、污水入河的问题，实现污水进厂、雨水入河，雨污水各行其道。项目建设内容包括：一是在市区部分主、次干道和支路、社区道路下敷设污水管道；二是沿河道敷设污水截留管道，雨污水管道入河口实施污水支管切改；三是改造单位和居民小区内部排水系统雨污水合流管道。项目工程总量包括：敷设管道49.6公里，建设泵站、钢坝各两座，治理排污口720余处，总投资1.5亿元。项目完成后，使保定市在全省11个设区市中第一个实现雨污分流全覆盖，彻底改变了市区内环水域旧貌，加速了市区内环水系还清，为从根本上优化市容环境打下了坚实基础。

**【市区东三环路建成通车】** 东三环路建设项目南起南二环、北至北三环，是构建“一网、两线、三环、三立交”城市大交通格局的重要组成部分，规划道路红线70米，共完成新建道路13.2公里、桥梁3座、泵站4座，征地1400亩，拆迁各类房屋7万平方米，投资额7.93亿元，9月25日实现全线通车。建成通车后，全国、省、市人大代表、政协委员先后多次现场视察，给予了高度评价。

**【建成市区4座过街人行天桥】**

市区新建成的4座过街人行天桥分别位于华联超市、大润发超市、河北大学和市第一医院门前，主体均为钢箱梁结构，不锈钢复合栏杆，桥面铺设彩色橡胶；其中大润发超市门前的过街天桥结构为拱架拉杆式钢箱梁，跨度44米，为跨度最大的一座。4座过街人行天桥建成通行后，为市民创造了良好的出行条件，同时装点了市容市貌。

**【改造市区8条社区支路】** 经过紧张施工，完成了作为民心工程的东关大街、报社街、学府胡同、东风路地道桥东侧北小路、东风路地道桥西侧北小路、斜街前巷、广济路地道桥东侧北小路、新银胡同等8条社区支路改造工作，方便了市民出行。

**【节能路灯改造成效显著】** 按照“十城万盏”半导体应用试点城市和发展新能源的有关要求，确定并在7条惠民路安装完成LED节能灯108套，同时在4条主次干道更换LED节能灯头579盏，两项总投资624万元。

**【全面搞好社会承诺服务工作】**

加强供水、排水、燃气、道桥等服务“窗口”建设，推行“一站式”办公、“一条龙”服务，简化办事手续，以行风热线电话为依托，构建便捷的服务热线网络，实现了“一线接通，全面服务”；全年受理行政审批事项76项、人大建议和政协提案15件、《行风热线》市民反映事项36件次、晚报民生直通车涉及事项6件和市委书记民情信箱交办事项1件、市长专线交办事项15件、市长短信平台交办事项67件，全部按照要求办结，办结率和回访满意率均在99%以上；各服务窗口坚持24小时值班制度，共受理群众“三来”反映事项3216件次（责内事项2083件次，责外1133件次），办结3209件次，办结满意率为99.8%；组织进社区、到广场开展便民服务宣传活动314次。赢得了社会各界的理解和支持，受到了省、市领导和市民群众的广泛赞誉。

**【深入推行精细化管理】** 以加强城市公用基础设施管理为重点，深入开展了“精细化管理年”活动，结合行业特点，制定实施方案和工作标准，建立起精细化管理网络体系，切实将“精细化”管理落实到各个工作环节，实现市政设施管理由“粗放”向“精细”转变，全力保障市民生产和生活需要。

党委书记
总 经 理 王勇山
副总经理 郭振光 薛 凯
杜 伟 张文泽
纪委书记 王 旭（2月任）
总工程师 戴 涛（2月任）
总经济师 张建平（2月任）

（田 伟）

## 房产管理

**【保定市住房保障和房产管理局】**

保定市住房保障和房产管理局是市人民政府领导的、具有行政职能的直属事业机构，是市政府推进落实住房制度改革、组织经济适用房、廉租房建设、物业管理和房产行政管理的职能部门。内设14个处（室），局属事业单位3个。

**【概况】** 2009年，认真开展科学发展观活动和干部作风建设年活动，坚持以科学发展观为指导，全面优化发展环境，恪守发展、为民宗旨，工作效率和质量进一步提升。严格依法行政，住房保障措施和能力取得了突破性进展，全市房产经济健康发展。

**【突出民生主题，加大住房保障工作力度】** 2009年，全市通过申请、公示、审批等程序，为7215户低收入住房困难家庭、18350人提供了住房保障，发放租赁住房补贴942万余元，其中市区为4250户、9428人发放租赁住房补贴794万元，各县（市）为2601户、8648人发放租赁住房补贴148万元，各县（市）为94户、275人实施了廉租住房实物配组保障；积极筹建兴华苑廉租住房小区。该项目占地7.81公顷，拟建10栋高层住宅楼，项目总建筑面积13.57万平方米，共计建设套型建筑面积30~50平方米（平均套型面积47平方米）的廉租住房2664套，实现三年（2008~2010年）任务一次完成；各区通过申请、公示、审批等程序，共审批符合购买经济适用住房条件的家庭3600余户。经济适用住房竣工19万平方米、2315户，开工15万平方米、2270户。

结合贯彻省、市“城镇面貌三年大变样”的城市建设部署，加快棚户区（危陋住宅区）改建，努力推进全市城镇面貌三年大变样。2009年，重点拆除老城区三大区域144万平方米的拆迁改建工作，其中住宅约94万平方米。截至年底已完成拆迁面积105.33万平方米。改善加大旧住宅小区居民居住条件，在充分利用政府补贴和自筹资金的基础上，动员效益好的企业事业单位筹措资金参与改善，排除各种困难，强力推进改善工程，年底前共完成40万平方米的旧住宅小区改善任务。规范物业服务企业行为，促进企业诚信经营。年初，对企业的合法经营、诚信服务、日常管理、内部培训、办事制度公开、广泛征求意见、处理业主投诉等方面进行了全面检查考核，加强收费不规范、承诺不兑现、服务不到位物业企业管理。全年共核查物业服务企业187家，进一步规范了经营服务行为。

**【加强直管公房管理和公有住房制度改革】** 一是积极推进住房改革工作。全年共办理公房异动手续4006件，其中，出售直管公有住房2997户，共计11万平方米，售房款3622.6万余元。二是加强直管公房维护维修。为保证公房住户住的安心、放心，公房中心完成中大修50间，楼房防水15000平方米，抢修80余处。做到修一处保一处，工程合格率100%，群众满意率98%以上。三是推动公有住房制度改革。按行政审批程序要求，全年共审批办理成本价出售公房手续42个单位、333户、21895平方米；由标准价规范成本价51个单位、162户、9195平方米；审批购房补贴手续11个单位、792人、56134平方米，补贴金额1281万元。

**【强化行政审批职能，加强备案管理】** 进一步强化各项内部管理规章制度，实现管理规章制度的科学化；完善首问负责制、服务承诺制和“一次查实”下岗制等配套制度，规范行为；强化对各项规章制度落实情况的监督检查、考核奖惩，做到奖罚分明，责权一致。市场交易中心根据《房屋登记办法》、《房屋登记簿管理试行办法》对工作软件进行改造和升级，建立规范的电子介质登记簿，新增房屋地役权登记、预购商品房预告登记、房屋最高额抵押权设立登记等6项登记类别。行政审批人员，严格审查各项申报项目，严格按程序办理。市场交易中心全年共办理房地产交易手续10718起，交易面积104.44万平方米，交易金额19.15亿元；办理房地产抵押登记手续3785起，抵押登记面积103.46万平方米，抵押登记金额19.52亿元；办理商品房预售许可证18份，批准预售面积81.57万平方米；办理《房屋租赁登记备案证》193份，租赁登记备案面积20.79万平方米。行政审批服务中心共办理各种手续233件、1059户。按照《房屋权属登记信息查询暂行办法》等有关政策，制定了《关于规范房屋信息档案查询及复印办法》，完善了市场交易中心两个处室一体化办公程序，提高了信息查询和登记效率。共完成初始登记765卷，抵押登记3805卷，发证19330本。落实公房查档7100户，受理公房测绘8274户。

**【加大法规制度建设，提高依法执政能力】** 2009年，依据省建设厅的要求，制定了《保定市住房保障和房产管理局<关于印发保定市住房保障系统行政处罚自由裁量权实施办法（试行）>及<保定市住房保障系统行政处罚自由裁量权执行标准（试行）>的通知》（保房字［2009］23号），并编印下发全市住房保障管理部门执行。对2000年以来颁发的现行规范性文件进行了全面清理，对主要内容已被新的法律、法规、规章、规范性文件所代替、与新的政策法规不一致、不符合转变政府职能要求的8件规范性文件予以废止，结合新的法律法规的颁布及时对局规范性文件进行修改。对行政许可项目进行清理与自查，重点对行政许可项目取消衔接情况、实施行政许可的主体资格、前置条件以及行政许可实施情况等进行自查规范，进一步统一了行政许可案卷的文书格式。全年共完成房地产经纪机构备案210家，其中年审174家，新审批36家。进行了80名全国房地产估价师和15名房地产经纪人考试报名工作。组织了2期全市房地产经纪人培训，共计400余人，合格率96%。

**【加强房地产市场监控，保证市场稳定】** 加大销售环节纠查力度，对房地产市场坚持不间断检查，重点查处房地产开发企业违法、违规行为，对市长热线及短信平台和群众投诉反映的案件及时进行办结，进一步强化市场监管职能。全年共对62个房地产开发项目56家房地产开发企业和270多家房地产中介机构进行了检查，对4家违规售房的房地产开发企业进行了处罚，为消费者挽回经济损失约104万元，有力维护了人民群众的权益；针对房地产开发公司出现的各种违规情况，采取相应措施，特别在预警、预防工作中做了大量工作。对在“无证”情况下设立的售楼部或咨询接待处，及时贴出公告，避免消费者上当受骗，购买手续不全的房屋。一年来，我局共对10余家手续不全的房地产开发公司发出通告。同时，我们加大房产政策宣传，严格要求房地产开发公司遵守法律、法规，严禁出现任何违规、违法行为。

党委书记<br>局　　长　冯韶华<br>房改办主任<br>党委副书记　赵五生<br>纪委书记<br>副局长　赵爱国　任喜峰<br>　　　　　吴全乐

（韩　林）

# 住房公积金管理

**【保定市住房公积金管理中心】** 保定市住房公积金管理中心成立于2002年12月27日，为直属市政府的正县级事业单位。中心机关内设办公室、人事处、财务处、纪检监察处、网络处、审核处、贷款管理部、归集管理部8个处室，下辖25个县市区、分中心、管理部，实行垂直管理，总编制167人。主要职责是：编制、执行住房公积金的归集、使用计划及编制计划执行情况的报告；负责记载职工住房公积金的缴存、提取、使用等情况；审批住房公积金的提取、使用；负责住房公积金的核算；负责住房公积金的保值和归还；审批职工个人住房公积金贷款，并保证信贷资金的安全；起草住房公积金年度报告，经住房公积金管委会批准后，向社会公示；依据《住房公积金管理条例》规定，对不依法缴交单位进行处罚；承办住房公积金管委会决定的其他事项。

**【概况】** 2009年，在市委、市政府的正确领导下，坚持以科学发展观为指导，认真履行《条例》赋予的职能，全体干部职工奋力拼搏、共同努力，全面推进了住房公积金事业的科学、快速、和谐发展，圆满完成了全年各项任务目标，获省优秀住房公积金管理单位称号。截止2009年底，全市住房公积金累计归集66.65亿元，归集余额40.53亿元，覆盖率达到88.28%。累计发放住房公积金贷款29.40亿元，为25093户职工家庭改善住房条件提供了资金支持，当年实现住房公积金增值收益7827.86万元。

【召开第五次管委会】 2009年5月22日组织召开了保定市住房公积金管委会第五次全体会议，会议讨论通过了《保定市住房公积金管理中心2008年工作报告》，审议通过了《2008年保定市住房公积金财务收支决算》、修订《保定市住房公积金职工个人贷款管理办法》和《保定市住房公积金提取管理暂行办法》等10项议题内容，为推动我市住房公积金事业健康平稳持续发展奠定了政策基础。

【“两个”活动成效显著】 按照市委统一部署，把“学习实践科学发展观”和“干部作风建设年”活动作为首要的政治任务，与工作实际紧密相连，确定以“简化程序、方便群众、服务全市大局”为主题深入扎实开展。查找并制定了影响和制约科学发展突出问题及具体解决问题的措施，在住房公积金管理系统中形成了以科学发展观为统揽，顾全大局讲政治，团结协作促和谐，攻坚破难抓落实，开拓创新求突破，争先创优树形象的良好氛围，为加快我市住房公积金事业又好又快发展奠定了良好的思想基础。

【对接京津实现异地互贷】 按照市委、市政府“对接京津”战略的总体部署，中心主动作为，大胆创新实践，组织有关人员，赴北京、天津住房公积金管理中心积极协调异地住房公积金贷款业务的合作事宜，2009年8月19日，市住房公积金管理中心与天津公积金管理中心正式签订了“个人住房公积金贷款合作协议”，为两市居民购房提供了便利，进一步加快津冀两地区域合作进程，推进了区域合作进程。

【加强干部队伍建设】 以“干部队伍建设年”活动为契机极力调优职工队伍结构，提高队伍整体素质。一是根据市委组织部部署要求，本着“民主、公开、择优”的原则，在全系统开展了科级干部竞争上岗工作，把德才兼备、作风过硬的干部配备到了重要岗位，并确定了年终末位淘汰制和轮岗制。二是坚持任人唯贤，公正、公开、透明的原则，打破陈旧的用人机制，经过统一考试面向社会及中心内部聘用人员招录了40名专业人才，充实到关键业务岗位，提高了职工队伍的整体素质。三是通过加强培训，使干部队伍政策理论和业务水平有了明显提高，工作能力、工作效率和服务水平得到大幅提升。

【进一步优化服务环境】 采取一系列的有效措施，全面提升管理水平，提高服务质量。一是改善办公条件，拓展和完善了多功能服务大厅。将公积金归、支、贷、财务、银行有关业务集中一厅办结，真正实现了“一个窗口受理、一条龙服务、一站式审批”的互动模式。二是完善便民措施，制定了统一文明服务规范，开展上门、预约服务，为方便职工办理公积金业务推行周六加班的制度。三是严格执行首问责任制，限时办结制，服务承诺制，一次性告知制和限时审批制等各项工作制度，全面提高了公积金管理中心的服务质量和行风形象。四是聘请民主评议行风监督员和社会各界人员来中心进行座谈指导，虚心听取群众关心的意见建议，及时改进工作方式方法，行风建设水平有了较大进步，全年上升了5个位次。

【党风廉政建设】 中心党组始终把党风廉政建设和反腐败工作摆在突出位置，作为一件大事常抓不懈。进一步健全教育、制度、监督并重的惩治和预防腐败体系，建立了推进行政权力运行监控机制，形成更加有效的自律机制、防范机制和惩戒机制。健全和完善内部党风廉政建设责任制，认真贯彻落实中央、省、市纪委有关规定，党组成员和处室、分中心、管理部负责人分别签定了《党风廉政建设责任书》，确保了反腐倡廉的各项措施落到实处。加强警示教育和党纪、党风教育，提高党员干部职工防腐拒变能力，从源头遏制了违规违纪现象的发生。

党组书记<br>主　　任　张清田

党组成员<br>副 主 任　邓建华　彭禄江

　　　　　马文勇

党组成员<br>纪检书记　李长江

党组成员<br>总会计师　许金章

（秦立辉　赵红卫）

## 环境保护

【保定市环境保护局】 保定市

环保局是市政府对全市环境保护工作实施统一监督管理的行政执法部门。内设办公室、人事处、综合计划处、污染控制处、项目管理处、自然保护处、辐射安全管理处、宣教法规处8个处室，下设环境保护监测站、环境监察大队、环境保护研究所、评估中心4个科级事业单位，高新技术产业开发区、白沟·白洋淀温泉城2个环保分局。另设纪检监察室、机关党委办公室。

**【概况】** 2009年，全市污染减排目标如期实现，化学需氧量、二氧化硫两项减排指标分别超额完成年度任务8%和3%；城市空气环境质量持续改善，部分县城建成区已经达到310天的二级空气质量目标；重点流域水环境质量进一步改善，西大洋水库、王快水库和一亩泉三个饮用水源地水质分别稳定达到二类、三类标准要求，白洋淀上游入淀河流及淀区水质明显好转，特别是市区府河水质从多年来的劣五类达到一般城市景观用水要求，白洋淀淀区中心区域出现三类水质。

**【工业污染防治】** 充分发挥省"双三十"和市"8+13"重点县(市)、重点企业污染减排的示范带动作用，督促企业进一步深度治理，提高废水循环利用率，减少污染物排放，共建设废水深度治理工程65项；深挖减排潜力，推动10吨/时以上大型燃煤锅炉安装高效脱硫除尘设施和烟气在线监测装置，完成了54家锅炉的烟气治理、煤改气工程。

**【城市环境综合整治】** 围绕实现城镇面貌"三年大变样"空气质量基本目标，积极推进"蓝天行动"，深入开展城市环境综合整治。在集中供热热源不足、天然气供应能力不够的条件下，深挖潜力，大力推广地源热泵、电磁锅炉、秸秆燃料等新型能源以及烟气余热回收等节能减排技术，取缔改造分散燃煤锅炉432台，年减少燃煤30多万吨；强化对城市二次扬尘污染控制，市建设局、行政执法局、公安局等有关部门加强了对环卫清扫、建筑、拆迁、市政施工和运输扬尘污染的管理，加大机动车尾气检测治理力度；针对砂石料开采加工行业粉尘污染，在9个山区、半山区县全面开展了砂石料开采加工行业环保专项整治行动，制定行业发展规划，取缔违法企业、加大污染治理力度。进一步强化了秸秆禁烧和综合利用的工作力度，出台了《保定市秸秆综合利用及禁烧生态补偿办法暂行规定》，市秸秆禁烧领导小组专门组成联合督查组，在夏收和秋收期间每天上路检查，每发现1处着火点或过火痕迹，一经确认管理归属范围，即由市财政直接从该县财政中扣除生态补偿费1万元，用于补偿全市秸秆综合利用项目，积极支持和鼓励有关企业和农民开展多种途径的秸秆综合利用，努力减少秸秆焚烧现象。

**【自然生态保护】** 全面加强对饮用水源地和白洋淀的保护，完成了饮用水源地警示标识的设立及围网、围栏工作，编制了王快水库饮用水源地环境保护区划、规划。结合"大水系"建设，出台了《保定市大水系建设环保工作方案》，关停整治排水企业52家，确保了"大水系"水质质量。加强辖区内入河排污企业的环境管理，认真贯彻实施《跨界河流断面考核及生态补偿暂行办法》，在全市省控9条河流、32个水质监测断面的基础上增加了8条河流和19个断面，实行定量化考核。组织精干力量，分片包干，采取不打招呼、不固定检查形式、不确定检查时间等方法对河流断面水质、沿河排水企业及城镇污水处理厂运行情况进行不定期督导检查，进一步强化了对府河、瀑河、孝义河等河流的水质控制。各县（市、区）不断加大排污企业监管力度，每条河流都安排人员全天巡视，掌握水质状况，随时发现隐患，及时发布预警。2009年，全市未出现1起因断面水质超标而扣缴河流生态补偿金的情况，白洋淀上游入淀河流及淀区水质明显好转，全市地表水环境质量持续改善，达到了省政府跨界断面水质目标考核要求。启动国家"水专项"白洋淀课题，积极探索进一步深化白洋淀生态保护的方法。加快环保基础设施建设，污水处理厂、垃圾处理场建设进度在全省排名第三。规划建设的32座污水处理厂全部建成，形成104.7万吨/日的污水处理能力，12座垃圾处理场于2009年6月底前全部开工，其中3家已经投入运行。

**【环境影响评价与建设项目环境管理】** 按照"增一减二"或"增一减一"的总量控制原则，强化新建项目的污染物总量削减审核，从源头上控制污染物的产生。代市政府起草了《保定市区域禁（限）批实施意见（试行)》，严控"两高一资"项目建设，优化产业结构。积极推进《保定市城市总体规划》和全市各级工业区的规划环评工作，参与《环京津旅游休闲产业带规划》、《保定市建筑领域可再生能源利用规划》及"对接京津"、"一主三次"等市级规划、方案的修改工作。按照省、市关于"保增长、扩内需、调结构、惠民生"一系列部署和干部作风建设年的要求，进一步转变工作作风，优化行政许可程序，提高办事效率。加快新建项目环评审批速度，实行同级立项同级审批，大幅度下放建设项目环评审批权限，除省环保厅规定的化工、造纸、电镀、印染等重污染项目外，其余全部下放到各县（市、区）；市本级环保行政审批全部进入行政服务中心，实行一个窗口办理，将原有15项审批精简为4项，只保留一个行政审批专用章；为符合环保要求的投资拉动项目开辟绿色通道，坚持“特事特办、急事快办、繁事简办、难事巧办”，为保增长、扩内需创造条件；实行重点项目跟办、领办、带办制度，先后跑部进厅30多次，帮助25家重点企业办理了环评审批手续，有力地促进了项目建设；为符合环保要求的企业及时办理排污许可证，方便企业的生产经营；积极争取为企业治污提供资金支持，争取到中央、省级环保专项资金5800多万元，有力的促进了污染治理项目建设。同时，在全市组织开展了建设项目清理整顿专项行动，对2000年以来省、市两级审批的建设项目进行全面清理整顿，重点解决批建不符、“三同时”不落实、超期试生产不验收和未批先建等问题。对超期试运行的20余家企业下达了限期验收通知书，对未经审批的4个项目责令立即停产限期办理环保审批手续，对7家批建不符的企业下达了停产整改通知书，进一步规范了环评审批行为，解决了一大批建设项目审批手续不全、违法生产的问题。

**【环境监察】** 完善了环境应急指挥、应急管理、应急预案、应急保障、应急响应五大体系建设。配备了应急设备和车辆，市、县两级政府和全市200多家重点企业全部制定了《突发环境污染事件应急预案》，结合国庆安保，积极开展“北京护城河工程”，多次组织环境应急和反恐演练，为快速、妥善应对各类环境污染事件提供了有力保证，成功处置了安新县含四乙基铅废料中毒事件、涞源县境内倾倒四氯化硅废弃物事件和山西省灵丘县煤焦油污染大沙河事件，第一时间实施应急监测，妥善处理了市机床厂天然气泄露事件，圆满完成了国庆安保任务，受到环保部、省环保厅领导的充分肯定和市政府通报表彰。严厉打击土小企业污染反弹。针对塑料回收、有色金属熔炼加工等行业污染反弹现象，对望都、顺平、清苑、满城、安新等县进行了行业挂牌督办，提出了明确的整治要求，组成督导组对重点区域进行了全面督导检查。加大排污费征收力度。严格执行排污费申报、征收政策。做到不提高或降低标准乱收费，不擅自减、免、缓征排污费，依法、全面、足额征收。2009年，全市完成排污收费4802.17万元，完成省下达排污收费任务的106.72%，比上年同期增长486.82万元，排污收费工作取得了突破性进展，受到省环保厅表彰。

**【专项行动】** 2009年共开展了“建设项目清理整顿专项行动”、“有色金属熔炼加工行业排查整治”、“饮用水源保护隐患排查”、“重金属污染企业专项检查”等11次大规模的全市环境执法检查，出动检查人员9379人次，检查企业6211家（次）；立案查处违法企业72家；市级挂牌督办案件3件；县级督办案件7件；受理12369环保热线投诉案件722件，其中受理办结716件，办结率99.17%，基本做到了案件有报必接，有接必查，有查必果。通过开展各类环保专项行动，企业违法排污的势头得到了有效的遏制，群众环境信访举报案件数量明显减少，2009年同比2008年下降了37%。

**【环境宣传教育】** 围绕节能减排、城镇三年大变样、秸秆禁烧和综合利用等重点工作，通过邀请、接受媒体来访，及时收集、整理、提供相关资料或投稿，组织各县（市、区）进行环境新闻线索报送等形式，广泛开展新闻宣传工作，先后在《中国环境报》、《河北环境保护杂志》和《保定日报》等各类媒体刊发稿件233篇。纪念“六·五”世界环境日，围绕世界环境日主题“地球需要你，联合起来应对气候变化”和中国主题“减少污染-行动起来”，积极开展环保宣传进学校、进社区、进农村、进企业等活动，编印《节能减排企业行为手册》、《节能减排家庭行为手册》，在市区人民广场、军校广场、总督署广场组织工作人员和高校环保志愿者向过往群众发放，解答有关环保咨询，收到了较好的宣传效果。

**【环保政务信息】** 积极做好建议、提案的办理。共承办人大代表建议2件，政协委员提案10件。按时办结和直接走访率达100%，人大代表、政协委员对办理结果满意和基本满意率达100%。积极做好环保政务信息的编发报送工作。被省以上单位采用73篇，省网站采用148篇，累计分数在全省环保系统排名第一，被省环保厅评为政务信息工作先进单位。

党组书记
局　　长　魏凤枝

副局长　赵晋民　朱宇光
王金甫　樊朝宇
李文彦
纪检组长　鲁红朝

（孟月华）

# 园林绿化

**【保定市园林绿化管理局】** 是政府主管全市城镇绿化的职能部门，担负着绿化规划设计、养护管理、依法施政等任务，管辖全市22个县（市）的城镇绿化业务工作。内设5个处室：办公室、组织人事处、计划财务处、建设管理处、城镇绿化处。下属单位18个：规划设计所、园林技校、医务室、动物园派出所、竞秀公园派出所、绿化工程管理处、基建工程处、动物园、竞秀公园、东风公园、滨河公园、植物园、一亩泉河游园、军校广场、红旗苗圃、第二苗圃、服务公司、电影院。共有干部职工485人。

**【概况】** 2009年，市园林局按照市委、市政府提出的“大力提升城市品位”和建设“山水城市、低碳保定”的要求，紧紧抓住三年大变样的契机，围绕城外森林化、城区园林化、社区林荫化的目标，努力构建现代城市绿化体系，城镇绿化工作取得了新进展。社会绿化总计植树198.3万株，其中市区65.5万株，县（市）城镇132.8万株。城市建成区绿地率、绿化覆盖率和人均公园绿地面积，分别达到33.9%、39.3%和9.3平方米。城市绿化净增量在全省11个设区市排位中居第一档次。获得保定市文明单位、工作实绩突出单位、安全生产突出单位、退役士兵安置先进单位、档案工作先进单位等称号。被省建设厅评为城市建设管理先进单位、公用事业服务先进单位、纪检监察先进单位等称号。被省委、省政府命名为“文明单位”。

**【全民义务植树】** 3月9日召开全市城镇和绿化动员大会。参加会议的有各县（市、区）长、主管副书记，林业、城建、综合执法局长及市直各部门负责人、园林局副科级以上干部共1000人。市四大班子领导出席会议，为先进单位和先进个人颁奖。市委常委、副市长赵常福作动员报告。3月12日植树节，市四大班子领导和2000多名机关干部、驻保部队500名官兵，在西北郊生态园带头参加义务植树活动。四区及各县、市领导也在各自的植树点，与干部群众一起参加植树劳动。园林局与市委、市政府督察室和四区密切协同，每日、每周进行抽查通报，在日报、晚报、电台、电视台公开曝光，确保全年植树任务圆满完成。

**【新、扩建大型主题公园5座】** 1. 西北郊万亩生态园，位于市区西北部漕河故道，规划面积766万平方米，总投资7.5亿元，已完成投资3.5亿元，新植各类乔木20.8万株，完成绿化163万平方米，填补了保定市郊外没有超大规模绿地的空白。2. 南郊千亩生态园，位于市区南部，规划面积80万平方米，总投资1.3亿元，已完成投资3000万元。3. 龙潭公园，位于市区西南部，占地13.3万平方米，总投资2000万元，是一座融地方传统文化、运动休闲、河道景观于一体的体育主题公园，已于“五一”前正式向游人开放。4. 植物园扩建，面积21万平方米，投资880万元，使植物园总面积增加到2100亩。5. 竞秀公园碑廊复建，投资660万元，在竞秀公园西北角规划土地2.3万平米，按古建风格建造回廊亭榭、人工湖、山涧小溪和跌水，周边种植灌木和花草，廊内展放了启功、溥杰、方毅、张爱萍等大师和领导题字97通碑刻，于国庆节前投入使用。

**【道路绿化建设】** 认真坚持“双管齐下”，一方面对市区400多条街巷绿化，本着缺什么补什么、缺多少补多少的原则搞好补植补种，使道路绿化普及率、达标率常年保持在100%和95%以上水平。一方面，通过大力实施道路绿化景观改造提升工程，陆续把北二环、朝阳大街、乐凯大街、恒祥大街等10条主干道，打造成城市道路绿化样板示范街道。其中的恒祥大街树荫浓密，花草芬芳，被省城考团评定为全省绿化第一街。

**【游园绿地建设】** 全年共建成游园绿地21块。重点对位于主干道交口及城市各大出入口，彻底进行了整治改造。其中包括朝阳大街与北三环4个交口、朝阳大街与南二环3个交口、七一路与东二环3个交口、七一路与瑞祥大街2个交口、天威路与玉兰大街和建华路2个交口、长城大街与五四路和三丰路2个交口等。总绿化面积24万平方米，达到了“300米见绿、500米见园”的要求。从而使市区“十纵九横”主干道，基本上形成了春季花红柳绿、夏季枝叶繁茂、秋季色彩缤纷、冬季翠绿依然的园林景观。

**【庭院及小区绿化】** 共有24个单位庭院、17个居住小区、8条街道、8个公园，分别被省建设厅命名为省级园林式单位、省级园林式居住区、省级城市绿化样板示范街道、星级公园和优秀游园，其中军校广场、植物园评为四星级公园，在全省11个设区市中，成为申报最多、通过率最高的设区市。

**【加强城镇绿化督导】** 分山区、平原成立4个建管指导小组，对22个县（市）城镇绿化进行检查指导，先后召开现场调度会3次，总结表彰大会1次。帮助满城、定州、高碑店3县市加快创建步伐，绿地率达到35%以上，具备审报省级园林城市资格。指导各县（市）共建成10公顷以上大型综合公园7个，新增省级园林式单位、居住小区21个。

党委书记
局　　长　卜根旺
副 局 长　吴义军　王建勇
　　　　　李丙发　许亚平
纪委书记　刘彦昌
总工程师　王　宇
助理调研员　王彦童　张忠和
（赵彦昌　赵树民）

# 城市管理

**【保定市城市管理行政执法局】** 保定市城市管理行政执法局（以下简称市执法局），是主管全市城市管理行政执法工作的政府工作部门。负责综合协调、监督、管理和指导全市城市管理综合执法以及市容环境卫生管理工作。内设办公室、政治处、计划财务处、督察处、政策法规处、环境卫生管理处、规划监察处、指挥中心、市容亮化管理处、综合业务指导处等10个职能处（室），下设直属大队、一大队、二大队、三大队、四大队、规划监察大队、车站综合治理办公室、西大街综合管理办公室、无害化处理中心、医疗废弃物处理中心、城市管理警察支队等11个单位。

**【概况】** 2009年，市执法局以全省“干部作风建设年”和“三年大变样”活动为契机，不断探索城市精细化、长效化管理机制，圆满完成“城镇面貌三年大变样”和《政府工作报告》涉及本局的各项工作任务，牵头组织拆除“违、临、破、旧、陋”建筑379.623万平方米，完成总任务量的101%。日常城市管理工作更加富有成效。2009年，执法局领导班子被市委考核定档为“实绩突出”，执法局获城镇面貌三年大变样国庆献礼工程先进单位、国庆安保工作先进单位、社会治安综合治理工作目标考核优秀单位、全市维护社会稳定工作先进单位、优化环境工作成绩突出单位、典型案件查处工作先进单位、信访工作先进市直单位、承办人大代表建议政协委员提案先进单位等多项荣誉称号。

**【城镇面貌三年大变样工作】** 2009年，市执法局牵头组织拆除“违、临、破、旧、陋”建筑总计379.623万平方米（年度总任务375万平方米），完成总任务量的101%。其中，乐凯大街景观整治是保定市城镇面貌三年大变样重点项目之一，是2009年市政府工作报告明确的一项重点工作任务，同时也是国庆60周年献礼工程。市执法局作为组织和牵头单位，成立了乐凯大街拆迁整治指挥部，严密组织、统筹兼顾，圆满地完成了乐凯大街景观整治任务，拆除各类建筑38.27万平方米，改造既有建筑外观98个，完成投资3000万元。

朝阳大街拆除各类建筑12.68万平方米，改造既有建筑外观92个；七一路拆除各类建筑3.4万平方米、改造既有建筑外观116个；拆除铁路沿线各类建筑1692处，112.08万平方米；拆除七一路高速引线两侧各类建筑7处，1.77万平方米；铁路沿线、七一路高速引线两侧市容环境得到显著改善。107国道南口、北口拆迁整治工作取得重大突破，北口拆除各类建筑166处，16.02万平方米；南口拆除各类建筑168处，5.99万平方米，市区环境秩序得到明显改观。

**【户外广告提质上档】** 根据省（市）“城镇面貌三年大变样”目标任务，以“减量、提质、有序管理”为原则，以实现市区户外广告布局合理、造型美观、材质提升为目标，市执法局于2008年10月至2009年6月，开展了三个战役的户外广告集中整治工作。共拆除户外广告（门头牌匾）2.2万块，36万平方米，完成了其他城市户外广告整治需3至5年完成的工作量，打造了“保定速度”。其中，拆除塔牌广告86块，2万平方米；楼顶广告1474块，7.6万平方米；墙体广告3559块，4.6万平方米；灯竿及彩虹桥401块（架），5万平方米；门头牌匾1.5万块，14.4万平方米。同时，重点对门头牌匾、楼顶单位名称、围档广告按照“亮化、美化、一店一牌、破陋遮挡”原则进行整治，新设置户外广告（门头牌匾）1万块，7.2万平方米，市区户外广告杂乱无章、设置无序、陈旧低档的局面得到根本改变。

**【市区街道分类管理】** 根据市区街道的功能区分、商业繁荣程度等特点，实施三级分类管理，将市区街道划分为一类（严管街）、二类（控管街）、三类（规范管理街），主次干道、背街小巷，城乡结合部管理水平明显提升。按照“七无一规范”要求，突出重点，定期检查。积极发挥110指挥中心作用，严格落实网格化管理、“五三一”工作法、“三个当天”制度，城市整体管理水平显著提高。三级分类管理机制和“七无一规范”标准，是保定市城市管理史上的又一创新，使城市管理工作步入了更加标准化、规范化轨道。

**【依法拆除市区违建】** 按照局党委提出的任务要求，超前谋划，周密部署，积极探索，扎实推进，圆满实现了“处罚一批、拆除一批、曝光一批、停工一批、移交司法机关一批”目标，形成了以规划监察大队为主，辖区大队、直属大队、警察支队配合，无害化处理中心提供设备保障的强拆工作模式，确定了“高压管控、杜绝违建，发现得了、控制得住，当罚则罚、当拆则拆，拆罚并重、以拆为主”的查处违法建设原则，共拆除违法建设172处、9822.5平方米，停工48处、9360平方米，罚款14处、13.56万元，曝光73处、6560平方米。

**【开展占道经营专项整治活动】** 开展声势浩大的占道经营专项整治月行动，共发放占道经营告诫通知书2000多份，清理店外经营1786处、店外堆物1163处、店外加工235处、私设摊点1135处、乱停乱放155处、户外广告85块、过期条幅212条。维护了良好的市容环境秩序，增强了市民遵守城市管理法规的自律意识，营造了公众参与城市管理的浓厚氛围，实现了市区主次干道市容环境秩序显著改善。

**【市容环境整洁有序】** 按照局统一安排部署，各大队积极与市市场中心加强沟通，以疏导和服务为主，以方便市民生活、促进便民市场不断改造升级为目的，共取缔马路市场36个，新改（扩）建中华大府河市场、农大农副产品市场、支农路（保府）市场、东部商贸城工业品批发市场、复兴西路市场等5个便民市场。

加强校园和大、中企业周边环境治理，进一步深化“和谐城管三个十”联系制度的活动成果，为企业、学校创造良好工作、学习、生活环境。

采取有效举措，不断提高环卫工作质量。在市区繁华地段新建30座移动公厕，协调市区主次干道两侧产权单位的200个厕所向市民免费开放，极大地方便了市民生活。

市区新增17台道路清扫车、6台洒水车，提高城市机械化清扫率，控制二次污染。设置果皮箱210个，太阳能环保回收箱90个，为市民创造优美生活环境。

加强对建筑施工工地、雨污分流、供热管线施工作业区的管理，要求作业单位严格按规定设置工地围挡、杜绝扬撒遗露等问题，查处扬撒遗露车辆645辆。

彻底取缔市区主、次干道两侧露天烧烤，共扣缴、销毁烧烤炉具647个，净化了市区空气质量，保证市民正常生活秩序。

无害化处理中心和医疗废弃物集中处置中心严格操作规程，安全生产，确保生活垃圾、医疗废物依法及时、有序、高效无害化处置。无害化处理中心处理生活垃圾32.7万吨，医疗废弃物集中处置中心处理医疗废弃物1684.57吨。

**【执法质量大幅提高】** 局党委提出“执法质量提高年”的目标，重点开展副中队长以上干部人均至少办理两起一般程序行政案件活动，从法律法规知识与实务、执法文书制作、执法人员形象、文明执法要求等方面，多角度、分批次开展培训，通过案例讲解、答卷考试、案卷评查等方式，增强了执法队员的依法行政意识，提高了执法队员的业务素质和执法水平，提升了依法办案的专业水准。2009年共办理行政执法案件15237件（简易程序案件14982件、一般程序案件255件），是往年的三倍多，无一例行政复议和行政诉讼案件，实现了零诉讼、零上访，达到了执法队员“人人会办案、件件办成铁案”的目标要求。

**【文明执法深入人心】** 执法局党委始终把文明执法作为城市管理行政执法永恒的课题牢牢抓在手上，强力推进文明执法，在队伍建设方面，对外明确了“理性、文明、和谐、民生”的执法理念，强力推进文明执法，实行文明执法“四步曲”，要求队员执法管理时的第一句话必须是“您好”，第一个动作必须是“敬礼”，“理性、文明、和谐、民生”的执法理念更加深入人心，受到社会各界的高度赞扬，在全国同行引起强烈反响。《经济日报》、《河北日报》、《保定日报》、《保定晚报》先后对本局文明执法先进事迹予以报道。

**【深入推进数字化城市管理】** 进一步完善数字化城市管理110指挥中心，推进全市数字化城市管理系统建设，整合各个部门管理资源，运用现代信息技术，全方位受理和发现城市管理中存在的问题，集中指挥调度各区、各部门工作，探索城市管理精细化、长效化管理新途径。

**【党建工作富有成效】** 研究制定了《局党委重大事项议事规则》，使党委决策更加民主化、科学化、规范化、制度化；组织党员开展了丰富多彩和富有教育意义的各项活动；切实做好新、老党员的培养发展工作，积极吸收、发展新党员28名，进一步壮大了党员队伍。

根据省、市统一安排部署，局党委坚持高起点、高标准、严要求，抓好科学发展观、干部作风建设年、亲民爱民等各项活动的落实，结合城市管理行政执法工作实际，局党委确定以“提升城市管理品位、推动保定科学发展”为主题的总要求，认真抓好活动各环节工作，在高标准完成规定课目的同时突出自选动作，创新开展“进千店、访千人、寻万计”、“行风评议监督员”、“征求意见大回访”活动，受到市委督导组的肯定。2009年，本局共向阜平县楼房村及唐县、曲阳32名帮扶对象捐款24500元。

**【警察支队保障有力】** 公安城管警察支队全力做好执法保障服务，为局完成艰难险重任务发挥了重要作用，积极参加拆除违法建设、治理“野广告”、取缔露天烧烤、户外广告整治等各项执法管理工作，出动警力164人次。刑事拘留2人，劳动教养1人，治安拘留34人，调解纠纷52起，批评教育138人，为顺利完成各项行政执法工作提供了有力保障。

局　　长　刘铁英
副 局 长　马士伟　李　哲
　　　　　李宝祥
纪委书记　刘　强
副支队长　闫保航

（黄　云）

# 财政·税务

## 财　　政

【保定市财政局】　保定市财政局是主管全市财政收支、财税政策、国有资本金基础工作的市政府工作部门。主要职责是：贯彻执行国家和省财政税收的方针政策，指导全市财政工作；参与全市经济的决策和管理；拟定全市财政税收收入计划，管理市本级财政支出；监督各县（市、区）财政收支和各部门的财务活动；调控和综合平稳全市的社会财力；负责行政事业性收费、国有企业清产核资和农业开发的资金调度等。内设办公室、人事教育处、预算处、监督处、国库处、行政政法处、教科文处、社保处、农业处、经济建设处、涉外处、企业处、综合处、农税处、会计处、法规处等16个职能处室和监察室、老干部处、机关党委、工会、妇委、团委等6个综合处室。下辖预算编审中心、集中支付中心、政府采购办公室、行政事业资产管理办公室、信息中心、政府采购中心、契税征管所、财经稽查办等8个全额事业处室。农业开发办公室和非税收入管理局为财政局管理的副县级事业单位。

【概况】　2009年，面对经济增速减缓、税收增幅明显下降、政策性增支大量增加、收支矛盾异常尖锐的严峻形势，在市委、市政府的正确领导下，各级财政部门深入贯彻落实科学发展观，紧紧围绕保增长、调结构、促改革、惠民生这条主线，坚决落实应对国际金融危机的各项政策措施，狠抓增收节支，优化支出结构，压减一般性支出，集中财力保重点、保民生、保稳定、促发展，做了大量卓有成效的工作，超额完成全年预算任务，重点工作实现了创新提高。2009年全市全部财政收入完成166.7亿元，为调整预算的107.3%，比上年增长11.5%；地方一般预算收入73.3亿元，为预算的107.3%，增长10%；基金收入58.2亿元，为预算的118.6%，增长25%。全市一般预算支出200.4亿元，增长20.5%。2009年度，保定市财政局受财政部通报表彰一次，受省财政厅和保定市委、市政府通报表彰先进单位24次、先进个人20人次。

【落实各项财税政策】　一是落实积极的财政政策。多方争取中央扩大内需资金9.6亿元，扩内需，促增长。认真落实家电和汽车摩托车下乡财政补贴政策，补贴资金达15783万元。二是大力支持企业发展。建立了重点企业信息交流平台，开通了财税政策咨询热线，编印了《扶企业促增长结构性减税宣传手册》、《税收优惠政策适用指南》。清理规范收费行为，取消7项、停收7项、合并2项、调整为经营服务性收费20项，并对33户重点监测企业实行“一口收费”，发放岗位补贴9600万元，减免各项社会保险费511万元，减轻了企业负担。三是推进经济结构优化升级。围绕支持重点产业振兴发展，研究制定了支持产业发展资金的筹集、使用、管理意见，筹集5050万元，支持了企业改革、装备制造、新能源等产业发展。筹集775万元，支持成立了创元科技风险投资有限公司，推动自主创新。四是支持担保体系建设。组建了市中小企业担保股份公司，设立中小企业信用担保风险补偿资金，共为120家中小企业提供贷款担保5278笔，累计担保额达到4.8亿元。

【着力保障改善民生】 一是支持教育事业优先发展。投入1.4亿元，资助各类学生9.5万人。投入2389万元，落实城市义务教育免杂费政策，7.5万学生受益。投入7183万元，支持了职业教育发展和重点高中建设。筹措3931万元，推进中小学校舍安全工程建设。落实中小学绩效工资改革政策，保证了教师工资及时足额发放。二是推进城乡医疗保障体系建设。拨付专项资金5.5亿元，用于医疗卫生事业建设，全市新农合补助资金7亿元，参合率达到86.7%，全面启动城镇居民基本医疗保险试点工作，消除了医疗保险政策的盲区。三是支持社会保障体系建设。全市社会保障和就业支出增长16.7%，养老金发放标准人均每月增加130元。积极落实城乡低保提标扩面和社会化发放政策，城乡低保对象按时足额领到了低保补贴。确保了再就业四项补贴和小额贷款贴息政策的落实。进一步完善离休干部保障机制，对困难企事业单位离休干部医药费统筹给予补助；市直84户改制破产企业317名离休干部上收到主管部门管理；落实了企业和机关离休干部拉平待遇有关政策。对城镇退役士兵自谋职业给予奖励。四是支持文化体育和计划生育事业发展。实施了农村电影公益放映、农家书屋、博物馆图书馆免费开放等惠民文化工程，支持了新编戏剧创作、非物质文化遗产保护等，成功举办了第七届古城戏剧节、首届河北梆子节、空竹艺术节、敬老健身节、白洋淀旅游文化节等。推进"计生惠民"工程，落实计划生育家庭奖励扶助政策。五是加大保障性安居工程支持力度。为市区低收入家庭发放廉租住房租赁补贴，保证了市区兴华苑小区750套廉租住房开工建设。

【全面落实惠农政策】 一是认真落实各项涉农补贴政策。粮食直补、农资综合直补、良种补贴、农机具购置补贴、农业保险保费补贴全部落实到位，共发放各类补贴资金10.1亿元。二是积极支持农业基础设施和生态环境建设。争取贷款6118万元，用于王快、西大洋等4个大中型水库除险加固；筹措1.5亿元，支持大水系建设；投入8545万元，支持退耕还林、太行山绿化等；投入9805万元，重点支持了耕地开发整理等项目。三是深入实施"龙头工程"。集中资金670万元，重点支持了奶业、果品和蔬菜三大主导产业。争取上级资金1135万元，对全市35个农业产业化龙头企业和成长型企业给予贷款贴息支持，提升了全市农业产业的竞争力。四是加大农业综合开发力度。争取上级农发项目财政资金1.2亿元，实施土地治理16.3万亩、农业科技示范项目3个，产业化经营项目8个。五是积极开展村级公益事业建设"一事一议"财政奖补试点。全市共实施财政奖补项目3261个，比上年增加1081个，增长50%；申请中央和省财政奖补资金1.1亿元，比上年增加2257万元，增长25%，重点支持了农村街道硬化、饮水设施建设、文体活动中心等农村公益事业发展。

【深化财政管理改革】 一是推进财政体制改革。研究制定了《市县政府间财政支出责任划分试行方案》和专项资金配套管理办法。全面推进县乡财政体制改革，实现了"规范的分税制"和"统收统支加激励"两种体制模式的全覆盖。二是深化财政改革。扩大市级绩效预算改革试点面，评价指标体系进一步完善。强化预算项目库管理，完善评审制度。积极推进县级部门预算改革，明确管理规程，统一文本格式。深化国库集中支付改革，市本级建立了规范的国库单一账户体系，全面实行了零余额清算方式改革，县级规范模式的改革试点进一步扩大。强化政府采购管理，程序进一步规范，规模不断扩大。全市完成政府采购10.9亿元，节约资金1.3亿元，节约率达10.9%。三是强化财政监管。在全市开展了"小金库"专项治理，及时纠正了治理过程中发现的问题，收缴资金1232万元。全面应用财政专项资金即时分析监控系统，加强对各类专项资金的监控管理。组织开展了会计信息质量和会计师事务所执业质量检查、支农惠农资金等专项检查工作。四是深化政府投融资改革。成立了财兴资产经营公司。经市人大常委会批准，融资50亿元，用于城市基础设施建设。五是进一步加强国有资产管理。出台了保定市行政事业单位《国有资产出租出借管理暂行办法》和《资产配置管理暂行办法》，在全省处于领先位置。对市直330个单位实施了固定资产产权登记，实现收益1790万元。

【加强干部队伍建设】 认真组织"干部作风建设年"活动，扎实开展学习实践科学发展观活动，广大财政干部职工的科学发展意识进一步增强，服务质量和水平进一步提高。狠抓党风廉政建设和系统行风建设，在民主评议行风群众满意度测评中，再次荣获经济和社会管理类第一名。狠抓基础工作，健全台账、梳理政策、完善制度、提高财政信息化水平。建立健全权力运行监控机制，制定了项事权的《权力运行流程情况表》和动态运行流程图。

**【落实职能业务目标】** 本局列入市考核的职能业务目标共36项，内容涉及收入增长、支出管理、农业开发、支持经济建设、发展社会事业、落实惠民政策、完善管理体制、深化财政改革等方面。通过狠抓落实，提前完成6项，按时完成30项。主要内容：一是制定了支持西部工业发展的具体措施，并安排一定数额的专项资金给予保障。二是制定下发了《市县政府间财政支出责任划分试行方案》。三是安排中小企业信用担保风险补偿资金100万元，建立了担保机构补充和补偿机制。四是制定《行政事业单位国有资产出租出借管理暂行办法》和《国有资产配置暂行办法》。

局长<br>党组书记　吕宝生
副局长<br>党组副书记　康爱民
副局长<br>党组成员　陈树存　张宗社　李照力
纪检组长<br>党组成员　翟彦更(8月退二线)
纪检组长<br>党组成员　牟学珍(12月任)
非税收入管理局局长<br>党组成员　赵留强
农开办主任　游剑虎
调研员　赵景岳
副调研员　姜扬
副调研员　冯建虎
农开办副主任　杨胜伟
农开办副主任　陈景江
正县级待遇　康凤琴
正县级待遇　崔义祥
副县级待遇　臧振生

（张志伟　田永立）

# 国家税务

**【保定市国家税务局】** 保定市国家税务局是中央垂直管理单位，为正处级全职能局，负责本地区增值税、消费税、车辆购置税、企业所得税等税种的征收管理、税源管理、纳税评估、反避税、稽查工作和纳税服务工作。市局机关设12个内设机构、4个直属机构和3个事业单位。全市按照行政区划及经济技术开发区共设置26个县(市、区)国家税务局。保定市国家税务局系统实行垂直管理的领导体制，设局长1名、副局长4名，纪检组长、总经济师、总会计师各1名。全系统共有正式干部职工4052人，其中在职人员3116人，离退休人员936人。

**【概况】** 2009年，全市系统坚持以科学发展观统领税收工作，按照“科学发展统领、作风建设领先、围绕确保突破、高标管理求效、规范实现跨越”的工作思路，深入扎实地推进落实工作，圆满完成了全年工作任务，各项工作蓬勃发展。全年共组织税收收入97.99亿元，占省核计划的101.6%，同比增长11.5%；办理出口退税21.98亿元，同比增长73.1%；办理免抵调增增值税9.82亿元，同比增长102.9%。市局被评为“全国精神文明建设先进单位”；连续9年获得保定市民主评议行风执法单位系列第一名；市局领导班子连续9年被市政府评为“实绩突出领导班子”；3个基层单位获得国家级荣誉。

**【提高队伍素质】** 班子建设方面，认真落实班子巡视、民主生活会等各项制度，使各级班子的事业心和责任感明显增强。按照省局安排，积极稳妥地推进机构改革，分四批对115名科级干部进行了调整任免。在队伍建设方面，建立了岗位能力标准体系，完善了教育培训制度，通过视频课堂、巡回授课等形式，大规模开展干部培训，共组织各类培训45期，干部普遍轮训一次。深入开展作风建设年活动，围绕“十个严禁”重点突出地加强思想教育和学习，加大明察暗访和惩处力度，干部作风建设不断得到增强，得到了省“干部作风建设年”活动督导组的高度评价。

**【落实税收政策】** 增值税转型、消费税改革等各项新政策得到全面贯彻落实。为2702户一般纳税人抵扣固定资产进项税6.5亿元；为小规模企业调减应纳税额1.2亿元；为近4万台车辆减征车购税1.4亿元；落实卷烟产品消费税政策增收1.4亿元。推行执法信息管理系统，对13个单位开展了税收执法检查，对5个单位重大税务案件进行了专项检查，纠正了管理工作中存在的问题。对13个行业729户企业开展了稽查，查补入库2.07亿元，各项考核指标均超过省局要求。严厉打击假发票违法犯罪活动，检查处理涉票犯罪案件6起，移交公安机关3起。

**【加强税种管理】** 加强了一般纳税人和“四小票”管理，金税工程保持高质量运行；推行了新版车购税征收软件；加强了对亏损企业管理，亏损面大大降低；强化所得税汇算清缴，清缴面达100%；完成了17户大企业税收自查的复查工作；健全反避税管理机制，完成反避税立案工作，加强非居民税收管理，非居民税收快速增长；加强征退税衔接，退税进度明显加快，有力地支持了出口企业发展；全面推行普通发票分类管理，对万元版普通发票和网上申报纳税人推行了机打发票。

【加强征收管理】 全年共评估纳税人9645户,评估补税1.9亿元,移交稽查270户,查补税款311万元。狠抓纳税评估成效,由局领导和机关处长带队,抽调基层90名业务骨干组成10个重点评估小组,深入企业开展评估工作。开展"百日会战",评估入库税款5500万元,稽查入库税款2200万元,清缴欠税249万元。全面完成了税源管理平台测试和全市上线工作,平台运行平稳,各项指标位于全省前列。

【优化纳税服务】 在市县两级设立了专门的纳税服务机构,制定了《加强纳税服务工作的实施意见》。在全省率先开展了国地税联合办证、自助办税和小规模纳税人按季申报工作,实现了财税库银联网和"同城通办",全面推行"一窗通办",办税效率大幅提高。加大政策宣传力度,组织了100个"送政策、送服务、促发展、惠民生"小组深入重点税源企业宣传税收政策;大力推行办税服务厅工作礼仪,积极开展办税服务厅人员操作技能竞赛,制定并落实了办税服务厅《涉税业务操作规范》和《考核管理办法》,促进了纳税服务工作的系统化和规范化。

【建立税收工作规范体系】 把近年来一些好的经验、做法加以总结归纳,形成了覆盖市局机关、县(市、区)局、税务分局、办税服务厅、稽查局五大系列的税收工作规范体系,涵盖了业务建设、队伍建设、行政管理等工作,从岗责分工、工作流程、内容标准三方面进行了归类区分,既总结了税收管理的成果,又为各岗位干部提供了工作遵循,使各项工作在新的起点上得以延续和发展。

【开展全员能力达标活动】 着眼各岗位应知应会知识,分别明确了办税服务厅人员岗位、税收管理人员岗位、稽查人员岗位等7个类别的岗位达标标准。通过远程教育系统开展岗位练兵活动,并开展定时课堂视频培训,抽调32名兼职师资从9月份起到基层巡回授课。12月19日,1729名税务干部集中到市区参加了首次全员岗位能力达标考试,参考率达到55.6%,及格率94.6%。

【抓好工作落实】 围绕省局和市委、市政府的工作部署,完成了各项工作任务,科学确定符合保定实际的工作思路,引导各县(市、区)局创造性地开展好各项工作。着力推进组织收入、机构改革、百日会战等重点工作,深入总结税收管理经验做法,为国税事业的长远发展构筑了科学的发展平台。在基层和机关建设上,本着基层抓规范、机关抓服务的指导思想,加强基层规范化建设,大力改进机关工作作风,提升为基层、为纳税人服务意识和水平。深入贯彻依法治税思想和组织收入原则,坚持依法治税不动摇,按照收功夫税、辛苦税、服务税的要求加强税收分析预测、强化重点税源监控、提升税源管理水平。完善落实制度,加强典型教育,强化效能考核,加强监督检查。在省局组织的执法检查中,未发现虚收、擅自越权减免现象,未发现区域性、行业性税案。全市系统在省局绩效考核中的14项关键指标和21项关键任务全部达到了优秀标准,20个集中考核指标全部满分。

党组书记<br>局　　长　杨树民

党组副书记<br>副 局 长　郭福霖

党组成员<br>纪检组长　于国荣

党组成员<br>副 局 长　张志宏

党组成员<br>副 局 长　张惠敏

党组成员<br>副 局 长　刘孟延(挂职)

党组成员<br>总经济师　王胜军

党组成员<br>总会计师　吕永强

调 研 员　孟崇进

副调研员　王山岭

副调研员　刘文造

(桑　巍)

# 地方税务

【保定市地方税务局】 保定市地方税务局是负责保定市地方税收征收管理的职能部门,受河北省地方税务局和保定市人民政府双重管理,以垂直管理为主。市局机关内设16个处室(中心):办公室、人事处、监察室、教育处、计统处、财装处、征管处、法规处、税政一处、税政二处、税政三处、机关党委、发票处、后勤服务中心、计算机管理中心、干部培训中心。直属单位4个:稽查局、直属一分局、直属二分局、直属三分局。管辖26个县(市、区)地方税务局。共有干部职工2393人。

【概况】 在省局和市委、市政府的正确领导下,以邓小平理论和"三个代表"重要思想为指导,全面贯彻党的十七大和十七届四中全会精神,以科学发展观为统领,认真开展干部作风建设年活动,紧紧围绕"转变发展观念,创新发展方式，推动地税事业科学发展”这一主题，解放思想，积极创新，大力推进依法治税，深化税收改革，强化科学管理，狠抓队伍建设，充分发挥税收职能，全面完成了以组织收入为中心的各项工作任务。2009年市局再获“全国文明单位”；创出了地税系统成立以来首个“全国税务系统先进集体”和“国家级青年文明号”，17个基层税务所被团省委命名为省级“青年文明号”；9个基层税务所被团市委命名为市级“青年文明号”。

**【税费收入持续稳定增长】** 全市共组织各项税费收入79.42亿元，同比增收12.36亿元，增长18.43%。其中，税收完成50.01亿元，同比增长20.46%，社保费完成26.23亿元，同比增长15.59%；教育费附加等其他收入完成3.18亿元，同比增长11.47%。收入总量、税收总量均创历史新高，其中税收增幅高于全省地税平均增幅4.45个百分点。在组织收入过程中，主要采取了以下措施：一是科学制定税收计划，适时调整收入目标。年初，合理制定全年税收计划，并且准确把握税收经济运行的规律性，适时调整收入目标。二是加强重点税源监控。市局对年纳税100万元以上的637户企业、县局对年纳税10万元以上的3188户企业实施重点监控，监控收入占全市税收总量的78.49%。三是强化社保费征缴。对缴费单位进行了重新分类和认定，完善了费源档案，加大了清欠和对破产企业的催缴力度，全年全系统共清理欠费1.23亿元、催缴破产企业入库费款2000万元。四是积极开展税务稽查。全市稽查系统充分发挥“尖刀”作用，对房地产、电力等行业和个税等税种实施了专项检查，全年共检查企业1807户，大口径稽查收入入库3.38亿元，同比增收1.11亿元，四环节稽查入库11721万元，同比增长174.37%，在全省排名第一。

**【干部队伍建设得到加强】** 一是认真开展学习实践科学发展观和干部作风建设年活动。做到了规定动作不走样、自选动作有特色，使干部职工的作风大为转变、各级班子领导能力大为增强。二是加强民主集中制建设。强化观念、严格程序，提高民主生活会质量，促进了决策的民主化、科学化。三是积极优化班子结构。对14个征收单位和4个机关处室的主要负责人集中进行了交流；对9个单位，分管同一工作5年以上的15名班子副职进行了分工调整；对市局和基层单位10个副科位置，进行了公开竟职上岗。四是加强培训。完成了军转干部、新录用公务员、新任分局长、新任职科级干部、稽查干部和省级业务骨干培训。组织全市各单位主要负责人到陕西省委党校学习，进一步提高了干部队伍的综合素质。

**【税收管理质量进一步强化】** 一是夯实征管基础。通过对全市4516户国地税登记信息进行比对，将2667户错误信息进行了更正，更正税务登记信息849户，补办税务登记664户，对符合条件的13821户纳税人开展信用等级评定。二是开展“四位一体”互动机制百日大会战。从4月28日至8月6日全市地税系统开展了声势浩大的四位一体互动机制“百日大会战”。大会战期间共评估企业2339户，入库税款1.49亿元。同时，进一步完善了“四位一体”互动机制。“四位一体”工作，获得了省局2009年度优秀工作创新奖。三是加强分行业、分税种管理。先后出台了娱乐业分类管理办法，餐饮业所得税征管补充规定等有关制度，全年娱乐业、餐饮业、建筑业、房地产业四大行业共计实现税收149629万元，同比增长17.2%。在分税种管理上，针对不同税种采取了不同办法，使营业税、个税、企业所得、土地增值税等税种全面增收。四是搞好发票管理。大力开展发票“双奖”活动；处理违规用票企业14户，罚款5.1万元；新认定货运自开票企业6户；开展了全市范围的发票大检查。五是完善信息化建设。举办了16期计算机知识与技能培训班；对征管、行政办公、决策支持、外部信息四大系统、近40个应用软件进行了运行维护。全年完成数据处理分析报告12期，为领导决策和部门工作提供了依据。

**【税收执法水平进一步提高】** 首先，强化执法检查，对6个县级局进行执法检查、4个县级局进行复查，4个基层单位进行解剖检查。对查出的问题，督促其严格整改。其次，加大重大案件审理力度，全年共审理重大税务案件135件，占稽查立案数的36%，涉及税款3082.96万元，罚款679.04万元，分别同比增长54.45%、68.62%，。再次，认真开展“五五”普法，被市法制宣传教育办公室授予“普法先进集体”称号。税法宣传方面的经验，在全市“法律八进”工作经验交流会上进行交流。同时，认真落实执法责任制，加大责任追究力度，全年共追究1009人次，经济处罚总额27471元，与上年同期相比，追究人次减少70.85%，执法效率和水平明显提高。

**【税收服务进一步优化】** 一是与电视台、报社等新闻媒体合作，开辟税法宣传阵地，举办了地税杯征文比赛，开展了税法知识有奖问答、税法进学校、进社区等活动。二是大力推行多元化申报纳税方式。全市实现网上申报20467户，缴纳税款20.66亿元。双定户委托银行批扣实现15401户。三是进一步完善办税服务厅的功能，各单位根据实际需要增设排队叫号系统、评价器、电子显示屏等设施，全系统已全部实现了“一窗式”办税服务。四是充分发挥12366纳税服务热线短信群发、ICC远程服务、网上留言等功能，全年，共处理话务18470个。五是认真落实各种税收优惠政策，免征了全市4000多辆出租车的营业税及相关税费；减免二手房交易营业税5088万元；为711户企业减免企业所得税9262万元。

**【行风、党风廉政建设再上新台阶】** 首先，严格落实党风廉政建设责任制，逐级签订党风廉政建设责任状，认真落实“一岗双责”，对党风廉政建设责任制层层进行分解。其次，认真搞好廉政教育，每月收看一次廉政教育专题片，每月组织一次廉政法规学习，每月写一篇廉政读书笔记。同时，建立了廉政文化走廊，将地税干部创作的书法、绘画、篆刻等作品陈列其中，受到了市委常委、市纪委书记司存喜的充分肯定。再次，制定民主评议实施方案，明确评议内容、评议方法和工作步骤，推动了全系统的行风评议工作。并对南市区局等14个离任局长进行了离任审计；对徐水县局、定兴县局进行了全面解剖，对于查出的问题，要求被解剖单位严格整改，因此，有力地推动了全系统的廉政建设。

局　　长　马志华
副 局 长　周　纪　赵树朋
　　　　　张景然　顾建明
纪检组长　刘立峰

（赵亚民）

# 金　融

## 金融综述

**【经济运行】** 2009年，保定市国民经济回升、向好。全年完成国内生产总值1737.64亿元，比上年增长11%，高于全年目标1个百分点，高于全省平均水平1个百分点。其中第一产业增加值259.36亿元，比上年增长4.7%；第二产业增加值854.53亿元，比上年增长13.4%；第三产业增加值623.74亿元，比上年增长10.3%。

一、农业生产稳步增长。全年农林牧渔业、服务业总产值完成450.99亿元，同比增长4.9%。其中农业产值完成279.97亿元，增长4.9%；林业产值完成6.87亿元，增长13.4%；牧业产值完成145.21亿元，增长6.4%；渔业产值完成5.98亿元，增长4.7%。

二、工业经济持续增长，经济实力进一步增强。依靠国家宏观经济政策的拉动，大力实施省市各项保增长举措，全市工业经济运行状况企稳向好，产业结构升级优化，工业运行质量提高。规模以上工业企业完成增加值477.01亿元，总量居全省第5位，增速居全省第2位。重工业对全市工业经济增长的贡献度最大。全年完成增加值300.98亿元，同比增长16.3%，占全市规模以上企业工业增加值的63.1%。轻工业完成增加值176.12亿元，同比增长11.9%。大中型工业企业拉动经济作用明显。全年完成增加值275.5亿元，同比增长15.5%，高于全市平均增速0.9个百分点，占全市规模以上企业工业增加值的57.7%。其中政府重点培育的支柱产业贡献突出，汽车、新能源、纺织、食品和建材五大支柱产业累计完成增加值260.5亿元，对我市工业的贡献度达54.6%。

三、固定资产投资强劲增长。全社会固定资产投资完成1130.43亿元，同比增长41.3%、增速增加17.6个百分点。城镇固定资产投资完成1000.88亿元，同比增长41.3%、增速增加6.4个百分点。其中第一产业完成投资39.67亿元，比上年增长54.3%；第二产业完成投资465.99亿元，比上年增长29.7%；第三产业完成投资495.22亿元，比上年增长53.2%。重大建设项目取得长足进展。全年施工规模上亿元的项目343项，比去年增加165个。在建亿元以上项目完成投资497.98亿元，同比增长59.4%。

四、城乡市场繁荣活跃。消费品市场稳中趋旺，全年社会消费品零售总额730.29亿元，同比增长17.9%。市区消费品零售额330.04亿元，同比增长16.1%；县（市）城区消费品零售额168.02亿元，同比增长19.9%；县以下区域消费品零售额232.23亿元，同比增长18.9%。

五、利用外资和出口创汇数额比上年均有所下降。据有关部门统计，全市当年累计实现出口创汇32.82亿美元，同比下降7.44亿美元，近些年首次出现负增长。全年实际利用外资4.39亿美元、同比下降9.7亿美元、下降20.5%。全年新批利用外资合同18项，合同总金额3.05，合同利用外资1.10亿美元。全年新注册三资企业14户，注册资本1.05亿美元，其中外方资本0.90亿美元。

六、财政收入稳步增长。全市财税系统加大依法征管力度，积极培植新的“财源”，财政收入增速逐步提高。全市当年完成财政收入166.63亿元，同比增长11.5%。其中地方一般预算收入73.26亿元，同比增长10.0%；中央“四税”收入78.94亿元，同比增长14.0%；省级税收收入14.44亿元，同比增长5.9%。

七、城乡居民收入稳步增长，市场物价基本稳定。全市城镇单位从业人员当年总的薪酬160.69亿元，同比增长12.6%。城镇居民人均可支配收入为13554.91元，同比增长10.1%。农民人均纯收入4681.86元，同比增长8.1%。全市居民消费价格总指数累计比为100.2%，比上年下降4.9个百分点，其中服务项目价格指数为101.5%，消费品价格指数为99.9%，工业产品价格指数为95.82%。

**【金融运行】** 2009年，保定市金融机构认真贯彻执行适度从紧的货币政策。截至年末，保定全辖各项存款余额达2456.58亿元，比年初增加478.76亿元，同比多增125.73亿元；年增长24.2%，同比多增2.5个百分点。全辖各项贷款余额为976.04亿元，比年初增加264.52亿元，同比多增188.12亿元；贷款年增长37.2%，同比激增25.3个百分点。

**【金融调控】** 人行保定市中心支行认真履行央行职责，综合运用多种调控手段，努力做好金融调控工作，确保了当地金融的平稳运行。

一、发挥货币政策“窗口指导”作用，支持地方经济平稳较快发展

（一）积极落实适度宽松的货币政策，促进地方经济平稳较快发展。一是按照上级行落实适度宽松货币政策的各项工作部署，以及市委、市政府“保增长、保民生、保安全、保变样”的基本要求，定期组织辖区金融机构召开经济金融形势座谈会，引导金融机构积极落实适度宽松的货币政策，扩大信贷投放，优化信贷结构，提高服务水平，着力加大对城市改造、“三农”、中小企业、民营企业、县域经济的信贷支持力度。与中小企业局、银监分局联合出台了《关于进一步加强银保合作的指导意见》，组织金融机构和中小企业信用担保机构举办银企对接洽谈会，搭建中小企业融资担保平台，拓宽中小企业的融资渠道。二是制定了《中国人民银行保定市中心支行关于金融支持节能减排工作的意见》，在全市范围内开展绿色信贷政策效果评价，引导金融机构扩大信贷规模、调整信贷结构，对不符合国家产业政策的项目严禁信贷投放，杜绝低水平重复建设。该《意见》被石家庄中支以正式文件转发推广。三是关注民生，引导金融机构加大对弱势群体的支持力度。注重政策宣传与落实相结合，积极与相关部门协调，鼓励金融机构对列入规划的保障性安居工程、农村基础设施、医疗卫生、节能减排、生态环境建设等项目，优先给予信贷支持；引导金融机构开展下岗失业人员小额贷款、国家助学贷款等政策性信贷业务，促进国家各项调控政策的贯彻落实。截至年末，保定金融机构向下岗失业人员累计发放小额担保贷款11596万元，共2333笔，贷款余额11667万元，此项工作在河北省综合排名第二。

（二）加大调控力度，支持社会主义新农村建设。一是会同市金融办联合制定了《关于鼓励县域内银行业金融机构信贷支持当地经济的实施意见》，引导县域金融机构新增贷款用于支持农村经济和县域经济发展，全力推进新农村建设，该“意见”被石家庄中支以文件形式给予通报表扬。二是按照《河北省金融机构支持新农村建设工作方案》的要求，指定辖内定兴、涿州两家联社为开展村镇住宅按揭贷款业务的试点，打破了农村信用社多年住宅按揭贷款“零运行”状态。三是指导辖内人行唐县支行出台《创新信贷产品和服务支持县域经济发展指导意见》，形成乡政府牵头、养殖合作社和农村信用联社参加的支持农村特色经济的合作体系。四是积极创新担保方式，大力推进农村多元化金融体制建设。保定市积极创新信贷担保模式、推进新农村建设，探索信贷资金和扶贫资金的联合运作机制、发展农村多元化金融体制。这一做法在河北省金融支持新农村建设经验交流推进工作电视电话会议上进行了经验交流。截至年末，保定市金融机构人民币农业贷款余额213.80亿元，比年初增加29.42亿元，同比多增14.32亿元。

二、全力维护地方金融稳定，推动辖区金融改革顺利进行

（一）加强对经济金融运行情况的监测、分析。密切关注经济金融运行情况及发展态势，对金融机构实行金融风险监测月报制度，特别对新增贷款的行业、期限、区域分布进行重点监测分析。同时，高度关注政府投资项目的资本金落实情况，通过了解地方政府投融资平台融资情况，分析其相关信贷风险。撰写的《货币政策与金融稳定工作意见》、《保定市金融形势分析》，分别被市委书记宋太平和市政府代市长李谦批示，市政府加编者按摘发。根据《中国人民银行办公厅关于继续做好人民银行融资中心及自办经济实体清理收尾工作的通知》要求，对辖内融资中心和自办经济实体进行了全面清理，对存在的问题及时向上级行请示，寻求解决对策。对1993年以前未退市金融机构再贷款和退出市场金融机构再贷款管理情况进行了风险排查。

（二）继续深化农村信用社资金试点改革和风险监测工作。严格按照上级行的文件精神和操作

要求,认真履行好专项票据兑付后监测工作的相关职责。制定了《农村信用社票据兑付后改革效果评估办法》,通过效果评估操作平台,进一步巩固农村信用社改革试点资金支持政策所取得的成果,促使农村信用社真正成为资本充足、财务状况良好、具有较强竞争力的现代金融企业。该《办法》被石家庄中支以正式文件转发推广。此外,按照金融风险监测报告制度和金融风险重大事项报告制度加强对高风险信用社的监测工作,对辖内蠡县、安国进行重点关注,及时上报相关情况。制定了《保定中支风险监测重点联系制度》,加强对辖区高风险金融机构的适时监测、评估和预警,及时防范和化解金融风险,确保辖区金融稳定。

(三)多措并举深入开展反洗钱工作。一是加强反洗钱宣传工作。采取悬挂条幅、张贴宣传画、发放宣传单等多种形式,加大《中华人民共和国反洗钱法》的宣传力度,提高了公众的反洗钱意识。二是推进证券、保险业反洗钱工作的全面开展。加强与相关职能部门的协调合作,加大检查力度,督促辖区证券、保险业机构建立反洗钱工作相关制度,促进了非银行业金融机构反洗钱工作深入开展。加强和改进基层证券、保险业反洗钱工作的经验做法,被天津分行简报加编者按转发推广。三是开展了"护航2009"反恐融资专项行动。制订了辖区专项行动方案,针对建国60周年大庆期间可能发生的恐怖融资事件,建立了应急处置快速反应机制,有效防范了辖区恐怖融资行为的发生。四是加大现场检查工作力度。先后成立了63个现场检查组,出动617人次,对辖区农行、建行、中行、商业银行、平安财产保险公司、平安人寿保险公司、人保财险公司等7家金融机构,63个分支机构、110个营业网点,进行了反洗钱现场检查。对检查中发现的问题,进行了通报批评并限期整改。

【金融监管】 2009年,保定银监分局以"保增长、防风险、促稳定"为导向,创新监管方式、加强重点领域风险防控、提升内部管理水平为重点,努力增强监管工作有效性,促进了全市银行业和经济平稳较快发展。

一、出台多项监管政策,促进辖区金融机构稳健经营。

(一)制定《保定银行业落实国家宏观政策工作动态报告制度》,要求各银行业机构按月报送落实国家宏观政策新制定的信贷政策情况;落实党中央、国务院提出的进一步扩大内需、促进经济发展的十项措施中有关金融方面的政策措施情况;报告期新增贷款情况及围绕国家宏观调控政策所开展的专项工作等,及时监测和了解各银行业金融机构的信贷投向。向市政府报送了《关于对保定市银行业存差情况的分析报告》,引起了市政府的高度重视。市委常委、常务副市长在报告上作了"请办公厅加按语发内通。报告很有参考价值,很有说服力,很符合实际"的批示。宏观政策落实的效果逐步显现,全年各项贷款增速37.2%,同比提高34.6个百分点,较全国贷款平均增速高5.5个百分点,创近十年来的最高记录,贷款增幅也首次超过存款的增幅。

(二)积极推进银行业机构小企业金融服务"六项机制"建设,落实小企业信贷专营服务机构。召开了银行业机构小企业金融服务工作座谈会,对小企业金融服务工作提出了具体要求。对辖内金融机构在小企业金融服务方面的先进经验和做法及时进行了总结。截至年底,保定银行业主要银行机构均成立了小企业信贷专营服务部门,对小企业金融服务力度进一步加大。

(三)制定《保定银监分局监管意见落实情况动态监测办法》。办法对各类监管意见适用范围、印发程序、文件编号及反馈期限等进行了统一规范;对被监管机构,提出了制定落实计划、明确时间进度、确定责任人的具体要求;对监管意见落实效果实行责任管理,逐级划分职责;对被监管机构落实不到位、整改措施效果达不到意见要求的,明确了可以采取的三项监管措施,把"盯住整改"作为提高监管有效性的突破口,切实解决了同质同类问题屡查屡犯现象。相关做法被银监会《监管工作动态与研究》及省局《河北银行业监管简报》刊发。

(四)制定《保定银监分局银行业机构监管工作评价办法》。办法明确了评价的原则、评价机构和职责、评价方法和程序、评价内容等,从监管纪律、工作效率、履职情况等方面,搭建监管评价机制,把自我"揭短"和"亮丑"列为评价的重要内容,既注重总结特色经验,又勇于查找工作偏差和失当行为,找出解决办法,制定改进"时间表"和"路线图",激发工作潜能。银监会纪委书记王华庆到保定调研时,对该办法给予了较高评价。

(五)制定《保定银行业机构内审工作监管办法》。基于"构建银行业监管机构内控第一道防线,实现案件防控工作关口前移"的思路,通过加强对被监管单位内部审计的督促指导,充分利用被监管部门内部资源和力量,最大限度地提高监管效能。

(六)制定《完善"两农贷款"操作规程指导意见》。针对农村信用社顶冒名贷款多发生在农户联保及农户小额信用两种类型贷款中的特点，经深入基层信用社调研，出台了该“指导意见”。要求农村信用社在“两农贷款”操作规程中明确“双人调查、面签合同、临柜支款、贷后交叉、稽核抽查、明确处罚”等六项原则。六项原则便于记忆，容易执行，办法实施后，效果明显，全年农村信用社未发现顶冒名贷款情况。

二、加强重点风险防范，狠抓监管实效。

(一)抓不良贷款“双降”。针对不同金融机构的特点，采取建立台账、定期召开情况分析通报会、约见高管人员进行监管谈话、督促内审部门加大检查力度等措施，努力实现不良贷款“双降”。截至年底，全辖银行业金融机构不良贷款比年初减少17.87亿元；占比下降8.24个百分点。

(二)狠抓案件防控，全年无案件发生。与各被监管机构签订了2009年案件防控工作目标责任书，把案件防控的责任主体落到实处；对2008年案件清查工作中发现的问题，经过梳理后形成《监管意见书》、《整改意见书》印发到被监管机构，并及时跟踪金融机构整改情况，进一步巩固了案件风险隐患清查成效；开展了对辖内银行业案件风险排查工作的自查和抽查工作，对发现的承兑汇票贴现业务中存在增值税发票虚假情况，与负责人进行了监管谈话；通过与银行业金融机构召开监管座谈会，督促其切实履行案件防控第一责任人的职责，落实案件防控的各项措施，强化操作风险监管。全年辖内银行业没有发生案件。

(三)非现场监管能力得到增强。通过非现场监管报表分析，结合宏观经济环境以及风险变化情况，加强对各类风险的预测、预警和预判，精确揭示不良贷款、票据融资等关键风险点及其迁徙变化情况，为监管决策、现场检查和调查研究等工作提供了有力支持。对发现的部分机构的流动性问题、农村信用社贷款大幅增加问题进行分析，并进一步深入调查，对发现的贷款集中度严重超比例问题，及时采取监管措施。

(四)现场检查作用进一步发挥。先后开展了对银行业金融机构案件风险排查、国有商业银行新发放贷款、保定城商行落实“区别对待、有保有压”国家宏观政策及贷款“三查”情况、农村信用社信用风险等多项现场检查。全年共派出283个检查组，累计工作量4057人天，检查各类机构949家，发现各类违规问题187项，下达现场检查意见书29份，涉及金额438.6亿元，其中风险金额27.23亿元。为保证现场检查质量，重点采取强化查前培训、规范检查程序、提高检查效率、盯住问题整改等措施，充分发挥现场检查的作用。

(五)处置非法集资工作得力。按照职责要求，积极参与处置非法集资工作。参加了市公安局、工商局、银监分局、人民银行联合组织的“打击传销、非法集资、反假币宣传日”活动，进行宣传讲解；根据保定市处置非法集资联席会议精神，组织召开辖内各金融机构联席会议，安排部署了相关工作。

(六)加强对城市商业银行的监管。针对保定市商业银行存在的问题，及时督促其逐步完善公司治理机制，制定科学严谨的机构、业务发展规划，坚持审慎经营，使业务规模、质量、效益同步快速发展。2009年，保定市商业银行资本充足率提高16.15个百分点，不良贷款率下降3.72个百分点，多项监管指标进步度居全省第一。

(七)加大监管力度，促农村信用社经营状况持续好转。分局以主要监管指标达标升级为抓手，采取现场督导、将主要监管指标进步度与各联社理事长、主任和监事长的履职考核挂钩等措施，督促农村信用社加强信贷管理、加大不良贷款清收、处置和呆账核销力度，全力推进辖区农村信用社监管达标升级工作，辖区各联社主要监管指标进步度成效显著。2009年末，保定辖区农村信用社不良贷款比年初减少20.01亿元，不良贷款率下降13.56个百分点。

**【金融服务】** 人行保定市中心支行积极改进金融服务，努力优化金融生态环境，全面提升辖区金融服务水平和质量。

一、完善制度，做好辖内支付清算工作。制定了新的《县域同城资金清算业务操作流程》，经过多方积极努力，于3月31日在全辖正式取消了县域手工同城票据清算业务。完成了存量单位银行结算账户法人公民身份信息核实工作；完成了中央银行会计核算系统升级换版工作。组织召开了保定市银行卡产业发展联席会议，与河北银联、各发卡银行共同创建了保定市银行卡刷卡无障碍优秀示范街区，有效推动了非现金支付工具的发展。组织市区各银行业金融机构和人民银行各县(市)支行业务骨干，进行了中央银行会计核算电子对账系统培训，确保了该系统准时、正常上线运行，实现了人民银行与金融机构内外账逐日核对。

二、创造性做好国库各项工作，支持“一主三次”城市发展。按照全市城市发展布局和规划，提供有针对性的金融服务。2009年1月，启动了白沟．白洋淀温泉城开发区预算收入入库系统，顺利完成了资金划转入库,解决了因资金划转渠道和财政体制变化带来的入库问题,实现了开发区各级预算收入分级缴纳国库,确保了“一主三次”城市规划改革顺利进行。积极协调财政、税务、银行部门,加强沟通交流,制定横向联网工作实施方案,对全辖横向联网参数进行维护和测试,确保了“财税库行”横向联网的成功上线运行。做好财务管理综合系统上线前的集中建账、业务培训等各项准备工作,确保了新系统成功上线运行。认真做好国债管理工作,确保全辖国债发行、兑付工作的顺利进行。全年共兑付实物券2.32万元,收款单0.34万元,确保了国债的良好信誉。准确及时地完成了凭证式国债发行的组织、宣传、统计、上报工作,确保了辖内凭证式国债的发行工作顺利进行,全年共发行凭证式国债5期,共计4.98亿元;发行电子式国债8期,共计1.5亿元。

三、加强金融统计工作,确保数据真实可靠。组织各县(市)支行对金融统计数据集中上报系统进行培训,加大对金融统计业务监督检查力度和岗位风险点的分析排查,对发现的问题及时进行了纠正,金融统计质量明显提高。按照上级行有关要求,加强对辖区小额贷款公司统计制度培训,确保其顺利纳入金融统计监测信息管理系统。同时,做好景气调查、价格指数调查、银行家问卷调查、汇率调查等工作,积极与相关单位协调,顺利完成软件升级和企业替换工作。

四、加强征信宣传,推进辖区信用体系建设。一是开展了以“珍爱信用记录、提高信用意识”、“参与征信建设、共铸和谐社会”、“信用创造财富、守信成就事业”为主题的征信知识宣传活动,通过在金融机构营业网点悬挂宣传横幅、张贴宣传海报、摆放宣传手册、电子屏幕滚动播放宣传片等多种方式进行征信知识宣传,提高了公众的诚实守信意识。二是利用贷款卡年审工作做好企业和个人信用信息基础数据库的宣传、录入工作。三是开展征信管理系统大检查,分两次对市区金融机构和全辖农村信用联社的贷款卡管理进行了现场检查,进一步掌握了贷款卡和征信管理系统的使用情况。

**【外汇管理】** 保定外汇管理分局改进外汇管理与服务水平,做好进出口核销、外债管理、外汇统计等各项工作,为涉外企业创造和谐的金融环境。

一是急企业之所急,切实为企业解决实际问题。受全球金融危机影响,导致国外厂商延期付款增多,影响到我市涉外企业出口退税的及时办理,给企业造成巨额损失风险。对此,我行积极和上级行沟通协调,创造性出台了《远期收汇备案工作指引》,为全市涉外企业避免类似损失近10亿元,受到省局的充分肯定和保定市政府的通报表扬。二是加强政策宣传培训,为涉外企业应对危机出谋划策。组织辖区涉外企业外汇政策培训班7期,培训800多人次,使企业及时掌握国家有关外汇管理政策,精通业务操作,及时享受国家出台的各项出口优惠政策。三是加强和税务、商务、海关等部门的沟通和合作,建立了定期联席会议制度,实现了信息、数据共享。大大方便了涉外企业的退税工作,受到企业好评。四是做好进、出口核销管理。截至2009年12月,保定辖区共办理贸易项下进口付汇3797笔,金额为84096万美元;出口到货核销笔数为5042笔,到货核销额126075万美元。五是制定出台了《企业国际收支网上申报操作指引》,帮助新开办外汇业务的企业开通网上申报,提高了企业相关业务办理速度,该工作经验被河北省外汇管理局简报刊发。

（薛冀峰）

# 银行业

**【中国人民银行保定市中心支行】** 中国人民银行保定市中心支行是中国人民银行(总行)的派出机构。其主要职责是传达、贯彻央行货币政策,维护地方金融稳定,组织、管理相关货币发行业务,经理地方国库,履行外汇、外债管理职能等。内设17个科室,现有干部职工235人。

**【概况】** 2009年,中国人民银行保定市中心支行认真贯彻执行国家的金融方针、政策,围绕中支党委提出的“安全为先,提素升位”的年度工作目标,促发展,保安全,抓创新,强管理,重落实,切实树立履行中央银行分支机构职责的核心价值理念,不断强化干部队伍建设及和谐央行文化建设,着力提高金融服务质量和水平,有力支持了地方经济平稳较快发展,各项工作均取得了新的成绩。有10项创新性工作经验做法被上级行以文件或简报形式刊发,3项工作得到上级行主要领导或地方党政主要领导的批示,1项工作受到地方政府通报表扬,多篇调研被总行、中办、国办采用。

**【落实适度宽松的货币政策,促进地方经济发展】** 一是按照上级行落实适度宽松货币政策的各项工作部署,以及市委、市政府“保增长、保民生、保安全、保变样”的基本要求,定期组织辖区金融机构召开经济金融形势座谈会，引导金融机构积极落实适度宽松的货币政策，扩大信贷投放规模，优化信贷结构，提高服务水平，着力加大对城市改造、"三农"、中小企业、民营企业、县域经济的信贷支持力度。与中小企业局、银监局联合出台了《关于进一步加强银保合作的指导意见》，组织金融机构和中小企业信用担保机构举办银企对接洽谈会，搭建中小企业融资担保平台，拓宽中小企业的融资渠道。二是制定了《中国人民银行保定市中心支行关于金融支持节能减排工作的意见》，在全市范围内开展绿色信贷政策效果评价，引导金融机构在扩大信贷规模、调整信贷结构，对不符合国家产业政策的项目严禁信贷投放，杜绝低水平重复建设。该《意见》被石家庄中支以正式文件转发推广。三是关注民生，引导金融机构加大对弱势群体的支持力度。注重政策宣传与落实相结合，积极与相关部门协调，鼓励金融机构对列入规划的保障性安居工程、农村基础设施、医疗卫生、节能减排、生态环境建设等项目，优先给予信贷支持；引导金融机构开展下岗失业人员小额贷款、国家助学贷款等政策性信贷业务，促进国家各项调控政策的贯彻落实。截至年末，保定金融机构向下岗失业人员累计发放小额担保贷款11596万元，共2333笔，贷款余额11667万元，此项工作在河北省综合排名第二。

**【加大金融调控力度，支持新农村建设】** 一是会同市金融办联合制定了《关于鼓励县域内银行业金融机构信贷支持当地经济的实施意见》，引导县域金融机构新增贷款用于支持农村经济和县域经济发展，全力推进新农村建设。该"意见"被石家庄中支以文件形式给予通报表扬。二是按照《河北省金融机构支持新农村建设工作方案》的要求，指定辖内定兴、涿州两家联社作为开展村镇住宅按揭贷款业务的试点，打破了农村信用社多年住宅按揭贷款"零运行"状态。三是指导辖内人行唐县支行出台《创新信贷产品和服务支持县域经济发展指导意见》，形成乡政府牵头、养殖合作社和农村信用联社参加的支持农村特色经济的合作体系。四是积极创新担保方式，大力推进农村多元化金融体制建设。保定市积极创新信贷担保模式、推进新农村建设，探索信贷资金和扶贫资金的联合运作机制、发展农村多元化金融体制。在河北省金融支持新农村建设经验交流推进工作电视电话会议上，进行了经验交流。截至年末，保定市金融机构人民币农业贷款余额213.80亿元，比年初增加29.42亿元，同比多增14.32亿元。

**【全力维护地方金融稳定，推动辖区金融改革顺利进行】** （一）加强对经济金融运行情况的监测、分析。密切关注经济金融运行情况及发展态势，对金融机构实行金融风险监测月报制度，特别对新增贷款的行业、期限、区域分布进行重点监测分析。同时，高度关注政府投资项目的资本金落实情况，通过了解地方政府投融资平台融资情况，分析其相关信贷风险。撰写的《货币政策与金融稳定工作意见》、《保定市金融形势分析》，分别被市委书记宋太平和市政府代市长李谦批示，市政府加编者按摘发。根据《中国人民银行办公厅关于继续做好人民银行融资中心及自办经济实体清理收尾工作的通知》要求，对辖内融资中心和自办经济实体进行了全面清理，对存在的问题及时向上级行请示，寻求解决对策。对1993年以前未退市金融机构再贷款和退出市场金融机构再贷款管理情况进行了风险排查。（二）继续深化农村信用社资金试点改革和风险监测工作。严格按照上级行的文件精神和操作要求，认真履行好专项票据兑付后监测工作的相关职责。制定了《农村信用社票据兑付后改革效果评估办法》，通过效果评估操作平台，进一步巩固农村信用社改革试点资金支持政策所取得的成果，促使农村信用社真正成为资本充足、财务状况良好、具有较强竞争力的现代金融企业。该《办法》被石家庄中支以正式文件转发推广。此外，按照金融风险监测报告制度和《金融风险重大事项报告制度》加强对高风险信用社的监测工作，对辖内蠡县、安国进行重点关注，及时上报相关情况。制定了《保定中支风险监测重点联系制度》，加强对辖区高风险金融机构的适时监测、评估和预警，及时防范和化解金融风险，确保辖区金融稳定。（三）多措并举深入开展反洗钱工作。一是加强反洗钱宣传工作。采取悬挂条幅、张贴宣传画、发放宣传单等多种形式，加大《中华人民共和国反洗钱法》的宣传力度，提高了公众的反洗钱意识。二是推进证券、保险业反洗钱工作的全面开展。加强与相关职能部门的协调合作，加大检查力度，督促辖区证券、保险业机构建立反洗钱工作相关制度，促进了非银行业金融机构反洗钱工作深入开展。人行加强和改进基层证券、保险业反洗钱工作的经验做法，被天津分行简报加编者按转发推广。三是开展了"护航2009"反恐融资专项行动。制订了辖区专项行动方案，针对建国60周年大庆期间可能发生的恐怖融资事件，建立了应急处置快速反应机制，有效防范了辖区恐怖融资行为的发生。四是加大现场检查工作力度。先后成立了63个现场检查组,出动617人次,对辖区农行、建行、中行、商业银行、平安财产保险公司、平安人寿保险公司、人保财险公司等7家金融机构,63个分支机构、110个营业网点,进行了反洗钱现场检查。对检查中发现的问题,进行了通报批评并限期整改。

**【完善制度,做好辖内支付清算工作】** 制定了新的《县域同城资金清算业务操作流程》,经过多方积极努力,于3月31日在全辖正式取消了县域手工同城票据清算业务。完成了存量单位银行结算账户法人公民身份信息核实工作;完成了中央银行会计核算系统升级换版工作。组织召开了保定市银行卡产业发展联席会议,与河北银联、各发卡银行共同创建了保定市银行卡刷卡无障碍优秀示范街区,有效推动了非现金支付工具的发展。组织市区各银行业金融机构和人民银行各县(市)支行业务骨干,进行了中央银行会计核算电子对账系统培训,确保了该系统准时、正常上线运行,实现了人民银行与金融机构内外账逐日核对。

**【创造性做好国库工作,支持"一主三次"城市发展】** 按照全市城市发展布局和规划,提供有针对性的金融服务。2009年1月份,启动了白沟·白洋淀温泉城开发区预算收入入库系统,顺利完成了资金划转入库,解决了因资金划转渠道和财政体制变化带来的入库问题,实现了开发区各级预算收入分级缴纳国库,确保了"一主三次"城市规划改革顺利进行。积极协调财政、税务、银行部门,加强沟通交流,制定横向联网工作实施方案,对全辖横向联网参数进行维护和测试,确保了"财税库行"横向联网的成功上线运行。做好财务管理综合系统上线前的集中建账、业务培训等各项准备工作,确保了新系统成功上线运行。认真做好国债管理工作,确保全辖国债发行、兑付工作的顺利进行。全年共兑付实物券2.32万元,收款单0.34万元,确保了国债的良好信誉。准确及时地完成了凭证式国债发行的组织、宣传、统计、上报工作,确保了辖内凭证式国债的发行工作顺利进行,全年共发行凭证式国债5期,共计4.98亿元;发行电子式国债8期,共计1.5亿元。

**【加强金融统计工作,确保数据真实可靠】** 组织各县(市)支行对金融统计数据集中上报系统进行培训,加大对金融统计业务监督检查力度和岗位风险点的分析排查,对发现的问题及时进行了纠正,金融统计质量明显提高。按照上级行有关要求,加强对辖区小额贷款公司统计制度培训,确保其顺利纳入金融统计监测信息管理系统。同时,做好景气调查、价格指数调查、银行家问卷调查、汇率调查等工作,积极与相关单位协调,顺利完成软件升级和企业替换工作。

**【加强征信宣传,推进信用体系建设】** 一是开展了以"珍爱信用记录、提高信用意识"、"参与征信建设、共铸和谐社会"、"信用创造财富、守信成就事业"为主题的征信知识宣传活动,通过在金融机构营业网点悬挂宣传横幅、张贴宣传海报、摆放宣传手册、电子屏幕滚动播放宣传片等多种方式进行征信知识宣传,提高了公众的诚实守信意识。二是借助贷款卡年审工作,建立起数据较为完备的企业和个人信用信息基础数据库。三是开展征信管理系统大检查,分两次对市区金融机构和全辖农村信用联社的贷款卡管理进行了现场检查,进一步掌握了贷款卡和征信管理系统的使用情况。

**【加强外汇管理】** 一是急企业之所急,切实为企业解决实际问题。受全球金融危机影响,导致国外厂商延期付款增多,影响到保定市涉外企业出口退税的及时办理,给企业造成巨额损失风险。对此,我行积极和上级行沟通协调,创造性出台了《远期收汇备案工作指引》,为全市涉外企业避免类似损失近10亿元,受到省局的充分肯定和保定市政府的通报表扬。二是加强政策宣传培训,为涉外企业应对危机出谋划策。组织辖区涉外企业外汇政策培训班7期,培训800多人次,使企业及时掌握国家有关外汇管理政策,精通业务操作,及时享受国家出台的各项出口优惠政策。三是加强和税务、商务、海关等部门的沟通和合作,建立了定期联席会议制度,实现了信息、数据共享。此举,大大方便了涉外企业的退税工作,受到企业好评。四是做好进、出口核销管理。截至2009年12月,保定辖区共办理贸易项下进口付汇3797笔,金额为84096万美元;出口到货核销笔数为5042笔,到货核销额126075万美元。五是制定出台了《企业国际收支网上申报操作指引》,帮助新开办外汇业务的企业开通网上申报,提高了企业相关业务办理速度,该工作经验被河北省外汇管理局简报刊发。

**【依托信息调研为上级行和地方政府提供决策服务】** 一是进一步完善信息工作制度,健全信息工作机制,整合信息工作资源,着力打造"精品"信息,提高全行信息调研工作水平。承办了石家庄中支政务信息选题会,先后3次组织形式各异的信息选题分析研讨,并邀请上级行有关专家就信息调研的写作要求和写作技巧进行实用性培训,收到了良好效果。二是群策群力,充分调动全员的积极性和参与热情。多次向中支机关各科室和各支行征集信息选题,共征集各类选题480多个,在天津分行和石家庄中支先后8次组织的政务信息选题会上,参选的课题以内容新、切入角度好、与经济金融热点问题联系紧密而得到了上级行的好评。三是加强问题类信息的正向跟踪与深入研究。反洗钱、创新管理等3篇调研被分行加编者按转发;推行信息"精细化"管理的工作经验被天津分行转发。全年共编发《参阅信息》165期,完成约稿调研60余篇,被上级行和各级党政采用82篇,其中5篇被中办、国办采用,12篇被总行采用,信息调研为决策服务的作用得到有效发挥。

党委书记 行长 李庆
副行长 蒋新巧
霍东升
宋云利
纪委书记 张东生
工会主任 李建设
正处级调研员 王国萍

(薛冀峰)

**【中国银行股份有限公司保定分行】** 中国银行股份有限公司保定分行是隶属于中国银行股份有限公司河北省分行的二级分行,下辖12个县(市)支行、6个市区支行。2009年末,全系统员工1300余人。办理人民币存款、贷款、结算、票据贴现、代理发行兑付政府债券、金融债券,代理收付款项业务;外汇存、贷款、汇款,外币兑换、国际结算、结售汇、外汇票据的承兑、贴现、以及资信调查、咨询、见证和经中国银行业监督管理委员会批准的其他业务,是功能齐全的现代化股份制商业银行。

**【概况】** 2009年,围绕"提速发展、和谐发展、大行崛起"战略,以"解放思想、转变观念,抢抓机遇,提速发展"为工作主基调,抓发展、保上线、建机制,促稳定,主要业务实现快速发展。各项存款增势迅猛,年末各项人民币存款余额258.8亿元,较年初增长62.3亿元,增幅38.9%。其中储蓄存款增长24.28亿元,公司存款增长38.02亿元,金融机构存款增长6.3亿元。各项外币存款余额2.34亿美元,较年初增长1.02亿美元。人民币公司贷款投放再创新高,公司贷款余额92.04亿元,较年初增加28.68亿元,消费贷款余额18.97亿元,新增6.43亿元。国际结算量完成19.96亿美元,同比减少8900万美元。

**【加快发展负债业务,争抢市场份额】** 公司存款方面:一是开展"增千户、上十亿"活动,客户群体不断扩大;二是大力抓部队和行政事业单位存款并实现历史性突破。三是采取营销、服务、争取优惠政策三结合方式,加大对农信社和城市商业银行营销力度,增加金融机构存款。储蓄存款方面:一是发挥绩效考核导向作用,对存款业务给予资源上倾斜,引导各行大力发展存款业务;二是制定中高端客户营销奖励方案,将中高端客户增长与支行、网点的存款增长挂钩,与主管行长、网点主任绩效工资挂钩,每周通报进度,督导各行的营销活动;三是建立承包责任制,分级、分片督导各行存款增长情况。

**【加快发展资产业务,优化信贷结构】** 公司贷款方面:一是将"两铁四路"(京石高铁、保津城铁,张石、保阜、张涿、荣乌高速)、装备制造业、新能源等重点项目列为发展重点;二是对重点项目审批,公司、风险部门"平行作业",建立条线联系卡制度。三是抓项目储备,储备公司贷款项目21个。零售贷款方面:一是大力发展个人投资经营贷款业务,确定重点区域,成立支行贷款互助队,协助支行做好贷款审批和尽职调查;二是抓住保定市实施城镇面貌"三年大变样"历史性机遇,把住房贷款业务列为零售贷款增长的支柱产品;三是积极恢复与重点汽车经销商的合作,发展汽车消费贷款业务。

**【突出抓产品,增加中间业务收入】** 一是继续发挥国际结算业务的龙头带动作用,突出市场份额和业务收入两个中心,围绕收入做产品,从国际、国内两个市场着手,大力发展供应链融资业务,举办高端客户供应链融资业务研讨会,大力推广融易达、商业发票贴现等产品,开展贸易融资业务竞赛。加强自身培训,做好客户细分,确定适销对路产品,强化内部考核机制,优化内部操作流程。叙做全省首笔跨区域融易达业务,国内商业发票贴现、无追索权出口融信达两项业务填补了中行国际结算业务品种的空白。供应链融资业务因业绩突出受省行通报表彰,形成经验材料在全行推广;二是将贷款项下的安排费、财务顾问费作为中间业务重点收费品种,抓住有利时机,办理同业存出业务5.3亿元;克服理财产品少、收益低的不利因素,营销个金博弈近11亿元;三是积极开展夏季营销竞赛活动,把基金、保险、贵金属、三方存管、人民币理财作为夏季营销竞赛的重点产品,下达竞赛指标,按贡献率和任务完成率对进行综合排名；抓住股市阶段性上涨时机，利用省行激励政策，开展基金营销活动；组织大型贵金属营销宣传活动；出台优惠政策，鼓励网点动员三方存管客户；抓住周末理财产品特性，个金和公司联动营销，推广周末理财业务，实现了银行和客户的“双赢”。

**【加强风险管理，做好维护稳定工作】** 风险管理部门从宏观政策、行业、区域、企业、授信品种等不同层面、不同角度进行风险分析，全面把握客户授信风险状况，与专业分析机构配合完成对输变电设备制造、光伏、风电和汽车等重点授信行业的专项调研。利用现有系统、信息渠道分析掌握行业、企业风险动态，监督客户经理贷后管理状况，完成授后监督工作记录44份，发出风险触发提示10份，重大突发预警2份。做好内控风险防范工作。开展了“案件风险隐患”清查“回头看”活动，进行了异地管辖二级支行、长期不动户业务检查和重点环节、重点岗位录像检查等三项检查。采取以点带面方法，将清苑支行列为管理达标评估样板行，编写评估自查工作指引，拍摄达标纪录片，完成全辖管理达标评估工作，开展了“管理达标上台阶”活动。分行一把手与各支行、部门签订安稳工作责任状，对新入行员工进行消防知识培训，组织一线员工进行防抢劫、防火及防尾随联动门逃生演练。重点抓了枪支弹药和押运环节管理及消防、技防达标工作，组织员工学习《信访条例》和《治安管理处罚法》，对重点关注人员，提前做好防控工作。做好维护稳定工作，解决了8个历史遗留问题。全行没有发生案件事故和群体性进京上访事件。积极推进社会化守押工作，与保定市科隆保安押运有限公司签订了《守库押运合同书》，是保定市第一家实现社会守押的金融机构。

**【IT蓝图项目成功上线】** 全行上下严格执行总行和省行IT蓝图投产计划。上线前，在组织、培训、技术、数据、演练、流程等方面做了充分的准备工作。10月7日，全行顺利结束新系统上线投产首日的对外营业工作，全行51个网点、223名柜员办理各类业务12641笔，标志着上线工作圆满成功。上线后，各条线，各支行密切关注新系统运行过程中出现的问题，发现问题，及时解决，确保了新系统的稳定运行，实现了总行提出的“成功切换、正常营业、风险可控”的阶段性目标。为表彰先进，分行评选出2个突出贡献先进单位，21个先进集体，4个优秀组织单位，122名突出贡献先进个人并给予通报表彰。上线前后，总行行长李礼辉、副行长王永利及省行行长张志勇等多名领导，多次到高开区、定州、天鹅路支行等网点调研，对分行上线工作给予高度评价。

**【提前完成流程再造试点任务】** 分行成立组织，精选试点，制定方案，组织培训，逐行指导，总结完善。12月9日，全行19家A类、3家B类网点全部实施综合柜员，提前完成省行确定的试点工作任务。后台业务集中工作走在全省前列，12项中后台业务集中已完成9项。分行流程再造工作得到省行认可，省行于11月26日在保定召开了全省流程再造现场推广会，保定分行在会上做了典型发言，与会人员现场观摩了高开区、西城和天鹅路支行的试点工作，给予高度评价。因试点工作成绩突出，省行安排保定分行将流程再造工作中的经验做法制作成电视专题片在全省宣传推广。

**【建设精品网点，改善网点形象】** 2009年分行列入省行网点标准化建设计划的网点18个（含财富中心），共完工12家，分行本部大楼装修工作是全年装修工作重点。分行成立了装修工作领导小组，后勤保障中心、计财、信科、保卫等部门分工负责。分行办公大楼装修从4月份开始，到年底除营业部东厅还在施工外，其他项目已完工。

**【加强机制建设，促进业务发展】** 分行出台了五个机制建设方面的文件，包括：以产品定价为基础的绩效考核办法，基层机构负责人薪酬动态管理方案、突出贡献基层机构负责人奖励方案、重点支行资源配置支持保障方案、人员岗位设置方案等，办法制定后，人力资源部逐行进行宣讲，讲理念、讲方案，讲愿景，并针对变化的情况及时进行了修改，为2010年业务发展奠定了基础。

**【抓好党建工作，提供思想保障】** 按照省行关于在全辖党员中开展“增强党员意识，发挥模范作用”主题教育活动的要求，分行党委结合实际，在全辖党员中开展了“抓发展、促投放、保上线”主题教育活动，组织党员集中上党课，民主评议党员，对优秀党员、优秀党务工作者和先进党支部进行表彰，组织本部全体党员分两批到阜平晋察冀边区革命纪念馆接受革命传统教育。

**【抓好文明优质服务，树立中行品牌】** 在全行推广“三个三，一个零”服务模式，要求所有机构做到三个动作、三个语言、三个到位，保证服务零投诉。开展文明优质规范服务百日竞赛活动，利用业余时间组织培训，对各支行、各网点服务进行巡回检查,定期下发客户投诉情况通报,组织业务技术精英挑战赛,提高员工技能。全面实施大客户服务战略,把文优服务重点瞄准高端客户,从硬件建设到优质服务,满足高端客户需求,提升大客户对中行的贡献度。

党委书记 行长 苏岩峰(7月任)
党委委员 副行长 王铁柱 王红 孙德忠 赵士明 杜雅红 朱文龙(4月挂职转任)

(王二宝)

**【中国建设银行股份有限公司保定分行】** 中国建设银行股份有限公司保定分行隶属于中国建设银行河北省分行,2004年9月17日中国建设银行股份有限公司依法成立后,性质由国有商业银行变为国家控股的股份制商业银行,名称变更为中国建设银行股份有限公司保定分行。截至2009年末,内设19个职能部门,所辖营业机构77个,具体为:15个县支行,11个城区单点型支行,30个城区直管网点,21个县支行所辖分理处、储蓄所。全行员工2030人。业务范围包括本外币存款、贷款、结算及各类中间业务、代理业务。

**【概况】** 2009年以来,建行保定分行认真落实"提占比、降不良、调结构、保安全"的工作思路,全行经营发展又迈上了新台阶。各项业务取得全面发展,主要体现在:经营效益持续提升,实现账面利润3.99亿元,同比增长5118万元,增速为15%。负债业务快速增长,全口径存款余额337.75亿元,新增75.18亿元;一般性存款余额333.94亿元,新增74.68亿元,其中个人存款新增50.29亿元,企业存款新增24.4亿元,创历史新高。资产业务发展提速,各项贷款余额达83.42亿元,新增20.97亿元,增速达到33.57%,为历年之最。其中公司类非贴现贷款新增10亿元,增速27.57%;个人贷款新增7.24亿元,增速55.95%;贴现新增3.72亿元,增速28.12%。中间业务收入持续攀升,实现中间业务净收入18129万元,同比增长3806万元,增幅26.57%。不良资产清收效果显著,全年累计实现不良资产处置25599万元,实现拨备回拨25879万元。截至年末不良贷款余额53151万元,比年初下降24452万元。不良贷款率5.99%,比年初下降5.25个百分点。新发放对公贷款不良率为零。战略性业务持续健康发展,全年实现安全运营,零事故、零案件。

**【明确工作思路,准确把握发展方向和节奏】** 一是科学谋划工作思路。通过认真总结分析全行在经营发展中存在的突出问题,准确把握内外部经营形势的发展变化,按照上级行提出的经营思想和工作部署,提早确定了"提占比、降不良、调结构、保安全"的全年工作思路,紧扣省行工作会议精神,扭住了业务发展的"牛鼻子"。二是准确把握发展节奏。年初把旺季营销活动作为全年工作的"重头戏",做到认真谋划,提前预热,快速启动,较好地抢占了先机。二季度以后,以发展重点产品、推进优质资产业务和组织中间业务收入为核心,继续抢抓市场份额不放松,在业务发展上统筹安排,突出重点,适时对重点业务、产品给予政策倾斜。

**【找准经营重点,推动全行业务稳步有效发展】** 一是强化市场营销,实现负债业务全面发展。切实加大任务型团队综合营销力度,抓源头、抢项目,紧盯重点项目资金,深入做好现有存量客户维护工作,实现对公存款新增创历史新高。按照大抓低成本存款的指导思想,抢抓重点时段,强化推进督导,大力开展系列营销活动,保证了个人存款同业排名保持第一,占比份额稳步提升。二是抢抓市场机遇,促进资产业务快速增长。在加大重点项目、支柱行业信贷支持力度的同时,积极推动小企业信贷业务、房开贷款和个人贷款业务发展。全年各类贷款累计投放92.64亿元(不含外币贷款累投2088万美元),新增20.97亿元,增速达到33.6%,创历史最好水平。三是坚持以中间业务为核心,全面推进战略性业务发展。充分发挥资产业务的支撑、带动作用,强化公私条线联动营销,扩大产品覆盖率,在进一步巩固传统产品优势的同时,努力挖掘新的中间业务增长点。

**【深化战略转型,不断壮大巩固客户基础】** 一是整合对公业务经营模式,提高经营管理水平。继续优化对公条线组织架构,进一步理顺管理关系和工作流程,组建不同层次和类型的任务型团队,明晰城区支行和经营中心的职责定位,促进了工作的积极性。二是积极推进二代转型,提升高端客户满意度。加大二代转型网点专职客户经理配备力度和人员培训力度。进一步规范高端客户服务流程,组建高标准的财富管理中心,提升了全行高端客户的维护管理和专业支持水平。三是大力推进电子银行渠道建设,增强新兴渠道客户基础。以抓电子银行客户发展和提升电子银行收入为工作重点,建立了"电子银行搭台、业务部门唱戏"的联动营销模式,提高了对客户的综合营销和服务能力。

【狠抓不良资产清收,切实提高资产质量】 一是大力开展不良资产攻坚战活动。树立"向不良资产要效益"的意识,大打不良资产攻坚战。全行组建了11个不良贷款清收处置团队,建立落实清收处置责任制;以大户催收为突破口,运用减息、诉讼执行等手段,成功实现天鹅集团19470万元本金、4000万元催收利息及相关费用的全部现金收回。多年遗留的47.6万元"假个贷"也全部收回。全行不良贷款户由年初的11户下降到6户。二是严格控制不良资产反弹。加强对项目申报的监督管理,坚持贷后管理跟踪例会和会诊制度,完善了贷转存专用账户管理、信贷档案集中管理、存量贷款组合管理等制度;进一步强化风险分类管理,积极推进平行作业。截至年末,全行新发放贷款不良率为零。三是扎实推进信贷结构调整。严格执行上级行信贷政策与结构调整政策,根据行业和客户的实际情况,灵活、主动地进行结构调整。

【深化改革创新,提升全行经营管理水平】 一是进一步完善绩效考核机制。按照激励有力、约束有效的原则,强化资源配置。拿出全年30%以上的激励费用倾斜到旺季营销活动中;针对重点产品分别制定专门的激励考核方案;充分考虑县支行实际情况,设置买单价格平衡系数,调动了县支行积极性。二是因地制宜提升县行贡献度。组织召开现场调度会,采取一县一策的形式确定具体工作目标,积极探索对县支行人力资源、财务资源配置的新方式、新机制,加大业务支持和培训力度,实现了县域机构发展的全面提速。三是大力推进公私联动营销机制。制定了《产品联动营销实施方案》,在公私条线之间、前后台之间、上下级之间搭建了联动营销平台,通过资产业务带动相关业务发展,提高了市场响应速度和整体营销效率。

【加强风险内控,确保全行安全稳定运营】 一是强化内控机制建设。及时召开风控委会议,细化风险监测机制;狠抓关键风险环节,充分发挥委派主管和纪检监察特派员的作用,有效健全了内部控制体系。二是夯实案件风险防控基础。扎实深入地开展了"教育、整改落实年"及"整治屡查屡犯,防控案件风险"专项活动,下大力解决屡查屡犯问题,整改完成率达到100%。三是积极抓好安全稳定工作。深入推进"平安建行"创建活动,投入安防资金861.73万元,改进和完善了各类安全防范设施。认真落实安全管理和案件防查责任制,完善各项应急预案,加强了对金库、枪支弹药和保安人员的管理。

【坚持从严治行,强化班子队伍建设】 一是加强教育,注重引领。在员工队伍中大力开展"抓服务,讲合规、促发展"主题活动,加强合规文化教育,积极宣传正面典型,全行涌现出一批爱岗敬业的先进典型,其中鹿红梅获得总行第三届"中国建设银行突出贡献奖"。二是严格管理,从严治行。开展领导人员廉洁从业和工作效能双测评工作,落实领导人员任前廉政谈话制度,完善深化考核评价机制,严格落实领导人员岗位交流、个人有关事项报告、任期经济责任审计、干部诫勉谈话等规章制度。三是优化结构,打造队伍。年内共交流调整副经理级以上人员45人次,提拔使用71人。组织了专业技术岗位职务人员选聘工作,新聘任391人,目前专业技术岗位职务人员已达到在岗员工总数23%。

【深化三个服务,营造和谐文化氛围】 一是持续落实"三个服务"机制。加强作风建设,大力开展"客户服务大讨论"活动,连续三年被保定市评为"便民利民杯"优胜单位和"规范化服务优胜单位"。继续完善基层机构对本部部门服务测评机制。本部部门进一步优化工作流程,提高对基层机构的业务支持力度和反应速度。二是积极为员工办实事、办好事。利用多种方式广泛征求员工意见、建议。主动走访困难职工、老党员和离退休员工。年内对474名劳动合同员工完成了职等套定工作。三是积极营造团结向上的文化氛围。充分发挥党团工会等组织作用,积极推进学习型组织建设和"青年文明号"、"青年岗位能手"创建活动;大力开展丰富多彩的群众性文体活动,积极参与社会公益活动,在行内外营造了和谐向上的氛围。

| | |
|---|---|
| 党委书记<br>行　　长 | 马魁卿 |
| 党委委员<br>副 行 长 | 宋尚增　刘　冰<br>王惠言 |
| 纪检委书记 | 李玉平 |
| 工会主席 | 崔有芹 |
| 风险主管 | 马敬平 |

（高　虹）

【中国工商银行股份有限公司保定分行】 中国工商银行股份有限公司保定分行是隶属于中国工商银行股份有限公司的二级分行,位于保定市东风中路1902号,辖一级支行29个,二级支行48个,分理处11个,储蓄所12个。内设14个部室和12个附属机构,经营经中国人民银行批准的存款、贷款、结算、中间代理业务等本外币业务。

【概况】 2009年,围绕转型发展的内在要求和实现"系统四强、同业最强"经营发展目标,面向市场,迎难而上,强化竞争,抢抓机遇,加快发展。人民币全部存款余额446.8亿元,较年初增加90.2亿元,比上年多增26.6亿元,增量居全省系统第3位,居全国系统274个二级分行的第10位。人民币贷款余额194亿元,较年初增加54亿元,较上年多增34.4亿元,增量居全省第4位。贷款总量居全国二级分行第28位,增量居第24位,与上年相比分别上升2个和4个位次。累计办理票据业务61.2亿元,是上年的3.4倍,办理额居全省系统第3位。资产质量持续好转,实现了不良贷款额和占比双下降。实现中间业务收入20281万元,比上年增加5067万元,增幅33.6%。信用卡新增发卡11.5万张,卡总量达34.3万张,消费交易额20.1亿元,较上年增加12.7亿元,增幅58.3%。卡总量和消费交易额保持全国系统二级分行前30强,分居第10位和第26位。电子银行交易额达4569亿元。经营效益大幅增长。拨备前利润7.7亿元,账面利润6.5亿元,分别较上年增加2亿元和3.6亿元。

【以经营发展思路统领全年工作】 在认真调查研究的基础上,确定了2009年经营的指导思想:坚持以科学发展观为指导,密切关注宏观经济形势的变化和经济政策的调整,以防范风险为前提,以调整结构为主线,以提升市场竞争力为核心,坚持开拓信贷市场不动摇,抢抓存款不放松,实施大个金战略不停步,强化清转工作不松劲,加快中间业务发展不减速,实现新兴业务的全面突破,通过强化体制建设、机制建设、队伍建设和渠道建设,大力推进经营转型和区域强行进程,年内实现"同业最强,系统四强"的绩效强行奋斗目标,以系统内、同业间规模大、影响大和绩效强、竞争力强("两大、两强")彰显发展实力和竞争能力,打造经营结构合理,经营效益显著,外部形象良好,内部和谐稳定,充满生机和活力的新型商业银行。明确了工作的四项重点措施:一、以"扩户工程"为抓手,全面扩大经营发展规模。二、以不良贷款清转攻坚为重点,全面提高经营发展质量。三、以"抓大、促小、扶弱"为经营策略,实现全面协调持续发展。四、以提高经营效益为根本,确保"同业最强,系统四强"目标的实现。

【增强创新发展能力】 先后与保定市高开区、北市区、涿州市政府签订了战略合作协议,增强互信,拓展银政合作的空间和领域。在重点支持交通、电力、公用事业等基础设施以及住房、新能源等建设项目的同时,大力推进中小企业和个人金融业务发展。从以面向城市经济和大型企业融资为主,向多领域、多触角、全方位业务发展转型,加快金融创新,增加贷款品种,提升服务水平,在发展大项目、房地产开发贷款等传统业务的同时,根据不同层次企业的金融需求,开发了包括贸易融资、固定资产支持融资、土地储备贷款、小企业贷款、个人经营贷款等新的业务品种,仅贷款融资品种就达40余种,同时为企业和居民提供资金结算、现金管理、电子银行、个人消费等各领域、全方位的金融服务。针对经济危机对房地产市场的冲击,组织全市33家大型房地产开发企业举行座谈会,就房地产市场发展趋势及应对策略进行研讨;面对中小企业快速发展及工行战略调整的需要,与市中小企业局合作,召开了由全市200多家优质中小企业参加的金融服务推介会,就我行融资产品、特色业务及行业政策进行介绍;继上半年清苑支行恢复成立后,重点开发开拓了白沟市场。创新营销模式,组建白沟市场营销团队,探索了产业集群基地、重点专业市场营销新途径。成为工行市场开拓的新领域和效益新的增长点。

【推进改革,和谐发展】 积极推进机构扁平化、信贷管理集中及运营体系改革,成立了票据业务中心、国际业务中心,对11个城区网点实行了分行直营管理。按照改革和业务发展的要求,审慎进行,稳步推进,实施员工跨区域流动配置,妥善安置转岗人员,推动业务健康发展。组织开展封闭式拓展训练,强化了团队意识、集体观念和拼搏精神;组织机关全体党员开展了党员一日活动,到天津参观渤海新区和航空母舰,让大家感受改革开放以来伟大祖国的发展变化和日新月异的建设成果;开展了"喜迎国庆、爱我工行"歌唱比赛等活动,展示了全行上下豪迈的气势和良好的精神风貌。丰富职工活动,组织了党员拓展训练、歌咏比赛、党员一日等大型集体活动,员工队伍凝聚力、向心力进一步增强。

行　　长　周增文
副 行 长　刘任扬　姜遵勇
　　　　　刘　军　李跃进
　　　　　赵立均
纪检书记　戚宏智(4月任)
行长助理　张亚军(4月任)
工委主任　张　琳(4月任)

(胡永光)

【中国农业银行股份有限公司保定分行】 中国农业银行股份有

限公司保定分行,辖设32个县级支行、118个机构网点,网点遍布城乡。主要业务包括:办理人民币存款、贷款、结算业务;办理票据贴现业务;代理发行金融债券;代理发行、代理兑付、销售政府债券;买卖政府债券、企业债券和其他有价证券业务;代理收付款项及代理保险业务;企业、个人财务顾问服务;企业年金托管业务;代理开放式基金业务;电话银行、手机银行、网上银行业务;办理外汇存款、外汇贷款、外汇汇款、外汇票据承兑、外汇担保、贸易和非贸易结算、资信调查业务;买卖、代理买卖外汇业务;办理同业拆借、资金融通业务等。

【概况】 2009年,保定分行认真落实上级行工作部署,加快业务经营转型,深入开展服务"三农"工作,不断推进精细化管理,各项业务实现突破性进展。截至2009年12月末,人民币各项存款余额398.77亿元,较年初增加70.61亿元;贷款余额剥离后再次突破百亿大关,达104.41亿元;实现中间业务收入1.51亿元;实现拨备前利润5.69亿元。

【业务经营质量稳步提高】 一是客户结构进一步优化。努力提高法人优质客户占比。实行重点客户名单制管理,严格落实营销责任,与保定区域内的重点项目、大型企业建立了牢固的合作关系。加大个人中、高端客户营销力度。以《个人优质客户登记台账》为抓手,以"春天行动"、"激情仲夏"、"中间业务推进季"和"爱在金秋"等个人业务综合营销活动为平台,严格落实营销维护责任,深挖客户资源,全面推进储蓄业务快速发展。二是网点转型稳步推进。以网点形象及功能分区的规范化建设为切入点,加快网点建设步伐。强化培训、演练,完成了25个城区网点的文明标准服务导入,支行服务形象和水平有了明显改观。三是电子服务渠道逐步拓宽。配合MIS系统的上线,策划了"刷卡有奖消费活动",扩大了商户收单市场份额。采取"装联通宽带送个人网银"、"送金融进校园"等营销措施,提高产品渗透率、普及率,改善了用卡环境。四是扎实推进"三农"工作,县域经营活力显著提升。积极支持农业产业化龙头企业和优质小企业客户。积极拓展县域房地产开发业务,优先发展普通商品住房开发贷款,适度发展土地开发贷款。采取"公司+农户"的主导业务模式和整村推进的发展路径,逐县完善"三农"金融生态图谱,逐行制定整体推进实施方案。组建农户贷款辅助贷后中心,加大农户贷款贷后管理力度。

【风险内控管理迈上新台阶】 坚持"内控优先"的经营管理原则,不断强化内控和案防工作,全年未发生经济案件、刑事案件和责任事故。一是严防临柜业务风险。推进运营管理四大中心集中作业。完成了7个支行金库的撤并和全辖重要空白凭证库的达标改造,上收了城区单点行重要空白凭证库,降低了经营风险。二是加强信用风险防控。实行支行差别化授权和客户差异化授信,加强信贷风险在线监测。强化贷后管理,及时处置各类信用风险。三是强化安全保卫工作。全部县域支行、城区管点行配备了专职保卫干事,98个营业机构配备了大堂保安。全部16座金库达到安全标准,完成了中心金库的建设。四是扎实开展案件防控工作。分专业、条线落实案件专项治理"八查"内容。组织开展经营机构案件集中排查活动、"百日安全合规"竞赛活动,进一步消除了案件隐患。认真落实"四项制度",扎实开展员工行为排查,防范了人员风险。五是认真做好蠡县信用社的管理工作。积极推进蠡县农村信用社改革,加大对信用社安全保卫等工作的检查、督改力度,为蠡县信用联社增配副主任,确保了信用社安全运行。

【基础管理工作得到夯实】 一是强化队伍建设。公开选拔、聘任了32名副科级干部、26名市分行驻县风险经理,增强了干部队伍活力。组织完成了126名大堂经理的考试竞聘工作。强化干部员工教育。组织全行性培训38期、4000余人次,提升了员工多方面的知识技能。积极组织举办各类业务知识竞赛,并在全省系统竞赛中多次获奖。支持、鼓励员工积极参加系统内外各种资格考核、培训,全行获得AFP、CFP资格的金融理财师达到13人。二是深入开展党风廉政建设。设置了专职纪委书记,组织层层签订了594份《安全经营责任书》。加强党风廉政建设学习教育。组织完成了20个支行的巡视工作,对全辖32名支行一把手和20名支行班子成员进行了约见谈话,促进了支行管理水平的提升。深入开展了"创先争优"和创建"五好党支部"等活动,认真落实"两会一课"制度,开展了"党员活动区"、"党员示范岗"等活动。三是积极开展企业文化建设。组织全辖开展企业文化核心理念学习讨论活动,大力推行办公VI系统,统一视觉形象。组织开展了10项业务的"十大标兵"评选活动。实施送温暖工程,到基层对93名特困职工和25名省级以上劳模进行了走访慰问,发放慰问金9.80万元。2009年首次为全行员工支付补充医疗保险334.60万元。全行员工的工资收入、福利待遇实现了与业务经营的同步增长，促进了和谐农行建设。

行　长　李　军
副行长　卢　英　刘海青
　　　　李志杰

（王卫平）

【中国农业发展银行保定分行】 中国农业发展银行是直属于国务院领导的惟一一家农业政策性金融机构，是国家金融支农体系的重要组成部分，定位于建设社会主义新农村的银行。农发行保定分行组建于1996年11月，在市区和各县（市）设有23个分支机构。主要业务范围：办理粮、棉、油等农副产品收购、储备、调销贷款；粮食、棉花、油料种子贷款；办理粮食、棉花、油料加工企业和农、林、牧、副、渔业的产业化龙头企业、加工企业、农业小企业贷款和农业科技贷款；粮食仓储设施及棉花企业技术设备改造贷款；办理农村路网、电网、水网（包括饮水工程）、信息网（邮政、电信）建设、农村能源和环境设施建设贷款；县域城镇建设、农田水利基本设施建设、农业技术服务体系和农村流通体系建设贷款；农业生产资料流通贷款等。

【概况】 2009年，农发行保定分行以服务支持全市农业农村经济建设为己任，自觉加大信贷支农力度，累计投放各类贷款25.9亿元，同比多投放5.7亿元，确保了国家一系列支农、惠农政策的落实，为全市农业农村经济发展做出了突出贡献。同时，创新风险防控手段，在贷款利差收入大幅下降的情况下，仍实现利润7025万元，完成省分行下达任务的2.71倍，实现了社会效益与自身效益双丰收。

【认真落实国家粮棉购销政策】 执行政策，积极支持粮棉购销，累计向32户企业发放跨年度粮棉收购（调销）贷款4.75亿元，占全部累放贷款的18.4%。其中：发放粮食收购（调销）贷款3.54亿元，收购（调入）粮食2.38亿公斤；发放棉花收购（调销）贷款1.21亿元，收购（调入）棉花22万担。同时，结合国家和地方储备轮换，发放粮食轮换贷款0.4亿元。保证了跨年度粮棉收购资金供应，维护了农民利益，确保了粮棉收购工作不出问题。

【全力做好夏粮收购资金供应与管理】 为充分利用毗邻京津的优势，进一步畅通保定市粮食购销渠道，主动发起，积极协调，召开了京津保农发行、粮食企业对接洽谈会，保定市粮食购销龙头企业与京津14家大型收储企业签订了《京津保粮食产销对接合作意向书》，与北京市收储企业签订小麦购销合同30万吨；农发行保定分行与北京市农发行相关支行签订了《加强行际协作意向书》，建立了互通信息、协调合作、封闭管理的合作机制，为确保在托市收购不能启动情况下，夏粮收购不出问题奠定了基础。同时充分发挥信贷杠杆的作用，以大力支持托市收购为主，在收购价不高于托市收购价格的前提下，适度支持多主体入市收购，确保了托市收购顺利开展，累计对各类企业发放小麦收购贷款4.9亿元，支持企业收购小麦2.54亿公斤，同比多发放0.7亿元、多收购0.2亿公斤。

【大力实施民生工程】 紧紧围绕全市惠民生工程，积极向上级行争取政策，发放中长期贷款5.2亿元，有力地支持了保定市东三环路网、定州市唐河综合治理和王快至西大洋两库连通三个全市重点项目的顺利实施。

【积极支持农业产业化经营】 累计发放贷款2亿元，择优支持了一批抗风险能力强、辐射带动作用明显的龙头、加工企业和农业小企业，提升了全市农业产业化经营水平。

【创新风险防控手段】 建立了贷款调查、审查中心，由市分行统一调度使用，定期考核，动态管理，有效提高了办贷效率、规范了办贷行为。组织开展滚动式风险排查、贷款法律合规性检查、重点企业专项核查和案件排查；将风险防控作为检验又好又快发展的重要标准，上下联动，全力清收，有效化解了9个企业2693万元贷款风险，确保国家资产安全。

行　　长
党委书记　张洪泽
副 行 长
党委委员　马伶俐　李　亮
　　　　　侯增军（行长助理）

（王大力　姜志军）

【保定市商业银行】 2008年7月成立，是保定市第一家地方性股份制城市商业银行。现有分支机构23家，员工500人。自成立以来，坚持以客户为中心，以市场为导向，秉承"诚信、规范、创新、发展"的经营理念，立足"服务地方经济，服务中小企业，服务市民百姓"市场定位，依托完善的一级法人体制，充分发挥决策链条短、经营机制活的优势，不断进行金融产品和业务创新，积极为地方中小企业、重点工程、高新产业、社会民生等提供金融服务。主要经营存款、贷款、结算业务、票据承兑与贴现、银行卡业务和代理收付款项及代理保险等金融业务。为小企业、工商户提供的"小额商务贷款"和支持全民创业的"下岗职工再就业小额贷款"，都是保定市商业银行的优势品牌，深受客户欢迎。

【概况】 2009年,保定市商业银行实施“一年奋力起步,三年腾飞”超常规、跨越式发展战略的开局之年,也是实现三年发展规划的第一年。全年增资扩股5亿元,使资本更充足,在县域设立分支机构辐射周边,直隶银行卡成功发行迈向现代化银行。除完成这三件大事外,保定市商业银行业务经营也呈现出强劲的发展势头。2009年年终决算数据显示,全行注册资金由成立时的1.7亿元增加到6.7亿元,存款余额从成立时的27亿元增加到65亿元,资产总额接近100亿元,实现了翻番,贷款余额也保持稳步增加。

【积极谋划保定市商业行发展蓝图】 全面落实科学发展观,围绕“改革发展”这一主题,坚持以推进改革为启动点、以强化经营意识为切入点,以大抓存款为突破点,以扩大经营规模为主攻点,以业务快速发展为着力点,重点抓了三年发展规划的制定和实施。2009年至2011年,全行以“一年奋力起步,三年腾飞”为目标,抢抓机遇,扩大规模,增强市场竞争力,实现超常规、跨越式发展,力争把保定市商业银行办成有经营特色的、一流的现代金融企业。按规划要求,经过三年的不懈努力,到2011年,全行资产总额将达到130亿元,存款总额将达到125亿元,贷款总额将达到70亿元,不良贷款率控制在3.7%以内,年实现利润2亿元。

【完成增资扩股、延伸分支机构和直隶卡发行三大工作任务】 2009年,为满足地方经济发展对金融服务的需求和自身发展需要,把抓好二次增资扩股、向县域延伸分支机构和直隶银行卡发行作为重中之重和提升形象的亮点工作,集全行之力,狠抓落实。其中前两项列入《保定市政府工作报告》,也是《2009年工作落实方案》的责任事项。对此,行领导挂帅,积极运作,精心筹备,明确了专人负责和时间进度表,经努力,成功增资扩股5亿元,从根本上解决了因股本金少而严重制约贷款规模和盈利空间的问题,确保了资本金充足有余。涿州支行于12月26日、白沟支行于12月31日如期开业,增强了辐射能力,在扩大规模和助力县域经济发展中必将起到积极作用。此外,还开办了银行卡业务。直隶银行卡于2009年12月正式发卡运营,为商业银行更好地开办好结算、理财、自助银行、代理等业务和谋求更大的发展创造了条件,成为商业银行向现代化银行迈进的重要标志。

【确保全行主要业务指标超常增长】 2009年,全行集中力量抓经营,抓业务,抓指标,攻难点,层层落实责任,5月至7月开展了以大抓存款为重点的“大干60天,以优异的成绩向商行成立一周年献礼”活动。通过这一活动,全行存款营销取得辉煌成绩,存款增长创历史最好水平,各项存款首次突破50亿元,有4个支行储蓄存款首次突破亿元大关。7月下旬,召开年中工作会议。总结、分析2009年上半年特别是商行成立一年来的工作和经营情况,畅谈商行成立一年所发生的巨变和可喜成绩。激发了全行的工作热情,坚定了建设商行、加快发展的信心。做好“清收、盘活、保全”工作,从10月中旬起开展了清收会战。到年末,全行资产总额99.05亿元,同比增加51.65亿元,增长108.98%;各项贷款余额21.49亿元,同比增加5.41亿元,增长33.63%。负债总额91.79亿元,同比增加46.59亿元,增长103.05%;各项存款余额为65.40亿元,同比增加21.36亿元,增长48.48%。中间业务收入603万元,同比增加58万元,增长10.64%。到年末,不良贷款为5983万元,减少4480万元;贷款不良率为2.78%,较年初下降3.72个百分点。全行实现拨备前利润总额10853万元,同比增加4937万元;净利润4467万元,同比增加325万元。

【应对金融危机,支持保定经济发展】 按照国家“扩内需、保增长、促发展”的要求和适度宽松的货币信贷政策,尽力增加贷款投放,切实改进金融服务,为政府分忧,与企业共渡难关。2009年,全行新增贷款5.41亿元,累计发放贷款达14.52亿元。一是筹措资金,积极支持地方重点工程和项目建设,支持国家和政府重点扶持产业,加大对新能源、电力设备制造等龙头企业的支持。商业银行还投入1.25亿元用于张石、保沧高速公路等交通基础设施建设;投入2亿元用于市政建设和改善民生;支持县域经济8亿元。二是多措并举,破解中小企业融资难题。商业银行主动与中小企业对接,预先制定授信额度,建立中小企业信息库,急企业所急,提高了贷款时效。全年共向中小企业和个体工商户投入贷款6亿元。全行中小企业及个体工商户贷款余额占贷款总额的63.56%。三是协调联动,小额贷款扶持全民创业。今年,我行将经办行由1个支行增至3个支行,全年共发放再就业小额贷款2397笔,金额1.04亿元,解决再就业岗位3000多个,为促进社会和谐稳定做出了积极贡献。

【努力防范各类风险,全行实现安全经营】 一是大力加强企业文化尤其是制度文化、合规文化建设，制定了《保定市商业银行企业文化实施意见》，充实、完善并下发了80多个规章制度。二是扎实做好案件防控工作。强化了工作职责，把案件防控与风险防范纳入议事日程和年度工作计划，认真落实《河北银行业机构切实加强案件防控工作指导意见》，严格执行案件风险问责制。三是反腐倡廉，积极预防职务犯罪。签订了反腐倡廉责任书，与市检察院合作共建，共同预防职务犯罪。2009年，行纪委、监察室评为“保定市纪检监察系统先进单位”。四是加大稽核、科技、保卫、监察、信访维稳工作力度，有效防控了违规违纪和风险隐患，确保了无事故、无案件。保卫部、南大街支行荣获“全省金融安全保卫工作先进集体”荣誉称号，总行、大西门支行被市国资委评为“国庆60周年安全稳定工作先进单位”。

| | |
|---|---|
| 党委书记<br>董事长 | 张英莉 |
| 党委副书记<br>行长 | 蔡毅儒 |
| 党委委员<br>常务副行长 | 雷俊杰 |
| 党委委员<br>监事长 | 郑梅玲 |
| 党委副书记<br>工会主席 | 刘惠仙 |
| 党委委员 | 王恩东 |
| 党委委员<br>副行长 | 赵清哲 |
| 党委委员<br>纪委书记 | 王宗信 |

（韩亚清）

## 保险业

**【中国人民财产保险股份有限公司保定市分公司】** 中国人民财产保险股份有限公司（PICC P&C，简称“中国人保财险”）是2003年7月由中国人民保险集团公司发起设立的、目前中国内地最大的非寿险公司，其前身是1949年10月20日成立的中国人民保险公司。中国人保财险是中国人民保险集团公司（PICC）旗下标志性主业。凭借综合实力，公司相继成为北京2008年奥运会、2010年上海世博会保险合作伙伴，为北京奥运会和上海世博会提供全面的保险保障服务。2008年6月26日，国际权威评级机构穆迪公司授予公司中国内地企业最高信用评级A1级。保定市分公司是保定市场最大的非寿险公司。公司下辖35个支公司（营业部），机构遍及保定市区和全辖22个县市。主要经营国家党政机关、企事业单位、家庭及个人的财产保险、机动车辆保险、工程保险、货物运输保险、责任险、信用保证保险、意外伤害保险及政策性农业保险等业务。

**【概况】** 2009年，保定市分公司按照省公司加快有效益发展的总体要求，充分发挥主观能动性和创造性，全体员工进一步解放思想，在费用异常紧张的形势下，充分发挥人保主渠道作用，在协调各保险主体规范经营、合规经营的同时，强化内部调控，积极推行低成本经营战略，坚持有效益发展，取得了较好的经营成果。到年底，保费收入达到8亿元。

**【不断提升车险创利能力】** 2009年，保定市分公司在车险的经营与管理方面严格承保政策，切实防范经营风险。按照新的市场发展形势和要求，结合保定地区车险业务发展实际情况，对高风险、赔付率高的业务进行了严格的限制和管控。

**【加大农险业务规范管理力度】** 2009年，农险业务实现核保保费6061万元，农险保费收入占总保费收入的8.14%，其中小麦保险业务签单保费2559.12万元，有效保证了保定市农业稳步发展。同时，管理逐步规范。在小麦保险上，坚持90%承保面承保原则，做到了漏村不漏户，确保了小麦保险业务的健康开展；在养殖业保险上，制定了《保定市分公司养殖业保险管理规定》，对养殖业承保、理赔进行详细规定，按照《农险承保实务》要求，坚持验标的承保，从承保口堵塞经营风险，同时，聘请了专业技术人员充分做好保前、保中与保后的风险评估，引导养殖业规范化、效益化发展。

**【不断加快理赔速度，提高理赔质量】** 2009年，保定市分公司先后开展了未决赔案清理活动，未决赔案处理突击月活动和“无人伤案件”专项清理活动。经过清理，未决赔案较年初减少700件；未决赔款准备金较年初增加了6927万元，未决估损不足的状况逐步得到扭转。积极开展“加快理赔速度、提高理赔质量、挤压理赔水分、打击虚假赔案”活动，全区34个单位综合案件处理率超过了95%，其中28个单位案件处理率超过100%。

**【加强服务能力建设】** 一是深入开展服务能力提升年活动。出台服务能力提升年活动方案，成立领导小组，先后制定了《金牌理赔服务竞赛方案》和《金牌柜面服务竞赛方案》，强化金牌服务平台建设第二年的各项工作落实。二是规范全辖各营业网点服务，开展创金牌柜面服务窗口活动。为支公司统一制定服装、桌牌、胸牌，改善柜面环境；细化服务标准，对全辖柜面人员进行培训，将服务礼仪落到实处。三是围绕建司60周年，做好客户节工作。成立领导小组和由各部门相关人员组成的执行、宣传、理赔小组，对整个客户节活动进行策划筹备；加大宣传力度，扩大活动影响；开展客户回访、客户联谊、参观职场、开通人保财险直通车等，完成了客户节第一阶段工作。四是规范投诉管理工作。完善了《客户投诉管理制度》和《客户投诉考核办法》，规范对投诉工作的管理。利用《投诉提示函》向被投诉单位进行警示；认真分析理赔环节存在的问题，找出解决的方法，合理减少投诉数量，提升客户满意度。1～10月，共受理客户投诉27件，较上年同期减少48件。

党委书记 总经理 武运宝
副总经理 王珏迪 张友林 李彦军
高级业务主管 王德安 刘宝占
（刘建平 王卫想）

【中国人寿保险股份有限公司保定分公司】 中国人寿保险股份有限公司作为国内首家"三地上市"的金融保险企业。经过长期发展和积淀，拥有比肩全球的雄厚实力，连续7年入选《财富》世界500强企业2009年排名第133位，总市值在全球2000个保险上市公司中排名第一。中国人寿保险股份有限公司保定分公司作为中国人寿的地市级分公司，拥有保定市规模最大、覆盖区域最广的分销队伍，行销网络遍及25个县（市）区、312个乡镇，拥有员工突破10000人。总资产达77.4亿元。公司主要经营人寿保险，人身意外伤害保险，健康保险，投资分红保险等业务，保险产品百余种。

【概况】 2009年，中国人寿公司保定分公司不断夯实基础，深化改革，强化管理，2009年公司保费收入突破30亿元，在河北省系统内排名第一，在全国80个大中城市中排名第12位。目前，保定市有超过500万人众享受着中国人寿提供的健康、医疗、意外、养老等各方面的保险服务。在庞大的农村市场，参加保险的农民，有90%以上选择了中国人寿。在2009年度行业作风群众满意度测评工作中，取得了保定市保险行业内排名第一的好成绩。

【加强内部管理】 以提高资源配置和使用效率为重点，加强全面预算管理。进一步梳理和规范了业务流程，严格管理，强化执行。深入推进6S标准化管理，公司管理水平得到了显著提高。同时，深化风险管控，相继开展了"风险防范"、"诚信我为先"、"诚信合规日"等主题教育活动，增强了全员依法合规经营意识。并通过深入推进反洗钱工作，认真开展"小金库"专项治理和治理商业贿赂工作，及时排查防范经营风险。

【深化企业改革】 进一步规范了劳动用工，完善了员工各项保险的缴纳办法和销售渠道的社保管理办法，并为三个渠道销售人员办理了医保。同时，注重从优化结构，提高素质入手，进一步加强了基层领导班子建设，建立有效的考核机制，深化后备锻炼人员的选拔培养办法，强化了关键岗位的管理职能。通过改革，人力资源配置更为优化，干部队伍知识、年龄结构得到了调整，员工归属感、公司凝聚力和战斗力得到进一步增强。

【提升服务品质】 大力开展"1+N"附加值服务，牵手有丰富健康管理经验的机构，为71位钻石卡级别的VIP客户提供了为期一年的"私人家庭医生"系列健康服务。同时，开通"医保通"系统，并已推广至补充医疗保险客户集中的三家医院，通过系统结算169人次，结算金额为190.26万元。系统的全面启动给越来越多的客户带来便利，受益群体日渐增大，服务品质得到进一步提升。

【勇担社会责任】 中国人寿保定分公司始终秉承"成己为人，成人达己"的企业文化核心理念，致力于为客户提供"热情、真诚、准确、高效"的服务，取得了公众的信赖与支持。全年各类赔付、给付支出共计约7亿元。坚持保本微利、服务社会原则，继续做好城镇职工、城镇居民大额医疗保险统筹业务和服务工作。同时，积极响应保定市委、市政府号召，扶贫济困，为赴四川采访团工作人员和对口支援灾区捐赠保险；为定点扶贫县捐献扶贫款项2万元；为社会福利院和公司困难客户捐款捐物等等。积极捐资助教、捐款捐物、扶贫济困，参加社会公益和大型灾难救助活动，全年捐赠款物合计30余万元。受到了地方党委、政府的一致好评。

党委书记 总经理 王吉山（11月离任） 李瑞山（11月任）
党委委员 纪委书记 副总经理 颜世欣
党委委员 工会主席 副总经理 宗 志
党委委员 副总经理 孙 威（12月离任） 樊福生（11月离任） 刘 林（8月任）
党委委员 审计特派员 李 冰（8月任）

（王 晶）

# 教　　育

## 教育工作

**【保定市教育局】** 保定市教育局是主管全市教育事业和语言文字工作的市政府工作部门。内设16个职能处室：局办公室、财务处、人事处、局机关党委（局党委办公室）、发展规划处、基础教育处、职成教处、思政体卫处、高等教育与师范教育处（市语言文字工作委员会办公室）、纪检监察室、法制安全处、教育督导团办公室、局老干部处、教育系统团委、局妇工委、教育系统工会委员会。

保定市教育局直属事业单位有：市教师进修学校、市教育科学研究所、市教学仪器站、市电化教育馆、市校办产业管理办公室、市教学勘测队、校办企业总公司、教育人才分中心。

**【综述】** 全市共有各级各类学校4509所，在校生194.6万人，教职工13.32万人（含专任教师12.31万人）。其中幼儿园1593所，在园幼儿27.28万人，教职工1.54万人；特教学校23所，在校生1919人，教职工530人；小学2289所，在校生76.74万人，教职工4.99万人；初中426所，在校生34.15万人，教师1.16万人；普通高中82所，在校生19.18万人，教师3.75万人；中等职业学校85所，在校生16.81万人，教职工9575人；高等院校11所（其中市属公办院校4所，民办、省、部属院校7所），另有不计校数独立学院4所，在校生总计20.22万人，教职工1.35万人。

**【领导班子建设和制度建设】** 1. 抓作风建设，扎实开展“干部作风建设年”活动。做到了“四到位，四突出”。即：活动部署到位，突出抓了快、细、实；工作谋划到位，突出抓了“两个结合”：与教育重点工作相结合，与优化教育发展环境相结合。规范行政行为，办好教育利民实事；组织实施到位，突出抓了领导干部“四带头”：带头参加学习，带头进行调研，带头征求意见，带头进行整改；工作落实到位，突出抓了“四重”：重教育，重改革，重践诺，重奖励。2. 抓班子建设，发挥率先垂范作用。进一步修订完善了党委会议事制度和局长办公例会制度，规范了议事程序。坚持党风廉政建设责任制和“十个严禁”规定，落实领导干部“一岗双责”和节日期间封存公车规定，出台了机关公务接待规定。3. 抓队伍建设，发挥中枢桥梁作用。组织了以科学发展观为主题的直属学校、单位领导干部理论培训班。制定了直属学校、单位领导班子议事制度和中层干部队伍管理制度。4. 抓党风廉政建设，树立教育良好形象。市局与各县（市、区）教育局及直属学校、单位签定了责任书，将党风廉政建设纳入领导班子目标管理体系。

**【领导干部培训和教师队伍建设】** 教育干部培训工作：培训新任中小学校长及后备干部191人；156名中小学校长参加了提高培训；组织中小学校长参加国家、省干训中心举办的各类培训8期。教师继续教育工作：先后召开全市教师继续教育工作会议和县级教师继续教育与管理中心建设工作会议。72553名教师参加了中小学教师全员职务考核，1368名中小学教师参加了省级教师培训，5000名教师参加了市级骨干教师培训，3000名教师参加了高中课程改革新课程标准远程网络培训，

39840名教师参加了综合教育技术考试。教师继续教育建立新机制，《中国教育报》给予全面报道。

人事工作。为市直17所学校招聘的118名急需人才办理了聘用手续；完成了112名公开招考教师的聘任入编工作；启动特岗教师招聘计划，为7个贫困县的农村学校择优录用1336名教师；会同有关部门，全面启动义务教育阶段学校绩效工资实施工作。

年内，17人被评为国家级模范教师和优秀教师，103名教师受到省级表彰。150名教师被评为“保定市名师”，12名教师被评为师德楷模，318名教师被评为师德标兵。

**【学前教育与特殊教育】** 进一步巩固提高“普三”成果，全面推进农村规范化幼儿园和省级示范园建设。涿州、徐水、清苑、新市区、北市区、南市区等6个县（市、区）通过了“普三”复检，3所幼儿园通过了省级示范园验收；7所幼儿园通过了省级示范园复检。全市幼儿在规范化幼儿园的受教育率达到85.6%。加大了对特教学校的投入力度，扩大了办学规模。全市残疾儿童入学率达92.8%。安新、阜平两县达到了省“普及特殊教育县”标准。

**【九年义务教育】** 义务教育均衡化发展迈出新步伐。本年562所学校申报标准化学校，其中534所学校达标。全市标准化学校比例达到布局结构调整规划保留学校总数的25.6%。各县（市、区）将省级示范性高中指标生占公助生的比例，分别由去年的50%、30%，提高到70%和50%，按比例分配到初中学校，促进了薄弱学校的发展。

落实农村义务教育阶段保障机制资金55015万元，其中中央资金32655万元，省级资金12500万元，市级资金4377万元，县级资金5483万元。

**【普通高中教育】** 积极推进高中新课程改革。从硬件配备、人员培训、经费投入等方面做好新课改的准备工作。按照公开、公正、择优的原则，选订了高中新教材。局领导带领高中校长分赴山东、福建学习考察高中课改工作，为推进新课改打下了良好基础。

今年保定市区、徐水县首批通过省普及高中阶段教育评估验收。全市79888名考生参加普通高校招生考试，23234人达到本科二批录取控制线以上，比去年增加2591人。上线人数连续7年居全省第一，上线人数万人人口比从全省第三升至全省第二。为此，市委、市政府向教育系统发出了《贺信》。

**【职业教育】** 今年招生6.8万人，超出省教育厅下达的招生指标3000人。望都职教中心南市区职教中心通过了国家级重点中等职业学校评估验收，博野、顺平、曲阳职教中心和定州工业学校被认定为省级重点中等职业学校。加强实训、师资、专业三大能力建设，全市新增特色骨干专业10个。组织电工电子、汽车运用与维修、数控、烹饪、计算机运用5个专业的学生参加全省技能比赛，有45个参赛队、121名学生获奖。53所职业学校与京津484家企业实现了校企对接、校校对接、专业对接、内外对接和规划对接。

**【民办教育】** 将民办初中审批管理权限下放到县（市、区），进一步简化了办事程序，完善了义务教育以县为主管理的工作体制。本年评估认定市级民办教育名校5所，示范性学校8所，规范化学校15所。5所民办中学被取消办学资格，5所民办幼儿园被吊销办学许可证，2所民办中专和6所民办幼儿园被责令限期整改。

**【德育工作】** 德育工作以养成教育、民族精神教育、诚信教育、法制教育、心理健康教育为重点内容全面展开。市局在省专题会议上做了典型发言。开展专项道德实践活动，举办了各种庆祝建国60周年活动。10万名中小学生参加了青少年书信文化和邮票设计大赛；67万人参加了青少年读书教育活动；1.48万人在全国演讲、讲故事、网上答题和绘画比赛中获奖，市教育局获全国及全省组织特等奖；10所学校在网上新童谣评选和“向国旗敬礼”活动中获省表彰；8个县（市、区）被教育部评为爱国主义歌咏比赛优秀组织单位。

**【体育工作】** 坚持普及与提高并举，全面增强师生体质，年内市局被市政府评为先进单位。广泛开展阳光体育运动，推行阳光体育奖章制度。实施《学生体质健康标准》，加强“快乐健身园地”建设，普及第三套全国中小学生广播体操。成功举办了全市第八届中学生运动会和市区中学生长跑比赛，开展了空竹体育传统学校创建活动。对市区公办省级示范性高中招收体育特长生工作进行了规范。

贯彻新的体育课程标准，组织全市体育教师开展教学技能比赛，并选派代表参加全国十四城市体育教师教学技能比赛，2名教师获一等奖，14名教师获二、三等奖。

**【学校卫生工作】** 先后6次接

受省政府、省卫生厅、市政府对学卫生工作的检查，均获好评。全市694所学校、幼儿园食堂，达到A级卫生标准的13个，达到B级卫生标准的236个。全市培训主管结核病人员、市直学校校医、市区学校卫生教师、幼儿园主管园长2000余人；分层次对食品从业人员进行了全员培训。采取暗访形式对市直学校、幼儿园的卫生防疫工作进行了检查，下发整改通知书18份；对市直27所学校、各县（市、区）108所学校幼儿园的卫生工作进行了抽查，下发整改通知书92份。

建立防控手足口病和甲型H1N1流感领导小组，实行零报告和双报告制度。开展以“建设清洁校园，保护师生健康”为主题的爱国卫生运动。组织召开防控工作会议18次，印发有关文件28份，先后对防控情况进行了三轮督导检查。针对暑假和国庆长假等特殊阶段，加强宣传教育，在全市发放了“致学生家长的一封信”，此举在全省得到推广。

**【强化过程性教育督导】** 为做好迎接省教育综合督导评估工作，教育局指导有关县（市、区）研究制定详细的工作方案，做到分工明确，责任到人，各司其职，逐级负责。对教育基础相对薄弱的顺平县、唐县和阜平县增加了督查的次数和时间。同时，开展了教育专项经费落实情况的专项督查。经努力，8个县（市、区）全部通过了省政府教育工作综合性督导评估。

在评估活动中，将义务教育巩固率、学校规范办学、特色办学，以及标准化实验室、图书馆建设等多项评估验收内容与标准化学校评估验收结合起来，“打包”进行，一次评估完成8项任务，提高了工作效率。

**【加快教育现代化进程】** 以创建现代信息技术教育实验校、示范校为切入点，抓住省教育综合督导评估和全市标准化建设等有利时机，积极推进各县（市、区）信息技术装备的增配和换代升级。本年全市中小学信息技术教育投入达4566.8万元，4所现代教育省级示范校通过省检验收，139所学校申报市级现代教育实验校、示范校。43所学校参加了河北省网络教育模式与绩效课题研究开题会，成为实验校。数十项“十一五”课题研究获国家教育科研奖。

**【推进教育项目建设】** 全市安排实施的教育项目主要有农村初中校舍改造工程、中等职业教育基础能力建设、特教学校建设、台塑“明德小学”、中小学校舍安全工程、中小学校舍维修改造等6大类，142个项目。总投资19218万元，建筑面积22.9562万平方米。年内22个农村初中工程项目和7个中等职业教育基础建设项目，除个别项目扫尾外其余已全部竣工；2个特殊教育学校建设项目，1个已交付使用，1个正在进行主体施工；106个校舍维修改造项目，已竣工90个，10个正在进行主体施工，6个正在进行基础施工。

**【实施校舍安全工程】** 市局成立了中小学校舍安全工程领导小组及办公室，8月底前完成了校舍排查工作，9月底前完成了鉴定工作，10月底前完成了三年总体规划和分年度加固改造计划，11月底前建立了校舍安全工程档案室。局领导3次带领技术人员，对工程进展情况进行专项督查。组织召开调度会、培训会、论证会、协调会20余次，培训排查人员2000余人。组织28家鉴定单位，排查鉴定了2848所学校的17922栋单体建筑，面积1086.19万平方米。按照中央预算内投资计划要求筛选上报了15个项目学校，共需资金5902万元。年内已开工建设84.4万平方米。

**【确保教育系统安全稳定】** 1.市教育局3次提请市综治委召开全市学校及周边治安秩序整治部署会议，下发了《实施方案》，对校园周边网吧和娱乐场所进行了治理。2.组织交通安全培训332场，印发各类宣传品10万余份，设置专题展板60多块。3.在日常管理中，重点抓法制安全教育、突发事件演练、安全隐患排查、矛盾纠纷化解、校舍安全管理和学校消防安全等工作。4.6月，全省依法治校、校务公开经验交流工作会议在本市召开，全市20所学校通过省评估验收，分别被命名为“依法治校示范校”和“校务公开示范校”。

**【加大资助贫困生力度】** 完善义务教经费保障机制，落实国家助学政策，加强对贫困家庭学生的资助。全年共落实资金1.42亿元，资助学生9.46万人。

**【继续提高生均公用经费标准】** 农村小学年生均公用经费达到355元；农村初中生均公用经费达到555元；为100万名义务教育阶段学生免费发放了教科书和教辅用书；为1006所农村中小学免费配备了图书馆用书。

**【对外合作与交流】** 完成了国家汉办组织的美国中小学校长访华活动接待任务，受到国家汉办和省教育厅嘉奖。承办了河北省第一次孔子课堂研讨会。组织有关教师和大学毕业生参加国家汉办举办的汉语教师和志愿者选拔，

25人入选。加强对外合作与交流，4所学校与荷兰、瑞典、加拿大、英国的学校建立了友好合作关系。

| | | |
|---|---|---|
| 党委书记<br>局　　长 | | 王绍联 |
| 教育考试院党组书记<br>党委副书记<br>教育考试院院长 | | 周立峰 |
| 副局长<br>电大党委书记 | | 杨书明 |
| 副局长 | 张金龙<br>张国忠 | 刘　恒<br>王国良 |
| 纪委书记 | 邢晓峰 | |
| 副县级督学 | 陈志会 | |
| 调研员 | 赵季秋 | |
| 副调研员 | 陈良波 | 邢智丽 |

（冉志广　侯文生）

【河北大学】　河北大学是河北省惟一一所由国家教育部和河北省人民政府共同建设的重点综合性大学。学校占地2880亩，建筑面积98万平方米；建有1个教育部省属高校人文社会科学重点研究基地、1个国家重点（培育）学科、10个省级重点实验室、15个省级重点学科和2个省级文科基础学科人才培养和科学研究基地；拥有6个博士后科研流动站、1个一级学科博士点、11个博士点、12个一级学科硕士点、128个硕士点、7个专业硕士学位点，86个本科专业。有各类学生5万余人，其中研究生5500余人，全日制本专科生41000余人，长短期留学生350人左右。

【教学工作】　本年度，进一步推进学分制教学改革，试行教学运行数据公示制度和学年度教学质量报告制度，强化教学质量建设过程；组织开展第六批教育教学改革项目立项工作，召开第六次本科教学工作会议。积极推进"高等学校本科教学质量与教学改革工程"建设，新增省级精品课2门，评估验收合格省级精品课10门；新增省级优秀教学团队1个，国家级优秀教学团队1个；1名教师获得省级教学名师称号；新建省级教育创新高地2个，省级特色专业3个，国家级特色专业1个；新增省级实验教学示范中心2个，国家级实验教学示范中心1个；获得河北省教学成果奖6项；获得国家教学成果奖二等奖1项。

【师资队伍建设】　本年度，共有专任教师1915人，其中中科院院士1人，"软引进"院士7人，正高职教师417人，副高级职教师497人；外聘教师404人，其中正高职教师47人，副高级职教师99人；博士生导师63人，硕士生导师486人；引进高层次人才35人，其中4人有博士后研究经历，2人具有海外留学背景，985院校及中科院系统毕业生23人；培养且已回校工作的博士研究生27人；获得教育部下达的"长江学者特聘教授"招聘指标1个，拟招收1名特聘教授，已报教育部审批；组织学校教师赴马来西亚攻读博士学位的选拔、英语培训及申请资料的收集和提交工作，28名教师拟赴马来西亚攻读博士学位；4名博士后获得中国博士后科学基金资助，其中一等资助1名；2人获得河北省博士后科研项目择优资助基金资助。

【学科建设和学位授予工作】　本年度，组织省级重点学科评估与新增遴选工作，新增中国现当代文学、等离子体物理、应用化学等3个省级重点学科；新增艺术硕士和汉语国际教育硕士专业2个专业学位硕士点；组织完成化学、光学工程、生物学、历史学等4个省级强势特色学科中后期建设计划论证工作；完善博士生导师、硕士生导师选聘与动态管理机制，制定形成《河北大学博士生指导教师选聘与考核实施细则》、《河北大学硕士生指导教师选聘与考核实施细则》；建立国家重点（培育）学科—省强势特色学科—省级重点学科—校级重点学科的学科体系；积极落实教育部关于加强学风建设的工作部署，启动学位质量与学风教育活动。

【科研工作】　本年度，社会科学研究取得长足进步，积极组织各类项目申报，共新上项目509项，批准经费540余万元，新上项目数量和经费均达到历史最高水平。高级别项目数量大幅度增长，国家级社科项目7项，教育部项目15项，全国教育科学规划项目4项，省社科基金项目51项（含确认课题）；承担了46项横向课题，经费额度达290余万元。获得教育部社会科学优秀成果奖二等奖1项，三等奖2项，保定市社会科学优秀成果奖一等奖7项，河北科基金项目优秀成果奖一等奖1项。举办河北省第二届博士论坛等大型学术会议。

自然科学方面，承担各级各类政府科研课题198项，资助经费1369万元，其中组织申报国家自然科学基金项目126项，已批准资助22项，资助经费665万元；首次获得国家自然科学基金杰出青年基金，实现了我校承担国家基金重大项目的新突破；获得保定市科技进步奖12项，保定市青年科技奖3项，河北省优秀医学成果奖1项，河北省科学技术奖8项，其中，河北省自然科学一等奖1项，三等奖1项；河北省科学技术进步一等奖1项，三等奖5项。发表自然科学技术论文1400余篇，国际三大索引收录论文540篇，其中SCIE收录192篇、EI收录150篇、ISTP收录198篇，三大检索收录论文总数在河北省高校继续保持前列。

**【教学基础条件建设】** 积极推行节能减排举措，加强节约型校园建设，完成本部南院茶炉改造；新校区部分教室动力用电实现时控功能，部分路段路灯照明系统实行变功率试点改造等。完成省部共建实验室装修、改造；对部分教学楼电闸箱和旧图书馆屋面防水层等进行维修改造，保证了学校教学、科研、办公的正常进行。完成主楼广场、北院运动场、理化中心楼改造工程以及新校区D6楼一至三层健康体检中心改造施工工程。

**【校园精神文化建设】** 加强思想政治教育，推进校园精神文明建设，营造浓郁的校园文化氛围。坚持正面引导与自我教育、环境熏陶与主动渗透、传道解惑与生活服务、第一课堂与第二课堂、点滴灌输与实践提高相结合，积极搭建思想政治教育网络，努力探索滴灌教育方法，取得了明显的效果。积极开展“三下乡”社会实践活动，再次被授予全国社会实践活动先进单位称号。社团联合会被评为全国高校校园十佳社团联合会，2个学生社团被评为全国百强社团。

学生科技创新活动成绩显著，在全国大学生课外学术科技作品竞赛、数学建模竞赛、英语竞赛、电子设计大赛等各类竞赛活动中，获得国家级奖励73项，省部级奖励37项。特别是在第十一届“挑战杯”全国大学生课外学术科技作品竞赛中获得“优胜杯”，实现了河北省高校参赛史上的历史性突破。组织实施学生阳光体育运动，积极备战2010年河北省第十六届大学生运动会。

在全省率先成立创业学院和创业园，整合全校创业类课程，积极聘请企业家指导学生创业活动，建立了教授与企业家相结合的创业指导专家队伍。毕业生年终就业率达90%以上，获得全国普通高校就业工作先进集体称号。

**【国际交流与合作】** 全年，完成与50多个国外友好交流学校、教育机构及友好学术访问团组的联络及接待工作，新建立海外友好关系大学13所；全年累计聘请美、日、韩、俄、法等国文教专家累计44名，4名外国文教专家参加“1949－2009庆祝中华人民共和国成立60周年外国专家招待会”；与印尼苏堤满将军大学、日本长野短期大学签订了合作培养协议；完成河北省——日本长野县研修项目，接收日本长野县3名研修员学习，我校附属医院1名医师赴日本长野县研修。在申办孔子学院方面，与印尼苏迪曼将军大学合建项目取得重要进展。此外，与巴西里约热内卢基督教大学，爱尔兰都柏林理工学院、马来西亚彭亨大学等合作建立孔子学院的基本材料业已完成；申报建成汉语国际教育专业硕士点。

（高新文　苏国伟）

**【河北农业大学】** 河北农业大学始建于1902年（清光绪28年），是河北省重点骨干大学。目前，共有三个校区：保定校区、秦皇岛校区和定州校区，校园占地193.84万平方米，建筑面积95万平方米。全日制在校生规模43000余人，图书馆藏书151万余册，仪器设备值2亿元，附属实验农场330余公顷，林场2700余公顷。

学院现设26个学院。设有5个博士后科研流动站；38个博士点；65个硕士点；76个本科专业。现有1国家重点（培育）学科，1个农业部重点学科，1个国家林业局重点学科，4个河北省强势特色学科，11个省级重点学科，河北省高校惟一一个国家级工程技术研究中心——“国家山区北方农业工程技术研究中心”。18个省部级重点实验室。另有计算机中心、现代技术教育中心、体育工作部等教学单位。出版有《河北农业大学学报》（自然科学版）、《河北农业大学学报》（农林教育版）、《Frontiersof Agriculture in China》等学术期刊。

组织校、院两级中心组成员开展了广泛的社会调研。推进党建理论研究，2项课题被批准立项为河北省重点研究课题，1项研究成果得到省委领导批示并被中宣部等采纳。学校党委被河北省委授予“全省先进基层党组织”荣誉称号，学校被中央精神文明建设指导委员会办公室授予“第四届全国精神文明建设工作先进单位”称号。

**【学科建设工作】** 工程硕士专业学位点新增单位申报成功，农业工程、食品工程两个领域取得工程硕士授权资格，并开始招生；新增园艺学、林学、农林经济管理3个一级学科博士后流动站；两个博士后流动站、6个省级重点学科顺利通过评估。整合学校国土资源管理领域现有资源申请成立的“国土资源学院”获准组建。

**【师资队伍建设与教学工作】** 新进具有博士、硕士学位和高级职称的教师37人。8名教师取得博士学位，57名教师取得硕士学位；有2人入选河北省“三三三人才”一、二层次人选，1人荣获2009年“全国模范教师”和“全国教育系统巾帼建功标兵”荣誉称号，1人获河北省模范教师称号，1人获河北省优秀教师称号。

对全校76个本科专业人才培养方案进行了修订，明确了“厚基础、宽口径、精专业、强能力”的应用型人才培养目标，加强了实践教学比重和过程管理，改革了课程结构和选课规程；全年共为全校本专科学生开设课程6398门次，总学时数达（含讲课和实验）305668学时。国家级教学名师奖、国家级双语示范课程实现了零的突破，马峙英教授荣获第五届国家教学名师称号，王家鑫教授讲授的“兽医免疫学”被评为国家级双语示范课程；土木工程专业被评为国家特色专业。新增了1个省级优秀教学团队，1个省级实验教学示范中心，2个省级本科教育创新高地，3个省级本科教育品牌特色专业，2门省级精品课程。5门省级精品课程顺利通过评估。国家和省级质量工程项目和水平继续位居河北省前列。4种教材获全国高等农业院校优秀教材奖。承担的教育部“地方农林本科院校人才培养模式研究与实践”教改项目获得本年度国家教学成果二等奖。5项成果获得河北省教学成果奖，其中一等奖1项，二等奖2项，三等奖2项。

制订了包括农业推广硕士、工程硕士、风景园林硕士、兽医硕士16个领域全日制专业学位研究生培养方案，并对已有授权的31个博士专业、64个硕士科学学位类型专业的培养方案进行了修订完善，明确了研究生课程考核方式，2篇学位论文获省优秀博士论文，其中1篇被推荐到国家参评；8篇获省级优秀硕士论文；1名硕士毕业生荣获“第二届梁希优秀学子奖”。

**【科研工作】** 新争取建立“国家玉米改良中心河北分中心”、“国家果蔬加工专业分中心（葡萄）”、“河北省林木种质资源与森林保护重点实验室”、“河北省轻金属合金材料工程技术研究中心”以及“农业部现代农业技术培训基地”，启动了科技大楼平台建设，理顺了“国家北方山区农业工程技术研究中心”的建设方案，争取平台建设资金1000多万元。

新立国家、省部科研课题124项，厅局课题63项，到位总经费8000万元左右。其中主持国家转基因重大专项课题4项、另外合作参加14项，总经费近3000万元，国家自然科学基金13项。从国家和省、部委争取到的重大项目、经费数名列全省高校前茅。

作为第一完成单位申报的“棉花抗黄萎病育种基础研究与新品种选育”获国家科技进步二等奖。获得省部级科技奖励29项，其中省自然科学一等奖1项，省科技进步一等奖2项，教育部科技进步二等奖1项，省自然科学二等奖2项，省科技进步二等奖7项，省山区创业二等奖3项，省科技进步三等奖7项，省山区创业三等奖6项。获省级一、二等奖数量首次超越三等奖，在河北省高校位居第一位。

全年共派出55人次赴境外参加学术交流、合作研究和考察培训，9名教师获得国家全额资助到国外做访问学者资格；邀请各专业校外专家来校做学术报告48场，有美国、荷兰、澳大利亚等8个国家38人次来校访问、讲学，资助教师30多人次参加国内学术会议，承办国家现代产业技术体系培训8期；承办商务部援外技术培训班，共培训来自巴勒斯坦、埃及、津巴布韦等12个国家的学员21名。

**【学生工作】** 出台了《学生请销假管理规定》等7个学生管理文件，建立激励和约束机制。共有8600名同学获得优秀学生奖学金，7333名同学获得优秀学生干部、三好学生、社会活动优秀奖等荣誉称号，800余名同学在全国“挑战杯”大学生创业计划竞赛、数学建模大赛、大学生英语竞赛、体育比赛等国家级、省级的各类竞赛中获得优异成绩。通过推进就业互动平台建设，落实“一把手工程”，构建校内就业工作体系等途径，推进大学生就业指导与服务工作，31名同学被省委组织部选调到基层锻炼，730多名同学立志投身军营、报效祖国，32名同学志愿服务西部，2100多名同学报名，通过“三支一扶”、“特岗教师”，大学生村官等途径，服务社会主义新农村建设。2009年本科生就业率达97.71%，专科生就业率达95.16%。继续名列河北省前列。

**【深化“太行山道路”，服务地方经济发展】** 先后与市、县、企业等单位签订横向科技合作项目103项，合同经费额2000多万元，年到位横向科技经费首次突破1000万元。转化专利技术、新品种、新产品和新成果50余项，创社会经济效益20多亿元。狠抓国家“粮食丰产科技工程”课题，大力推进农科教协作、产学研结合，该校被教育部选为2008中国高校产学研合作十大优秀案例；被科技部评为全国科技特派员工作先进集体。

与中捷产业园区合作，在黄骅新城起步区科教园区建设新校区。先后与邢台、承德、石家庄等签订了市校科技战略合作协议，与文安、盐山、固安签订校县合作协议。与保定槐茂有限公司、河北沃土生态肥业有限公司等合作新建“三结合”基地5个，与保定市气象局成立“保定市农业气象灾害防控联盟”，在服务地方经济社会发展中最大限度地提高办学效益。组织蔬菜、畜牧、兽医、果树、食用菌、植保等10多个学科的专家教授到对口帮扶的14个贫困县现场指导200多次，培训农民13000多人次，现场咨询3200多人次。在办好“太行之路网站”的基础上，与河北省优质农产品协会合作，共同创办全心服务网，实现了专家对农民的视频面对面服务。

【优化办学资源，提高办学效益】 进一步改善办学条件。建筑面积达33000多平方米的西校区图书馆正式启用，新馆拥有60余万册图书，15万册合装本期刊及2000余种中外期刊，学校投资600多万元配备的20TP磁盘阵列，6台高端服务器及若干台高端交换器，实现了藏、借、阅一体的信息化、现代化管理模式。

推进了绩效工资内部分配制度改革，合理配置人力资源，完成了全校2128名教职工的专业技术岗位设置与聘用工作。引入了中快餐饮公司和专业保洁公司，完成了西校区餐饮楼天然气改造工程，牵头成立驻保高校餐饮食品联合采购组，负责驻保高校所需餐饮食品的对外招标；全年节约资金463万元。进一步完善了突发事件应急预案，加大校园治安和综合治理工作力度，构建学校安全保障平台，确保消防安全、学校财产安全和师生人身财物安全，完成了国庆安保任务。严格规范财务管理，确保学校日常工作运转的资金需求。开展国有资产清查工作，逐步建立资源共享和有偿使用的现代国有资产管理新机制。加强校办产业管理，完成了校名商标注册手续，所申请注册的33类商标全部获得商标使用权。获准成立了“河北农业大学农商实训创业中心”，为毕业生提供了良好的实训场所和创业机会，为学校提供了科研成果转化平台。

【华北电力大学】 华北电力大学是教育部直属的国家“211工程”重点建设高校，是教育部与由国家电网公司等七家特大型电力企业集团组成的校理事会共同建设的全国重点大学。学校创建于1958年，原名北京电力学院，1969年迁至河北，后更名为华北电力学院。1978年经国务院批准为全国重点大学。1995年5月，经原国家教委批准，华北电力学院和北京动力经济学院合并组建华北电力大学。

学校现有2个国家级重点学科、4个博士后科研流动站、20个博士点专业、52个硕士点专业、54个本科专业，有MBA和工程硕士专业学位授予权。学校现占地1609亩，建筑总面积100万平方米，总资产27亿多元，其中教学科研仪器设备达近3亿元，图书馆藏书174万册。全校共有教职工2887人，各类在校生39488人。此外，以学校为主创办的科技学院（独立学院）有在校生7000余人。

【教学工作】 学校在国家级“质量工程”建设项目上取得重大突破，“热能与动力工程实验教学中心”被评为国家级实验教学示范中心；“面向现代电力需求，产学协同，全方位培养创新人才的研究与持续实践”被评为国家级教学成果二等奖；“工程管理专业”、“环境工程专业”成为国家级特色专业建设点；“现代控制理论”、“财务会计”课程被评为国家级双语教学示范课程；50个项目被列为国家级大学生创新性实验计划项目。学校继续加大研究生教育工作力度，3篇博士学位论文、7篇硕士学位论文分别获河北省优秀博士、硕士论文奖；首次组织承办了教育部“2009年全国博士生学术会议”。

【师资队伍建设】 2009年共引进高层次人才15人，其中长江学者讲座教授1人、国家杰出青年基金获得者1人、中科院百人计划3人、具有海外留学经历6人；深入实施青年教师“博士化、国际化、工程化”工程，选送了近30位新引进的青年博士教师到电力企业进行工程化实践锻炼，40余人获得国家各类出国研修项目资助。

【学科建设】 正式启动了“211工程”三期建设工作，新增科技部“火力发电国家工程技术研究中心”，实现了学校国家级工程技术研究中心零的突破；正式启动电气工程等北京市重点学科的建设工作；新增“能源工程及自动化”、“物流管理”两个本科专业及“物流工程”工程硕士专业学位点。

【科学研究】 获得纵向立项项目185项，其中国家水体污染控制与治理科技重大专项项目2项、国家“973”项目6项、国家“863”项目5项、国家科技支撑计划项目6项、国家自然科学基金项目41项，创历史最高水平；获得省、部级科技成果奖励15项，申请发明专利116项，实用新型48项，本年度共授权专利62项；科技论文三大检索总量

1671篇；各类科技经费总额达3.35亿元，比2008年增长7.8%。其中，纵向科研经费为9256.89万元，比2008年增长了37.6%，实现了“质”与“量”的同步提升。

**【产学研合作】** 获得理事会支持资金1050万元，争取企业奖助学金130万元；与苏州市人民政府正式签署了华北电力大学苏州研究院建设的合作协议；获得“国家电网公司特高压交流试验示范工程特殊贡献单位”荣誉称号；加强与昌平区政府及中关村科技园区管委会战略合作，获得400万元资金支持。

**【基本建设】** 新增建筑面积21万平方米，完成了北京校部18万平方米主楼一期工程，使北京校部建筑面积增长了62%。

**【学习实践科学发展观活动】** 在部属高校学习实践活动领导小组的统一部署和要求下，于2009年3月～7月深入开展了学习实践科学发展观活动。通过学习实践活动，全体师生提高了认识，统一了思想，转变了观念，形成了共识，确定了高水平大学“三步走”战略和六项重大战略任务，着力解决了一批实际问题，取得了显著成效。学校的典型经验引起了中宣部和全国学习实践活动领导小组的高度重视，新华社、人民日报、中央电视台等20家大型主流媒体给予了充分报道，把学校的典型经验推向全国。

（水志国）

**【保定学院】** 学院规划用地1194亩，现已征用874亩，另预留320亩。校区由清华大学建筑学院设计，规划建筑面积31.45万平方米，现已建成27.49万平方米。现有本科专业16个，师范专科专业20个，非师范专科专业34个。学院有8个类别的实验室，教学仪器设备总值4760.2万元，馆藏纸质图书87.9万册，数字图书15万余册，期刊1200余种。我院图书馆为清华同方知识资源总库和“书生之家”数字图书馆的镜像站点，包括4个全文数据库及数字图书158305册。学院现有教职工875人，专任教师603人，其中教授68人，副教授170人，具有博士、硕士学位的教师244人。2009年学院被省审计厅评为“河北省内部审计先进单位”；院团委被评为“河北省五四红旗团委”；《保定学院报》被河北省校报协会评为“河北省好报纸”。

**【教学成果】** 艺术学被评为省级重点发展学科，基础教学部教学团队被评为省级教学团队，生化系化学实验中心被评为省级实验教学示范中心。401名学生通过专接本考试升入本科院校。在全国首届大学生物理教学技能大赛中，学院7名学生分获一、二、三等奖。在第十一届全国美展中，美术系应届毕业生李国庆创作的国画作品《革命圣地》获提名奖，同时荣获省美展金奖，成为我省应届毕业生中获此类奖项的第一人。以我院毕业生为主体的中科帷幄数码科技有限公司动漫制作团队制作的电影《麋鹿王》获首届欧洲国际立体电影节最佳长篇立体电影奖——“金水晶奖”、第13届中国电影“华表奖”优秀动画片奖和第27届中国电影“金鸡奖”最佳美术片提名奖。11月5日，保定日报头版以《参与<麋鹿王>制作见功底》为题进行了报道，《保定快报》也登载了这一信息。在河北省第四届“金钟奖”合唱比赛中，我院代表队获专业组二等奖。在教育部、中央文明办举办的爱国歌曲大家唱——全国教育系统“祖国万岁”歌咏活动展演中，我院作为河北省惟一代表队参演并荣获“优秀演唱奖”和“优秀组织奖”。学院还顺利通过了河北省“阳光体育运动”检查评估和河北省二类城市语言文字工作评估。

**【科研工作】** 学院全年完成“十一五”国家重点图书出版规划项目1项，新承担省社会科学基金项目2项、省社会科学发展研究课题2项、省文化艺术规划项目1项、全国基础外语教学研究资助基金项目1项、省统一战线学会招标课题1项，在省教育厅、保定市社科规划办等单位立项12项。1项成果获河北省教学成果三等奖，1项成果获河北省青年科学技术创新奖二等奖，16项成果获保定市第九届社会科学优秀成果奖，其中一等奖2项，二等奖5项，三等奖9项。

**【师资队伍建设】** 全年考取博士研究生3人、硕士研究生4人，考取在职攻读硕士学位12人，另有访问学者和单科短期进修4人。2009年回校报到博士研究生4人、硕士研究生6人，另有15人取得硕士学位。全年评选出省模范教师1人、省优秀教师1人、省高校优秀思想政治教育工作者1人、市新世纪学术和技术带头人1人、保定市名师2人、市优秀教师2人、市师德标兵1人、市优秀思想政治课教师1人。音乐系被评为省教育系统先进集体。

**【学生工作】** 一是修订完善了《保定学院关于进一步加强辅导员队伍建设的意见》。二是继续深化辅导员与学生“面对面”的贴心工程，加强学生思想政治工作。三是积极做好特困生资助工作，全年共发放国家奖学金、国家励志奖学金和国家助学金721.8万元。学院奖、助学金及勤工助学岗位津贴331万元，发放慈辉基金14.5万元，常设和临时性勤工助学岗位达到1100个。四是不断加强就业指导与服务工作。举办了2009届毕业生双选会及大学生职业生涯规划大赛，组织专场招聘会92次，组织实施了“选聘高校毕业生到村任职”、“大学生志愿服务西部计划”、“三支一扶计划”、“农村教师特岗计划”、毕业生征兵等工作。今年共有19名学生入选“三支一扶”活动，289名学生被“国家农村义务教育阶段特设岗位计划”录取，147名学生通过高校毕业生入伍审核。截至年底，学生就业率达95.7%。

**【培训工作】** 学院首次承担了教育部组织的“国培计划——中西部地区中小学骨干教师培训项目”，在学员网上评价中位居全国43所承办院校第二名，市政府《信息快报》对此做了报道。全年共培训各级各类学员5848人，其中省市级骨干教师1496人。新增小学教育、化学、音乐、思想政治4个成人本科专业。学院还承担了学位外语、执业医师资格、在职攻读硕士研究生全国联考等多项社会考试，受到上级主管部门的好评。

（刘　佳）

**【河北金融学院】** 河北金融学院（原保定金融高等专科学校）创建于1952年，隶属中国人民银行总行，2000年划归河北省人民政府，实行“中央与地方共建、以地方管理为主”的管理体制，2007年3月升格为本科院校，是华北、西北地区惟一一所具有鲜明金融特色的省部共建院校。学院占地1431亩，建有教学楼、实训楼、图书馆、综合体育场地、学生公寓区、万兆核心以太网等学生学习和生活设施。学院现有专任教师525人，副高职以上教师占专任教师总数的32%，硕士以上学历学位教师占专任教师总数的67%。学院现有30个专业实验室、8个语音室、8个网络机房，教学仪器设备4060万元。学院图书馆藏书84.5万册。在学科和专业建设上，学院坚持服务地方经济和行业发展，突出金融特色的原则。现有8个教学系和4个公共课教学部，开设了42个本、专科专业，形成了以经济学科和管理学科为主体，经、管、文、法、理、工各学科专业交融互补，金融特色鲜明的学科专业体系。学院现有全日制在校生10566人。招生范围涉及全国29个省市、自治区。在华北、西北地区素有金融界“黄埔军校”的美誉。

**【教育教学】** 教学管理规章制度是学院组织教学活动和维护正常教学秩序的重要依据，反映一个学院的办学水平和办学理念。学院修订和完善教学管理规章制度37个，规范教学管理工作流程37个，进一步规范了教学管理的工作程序、工作要求和工作流程。

**【学科建设】** 学院积极改善学科结构，努力构建以经济学、管理学两大学科为主体，以文、法、理、工学科为支撑，金融特色鲜明的学科专业体系。学院有国家级品牌专业1个、省级品牌专业2个、省级本科教育创新高地1个、省级实验教学示范中心2个、省级优秀教学团队2个、省级精品课程2门、省级本科教育创新高地1个、省部共建实验教学中心3个，其建设速度和成效走在了2000年以后新升本科院校的前列。

**【科研工作】** 截止到2009年底，学院共获得了立项课题99项，经费总额达到了373.25万元，是2008年经费总额的7.35倍。纵向课题中，省级课题有20项，较上年增长了60%。横向课题5项，到位经费36.5万元。其中，有3项科研成果获得省委书记或省长的签批，6项科研成果获得省、市政协或金融办的签批。

**【对外交流】** 学院坚持开放办学，积极开展对外交流与合作。与美国、英国、韩国、澳大利亚、爱尔兰、蒙古、印度等7个国家和地区的10所国外著名高校签署了友好合作协议。学院成立了国际教育学院，启动了中爱合作金融管理与实务专业高等专科教育项目。

学院积极推进与地方政府、企业的业务联系和交流合作。学院课题组负责制定的《承德市2009~2020年金融产业发展规划》、《保定市十二五金融产业发展规划》得到了地方政府的高度评价。学院还与石家庄汇融农村合作银行、承德银行、衡水农信社、泰康人寿保险河北分公司等多家企业签订了合作协议。

**【学生工作】** 2009年各省本科生录取分数线与往年同比普遍提高，在河北省录取分数线比二本线高出15分左右。全年招收本科生1393名，专科生2408名，学院在校生人数首次超过1万人。

面对严峻的就业形势，学院采取各种措施，大力拓展就业渠道。在全院上下共同努力下，2009届毕业生就业率达到95.9%，比2008同期提高2.5个百分点，位居省高校前列。

（康绍大）

# 科　学　技　术

## 科技工作

**【保定市科学技术局（保定市信息产业局、保定市信息化领导小组办公室）】** 该局是主管全市科学技术、信息产业、信息化工作的市政府工作部门。主要职责是编制重大科技攻关和重点实验室建设计划及相关经费安排、制定地方科技政策法规、组织鉴定科技成果，管理技术市场、民营科技企业、专利，组织科技合作与交流等工作；负责全市电子信息产业产品制造业、软件业、计算机信息服务业并推进国民经济和社会信息化工作。内设办公室、人事处、发展计划处、高新技术发展及产业化处、农村科技处、社会发展处、科技成果与技术市场管理处、政策法规处、国际合作处、经济运行与政策法规处、综合规划与信息化推进处11个处室。下辖9个企（事）业单位；市科学技术信息研究所、市草莓研究所、市山区技术开发办公室、市生产力促进中心、市农业科技传播中心、市自动化研究所、市信息化工作办公室、市信息网络管理中心、市创元科技风险投资有限公司。

**【概况】** 2009年，保定市科技局在市委、市政府的正确领导下，在省科技厅的大力支持和指导下，坚持以邓小平理论和“三个代表”重要思想为指导，全面贯彻落实科学发展观，围绕经济发展的总体布局和主导产业的发展，以“整合科技资源、推动科技创新”为着力点，全面实践了“自主创新、重点跨越、支撑发展、引领未来”的科技工作方针。发挥区域优势，积极开展了与京津科技对接活动、争取到国家科技部“十城万盏”半导体照明应用试点城市、促成了中科院太阳能平衡系统研究与检测实验室落户保定，加大了向省和国家争取项目的力度，2009年共争取省、国家项目37项，争取资金1769万元，为建设创新型保定提供了强有力的支撑，全面完成了《<政府工作报告>2009年工作落实方案》明确的全年工作任务。

**【争取国家“十城万盏”半导体照明应用试点城市】** 2009年国家科技部按照中央依靠科技进步扩大内需、保持经济平稳较快增长的总体要求，决定在全国启动“十城万盏LED应用示范工程”。保定市科技局得到消息后积极向市政府汇报，全力向国家科技部申报该项目，得到了市政府的充分肯定与支持。为了争取到该项目，组织本市20家LED生产企业进行座谈，了解了企业生产的基本情况，在市政府的指导下，以市政府名义编写了《保定市“十城万盏”半导体照明应用工程实施方案》，多次到国家科技部进行沟通、汇报。在省科技厅的大力支持和帮助下，经过全力申报和争取，4月30日国家科技部正式复函，批准包括保定市在内的21个城市为全国“十城万盏”半导体照明应用工程试点城市。同时，该项目也争取到了省科技厅无偿补助，向省科技厅积极申报的“保定市半导体照明应用科技示范工程”项目，列入了省科技厅的重大项目，争取到了300万元的资金补助。此项目的申报成功，拉动了本市新能源产业发展，提升了本市节能环保工作的力度。

**【积极开展与京津科技对接活动】** 争取到中国科学院电工研究所与保定市人民政府合作建设“太

阳能平衡系统研究与检测实验室”项目。为认真落实市委市政府《关于加强对接京津工作的实施意见》，全面做好保定市科技对接京津的各项工作，保定市科技局先后三次与中科院就太阳能行动计划的实施与科技合作进行接洽座谈，2009年7月28日，保定市人民政府与中国科学院电工研究所就合作建设“太阳能平衡系统研究与检测实验室”项目正式签署协议，双方一致同意在保定共建国内惟一的“太阳能平衡系统研究与检测实验室”，进行太阳能光伏系统相关的控制器、逆变器、跟踪及系统的研发试验平台建设和相关产品的室内检测，努力将保定建设成国家权威检验中心。通过该检测实验室的建设和运行，以此为龙头，加快保定“可再生能源产业化基地”、“太阳能综合应用科技示范城市”、“十城万盏”半导体照明应用试点城市建设步伐，进一步确立保定市在太阳能光伏产业领域的领先地位，推动保定光伏产业的跨越式发展。

北京科技协作中心与保定市科学技术局签署科技合作协议。北京科技合作中心是北京市人民政府为充分发挥、整合首都科技资源优势成立的负责联系、服务中央在京科研院所、高校及其他科研机构的综合性事业单位。经保定市科技局多次进京联系协商，6月4日，保定市科技局与北京科技协作中心签署了科技合作框架协议。为整合首都科技资源优势，联系中央在京科研院所、高校及其他科研机构，引进先进技术和科技人才，努力将保定市打造成首都科技成果转化基地奠定了基础。

组织开展了保定企业老总“走进京津”活动。为加快推进全市传统产业的技术进步，提高技术创新能力，促进京津地区高等院校、科研院所最新科技成果向企业转移。2009年组织相关企业老总连续开展了四期“对接京津”活动，收到了良好效果。先后组织了高阳、蠡县等18家纺织企业高管和技术负责人“走进中国纺织科学研究院”活动；保定印刷、制版、包装等33家企业高管和技术负责人“走进北京印刷学院”活动；组织全市20家造纸企业老总“走进中国制浆造纸研究院”活动；12月4日，在保定召开了北京·保定科技招商对接座谈会，保定与北京的中国纺织协会经济研究中心等16家高校、央属院所、央属协会、上市公司、投资机构、科技企业进行了科技招商对接；通过“对接京津”活动，实现了企业与京津科技工作有效衔接，学习了先进做法，引进了先进技术，提高了企业的创新能力。

**【加强基础条件平台建设】** 围绕市主导产业和优势行业发展的技术需求，重点加强了省、市级工程技术研究中心建设。在新材料、新能源、汽车制造等重点领域建立了28家企业工程技术研究中心，其中国家级工程技术研究中心1家，省级工程技术研究中心11家，市级工程技术研究中心16家。几乎每一个主导产业背后，都有一个工程技术研究中心做支撑，促进了产业关键技术和共性技术研发方面自主创新能力的提高。2009年向国家科技部申报的《太阳能光伏发电技术国家重点实验室》和《风力发电技术国家重点实验室》通过了国家科技部的批准。

**【努力打造科技创新服务体系】** 农村产业科技专家工作站建设更加完善。按照理顺运行机制、明晰产业链条、狠抓科技项目、推进信息化手段的工作思路，发挥保定市农村产业科技传播中心和农村产业科技专家工作站的网络和信息优势，组织开展科技协作、成果引进消化吸收再创新、重大项目研发与转化、农业科技专利与发明咨询、农民技术培训等活动，取得了明显的运行效果。全市30家农村产业科技专家工作站共解决技术难题50项，研发和引进新工艺、新品种30项，推广先进技术55项，培训农民16万人次。

生产力促进中心建设稳步发展。全市13家生产力促进中心根据企业需求，加强核心服务能力建设，走专业化、规范化道路，使其功能社会化、服务产业化。全年累计向企业提供科技、经济、政策法规、人才等方面的信息服务3600多项；技术、管理、政策法规等咨询服务2700多项；为企业导入先进适用的技术，并提供技术支持服务300多项；博野生产力促进中心承担的博野县橡胶输送带特色产业基地的橡胶输送带产业胶料配方优化技术集成与示范项目通过专家评审，获得省科技厅27万元资金支持。易县汽车铸件产业基地通过了专家评审，被省科技厅认定为第四批“河北省区域特色产业基地”。博野、雄县两个生产力促进中心参加了省区域特色产业基地和区域特色产业基地关键技术招标的工作。

建立了创元科技风险投资有限公司。针对中小企业融资难的问题，为支持中小企业的技术创新和产业化，在充分调研的基础上，向市政府提出了建立科技风险投资公司的建议，得到市政府领导的肯定与支持。年初，按照“政府调控、股份制组建、市场化运作、公司化管理”的原则，建立了保定市创元科技风险投资有限责任公司。公司在政府每年注入一定资金的基础上，积极引导社会民间资本进入科技风险投资领域，重点对高新技术企业在产业化规模发展阶段给予资金的投入，使其尽快形成产业化规模，促进高科技产业的快速发展，填补了本市科技风险投资事业的空白。

**【大力发展高新技术企业】** 积极推进国家可再生能源产业化基地和国家太阳能综合应用科技示范工程建设。作为“可再生能源产业化基地”、“太阳能综合应用科技示范城市”，保定市科技局把新能源领域自主创新作为突破重点，积极谋划了一批重点项目，得到了省和国家的支持，共争取省、国家的项目14项，争取资金632万元。大力发展高新技术企业，不断增强企业的竞争能力。积极扶持保定市特色产业的高新技术企业，对企业的研发、创新、科技成果产业化给予积极支持。主动宣传新办法，鼓励符合条件的企业参加认定，对已认定和即将申报的企业进一步加强指导，帮助企业做好研发经费投入的归集、自主知识产权的申报等工作，将保定市的高新技术企业认定工作与帮助企业转型升级工作结合起来，促进企业向科技型企业转变，使全市企业的科技创新能力整体得到提高，全市23家企业通过认定，认定的高新技术企业总数达到74家。

**【大力推进社会主义新农村建设】** 新农村建设市级试点示范稳步发展。2009年底市级新农村建设示范试点已发展到6个。共推广新品种15项，新技术25项，人均增收2000多元，提高了农民科技素质和种植水平，带动了农业增产、农民增收。农村产业技术中心建设成效显著。对“保定市农产品加工贮藏产业技术中心、保定市食用菌产业技术中心、保定市水土保持产业技术中心”三个农村产业技术中心，提供了科技资源与经费扶持，提升了科技开发与服务能力。保定市农产品加工贮藏产业技术中心，成功申报了河北省农产品加工工程技术研究中心，通过专家论证。太行山星火产业带建设取得新的成果。通过建设星火科技示范基地和科技示范园区，引进新品种、改良栽培措施、培训技术人员等手段发展壮大六大优势支柱产业（绿色名果产业、生态养殖产业、旱作杂粮产业、名贵药材产业、非金属矿产业、特色旅游产业）。重点抓了5个星火科技示范基地，4个科技示范园区建设。5个星火科技示范基地核心面积达到16.6万亩，4个科技示范区面积达到74万亩。

**【积极做好社会发展领域的科技工作】** 实施“发展循环经济，建设资源节约型社会科技支撑”专项。分别组织实施了“白洋淀地区生态建设与环境综合治理”专项，为进一步治理白洋淀流域的污染问题提供了技术条件；保定市润利节能环保有限公司的《全自动无堵塞喷浆雾化脱硫装置的研究与开发》项目，有效地缓解锅炉排放对大气的污染问题；高碑店市福达锅炉制造公司申报的《锅炉余热利用技术开发》项目，有效的改进了小型锅炉的节能和排烟污染问题，是一项具有自主知识产权的实用新型技术项目。实施“河北省创新药物研究及产业化开发”专项。一是大力加强中药现代化及中药材规范化种植基地建设。以中药饮片生产新工艺为重点，积极引导安国药都、金木药业等重点企业把科研重点放在中药新工艺的创新上面，进一步降低中药重金属等有害物质的残留，建立了中药材化学有效成分检验中心，设立了真伪中药材化学鉴别档案库，加大了中药材生产标准化的平台建设，带动了中药材产业的发展。二是以大型制药企业为主体，积极组织新药开发。河北大学的“新型抗真菌药物”、“肿瘤化疗增效减毒研究”、药都集团的“三七丹参含片”、保定三九济世生物药业有限公司开发的“注射用蛇毒神经生长因子”项目和河北长天药业有限公司的“曲匹地尔合成工艺”等一批项目申报了市级科研计划。三是积极开展河北省重大疾病和常见病预防治疗关键技术研究。共审查心脑血管、癌症、糖尿病等方面的医疗项目100多项，初步筛选了102项申报市级第一批指导计划。

**【知识产权专利工作成效显著】** 深入开展了优势县、优势企业“双优势”培育工程。涿州市等4家列入优势县（市、区）培育，长城汽车等43家列入优势企（事）业单位培育。其中涿州市被国家知识产权局确定为首批实施国家知识产权强县工程市县单位，争取到省局经费支持7万元。开展了全市2009年度“雷雨”、“天网”知识产权执法专项行动。保定、廊坊两市组成联合执法检查组，对辖区内重点商业流通领域展开了大规模联合执法专项行动。随机抽查了保定市、廊坊市、霸州市、涿州市、安国市的商场、超市、药店以及商品集散批发市场。重点对专利商品的规范管理、专利商品的法律状态以及假冒、冒充专利的商品进行了检查、登记和清理，受理了一批侵权案件。推荐38家有关企业和个人参加了河北省第六届发明创造奖评选。保定市22项（人）获优秀发明创造项目、优秀发明单位和优秀发明者。组织7家企业的发明创造项目参加第十八届全国发明展览会。出台了《保定市专利申请补助办法》。财政落实50万元专项资金对548项专利申请进行补助，并组织了189项发明专利申请了河北省专利补助资金，提高了发明人的专利申请积极性，在全市营造了发明创新的良好氛围。

【科技成果与推广转化工作稳步推进】 在全市评选出了117个保定市科技进步奖；组织、整理、筛选推荐了61个项目参加省组织的奖项评审，有35个项目通过了省科技厅组织的网评，进入了行评阶段，进入网评的项目比例及项目总数居全省第一，加大了科技成果推广转化的工作力度。

【推动信息产业快速发展】 2009年全市信息产业快速发展，截至9月份，全市信息产业主营业收入完成97.35亿元、利税总额完成7.74亿元、工业增加值完成18.52亿元、出口交货值完成8.01亿美元。与上年同期相比分别下降了13.8%、52.6%，20.2%、13.4%；按照“抓好重大项目、做大产业规模、加强技术创新、提高企业效益”的总体要求，组织申报了一批国家、省信息产业发展资金项目；按照省工信厅统一部署，组织有关企业参加2009河北省香港经贸洽谈会。发放各种宣传材料500余份，参加了省工信厅组织的同香港电子企业的对口洽谈会，协调香港青青国际有限公司和科华利达公司就开展光伏领域的合作进行了对口洽谈；建立健全了“一网五库（应急管理组织体系网、应急救援队伍库、应急物资储备和避险场所库、应急管理专家库、应急预案库和突发事件典型案例库）”，并上报了有关数据资料。

【扎实推进信息化建设步伐】 加强了对各县的指导工作。通过组织对各县信息办的学习培训，加强对其指导、推进县级信息化工作的发展。涿州市开始推进无纸化办公系统，定州建设、开通了“重点项目动态管理系统”等，阜平县乡视频会议的建设即将开始。其他县（市、区）的信息化建设也有不同程度的发展。进一步推进信息应用。在市信息办应用推进处积极推进、协调下“国土资源政务审批系统”、市委办公厅“信息魅力”等应用系统顺利开通运行。加强网络与信息安全管理工作。为保障国庆60周年期间网络与信息安全，强化全市对网络与信息安全工作的认识，提高实际管理水平和能力，学习借鉴先进经验，推进网络与信息安全工作的深入落实，联合中国联通公司保定分公司和中国电信集团公司保定分公司举办两次网络与信息安全培训会，以强化安全意识、提高技术能力为目的，从根本上保证网络与信息安全工作的稳步进行。

党组书记 局长　李山森（12月离任）
　李同聚（12月任）
党组副书记　张燕飞
副局长　张燕飞（10月离任）
　贾京生（4月离任）
　李明凯　徐春齐
　刘建良
　裴冬梅（4月任）
纪检组长　杨　静（4月离任）
　韩　鹏（4月任）

（安士奎）

## 附：保定市2009年度科技进步奖一等奖

| 序号 | 项目名称 | 完成单位 | 主要完成人 | 评审等级 |
|---|---|---|---|---|
| 1 | 长城哈弗多功能轻型客车 | 长城汽车股份有限公司 | 魏建军 | 一 |
| 2 | 高强度、高韧性、高耐蚀系列铸造铝合金产品 | 河北立中有色金属集团有限公司 | 臧立国 | 一 |
| 3 | 超高强度岸吊钢丝绳 | 巨力索具股份有限公司 | 杨建国 | 一 |
| 4 | 110kV级SF6气体绝缘电力变压器（系列产品） | 天威集团有限公司 | 谢毓城 | 一 |
| 5 | 乐凯纸基磁条 | 保定乐凯磁信息材料有限公司 | 王德胜 | 一 |
| 6 | 光电接线盒 | 河北荣毅通信有限公司 | 苑宝义 | 一 |

| 序号 | 项目名称 | 完成单位 | 主要完成人 | 评审等级 |
|---|---|---|---|---|
| 7 | 太阳能远程交通管理测控系统 | 维特瑞光电能源科技 | 王士元 | 一 |
| 8 | 水性金属防护漆 | 河北晨阳工贸集团有限公司 | 刘善江 | 一 |
| 9 | 铅酸蓄电池 DE 隔板 | 风帆股份有限公司 | 席春青 | 一 |
| 10 | 早熟、优质、高产绿豆新品种保942－34 选育应用 | 保定市农业科学研究所 | 李彩菊 | 一 |
| 11 | 中华鳖无公害集约化养殖及产业开发 | 保定市水产研究所 | 张耀红 | 一 |
| 12 | 精密功率分析仪 | 保定天威集团有限公司 | 何　平 | 一 |
| 13 | 自体骨髓在兔腰椎横突间融合中诱导成骨的研究 | 保定市第一医院 | 任永敏 | 一 |
| 14 | 桂枝消瘤颗粒治疗子宫肌瘤、慢性盆腔炎、盆腔炎性包块临床研究 | 保定市第三医院 | 潘艳萍 | 一 |
| 15 | 关节镜治疗跗骨窦综合征临床研究 | 保定市第二中心医院 | 张书栋 | 一 |
| 16 | 子宫内膜癌患者为手术期的心理护理 | 保定市第一中心医院 | 汪丛敏 | 一 |
| 17 | 三苯氧胺用于减少米非司酮药物流产后出血及机制的临床研究 | 保定市第二医院 | 袁　鸿 | 一 |
| 18 | MIC－1、uPA 在胃癌组织的表达及临床意义 | 保定市第三医院 | 栾天燕 | 一 |
| 19 | 腐蚀性化疗药物静脉给药方法的临床研究 | 保定市第二医院 | 张艳丽 | 一 |
| 20 | 蜂胶地塞米松外敷用于抗肿瘤药物外渗引起静脉炎的疗效研究 | 保定市三医院 | 张玉华 | 一 |
| 21 | 胃癌组织中 Livin 与 Caspase－9、p53 表达及相互关系的研究 | 保定市第一医院 | 赵文江 | 一 |
| 22 | 依达拉奉治疗脑出血临床研究 | 保定市第二医院 | 张海欣 | 一 |
| 23 | 戊四氮点燃癫痫大鼠空间学习记忆改变及海马突触素、突触后致密物95 表达的变化 | 保定市第一中心医院 | 王　佩<br>郭艳敏 | 一 |
| 24 | 超早期微创穿刺术结合早期康复治疗小量脑出血的疗效观察 | 保定市第二中心医院 | 郭书琴 | 一 |
| 25 | 不同时间阿司匹林预处理对大鼠局灶性脑缺血再灌注损伤的神经保护作用 | 保定市第一医院 | 廖仁昊 | 一 |
| 26 | 心脏超声对尿毒症患者透析前后不同心功能状态临床研究 | 保定市第一医院 | 翁　萍 | 一 |
| 27 | 血必净对内毒素血症小鼠血清内皮素－1 水平及肾功能的影响 | 保定市第一中心医院 | 孟惠茹 | 一 |
| 28 | 甘露聚糖肽减轻儿童单纯性肾病综合征复发的临床研究 | 保定市第一中心医院 | 郭彦聪 | 一 |
| 29 | 应用益气温阳活血利水中药治疗冠心病心力衰竭的临床研究 | 保定市第二医院 | 江　红 | 一 |
| 30 | 三切面组织多普勒技术对先心脏病伴肺高压患者左心功能的定量分析 | 保定市市第二医院 | 杜双会 | 一 |
| 31 | 中药穴位注射治疗后天性外展神经麻痹临床观察 | 第一中心医院 | 任　红 | 一 |
| 32 | 肿瘤坏死因子－a 致 β 细胞胰岛素抵抗的机制研究 | 保定市第二医院 | 唐建玲 | 一 |

| 序号 | 项目名称 | 完成单位 | 主要完成人 | 评审等级 |
|---|---|---|---|---|
| 33 | 大剂量弥可保治疗糖尿病心脏自主神经病变临床研究 | 保定市第一医院 | 刘静芹 | 一 |
| 34 | 胰岛素泵强化治疗妊娠糖尿病对新生儿胰岛素水平及体重的影响 | 保定市第二中心医院 | 刘秀芹 | 一 |
| 35 | 滋阴活血法治疗糖尿病合并冠心病临床与实验研究 | 保定市第一中医院 | 张玉璞 | 一 |
| 36 | 2 型糖尿病合并冠心病血清微量元素分析研究 | 保定市第一医院 | 高　茹 | 一 |
| 37 | 肝硬化脾亢治疗临床分析 | 保定市第一中心医院 | 张培军 | 一 |
| 38 | 当归活血丸联合抗病毒滴眼剂治疗单纯疱疹性角膜炎的临床观察 | 保定市第一医院 | 唐俊凤 | 一 |
| 39 | rmhTRAIL 诱导耐阿霉素细胞株 K562/A02 凋亡及作用机制的实验研究 | 保定市第三医院 | 王雅茹 | 一 |

## 附：保定市 2009 年度科技进步奖二等奖

| 序号 | 项目名称 | 完成单位 | 主要完成人 | 评审等级 |
|---|---|---|---|---|
| 1 | 中间合金系列产品 | 清苑县四通铝业有限公司 | 臧立国 | 二 |
| 2 | 冬麦区小麦优质原种生产研究与示范 | 高碑店市科茂种业有限公司 | 祖茂堂 | 二 |
| 3 | TLZ 系列子午加速静叶可调轴流风机 | 河北高碑店市鼓风机厂 | 刘铁亚 | 二 |
| 4 | 汽车零部件用铸造铝合金材料 | 河北立中有色金属集团有限公司 | 杜永立 | 二 |
| 5 | LKD－14000/10 储能电抗器 | 天威集团有限公司 | 孙新忠 | 二 |
| 6 | 500、750kV 并联电抗器 | 保定天威保变电气股份有限公司 | 刘东升 | 二 |
| 7 | 日光温室高效生产信息系统 | 保定市惠邦农业设备技术开发有限公司 | 刘永泉 | 二 |
| 8 | 水溶性醇酸树脂 | 河北晨阳工贸集团有限公司 | 李俊荣 | 二 |
| 9 | 133.3dtex/80f 细旦粘胶长丝的开发 | 保定天鹅股份有限公司 | 王东兴 | 二 |
| 10 | 出口叶用紫苏错季生产及保鲜贮运技术研究 | 保定市冰花食品有限公司 | 王建林 | 二 |
| 11 | 多因子治疗周围神经卡压的基础与临床 | 保定市第三医院 | 李高峰 | 二 |
| 12 | E－钙粘蛋白、β－环连蛋白、上皮细胞黏附分子在子宫颈鳞癌癌变过程中的表达 | 保定市第一中心医院 | 姜梅芳 | 二 |
| 13 | 后穹隆穿刺注射药物治疗盆腔炎方法的治疗研究 | 清苑县人民医院 | 张玉梅 | 二 |
| 14 | 改良子宫切除术防治阴道穹隆脱垂的临床应用 | 保定市第二中心医院 | 吕艳玲 | 二 |

| 序号 | 项目名称 | 完成单位 | 主要完成人 | 评审等级 |
|---|---|---|---|---|
| 15 | 护士语言方式对分娩方式及产妇焦虑状态的影响 | 保定市第五医院 | 郑岭书<br>孙学君 | 二 |
| 16 | Survivin－1基因表达载体的构建及其对肺癌细胞A549体外增殖作用的研究 | 顺平县医院 | 刘彦兵 | 二 |
| 17 | 脑梗死患者急性期血浆PT、APTT、Fg、AT－III含量变化及临床意义 | 保定市三医院 | 王　丽 | 二 |
| 18 | 氯胺酮辅助无创通气治疗哮喘急性重症发作观察研究 | 保定市第四医院 | 孙春鹏 | 二 |
| 19 | C反应蛋白和D－二聚体联合检测在溃疡性结肠炎中的应用价值 | 保定市第一中心医院 | 张金卓 | 二 |
| 20 | 急性中毒536例流行病学调查及分析 | 蠡县医院 | 弓荣泉 | 二 |
| 21 | 《中华人民共和国职业病防治法》实施前后保定市急性职业中毒的发生情况比较 | 保定市职业病防治所 | 张翠萍 | 二 |
| 22 | 学龄儿童行为及智力与血铅的关系的调查研究 | 保定市职业病防治所 | 高博文 | 二 |
| 23 | 保定市社区残疾居民基本状况及康复服务需求的调查分析 | 保定市第二医院 | 康　莉 | 二 |
| 24 | 乙肝病毒基因型与临床特点的关系 | 保定市传染病医院 | 刘永梅 | 二 |
| 25 | 保定地区1616例外周血细胞遗传学研究并世界首报二例 | 保定市第一中心医院 | 刘秀英 | 二 |
| 26 | 观察奥扎格雷钠对2型糖尿病合并不稳定心绞痛的临床研究 | 保定市第一医院 | 闫胜敏 | 二 |
| 27 | 血液透析与腹膜透析对尿毒症患者的不同疗效分析 | 河北省涞水县医院 | 李永超 | 二 |
| 28 | 无症状左室舒张功能不全的临床观察 | 清苑县人民医院 | 丁秀珍 | 二 |
| 29 | 个案化健康教育对慢性乙肝患者拉米夫定治疗依从性的影响 | 保定市传染病医院 | 王会茹 | 二 |
| 30 | 科素亚联合通心络治疗老年性糖尿病性心肌病心功能不全的疗效观察 | 保定市第五医院 | 吕　芹 | 二 |
| 31 | 中西医结合治疗糖尿病并发压疮的研究 | 保定市第一中心医院 | 汪贵茹 | 二 |
| 32 | 摇晃输液瓶预防输注胰岛素过程中因浓度变化发生低血糖反应的研究 | 保定市第二医院 | 陈晰敏 | 二 |
| 33 | 健侧大隐静脉与患肢股深静脉吻合治疗深静脉血栓综合征 | 第一中心医院 | 张静波 | 二 |
| 34 | 特殊体位下后尿道结石的体外冲击波治疗 | 保定市第二中心医院 | 肖凤仙 | 二 |
| 35 | 计算机辅助微小骨窗治疗颅内血肿 | 保定市第三中心医院 | 闫剑平 | 二 |
| 36 | 激光光凝联合卵磷脂络合碘及中药治疗糖尿病性黄斑水肿的疗效观察 | 保定市第一医院 | 刘立杰 | 二 |
| 37 | 剂量倍增免疫疗法治疗变应性鼻炎 | 保定市第一中心医院 | 张国计 | 二 |

| 序号 | 项目名称 | 完成单位 | 主要完成人 | 评审等级 |
|---|---|---|---|---|
| 38 | 特殊人群牙髓炎初诊无痛治疗的临床观察 | 保定市第一医院 | 张彤轩 | 二 |
| 39 | 遗尿汤治疗小儿遗尿的临床研究 | 保定市儿童医院 | 赵素彦 | 二 |
| 40 | 复方双花汤对冠状动脉粥样硬化性心脏病 C－反应蛋白及白细胞计数的影响 | 保定市第一中心医院 | 舒士敏 | 二 |
| 41 | 糖列康丸治疗糖尿病合并慢性前列腺炎临床研究 | 保定市中医院 | 赵　峰 | 二 |
| 42 | 初次献血体验对未来献血行为影响的调查研究 | 保定市中心血站 | 牛宗新 | 二 |
| 43 | 重度和极重度贫血患者骨髓象病变特点及发病机制的探讨分析 | 保定市第一医院 | 王　哲 | 二 |
| 44 | 持续双管腹腔灌洗引流诊断腹部损伤技术研究 | 保定市急救中心 | 郭　兴 | 二 |
| 45 | 肌钙蛋白测定在肺心病早期诊断中的应用 | 保定市第三医院 | 郝福庆 | 二 |
| 46 | 医用诊断 X 线机普通透视防护改装－活动立位透视铅房 | 市职业病防治所 | 赵永军 | 二 |
| 47 | 全盆腔脏器切除术治疗复发直肠癌的进展 | 保定市第一医院 | 范　波 | 二 |
| 48 | 温敏型壳聚糖载体中体外诱导的神经元样细胞的观察 | 保定市第三中心医院 | 张素琴 | 二 |

## 附：保定市 2009 年度科技进步奖三等奖

| 序号 | 项目名称 | 完成单位 | 主要完成人 | 评审等级 |
|---|---|---|---|---|
| 1 | 立信神农功能肥料 | 立信神农科技发展有限责任公司 | 齐建国 | 三 |
| 2 | 生物质系列流动燃烧锅炉、炊事采暖炉、炊事炉 | 河北光磊炉业有限公司 | 康铁良 | 三 |
| 3 | 长城风骏轻型货车 | 长城汽车股份有限公司 | 魏建军 | 三 |
| 4 | 木索系统节能窗 | 河北奥润顺达窗业有限公司 | 魏贺东 | 三 |
| 5 | 多丝压实股钢丝绳的研制 | 巨力索具股份有限公司 | 杨建国 | 三 |
| 6 | 高效率树脂封装太阳能电池板 | 维特瑞光电能源科技 | 王士元 | 三 |
| 7 | 金迪漏水探测数据采集分析系统 | 保定市金迪科技开发有限公司 | 邢西臣 | 三 |
| 8 | 低温染色和多功能染整技术开发与示范 | 高阳县纺织业生产力促进中心 | 刘金树 | 三 |
| 9 | 传统特色品种望都羊角椒的提纯复壮及其加工产品开发 | 望都县羊角食品有限公司 | 蒋　舟 | 三 |

| 序号 | 项目名称 | 完成单位 | 主要完成人 | 评审等级 |
|---|---|---|---|---|
| 10 | 荧光增白粘胶长丝 | 保定天鹅股份有限公司 | 高殿才 | 三 |
| 11 | 硬膜外腔侧隐窝药物注射加多方位牵引治疗腰椎间盘突出症 | 定兴县医院 | 赵　强 | 三 |
| 12 | P53HMLHL 在子宫内膜组织的表达及其临床意义 | 保定市妇幼保健院 | 王秀英 | 三 |
| 13 | RY2000E1 通道保护设备 | 河北荣毅新能源有限公司 | 苑宝义 | 三 |
| 14 | TB 系列高压电力滤波补偿装置 | 天威北方电气自动化 | 李宏川 | 三 |
| 15 | LL 型长寿命铅酸蓄电池微孔聚乙烯隔板 | 风帆美新蓄电池隔板制造公司 | 李　昕 | 三 |
| 16 | 数字与传统屏/胶系统在胸部摄影中的临床应用 | 定州市人民医院 | 杨全山 | 三 |
| 17 | 彩色多普勒超声观察肾综合征出血热肾血流动力学变化的研究 | 保定市传染病医院 | 韩志钧 | 三 |
| 18 | 保定市 3～15 岁儿童视力发育与弱视的流行病学调查 | 保定市第二医院 | 郝红燕 | 三 |
| 19 | IDD 病区“三期”妇女碘营养状况的调查 | 保定市疾病预防控制中心 | 贾建茹 | 三 |
| 20 | 学校，幼儿园集体食堂餐具消毒监测结果分析 | 南市区卫生监督所 | 杨　菁 | 三 |
| 21 | 不同透析膜对维持性血液透析患者微炎症状态的影响 | 保定市第二医院 | 田津生 | 三 |
| 22 | 复方丹参滴丸联合心理干预治疗慢性心力衰竭恢复期的疗效观察 | 保定市法医医院 | 陈　萍 | 三 |
| 23 | 影响 2 型糖尿病患者视网膜病变的临床因素的分析 | 保定市第二医院 | 韦　旭 | 三 |
| 24 | 腮腺肿瘤术中置入细胞外基质补片对味觉性出汗综合征的影响 | 保定市三医院 | 郝　智 | 三 |
| 25 | LASEK 术中使用酒精软化角膜上皮的理想时间和影响上皮瓣制作的原因 | 保定市第一中心医院 | 王景新 | 三 |
| 26 | 保定市儿童社区获得性肺炎非典型病原体 IgM 抗体检测分析 | 保定市第二医院 | 杨会慈 | 三 |
| 27 | 参麦注射液对 ICU 危重症患者免疫功能影响的临床研究 | 保定市第三中心医院 | 陈　宁 | 三 |
| 28 | 血液稀释、抗凝、辐射、高压充氧、治疗一氧化碳中毒 | 定兴县脑血管医院 | 赵志伟 | 三 |
| 29 | 直流换流变用特种换位导线 | 天威集团有限公司 | 高素霞 | 三 |
| 30 | 金双歧配合中医辨证服药治疗溃疡性结肠炎的临床研究 | 保定市第一中医院 | 宋清江 | 三 |

# 科协工作

【保定市科学技术协会】 保定市科学技术协会是中共保定市委领导下的人民团体、科技工作者的群众组织、党和政府联系科技工作者的桥梁和纽带、国家发展科技事业的重要社会力量。市科协内部设办公室、普及部、学会部、宣传部4个部（室）。下属2个事业单位：科学宫、科技活动咨询中心。

【概况】 2009年，在市委、市政府的领导下，市科协紧紧围绕党委政府中心工作，团结和依靠广大科技工作者，以科学发展观为统领，以“干部作风建设年”活动为契机，大力推进科普工作，广泛开展学术交流，积极参与创新体系建设，各项工作取得显著成绩。一是科普工作不断深入。二是学会工作扎实推进。三是“讲、比”竞赛活动内涵进一步深化。四是宣传工作有声有势。五是青少年科普活动丰富多彩。市科协被评为“全国青少年科技教育先进单位”、“全省科协系统实绩突出单位”、“市委深入学习实践科学发展观活动先进单位”。

【组织“三项奖”评选工作】 联合市委组织部、人事局等4家单位，面向广大科技工作者，组织了保定市青年科技奖、优秀科技工作者、优秀科普工作者的评选表彰工作。30名优秀科技人员获得殊荣。此次评选工作，进一步激发了广大科技工作者的创新热情，营造了全市尊重知识、尊重人才的良好氛围。

【实施“双百”工程】 在全市开展了以“培树100个省、市级科普示范基地和协会，认定100名保定市级农民技术能手”为目标的“双百”工程。全年共争取中国科协、省科协资助项目9个，争取资金106.8万元；培树市级科普示范基地24个，农村科普带头人35人，其中望都县辣椒协会、唐县万亩白桃基地和满城县刘卫东、定兴县李先分别被中国科协、财政部评为“科普惠农兴村计划”先进单位和个人，受到表彰奖励。

【开展农村实用人才创业示范活动】 按照“大联合、大协作”的工作思路，配合市委组织部，扎实开展了农村实用人才创业示范活动。通过开展这一活动，搭建起本市农村实用人才成长创业兴业的平台，成为科普惠农的有力抓手。《大众科技报》对做法给予了刊发。

【开展“社区科普重点年”系列活动】 针对手足口病、甲型流感等流行病，积极推行“健康科普万户行”活动，组织有关专家深入到社区为群众答疑解惑。组织“科普之夏”科教片巡演10余场，人民日报定制网报道了我们的做法。开展医疗、营养、幼儿教育等方面讲座43场，赢得了社区居民的青睐。

【建立院士专家企业工作站】 经过认真筹备，在中国科协、省科协的大力支持下，6月，在天威集团建立了我省首家院士专家企业工作站，搭建了高层次科技人员服务企业的平台，增强了本市企业的技术创新能力和市场竞争力。

【开展“讲理想、比贡献”竞赛活动】 组织风帆股份科协、天鹅化纤集团科协等全市33家企业科协的近万名科技人员深入开展了“讲理想、比贡献”竞赛活动，在全省科协系统位居前列。全年累计立项达200余个，完成各类技术攻关、技术服务等项目百余项，提出合理化建议3000多条，取得了良好的经济社会效益。

【开展对外科技交流与合作】 接待了罗马尼亚工程师访华代表团。组织天威集团、英利集团、中航惠腾和太阳能协会负责人与外宾召开了洽谈会，充分展现了本市的科技水平。主动申请加入了9+X城市海智计划。与大连、厦门等13个城市，达成了海外智力资源共享的合作协议。组织驻保高校学生参加了《第二届海峡两岸大学生创意设计作品巡回展》。通过开展一系列对外交流活动，拓展了本市科技交流渠道，形成了科技交流新格局。

【开展建言献策活动】 充分发挥科协组织智囊团作用，先后2次组织科技工作者围绕“三大战略”召开专题座谈会，开展调查研究。在广泛征集科技工作者意见和建议的基础上，编报《科技工作者建议》4篇，使科协的“桥梁纽带”作用得到充分发挥，为领导科学决策提供了依据。

【举办大型专题报告会】 配合全市重点工作，邀请中科院王占国院士、中国工程院院士秦伯益将军，围绕“太阳能之城”建设和提高领导干部科技创新和水平，举办了专题的报告会。报告会均产生了很大反响，得到了市委、市政府有关领导的肯定和赞扬。

【开展青少年科技教育活动】 组织举办了青少年智力七巧板拼图大赛、模型竞赛、信息学奥赛和科技创新大赛。13个县（市、区）和市直属共400多所学校的12000多名中小学生参加了比赛。在第24届省青少年科技创新大赛和全国创新大赛中，本市58个项目76名学生获得奖项。在全国信息学奥赛上，本市两名高二学生双双获得银牌，被上海交通大学当场录取。

**【探索为经济社会服务的新模式】** 利用保定科协网、《科技风》电视专栏、《保定科协》（内刊）等开展深度宣传，提供广泛服务。以各县（市、区）特色产业为基础，建立了“保定特产网”，依托科技活动中心成立了嘉润禾商贸有限公司，搭建起农业科技信息服务平台。

党组书记 主 席 张怀明
副 主 席 孙贺军 刘春生 王坤燕 李国旗 魏建华

（王 芳）

# 气象科学

**【保定市气象局】** 气象事业是科技型、基础性的社会公益事业。保定市气象局为正处级直属事业单位、国家基本站，实行上级气象部门主管、地方人民政府领导的双重领导管理体制和与之相适应的双重计划财务体制。主要负责保定市气象事业发展规划、计划的制定及气象业务建设的组织实施，对所属气象台站进行业务管理、物资供应；组织管理气象探测资料积累、审核、汇总、传输以及气象探测环境的保护；负责管理本行政区域内公众气象预报、灾害性天气预报预警以及农业气象预报、城市空气质量预报、火险气象预报等专业气象预报的制作和发布，为本级人民政府组织防御气象灾害提供决策依据；依法管理和组织实施全市人工影响天气作业以及雷电灾害防御工作。局机关内设办公室、业务科技处、人事教育处、计划财务处、政策法规处5个行政处室，设市气象台、核算中心、科技服务中心、人工影响天气办公室、保定市防雷中心、网络装备中心6个直属事业单位。下辖涞源、易县、涿州、徐水、高碑店、阜平、曲阳、安国、定州、容城、安新、顺平、高阳、唐县、满城、望都、蠡县、雄县18个县（市）气象局和涞水行业站。全市气象部门现有在职职工211人，其中市局机关89人，市县局122人。

**【概况】** 2009年，保定市气象局坚持科学发展观，深入学习领会中央领导同志关于气象工作的重要指示精神，全面贯彻落实省局党组和市委、市政府的各项决策部署，坚持以防灾减灾、应对气候变化和农业气象服务为重点，强化基础能力建设和社会管理职能，努力提升市、县二级公共气象服务水平，面向需求，科学发展，认真谋划，狠抓落实，各项工作取得突出进展。大力提升重大气象灾害监测预警服务能力，气象灾害预警应急体系建设不断完善；快速推进防灾减灾综合气象观测系统建设，公共气象服务能力得到提升，决策气象服务更加到位，国庆60周年庆典、汛期、重大活动气象服务保障成功，气象应急保障能力切实加强；扎实推进满城新农村现代气象服务示范县建设，全市“气象科普进农村”活动深入开展，深得民心；以国庆安保为中心，人工消（减）雨作业圆满成功；坚定不移地推进“人才强局、科技兴气象、拓展服务领域”三大战略，气象科技创新取得新成就，增强了事业发展后劲；有效贯彻落实气象法律法规，依法履行社会管理职能，出色完成“奋战六十天，安全迎国庆”执法检查特别行动；气象文化建设广泛开展，气象宣传效益不断扩大；以学习实践科学发展观和“干部作风年”活动为主线，党风廉政建设不断加强，精神文明建设成效显著。2009年，保定市局、涿州局和易县局被省文明委授予省级“文明单位”；徐水等12个县（市）局被评为市级文明单位。2009年市气象局被省气象局目标考核为特别优秀单位。

**【现代气象业务体系建设】** 公共气象服务系统micaps3.0和vips系统本地化完成并投入应用；充分利用市、县可视化会商系统，继续加强对县局预报服务的指导；人影作业指挥平台逐步完善。成立了公共气象服务室，完善修订了《决策气象服务周年方案》和《农业气象服务周年方案》。拓展气象信息预警发布新途径，开发专业气象预警电子显示屏服务平台，更新了气象门户网站。综合气象观测系统，高质量、快进度地完成了10个观测站的自动化升级、2个新迁自动站、7个自动土壤水分站、5个超声波雪深仪、1个紫外线和总辐射监测系统、1个仿220KV输电线路电线积冰观测站点建设任务。加强部门资源共享，实现了市气象局与国土资源局、勘察院的可视化会商联网；完成了省市县气象专网线路带宽4M升级和新一代风云卫星广播系统的基础建设。

**【公共气象服务】** 坚持“一年

四季不放松，每次过程不放过”的预报服务理念，发布天气预报信息79期，汛期快报46期，有关春季抗旱、森林防火、高（中）考、麦收期、高温、暴雪低温等专题气象服务459期；重要天气报告10期；气候评价16期。发布大雾、干旱、高温、暴雨、暴雪等预警信号96次，其中临近预警13次，预警群发21次，服务用户近200万户，社会经济效益显著。汛期气象服务工作得到市政府领导批示表扬，市气象台获城区防汛先进单位，被省局评为“河北省重大气象服务先进集体”。

市气象局成立气象灾害应急指挥部办公室，全市基层气象信息员人数由2008年4800多人增至7663人，村屯覆盖率97%，通过县或乡镇组织完成了气象信息员队伍的集中培训。面对罕见的冬春连续气象干旱，全市气象部门倾全局人力和装备，深入田间地头，密切监测旱情发展，高时效高标准地完成了土壤墒情监测、农情调查、旱情分析、每日专题预报服务和167个区域自动站的维修启用，并成功组织实施了2月12日的大规模联合增雨（雪）作业。“抗大旱、促春管、夺丰收”气象保障工作受到省气象局、市委、市政府领导的高度评价。针对11月8～12日初冬暴雪，市气象局提前做出准确预报，并迅速响应省气象局重大气象灾害应急工作，预警覆盖面广、建议针对性强、抗灾减灾效益显著，积累了抗击暴雪应急工作的宝贵经验。8月16日，保定市北市区留守坟村面粉厂小麦仓库遭雷击倒塌造成2人死亡，市气象局积极协助市政府妥善处理，现场勘验迅速，调查分析科学，避免了负面社会影响，受到市政府应急办和北市区政府的充分肯定。

圆满完成了汛期、“三夏”、国家“长城6号”反恐演练、国庆等关键时期和重大活动保障气象服务任务全力做好重大活动气象服务保障，反恐和国庆应急演练受到市政府的表彰。安国国际药交会、白沟箱包节、高阳纺织节等重大社会活动，市气象台通过可视化会商系统加强对县局指导，努力做到了监测全面、预报准确、预警及时、服务到位。

全面加强宣传策划和基层信息宣传调度，全年在市级以上地方媒体172篇。组织了中国气象报“5·12”防灾减灾日专版，在中国气象报、CMA网站、新气象网站、气象报内参刊登稿件124篇，名列全省气象部门前列。春季抗旱、“气象科普进农村”“气象文化建设年”等宣传起到很好的社会效果。成功组织了局校“3·23”主题晚会，“3·23”“5·12”“6·14”“12·4”等科普宣传活动，成立了高校气象学会，市气象台被授予“气象科普教育基地”。

【**强化社会管理职能**】 2009年行政许可项目审批422起，其中防雷装置设计审核273起、竣工验收55起，施放气球审批94起，应进窗口审批项目进驻率达100%；窗口工作人员到岗到位率达98%以上；窗口办结率达100%，服务对象因窗口服务不到位上访的案件为零。在“服务窗口亮起来”工程中保定市气象局驻厅窗口被评为“青年文明窗口”，刘峰被评为“青年文明标兵”。驻厅领导王秋仙副局长被行政服务中心通报表扬。

气象探测环境影响评价纳入保定市房地产项目联合审批现场踏勘，并建立了联席会议制度，已参加了29个房地产开发项目的联合现场踏勘和会审，有效地从源头上扼制了影响气象探测环境事件的发生。妥善处理了满城、顺平等影响气象探测环境事件。

积极参加安全生产“三项行动”，对全市易燃易爆场所、危化企业、人员密集场所等防雷重点单位的检查率达到100%；出色完成了“奋战六十天，安全迎国庆”执法检查特别行动，抽调执法骨干力量组织5个检查组，深入到全市范围内22个市县区开展隐患排查，成效显著。

军地联手，切实加强气球施放管理，与保定机场飞行管制室的联系，建立联络通道并开展气球联合执法检查，多次制止违规施放气球事件。举办气球施放资格培训班，16个县市气象局及市区三家单位近50人参加培训，43人考试合格获得气球施放资格证书。

【**新农村现代气象服务体系建设**】 深入开展“气象科普进农村”活动，全市气象科技人员深入到全市100多个乡、村实地调研，发放“气象为农服务”调查问卷4860份，自筹资金建设气象灾害防御和科普宣传基础设施。示范村建设了气象预警信息电子显示屏、农村大喇叭广播、气象科普室、科普墙、农村惠民网站等；示范校园建设了校园气象站、气象科普橱窗，开展气象专家讲座、“气象之星”知识竞赛，建立了红领巾气象小组和气象应急小分队等。2009年，全市进农村、进学校、进社区、进企业开展气象防灾科普宣传140多次，赠送气象科普图书、资料10万多册（份）、光盘1000多套；已建设完成示范村22个，示范学校24个，建立了“红领巾气象站”、“校园气象站”17个，农村气象服务站13个。建设完成了阜平、易县、满城、涞源等山区县4所中小学校防雷示范工程。

扎实推进满城新农村现代气象服务示范县建设。省、市、县三级齐抓共管，专家加盟，打造服务平台、延伸服务节点，示范县建设取得良好开端。需求牵引构建了新农村现代公共气象服务网络，统筹省、市、县三级气象部门人力科技资源，联合河北农业大学成立了“保定市农业气象灾害防控联盟”，13个乡（镇）、行政村气象服务工作站挂牌成立；自主创新打造了新农村现代气象服务平台，实现了多终端的互联互通；基本实现了气象预警村村通，全县183个行政村安装了“农村大喇叭气象预报预警信息系统”，11个乡镇、农业示范园区、科普示范村安装了气象预警电子显示屏；完成了全县农业种植结构调查，绘制全县11个乡的种植结构图，启动了满城县气象灾害防御规划编制。与县职教中心、农业生产示范园区联合建立现代气象服务试验基地（试验园），开展了温室小气候观测。示范县创建工作得到国家、省气象局领导的充分肯定。

【自然灾害】

6月8日，涿州市百尺竿镇夹河村一村民家因雷击起火，烧毁屋内所有电器及生活用品，无人员伤亡。

6月21日，唐县普降大雨，局部地区遭受暴风雨及冰雹袭击，2小时降水量为62.7毫米，最大风力约九级，王京、南店头、大洋、雹水4个乡镇31个村受灾，重灾村9个，全县受灾人口6.3万人，成灾人口2.1万人，农作物受灾面积9200亩，成灾3200亩（减产3~5成），经济作物900亩，全县共刮倒材树4290棵，果树2800亩，刮断电线杆110根，电线7800米，损坏房屋63间，围墙倒塌52处，约3200米，刮坏蘑菇棚6个，企业停产2个，直接经济损失560万元。

6月26日19~21时，雄县东南部出现雷雨大风冰雹强对流天气，据县民政局统计，龙湾镇受灾较重，造成550公顷农作物受灾，受灾人口8000余人，直接经济损失228万元。

7月21日夜间、23~24日雷雨大风造成涿州市993公顷春玉米倒伏。

8月5日，中央电视台涿州拍摄基地的消防控制器监控机摄像头遭雷击，造成经济损失5万元。

8月9日16时唐县突降大雨，局部降大暴雨，4小时降水量达103mm，倒马关、羊角、石门、大洋4个乡镇受暴雨及洪水袭击，17个村受灾，其中重灾村5个。全县受灾人口1.3万人，成灾人口4500人，农作物受灾面积4100亩，成灾面积1750亩，其中水冲沙压300亩，农作物减产3~5成850亩，5~8成370亩，绝收230亩；果树2000棵减产5成以上；因洪水冲断桥涵3处，冲毁乡村道路约8000米，倒塌地阶150处，约450米，损坏饮水管道约4000米，因雷击损坏电器32台；倒塌房屋5间，受损房屋25间，围墙倒塌360米，全县直接经济损失258万元。

8月27日下午，安国部分乡镇遭受雷雨、大风袭击，受灾乡镇有伍仁桥镇、南娄底乡、明光店乡、大五女镇、郑章镇，玉米大面积倒伏、折断，受灾面积5.1万亩，绝收1.5千亩，经济损失700万元。

9月26日17时41分至17时44分安新县4个乡镇出现冰雹天气，最大冰雹直径10毫米；水稻受灾面积60公顷，成灾面积27公顷，减产5成，经济损失约40万元。

11月10~12日安国市出现暴雪天气过程，降雪量35.3毫米，积雪深度23厘米，11个乡镇198个村受灾，三家花卉大棚，两家蔬菜大棚，三家养殖场的牛棚，三家家具大棚，两家储料车间被压塌，农业受灾积200公顷，总计经济损失1350万元。

【人工影响天气】　全年组织增雨作业97点次，发射炮弹1138发，火箭弹229发，有效缓解旱情、增加了水资源。面对罕见的冬春连续气象干旱，成功组织实施了2月12日的大规模联合增雨（雪）作业。在国庆60周年人工消云减雨作业保障中，人影作业保障克服人员少、路途远、条件艰苦和安全保卫等各种困难，实战演练5次。国庆前夕，60名作业人员在14个作业点野外坚守，出色地完成了国庆人影气象保障服务。首都国庆60周年庆祝活动人工消减雨河北保障组总结会在保定召开，授予保定“真情奉献服务国庆，团结合作共建和谐”荣誉。加强科技创新，人影指挥系统中移动作业车GPS卫星定位与雷达图叠加技术，在实用技术上取得新突破。

党组书记
局　　长　刘玉虎
副 局 长　王秋仙　卢建立
调 研 员　王军迎

（臧新伟）

# 防震减灾

【保定市地震局】　保定市地震局是保定市人民政府管理全市防震减灾工作的直属事业机构。内设3个处室：办公室、监测预报处、震害防御处。主要负责管理本辖区内的防震减灾工作、起草规范性文件；根据有关法律、法规和规章的规定，组织编制防震减灾规划和计划；组织建立地震监测预报、震灾预防和紧急救援工作体系；承担政府抗震救灾指挥机构的办事机关职能；组织开展地震科学研究与成果推广应用；指导各县（市、区）的防震减灾工作；承担上级地震部门和市委、市政府交办的其它事项。全局共有32人，编制12人，其中：在编19人，离休1人，退休12人。

**【概况】** 2009年，在市委、市政府和省地震局的领导下，在各级领导和主管业务部门的大力支持与帮助下，保定市地震局党组带领全体班子成员和干部职工，紧紧围绕市委、市政府中心工作和职能目标任务，深入贯彻落实全国地震局长会议暨地震系统党风廉政建设工作会议和全省防震减灾工作会议精神，按照扩内需、保增长、抓稳定、促和谐、谋发展总体要求，积极应对国际金融危机冲击，牢固树立“预防为主、震情第一”的观念，以深入开展“干部作风建设年”和第二批“学习实践科学发展观”两项活动为契机，切实增强大局意识、责任意识、忧患意识、宗旨意识和廉政意识，出色地完成了建国60周年庆典期间的地震监测保障、首都圈地震应急演练保障等年度重点工作目标任务，按照“一主三次、工业西进、对接京津”三大发展战略，实现了本市防震减灾事业的不断发展和新跨越、新提高，为宣传保定、建设保定、服务和发展保定发挥了重要职能作用，震灾防御综合能力得到全面提升和增强。在全省2009年防震减灾工作目标考核中保定市局被河北省地震局评为先进单位，新市区地震局和市局震害防御处被评为先进集体；在全省县（市）防震减灾综合评比中，徐水县地震局、安国市地震局、满城县地震局评为先进集体；在全省宣传专项评比中，保定市地震局、徐水县地震局、定州市地震局荣获三等奖，蠡县地震局获得优秀奖；同时，保定市地震局被保定市行政服务中心、保定市优化环境办公室评为2009年度优化发展环境工作成绩突出单位。

**【认真谋划、科学部署】** 3月，及时召开全市防震减灾工作会议，进一步贯彻落实全省地震系统防震减灾工作会议精神，结合实际对2009年主要工作任务进行全面部署。会议还表彰了2008年全市防震减灾目标管理先进集体和优胜单位。结合《市政府工作报告》，制订了《保定市地震局2009年度工作考核目标》、《工作思路》和《工作落实方案》，明确了工作重点与目标责任，把任务分解到每个处室和岗位人员，形成层层抓管理、人人抓落实的工作责任格局。与25县（市、区）签订了2009年防震减灾工作目标管理责任书，确保了全市国庆期间地震安保等重点工作的落实。

**【履职尽责，认真做好经常性震情监测预报工作】** 一是切实加强地震观测台站网点建设和计算机通讯网络经常性安全管理，坚持定期派专业技术人员到实地进行检查指导工作，及时帮助一线人员现场解决在地震观测过程中遇到的实际困难和问题，对地震仪器设备技术系统进行了全面维护升级，突出抓好安全保密工作，保证了现有台站网点的正常观测运转和观测资料连续、准确、可靠，地震信息在第一时间有效报送与传递，地震台网监测预报系统实现良好运行率达100%，市局信息网络管理荣获全省第三名，短波通讯被评为优秀单位。二是认真落实周、月、半年和年度会商制度，及时进行震情分析会商，积极抓好震情跟踪监视和预测工作。三是及时进行异常核实，确保社会稳定。年内本市共发生4起宏观异常，市局接到报告后，迅速派出主管领导和专业人员赶赴现场，详细查明情况，及时消除群众恐惧心理和疑虑。四是充分发挥群测群防“三网一员”作用，建立了地震宏观测报网、地震灾情速报网和地震科普知识宣传网，全市所有的乡镇都设立了防震减灾助理员，覆盖市、县、乡（镇）、村的“三网一员”群测群防体系全面建立。五是在有关县（市）地震局积极配合下，顺利完成了省地震局在本市辖区布设10个强震台站（网点）的选址任务。六是坚持震情报告制度，对于一些有重大影响的震情，能够在第一时间及时向市委、市政府报告情况，充分发挥了政府部门的参谋助手和职能作用。七是启动了“十二五”防震减灾规划编制工作，成立了领导小组，制定完善了编制工作落实方案。

**【依法管理，切实加强地震灾害防御工作】** （一）借势推进，突出“五进”，广泛开展地震宣传工作。市局和各县（市）区地震部门组织专业人员、志愿者队伍，充分利用“5·1”《中华人民共和国防震减灾法》颁布实施日、“5·12”、“7·28”大地震纪念日、“12·4”法制宣传日等时机多次深入到学校、社区、乡村、机关、厂矿、公园、广场、庙会、集贸市场等人员密集场所，积极开展防震减灾法律法规和地震科普知识宣传咨询服务活动。市局挤出1万余元经费购买或自制了地震科普知识读本、挂图、自救互救知识等宣传资料。据统计，全市年内共摆放宣传图板228块、发放各类图画和科普知识资料4.5万余份、悬挂横幅标语87条，利用媒体播放录像片32期，义务咨询服务7万余人次，达到了预期宣传目的和良好社会效果。4月初，中国地震局和有关省（直辖市、自治区）地震局负责同志，在保定市召开防震减灾科普创作研讨会。

（二）积极开展主题征文和《地震报》撰稿活动。年内有48篇稿件被《地震报》、《河北地震信息网》、《保定日报》、《保定晚报》等媒体刊载，其中《首都圈地区地震应急演练》等篇目被《保定日报》和《地震报》头版刊发。本局选送的长诗《十月放歌》被评为省地震局主题征文优等奖，后被推荐并入选中国地震局“庆祝新中国成立60周年”征文，《家庭防灾“三部曲”》、《人与自然和谐共荣》分获省局“我与防震减灾”国庆征文三等奖和优秀奖。按照《河北省志》（地震志）有关组稿要求，保定部分的编撰工作（含25个县市区）完成撰稿并上报，为宣传河北保定，保存史料奠定了基础。

（三）深入贯彻落实省政府、市政府中小学校舍安全工程电视电话会议精神，按照温家宝总理提出的“在全国实施中小学校舍安全工程，把学校建成最安全、家长最放心的地方”要求，吸取汶川地震经验教训，切实加强校舍安全，保定市地震局作为市中小学校舍安全工程成员单位派出专人到市校安办集中办公，通过查阅大量资料，及时整理出了保定市各县（市）区地震断裂带统计表和分析说明，确保了前期排查工作的顺利进行。完成了全市4802所（其中位于三类灾害易发地2932所）校舍安全摸底排查鉴定工作及部分校舍加固任务。

（四）认真落实《防震减灾法》和《河北省地震安全性评价管理条例》，市局领导多次带领有关处室人员深入各县（市）区地震及有关基层部门调研，积极探索新形势下如何提高抗震设防有效途径，特别是加强对住宅小区、校舍、医院、公共场所、新农居示范村建设的抗震设防管理，自觉做到严格依法办事、文明执法，基本保证了重点建设工程项目地震安全性评价工作的顺利开展，积极为优化发展环境，保障人民生命财产安全和强市兴县富民提供服务保障。

（五）结合“干部作风建设年”活动，按照省、市要求，不断优化简化审批程序，完成地震行政审批改革，进一步规范、减少审批环节，实行了“一个前置，两个并联”，并向社会进行公开承诺。为规范行政服务中心地震窗口人员执法工作行为，实行“服务窗口亮起来”工程，坚持从服务企业、方便群众、优化发展环境、提高效能上下功夫，审批时限由原来的5个工作日缩短为1～3个工作日，赢得了广大服务对象一致好评，先后有河北秀兰集团、保定水泵厂等4家企业分别给保定市地震局赠送了表扬锦旗。地震局行政审批窗口多次受到市行政服务中心的通报表彰，被评为优秀单位。

（六）突出抓好重点项目建设。按照《保定市城市活断层探测与地震危险性评价项目建设实施方案》要求，保定市局与项目实施单位中国地震局地球物理研究所，严格按合同密切协作，资金实际到位260万元（占总投资额的30.7%），为确保项目建设在“十一五”期间按期保质完成奠定了坚实基础。截至12底已完成相关资料的收集整理与分析，开展遥感信息处理与解译、控制性浅层地震勘探、地脉动探测、控制性钻孔探测、第四纪地层划分，编制区域地震构造图和目标区主要断层分布图，初步鉴定断层的活动性等阶段性工作。

（七）以全省新农村民居示范村建设为突破口，不断加快全市农村民居地震安保工程建设步伐。保定市地震局作为由市农工委牵头的新农村民居示范村建设领导小组成员单位，局领导主动靠前指挥，多次带头深入农村基层开展调研，撰写了《新农村民居建设抗震设防问题研究》调研报告，对农村民居抗震设防提出了建设性意见，荣获河北省地震系统处级干部调研课题征文一等奖。年内全市共完成110个新民居示范村建设。

（八）认真开展《保定市城市抗震防灾专项规划》编制工作。6月30日接到《市政府办公厅关于加快推进我市专项规划编制工作的通知》后，市局领导高度重视，不等、不靠，先后三次召开局长办公会进行专题研究和部署，根据市政府领导批示“工作先开展起来，资金政府统筹”的要求，创造性开展工作，主动与北京工业大学抗震防灾研究所（甲级资质单位）合作，于10月28日顺利通过省市专家组的评审，提前完成了保定市中心城区抗震防灾专项规划编制工作任务。受到市委、市政府和上级相关部门的高度评价。

**【提高地震应急救援能力】**

（一）根据新修订的《中华人民共和国防震减灾法》和《保定市

政府工作报告》要求，切实加强地震队伍专业技能培养锻炼，不断提高地震应急快速反应能力，做到有的放矢。采取以会代训形式，组织各县（市）区地震部门、医院、学校、大型企业和抗震救灾指挥部成员单位等相关人员，举办了《地震应急预案》编写专题培训班，按要求提前完成了保定市及25个县（市、区）政府与地震部门的《地震应急预案》重新修订备案工作。为规范地震应急工作程序、积极应对突如其来的地震灾害提供了理论上的科学指导依据。

（二）注重地震应急队伍建设。以市突发性公共事件应急指挥中心为依托，率先在北市区武装部组建了100人的地震应急专业救援队伍，并以四川汶川地震为背景有针对性的进行了业务技能训练。各社区、学校、乡镇、大型企业等单位也相应地组建和扩大了地震应急救援志愿者队伍，促进了应急救援队伍建设和业务能力的提高。

（三）积极开展地震应急演练。一是4月份市局与新市区地震局、教育局，共同组织爱民小学800多名师生实施了防震避震应急疏散演练，取得了预期效果；二是为做好新中国成立60周年庆典期间首都圈地区地震安全保障工作，进一步增强首都圈地区地震应急处置能力，9月15日，根据中国地震局《关于印发2009年地震重点危险区地震应急准备工作会议纪要的通知》精神和河北省地震局的指示要求，保定市地震局全程参加了由北京市地震局牵头，河北省地震局、天津市地震局、中国地震台网中心和地震应急搜救中心等单位，在保定市满城县域举行的首都圈地区地震应急联合实战演练。此次地震应急演练，给各兄弟单位地震专家和领导留下深刻印象，同时锻炼了队伍，地震应急实战能力和自身业务素质得到进一步提高。

（四）加强震情值班，迅速平息谣传。面对严峻的地震形势和纪念建国60周年新任务、新要求，牢固树立"震情第一"、"宁可千日不震，不可一日不防"战备观念，严格落实震情、汛情和安全保卫值班和带班制度，每个工作人员通讯工具昼夜通畅，时刻准备着。特别是3月28日19时11分18.4秒，在山西省忻州原平市（北纬38.9度，东经12.9度）发生M4.2级地震后，保定市辖区曲阳、涞源和阜平等县部分地区出现震感，群众反映较强、惶恐不安。对此，局领导和有关人员迅速到位，在第一时间及时向市委、市政府两办进行了报告，局长高良友迅速作出部署，采取果断措施，及时消除了受地震影响地区群众的恐惧情绪。年内先后接到群众反映有震感或咨询震情的谣言电话达数十起，值班人员都沉着应对，科学妥善地做好群众耐心解释工作，有效地控制了谣传蔓延，为维护全市人民安居乐业和社会安全稳定做出了积极贡献。

局　长　高良友
副局长　邢新海　许彦都
调研员　张保国　刘汉东

（朱建颖）

# 文　　化

## 文化事业

**【保定市文化局（新闻出版局）】** 保定市文化局（新闻出版局）是市政府主管全市文化、艺术和新闻出版工作的行政职能部门，主要职责是贯彻党和政府关于文化、艺术和新闻出版方面的路线、方针、政策，对全市文化、艺术和新闻出版事业发展提出规划、计划；发展繁荣文艺事业，管理文化市场，发展文化产业，不断满足人民群众的精神文化需求，管理好市属文化事业单位。局机关设有办公室、组织人事处、计财处、监察处、老干部处、文化处、艺术处、新闻出版处、市场管理处等九个处室，现有编制50人，实有49人。直属事业单位20个，在职干部职工572人。

**【概况】** 2009年，全市文化工作坚持深入贯彻落实科学发展观，按照市委、市政府的总体工作部署，紧紧围绕构建和谐社会和建设保定历史文化名城两个目标，经过广大干部职工的共同努力，全面完成了市政府年初确定的各项工作任务，全市文化工作取得了可喜成绩，为全市经济发展和社会和谐稳定创造了良好的文化环境。

**【开展文化艺术活动，丰富城乡文化生活】** 成功举办了保定市2009年春节文艺晚会、2009迎新年交响音乐会、全国京剧名家名段演唱会、保定市戏曲名家名段演唱会、保定市第七届戏剧节、保定市庆祝新中国成立60周年大型演唱会、保定市政协庆祝新中国暨人民政协成立60周年文艺晚会、社区艺术节等大型文化活动。同时，还承办了第十三届中国少儿戏曲小梅花荟萃河北赛区选拔赛和首届河北梆子艺术节。积极开展推进先进文化进社区、进农村活动，组织文艺工作者深入基层，全市专业艺术表演团体送戏下乡演出3000多场，丰富了城乡文化生活。

**【开展文化交流，促进文化事业发展】** 邀请天津画院艺术家来保定，开展文艺交流活动，达成长期交流合作意向；应中央电视台邀请，老调剧团赴北京参加老调精品剧目《盘夫》的演出录制；应香港中国文化艺术传播有限公司邀请，老调剧团赴香港参加“中国梆子艺术”展演活动；应深圳市委、市政府邀请老艺术家王贯英等一行参加“深圳艺术节”；组织保定艺校与全国各地11家演艺单位，就学生定向培养、毕业生就业等事宜达成合作协议。经省剧协引荐，保定艺术学校聘请著名表演艺术家裴艳玲惠任保定艺术学校名誉校长，对保定艺术学校的快速发展及本市传统艺术及民族文化的继承和弘扬，起到积极的推动作用。

**【坚持开拓创新，抓好文化精品工程建设】** 一是开通保定文化网站。网站图文并茂、特色鲜明，涵盖保定文化建设的主要信息，对全市文化工作，以及加强对外文化交流等将产生积极作用；二是创刊了《保定文化》（季刊）。为广大基层文化工作者建立了展示交流的平台，为宣传保定文化提供了阵地；三是创排了三台新戏。为解决艺术院团“老演老戏、老戏老演”的尴尬状况，集中财力打造精品剧目，编创了河北梆子少儿剧《小兵张嘎》、河北梆子现代剧《勺把村》、老调新编历史剧《总督方观承》三台新剧目，成功搬上舞台，并参加了省首届河北梆子艺术节和省第八届戏剧节展演。其中河北梆子现代剧《勺把村》在首届河北梆子艺术上获大奖。

**【培育文化产业示范基地】** 为发展壮大全市文化产业，树立典型，以点带面，重点扶持保定市五月花商务休闲广场和河北省曲阳定瓷有限公司两家文化企业，并积极向省文化厅推荐，成为全市第二批省级文化产业示范基地，促进了本市文化产业的发展。

**【举办2009年春季图书展销会】** 4月28日至5月3日，同时在市图书大厦、军校广场和植物园等5个会场，举办了保定市2009年春季图书展销会。据统计，有15万人光顾了此次展销会，销售总额100多万元。

**【组织参加第五届中国（深圳）国际文化产业博览会】** 5月，筛选出具有代表性的5个文化产业项目，参加深圳第五届中国（深圳）国际文化产业博览会，曲阳陈氏定窑瓷业有限公司扩建项目、易县文化体育活动中心大厦项目、安新县水上文化运动中心项目、清苑县新天地商厦项目、清苑县宋史文化园等5个项目在会上成功招商，签约总额超过11亿元。

**【组织印刷机械新产品推介会】** 通过协调，促成了江苏昌昇集团股份有限公司在本市举办印刷机械推介会，全市100余家印刷企业参加，企业对先进印刷机械表现出浓厚兴趣，对促进全市印刷机械的更新换代和印刷业的发展起到积极作用。

**【加大对全市网络文化市场的监管力度】** 针对群众反映强烈的热点难点问题，加大了对互联网经营的监管力度，多次对全市网吧进行了专项整治，按照分片包干，任务到人，监管到位的原则，采取集中组织和分组实施的方法，对所属辖区网络文化市场进行明察暗访、定期和不定期的检查，严厉查处允许未成年人进入和超时营业等违规行为。尤其是国庆期间，全市成立了专项整治工作领导小组，文化局会同有关部门共抽调50人，分成9个检查组，对网吧市场进行了为期一个月的综合整治。通过专项整治，规范了网吧经营秩序，落实了安全生产措施，排除了消防安全隐患，确保了全市网吧市场的安全与稳定。

**【规范音像市场，强化知识产权保护工作】** 本市各级文化行政管理部门利用报刊、广播电视等媒体，发放宣传材料等形式，开展了以“保护知识产权，打击侵权盗版”为主题的宣传活动。为进一步加大行政执法检查力度，整顿音像市场秩序，举行了违法音像制品和非法出版物统一集中销毁活动，共计销毁违法音像制品6万多张，盗版书报刊3万多册。

**【加强出版物和印刷复制业市场监管】** 通过加大全市音像市场的检查执法力度，严厉打击扰乱市场经营秩序的违法经营行为，取得了显著成果。在节假日和国庆期间，多次在全市范围内开展了出版物市场大清查行动，对全市各级出版物市场进行了拉网式的检查，重点对校园周边的出版物市场、零售店、游商地摊的清理整顿，保障了校园周边出版物市场健康有序地发展，为全市青少年的健康成长创造了良好的社会文化环境。

**【文化市场行政综合执法改革迈出实质性步伐】** 经市编办批准，成立了市文化市场行政执法大队，隶属市文化产业发展和文化体制改革领导小组领导，受市文化局、市广播电视局的业务指导。通过改革，整合了队伍，优化了资源，提高了效率。

**【完成电影行政管理职能调整划转工作】** 按照河北省《关于电影行政管理职能调整划转工作的实施意见》和保定市《关于全市电影行政管理职能调整划转工作的实施方案》，3月，将局下属的6个电影事业单位的行政管理职能全部移交到市广电局。

**【非物质文化遗产保护】** 在全市范围内组织展开了非物质文化遗产普查工作，通过听取汇报、现场察看、召开座谈、视情走访等方式，对普查组织机构建立情况、参与普查人员登记情况、普查计划及组织实施方案、项目普查情况、普查资料登记建档及资料汇编编纂进展情况、本级非物质文化遗产代表作名录、代表性传承人名录建立情况等6个方面进行了系统的检查。通过普查，建立了详实的档案资料库，非物质文化保护工作进一步规范化。

党委书记<br>局长　王福友
副书记<br>文物局局长　王胜利
副书记<br>副局长　贾清彬
副局长　万进儒　孙彦君
纪委书记　钱立功
调研员　裴方
副调研员　孙闪　高清义

（李建明　刘成刚）

# 文物工作

【保定市文物管理局】 保定市文物管理局是保定市文化局（新闻出版局、版权局）管理的副县级事业机构，负责全市文物和博物馆方面的管理职能。主要职责：贯彻执行国家、省关于文物、博物馆事业的发展方针、政策和法规；研究拟定全市文物、博物馆事业的发展规划和有关地方性的制度、办法，并监督实施。指导、协调全市文物管理、保护、抢救、发掘、宣传和利用等业务工作。组织申报世界文化遗产、全国重点文物保护单位、省级文物保护单位；组织审核市级文物保护单位；依照有关法律法规申报全市文物发掘、保护、维修项目。指导、协调市级和大型博物馆的建设及博物馆之间的协作、交流。审核申报文物经营单位的设立和撤销；指导、监督文物经营单位的购销活动。研究处理文物保护的重大问题；对查处盗窃、破坏、走私文物的大案要案，提出文物管理方面的专业性意见。负责国拨、省拨、市拨文物保护专项补助经费、事业费和基建经费的计划和管理；研究提出多渠道筹措文物保护经费的措施。管理和指导全市文物、博物馆外事工作，开展对外合作与交流。拟定全市文物利用及相关产业开发规划；统筹规划全市文物、博物馆专门人才的培训；指导文物、博物馆系统科学研究工作。承办市政府和市文化局交办的其他事项。下设办公室（人事财务处）、文物综合处、文物保护处三个职能处（室）。

【概况】 保定是全国历史文化名城，河北文物大市，文物资源丰富、门类齐全、承载价值高，共有不可移动文物点3000余处，文物保护单位651处，馆库藏文物77846件。其中世界文化遗产1处，全国重点文物保护单位47处（位居全省第一，是全国拥有国保单位数量最多的地级市），省级文物保护单位111处，市（县）级文物保护单位504处，三级以上管库藏文物2996件（包括革命文物），一级文物186件，二级文物674件，三级文物2136件。有15座博物馆、纪念馆、3处全国爱国主义教育基地、6处省级爱国主义教育基地和33处市级爱国主义教育基地。

【大力夯实全市文物安全基础工作】 召开全市文物工作会，会上，22个县（市）全部签订了文物安全责任状和文物普查责任状；在全市文博系统组织开展思想作风纪律整顿活动；组织全市馆藏文物管理人员集中轮训工作；组织开展文物安全大排查、大整治活动，市局分成两组由领导带队组织抽查，对发现的文物安全问题，下发整改通知，督促落实各种安全措施；局领导多次带队对重点文博单位就文物安全工作实地检查，督促当地文物主管部门对安全隐患及时整改；组织总督署、古莲花池、保定军校、大慈阁、留法勤工俭学运动纪念馆、博物馆、文管所安全工作人员在总督署进行实地消防安全演练，并邀请保定消防支队队员对安全工作人员进行手把手培训，确保每一个人熟练使用消防器械，确保每一个人熟悉每一道消防工作程序和相关细节。

【扎实推进第三次全国文物普查工作】 以县（市）为单位全面开展保定市第三次全国文物普查工作。邀请专家对全市文物普查人员进行了2次培训工作；为确保普查质量，市文物局对易县、涿州等县（市）文物普查工作进行实地督查。经过不断努力，22个县（市）召开了文物普查领导小组会议；全部签订文物普查政府责任书；全市共到位普查经费97万元；各县（市）全部启动实地文物调查，调查启动率为100%；全市已调查登记不可移动文物1064处，复查1030处；涿州、满城、雄县、高阳、安新、徐水、蠡县、顺平已经完成实地文物调查。此外还积极督导各县推进文物复查工作，及时向河北省文物局通报复查进度，做好复查过程中新发现文物的保护工作；做好河北省文物普查队进驻本市前的资料准备和普查线索搜集工作；及时推广文物普查先进县（市）的经验，做好新发现文物普查的启动准备工作；市区文物保护以第三次文物普查为基础，以全市29处文物保护单位试点为主线，建立全市文物档案、维修设计方案、重点文物单位保护规划和立项资料等各类项目信息库，该项工作已全面展开。

【全面实施系列文物保护工程】 文物局积极推进总督署西路复建及光园维修工程、淮军公所修缮工程以及莲池后三景恢复工程。完成莲池后三景专家验收，举行了竣工庆典仪式，宋太平书记、于群市长等四大班子领导参加了竣工仪式并剪彩，同时举行了莲池书院研究会、市政协书画家联谊会、保定画院成立揭牌仪式。光园在多方协调下，维修工作已经启动，目前正在维修文物本体。总督署西路复建工程维修方案已交付开发公司，现正组织与开发公司签订补充协议。淮军公所周边片区的拆迁工作在南市区政府、市房管局、市文物局和其他产权单位的共同努力下，截止到6月底共拆除了5处56间房1100多平方米，现正制定拆迁补偿方案，出台相应的实施细则。市委、市政府在财政非常紧张的情况下，多方筹措资金，拨付了2000万元拆迁启动资金。还重点推进各县重点文物保护工程，易县清西陵昌西陵保护维修项目，已完成三孔石拱桥马槽沟300米清淤，并做好维修前的准备工作；曲阳北岳庙院内整治工程，按实施方案正组织招投标；易县燕下都西城南墙保护工程，维修方案已经国家文物局批准，待资金到位后展开修缮；清苑冉庄地道战新馆搬迁建设工程，新馆主体工程已完成，陈列大纲编写已完成，近期将组织专家论证；涿州永济桥修复工程，南引桥部分修复工程已完成，云居寺塔已完成大部修复；涿州智度寺塔、定州开元寺塔壁画保护，现已完成前期基础工作，下步将编制保护方案。全面展开第七批全国重点文物保护单位申报工作，经自上而下和自下而上广泛调研，层层推荐筛选，全市53处列入国保预备名单，年底前完成所有文本申报工作，确保全省第一文物大市位置。将刘春霖墓等7处文物点公布为第三批市级文物保护单位。全市完成、在建文物保护项目达到30余项，文物安全基础设施得到了进一步加强，安防、消防等级得到了进一步提高。在南水北调中线干线、天津干渠建设工程中，配合国家、省有关部门完成文物保护工程，和来自全国10多家具有发掘资质的单位一起对保定辖区内的27个文物点进行发掘，总面积达到7万平方米，徐水东黑山遗址、唐县北放水遗址等考古发现填补了本市考古学的空白。

**【积极探索遗产保护全民参与模式】**　6月13日，第四个文化遗产日，按照“保护文化遗产，促进科学发展”的主题，组织全市文博单位开展形式多样、丰富多彩的宣传活动。其中组织局机关和市直下属文博单位在植物园派发文化遗产旅游消费券和本市知名景点宣传图册；联合河北大学人文学院举办了保定市文物精品图片展，吸引大学生万余人次参观。通过这种与群众互动性的活动，极大的带动了广大群众参与文物保护的热情。保定市电视台、保定日报、莲池周刊和中国新闻社保定分社等多家媒体对此次宣传活动进行了采访报道。

**【充分发挥博物馆宣教阵地作用】**

全市15家博物馆年检全部合格，在“5·18”博物馆日，全市博物馆实行减免费开放；以“三贴近”为指导原则，全市各类博物馆共举办各种展览100个，接待各界群众160万人次，充分发挥博物馆宣教阵地作用。其中市区博物馆内引外联，举办画展、影展、抗震救灾义卖展等30个，接待观众10万人次；莲池博物馆努力增加看点，在举办《莲池书院》、《莲池名碑拓片》等固定展的基础上，先后引进了《林长庚再现古城记忆纪实摄影艺术展》、《范森油画展》、《任世坤雕塑展》、《刘海虎国画展》。同时积极落实博物馆免费工作，冉庄地道战纪念馆、晋察冀边区革命纪念馆、唐县白求恩柯棣华纪念馆顺利完成免费开放工作。

*局　长　王胜利*

*副局长　董全新　李秋占*

*孟　娜*

（王春生）

# 报　纸

**【保定日报社】**　保定日报社隶属中共保定市委，是中共保定市委的新闻机构，负责编辑出版发行市委机关报《保定日报》，主办《保定晚报》、《莲池》周刊、《保定内参》，开办“全保定”网站。报社职能是宣传市委、市政府的重大决策，报道各条战线、各行各业在改革开放的社会主义现代化建设事业中涌现出的新人新事、新经验、新气象，反映人民群众的呼声和要求；编辑、报道国际、国内时事新闻。2009年筹建了报业传媒有限公司，印刷、广告、发行、旅游、图文制作等多业并举，开始走上报业集团化经营、产业化发展的道路。

**【概况】**　2009年，保定日报社在办报、经营、管理方面进行体制机制创新，使各项工作取得明显成效和新进步：两报一刊一网报导质量有了进一步提高，经营收入和效益再创新高，管理水平有了新进步，党建和精神文明建设再上新台阶，实现了报社又好又快、持续健康发展。全年获省以上好新闻稿件达60余篇。两报一刊共在省以上媒体刊发稿件246篇，比上年增长76篇。《保定日报》发行7万多份，较上年增长1000多份；《保定晚报》发行9万份，较上年增长1000份；《莲池周刊》发行4万份。保定日报社相继荣获“中国地市报报业发展50强”、“全国精神文明建设先进单位”，并再次被河北省委、省政府命名为“省级文明单位”。报社党委再次荣获全市“工作实绩突出单位”，实现五连冠。报社机关党委被评为“全省先进基层党组织”，又被市委评为“全市先进基层党组织”，并连续七年被评为“市直机关红旗党组织”。在行风评议中，连续五届获得“民主评议优秀单位”。广告经营中心被评为“全国青年文明号”、“国家和省市级广告行业文明单位”。发行公司再次荣获“全国自办发行先进集体”，实现三连冠。《莲池周刊》荣获“河北省青年文明号”。《保定晚报》一举跻身全国“最具成长价值报纸十强”。印刷厂获得“全省印刷质量精品奖”。此外，还获得“市国庆安保工作先进单位”、“市亲民爱民活动先进集体”、“市直部门群工站先进派出单位”、“市信访工作先进单位”、“市维护稳定工作先进单位”、“市纪检工作先进单位”、“市社区建设先进集体”等30多项荣誉称号。

**【保定日报深化新闻改革，唱响主旋律】** 从2009年10月1日起，《保定日报》全面改版，重新布局各版内容，使新闻更广更细、深度报道更透、评论更精准、专版服务性更强。新成立的农村部、文体部，突出“三农”、“文化大市”报道力度。新增“新农村”、“休闲旅游”、“生活理财”、“今日观点”等版面，使报道更加贴近民生。顺应纸质媒体版式发展趋势，《保定日报》报型改为国际流行的瘦型报，版面编排简洁、大气，更方便了读者阅读，备受社会各界好评。同时定期开展业务研讨，将“把握导向、关注民生、打造精品”确定为编辑部格言，积极营造和谐向上、朝气蓬勃的报社文化。

在宣传工作中，广大编采人员围绕“又好又快发展、强市兴县富民”中心任务，按照“保增长、保民生、保安全、保变样”的要求，推出系列报道。尤其针对“一主三次”、“工业西进”、“对接京津”三大战略，进行专题策划。市委九届七次全会、全市领导干部大会召开后，《保定日报》在一版开辟“又好又快发展，强市兴县富民”和“突出抓发展，重点抓项目，持续保稳定”重点专栏，并专门派出记者深入毗邻京津的10个县（市），推出“对接京津”大型系列报道，关注各地打造“京南卫星城市链”的进展情况，赢得市领导好评。刊发系列评论员文章，鼓舞各级干部集中精力保增长、狠抓落实促发展，使“抓落实”成为全年工作的主旋律和最强音。为推动“城镇面貌三年大变样”活动顺利开展，在一版开辟“全民齐动员，三年大变样”专栏，推出“记录‘大水系’”系列报道，充分展示“开通大水系”、“构建大交通”、“建设大城市”三大城建重点工作的进展情况，日均发稿2000字以上，为建设现代名城营造出强大声势。继续开办“关注民生、亲民爱民”专栏，展现了各级各部门在解决就业、困难群众难题等方面的新思路。在提升保定品位宣传报道中，《保定日报》推出“提升城市品位，彰显保定魅力”重点专栏，以及聚焦“提升保定城市品位”整版系列专题，刊发系列评论文章，全方位解读市委、市政府寻求科学发展，提升城市品位的生动实践，为全市上下广泛参与，打造以“文化名城、山水保定、低碳城市”为标志保定名片提供浓厚舆论氛围。围绕“庆祝国庆60周年”，以及文化名城建设、加强党建、精神文明建设等组织了策划报道。在改版创新中，新开辟“焦点”、“深度”专版，全方位解读市委、市政府重大决策，深入报道读者关心的热点难点问题，相继推出《一条玉带绕城来——全市大水系建设巡礼》等报道。

**【保定晚报关注民生，构建和谐社会】** 《保定晚报》除重点报道全市各项重点工作外，推出“新闻/现报”、“为您服务”、“百姓生活”等版面和栏目，增强报刊的时效性、服务性。在重头报道中，相继策划“走家串户访民生”、“捐助一本书，奉献一份爱”等系列报道，提高了广大市民对晚报的关注度。尤其着力办好“民生直通车”专栏，积极反映城市建设、管理中的问题和市民生活中的热点问题，架起市委、市政府与基层群众之间的桥梁，备受上下关注与好评。市委书记宋太平多次对“民生直通车”中反映的问题作出批示，促使群众关心的问题尽快予以解决，同时极大提升了报纸的影响力。2009年2月8日，《河北日报》在头版头条以《保定晚报“民生直通车”力解民生难题》为题，对此进行了重点报道。

**【深化改革，经济效益再创新高】**

在金融危机负面影响加深，全国报刊经营收入整体下滑的严峻形势下，积极谋划，按照中央文化体制改革要求，实现编采经营两分开，进一步促进报业经济发展。4月10日，保定报业传媒有限公司正式成立，省委常委、宣传部长聂辰席亲自为公司挂牌，成为报社事业加速发展的标志性事件。2009年，报业传媒有限公司通过股份合作形式，注册了博道网络科技有限公司、报业天成公司，目前已拥有7个子公司，搭建起多元经营新平台。报业广告公司实行分媒体经营，成功策划保定市赛宝大会、房展会和首届保定家居博览会等一系列文化、商业活动，进一步拉动了广告收入增长。新成立的博道网络科技有限公司举办多个网民互动活动，扩大了全保定网的影响力。报业天成公司通过吸引社会资金，以市场化方式运作，投资建设新型阅报栏，目前已建成近百座。印刷厂积极对外扩大业务，提高经营收入、经济效益。进一步细化原辅料入库制度，实施新闻纸废品销售竞标制度，强化成本核算、治理了公物外流。早报率基本实现100%，印刷质量全部达到国家优等质量水平，在省报纸印刷质量评比中荣获精品奖。大力开拓外部市场，定期代印业务户发展到29家，外活占46%。面对发行市场争夺加剧的新形势，2009年报社党委进一步统一认识，把发行工作列为报业发展的重中之重，实施一系列诸如全员订报、实行发行绿色通道等支持发行工作的政策措施，在实施晚报进学校、进酒店、进医院，又积极谋划晚报进社区、进军营、上长途车，发展新团体订户，保证了发行量稳中有升。

**【推进管理体制改革，各项工作规范化、制度化】** 2009年，按照用制度管人，按制度办事的原则，先后出台完善了提高报刊质量、干部人事、财务经营等方面的管理制度，使报社各项工作进一步规范化。根据市委统一安排，进行了科级干部全员竞职上岗，进一步优化报社中层干部队伍结构。通过人事改革、竞职上岗，使科级干部平均年龄由原来的45岁降低到42岁，本科以上学历人员由原来的86%提高到93%。严格落实政策，为社聘人员完善了用工手续，办理相关保险。在当前严峻的经济形势下，为一线编采人员更新68台微机，为相关人员配备录音笔等有关办公用品，改善了大家的办公环境。

社长、党委书记　陈永健
总编辑　许顺兰
副社长、党委副书记　高群占
副社长、报业传媒有限公司总经理　展宁
副社长　晏文光（8月离任）
副社长、副总编辑、晚报总编　杨国胜
纪委书记　李玉臣
副总编　董耀奎
副社长　张培英（8月任）
副总编　贺广君（8月任）

（刘国辉　陈　冬）

## 广播电视

**【保定市广播电视局】** 保定市广播电视局是保定市人民政府主管全市广播电视工作的职能部门，是保定市广播电视宣传、事业建设和管理工作的领导机关，是直接组织和策划对重大活动和重要事件进行宣传报道的机构。局机关设办公室、宣传管理处、技术事业处、社会管理处、人事教育处、计划财务处、纪检监察室、机关党委等处室。下属有保定人民广播电台、保定电视台、保定有线广播电视台、保定广播电视报社4家新闻发布单位和保定市电影发行公司、5家影院等事业单位。

**【概况】** 2009年，在市委、市政府及市委宣传部的领导下，保定市广播电视局各项工作始终坚持以邓小平理论和“三个代表”重要思想为指导，认真贯彻党的十七大精神，深入贯彻落实科学发展观，大力加强干部作风建设，依法行政、强化管理，牢牢把握正确舆论导向，为全面建设小康社会创造有利的舆论环境和文化氛围，为满足广大人民群众日益增长的精神文化需求做出了新贡献。

**【安全优质播出】** 加强日常技术管理工作，确保设备稳定运行。组织市直各台开展了“两节”、“七一”和“迎国庆60周年”安全播出“查隐患”活动。组织开展了“迎国庆安全播出季（百日会战）”活动；认真坚持重要播出保障期24小时值班制度和重要播出保障期零报告制度，实行了安全播出整改通报制度；认真坚持安全播出例会制度。组织各播出单位圆满完成了“两节”、“两会”、“五一”、“七一”、“7·22”敏感期、“十一”、广播电视直播会议等重要保障期、重要播出期和重要节目的安全播出工作。

**【事业建设稳步发展】** 认真组织直播卫星设备的发放和安装工作。积极推进农村地区广播电视无线覆盖。对高碑店市、涞源县中央第七套电视节目覆盖情况进行了反复调研论证，提出了2009年度中央七套电视发射台的建设方案，省局经实地勘查，予以批准。配合市交通局完成津保电气化铁路建设所涉及的有线电视国干网和容城县、雄县、徐水县有线电视网络情况的调查摸底工作。组织全市各播出单位完成利用中星9号卫星作为中央和省广播电视节目备份信号源的设备部署工作。完成保定电台新闻节目播出频率的变更工作，为扩大广播节目覆盖范围创造了条件。进一步完善局监测站组织管理和工作机制。协调市高新区管委会和省驻保834发射台确定了662中波台临建工作方案，同时，积极协调市高新区管委会和省驻保834发射台实施662中波台的整体搬迁工作。

**【行业管理注重服务，工作效率不断提高】** 以国庆安保为契机，狠抓行业管理工作的落实，启动国庆互联网视听节目安全保障应急机制，对市属网站视听节目实行了为期一个月的24小时值班监控。有效的防范了有害节目传播。加强广告管理，禁播违法广告。在整治违规医疗广告、游动字幕“挂角”广告、超时超量断剧插播广告、广告审查制度等四方面严格进行自查自纠，确保国庆期间广播电视广告播出秩序规范。深入开展卫星电视传播秩序治理，有效遏制非法安装使用卫星电视接收设施的势头。强化监管，严格市、县两级播出机构秩序管理，坚决杜绝滥播乱放行为，严格供片渠道。

**【举办全市农村数字电影放映工程启动仪式】** 5月22日，保定广播电视局组织了全市国家农村数字电影放映工程启动仪式，市政府、宣传部、人大、政协，发改委、文化局、财政局等单位的有关领导参加了启动仪式。在启动仪式上，对总局、省局为本市配置的104台数字电影放映设备进行了发放，保证这项惠民工程顺利实施。实现了“一村一月放映一场电影”的国家农村数字电影放映工程目标。截至目前为止，全市290个放映队，今年共放映数字电影67071场次，观看人次达1510万。

**【净化社会文化环境工作得到有效落实】** 根据中央、国家广电总局、省局《关于进一步净化社会文化环境促进未成年人健康成长的若干意见》的指示精神，围绕迎接新中国成立60周年，保定广播电视局所属各播出机构积极筹措资金，购置优秀影视节目。保定电台、保定电视台及有条件的县（市）播出机构正在积极筹措创办少儿栏目，提供更多优秀少儿栏目、动画片和影视剧；市区电影院积极组织开展了庆祝建国60周年影视展播活动，召开了《建国大业》电影首放新闻发布会，放映了《建国大业》、《铁人》、《谁主沉浮》等向建国60周年献礼影片，举办了“彩色周末电影专场”、电影进社区等活动，通过一系列的活动有效地为人民群众提供了优秀精神食粮。

**【打造广播电视精品，强化“民生广电”意识】** 保定电台新闻频率节目实行24小时不间断播音，成为全国地市级电台首家推出24小时不间断播出的电台。开办了《民生直播室》、《行风热线》、《阳光演播室》等民生节目。保定电视台《直播保定》、《有事您说话》栏目直击突发事件，聚焦百姓生活，追踪民生的热点难点，服务百姓。为丰富保定市民的文化娱乐生活，保定电视台制作了《唱响保定》、《金厅青春秀》——走进大学校园特别节目《丽人风云榜》、《中国第八届职业模特大赛》。广电报根据本市建设“太阳能之城”、低碳城市的总体目标，先后推出《玻璃幕墙，扮靓大楼苦了谁》、《非同寻常的六十分钟》、《家庭节水大有可为》、《一年了，限塑依旧两重天》等报道，社会反响良好。

**【对上报道成绩斐然】** 在对上报道工作中，广播电视全年在省级以上新闻媒体上稿数量达1200余篇。保定电台完善了《对上报道实施办法》，加大奖励力度，在省台推出了《保定突破思想围城，全面对接京津》、《“低碳保定”梦想起飞》各六篇系列报道，这两组报道以长篇、连续的形式报道了全市重点工作，系统反映了本市深入开展学习实践科学发展观活动的生动探索和实践，受到领导、听众一致好评。

**【广播剧、电视剧】** 保定电台以白沟镇一举成为全国闻名箱包市场的巨变为素材，创作的《白沟轶事》广播剧，通过省广电局专家组鉴定，现已在全省市级电台展播。保定电视台以新农村建设为题材创作的《离开男人的女人们》电视剧，已经完成创作、拍摄以及后期制作任务，并在中央台首播。

**【保定电台《问候汶川》、《博爱一日捐正在进行时》精品节目】** 在“5·12”汶川大地震一周年之际，保定电台策划组织了《问候汶川》大型异地采访报道活动，半个多月时间，行程近万里，前方报道和后方报道有机结合，发稿40多篇（节目），并在“5·12”当天成功进行了与四川绵阳台同步直播，影响广泛。2009年6月27日，保定电台联合市红十字会举行“博爱一日捐正在进行时”大型公益活动，号召全社会关心先心病幼儿，为正在饱受先心病折磨、因家庭困难而无力救治的全市100多名患儿献出爱心，募集救治费用。活动现场募集到资金28.6万元。

| | |
|---|---|
| 党组书记<br>局长 | 马世乐 |
| 党组副书记<br>副局长 | 李华平 |
| 党组成员<br>副局长<br>纪检组长 | 张守满 |

党组成员
副局长　王义亭

（贾莉莉）

【保定电视台】　保定电视台隶属保定市广播电视局，是自收自支的副县级事业单位。设有综合办公室、总编室、新闻综合频道、公共频道、生活健康频道、技术播控中心、抱阳山发射站等基础雄厚的实体。设有《保定新闻联播》、《直播保定》、《有事您说话》、《阳光演播室》、《财经50′》、《健康食尚》、《沟通》、《文化保定》、《周末大戏台》等品牌栏目，全台年自制节目5475小时，年播出时间19710多小时。节目信号可覆盖全市及周边地区，可收视人口达2000多万人。

【概况】　2009年，保定电视台在市委、市政府的领导下和市广电局具体指导下，认真贯彻和落实科学发展观，把电视事业科学发展作为第一要务，正确把握舆论导向，积极发挥喉舌作用，唱响主旋律，为全市经济社会发展营造出了浓厚的舆论氛围，较好地完成了全年的各项工作任务。

新闻宣传工作紧紧围绕市委、市政府的中心工作，坚持正确的舆论导向，增强宣传报道的针对性、时效性和影响力，开展有计划、有重点、有深度的宣传报道工作。先后组织策划了一系列反映全市各项重点工作、重要会议、重大活动的新闻宣传工作，取得了较好的宣传效果。新闻宣传紧紧围绕党的十七大、省委七届四次全会、市委九届七次全会三条宣传主线，认真打好"学习实践科学发展观活动"、"干部作风建设年"、"三年大变样"、"打造中国电谷"、"建设文化名城"、"群众工作站"、"新中国成立六十周年"以及"保定解放六十周年"报道等几大重点战役，这些战役宣传声势大，稿件分量重，持续时间长，宣传效果好，为全市各项工作的顺利开展营造了良好的舆论氛围。总编室牵头集合全台骨干，创作完成了《历史的凝望－－文化保定诗歌欣赏》电视片，播出后反响强烈。对外宣传工作立足全市经济、资源、旅游、人文优势以及发展潜力，坚持抓大事上联播、抓数量上位次、抓质量上台阶。全年在中央台播出稿件26条，在省台播出稿件560条，其中头条18条，名列全省第一，继续保持了电视新闻宣传在全省的领先位次。

注重民生资讯，反映民情民意。开办的《直播保定》、《有事您说话》、《阳光演播室》三个反映民生的栏目，贴近性、可看性、服务性强。各路记者深入一线，用群众熟悉和喜闻乐见的方式进行报道，及时反映群众的生活内容明显增多，质量不断提高，深受观众喜爱。《直播保定》——关注和表现普通百姓的生活、生计生存、生命状态。栏目宗旨力求本土化、贴近性、服务性、导向性、可视性。栏目定位在，关注百姓的，百姓关注的，平民视角，民生内容，人文叙事，有力的反应了民情，化解了矛盾。《阳光演播室》——沟通政府与民生、增进了解、化解矛盾。结合市委、市政府的中心工作，组织各职能部门以及各市县的主要负责人和群众对话，加强了政府和百姓的交流，推进了市委、市政府各项政策实施。《有事您说话》栏目——针对普通老百姓日常生活中遇到的各种问题，真心服务，解决问题。栏目开办至今共接到百姓热线5500余条，播出节目600余期，信息1800余条，其中三分之二以上的问题得到了有效解决和及时答复，在社会上引起了较好反响，赢得了百姓的赞誉和信任。8月20日，市委书记宋太平为该栏目亲笔题词：老百姓的事是天大的事，一定要尽心尽力，认真办好。

以文化体制改革为契机，不断推动文化产业的发展。发挥电视媒体平台对部分资产进行股份制改造，按照"宣传经营两分开"的原则进行了制播分离试点工作。新组建了"宝视鑫桥传媒股份公司"、"电广商贸公司"、"广告经营公司"等经营实体，将部分可经营资产剥离，授权这些经营实体进行节目制作和市场营销。这些公司独立进行成本核算和项目投入，负责节目的生产制作、营销推广、广告经营和相关产业开发，电视台控制节目审批权和播出权，并在政策和资金上对这些公司给予扶持和优惠。利用全台现有的栏目品牌和频道资源，吸纳外来资金，拓展市场空间，实现可持续发展。按照上级有关文化产业化改革的精神，吸收民营资本经营文化资源，由保定电视台参股，以民营资本和社会演出团体为投资主体，遵照资源共享、优势互补、利润按股分成的原则，成立了"直隶大剧院股份有限公司"，各股东共同出资四千多万元对已废弃多年的原"红星影剧院"进行了改造。

从强化制度建设和日常检查入手，落实责任制，任务分解到人，确保安全播出，特别在重大节日、重要活动、重点时段的安全播出都严格按照紧急预案进行操纵，切实加强了对值机职员的安全播出教育和治理，并严格执行报告制度。在日常工作中，结合硬盘播出设备的特性，制定相应的维护检修计划，落实设备检修规程和安全应急预案。全年针对硬盘播出系统还进行了多次设备更新改造，对软、硬件进行了必要的系统升级。同时对技术人员进行了有关培训和考核，使值机人员都能熟练掌握系统的使用操作及一般故障的排除。通过播出全体人员团结一致、夜以继日的工作，不仅保证了60周年国庆重要时期的安全优质播出，并且保持了连续多年安全播出无事故，播出设备的运行始终保持在部颁甲级指标状态，圆满完成了全台各项安全、优质播出的任务。与此同时，不断加大对全台基础设施的投入力度，先后投入一千余万元对部分技术设备进行了数字化的改造和升级。完成了彩电中心七楼300平方米演播厅的装修，并投入使用。

书　记<br>台　长　王庆武

（李建国）

**【保定人民广播电台】** 保定人民广播电台隶属保定市广播电视局，担负着全市的广播宣传任务，是市财政差额拨款的副县级事业单位。该台现办有新闻广播，播出频率为中波1467千赫、调频93.7、90.9兆赫；经济广播，播出频率为中波1017千赫、调频99.7兆赫；交通广播，播出频率为中波747千赫、调频104.8兆赫；城市服务广播，调频101.6兆赫。四套节目，全天播音79小时零40分钟，自办节目27个。中波与调频发射功率分别为10千瓦、5千瓦，可覆盖保定市区、所辖22个县（市）及北京、天津、石家庄、衡水、沧州等部分地区，覆盖人口2000万。

该台现有干部职工206人（包括外聘人员），有中、高级技术职称的88人。下设机构新闻频率、经济频率、交通频率、城市服务频率、总编室、办公室、财务部、技术部、中波发射台、调频发射台、保障部、党总支等。

**【概况】** 2009年，电台在市委、市政府正确领导下，坚持以邓小平理论和“三个代表”重要思想为指导，深入贯彻落实科学发展观，牢牢把握正确舆论导向，着力提高舆论引导能力。是年，电台将多头管理的新闻部、外宣部、新闻频率三个部门合并为新闻中心，统一管理，使新闻资源、人力资源、节目资源进一步优化，责权利更加明晰。3月，电台对新闻频率进行了全新改版。改版后，保定电台新闻广播以全新面目亮相，在全国同级电台中率先实现全天24小时不间断播音，主要播出时段新闻节目的比例由过去的10%提高到90%，成为名副其实以新闻内容为主体的新闻广播。新闻节目在《保定新闻》、《行风热线》基础上，开设了《民生直播室》、《午间茶坊》、《今日新闻盘点》、《整点新闻》、《社会关注》、《法制纵横》、《资讯博览》、《江鸽访谈》等，新闻特色更加明显。表现尤为突出的是《民生直播室》，以百姓身边事、麻烦事、稀奇事、关心事为主要报道内容，关注民生、反映民意、体察民情、化解民怨。在“5·12”汶川大地震一周年之际，保定电台策划组织了《问候汶川》大型异地采访报道活动，整个活动持续了半个多月，行程近万里，前方报道和后方报道有机结合，并在“5·12”这天与四川绵阳电台成功进行了联网直播，在举国上下关注四川地震灾区重建情况、受灾群众安置等关键时刻，传达了保定的声音，体现全国人民一家亲的宣传主旋律。2009年是中华人民共和国成立60周年。电台在深入开展群众性爱国主义教育宣传的同时，于九月初启动了庆祝中华人民共和国成立60周年“祖国颂”系列活动，各个频率开设以“祖国颂”为主题的群众性爱国主义诗文朗诵、歌曲演唱热线参与节目，并于9月26日举办了“同济杯”喜迎国庆60周年保定书画名家大型笔会和“同一个声音，同一个梦想”大型主题文艺晚会，联合社会各界共同为伟大的祖国祈福献礼。联合河北、河南、山西13家电台推出了系列报道“策马千里走太行”，反映建国以来太行山区的发展变化；与市委宣传部联合推出“庆祝建国六十周年大型直播节目——今日保定”，反映建国以来本市取得的发展成就；在《新闻直通车——第七日》推出“六十年、六十人、六十事”，从个体——人的角度反映我与共和国共命运的时代主旋律；与驻保河北大学、华北电力大学、保定学院、河北金融学院、中国地质大学长城学院等10所高校联合推出“我爱我的祖国—大学生红色诗歌朗诵大赛”，体现新时期青年学生的爱国热情；推出《庆祝新中国成立60周年全省优秀广播剧联播》。交通广播开办了红色短信大赛，经济频率、城乡联盟广播推出了红色经典歌曲回放等节目。本台外宣夺得全省第一，共发稿700余篇，占到了总发稿量的六分之一。同时，也超额完成在中央台的发稿任务，发稿25篇。

**【精品创优取得历史最好成绩】** 2009年电台精品创优捷报频传，新闻频率有两件新闻作品荣获第25届河北新闻奖一等奖，七件作品获二、三等奖；城乡联盟广播两件作品分获2008年度河北广播影视节目奖一、三等奖，节目《说说咱保定》入围省广电局推介的十大节目形态。经济广播一件作品获省优秀播音主持作品。

**【录制完成广播剧《白沟人家》】** 白沟是历史商镇，现为中国著名的北方商城，箱包之都。该剧以白沟镇童小丽一家三代的经历：爷爷制卖泥娃娃、父亲缝制人造革提包、女儿将家族发展成为品牌企业，浓缩时代的变迁，折射出中国农民在不同时代的生活磨砺和精神追求。编剧谢美生、郑连宝曾多次深入白沟，体验生活、积累素材、提炼主题，成稿后又对剧本进行研讨、修改，并到中央电台录制。该剧在中央、省、市电台播出后，反响强烈，该剧总长95分钟，分一、二、三集。

**【创新经营领域，构建多元产业发展平台】** 全年，电台贯彻落实全国推进文化体制改革会议精神，按照制播分离的总体思路，将经营创收工作与宣传脱离，注册成立了保定市保广创亿文化传媒有限公司，将相关创收、经营活动全部纳入公司业务范畴。电台还成立产品开发部和项目开发部，开办了保广购物，利用广播资源优势，开展多种经营，全面代理各种新奇特民用产品，为电台创收开辟新的途径。全台创收从四方面入手，理顺经营机制、优化经营结构进手。一是部分实现广告代理，促进频率行业代理步伐的加快。二是规范操纵流程，完善工作制度，加强广告治理，提升服务水平。三是对广告资源市场进行科学的分析，开发新的广告资源，占领行业市场。四是认真研究广播广告发展趋势，主动调整广告结构，努力扩大工商广告的市场占有份额，为下一步的广告创收工作上台阶奠定良好的基础。在全台职工的共同努力下，2009年本台广告首次突破1800万，在全国广播广告普遍下滑的情况下，本台广告上升了50%。

**【开通保定广播网】** 7月，保定电台开通保定广播网，电台新闻、经济、交通三套节目实现了实时在线收听，突破保定广播的地域限制，为保定广播插上腾飞的翅膀。同时台网融合，再造了广播宣传新模式，使传统广播与现代新媒体、新技术互相借力、互相促进，开创了广播发展新天地。

**【创办都市广播】** 12月21日，保定电台推出的一套新节目都市广播正式播出。完成了市政府确定的为群众办的六十二件实事之一。都市广播的筹建工作开始于7月，8月初人员及直播间安装全部到位，9月进入试播阶段，12月21日正式播出，成为宣传党委政府方针政策的重要阵地。

**【完成发射台建设】** 投资300多万元，建成抱阳山调频发射台，覆盖面积较原来扩大四倍，实现自主发射，填补了建台61年来的一大空白；完成涿州发射台的建设，使节目走出河北，进入北京。

**【创办中国·保定文化产业精品展览中心】** 为充分挖掘保定历史及当代文化资源，把保定得天独厚的文化资源优势转化为产业优势，7月28日，电台创办了“中国·保定文化精品展览中心”。展览中心供加盟单位和个人常年展出作品、产品，电台免费为其宣传、布展，同时还将遴选会员精品印制画册并进行全国巡展。近2000平方米大厅汇聚了具有保定本土特色的以民间艺术、工艺美术、书画艺术等门类、以实体艺术为主的3000件作品，全面推介保定文化和艺术。展览中心开业以来，接待了数以万计的参观者和展览者，创造巨大的社会效益。

书　记<br>台　长　王建立

（总编室）

# 卫生·体育·旅游

## 卫　生

【保定市卫生局】　保定市卫生局是主管全市卫生工作的市政府工作部门，负责研究拟定全市卫生工作地方性规章；研究提出全市卫生事业发展总体规划和战略目标；制定全市技术规范和卫生标准并监督实施；制定城乡社区卫生服务发展规划和服务标准，指导城乡社区卫生规划的实施；制定全市农村卫生、妇幼卫生工作规范和政策措施，指导初级卫生保健规划和母婴保健专项技术的实施；制定对人群健康危害严重疾病的防治规划；组织对重大疾病的综合防治；研究指导医疗机构改革，制定市医疗质量标准和服务规范并监督实施；依法监督管理采供血及临床用血质量；拟定全市重点医学科技、教育发展规划，组织重点医药卫生科研攻关；制定卫生执法监督工作规划并组织实施；制定卫生人才发展规划和卫生人员职业道德规范，实施卫生技术人员资格认定标准；负责卫生外事和援外医疗队工作，促进本市与国际卫生技术交流与合作；组织调度全市卫生技术力量，协助政府有关部门对重大疫情、病情实施紧急处置，防止和控制疫情疾病的发生、蔓延；指导管理全市急慢性传染病、地方病、职业病防治和科教、中医、妇幼、爱国卫生工作。保定市卫生局内设办公室、人事处、党办室、医政科教处、规划财务处、基妇处、中医处、疾控法监处、爱卫办、监察室、老干部处、工会12个处（室）。

【概况】　2009年，全市卫生系统大力加强作风建设，稳步推进新医改，打赢了甲流感防控、手足口病防治和国庆安保“三大战役”，“四项”活动和“三大工程”得到全面落实，食品卫生监管、打击非法行医等工作也取得突出成绩，赢得各级领导的肯定和群众的好评。截至年底，全市拥有一级以上医院238家，设有床位27319张，各类医疗卫生技术人员38217人，其中三级医院4家，二级医院81家，一级医院153家；民营医院145家（市区29家，设有床位1318张），平均每千人口床位2.52张，每千人口卫生技术人员3.68人。城镇职工医疗保险、城镇居民医疗保险、农村新型合作医疗三大保障体系覆盖率分别为92.92%、83.12%、91.07%。医疗机构门诊量达1185万人，医院床位使用率平均在80%以上。

【“两个活动”成效明显】　保定市卫生局的学习实践活动始终突出“深化医药卫生体制改革，实现全市卫生事业又好又快发展”这条主线，先后邀请专家作报告、专题讲座5场；围绕影响和制约卫生事业发展的突出问题，广泛开展“寻计问策”活动，组织80场的大讨论，解决突出问题60个。11月，卫生部纪检组长李熙来本市调研，被卫生部评为“全国卫生系统第三批学习实践活动指导工作先进单位”。在“干部作风建设年”活动中，以“坚持三用做事，加强执行力建设”为载体，认真落实“五个一”公开承诺和省纪委“十个严禁”的要求，实行行政审批“一章制”和限时办结，组织党员到唐县白求恩纪念馆上特殊党课，促进行业作风的根本好转。

【基层医疗卫生服务工作】　全市137个卫生项目（县医院、乡镇卫生院、村卫生室）全部按进度要求完成，做到了项目安全、资金安全、干部安全；完成了蠡县、清苑、徐水、容城等11个县（市）创建标准化、规范化乡镇卫生院示范县（市）任务，45%的县（市）达到了“三基两化”标准。继续实施“1带X帮扶工程”。12家市直医院向36家卫生院先后派出医务人员140人，赠送设备价值52.4万元，诊疗人次达93.3万人，组织专题讲课387场。指导唐县、涞源完成招聘执业医师到乡镇卫生院工作试点。

**【城市社区医疗卫生服务体系建设】** 以打造“15分钟服务圈”为目标，对市区5所政府举办的社区卫生服务中心进行了新建、改建和扩建，覆盖率达98%以上。投资737万元购置必要的医疗设备，组织900人参加省卫生厅举办的全科医师、社区护士岗位培训和社区卫生适宜技术培训；实施公立医院支援城市社区卫生服务工作，帮助受援社区卫生服务机构开展卫生服务指导、技术支持、人才培养，提高服务能力。

**【公共卫生服务】** 麻疹、卡介苗等疫苗接种率均达99%以上，乙肝首针及时接种率为99.77%；慢性病防治和健康教育工作稳步推进，12320公共卫生公益热线作用发挥充分；扎实开展餐饮业食品安全整治“春雷”行动、打击违法添加非食用物质和滥用食品添加剂专项整治行动、节日餐饮整治等专项行动。共出动监督执法人员2.2万人，检查餐饮单位2.15万户，纠正不符合卫生要求单位1640户。职业病防治工作不断加强。特别是去年4月在处理安新发生的职业病中毒事件中，及时果断，国家疾控中心给予高度评价，市政府进行了通报表彰。

**【甲型H1N1流感疫情防治工作】** 坚持“高度重视，积极应对，联防联控，依法科学处置”的防控原则，牵头建立了联防联控工作机制，及时制定下发了工作方案和应急预案，确定了定点收治医院和重症病例救治医院，创造性提出“两沟通、两覆盖”的防控措施和“早、快、准、严”的防控要求。随着疫情变化，及时调整防控策略，与驻保13所高校全部建立了“1+1”对口帮扶机制，建立“一诊三区”，严格落实发热门诊和预检分诊制度，加强人员培训，购置负压救护车，建立负压病房，加强部门间的协调配合，使全市防控工作始终有力、有序、有效进行；建立专家救治团队，加强重症病例的早期发现、识别和救治；通过电视、报纸等多种形式加强宣传，消除群众恐慌；加快甲型H1N1流感疫苗接种，已安全接种74万人，救治重症病例26例，有效防止疫情扩散和聚集暴发，受到省政府的充分肯定和市政府的通报表彰。

**【医院管理年活动】** 开展以“人性化精细管理”为主题的医院管理年活动，严格落实医疗管理核心制度，加强医疗质量的持续改革，开展病历质量、血液安全等专项督导检查，促进了服务质量的提高；主动与市委综治办、市公安局沟通协调，积极探索打击“医闹”的新路子；深入开展打击非法行医“天网”行动，先后检查医疗机构13778家（次），取缔非法行医485家，停业整顿202家，限期整改3777家，医疗市场秩序明显好转。行风建设取得突破性进展。年底，行风民主测评在全市27个市直部门中，由第25名跃升至第7名，在全省11个地市中，由第9名跃升到第2名，省卫生厅给予了通报表彰。严格血液质量管理和工作流程。全年共采血液21.26吨，全部来自自愿无偿献血。

**【新农合工作】** 年内，全市新农合覆盖农业人口810万人，参合率达到91.07%，较上年提高4.41个百分点。门诊统筹试点工作，在总结望都试点经验的基础上扩大到11个县（市）。积极推行“一卡通”和出院即报等便民、利民新举措。全年有312.7万人参合农民得到补偿，补偿资金7.38亿元。与上年比较，统筹基金使用率增加11个百分点，住院补偿比提高0.79个百分点，次均住院费用上升476元，县外转诊率上升1.46个百分点。

**【“对接京津”工作】** 一是在资金支持方面。市卫生局牵头，积极运作，争取国家项目、资金支持。保定市第一中医院与北京广安门医院进行协作，参与973科研项目一项；保定市中医院申请国家第四批扩大内需项目资金1250万元迁建一个新的有中医特色的医院。二是在技术合作方面。各医疗单位积极联系北京、天津卫生单位，共签订技术合作协议书26项。市第三医院与北京中日友好医院、协和医院等医院在指导手术、进行带教等方面达成技术合作协议；保定市中医院担负北京中医药大学教学任务。三是在人才培养方面。“请进来”，邀请医学专家对各种疾病的防控、诊断和治疗等相关知识进行培训；邀请北京、天津方面组织医疗质量检查组，对医疗机构的医院管理等综合情况进行检查指导；邀请京津专家到各级各类医疗机构进行临床指导。“走出去”，委派专业技术人员到北京、天津医院进修，培养一批专业技术人才。全年，本市各大医院选派医师到京津的大型医疗机构进修学习 228 人，选派技术骨干参加短期培训 175 人。

**【“长城6号”反恐演习医疗救护工作】** 在接到国家“长城 6 号”反恐怖演习任务后，市卫生局认真制定了反恐演习方案，成立演习领导小组，积极做好反恐演习部署工作，抓好救援工作规范化管理，保证了演习时做到“召之即来，来之能战，战之能胜”。同时做到了定车、定人、定物资。在反恐演习中卫生系统共出动救援人力 300 人次，车辆 42 辆，参演历经半个多月训练，克服了天气炎热和现有装备不足的困难。在正式反恐演练中，应急预案启动迅速，应急梯队人员配备全副防护装备，24 小时集结待命，确保医疗救援工作快速、有效地开展。

**【组织百名名老中医“进农村、进社区”创“太行之路、治未病之路”大型义诊活动】** 为进一步扩大“中医中药中国行”活动的公众影响力，2009 年开展了“百名名老中医”“进农村、进社区”创“太行之路、治未病之路”大型公益活动。深入到社区、太行山区县、深入农村，为当地群众送去精湛的技术和热情的服务，集中展示中医药悠久的历史、相对低廉的服务价格和良好的疗效，把中医药的“简、便、廉、验”优势服务送到农民家门口，使中医药作为一种文化渗入山区百姓的日常生活当中，让中医药惠及千家万户，更好的保障偏远山区人民身心健康，共享健康和谐。全年共组织了 15 次义诊活动。参加义诊活动的名医及专家 210 人，携带中西药品 120 种，共接诊患者 8000 人，对社区中心、乡镇卫生院、县中医院义诊查房 180 人，发放科普宣传资料 2 万份，开中医处方 4430 张，免费发放各种药品价值 16 万元，其中 8.07 万元是中草药和中成药。培训社区、乡村医生 2500 名，还为 1400 名小学生进行中医药讲座，宣传了手足口病的预防知识。出动救护及义诊车辆 30 辆。

**【建立“保定市博爱超市”】** 5 月 22 日“保定市博爱超市”在市第三中心医院举行了揭牌仪式，省、市领导，兄弟单位，企业单位及新闻媒体均参加了揭牌仪式，现场进行了募捐，募集善款 30 万元，并将每年的 5 月 22 日，定为社会慈善医疗捐赠日。“保定市博爱超市”是通过对捐赠物品的义卖、商品的让利销售及救助物品捐赠，有效地整合社会慈善资源，把原来政府的、部门的、社会的、企业的、个人的一些慈善资源，以及各界的爱心善举，整合到“博爱超市”这个平台上来。

党委书记<br>局长 杨运杰
党委副书记<br>副局长 杨瑛
副局长 郭淑琴 田本善
纪检书记 魏增社
副局长 高连发 金培元 葛长青
副调研员 郝文艺 耿琳 郭领波

（贾世杰 帅飞）

# 体育

**【保定市体育局】** 保定市体育局是市政府主管体育工作的行政职能部门。机关内设办公室、人事处、竞技体育处、群众体育处、法规产业处、体育总会秘书处、机关党委、监察室、工会等。辖 7 个单位：体育运动学校、第一重点业余体校、第二重点业余体校、人民体育场、游泳馆、体育幼儿园、体育服务公司。

**【概况】** 2009 年，在市委、市政府的正确领导下，在社会各界的大力支持下，市体育局学习践行科学发展观，坚持抓好青少年业余体育训练，培养输送优秀后备人才，广泛开展群众体育活动，积极推进体育产业，确保了全市体育工作持续发展。

抓学习，提高整体素质。精心组织学习实践科学发展观和干部建设作风年教育活动，突出主题，务求实效，干部职工的思想作风得到加强。大家从对体育事业负责的高度，从提高自身素质出发，建立和坚持理论学习制度，认真学习党的创新理论，不断提高政治理论水平。组织党员干部接受爱国主义教育，重温入党誓词，内强素质，弘扬正气。坚持监督约束机制，提高班子依法行政意识。本局认真落实各级党风廉政建设会议精神，切实加强领导干部廉洁自律教育工作。认真履行党风廉政建设责任制，扎实推进行风建设和民主评议工作，加强对全局干部职工的廉政教育，在全局形成了勤政廉洁的良好风气。在上半年全市市直机关和全省体育系统的民主评议中名列前茅。加强干部队伍建设。按照市委的统一安排，组织科级领导干部全员竞争上岗，通过民主测评、考察考核，26 名同志走上了科级领导干部岗位，通过科级干部竞争上岗，干部队伍作风建设进一步增强，形成了奋发有为、争先创优的良好局面。市游泳馆完成收回工作，市体育局顺利完成淮军公所住户的拆迁工作，受到拆迁指挥部的表扬。

【竞技体育】 致力于“建设体育之城、做大冠军摇篮”，加强青少年业余体育训练，加大体育后备人才的培养输送力度，不断完善业余体校和社会力量有机结合的多元化业余训练网络。国家体育总局授予本市三所业余体校“国家高水平体育后备人才基地”称号，省政府授予本市“第十一届全运会突出贡献奖”，省体育局命名本市为“河北省高水平体育后备人才基地”、“河北体育学院保定教学实训基地”、“河北省体操后备人才基地”。

（一）本市籍运动员在第十一届全运会上成绩突出。在第十一届全运会上，河北省体育代表团共获得13金13银19.5铜1295分。其中，本市籍78名运动员代表河北参赛，共取得6金1银4铜274分的优异成绩，参赛人数和金牌总数、团体总分均列全省各市第一。除郭晶晶、庞伟奥运会带入的5枚金牌之外，郭晶晶再一次勇夺女子跳水三米板金牌，并带领队友王涵、张君、贾东瑾、高林、高丽等获得女子跳水团体银牌。史东鹏获男子110米栏铜牌，刘亚男获女子三级跳远铜牌，王广华、吴海丽与队友合作获女子赛艇四人双浆铜牌，任洁获女子十米气手枪铜牌。同时，一大批新秀崭露头角，田径运动员王佳丽、马乔、闫龙飞，柔道运动员李杰，拳击运动员王博，武术运动员巨文馨，跳水运动员陈杰、王勇、张皓，足球运动员张呈栋、王占江、刘思思、藏伟、吕燕、李琳、王晨、刘欢、刘杉杉、张璨、刘丹、邢欢、冯成成，游泳运动员哈思楠、陆敬魏，跆拳道运动员王广帅，乒乓球运动员崔庆磊、翟超等多人进入前八。本市籍参赛运动员在十一届全运会上的精彩表现，展现了保定体育健儿拼搏向上、勇争一流的精神风貌。

国家体育总局还特邀本市参加在全国十一届全运会期间举行的“中国体育60年成就展”，国家体育总局局长刘鹏对保定为新中国体育事业的发展做出的贡献给予高度评价。

（二）本市籍运动员多人参加了多项国内外比赛，成绩突出。在1月厦门国际马拉松赛比赛中，陈荣获女子组冠军，她也因此连续三年在国内重大马拉松赛事里斩获金牌，另一名选手王佳丽获得女子组第三名。在2月举行的国际泳联跳水系列大奖赛深圳站和多哈站的比赛中，王涵夺得女子双人三米跳板金牌，张新华夺得男子双人三米跳板金牌。在4月举行的全国青年跳水冠军赛上，本市籍运动员张君、贾东瑾、王涵、刘扬、张皓等分别在各自的项目上战胜对手获得冠军。在7月举行的第十三届罗马世界游泳锦标赛跳水比赛中，中国跳水队共15名队员参加，其中保定籍运动员就有郭晶晶、王涵、张新华3人。郭晶晶在女子三米板单人和双人的比赛中，第五次夺得这两个项目的冠军，成为跳水锦标赛五连冠“双冠王”，创造了历史。首次参加世界锦标赛的本市小将张新华夺得男子一米板亚军，王涵夺得女子一米板第三名。王路瑶获全国青少年网球总决赛和国际青少年网球巡回赛冠军并进入国家青年队。张云龙获全国青少年体操比赛三项亚军进入八一队。张峥参加全国射击冠军赛获男子气步枪冠军。马乔、刘亚男参加第四届亚洲室内田径锦标赛分获获女子铅球和女子三级跳远冠军。范胜鹏参加全国青少年乒乓球选拔赛后进入国家青少年集训队。他们的出色表现，展现了拼搏向上、勇争第一的体育精神，为祖国赢得荣誉，为家乡争光。目前，本市培养输送到国家集训队的青少年运动员近百人，他们以体育冠军为榜样，刻苦训练，超越自我，向竞技体育的高峰努力攀登。

（三）加强青少年业余体育训练。采取多种措施，不断加强业余体育训练。一是强化对各项目的管理。召开备战河北省第十三届运动会动员大会，督导各项目的开展训练。积极筹集资金，不断改善训练环境。在中小学建立了“网球训练基地”和“举重训练基地”，加强体教结合，为培养后备人才创造了有利条件。加强教练员队伍的管理教育，出台“保定市体育局教练员考核办法”、“保定市体育局教练员管理办法”和“参加河北省第十三届省运会奖励办法”，进一步激发了广大教练员的积极性。二是积极参加省2009年度青少年锦标赛。组队参加了游泳、田径、乒乓球、武术、摔跤、自行车、篮球、跳水、柔道等22个大项的比赛，共取得93枚金牌5503分。三是积极承办多项省以上体育赛事。承办了全省年度锦标赛的武术、篮球、柔道、射击等项比赛。培养一级运动员30名，二级运动员360名，一级裁判员25名，二级裁判120名。100人参加上级体育部门组织的教练员、裁判员培训。2009年度新注册运动员1079人，注册人数居全省前列，为培养输送优秀后备人才奠定坚实基础。

【群众体育】 群众体育工作坚持城市体育以社区为主、青少年体育以学校为主、农村体育以乡镇为主的方针，继续狠抓群众身边的场地，群众身边的活动和群众身边的组织，构建全民健身服务体系，广泛开展全民健身活动，努力培育群众体育活动品牌和特色。主要抓好以下几项工作：

（一）围绕建设文化名城，进一步开展品牌体育活动。按照市委、市政府《关于建设文化名城的实施意见》的指示精神，市体育局认真组织了中国·保定2009第二届空竹艺术节、中国·保定2009第二届篮球文化节等品牌体育活动，推进文化名城建设，活跃群众体育。在第二届空竹艺术节上，共有来自全国各地19省55个市90支代表队2000余名空竹爱好者参加了盛会，这是也本市近年来规模最大的单项群众体育活动，本市被国家体育总局群体司授予“全国推广民族民间传统体育（空竹）示范城市”荣誉称号，并成为国内首个获此殊荣的城市。11月5日至11日，隆重举办第二届中国·保定篮球文化节暨全国CBO篮球总决赛，有来自全国的12支代表队参加比赛，国家体育总局授予保定市“全国优秀篮球文化节”称号。第二届空竹节、篮球节的举办促进了本市文化体育繁荣，展示保定新形象，扩大保定影响力。

（二）举办系列全民健身活动。在全市开展了丰富多彩、形式多样的系列全民健身活动。先后举办了2009年迎新年元旦万人长跑活动、“中国电谷杯”全市第四届CBO男子篮球联赛暨第二届女子篮球联赛、第八届街头三人制篮球赛、首届全民健身日活动、市直机关游泳比赛、市直机关乒乓球比赛等数十项影响大、规格高的群众体育活动，营造浓厚的全民健身氛围，系列群体活动参加人数超过100万。

（三）体育健身工程稳步推进。加大农村全民健身工程建设，各县（市、区）381个行政村修建了篮球场，配备了健身器材等体育设施。加强群众身边健身器材的建设，城区公园、广场体育健身工程完成52个。建成省级全民健身工程龙潭公园全民健身苑，安装健身器材160件。为城区基层社区配置乒乓球台200副。市体育健身中心、野山坡河北省乒乓球训练基地、涿州市体育中心等3个项目被评为“环京津体育健身休闲圈”河北省全民健身户外活动基地。18个单位和个人荣获“全国群众体育先进单位”和“全国群众体育先进个人”称号。

**【体育产业】** 以推进“环京津健身休闲圈”建设为平台，以项目带动为抓手，进一步培育体育市场，积极探索体育产业发展新的思路，体育产业呈现出良好发展态势。

（一）制定体育产业发展政策，促使高规格体育赛事落户保定。围绕后奥运时代体育产业发展的新形势，积极开阔思路，研究制定体育产业发展政策，提出了《保定市体育产业三年规划基本构想》，并按省体育局的要求认真组织了全市体育产业及相关产业专项调查活动，收到较好的效果。坚持社会体育社会办的原则，承办全国武术散打超级联赛、中国排球联赛等高水平体育赛事，2009～2010赛季全国排球甲B联赛河北男、女队主场落户保定。

（二）冠名赞助成为体育产业发展的重要模式。市体育部门通过冠名赞助等方式多渠道培育和开发市体育市场，年内组织开展中国保定“三利杯”空竹艺术节和中国保定“中国电谷杯”篮球文化节以及“茵保杯”五人制足球比赛、盛事辉腾“李宁杯”三人制街头篮球赛等大型赛事和活动，通过冠名赞助已成为体育产业发展的重要模式之一。同时，大型活动的开展还带动相关产业的发展，如空竹艺术节吸引来自北京、西安等全国各地的2000名空竹爱好来保，带动了本市旅游、住宿、餐饮等相关产业的发展。

（三）社会投资建设体育设施进一步加快。积极吸引社会资金支持体育事业发展特别是民办体育学校的快速发展。如今，正大乒乓球学校、超达网球学校、星盛羽毛球俱乐部、涞水野三坡河北省乒乓球培训基地、唐县富华乒乓球俱乐部等一批民营体育企业健康发展，场馆建设达到30万平方米。正大乒校创办以来，已有8个国家和地区的近千名青少年慕名前来训练，成为驰誉全国的一所青少年乒乓球培训基地，被命名为“河北省乒乓球训练基地”。超达网球学校为国家培养了一大批优秀网球人才，先后有50人获得全国各类比赛270枚金牌。目前是美国尼克网球学校在中国惟一合作伙伴。同时，本市体育用品销售和体育娱乐经营业发展势头良好，定州体育器材、容城、安新运动服装等发展前景广阔。

（四）积极谋划保定体育产业园区。谋划以9平方公里的体育产业园区为龙头，大力整合全市体育资源，与国内其它产业基地错位发展，以体育教育训练为特色，努力建设集“培训、训练、比赛、会展、研发、商住、健身、娱乐”于一体，面向京津、带动河北、辐射全国的国际化、特色化、生态化的“体育之城”。涿州高尔夫、易县登山、涞水和涞源户外拓展等特色项目与旅游产业相互支撑，并肩发展，成为“环京津体育健身休闲圈”

建设的亮点。参加在石家庄举行的“9·19”全省城市博览会展示活动，展现了本市体育产业发展水平。

（五）加强各体育协会建设。市体育总会按照“抓规范、强管理、搞活动、求发展”的工作思路，建立健全规章制度，发挥体育协会的作用，为全民健身服务。新组建成立了保定市杨氏太极拳研究会、驻保高校跆拳道联合会，单项体育协会达到30个、体育俱乐部达22个。全年，各体育协会先后举办市级比赛20项次，参加省以上比赛8项次，组织市级体育骨干培训班10次。

（六）加强了体育法制宣传。利用全市法制宣传周、全国法制宣传日等时机，广泛宣传《中华人民共和国体育法》、《全民健身计划纲要》等法律法规。2009年10月1日，《全民健身条例》实施后，组织全市体育系统广大干部职工学习贯彻落实，体育法制意识不断加强。

局　　长　董路锋
副 局 长　王喜军　刘建新
纪检组长　潘志军
调 研 员　包玉川　王胜利
副调研员　陈彦华

（张英敏）

## 旅　　游

**【保定市旅游局】** 保定市旅游局是市政府主管全市旅游工作的直属事业机构。主要担负着全市旅游发展规划编制、旅游城市形象宣传、旅游市场秩序监督管理等任务，内设4个科级处室，编制18人，下辖2个事业单位。

**【概况】** 2009年，全市旅游业以科学发展观为统领，以又好又快发展为主题，建设环京津休闲旅游目的地，打造旅游精品，发展乡村旅游，优化旅游发展环境，全面提升旅游产业素质。全年接待国内游客2278.10万人次，旅游创收114.1亿元，同比分别增长19.97%和24.10%；接待海外游客8.06万人次，创汇2789.6万美元，同比分别增长9.35%和26.149%，旅游总收入和游客接待总量位居全省第一。全市旅游市场实现“健康、安全、秩序、质量”四统一工作目标。中国旅游城市品牌大会授予保定中国最佳红色旅游名城；承办“白洋淀温泉休闲旅游聚集区推介会”。河北省旅游局评比保定旅游局2008年全省旅游系统行风排名第一；保定市委授予县级领导班子考核实绩突出单位，信访工作先进单位；市委、市政府授予2009国庆60周年安保先进单位；市政府授予安全管理部门先进单位；安全生产监督管理先进单位；市精神文明委授予2008年度“三杯”竞赛活动“优质服务杯竞赛优胜单位”；市委办公厅授予“长青杯”保定市第六届社区艺术节开幕式“组织好单位”。

**【编制完成《保定市环京津休闲产业带发展规划》】** 2009年5月由河北省地理科学研究所、河北省旅游开发研究中心编制完成《保定市环京津休闲产业带发展规划》。指导思想：推进保定产业结构优化的战略进程，促进保定旅游产业转型升级，提高保定在河北省环京津休闲旅游产业带的综合竞争力，建设充满活力、带动性强、国内领先的京南休闲旅游目的地。战略目标：以京津市场为核心，立足河北，拓展周边，吸引国际，通过对休闲旅游资源的集约型利用和经营，延长服务链、产业链和经济链，提高保定市环京津休闲旅游带的消费拉动力、市场影响力和产业带动力，将休闲旅游业发展成为保定市现代服务业的重要龙头产业、京津冀区域一体化的先导产业，将保定市环京津休闲旅游带建设成为经济增长带、生态保护带、区域合作带、民生改善带、产业示范带，有效促进全市经济发展方式转变和产业结构调整，成为国内一流的京南休闲旅游目的地。总体布局：一个核心城区——保定市区文化休闲城，五大特色休闲区（白洋淀水乡温泉休闲区、涿州康体娱乐休闲区、拒马河谷山水休闲区、太行红色旅游休闲区、定州历史文化休闲区），十项精品休闲旅游工程（保定古城文化体验项目、保定市区城郊游憩带建设项目、白洋淀休闲旅游业态培育项目、涿州京南现代康体休闲区建设项目、涞源白石山精品度假区建设项目、涞水拒马河沿河休闲度假带项目、清西陵活化体验项目、阜平西部山区旅游接待中心建设项目、定州河北文博城建设项目、安国药王庙文化建设项目），并制定了详细的战略步骤和措施。

**【成功举办白洋淀温泉休闲旅游聚集区北京推介会】** 为推进环京津休闲旅游产业带发展，8月26日，在北京国际饭店会议中心隆重举办了白洋淀温泉休闲旅游聚集区推介会，省、市政府领导给予高度评价，省委常委、副省长杨崇勇多次对保定提出表扬，并在报告中批示“很好”。本次推介会规模大、规格高，由省政府主办，省旅游局、市政府承办，市旅游局负责落实各项具体工作。国家旅游局副局长祝善忠、省政府副秘书长王会勇、北京市旅游局局长张慧光、省旅游局长王新勇、市政府市长于群出席会议，市政府副市长孟祥伟主持会议。200余家国内外企业集团负责人、中国最具实力的10余家旅行社负责人、中央人民广播电台、中央电视台、北京电视台、北京卫视、中国新闻网、北京日报等50家媒体记者参加推介会。会上，市政府与北京首旅集团、中国国旅总社、中旅总社、中青旅控股有限公司、康辉旅游集团等签订了旅游战略合作协议；中国好安居有限公司、东方美亚传播有限公司、北京青科华业投资有限公司等5家企业与白沟·白洋淀温泉城管委会、安新县政府签订了旅游项目合作协议，总投资额近150亿元。

**【首批河北省工业旅游示范点建成】** 定州伊利乳业工业园区在省、市旅游局指导下，按照旅游景区质量等级标准，对企业主厂区进行了旅游功能完善和改造，4月被河北省旅游景区质量等级评定委员会正式公布为国家2A级旅游景区。定州伊利乳业有限责任公司和曲阳县东方雕刻城等2家企业按照《河北省工业旅游示范点评定标准》，进行省工业示范点建设，5月被省旅游局正式命名为首批河北省工业旅游示范点。

**【加大乡村旅游建设】** 向全市530余家农家旅馆下发《关于启动对接京津农家游活动的通知》，发放《河北省乡村旅游培训手册》及乡村旅馆软硬件标准。由各县（市）旅游局结合当地实际组织培训与考核，并对有特色、有代表性的优秀农家旅馆进行评选、表彰。面向北京自驾车俱乐部、车友会推介保定500家优秀农家旅馆，保定10个县（市）与北京自驾车俱乐部签订《农家旅馆优质服务承诺书》，乡村旅游业得到提高。

**【推进旅游标准化】** 年内全市新增星级饭店6家。其中五星级饭店2家（保定卓正国际酒店、星光国际商务酒店）。三星级饭店4家（阜平县龙昌宾馆、易县百益城宾馆、易县欣燕都望龙度假山庄、雄县永平大酒店）。新增A级旅游景区3处，其中3A级1处，2A级2处。新增省级工农业旅游示范点4处。完成4A级狼牙山旅游景区、四星级恒通财富中心酒店、三星级腾达大酒店等旅游企业太阳能改造。其中：狼牙山景区投资15万元，共安装太阳能照明灯26盏；恒通财富中心酒店投资0.7万元，完成门口LED霓虹灯改造200平方米；腾达大酒店投资0.23万元，安装太阳能热水设备近30平方米。

**【开展京津冀及周边五省旅游推介】** 组织各县（市）旅游局、旅游景区参加在辽宁大连举办的“中国北方十省市旅游交易会”；组织涞水、易县旅游景区赴内蒙、山西进行宣传推介；组织在北京地坛公园举办“保定旅游宣传日”；组织参加在山东烟台举办的“中国国内旅游交易会”；组织走入丰台区海户西里北、花椒树等社区，进行旅游宣传推介；在北京举办“白洋淀旅游文化节”开幕式；组织旅游大县参加在天津举办的“2009中国旅游产业会”；在湖南长沙举办“保定旅游推介会”；组织参加在云南昆明举办的“中国国际旅游交易会”。

**【举办2009中国保定敬老健身节】** 10月，在北京国际饭店举办“2009中国保定敬老健身节暨北京市民与保定农家旅馆对接活动推介启动仪式”。市政府副秘书长白光明主持，河北省旅游局副局长吕力致开幕辞，北京电视台《红绿灯》栏目组主任张耀讲话，局长赵静推介中国保定敬老健身节及保定市发展乡村游情况。会上，涞水、安新、易县等10个乡村旅游大县与北京长城车友会、北京私家车交通安全服务管理中心房山分中心（龙乡车友联盟）等10家俱乐部签订了合作协议。11月，野三坡、白洋淀、白石山、天桥瀑布、晋察冀边区革命纪念馆、狼牙山、清西陵、满城汉墓、王氏庄园、安国药王庙等10个景区面向北京自驾车俱乐部、车友会实行4折优惠。本届健身节，创造性地将“中国保定敬老健身节”这一王牌节庆品牌与乡村旅游巧妙结合，实现优势互补，加快京保旅游一体化进程，促进保定旅游业的大开放、大发展、大跨越。

**【加强旅游法律法规宣传和旅游市场监管】** 国务院第550号令新版《旅行社条例》于5月1日起正式颁布实施。先后组织150余家旅行社进行新《条例》学习、培训，并结合国家法制宣传日等机会大力向社会消费者宣传，提高了游客出行维权意识。

联合执法、明察暗访，对无证经营、超范围经营、承包挂靠的旅行社以及“黑导”“黑店”、“黑车”等进行重点查处，并对重大违规经营公示曝光。全年共受理旅游投诉10起，结案率达到100%。

党组书记
局长　赵静
副局长　李克信　张平义
纪检组长　孙万忠

（严明星）

# 社 会 生 活

## 民　　政

【保定市民政局】　保定市民政局是市政府主管社会行政事务的职能部门，主要承担五个方面的基本职能：一是以城乡低保、五保供养为基础，其他专项救助为辅的社会救助方面的工作；二是以拥军优属、优待抚恤、烈士褒扬、退伍安置、军队离退休干部安置和服务管理、军队无军籍退休职工安置等为主要内容的为军队和国防建设服务方面的工作；三是以城乡基层政权建设和社区建设等为主要内容的基层民主政治建设方面的工作；四是以扶老助残救孤济困等为主要内容的社会福利方面的工作；五是以区划、勘界、地名管理、社团管理、民办非企业单位管理、婚姻管理、殡葬管理、收养管理等为主要内容的专项社会事务管理方面的工作。局机关设18个处室（综合处室8个，业务处室10个），编制94人；下设直属事业单位15个，在职干部职工285人。

【概况】　2009年，在市委、市政府的正确领导和省民政厅的关心指导下，深入学习贯彻科学发展观，紧紧围绕市委、市政府的中心工作，牢固树立“对党负责，对民尽心，以民为本，为民解困”的民政理念，以提高民生保障水平、加强民政基础设施建设为重点，从解决人民群众最关心、最直接、最现实的利益问题入手，统筹兼顾，全面推进，用心把握，积极作为，各项民政工作取得了显著成绩。承担的11项政府责任目标全部提前或按时完成（提前完成10项，按时完成1项）；全年有10项工作受到省部级表彰，13项工作受到省厅及市委、市政府表彰，充分履行了改善民生、落实民权、维护民利的基本职责，为保障和改善民生、促进社会和谐稳定做出了新贡献。

【城乡社会救助扎实有效】　坚持把社会救助作为保障群众生活的重要民生工程，不断加大投入力度。城乡低保做到了动态管理下的“应保尽保”，并再次提高保障标准和补助水平，确保全市低保标准不低于全省平均水平。2009年，全市共下拨低保资金3.68亿元，比上年增加33.3%。城镇低保保障面达到4%，农村低保保障面达到3%，城乡困难群众的基本生活得到了保障和改善。农村五保供养工作实现历史性突破。采取签订责任状、以奖代补等措施，按照“三院合一”模式，大力加强民政事业服务中心建设。2009年新建敬老院27所，新增床位12132张，床位总数达到18978张，集中供养能力由两年前的不到7%提高到了52%，本市五保供养工作由全省倒数第二迈入全省先进行列。积极实施城乡特困群众医疗救助制度，对特困家庭在定点医院的诊疗费用实行“一免三减”，为缓解困难群众看病难问题发挥了积极作用。对农村低保户、五保户参加新农合个人承担部分给予全额补助，对患有大病、慢性病的特困家庭给予了临时医疗救助。全市城乡共实施医疗救助27万人次，救助资金4500万元。协调14个部门联合出台了《保定市低收入家庭认定办法》，为规范低收入家庭享受廉租房和经济适用房打下了基础。

【防灾减灾救灾体系不断完善】　积极适应抗灾救灾工作发展的趋势，坚持“减、防、抗、救”

并重，大力推动灾害管理体系建设。各级救灾应急预案进一步完善，救灾物资储备工作进一步加强，应急救援能力进一步提高。完成了四级《自然灾害救助应急预案》制定工作，并成功举办了河北省基层应急预案建设现场观摩会，受到国家减灾中心闫志壮副主任的高度评价。针对去年发生的旱灾、风雹和雨雪冰冻灾害，及时下拨救灾款1489万元、救灾物资1.16万件、救济粮1573吨，有效保障了受灾群众的基本生活和社会稳定。

**【优抚政策全面落实】** 2009年再次提高优抚对象抚恤补助标准，并进一步完善了优抚对象医疗保障体系，制定出台了《保定市优抚对象医疗保障实施办法》，建立了"一站式"医疗结算服务体系，方便了优抚对象就医和报销。9个县（市）光荣院被省厅命名为新一届甲级光荣院，受到省厅表彰奖励。全年共下拨优抚款3.64亿元，比2008年增加76.7%，保障和改善了全市6.3万名优抚对象的基本生活。

**【安置力度进一步加大】** 坚持构建以自谋职业为主、安置就业为辅的安置工作新格局，稳步推进以退役士兵自谋职业、职业技能培训和就业指导服务为主要内容的"三位一体"综合改革，实行安置政策、安置办法、安置计划、安置程序、安置结果"五公开"，接受社会监督，重点安置对象得到了妥善安置，城镇退役士兵自谋职业率达到了55%。建成了全省第一家复员退伍军人"一站式"服务大厅，受到省厅领导的肯定。军队离退休干部"两个待遇"充分落实。

**【双拥共建成效显著】** 加强了双拥工作制度建设，坚持打基础、抓长远，狠抓以国防教育和爱国主义教育为主要内容的双拥宣传教育，大力营造拥军优属、拥政爱民的良好氛围。坚持重大节日走访慰问驻军，共赠送慰问金（品）计80余万元，并积极协调相关部门对166名随军家属进行妥善安置。圆满完成了新一届省级双拥模范城（县）检查验收，保定市和涿州、涞源等8个县（市）被省委、省政府、省军区授予"双拥模范城（县）"荣誉称号。省民政厅古怀璞厅长在检查验收讲评时指出：保定市双拥共建工作在新的历史时期取得了丰硕成果，并特别强调目前保定市的双拥共建工作处在历史最好时期。

**【基层民主自治管理基础更加牢固】** 顺利完成了第八届村委会换届选举工作，完成换届选举的村达到99.3%，创历届村委会换届选举最好水平。和谐社区建设活动有声有色。北市区、韩北街道、东方家园社区、茗畅园社区、铁路社区分别被国家民政部命名为"和谐社区建设示范区"、"和谐社区建设示范街道"和"和谐社区建设示范社区"。本市被民政部《乡镇论坛》、《社区杂志》社评为"基层民主和城乡社区建设宣传工作先进单位"。"万家社区图书室援建和万家社区读书活动"提前一年完成国家和省提出的工作目标，为促进城乡基层文化基础建设、引导城乡人民群众科技致富、智力致富发挥了积极作用。

**【社会事务管理规范提高】** 紧紧围绕市委、市政府经济社会发展大局和决策，编制完成了《保定市城区地名规划》和《保定市地图册》的出版发行。按照《保定市居民区名称管理办法（试行）》规范了小区道路的命名。积极调处边界纠纷，维护了边界附近地区的和谐稳定。开展了婚姻登记规范化建设单位达标活动，婚姻登记、收养登记进一步规范；积极推进殡葬改革，公墓清理整顿初见成效，容城等县（市）火化率持续保持在95%以上；殡葬设施逐步改善，新增2个国家三级殡仪馆。老龄工作不断加强，慈善事业得到长足发展。新社会组织蓬勃发展，第三批学习实践科学发展观活动指导工作取得明显成效。

**【社会福利事业快速发展】** 社会福利机构健康发展，市区新增床位500余张；继续开展了"微笑列车"和"明天计划"活动，全年共救治患儿54例；救助管理工作责任明确，程序规范，共实施救助6421人，妥善安置弃婴和生活无着人员92名；福利彩票销售再创历史新高，完成销售4.15亿元，增长21%，超额完成省定目标，本市获全省6个奖项中的5项奖牌。市政府2009年62件实事之一的市儿童福利院落成并投入使用，结束了本市孤残儿童福利机构的空白，标志着全市孤残儿童康复服务设施建设水平又有了新提高，社会福利事业又跃上了一个新台阶。

**【服务大局作用更加显现】** 围绕中心、服务大局是民政工作的根本前提。积极开展"手拉手"助困行动。大力推广高阳县农村五保"手拉手"助困经验，全市农村五保"手拉手"帮扶8822人，占五保对象总数的24.5%。全力以赴抓好"迎国庆保稳定百日会战"工作。认真落实省市稳定工作会议精神，充分发挥部门职能作用，加强组织领导，严格落实政策，明确责任，强化服务，圆满完成了“迎国庆保稳定百日会战”工作任务，市局被市委市政府评为“国庆安保先进单位”。围绕全市“一主三次”城市发展战略，积极做好撤乡建镇工作。在全国撤乡建镇工作原则上冻结，全省从严掌握，提高设镇标准，严格控制审批数量（自2001年以来全省每年只批几个）的情况下，多次跑部进厅，科学制定规划，对上积极协调，对下细心指导，省政府一次批准本市11个乡撤乡建镇，是全省近年来每年批准撤乡建镇总数的两倍，使全市建制镇比例提高了4个百分点，有力推进了全市城镇化进程，受到市政府通报表彰。

**【自身建设不断加强】** 局党委在干部队伍建设上下大力，出实招，队伍整体素质得到了全面提升。领导班子结构进一步优化，班子活力更加显现，团结和谐、干事创业的氛围更加浓厚。全面开展了科级干部竞争上岗，干部队伍更加年轻化、知识化，干部的事业心、责任心进一步提高，开拓进取、科学发展的意识大大加强，工作热情进一步高涨。结合民政实际开展了“两项教育活动”，激发了干部队伍创新发展活力。大力削减行政许可审批项目，从6项减少到2项，市局行政服务中心窗口被评为“先进窗口”；开展了“学法纪、守清廉、保稳定、促发展”主题教育活动，全面推行政务公开，有力推动了各项民政工作的长足发展。

党委书记<br>局　　长　张子冬

党委副书记<br>副 局 长　高淑英

党委委员<br>副 局 长　张　革　刘　伟

党委委员<br>纪检书记　穆小燕（4月任）

党委委员<br>老龄办专职<br>副 主 任　门惠泽(4月任)

调 研 员　常　良　赵永平

副调研员　赵彦生

（苏建辉）

# 扶贫工作

**【保定市扶贫开发领导小组办公室】** 主要职责是贯彻执行党和国家的扶贫开发方针、政策、法规；拟定全市扶贫开发工作的意见、办法，协调扶贫开发项目的规划、立项、申报和储备工作，并组织实施；负责全市贫困状况的统计监测；拟定扶贫开发工作总体规划、中长期规划和年度计划并组织实施；拟定扶贫开发资金的分配意见，负责指导、监督和检查资金的使用；组织协调联络中央和省国家机关、民主党派、群众团体、部队、院校对口帮扶贫困地区工作；协调市行业主管部门扶贫工作；组织协调社会各界参与扶贫开发工作，负责扶贫捐赠资金、物资的接收和管理；组织扶贫开发重大问题和事项的调查研究、汇总分析，收集和掌握国内外扶贫开发信息；负责产业化扶贫工作；负责扶贫开发交流与合作工作，规划和管理外资扶贫项目，组织协调有关扶贫开发出国、出省招商、考察和培训工作；负责扶贫开发宣传报道和科技扶贫，组织实施贫困地区干部科技培训和实用技术推广；负责贫困地区劳动力转移培训工作，组织实施贫困地区劳动力培训和转移输出；承办市政府有关扶贫开发工作和市扶贫开发领导小组的日常工作。内设有综合处、项目规划处、社会扶贫处、科技培训处。

**【概况】** 2009年，坚持规划事项保落实、讲标准，创新事项重突破、求争先的原则，全年争取财政扶贫资金7721.7万元，超出计划2121.7万元，较上年多1131.2万元；全年帮扶资金到位5766.4万元，超出全年计划4766.4万元；按照“十二有”标准完成了96个贫困村的整村推进扶贫任务，使2.2万贫困人口脱贫；新发展村级扶贫互助资金试点村47个，超出计划7个，另争取到10个国家级互助金试点村落户唐县、顺平；按照“十有”标准发展细胞工程示范户8400个，超出计划1400个；按“双十一”标准重点建设了4个移民小区，搬迁移民3900人；完成贫困地区劳动力转移培训4200人，实用技术培训2万人。

**【科学扶贫能力明显增强】** 一是学习实践活动推动了思想解放。通过对科学发展观的学习，促进了领导班子、党员干部的思想解放和思路转变，形成了“变依上靠下为自我加压、主动作为；变一般号召为创新示范、典型推动；变忙闲不均为人人有责、个个争先”的浓厚氛围。研究制定了以摸清底码、典型示范、推动落实、讲究方法为主要内容的“14744”扶贫开发工作方略，得到了市委宋书记的批示肯定，也得到了全办及整个扶贫系统的积极响应，进而推动了科学扶贫、开放扶贫、精细扶贫进程。二是学习实践活动推动了作风转变。以“干部作风建设年”和“亲民爱民”活动为契机，班子成员深入贫困乡村问政、问需、问计，获取第一手资料；对重点工作月监测、季通报、半年调度，推动工作落实；

既压担子，更教方法，提高扶贫系统整体执行力；先后组织19名党员干部深入到25个帮扶户摸清“扶贫开发细胞工程户”底码，分析贫困原因，制定帮扶计划，落实帮扶项目，引导贫困户走上脱贫致富道路。三是学习实践活动推动了班子建设。领导班子在学习实践活动中注重坚持用创新理论武装头脑，带头弘扬“敬业、善学、创新、求实”的扶贫人精神，把“争先进位”主旋律贯穿于组织领导扶贫开发工作实践中。注重坚持民主集中制，把集体领导、分工负责统一于领导班子组织建设之中，严格党组议事规则，不断提高合作共事的能力和水平；认真过好“双重组织生活”，既参加班子民主生活会，又以普通党员身份到所在党小组开展批评和自我批评，拉近了党员领导和党员群众之间的距离，扩大了党内民主。注重坚持健全领导、专家、群众相结合的决策机制，民主决策、科学决策、依法决策能力明显增强。注重坚持惩防体系和党风廉政建设，加强对党员干部进行警示教育，加强扶贫资金使用的经常性监督检查，严防扶贫资金使用风险，树立各级扶贫干部良好形象，维护贫困群众合法权益。

**【重点工作质量明显提升】** 一是精细管理互助资金。加强制度设计，研究制定了启动、实施、风险、后续管理办法；召开互助金试点现场观摩交流会，总结推广了涞源等县的做法和经验；根据新的《操作指南》，在深入调查研究的基础上，提出了《保定市互助金试点指导意见》。二是强力实施移民扶贫。按照“双十一”标准，重点抓了涞源县白石口、阜平县第一山、照旺台、大元等4个搬迁小区建设，协调解决了曲阳县范家庄乡移民搬迁遗留问题。同时，把移民搬迁工作同产业化项目、互助金试点、农村低保、劳动力转移培训等结合起来，提高搬迁工作水平。三是积极发展产业片区。建立完善产业片区项目库，入库项目达到16个。在发展产业项目中，以食用菌、蔬菜、果树为主大力发展设施农业；争取到省扶持的计划外产业片区两个：阜平县“大枣产业片区”和涞源县“核桃、杏扁产业片区”。四是贯彻落实对接京津战略。引进中国扶贫基金会小额信贷项目在顺平、唐县的试点，中国扶贫基金会为每县出资1000万元、省为每县出资300万元；组织贫困村“两后生”和剩余劳动力实施订单转移培训，已向北京输出850人、天津输出1073人，真正做到了“输出一人，脱贫一家”。五是发展壮大龙头企业。注重扶贫龙头企业的培育、引导、支持和管理，制定了准入、认定、退出、奖惩机制，召开了座谈会，组织了参观考察，研究了金融危机形势下扶贫龙头企业的发展方向和思路，调动了企业法人的扶贫积极性，实现了龙头企业发展与细胞工程建设的良性互动；为企业提供成长型贷款贴息215万元、企业贷款贴息184万元。六是大力推进社会扶贫。积极协调4个中直帮扶单位、省直7个“四帮一”扶贫工作队在本市开展定点帮扶，加大对全市9个帮扶集团管理力度，调动了绝大多数帮扶集团帮扶款物的积极性，全年到位款物合计5766.4万元。七是强化扶贫资金监管。认真贯彻落实现有各项扶贫资金、项目管理制度，严格扶贫资金投向和使用范围，及时录入“财政扶贫资金项目监测系统”，确保扶贫资金专款专用、专户运行。严格执行扶贫资金报账制和公示公告制度，落实到村项目直通车制度。积极配合财政、审计部门加强对扶贫项目的监督、检查和审计，防止违纪现象发生。

**【扶贫系统风气明显改观】** 一是创新机制，提高扶贫开发工作科学化水平。建立扶贫系统“年初建账、明账，年中查账、对账，年底算账、报账”目标管理责任制。按照年度工作安排，把《2009年工作要点》所涉及的重点工作具体分解为7个方面32项，明确了工作标准、责任主体、工作流程、完成时限和奖惩措施。研究出台了《关于整合项目资金到村确保完成整村推进扶贫规划的若干意见》；制定了《保定市集团帮扶工作管理办法》、《关于对各重点县建立目标考核评价体系的通知》、《机关内部考核评比办法》、《龙头企业动态管理实施办法》等规范性文件，使扶贫开发各项重点工作都纳入了规范化、制度化、科学化管理轨道。二是总结经验，探索太行山扶贫开发工作规律。结合总结第一个十年扶贫开发经验，深入研究下一个十年扶贫规划，进一步明确了全市扶贫开发工作思路，即：瞄准扶贫对象和区域，坚持开发式扶贫方针，创新参与式扶贫方式，以减少贫困人口、缩小收入差距为目标，以提高扶贫对象自我发展和可持续发展能力为根本，进一步完善“大扶贫”格局，突出产业开发、基础设施、公益事业、生态建设“四个重点”，实施整村联动、龙头带动、示范推动“三动战略”，坚持符合太行山实际的“三化两式”（产业化、组织化、社会化，移民式、就业式）扶贫道路，艰苦奋斗，真抓实干，争先进位，确保扶贫对象共享改革发展成果，为全面建设小康社会和构建和谐保定做出积极贡献。工作中，注重搞好两个结合，即：抓整村推进与抓产业项目结合。在抓好行业主管部门和帮扶单位帮扶承诺的同时，每个贫困村确立一至二个适合本地增收脱贫产业。重点推广了长毛兔、张杂谷、黄山蜂、绒山羊、食用菌、核桃、大枣、棚菜、育肥驴等周期短、投入少、风险小、有龙头的产业项目，让贫困户“看单点菜”。长毛兔养殖业市场前景广阔，龙头企业以赊销方式提供种兔，保护价回收兔毛，全年新增养殖小区（点）11处；张杂谷试种4683亩，亩产达到1000多斤，是传统谷子产量的4~5倍，每亩能为农户增收1000多元；抓入户增收与抓龙头企业结合。依托现有扶贫龙头企业与贫困户对接，依据贫困户种养要求及市场前景培育、扶持龙头企业，走龙头+基地+合作社（互助金）+农户的发展模式，达到互利双赢。易县黄山蜂产品有限公司扶持贫困农户发展蜜蜂养殖产业，共为农户发放蜜蜂2513箱，保有量已达50000多箱，辐射本县西部山区21乡镇30个贫困村，带动贫困户1300户左右，部分饲养情况良好的蜂农已经由过去的5箱蜂发展到四五十箱，年纯收入达到了三四万元。三是以人为本，建设学习型干部队伍。针对学习实践活动查找出的旧、惰、低、宽、少、弱等六个方面的问题，制定了《关于加强扶贫政策学习，提高扶贫工作水平实施方案》，在扶贫系统广大干部中营造崇尚学习的浓厚氛围，积极向书本学习、向实践学习、向群众学习，优化知识结构，提高综合素质，增强创新能力。坚持每周五集体学习和周三个人自学的学习制度，提高政策业务水平等，形成了风清气正、勤奋好学、团结和谐、个个争先的良好局面，扶贫系统的执行力明显增强，实现了“扶贫效益最大化、风气良好最大化、环境优良最大化”。

主　　任　高　玉
副 主 任　韩卫江　李福刚
纪检书记　王海江（4月任）

（侯贵斌　张　雷）

# 计划生育

**【保定市人口和计划生育委员会】** 保定市人口和计划生育委员会是保定市人民政府主管全市人口和计划生育工作的职能部门，业务受河北省人口和计划生育委员会指导，承担控制人口数量、提高出生人口素质、完成人口计划和落实计划生育政策的任务。设有办公室（财务处）、人事处、政策法规处、规划统计处、宣传教育处、科学技术处等6个行政处室；保定市计划生育药具管理站和保定市计划生育宣传站2个科级事业单位；2009年11月根据保编办字［2009］80号文件，增设流动人口计划生育管理处。

**【概况】** 2009年，全市各级人口计生部门坚持以科学发展观为指导，按照“强基固本、全面提高、争先进位”的总体思路，创新工作理念，转变工作方法，抓重点，攻难点，创亮点，圆满完成了年度人口计生各项责任目标。全市共出生133231人，其中政策内119833人，政策外13398人，出生率12.07‰，较省下达责任目标低2.87个千分点；符合政策生育率89.94%，较省下达责任目标高4.94个百分点；经市、县年终考核及抽样调查，符合政策生育率的求实率为96%以上，群众对人口计生工作的满意率为95%以上，分别比省下达指标高1个百分点和8个百分点。省政府授予保定市“2009年度完成人口和计划生育责任目标优秀奖”；授予望都县、易县、高碑店市“2009年度人口和计划生育工作先进县（市、区）奖”。

**【深化计生宣传，转变群众婚育观念】** 各级人口计生部门充分利用新闻媒体和计生宣传阵地，强化宣传教育，育龄群众对计生政策和生殖保健知识的知晓率明显提高，广大群众的婚育观念进一步转变。大力推进双文明创建，2009年度，全市共创建婚育文明村671个，婚育文明家庭15.01万个。使全市婚育文明村达到了1251个，占总村数的19.2%；婚育文明家庭达到23.06万个，占全市计生家庭的18.4%。将培育新型生育文化融入社会主义新农村建设，全力倡导男到女家落户婚育新风，印发《保定市关于在农村倡导男到女家落户培树婚育文明新风的指导意见》，为倡导男到女家落户提供政策支持，引导群众树立“生男生女一样好”、“女儿也是传后人”等婚育新观念。定州推行的“男到女家落户”婚姻模式，得到了国家人口计生委主任李斌的充分肯定。8月份，在河南漯河召开的全国性别比治理会议上，定州市代表河北省作了典型发言。中央电视台拍摄的《定州男到女家落户》专题片，作为建国60周年献礼节目，在央视一频道播出。

**【夯实基层基础，促进工作水平提高】** 将2008年度符合政策生育率低于80%的乡、村全部列入后进范围，市人口计生领导小组制发了《关于开展计划生育后进层面专项治理活动的实施方案》，在全市范围内深入开展后进转化专项治理活动，年初确定的310个后进村，有303个实现了转化目标，转化率为97.7%。按照“抓两头、带中间、促提高”的工作思路，在狠抓后进转化的同时，狠抓“无政策外多胎生育乡（镇）和无政策外生育村创建活动”。省人口计生委赵新主任对这一做法，给予了充分肯定。按照省统一安排部署，各级人口计生部门加大投入，强化措施，于8月底前全部完成了全员人口信息录入任务，全市全员人口录入覆盖率达到98.5%、逻辑关系准确率达到97.3%，全员人口信息库进一步完善、精确。强化基层网底建设，全市村计生专干、育龄妇女小组长达到21450名，其中具有初中以上学历的占99.5%，比上年提高8个百分点；平均年龄38.5岁，比上年减少4岁。小组长工资由过去的每人每月30元提高到50元以上，并由县级财政予以保障。市委、市政府制定出台了《关于加强城镇社区计划生育基层组织网络建设的意见》（保字［2009］49号），对配备城镇社区计生专干、楼院协管员的条件、职责和工资待遇提出了明确要求。对此，省人口计生委主任赵新批示：保定市委、政府领导重视，采取得力措施加强基层建设，必将对稳定低生育水平、统筹解决人口问题起到重要推动作用。各地值得借鉴。

**【落实奖励政策，加大计生惠民工作力度】** 市县两级财政共投入资金9616.14万元，为26.25万名农村独生子女父母、21.23万名城镇独生子女父母兑现了每人每月10元的奖励，共发放奖金5313.72万元；为农村2273名、城镇118名主动退回二胎生育指标的夫妻兑现了每人1000元的奖励，发放奖金239.1万元；为13924名已退休的独生子女父母落实了每人3000元一次性奖励，发放奖金3882.15万元；救助计生贫困家庭1290户，发放救助金181.17万元；对74户独生子女死亡家庭、31户独生子女伤残家庭进行了慰问，每户分别发放慰问金1万元和5千元；对15名保定籍现役士兵独生子女父母死亡或伤残家庭进行了慰问，每户发放慰问金2000元。2009年全市核准的奖扶对象20822名，特扶对象1872名，全部以直通车的形式把扶助金发放到群众手中。

**【加强能力建设，为育龄群众提供优质服务】** 市县两级投入3499.77万元，新建、改扩建县乡服务站73个，购置大型医疗设备247台。全市优质服务型县站18个；乡站210个。2009年，望都县创建为国家级优质服务先进单位、博野县、安新县、蠡县、涞水县、涞源县、容城县被省人口计生委授予“河北省计划生育优质服务先进单位”。以月访视、季服务为载体，指导广大已婚育龄妇女落实以长效为主的避孕节育措施，推进“孕前型”管理，2009考核年度，全市共做各种节育手术142630例，其中上环131842例，结扎5134例。全市使用药具人员17.19万人，已婚育龄妇女综合避孕率达到了90.19%。扎实开展“民心工程”，全年共为171.6万农村已婚育龄妇女提供了免费检查服务，占农村已婚育龄妇女总数的93%；查出各种疾病49.36万例，其中妇科疾病33.06万例，其他疾病16.3万例，全部给予了治疗或转诊服务。大力开展出生缺陷干预工程，共举办优生优育专题培训702期，发放各种营养素14.5万人份，优生检测7.5万人，孕期保健12.8万人，深受广大群众欢迎。

**【创新工作机制，大力推进依法行政】** 在先行试点的基础上，全面推行县级“统一征收、预算管理、统筹使用、全程监督”的社会抚养费征收、管理、使用新机制。2月12日，省人口计生委在安新县召开了全省社会抚养费征收管理使用现场会，在全省予以推广。会后，石家庄、邯郸、沧州、邢台、承德等5个设区市、50多个县（市、区）到本市进行了参观学习。这一做法，在全国计划生育依法行政和信访工作会议上进行了交流。大力推进依法行政和便民维权，推行“一站式”服务，全市计生执法人员全部做到了持证上岗。实施“阳光计生”工程，按照统一规格、统一内容、统一标准，规范了县、乡、村计划生育政务公开内容，依法规范执法行为，办证准确率达到100%。进一步健全完善信访工作长效机制，畅通信访举报渠道，下大力解决信访老户问题。市人口计生委按要求定期走进“行风热线”直播间，解答群众提出的问题。2009年，市本级对群众信访案件立案20件，直接查办结案5件，占立案件数的25%。国庆安保期间，各级人口计生部门层层设立专兼职计生信访信息员，逐级落实了“两包一保”责任制，加大信访问题解决力度，全市未发生与计生工作有关的上访案件。

**【部门协调联动，强化计生综合治理】** 人口计生、公安、卫生、民政、统计联合出台了《关于建立人口与计划生育相关情况定期通报制度的通知》，明确了通报内容、时间和方法，努力打造信息资源共享平台。各县

（市、区）认真落实目标管理责任制，完善B超使用管理、有奖举报等规章制度，严格落实“三级两全包保服务责任制”，实行全程孕情跟踪服务，实现服务关口前移，对发现的43名非法终止妊娠的群众，依法收回了《二胎生育证》；积极开展多种形式的关爱女孩活动，对1632户困难女孩家庭实施了救助，发放救助金51.3万元；市人口计生委、卫生局、食品药品监督局联合下发了《关于对查处“两非”案件情况定期开展联合督查的通知》，加强对“两非”案件的查处工作。以《责任书》的形式，明确了相关部门在流动人口计生管理服务中的职责，健全完善了流动人口与常住人口同宣传、同管理、同服务、同考核的工作机制；按照省统一安排部署和统计口径，抽调专门人员对辖区内的流动人口进行入户摸底、逐户逐人采集信息，并与公安等相关部门对照核实，健全流动人口数据台账。各级人口计生部门组织人员深入军营，大力开展宣传咨询、免费服务活动，建立“军人家属计划生育服务基地”，优先落实军人计生家庭奖励、优先优惠政策，积极为军人独生子女家庭办理人身意外伤害保险，实施军人“空巢”家庭帮扶行动。本市军民共建计划生育的做法，得到了中央军委委员、总政治部主任李继耐，国家人口计生委副主任江帆等领导的充分肯定，并在北京军区军民共建计划生育经验交流会上做了经验介绍。2009年，本市荣获全国军民共建计划生育先进单位称号。

党组书记<br>主　　任　张晓梅<br>副 主 任　苏兵海<br>　　　　　李文利（12月任）<br>　　　　　李砚学（2月任）<br>　　　　　王洁晨（2月任）<br>　　　　　李小刚（2月离任）<br>纪检组长　邓聚来（4月任）

（郁艳梅）

# 计划生育协会

【保定市计划生育协会】　保定市计划生育协会（以下简称计生协）是在中共保定市委领导下的群众团体。其主要职责是动员、组织广大育龄群众和热心计划生育事业的各界人士自觉参与计划生育工作。市计生协为正县级单位。财政全额拨款，编制8人，设常务副会长1人，专职副会长1人，科级职数3人，科员3人，退二线1人，1991年1月27日列入参照国家公务员制度管理范围，截至2007年3月，7人全部过渡为公务员，1人为另册管理人员。

【概况】　2009年，在市委、市政府的正确领导和省计生协的指导下，市计生协领导班子紧紧围绕全面建设和谐保定和小康社会的奋斗目标，认真贯彻落实省、市人口计划生育工作的总体部署，充分发挥计生协职能作用，更新观念，转变思想，转变作风，创新工作方法，不断提高协会工作的整体水平和能力，圆满完成了职能业务目标，各项工作名列全省前茅。协会整体工作被省计生协评为“优秀一档”。2009年被国家人口计生委、中央军委总政治部评为全国军民共建计划生育工作先进单位，被省计生协评为全省计划生育协会先进单位、宣传工作先进单位，被市委、市政府评为实绩突出单位、联系共建社区先进单位。

【协会自身建设得到加强】　一是深入开展学习实践科学发展观和“干部作风建设年”活动，自觉加强自身建设。二是优化协会组织，加强基层协会建设。3月，成功召开了第六次会员代表大会，选举产生了第六届理事会，完成了市计生协的换届工作。三是强化自治功能，提高基层群众自治水平。市协会要求各县（市、区）计生协，结合本地实际，在2～3个工作基础好的乡的三分之一的村开展群众自治试点工作，为基层协会具体承做计划生育日常工作探索了路子，积聚了做法。

【计划生育宣传氛围更加浓厚】　2009年，全市各级协会利用广播、板报、展牌、文艺演出等内容丰富、形式多样的宣传形式开展以“生育关怀”为重点的计生宣传活动。通过广泛的宣传，计生政策进一步深入民心，广大群众的婚育观念发生很大转变。群众性的自我宣传、自我教育，为稳定低生育水平、提高人口素质发挥了不可替代的作用。

【计划生育服务有新开拓】　一是积极引进为民服务项目。2009年，市计生协结合学习实践科学发展观和“干部作风建设年”活动，认真落实“对接京津”战略目标，紧紧围绕计划生育中心工作和服务基层这一重点，探索计生协工作新路子，积极对接京津跑省进京，从中国人口福利基金会协调引进无需当地政府配套资金的各类项目及资金达1000多万元，再掀协会工作新高潮；二是积极推进军民共建计生工作。市计生协动员凡有驻军的县（市、区）协会充分利用各种媒体，广泛宣传军民共建计生工作的意义和先进典型，营造了浓厚的舆论氛围，形成了全社会都来关怀计生困难家庭、关怀“空巢”、“留守”家庭的新局面。6月11日，人民日报、光明日报、解放军报、中央电视台、中央人民广播电台等18家主流媒体记者来保采访并报道了军民共建计划生育活动。得到了国家人口计生委、中央军委总政治部的充分肯定。三是结合工作，拓展为群众服务的渠道。市计生协把市委、市政府开展的亲民爱民、公民道德建设、群众工作站等一系列活动，与“生育关怀”、“三优”教育等计生协的特色工作融为一体，作为协会服务群众的平台，根据群众需求的变化，对服务工作进行全面拓展和创新。群众工作站联系北市区大迪社区，成功的为群众解决遗留长达8年的取暖问题，并积极协调66393部队军营房处，为社区解决300平米的办公用房，协调市社区办为社区解决8万元的装修费用，市计生协从办公经费中挤出3000元为社区购买了打印、复印、扫描一体机，得到了社区居民的肯定和信任，受到了市委、市政府领导的热切关注。此工作在中央电视台《共同关注》栏目中播出，河北日报、燕赵都市报、保定日报、保定晚报等多家报刊也都进行了报道。市协会认真贯彻落实市委、市政府“亲民爱民”活动要求，将救助弱势群体、构建和谐社会作为本单位工作的重要内容之一，及时建立了科级以上领导干部联系点，不断拓宽帮扶渠道，认真开展“一对一”结对帮扶，到贫困户家中走访、看望，送去党和政府的温暖和关怀。同时对所联系的平阳镇铁岭村，市协会工作队在周密调研的基础上，针对村民行路难、吃水难等问题，在本身工作经费不足的情况下拨付5000元，并帮助村完善了计划生育生殖健康服务室，积极协调县计生部门为育龄群众进行健康检查。

**【生育关怀行动更加广泛展开】**

2009年全市各级协会继续紧紧围绕群众最关心的生育、生产、生活和健康等问题积极工作，开展了内容丰富、形式多样的“生育关怀”活动，打造自己的品牌，呈现自己的亮点，展示自己的特色，受到了广大群众的欢迎。一是实施“幸福工程”，造福贫困母亲。2009年救助计生贫困母亲家庭801户，省计生协于9月1日在易县召开了全省生育关怀、幸福工程经验交流会，我市和易县做了经验介绍；二是实施“零岁方案”，大力开展早期教育。主要是通过对孕妇、婴幼儿家长和幼儿园教师进行优生、优育、优教知识培训，让他们掌握科学的教育方法；三是开展“帮包建”活动，推进“少生快富”。“帮、包、建”活动的帮扶周期一般为三年，每村每年帮扶计生贫困户不少于5户，全市共帮扶3.3万户，三年内达不到帮扶目标的，下一周期继续进行帮扶，2009年有6000多户达到了小康水平；四是加大社会保障的宣传力度。积极协调保险公司，建立起计划生育家庭生育保险服务项目，使计生群众明白入保、自愿入保，真正感受到了计生保险为家庭和个人带来的实惠，努力解决计划生育家庭后顾之忧，促进了社会保障事业的发展。

会　　长　司存喜
第一副会长　闫立英
常务副会长　靳旭辉
专职副会长　吴兴亚

（魏　伟）

# 残疾人工作

**【保定市残疾人联合会】**　保定市残疾人联合会（以下简称市残联）为正县级事业单位，受市委、市政府领导，业务上接受市委、市政府有关部门的对口指导。下设办公室、组联部、宣文部、教就部、康复部5个部室。

**【概况】**　2009年，保定市残联紧紧围绕市委、市政府“又快又好发展，强市兴县富民”的中心任务，认真实施“十项助残工程”，着眼于解决残疾人最关心、最直接、最现实的利益问题，扎实推动了残疾人事业又好又快发展。

**【开展学习实践科学发展观和干部作风建设年活动】**　按照市委的统一安排和部署，在全体党员干部中深入开展了学习实践科学发展观和干部作风建设年活动。使全体党员干部和广大职工的思想进一步得到统一，对学习实践科学发展观和干部作风建设的重要性、必要性认识进一步提高，贯彻落实科学发展观和改进工作作风的自觉性、主动性进一步增强，为残疾人服务的热情空前高涨。采取竞职不竞岗的方法，进行了科级干部竞争上岗，进一步把德才兼备、作风过硬的干部选拔到科级领导岗位上来，优化了干部队伍结构、提高了干部素质、增强了机关活力、加强了履职监督，进一步形成机关干部能上能下、优胜劣汰的长效机制。

**【实施残疾人康复医疗工程】**

根据省委办公厅、省人民政府办公厅转发省残联等12部门《关于开展“慈善燕赵·万人复明”活动方案》的通知精神，全市各级残联加强领导，广泛宣传动员，严密组织实施，全年免费为白内障患者做复明手术2143例。免费为45名肢体残疾患者做矫肢手术。筹措资金39.4万元，免费为129名下肢残缺者安装了假肢。

【实施残疾人生活保障工程】 1月15日起，开展以救助贫困残疾人为主题的第七次“阳光行动”。市、县两级残联直接救助贫困残疾人5800户，每户发给救助金200元，发放救助款116万元。筹措资金50余万元，资助了219名考入大中专院校的贫困残疾大学生和贫困残疾人家庭子女入学读书，在社会上引起强烈反响。

【实施残疾人住房保障工程】 2009年，市、县两级残联加大了危房改造力度，加强督导检查，争取上级资金和自筹资金210万元，为300户农村贫困残疾人改造了危房，改善了贫困残疾人的居住条件

【营造浓厚的扶残助残社会氛围】 围绕残联的重点工作和本市残疾人事业发展进行了重点报道。利用《保定晚报》和电台、电视台等媒体对本市资助残疾学生和年初开展的“阳光行动”等活动向社会进行了深入宣传。利用《保定日报》以“关爱78万残疾人”为题，对近年来本市残疾人事业所取得的成绩予以深度回顾。结合“爱耳日”、“助残日”等节日，采取悬挂标语、发放宣传资料、电视台和电台开辟专栏等形式广泛宣传《残疾人保障法》、《残疾人就业条例》和《促进残疾人事业发展的意见》、营造了浓厚的扶残助残氛围。特别是在“助残日”活动期间，市残联领导到市特教中心走访慰问了残疾学生，送去投影仪等教学仪器和残疾人体育用品，各县（市、区）的领导在残联及相关部门负责人的陪同下，慰问了各县（市、区）特教中心，并给残疾学生发放了书包、文具等学习用品，并组织媒体进行了跟踪宣传报道。在“助残日”期间全市共为残疾人捐款捐物合计120余万元，收到了良好的社会效果。

【积极发展残疾人体育事业】 克服人员年龄偏小、来源分散、残疾程度偏重等困难，抽调人员组成临时工作小组，先后组织50名运动员赴石家庄、唐山、沧州等地参加省组织的各类体育选拔和集训，圆满完成了省残联分配的任务。

【城市无障碍设施建设再创新高】 在市政府的统一领导下，结合城市面貌三年大变样，与各有关单位积极协调，对城市无障碍设施建设进行了规划，在市区新建、扩建和改建道路的交叉路口、街坊路口、单位出入口及人行横道等处设置了缘石坡道。在市区新建、扩建、改建的主次干道、商业街、步行道设置了行进盲道和提示盲道，在一些改建扩建的街道上设置了标志牌，城市无障碍设施建设工作再创新高。

【建立弱智儿童活动中心】 为正确引导弱智儿童体验生活，增加兴趣，树立战胜困难的勇气，组建立了弱智儿童活动中心，投资3万余元购置了设备，向弱智儿童免费提供服务。使弱智儿童通过对各种器械的兴趣锻炼开发了身体各个部位的功能，摆脱了寂寞的困扰，丰富了内心世界，也同步开发了智力。

【贯彻落实全省促进残疾人事业发展会议精神】 全省促进残疾人事业发展会议结束后，及时向市委、市政府主要领导书面报告了会议情况，根据市委、市政府领导的批示精神，广泛征求了各有关单位的意见，拟定了保定市《推进残疾人事业发展意见任务分解表》，进一步细化了责任，分解了任务，将责任落实到具体部门和具体岗位，明确了时间进度要求，加强了跟踪评估，并及时将《任务分解表》上报市委、市政府批准后，下发到各县（市、区）。全力推动了“两大体系”建设和“十项助残工程”的落实。

党组书记<br>理 事 长 刘铁山

党组成员<br>副理事长 郑章雨 刘忠林<br>赵健华

（杨贵堂）

# 开 发 区

【保定国家高新技术产业开发区】保定国家高新区党工委、管委会是市委、市政府派出机构，行使市级经济管理权限，对高新区统一管理。机构设置有办公室、财政局、劳动人事局、党群工作部、经济发展局、招商合作局、社区公益局等9个一级局室和东区管委会、西区管委会、政策法规局、纪检监察室等4个二级局室。

【概况】 2009年，在市委、市政府的正确领导下，高新区党工委、管委会深入贯彻落实科学发展观，扎实推进“作风建设年活动”，以当好“一主三次”城市发展战略主城区建设主力军为总要求，坚持一个目标（建设世界一流园区），树立两大品牌（中国电谷、国家新能源产业基地品牌），实施三大战略（项目带动、科技推动、环境促动）。“四项建设”做保障（党的建设、农村、稳定与安全生产工作建设、班子和干部队伍建设、制度建设），“五大主线”求突破（大项目、大规划、大储备、大融资、大招商），为着力点，提升电谷品牌，理顺管理机制，扩大产业规模，营造发展大势。积极应对金融危机不利影响，突出项目建设，创新体制机制，完善服务环境，强化社会管理，经济建设和社会事业实现新进步，预定发展目标顺利实现，为高新区“二次创业”奠定了坚实基础。确定了“生态电谷、低碳新城”的新区发展定位，将高新区建成国际化新能源产业设备制造基地、国家新能源技术与产品创新中心、低碳经济先导区和示范园区，成为以高新产业为主、集商务、会展、研发、居住、现代化服务等功能于一体的科技新城。

【经济发展】 全年实现工业总产值548.7亿元，同比增长33.3%；规模以上工业增加值实现84亿元，同比增长20.7%，占全市17.6%；实现工业利税49.2亿元，同比增长49.9%；完成财政收入17.6亿元，同比增长31%，占全市10.5%；实际利用外资3.62亿美元，占全市的85%；出口创汇17.2亿美元，占全市的44.1%。中国电谷实现工业总产值320.6亿元，同比增长25.9%；出口创汇12.4亿元美元，同比增长26.1%。其中，全区规模以上工业增加值、财政收入、实际利用外资、出口创汇等4项指标都保持了全市第一。

【项目建设】 狠抓中国电谷核心项目建设。英利、天威等光伏龙头企业加速扩展，国电、惠腾等风电骨干企业保持快速发展势头，节电领域中小企业展开发展新机，软件等高新技术企业队伍不断壮大。全区在建重点建设项目56个，总投资390亿元，26个项目被列入省、市重点项目，是近年全区项目数量最多、投资规模最大、层次最高的一年。

【特色产业】 光伏产业加速扩展。英利、天威等光伏龙头企业加速扩展。六九硅业一期年产3000吨高纯硅项目、兵装天威集团兆瓦级以上风电整机、非晶硅薄膜太阳能电池、非晶合金变压器等重大项目顺利实现投产。英利800兆瓦多晶硅电池项目顺利开工建设，光伏电池产能达到600兆瓦，较上市前增长6倍，国际市场占有率从2008年的6%提高到12%；成为国内惟一真正实现从硅料生产到光伏系统工程的全产业链光伏企业。天威集团新能源产业能力全面增强，非晶硅薄膜一期50MW项目竣工投产。高新区形成多晶、单晶、薄膜完整光伏产业体系，中国电谷行业影响力进一步提升。

风电产业规模发展。国电、惠腾等风电骨干企业保持快速发展势头。国电联合动力三期、中航惠腾四期等产能扩建项目进展顺利，国电实现年产风电整机600台套，实现销售收入50亿元，同比增长近100%；惠腾叶片年产量突破500万千瓦、3兆瓦叶片在首个国家海上风电示范工程装机运行，稳踞国内风电叶片行业龙头；国电龙源电气公司1.5兆瓦风电变流器成功下线实现量产，成为中国电谷保持风电行业领先优势的重要保障。

中小型科技企业迅速壮大。节电领域中小企业展开发展新机，软件等高新技术企业队伍不断壮大。坚持抓大扶小，培育产业梯队。在狠抓大项目建设的同时，重点扶植高成长性、自主创新、科技型中小企业。上半年，华北电力线材公司输变电导线等总投资22.67亿元符合电谷产业发展方向、技术含量高、发展潜力大的12个重点项目实现集中进场，投产后年实现产值45亿元。

文化创意产业成为发展新亮点。软件等高新技术企业队伍不断壮大，中科帷幄公司作品《麋鹿王》获得华表奖、首届欧洲国际立体电影节“金水晶奖”，河北玛雅公司作品《豆丁的快乐日记》获得省“五个一工程”奖。

**【环境建设】** 硬环境建设方面，加大基础设施投入，重点提升园区硬件水平。全年基础设施建设投入2.5亿元。攻坚克难、如期完成建区以来单位工程量最大、工期最短、施工难度最大的乐凯北大街竣工通车工程，雨污分流、电谷商务会展中心等国庆献礼工程按时完工。

完成了102平方公里的电谷新区中长期空间总体规划，确立了“生态电谷、低碳新城”的新区发展定位，为全面实施“一主三次”战略，加快主城区建设奠定了坚实基础。提供强大用地支持，土地储备取得新进展，突出中国电谷重点项目用地保障。英利集团、高新区国税局、农行高区支行、移动通信公司等四家单位获得省级文明单位称号，合力达公司、炜达公司等10家区内企业获得市级文明单位称号。以学习实践科学发展观为主线，以“干部作风建设年”活动为契机，进一步优化经济发展环境。实行“台账式”管理、“挂账式”督办。全年召开现场会56次，解决项目建设难题233个。建立健全了企业联系点制度，开展了“下基层、进企业、送服务”活动。帮助企业联系项目36个，协调解决帮扶资金1.8亿元。

**【高新技术】** 按照新标准，56家企业被认定高新技术企业，占河北省已认定高新技术企业的14.6%，居全省第二。拥有软件企业62家，占河北省软件企业总数的33%，研发软件产品661项，居全省第一。获批工信部“新型工业化产业示范基地”，科技部批准“英利公司光伏发电技术国家重点实验室”、“国电集团国家级风力发电技术实验室”，启动了3项技术检测研发等创新平台建设。获批或申请建设新能源领域国家级技术中心、检测中心、重点实验室7个。与中科院电工所达成共建国家级光伏系统检测中心合作协议，填补了河北省太阳能产品检测认证和高端产品研发空白。“中国能源战略转型与绿色革命”论坛、“首届中国光伏并网电站建设研讨峰会”在保定中国电谷召开。国电龙源电气公司自主知识产权1.5兆瓦风电变流器实现量产，打破了长期以来国外企业垄断变流器市场的局面，标志着中国风机核心部件制造国产化迈出了重要一步。风帆蓄电池、宇能公司快速充电机为国庆60周年阅兵大典提供了有力保障，受到了国庆阅兵联合指挥部表彰。

**【中国电谷品牌建设】** “中国电谷”品牌影响力进一步增强。组织开展外国媒体聚焦“中国电谷”、百家媒体看保定、9·8厦门（2009）“中国电谷”推介会等重点宣传活动。对位宣传工作列全市第一。在“2009·中国光伏十大年度关键词”中保定国家高新区占有三席（地球一小时、0.69元每千瓦时和中国电谷）。

**【学习实践科学发展观活动和干部作风建设年活动】** 深入开展学习实践科学发展观活动和“干部作风建设年”活动，紧紧围绕“科学发展做强中国电谷，凝神聚力当好主城区建设主力军”的主题，以“建设世界一流园区”为目标，通过深入学习，广泛征求意见，开展专题调研，进行解放思想讨论，召开专题民主生活会，认真撰写领导班子分析检查报告，组织群众评议，集中解决群众关心的热点、难点问题，结合全区工作进行落实整改，形成贯彻落实科学发展观和加强干部作风建设的新共识：贯彻落实科学发展观和加强干部作风建设，必须紧紧抓住发展这个第一要务，千方百计优化环境，全力以赴加快争先进位步伐；必须注重解放思想，进一步增强大局意识、服务意识、责任意识和忧患意识；必须创新体制机制，进一步提升管理服务水平；必须更加注重加强和改进党的建设，进一步强化领导科学发展、实现科学发展的能力和水平。

**【社会事业】** 进一步理顺乡镇与区直部门之间的关系，规范乡镇机构设置，制定《关于加强乡镇领导班子建设的意见》。建立“一定三有”机制，出台《关于加强农村干部队伍建设的意见》。社区建设上档升级，高新区连续五次被评为全市社区建设先进区，茗畅园社区被命名为“全国和谐社区建设示范社区”；加大教育投入，公开招聘优秀教师，高新区小学被省教育厅授予校本课程实验校，被命名为全市青少年科教示范校，进一步向名校迈进；再就业实现新突破，产业与农村同步发展的局面正在形成。

中共保定国家高新区工作委员会

书　记　赵洪涛（3月离任）
　　　　孙金博（3月任）
副书记　韩占山　佟维力
　　　　苑景华　苏占国
委　员　孙国山　于振海
　　　　连书君　冯建法
　　　　陈素英　杨洪光
　　　　刘宇明　马铁里
　　　　周林伟（8月任）
　　　　高金三（8月任）

保定国家高新区管理委员会

主　任　孙金博
副主任　韩占山　佟维力
　　　　苑景华
　　　　苏利杰（2月离任）
　　　　孙国山　于振海
　　　　连书君（2月任）
　　　　刘宇明（挂职）
总工程师　陈素英
总经济师　杨洪光

（梁　田　刘玉惠）

# 县（市、区）

## 南市区

【地情提要】　南市区系城乡结合型市辖区，位于保定市区东南部，西、北分别与新市区、北市区毗邻，东、南与清苑县接壤。京广铁路、京深高速公路、107国道及保新、保衡、保沧等省级公路穿经，与区内“五横六纵”主干道相交，联通外境，形成四通八达的交通网络。南市区是古城保定悠久历史文化的核心区，是传统的商业区，是近代洋务运动开端之所，是新保定现代文明启始之源。市区90%的古迹胜地坐落辖区内，直隶总督署、古莲花池、大慈阁、淮军公所、清河道署等古迹荟萃、享誉盛名。直隶总督署素有“半部清史写照”，是中国现存惟一一座保存最完整的清代省级衙署，与北京故宫、山西霍州署、河南内乡县衙并称“中国古代四大官衙”；古莲花池被誉为“城市蓬莱”、“京南第一园”，与北京颐和园、苏州拙政园等并称“中国十大名园”，原内设莲池书院，被毛泽东主席誉为“清末全国书院之冠”。

**自然环境**　域内地表平坦，土质肥沃，地势由西北向东南呈平滑倾斜，大陆性季风气候特点显著。一亩泉河、清水河、府河、护城河流经本区。域内土质主要由黏质砂土和砂质黏土构成，土壤类型为石灰性潮褐土。

**行政区划**　自1955年6月建区到1999年，行政区划几经变更，区域范围不断扩大。1958年12月，并归保定市市区。1959年至1961年区域几经分合，1962年8月，市政府将原裕华区南半部和兴华区合并，复建南市区至今。1987年11月，市政府撤销郊区，将南大园、杨庄、焦庄3个乡，33个行政村划归南市区。1999年1月，经省政府批准，市政府对部分县、区辖域进行调整，将原清苑县五尧乡及大阳乡部分行政村划归南市区。2009年11月，焦庄乡新设清泉社区，杨庄乡西高庄村改为西高社区。现全区总面积102.05平方公里，辖4个乡（南大园乡、杨庄乡、焦庄乡、五尧乡）、60个行政村，5个街道办事处（永华办、裕华办、南关办、红星办、联盟办）、42个社区居委会。

**人口民族**　2009年，总人口28.4万，其中城区人口20.4万，占71.8%；乡村人口8万，占28.2%。全区人口出生率12.72‰，人口自然增长率7.14‰。辖区居民汉族占95%以上，其他以回族、满族为主，历来为市区回族群众聚居区，清真寺街社区是全市惟一的少数民族社区。

【概况】　2009年，全年实现企业总产值306亿元，同比增长51%；现价工业增加值52.3亿元，可比增长28.7%；全社会固定资产投资完成82.1亿元，同比增长43.5%；出口创汇3.2亿美元，同比下降37.6%；财政收入2.5亿元，可比增长10.5%；农民人均纯收入6453元，同比增长9.3%；在岗职工年平均工资24133元，增长9.4%；粮食总产量2.86万吨，同比增长6.4%；棉产量2吨，同比下降88.89%；地方一般预算收入1.1亿元，可比增长18.6%；社会消费品零售总额85亿元，该区经济呈现出速度加快、效益提高、活力增强的良好发展态势。

【项目建设多点推进】　全年运作千万元以上项目44项，总投资180亿元，其中亿元以上25项，省市重点7项。全年竣工及在建

24 项，总投资 80.3 亿元。实施总投资 9.8 亿元的冲压件、压铸件、散热器等 8 个汽车配套项目。引进总投资 13.9 亿元的亨百利、家电巨头苏宁电器保定卖场、保运物流中心、长城学院扩建等 7 个三产项目，总投资 1.1 亿元的骨科医院新建、职教中心扩建等 10 个民生项目，总投资 55.4 亿元的府河景观带、棚户区及村镇改造等 6 个城市基础建设项目。项目建设向工业生产性项目、城市基础建设项目及三产项目推进。

**【长城汽车再创佳绩】** 2009 年，长城汽车多款新车下线，国内销量翻番，跻身“中国汽车工业销售收入三十强”。在“中国汽车 50 年自主创新成果大典”中，长城整车和发动机产品荣获 6 项创新大奖。4 款车型首获欧盟整车认证，开启中国汽车进军欧盟市场先河。2009 年，长城汽车销量 22.5 万台，销售收入 171 亿元。

**【城区面貌较大改观】** 2009 年南市区先后出台“混合产权返迁”、“企业拆迁与改制相结合”等突破性政策，推进全市面积最大的府河片区、全市设施条件最为简陋的清真寺片区，搁置时间最长的淮军公所、清河道署片区以及历史遗留问题最为棘手的工具厂片区拆迁工作。全年完成拆迁 4430 户、企业 15 家、80 余万平米，规模创城区建设之最。完成西大街整治和裕华路仿古改造工程，再现“明清风貌、灰墙黛瓦”古城风韵。提前完成东三环、京石高铁两大路网拆迁占地工作，拆除各类建筑 9.1 万平米。加强城市绿化，新增绿地 15 万平米，新植树木 21 万株。在全市率先完成雨污分流改造任务，为保定大水系建设实现清水绕城夯实了基础。加快村镇改造步伐，启动刘守庙、马家疃、东马池、西韩蒋、岳庄 5 个城中村拆迁改造。按省级示范标准，启动鲁庄、毕庄、西高庄、马家疃 4 个村的新民居工程建设。

**【启动“10 项民生工程”】** 开工建设骨科医院新址、南关社区卫生服务中心、红星社区卫生服务中心、五尧卫生院、西韩蒋小学、朱庄小学、三庄子小学、北沟头小学、区职教中心实训楼、五尧计生服务站十项民生工程，5 项投入使用，5 项主体完工。10 项民生工程包括 5 项医疗卫生项目及 5 项文化教育项目，总投资 1.1 亿元，其中骨科医院新址项目总投资 7000 万元，占地 11 亩。

**【区职教中心被教育部评定为国家级重点中等职业学校】** 2007 年，南市区将原二十一中、二十二中、回中、艺术中学四所学校的优势专业、师资力量、教学设备进行整合，成为保定市区占地面积最大的中等职业学校。占地面积 8.6 万平方米，设有艺术、汽车机电、商贸财经 3 个专业部，开设 25 个专业，2007 年 12 月晋升为省重点中等职业学校，2009 年 10 月接受并通过教育部和省专家组的评估验收。

**【力达塑业公司硬质聚氯乙烯板材国家标准开始实施】** 2009 年，力达塑业公司起草的硬质聚氯乙烯板材国家标准通过国家标准委员会审核，于 2009 年 9 月 1 日在全国范围内实施，为全区中小企业发展做出了表率。

**中共区委**

书　记　杨文堂
副书记　苏树锋　韩桂林
常　委　杨文堂　苏树锋
　　　　韩桂林　赵秋波
　　　　谷俊杰　刘畔力
　　　　齐志武　井建良
　　　　李丽萍
　　　　赵志刚（2 月离任）
　　　　穆希君（2 月任）
　　　　李红彬

**人大常务委员会**

主　任　贾玉文
副主任　李春萍　张彦华
　　　　刘俊巧　赵万里

**政府**

区　长　苏树锋（1 月任）
副区长　谷俊杰
　　　　赵志刚（3 月离任）
　　　　穆希君（3 月任）
　　　　赵建军
　　　　张立辉
　　　　张义霞

**政协**

主　席　郭清申
副主席　王金明　张柱成
　　　　伊卓良（8 月任）

（商　玉）

# 北市区

**【地情提要】** 北市区位于保定市城区北半部，地理坐标为北纬 38°50′～38°56′，东经 115°28′～115°34′。京广铁路、京深高速公路、107 国道纵贯区境。总面积 75.6 平方公里，其中城区面积 11.33 平方公里，乡村面积 64.27 平方公里。

**自然环境** 北市区位于漕河冲积洪积平原上，区域内地表较为平坦，自西南向东北大致呈平滑状倾斜，中间略有起伏。一亩泉河、侯河、白草沟河横穿西南区境，分别于灵雨寺附近注入府河。区域内土质主要由黏质砂土和砂质土壤构成。大陆性季风气候，年平均气温 12.2℃，无霜期

161～214天，年平均降水量508.71毫米。耕地面积2881公顷。

**行政区划** 1955年6月原行政第二区因地处旧城北半部，故改称北市区，1958年12月，并归保定市市区。1959年至1961年区域几经分合，名称多次更迭，至1962年9月，保定市人民政府将原裕华区的北半部和永华区合并，复建北市区至今。1987年12月韩庄乡、东金庄乡划归北市区。1998年12月保定市人民政府决定将清苑县的百楼乡和满城县、新市区的13个行政村划归北市区。2009年辖5个街道办事处、3个乡、49个居委会、60个村。

**人口民族** 2009年末，全区总户数90923户，总人口324465人，比上年减少3080人。其中男性人口159913人，女性人口164552人，分别比上年减少1157人和1923人。全年出生人口3321人；死亡人口853人；全年净增人口2468人，自然增长率7.6‰。有13个民族，少数民族以回族为主。

**【概况】** 2009年完成全区规模以上工业增加值8.5亿元，同比增长18.5%；实现建筑业总产值24亿元，同比增长40.4%；全区粮食总产量27766吨，比上年增长676吨。全社会固定资产投资完成71亿元，同比增长49.4%；完成全部财政收入4.36亿元，同比增长14.2%，一般预算收入1.85亿元，同比增长17%；社会消费品零售总额28.6亿元，同比增长20.6%；在岗职工年均工资22075元，农民人均纯收入达6697元，同比增长9.4%和10.2%。国企改革稳步推进。分别以托管、租赁的形式完成区文体采购供应站、保定市人民商场等10家国有企业改制任务。

**【园区建设取得突破】** 保定工业园区扩区方案获省批准，园区面积由1.52平方公里扩展到8.77平方公里，达1.3万亩，万亩园区建设迈出关键一步。园区北区全面启动，完成起步区2908亩区域环评，控制性详规获市批准。新征地440亩，10个重点项目开工建设，33个项目集体签约；园区南区质效并进，照明产业化、钢结构铁塔等11个项目建成投产。入园企业53家，累计完成投资44亿元，在全省48家省级开发区（园区）综合评价排名中，发展质量列第11位。

**【项目建设成效显著】** 谋划运作千万元以上项目102个，总投资328亿元；其中亿元以上项目67个，总投资314亿元；列入省市重点项目14个，总投资79亿元。项目建设快速推进，邮电器材厂搬迁、北京电科电器、经济适用房等22个项目竣工投产，同比增加4个；卷烟分检中心、世纪华庭二期、京南一品住宅小区等29个项目开工建设，同比增加5个。对接京津成效明显。与京津合作项目11个，总投资45亿元，9个项目签约，7个项目开工建设。全年实际利用外资691万美元，同比增长了28倍；实际利用内资5.6亿元，同比增长132%。

**【“三农”工作扎实推进】** 新、扩建奶牛养殖基地7家，奶牛规模养殖率100%。惠农政策全面落实，按时足额发放粮食直补、良种补贴、农机补贴497万元，发放家电、摩托车、汽车下乡补贴178万元，惠及全区农民。落实“一事一议”财政奖补资金88.3万元，落实村干部报酬、公用经费、村小组干部报酬94万元、大学生村官人员经费13万元，保证了村级组织正常运转。第八届村委会换届选举工作圆满完成。投资75万元，重新建付村村东农用桥，方便附近农民生产生活。

**【城乡建设成效显著】** 完成东三环拆迁征地工作，国庆前通车。配合保定市大水系建设，投资475万元，对辖区22个单位实施雨污分流改造，改造管道3087米。提升古城文化品位，投资1360万元，对西大街进行全面恢复性整修，重现清末民初特色商业街风貌。投资225万元，购置清扫车5台，提高主次干道的机械化清扫率；投资40万元购置四座流动公厕；投资120万元完成6条、6000平方米的便民小路整修任务；对辖区内七一路、复兴路、恒祥北大街等主要干道进行整治，打造全市迎宾线路。推进城乡一体化进程，8个城中村列入改造计划，城苑村、张庄村改造基本完成，任庄村拆迁过半，其他村的改造取得了积极进展。

**【节能减排】** 强化企业节能技改，推广太阳能应用。安装太阳能照明灯、景观灯57盏，太阳能热水器983套，全区规模以上工业万元增加值能耗降低率控制在市下达指标以内。改造燃煤锅炉30台，关停取缔污染企业2家，削减$SO_2$93.5吨、COD20.16吨，植树21万株，可持续发展能力进一步增强。

**【推进社会事业建设】** 教育事业优先发展，提高义务教育经费保障水平，农村小学生人均经费由300元提高到677元，初中生由420元提高到930元。中考再创佳绩，重点高中上线966人，居三区首位。学前教育全面普及，顺利通过省“普三”验收。加强硬件建设，对13所学校实施锅炉取暖设施改造，三中分校实验楼开工建设，三乡文化站和农村新书屋项目开始启动。社区建设全省领先，投入65万元，上档升级丽景蓝湾等8个精品社区，全区精品社区总数达39个，以全省排名第一的成绩被国家民政部命名为“全国和谐社区建设示范城区”，东方家园社区被命名为“全国和谐社区建设示范社区”。计生家庭惠民政策得到落实，为农村计生家庭落实各项奖金、救助金98.7万元，为1054户独生子女家庭办理了人身意外伤害保险。顺利通过全国科技进步县（市）考核，完成全国第二次经济普查任务。民生保障水平稳步提升。实现城镇新增就业4450人，其中安置下岗失业人员2380人，安置就业困难对象670人，安置零就业家庭30户，零就业家庭动态为零，城镇登记失业率控制在4%以内。企业养老保险扩面2569人，工伤保险扩面974人，失业保险扩面1223人，完成市下达任务。完成和平里街道、西关街道2所社区卫生服务中心建设，东金庄乡卫生院主体竣工。新型农村合作医疗筹资标准提高到100元，最高报销金额由2万元提高到3万元，参合率达到90.2%。全年支出新农合补助资金500万元，同比增加104万元，受益群众1.2万人次。城镇居民医疗保险参保人数突破3万。打击非法行医力度进一步加大，取缔非法行医18家。城市低保和农村低保分别由月人均190元和80元提高到265元和100元，累计发放城市低保金1230.6万元，发放农村低保金78.7万元，实现“应保尽保”。强化医疗救助和住房保障，发放医疗救助金111.3万元，发放住房补贴315万元。加大安全生产监管力度，排查整治各类安全隐患11586处，关停整顿企业2家，创建安全诚信企业9家。加强社会治安综合治理，破获刑事案件1876起，抓获犯罪嫌疑人1327名、网上逃犯182名，打掉各类犯罪团伙64个，维护了社会稳定。加强质量监管，检查企业及小作坊430多次，检查特种设备64家576台。

**中共区委**

书　记　田宝庆
副书记　张少轩　肖明旺
常　委　田宝庆　张少轩
　　　　肖明旺　温宏江
　　　　李桂生　赵海娜
　　　　张　明（12月离任）
　　　　穆大群　王　勇
　　　　王书安　刘武需
　　　　段秀丽（12月任）

**人大常务委员会**

主　任　李正伦
副主任　李立宪　周开祥
　　　　荀惠贤　李明伟

**政府**

区　长　张少轩
副区长　赵海娜（12月任）
　　　　张　明（12月离任）
　　　　王书安（12月任）
　　　　刘武需（12月离任）
　　　　贾春顺　张　立
　　　　段秀丽（12月离任）
　　　　李志才
　　　　张东兵（12月任）

**政协**

主　席　张国安
副主席　李军红　张金瑞
　　　　侯跃斌

（葛　红）

# 新市区

**【地情提要】**　新市区为城乡结合型市辖区，区位优势明显，市委、市人大、市政府、市政协等机关，以及乐凯集团、天威集团、天鹅化纤集团、风帆集团等大型国有企业为代表的著名“西郊八大厂”，中国银行、中国工商银行、中国农业银行等金融机构的分行总部，保定日报社、晚报社、电视台等均坐落新市区，是保定的政治、经济、金融、传媒中心。第三产业发展迅速，形成以时代商厦、中银酒店、新百世、国贸大厦，图书大厦为代表的沿朝阳大街金融商贸带，和以“冀菜”发源地为显著特征的沿乐凯大街餐饮休闲娱乐带。

**地理位置**　新市区地处保定市区西半部，东与北市区、南市区交界，西、北与满城县接壤，南与清苑县毗邻。位于北纬38°51′～38°56′，东经115°21′～115°25′之间，全境面积131.3平方公里。西高东低。西依太行山，东临冀中平原，西北20公里是太行山低山丘陵区。京广铁路沿东界通过，107国道和保涞、保阜等省级公路穿经辖区，与区内主干道路相交联通。

**自然环境**　新市区属平原区，地势较为平坦开阔，总趋向由西北向东南逐渐倾斜，海拔最高点为30米，最低点为17.1米。根据地貌特征和地面组成物质以及人类生产活动的影响，新市区可分为以下两种地貌单元类型。一是洪积、冲积扇平原。二是山前溢水带区。由于山前特殊水文地质构造的影响，地下水溢出地表，形成新市区西北部一亩泉、黑风泉、五花泉、联珠泉等相连的溢水带区。诸泉于70年代后期先后干涸。新市区属暖温带季风型大陆性气候，年平均气温为12.4℃，最高气温为7月份，月平均气温26.7℃，极端最高气温43.3℃（1955年7月23～24日）。最低气温为1月份，月平均气温-4.3℃，极端最低气温-23.7℃（1951年1月13日）。无霜期213天。总热量较为丰富，积温4348.6℃，最高积温4701.2℃，最低积温3959.7℃，平均日照总时数2610.2小时，年平均日照率58.57%。土壤依据地质结构和性质，划分为两个土类（褐土类、潮土类），两个亚类，4个土属，18个土种，26个变种。

**自然资源** 新市区总面积131.3平方公里，其中耕地5466公顷。新市区是保定市的主要水源区，境内有一亩泉河、侯河和白草沟河。

**建置沿革** 1961年7月，建立新市区，辖环城西路以西市区。1987年11月17日，根据国务院函字（87）161号文件批示，撤销保定市郊区，将韩村、南奇、颉庄、富昌四个乡划归新市区，新市区成为城乡结合的城郊型市辖区。1999年2月，经省政府批准，市政府对部分县、区辖域进行调整，新市区增设江城乡、大马坊乡。2008年12月，根据市委保发【2008】21号文件精神，新市区大马坊乡、韩村乡大边坨村划给高新区托管。

**行政区划** 2009年底，全区辖富昌、韩村、南奇、颉庄、江城5个乡，63个村；先锋街、东风路、建设南路、新市场街、韩村北路共5个街道办事处，74个社区，8个村。

**人口民族** 全区总户数126220户，人口42.45万人。辖区内有汉、回、蒙古等11个民族。

**【概况】** 全区规模以上工业总产值完成100.2亿元，同比增长16.5%；工业增加值完成27.5亿元，同比增长16.4%；实现工业利税总额2.4亿元，同比增长18.2%；完成全部财政收入6.56亿元，同比增长18.5%，其中地方一般预算收入完成2.16亿元，同比增长15.5%；城镇固定资产投资完成73.1亿元，同比增长30.7%；社会消费品零售总额完成54.6亿元，同比增长17.8%；农民人均纯收入6759元，同比增长8.2%。

以对接京津为契机，区政府与中国制浆造纸研究院签订合作协议，为11家造纸企业提供全方位服务，提升传统产业水平。与清华大学签订培训合作协议，定期邀请知名专家学者对新市区企业家及政府经济管理人员进行培训。召开银企对接会，各大银行开通绿色通道，解决中小企业融资难问题。设立企业帮扶基金200万元，加大对中小企业的扶持力度，支出104万元，提高企业的抗风险能力。组织华锐方正机械制造有限公司参加第十八届全国发明展览会，获得金奖。组织格林光电有限公司参加中国国际照明博览会，LED路灯灯具在全省同行业评比中名列第一，被省科技厅推荐参加国家重点项目评审。

文化教育稳步发展。高标准通过省"普及学前三年教育"复查和省级示范园联查，中考成绩综合排名连续5年三区第一；实施农村学校布局调整，完成5所农村小学和1所乡中的撤并工作；投资1456万元，完成9个学校建设项目，改善了办学条件；新建"农村新书屋"24个，群众文化进一步繁荣。公共卫生水平显著提高。投入96万元，全力做好甲型H1N1流感、儿童计划免疫专项防控工作；创立10个中医药特色服务精品社区卫生服务站（中心）和1个标准化卫生院，每个行政村建成一个标准化卫生室；以村为单位，新型农村合作医疗参合覆盖面100%。完善社会保障体系。城镇新增就业3820人，下岗失业人员实现再就业1690人，安置"4050"人员632人；养老保险扩面2757人，失业保险扩面580人，5.5万人参加了城镇居民医疗保险；城乡低保进一步规范，保障标准进一步提高；开展"手牵手"活动，农村五保供养实现应保尽保；深入实施城乡医疗救助工作，下拨医疗救助资金37.6万元，救助城乡群众458人。人口和计生工作不断加强。人口出生率保持在9.91‰以内，符合政策生育率98.26%。开展普法宣传教育，推进法律援助和法律服务，公民法制观念进一步增强。乡（街道）、村（社区）建立人民调解委员会，基层调委会组织进一步完善。围绕中央确定的"质量和安全年"总体要求，从生产、加工、流通、消费等各个环节进行监管，全年未发生安全生产事故，连续四年荣获全市安全生产工作先进单位。

**【积极推进项目建设】** 围绕建设"现代服务中心区"目标，加强项目建设，全年新建、续建千万元以上项目45个，总投资129.6亿元，其中续建项目27个，新建项目14个，前期项目4个。全方位开展对接京津工作，签约项目20个，引进资金6.2亿元。

**【文体新城建设】** 规划以体育产业园区为主导，占地9平方公里，集比赛、训练、会展、研发于一体的"文体新城"，完成控制性详规和土地利用规划。正大乒乓球、超达网球等知名体育训练机构提出了入驻申请。保定体育产业园区作为河北省30个重点文化产业之一，列入《河北省文化产业振兴规划（2010~2015年）》。

【金融商贸带建设进展顺利】 万博广场项目正式开工，与沃尔玛超市连锁、百盛百货、洲际酒店等世界500强签署战略性框架合作协议；香江好天地国际家居广场A区开业，运行良好，新燕赵国际商务中心项目正式开工，并与世界500强——英国特易购公司正式签约，沿朝阳大街的现代商贸中心聚集效应初步显现。4家世界500强企业同时进驻本区，将推动新市区及全市三产服务业的发展。

【城市面貌明显改善】 围绕“大水系、大交通、大城市”建设思路，完成大水系清水入市、城区雨污分流改造、乐凯大街景观整治三项国庆献礼工程。西大园片区拆迁改造稳步推进。区属4家企业破产全部完成，其中第二丝绸厂、织毯厂企业拆迁和破产同步完成，成为全省典范；完成阳光小学、铁路幼儿园的整体搬迁；与西大园村大部分村民达成初步拆迁意向。城中村拆迁改造步伐加快。中鲁岗、四里营、前屯、鲁岗辛庄等村拆迁改造进展顺利，全年拆除建筑20万平方米，建设村民返迁楼15万平方米。危旧陋小区改造稳妥推进。完成天马旧生活区的整体拆迁，启动话剧院社区改造工程。路网建设取得实质性进展。向阳大街、乐凯大街路网遗留问题得到圆满解决，西二环、富昌路西延、东风路西延、隆兴路等主、次干道建设工作正式启动。城镇绿化水平稳步提高。种植乔木24.5万株，城市绿化覆盖率39.6%，绿地率31.2%，新增绿化面积34.8万平方米，人均绿化面积7.74平方米。

【“三农”工作深入推进】 加强农业基础设施建设，发展优质高效农业，提高农业综合生产能力，支农惠农资金1119万元。投资130万元，完成东闫童桥、小汲店村北桥和富昌—小汲连通桥3座农用桥建设；新打机井80眼，铺设地下管道4.5万米。新建国秀养殖有限公司和环西养殖场2个奶牛养殖小区，规模化养殖率84%。开展动物疫病防控工作，免疫率100%，实现全年无大疫。创建北章、郝庄、中鲁岗、鲁岗辛庄4个省级新民居样板村。落实三资委托代理和一事一议，各乡、街道成立三资委托代理服务中心，35个村纳入三资委托代理服务；30个村申报了一事一议项目，受益农民5万多人。

【节能减排成效明显】 投资480.9万元，完成22个小区、5所学校以及5条小街巷的太阳能改造。完成“8+13”重点企业节能任务，单位工业增加值能耗降低率10%，完成市下达任务指标。推进“蓝天行动”，配套改造63台燃煤锅炉，化学需氧量、二氧化硫排放量分别削减52.22吨和89.28吨，完成市下达目标。开展流域水污染治理，对沿线污染源进行排查，确保达标排放，保证大水系清水入市。

**中共区委**

书　记　赤光明
副书记　姬　琳　李　勇
常　委　赤光明　姬　琳
　　　　李　勇　齐春刚
　　　　贾清彬　孟小龙
　　　　朱立文　王　芃
　　　　史来顺　莫茂林
　　　　荆明志
　　　　张雪松（12月任）

**人大常务委员会**

主　任　王文志
副主任　陈　健　李玉梅
　　　　李冬立
　　　　边少清（1月任）

**政府**

区　长　姬　琳
副区长　王　芃　史来顺
　　　　段晓彤　刘　爽
　　　　张志强

**政协**

主　席　张跃华
副主席　范铁海　张　艳
　　　　王绍波
　　　　张雪松（12月离）

（刘劲柏）

# 满城县

【地情提要】 满城县位于河北省中部，太行山东麓，北纬38°43′20″～39°07′00″，东经114°43′20″～115°32′00″之间。总面积650.19平方公里，耕地面积25255公顷。北同易县接壤，南与清苑县毗邻，西与顺平县交界，东接保定市和徐水县。

县城距北京市150公里，天津市150公里，石家庄市120公里，处于三市中心位置。境内基础设施完备，交通通讯方便快捷，路网纵横交错，京广铁路横亘东南，另有三条铁路专线伸入县南、县中、县北腹地。张石高速途经大册营镇、神星镇、满城镇、石井乡四个乡镇，全长20余公里，另有保沧、保阜、荣乌高速分别在满城县过境。四条高速全部落成后，境内高速公路里程将达40余公里。京广铁路、107国道纵穿南北，保涞、保阜、保康三条干线横贯东西，县级路网四通八达。电力供应充足，城乡电网密布，有变电站7座，年供电8.81亿千瓦时，连续14年列全市第1位。满城山川秀丽，自然风光出神入化，有国家级文保单位“中山靖王及其妻窦绾墓”—陵山汉墓，出土文物金缕玉衣、长信宫灯、错金博山炉等举世闻名，并通过国家“AAAA”旅游区验收，有“金缕玉衣的故乡”之美称。元代张柔墓、商周遗址、方顺古桥为省、市级文保单位。并有省级风景名胜区4处，其中龙潭风景区山水俱佳、景色怡人，有“北方小桂林”之称。

**自然环境** 满城县位于保定市西北部，距市区15公里，“三山一水五分田，还有一分道路和庄园”。地势西北高，东南低。西部和北部为太行山余脉，山峦起伏，坡陡流急，山区面积占全县24.4%；中部为山区和平原过渡带，丘陵区面积占30.6%；东部和南部为平原，地势开阔，地形平坦，面积占45%，地貌类型的多样性，给农业生产提供了多种条件。满城四季分明，光照充足，雨热同期，气候属暖温带大陆性半干旱季风气候，为半山区农业县。

**自然资源** 满城县自然资源丰富，境内有漕河、界河、龙泉河等河流，龙门和马连川两座水库，著名的“一亩泉”地下水脉水质清澈，甘甜，富含矿物质成分，可与青岛崂山矿泉水媲美，是保定市重要水源区。西部山区矿产资源种类丰富，盛产青石板、石渣、大理石、花岗岩、石灰岩等，其中石灰被誉为“中国第一白”，及褐铁矿、磁铁矿、金石矿、铝矿、银矿等金属矿产资源。农副特产品主要有草莓、磨盘柿、地芸豆、雪桃、雪杏、伊丽莎白瓜、葡萄等，有“全国草莓之乡”、“磨盘柿之乡”、“雪桃之乡”等美誉。

**行政区划** 1985年满城县划入保定市辖县，1998年底行政区划调整，部分乡镇划归保定市。2009年末县辖8乡4镇。

**人口民族** 2009年末，总人口406849人，人口自然增长率6.34‰。

**【概况】** 2009年地区生产总值61.5亿元（含贤台），比上年增长10.5%。其中，第一产业增加值12.6亿元，比上年增长2.1%；第二产业增加值32亿元，比上年增长13.0%；第三产业增加值16.9亿元，比上年增长10.6%。单位工业增加值能耗为1.169吨标准煤，比上年降低10.92%。民营经济增加值46.8亿元，比上年增长1.7%。粮食总产量170253吨，比上年增长2.25%，棉花总产量472吨，比上年增长14.01%，财政收入3.34亿元，比上年增长8.1%。社会商品零售总额23.16亿元，比上年增长19.1%，固定资产投资完成23.84亿元，比上年增长38.95%。年末城乡居民存款余额58.60亿元，比上年增长14%。城镇人均可支配收入14260元，农民人均纯收入5304元，分别比上年增长12.3%和9.5%。

**【节能减排效果显著】** 以纸制品塑料加工、熔炼、采石及粉灰企业整治为重点，对51家采石企业，73家粉灰企业全部安装粉尘治理设施；取缔拆除非法塑料加工摊点537家，关停整理交易市场9家，大型分捡点11个；关停熔炼企业26家，取缔拆除26家。淘汰三项落后产能项目（水泥立窑1座、1092型纸机17台、4吨锅炉4台），实施工业锅炉节能减排改造、铸石集团窑炉改造、天然气替代燃煤入户、太阳能综合利用、EMB—3000锅炉自动化节能控制系统推广、建筑节能及高效照明灯具推广等六项工程。

2009年，全县入统工业企业万元增加值能耗1.169吨标准煤，降低10.92%。COD、$SO_2$净削减量超额完成省定三年削减目标。空气环境质量保持良好，可吸入颗粒稳定在0.10mg/m$^3$以下，二级以上天数达到87%以上，造纸工业废水处理率100%，大册营污水处理厂一级A改造工程完成，出水COD稳定在50mg/L以内，县城污水处理厂通过省、市验收投入运营。

**【项目及园区建设取得新进展】** 全县千万元以上重点项目28个，总投资78.05亿元，累计完成投资10.06亿元。其中，年内竣工项目9个，总投资17.59亿元，年计划投资3.1亿元，累计完成投资1.73亿元，同比增长26%，列入省、市重点项目9个，总投资42.47亿元，年计划投资3.01亿元，实际完成投资5.7亿元，占年计划的189.37%。完成南韩村新兴产业园区和要庄科技园新区编制控制性详规和规划环评，完善各园区基础设施建设，17家企业入驻园区。

**【保障性安居工程基本完工】** 全年累计收取经济适用房保障基金119.2万元，并与四家开发公司（阳光诺林湾、中景华庭、顺德新区及阳光家园）签订配建协议书，安排配建经济房和廉租房101套，其中顺德新区配建的12套经济适用住房和12套廉租房主体完工，其他经济房和廉租房正在进行主体施工。同时确定了90户廉租住房保障对象，累计发放廉租住房补贴资金8.1万元。

**【污水处理厂建成并投入运行】** 8月25日，总投资8055万元的县城污水处理厂实现通水试行，出水水质达到国家一级A排放标准，并通过省市验收。较省市规定完成时限提前36天。

【“三年大变样工程”取得实效】 在三年大变样工程中，拆除废旧棚亭80个，沿街违章建筑3500米，违、随、旧总面积10.97万平方米，清理小广告2万余处，粉刷树木4万余株，整顿占路摊点800余处，拆除破旧广告牌匾60处，补栽树木、绿化带草坪12000余平方米，启动了旧金融小区、拔丝厂、旧公安局等拆建改造工程以及城市路网改造优化升级工程，谋划实施33项三年大变样重点项目，总投资23亿元。

【购售电量首破10亿大关】 2009年，满城县电力局完成购电量10.56亿千瓦时，同比增长19.92%，完成售电量10.03亿千瓦时，同比增长20.03%，实现销售收入5.05亿元，同比增长23.54%，上缴利税2904万元，同比增长26.05%，成为保定市22个县（不含南市区、北市区、新市区和高新区）中第一个购售电量超十亿的县。

【全国北方地区首家农业综合气象服务示范县】 满城县建成全国北方地区首家覆盖全县的农业综合气象服务示范县。该服务系统具有重要天气、灾害性天气预警接收与发布、灾情收集；重大自然灾害气象应急指挥；多端点农业专家会商系统；农业技术在线指导；气象农业科普读物数字图书馆；信件接收短信提醒；实时气象资料共享；历史气象资料数据库等八项功能。

完成覆盖全县11个乡镇（不含贤台乡）气象工作站，及配套计算机、打印机、科普展板、电子显示屏、办公桌椅和183个行政村的喇叭气象预报预警广播系统。并在县职教中心满城草莓科技示范园区、大青山农业生态园区和韩家佐蟠桃基地开展温室小气候观测实验，特色农业专项气象等服务。

**中共县委**

书　记　闫志强
副书记　刘　峰　吕耀欣
常　委　闫志强　刘　峰
　　　　吕耀欣　王瑞生
　　　　贾见勇（2月离任）
　　　　康　社　周民选
　　　　刘　杰　贾玉兰
　　　　冯　峻　李雄鹰
　　　　陈英民（2月任）

**人大常务委员会**

主　任　李英杰
副主任　王凤林　尹金泉
　　　　魏凤禄　宋连勇

**政府**

县　长　刘　峰
副县长　刘　杰　贾玉兰
　　　　柴志民　陈　平
　　　　潘金忠
　　　　陈英民（2月离任）
　　　　夏　冰

**政协**

主　席　范福生
副主席　商振华　刘铁英
　　　　李文安　李保章

（张海涛）

## 清苑县

【地情提要】 清苑县位于河北省中部，京、津、石三角腹地，两面环绕古城保定，是保定市按区管理的卫星城。地理坐标为北纬38°33′～38°35′，东经115°13′～115°45′。全县总面积867平方公里。县人民政府驻地北距北京市145公里，东北距天津市140公里，西南距石家庄117公里。境内交通便利，京石高速、保沧高速和保衡、保沧等多条省级公路以及正在修建的京石高铁客运专线贯穿全境，自古就有“北临三关，南通九省”之誉。冉庄地道战遗址闻名遐迩，是全国重点文物保护单位、全国青少年爱国主义教育基地和全国爱国主义教育示范基地。清苑是传统农业大县，先后荣获全国粮食生产先进县、全国首批农业机械化示范区、全国平安农机示范县和河北西瓜之乡等称号。清苑产业基础雄厚，是京、津、保等大中城市的绿色食品供应基地、华北地区最大的有色金属集散地、全国最大的手拉葫芦生产基地和钻井机械生产基地，被中国日用杂品工业协会授予“中国香城”称号。

**自然环境** 清苑县位于冀中平原西部，地势坦荡，西南高，东北低，缓缓倾斜。暖温带大陆性季风气候，四季分明，年均气温12.4°C，平均日照2638.4小时，无霜期178天，年均降水537.8毫米，全年东北风频率最高，年均风速2.2米/秒。境内河流系海河流域大清河水系，计有唐河、新开河、龙泉河、清水河、金线河、府河、漕河8条，河道总长167公里，流域面积877.2平方公里。土壤主要有褐土、潮土两种，其中潮土59.32万亩，占总耕地面积的69.6%。

**自然资源** 全县土地总面积867平方公里，耕地面积77.5万亩，人均耕地1.3亩。土层深厚，土质松软，耕性良好。地表水主要由天然降水和河道客水形成，年均仅利用1764万立方米。地下水资源丰富，品质优良，年均总量1.67亿立方米。植物资源种类繁多，分布均匀，盛产小麦、玉米、花生、红薯和各种瓜菜、苹果、梨、桃等，有蒲公英等50余种野生植物均可入药。野生动物主要有青蛙、野兔、野鸡、蜂、雀、蛇等20余种。

**建置沿革** 北魏太和元年（477年）置清苑。北齐天保七年（556年）废清苑入永宁县，后改乐乡县。五代后唐元年（923年）改清苑县为奉化军。太平兴国六年（981年）改保塞县。金大定六年（1176年）改保塞为清苑。民国元年（1912年）裁县留府，次年废府复县制。1941年清苑以张登至保定公路为界分为清苑、之光两县。1944年两县合并，初为之光，后称清苑。1958年10月，撤消清苑县，大部区划并入唐县，同年12月成立清苑区。1960年3月，清苑、满城、完县三区合并为清苑县。1961年5月恢复清苑县建制。1986年5月，划为保定市辖县。1994年12月，保定地市合并，清苑县归属保定市。

**行政区划** 全县现辖10乡8镇，1个城区办事处，266个行政村。18个乡镇分别是：清苑镇、张登镇、冉庄镇、大庄镇、臧村镇、阳城镇、魏村镇、温仁镇、白团乡、石桥乡、何桥乡、闫庄乡、望亭乡、孙村乡、东闾乡、李庄乡、北王力乡、北店乡。

**人口民族** 2009年末，全县共有16.7万户，总人口65万人，其中农业人口55万人，非农业人口10万人。境内有汉、满、蒙、回等18个民族，以汉族为主，占总人口的98%。全县人口出生率13.34‰，人口自然增长率为6.92‰。

**【概况】** 2009年，全县地区生产总值完成65.4亿元，同比增长11.1%。其中，一、二、三产业增加值分别完成17.4亿元、30.4亿元、17.6亿元，同比分别增长5%、13.7%、12.7%。一、二、三产比重为26.5：46.7：26.8。全社会固定资产投资完成40.7亿元，同比增长40.9%。城镇以上固定资产投资完成36.6亿元，同比增长40.9%。财政收入完成3.4亿元，同比增长13.3%，其中地方一般预算收入完成1.6亿元，同比增长23.5%。财政支出7.59亿万元，同比增长20.42%。社会消费品零售总额28.2亿元，同比增长19.6%。城镇居民人均可支配收入14932元，同比增长7%。城镇职工平均工资21783万元，同比增长13.1%。农民人均纯收入5561元，同比增长10%。年末城乡居民储蓄存款余额61.4亿元，比年初增长12.3%。农业经济：粮食生产连续6年丰产丰收，总产42.6万吨，再获“全国粮食生产先进县”称号。严格落实支农惠农政策，完成粮食直补和农资综合直补6295万元，兑现家电下乡、汽车和摩托车下乡补贴1375.4万元。农业产业化水平稳步提升，康帝肥料、大发正大等龙头企业辐射带动作用明显。全面提高农业机械化水平，被农业部确定为“全国首批农机化示范区”和“全国农机安全示范县”。加大农业基础设施投入，6万亩大型商品粮基地建设扎实推进，全面完成阳城镇2645亩基本农田开发整理。完成6个乡镇总体规划和84个村庄规划，实现村镇规划全覆盖。5个省级新民居示范村建设进展顺利。完成2个电气化乡和15个电气化村建设。加大农业科技投入，完成100个测土配方施肥、农村信息、科技服务站建设。完成12个村的人畜饮水工程，使村民喝上放心水。美国白蛾、禽流感等疫病防控扎实有效，确保了农业安全。全省突发重大动物疫情应急演练在清苑县成功举办，得到农业部和省、市领导高度评价。工业经济：以结构调整为主线，对有色金属、手拉葫芦等传统产业提出产业提升意见。指导企业加大技改投入力度，全县技改投入完成6.2亿元。推进节能降耗和污染减排，加大对有色金属、小塑料加工等重点污染行业整治，完成市下达节能减排任务目标。加强企业诚信体系建设，营造公平竞争的市场环境，市场秩序进一步规范。组织两次“政银企”对接，促成银企合作57项，累计发放贷款4.9亿元。成立15家有色金属回收公司，活跃有色金属市场。钻井机械行业逆势而上，产品供不应求。制香、手拉葫芦、猪鬃加工、印刷包装等行业发展势头良好。全县民营经济增加值完成48.64亿元。清苑县被中国轻工业协会授予“中国香城”荣誉称号。立中集团被命名为“河北省轻金属研发中心”。城乡建设：以融入保定、服务保定为主攻方向，重新修订县城总体规划（2009～2030），对县域经济产业布局、城区功能进行科学定位。紧抓“按区管理”契机，规划整合占地2.5万亩的保定市清苑汽车及零部件工业园区，“一区多园”发展格局初步形成。推进“城镇面貌三年大变样”，总投资40亿元的25项重点工程取得重大进展。投资3200万元的保清路城市化改造和投资2900万元的振兴路南延竣工通车。城南游园和北大冉商贸楼“两口”包装建设全面完成。“三冉”城中村及县城周边村改造步伐加快，南大冉一、二村旧村改造详细规划基本完成。污水处理厂完成技改升级，环保电厂建设工程进展顺利。“精细化管理年”扎实推进，组建城管综合执法大队，城市管理水平不断提高，城容城貌逐步改善，卫星城形象更加鲜明。社会事业：高考再创新高，本二以上上线总人数稳居全市第一平台。成人职业教育服务功能得到增强，实现与北京、天津联合办学。完成投资500万元，建筑面积3990平方米的第三幼儿园建设。公共卫生服务功能不断强化，全力做好甲型H1N1流感、手足口病等疫情防控工作。新农合工作平稳运行，参合率86.5%，城镇居民医疗保险全面启动，基本实现医疗保险全覆盖。总投资4000多万元的地展馆三大工程扎实推进。出台失业职工和失地农民就业扶持政策，零就业家庭就业再就业实现长期动态为零。保障困难群众基本生活，城乡低保、失业保险、养老保险等均实现扩面提档。民主法制和社会稳定：推进行政权力公开透明运行，建立健全人大代表、政协委员旁听政府常务会议等议事和决策制度。实行行政审批"一章制"，政务环境不断优化。全面开展"五五"普法，人民群众法制观念不断增强。开展食品药品市场专项整治，确保全县人民饮食用药安全。严格落实安全生产网格化管理，实现安全生产持续稳定。坚持"六抓六制"，化解一大批难案积案，保持信访形势总体稳定，被市委、市政府评为国庆安保先进县。深入开展严打整治专项行动，社会治安明显好转。连续14年实现宗教敏感期平稳渡过，特殊年份维稳工作取得重大胜利。

【招商引资显成效】 全县引进省外资金10.7亿元，超额完成市下达任务。新引进项目31个，总投资49.2亿元。在谈项目44个，总投资84.5亿元。"对接京津"扎实推进，与天津南开区正式缔结为友好区县，引进京津对接项目23个，实际到位资金6.5亿元。争取上级各类资金4600多万元。

【项目建设成绩喜人】 项目建设实行"四个一"保障机制，积极破解项目用地难题，关停砖窑14座，"挤"出项目建设用地1900多亩。全年谋划、引进、建设超千万元项目58个，总投资95.1亿元。灵峰环保发电、双强电解锌、东利机械等总投资68.6亿元的18个省市重点项目进展顺利，投资进度位居全市前列。京石客运专线建设积极推进，在全市率先完成近3000亩的征地任务和近7万平方米的拆迁任务，保障了工程顺利施工。总投资28.1亿元的大唐清苑热电公司，获得国家发改委核准，已经奠基开工，改写了清苑县没有立县大项目的历史。

【民心工程方便群众生产生活】 2009年初确定的十项（27件）民心工程进展顺利。"村村通"工程扎实推进，完成保衡路至东闾、保衡路至北王力等一批乡村道路建设。农村卫生医疗条件进一步改善，总投资397万元的魏村、白团、冉庄等5所乡镇卫生院顺利竣工。农村敬老院建设步伐加快，总投资1400万元的白团五保供养中心二期工程全面完成。投资8000万元的新天地商厦项目，完成电影院拆迁工作。

**中共县委**

书　记　石海林
副书记　吴亚飞　牛树根
　　　　张晓东
常　委　石海林　吴亚飞
　　　　牛树根　张晓东
　　　　陈保华　刘春林
　　　　董少卿　李文阁
　　　　谢占斌　刘盼山
　　　　李东海

**人大常务委员会**

主　任　吴建民
副主任　赵保平　刘志宏
　　　　张双义　张洪启

**政府**

县　长　吴亚飞
副县长　刘盼山　李东海
　　　　张金仲　郭海山
　　　　李建元　陈　克

**政协**

主　席　宋　静
副主席　税国芳　范同山
　　　　苏秀义　张同岳

（臧旭东）

# 曲阳县

【地情提要】 曲阳县位于保定市西南部，总面积1083.7平方公里，是国家命名的中国雕刻之乡，中国水果百强县之一，中国民间文化艺术之乡。

**地理位置** 曲阳县地处太行山东麓，华北平原西部，县境地理坐标为北纬38°26′28″～38°57′18″，东经114°24′30″～114°53′54″。县城北偏东距首都北京200公里，南偏西距省会石家庄70公里。

**自然环境** 曲阳县为半山区，地势西北高、东南低，地貌自西北向东南依次为低山、丘陵、平原，俗有"六山一水三分田"之说。曲阳县属暖温带半干旱地区，大陆季风气候显著，四季分明。春季气温急剧升高，气候干旱；夏季天气炎热，雨量充沛；秋季天气爽朗，昼暖夜凉；冬季天气寒冷干燥。2009年无霜期201天。境内水道属海河流域大清河南支，水位动态自西北向东南方向径流。境内有通天河、三会河、大沙河等河流。境内土壤有褐土、潮土、沼泽土、草甸土、水稻土5个土类，9个亚类，40个土种。

**自然资源** 曲阳县自然资源丰富，生物资源主要有果树、砧木等，矿产资源主要有大理石、石灰石、煤等，其中大理石资源储量丰富。

**建置沿革** 曲阳县建制秦以前没有记载，秦时设置曲阳县，北魏太平真君七年（公元446年）与新市县（今正定县新城铺）合并，称新市县。景明元年（公元500年）析出，恢复曲阳县建制。元太祖十一年（公元1216年）升为恒州，辖阜平、灵寿、行唐、庆都（今望都）、唐县5县。太宗十一年（公元1239年）撤州复县。1958年10月1日与定县（今定州）合并，称定县。1961年5月20日析出，恢复曲阳县建制至今。现辖4个镇，14个乡。

**人口民族** 2009年末曲阳县总人口608428人，其中农业人口460321人。人口性别比为104.3∶100。99.9%为汉族人。其它还有满族、蒙古族、回族、苗族等18个少数民族。

**【概况】** 2009年，曲阳县生产总值43.66亿元，比上年增长10%。其中第一产业增加值7.32亿元，同比增长8.9%；第二产业增加值18.02亿元，增长10.3%；第三产业增加值18.32亿元，增长10%。三次产业的构成比例为16.8∶41.3∶41.9。农、林、牧、渔业总产值13.79亿元，比上年增长4.0%。工业总产值46.54亿元，增长1.8%。全社会固定资产投资23.53亿元，同比增长73.3%。财政收入2.47亿元，增长11.2%；财政支出7.2亿元，增长1.8%。社会消费品零售总额16.83亿元，比上年增长18.9%，居民消费价格指数比上年下降0.4%。城镇居民人均可支配收入9249元，比上年增长15.3%。农村居民人均纯收入2373元，比上年增加8元。年末城乡居民储蓄存款余额50.88亿元，比年初增加6.22亿元。

全面落实惠农政策，投入各项支农惠农资金9792万元，扶持青龙山农贸公司、龙华水产公司等重点龙头企业，新建西山合众养殖公司标准化万头猪场和燕赵奥斯云禽类定点屠宰场。征地600亩启动建设下河绿怡源科技生态农业公司，加快农业产业化建设。畜牧业新建奶牛养殖小区15个，散养奶牛全部入区饲养。新修农村公路45公里，改造中低产田7300亩，农村基础设施进一步完善。投资1.57亿元在小赤涧、许城东等5个试点村建设新民居22.1万平方米。设立150万元造林绿化奖励基金，全年造林面积3.65万亩。粮食种植面积34153公顷，粮食总产18962.1万公斤。

全年共谋划招商项目98个，启动省、市、县千万元以上项目38个，完成投资8.7亿元。金隅水泥、田原化工“18.30”项目建设顺利进行。推进园区建设，启动县城新兴工业园区、雕刻文化产业园区、灵山新型建材工业园区和5个创业辅导基地建设。年末全县工业总产值46.54亿元、增加值15.12亿元，分别比上年同期增长1.8%、11.3%。招商引资全年共签订合作意向69项，意向投资36亿元，实际利用外资20万美元。实施龙头裂变、规模扩张和全民创业计划，推动特色产业上档升级。积极培育龙头企业，联合26家雕刻企业组建河北恒州雕塑集团，与浙江绍兴、江苏淮安、江西德兴等地签订雕塑工程建设合同近亿元。扩大宣传，开通中国曲阳雕塑网，在中央电视台、香港亚洲卫视等40多家主流媒体宣传曲阳特色文化，在北京、长春、广州等地设立曲阳雕刻展厅。成立雕刻产业发展推进委员会，加强对全县雕刻行业的管理。组建观赏石协会，积极培育观赏石产业，举办雕刻企业厂长经理培训班，培育雕刻专业人才。年末，12家雕刻企业进入全县30家规模以上工业企业。特色旅游进一步发展，东方雕刻城被评为河北省工业旅游示范点，虎山风景区评为国家AAA景区和河北省农业旅游示范点。2009年，被保定市委、市政府评为维护稳定工作先进县、安全生产工作先进县、信访工作先进县、消防工作先进县和体育教育工作先进县，国庆安保、3.10城建项目招商发布会、煤炭市场综合治理等多项工作受到市委、市政府通报表彰。

**【城镇建设成效显著】** 积极配合河北省委、省政府“城镇面貌三年大变样”战略举措，整治城容城貌。年内投入资金420万元，编制县城建设总规、控详规和15部专项规划及16个乡镇、281个村的规划，县城规划面积由8.2平方公里扩展到24.15平方公里，城镇发展框架初步形成。投入资金16.3亿元完善县城基础设施建设，张石高速引线与县城南环路对接，加快城中村改造，拆旧28.3万平方米，新建住宅楼12栋，8.7万平方米。县城集中供热60万平方米，铺设燃气管网7公里，实现天然气入城。

**【安全生产责任网格化管理在全市推广】** 年初，积极汲取上年两次火灾事故教训，以政府一号文件形式，制定《曲阳县安全生产责任网格化管理暂行规定》，按照“属地管理”和“分级管理”的原则，以机关单位、厂矿企业、村庄、社区为网格终端节点，建立纵向有县、乡镇分级监管，横向有政府职能部门分工负责，条块结合，纵横交叉，全方位覆盖，责任明晰的立体网格化监管体系，在全市率先推行安全生产网格化管理机制，实现安全监管责任全覆盖，受到保定市委、市政府充分肯定并在全市推广。

**【《中国工艺美术大师传》在曲阳开拍】** 2月18日，由团中央、中国工艺美术协会共同发起的百集电视系列片《中国工艺美术大师传》专题摄制活动在曲阳县正式启动。曲阳县中国工艺美术大师卢进桥、陈文增成为首地首拍的两位大师，卢进桥、陈文增分别为当代雕塑、陶瓷艺术界具有开创性贡献的两位代表。电视片共拍100名大师，每集1名，时长30分钟左右，通过摄制文献性的大师传略，抢救和保护中国传统手工技艺，避免因缺少记录而使绝技失传。

**【卢进桥因病逝世】** 2月18日，中国工艺美术大师、国家非物质文化遗产曲阳雕刻项目传承人卢进桥因病逝世。卢进桥大师的石雕艺术形成独具特色的卢进桥风格。雕刻的“龙凤”、“雄狮”、“嫦娥奔月”等稀世珍品被许多国外的博物馆收藏，“卧兽观音”、“坐兽观音”、“天女散花”等多件作品被定为国宝永久珍藏。为曲阳雕刻业的继承与发展和把曲阳建成名副其实的“雕刻之乡”做出了卓越贡献。

**【召开城建（经济）项目招商信息发布会】** 3月10日，曲阳县召开城建（经济）项目招商信息发布会，重点推介涉及城建基础设施、旧城改造、园区建设、文化产业、特色产业五大类38个招商项目。北京金隅水泥有限公司、北京大地燃气公司、河北卓达公司、天津中亚房地产开发有限公司等130多家省内外企业300余名客商出席发布会。发布会上，北京八大处旅游服务公司、河北新大地通讯管网有限公司、保定恒达工贸有限公司、天津大通建设集团等客商与曲阳县政府就北京雕刻展厅、污水管网、信息共用管网等项目现场洽谈，签订投资项目1个，合同意向项目26个，意向投资达26亿元。

**【《定窑清风峻节瓶》被中国美术馆收藏】** 3月28日，由中国工艺美术大师、曲阳定瓷有限公司总监陈文增创作的《定窑清风峻节瓶》，被中国美术馆馆藏。该作品以高雅的文化品位、近乎完美的艺术造型及定瓷特有的乳白光泽和柔和语言，受到了中国美术馆相关专家的高度评价。此件作品是中国美术馆目前所收藏陶瓷作品中惟一一件定瓷作品。

**【《逛曲阳》播出】** 4月8～9日，中央电视台第七套《乡土》栏目对曲阳县雕刻、定瓷、北岳文化及其他旅游文化进行了深入采访，精心制作专题片《逛曲阳》，片长30分钟，5月中旬播出。专题片的制作，向国内外展现曲阳深厚的文化底蕴和丰富的旅游资源，展示了曲阳对外交流的“文化名片”。

**【国家文物局局长单霁翔到曲阳考察调研】** 4月28日，市长于群、副市长孟祥伟陪同国家文物局局长单雯翔及国家、省文物部门有关领导，到曲阳县就北岳庙、修德寺塔、定窑遗址保护及开发利用工作进行实地考察调研。认真查看了国保文物的建筑、壁画、碑刻和遗址、出土定瓷器物等，详细询问了保护管理和维修等有关情况，并听取省文物局及曲阳县有关情况的汇报，对如何做好文物保护与开发利用工作提出指导性意见。

**【曲阳雕塑网开通】** 7月16日，曲阳雕塑网（www. quyangdiaosu－gov·cn）正式开通。是曲阳县雕塑行业惟一政府官方网站，主要包括石雕、定瓷、泥塑三大内容板块，共设首页、新闻资讯、曲阳石雕、曲阳定瓷、曲阳泥塑、雕塑名家、精品展示、文化古迹、展会动态、供求信息、招商项目、政策法规等12个栏目。

**【定窑遗址考古发掘发现新成果】**

继20世纪60年代和80年代两次发掘之后，9月20日，全国重点文物保护单位定窑遗址第三次考古发掘正式启动。考古发掘由省文物研究所、北京大学考古文博学院联合进行，发掘为期3个月，发掘面积780平方米，清理各类遗迹60余处。此次发掘获多项重大发现，揭开了定窑始烧于中晚唐时期，金代定窑瓷器达到繁盛，元代仍有烧造只是生产有所降低及各时期定窑御器真貌四大历史谜团。

**【第四届雕刻（定瓷）艺术节在北京举办】** 10月15日，中国·曲阳第四届雕刻（定瓷）艺术节在北京八大处公园开幕，这是曲阳首次进京举办雕刻艺术节。本届艺术节由曲阳县政府主办，北京八大处公园管理处、中国工商联石材商会和世界艺术家协会中国分会协办。艺术节为期15天，以“传承千年雕刻文化，打造东方艺术之都”为主题，以宣传推介曲阳雕刻文化为目标，集展览、销售、洽谈为一体，并举办首届全国雕塑艺术大赛、书法笔会、曲阳特色美食展示和北京曲阳雕刻艺术展馆开馆仪式等活动。艺术节参展企业53家，展出雕刻、定瓷、泥塑等雕塑精品400

余件，发布招商项目50个，直接交易额65万元，取得丰硕成果。

**中共县委**

书　记　王义民

副书记　朱子强　张大鹏　刘同孝

常　委　王义民　朱子强　张大鹏　刘同孝　凌国增　韩国勋　王跃勇　霍　磊　段志伟　李银峰　张　广　柴惠杰　李熙宽（挂职）

**人大常务委员会**

主　任　田志先

副主任　田义才　李培然　夏立章　高爱茹

**政府**

县　长　朱子强（1月任）

副县长　韩国勋　王跃勇　田双喜　杨亚勋　马立新　张　杰

**政协**

主　席　刘同孝

副主席　任曙光　万树勋　牛树乔（不驻会）　张一歌

（赵丽英）

# 涞水县

**【地情提要】**　涞水县地处河北省中西部、太行山东麓北端，总面积1650.50平方公里。地形独特、区域狭长，素有涞水一条线之称，地势自西北向东南，分山区、丘陵、平原三种地貌。县境与北京市房山区和门头沟接壤110公里。是京西南门户。县城距北京市中心90公里，距天津市中心170公里，距保定市中心75公里，位于京、津、保三角地带和北京经济圈内。地理坐标为北纬39°17～39°57，东经114°59～115°48。

**自然环境**　山区、丘陵，占全县总面积的75%，平原占全县总面积的25%，山区平均海拔800米，最高峰1983米，境内最大河流拒马河，流经县域117公里。拒马河常年过水量9.2立方米/秒，属海河流域大清河系。因北方干旱少雨拒马河县城段地表水已干枯。气候属温带湿润性气候，平均气温12.4度，冷月（1月）－4.7度，热月（7月）平均气温28.4度，年日照2853.3小时。常年主导风向为东北风、西南风，最大风速17米/秒。平均无霜期为236天，山区为165天。最大冻土深度为75厘米，最大积雪厚度为28厘米。

**自然资源**　全县耕地面积36.2万亩，其中水浇地占64%，人均耕地1.1亩，土壤有5个土类、11个亚类、12个土属、70个土种。野生植物资源中木本植物25科、40属、50种，草本植物30科、62属、85种。植物药材多达776种，其中已经开发利用的有100余种。西北部山场广阔，林地面积约50万亩。森林中生活的野生动物有豹、狼、野猪、山羊等30多种。矿产资源已探明的煤、铁、铜、金、银、铅、锌、云母、石棉、大理石、石灰石、滑石、石英等15种。拒马河中天然鱼类资源丰富，主要有金鲤鱼、白鲢鱼、青鱼、草鱼、鲇鱼、泥鳅、大青虾、螃蟹、甲鱼，原拒马河特产“重唇鲤”清代时为贡品。

**行政区划**　辖7镇8乡，284个行政村。

**人口民族**　全县总人口352618人，总户数97000户，其中非农业人口64048人，农业户口288570人，满族、回族等少数民族1.58万人。

**【概况】**　2009年，地区生产总值完成24.83亿元，同比增长11%；全社会固定资产投资完成28.90亿元，同比增长89.76%，其中城镇以上投资27亿元，同比增长86.7%；财政总收入完成1.95亿元，同比增长16.7%，其中地方一般预算收入1.06亿元，同比增长13%；农民人均纯收入3477元，同比增长6.9%；城镇居民人均可支配收入9784元，同比增长15.2%

工业经济运行稳定。制定出台《2009～2013年工业发展规划》和《产业倍增计划》，积极推进银企对接，破解资金瓶颈，工业经济止跌回升。全年完成工业增加值5.03亿元，同比增长14.9%，其中入统工业完成增加值4亿元，同比增长16.1%。新农村建设扎实推进，各项支农惠农政策有效落实，全年发放粮食直补、良种、农机具、退耕还林、移民搬迁等各类补贴补助3112万元，发放家电下乡、汽车、摩托车下乡补贴478万元。农业生产势头强劲，粮食总产13万吨。完成果林基地建设6000亩，果品总产量3.9万吨。食用菌种植专业村发展到10个，存量6500万棒，产值1.5亿元。地膜花生、地膜土豆、糯玉米、草莓等经济作物种植面积不断扩大。海华腾食品厂、福信牧业、兴旺达等农业龙头企业在扶持中壮大，世纪旭昊生态农业园项目开工建设。政策性农业保险覆盖面进一步扩大，集体林权制度改革和土地二轮延包后续完善工作有序推进。发展劳务经济，加强农民技能培训，1.2万名受训农民走上新的工作岗位。实施扶贫开发，贫困人口减少2349人。

招商引资和项目建设取得明显成效。全年投资千万元以上项目47个，总投资120.2亿元，新开工项目22个，前期谋划项目16个。省、市重点项目17个，总投资91.8亿元，实际完成投资20.8亿元，其中省重点项目5个，“818”项目、液压机械、现代农装、一渡温泉新新小镇、世纪旭昊生态农业园、冀东水泥、天鹅湖旅游综合开发、京南鹿港等项目顺利推进。全县各级部门争取到各类专款2.15亿元。推进京南涞阳产业园区建设，搭建招商引资平台。启动张涿高速公路土地征迁和施工环境保障工作。对接北京成效显著。与航天科工集团、农业机械化装备集团、中加集团、韩建集团、北京首智冶金设备制造有限公司、北京九龙华创机电设备有限公司、世纪旭昊生态农业发展有限公司等单位进行务实合作。与北京中关村科技园区丰台园签定战略合作协议，与北京市门头沟区、房山区及北京经济技术开发区建立联系沟通机制。与中国农业机械化研究院、中科院地理科学与资源研究所签订了战略合作框架协议。社会事业协调推进。完成为民办的十个方面实事。推进就业再就业工作，全年培训农村劳动力7700人次，农村劳动力向非农产业转移12000人次，新增就业再就业3926人，五保对象、困难职工等弱势群体得到有效帮扶。完成实施住房保障性安居建设。

**【旅游转型步伐加快】** 以创建国家5A级旅游景区和世界地质公园达标建设为契机，提升服务质量、品牌形象和管理水平，推进旅游产业转型升级。完成百里峡门区广场、野生动物情趣园、百草畔蚂蚁索道工程建设。野三坡景区列入首批国家级旅游景区服务标准化试点项目，获得首批国土资源科普基地称号，再次荣获全国创建文明风景旅游区工作先进单位。全年接待游客202万人次，同比增长32.9%，完成门票收入4580万元，同比增长32.8%；实现旅游总收入5亿元，同比增长25%，再创历史新高。

**【统筹发展，改善城乡面貌】** 完成县城控制性详细规划和7个乡镇、103个村的规划编制工作，实现规划工作的全面覆盖。高标准完成高速引线建设，复兴路建成通车，涞阳路、政府街改造及综合整治、新市场、南壕沟市场拆迁改造、文化广场等重点工程基本完工。商品住宅小区完成建筑面积10万平米，1000多户居民喜迁新居。城东污水处理厂投入试运营，垃圾处理场建设进展顺利。新增绿地21万平方米，扭转了城镇绿化工作落后局面。

**【农村环境不断优化】** 创建文明生态村22个，创建新居民示范村8个，新建沼气池3000个。解决56个村的饮水安全和困难，解决75个村的农业灌溉难题，四座水库同时除险加固，三条小流域同时治理。完成高明路修建、北关大桥改造工程，农民群众的生产生活条件不断改善。

**中共县委**

书　记　田庆柱
副书记　于舒心　杨宝昌
常　委　田庆柱　于舒心
　　　　杨宝昌　李　占
　　　　赵春辉　陈　河
　　　　贾见勇　刘晓梅
　　　　万树军
　　　　刘清源（3月任）
　　　　韩彦清　张志强

**人大常务委员会**

主　任　薛兆丰
副主任　高翔鹰　赵福礼
　　　　李福生　胡云霞

**政府**

县　长　田庆柱（3月离任）
　　　　于舒心（3月任）
副县长　连书君（2月离任）
　　　　陈　河　贾见勇
　　　　胡玉祥　刘彦坤
　　　　穆启文　刘　嵘
　　　　霍占利
　　　　吴晓东（挂职）

**政协**

主　席　宋冀中
副主席　郑晓先　罗桂金
　　　　杨宝楼

（于秀梅）

# 涞源县

**【地情提要】** 涞源地处保定市西北部太行山北端，属全山区县，全县面积2448平方公里，东界涞水、易县；南临唐县、顺平、阜平；西接山西省灵丘县；北与张家口市蔚县接壤。县城东北距北京160公里（直线距离，下同），东距天津210公里，南距石家庄156公里，东南距保定89公里。境内交通便利，京原铁路横贯全境，3条国道（108、112、207），2条省道（宝平、保涞线）在县城交汇。矿产资源丰富，种类多、埋藏浅、储量大，是全省九个矿产资源大县之一，矿业收入占全县财政收入的70%。旅游资源独特，境内旅游资源基本类型45种，游览面积320平方公里，共有8大景区，218个景点。

**自然环境** 涞源县为全山区县，境内群山起伏，沟谷纵横，山间分布大小盆地，主要有涞源盆地、东团堡盆地、南城子盆地。涞源县城恰处群山环抱的涞源盆地中心，平均海拔800～900米。境内主要行洪河道有拒马河和唐河，均属大清河水系，地势西北高、东南低。最高处是县北利华尖，海拔2144.7米。属暖温带半湿润季风气候区，大陆性季风气候特点显著，四季分明，冬季寒冷干燥，盛行西北风；夏季雨量集中，盛行东南风；春季干燥多风，秋季凉爽少雨。2009年全年最高气温35.7℃，最低气温-20.5℃，年平均气温8.2℃，盛夏平均气温（7月）22℃。零厘米平均温度10.6℃，全年日照2602.5小时；无霜期158天，初霜期9月22日，年降水量378.5毫米，年均风速1.8米/秒，风极端最大值7级。

**自然资源** 水资源较丰富，有唐河、拒马河两大河流，大小山泉102处。野生植物有：乔木、灌木、蒿草等，特别是野菜类，如蕨菜、黄花菜、山蘑、苦苦菜、山葱、山韭菜等已成为本地纯天然的绿色食品，深受广大城市游客的青睐，并销往全国各地。县域属暖温带针阔混交林地带，全县森林覆盖率28.5%。野生动物有60余种，鸟类有30余种。矿产资源丰富，已探明矿藏43种，其中金属矿21种，非金属矿22种，主要开发品种有铁、铝、锌、铜、金、大理石、石棉、褐煤等。

**行政区划** 2009年，全县有7镇（涞源镇、银坊镇、王安镇镇、水堡镇、杨家庄镇、走马驿镇、白石山镇）、10乡（北石佛乡、上庄乡、东团堡乡、金家井乡、留家庄乡、南屯乡、烟煤洞乡、乌龙沟乡、塔崖驿乡、南马庄乡）、1城区办事处。

**人口民族** 全县总人口280175人，其中非农业人口75353人，农业人口204822人。人口自然增长率7.09‰。

**【概况】** 全县总面积2448平方公里，年末耕地总资源26611公顷（其中，常用耕地面积18639公顷）。2009年生产总值34.1亿元，同比增长10%，其中第一产业增加值2.69亿元，同比增长7.9%；第二产业增加值21.7亿元，同比增长11.5%；第三产业增加值9.67亿元，同比增长7.2%；单位生产总值能源消耗2.17标准煤/万元GDP，同比下降8.44%；粮食总产量80404吨，同比增长1.45%；财政收入7.63亿元，同比增长10%；社会消费品零售总额7.1亿元，同比增长17.4%；固定资产投资17.9亿元，同比增长92.9%；职工年平均工资23345元；农民人均纯收入1930元，同比增长0.3%；城镇居民人均可支配收入6800元，同比增长7%；年末城乡居民存款余额33.5亿元，同比增长12.8%。各项社会事业不断进步。投资943.44万元，完成13个贫困村整体推进工作，解决6200名贫困人口的脱贫问题；投资2735万元，完成8项农村中小学校舍建设工程，加快整合教育资源，有效缓解了“入学难”问题，2009年高考再创历史新高，本二上线人数首次突破300人大关，排位在全市上升了4个位次；总投资1.2亿元的县医院迁建项目开工建设，总投资1300万元的国道112线县城至张家口界大修工程竣工通车，总投资5174.5万元的5条县乡道路改造工程4条竣工通车，白银线（白石山镇至银坊镇）完成路基铺设；深入开展计划生育“集中整治”和“百日攻坚”活动，人口出生率控制在11.39‰以内，超额完成市核任务；认真开展“蓝天行动”，加强“两河”保护，节能减排目标全部完成；扎实开展军民共建，再次被评为全省“双拥模范县”。电力通讯、文化体育、食品药品等各项社会事业均取得长足进步。

**【白石山首届旅游文化节】** 涞源白石山是“世界地质公园”、“国家地质公园”“国家森林公园”、“国家湿地公园”、“国家4A景区”、“青少年科技教育基地”，拥有全国惟一的大理岩峰林地貌，集雄、奇、险、秀于一体，景色怡人、美轮美奂，被专家誉为中国北方最奇最美的山。涞源县委、县政府全面贯彻落实省、市政府“打造环京津休闲旅游产业带”和建设“山水宜居城市、京西夏都、生态凉城”，于8月31日至9月6日，举办“中国涞源白石山首届旅游文化节”。文化节由河北省旅游局、保定市人民政府主办，保定市旅游局、涞源县人民政府承办。2009年8月31日上午8：30分在白石山世界地质公园文化广场隆重开幕，市委书记宋太平书记宣布首届“中国涞源白石山旅游文化节”开幕！文化节期间，举办了“经贸洽谈会”、“白石山摄影大赛及影展”，“白石山书画展”、“武术比赛”、“秧歌大赛”，“登山节”、“涞源风味小吃大赛”、“涞源地方戏演出大赛”等系列活动。9月16日上午9点，在交通礼堂举行了中国涞源白石山首届旅游文化节闭幕式暨颁奖大会。

**【县城综合管沟工程稳步推进】** 投资2.13亿元，总长1.75万米的涞源县城区综合管沟工程，于2008年10月1日开工，2009年3月30日完成主体工程。工程主体为钢筋混凝土结构，设计主要道路有百泉路、开源路、迎宾街。专项工程竣工后将改善污水、雨水混流，电力线、通讯线、电视有线及供水排水管道将全部布入共同沟，使城市更加整洁、靓丽。

**【农业经济稳步发展】** 2009年

农业总产值完成5.3亿元，同比增长8.2%。农民人均纯收入1930元，同比增长0.3%。完成大田作物播种面积29.1万亩，粮食总产8万吨。全年造林整地20万亩。完成蔬菜播种面积2.6万亩，产量5.4万吨，同比增长13.3%。畜牧业生产，猪出栏5.6万头，同比增长13.1%。牛出栏4900头，同比增长8.9%。羊出栏10.32万只，同比增长11.8%。家禽出栏27.4万只，同比增长37%。禽蛋总产量3708吨，同比增长7.1%。肉类总产量6609吨，同比增长18%。农业农村经济继续保持平稳发展的态势。

**【各项惠民政策全面实施】** 开展“万村千乡”工程和“家电下乡”活动，高标准落实惠农政策，共发放粮食直补和农资综合直补1291万元，一事一议财政奖补432万元，农机、良种等涉农补贴770万元，汽车、摩托车及家电下乡补贴266万元；筹资210多万元，为每位参加新型农村合作医疗的农民再补贴10元，使农民个人缴纳部分由20元减少到10元，全县农民参合率94.8%，全年为4.85万人报免医药费1652.5万元；筹资155万元，为全县5000名农村中小学寄宿制学生发放生活补贴；筹资99.7万元为8226名75岁以上的农村老人发放生活补贴；落实城镇农村低保资金975.93万元，城镇居民医疗保险补贴资金210万元，发放计生奖扶资金98.8万元；新增就业3359人，下岗人员再就业1358人，劳务输出8600人。

**中共县委**

书　记　赵志栋
副书记　高文才　石志新
　　　　田泽军（4月任，挂职）
　　　　刘亚非（11月任，挂职）
常　委　赵志栋　高文才
　　　　石志新
　　　　田泽军（4月任，挂职）
　　　　刘亚非（11月任，挂职）
　　　　刘小沛　张德勇
　　　　陈业鹏（4月任）
　　　　张　昇　魏立恒
　　　　罗玉琴（女）
　　　　任生桥　张铁山
　　　　都建华
　　　　李　辉（挂职）

**人大常务委员会**

主　任　李文喜
副主任　刘培才　李生明
　　　　李　凯　杨　辉

**政府**

县　长　高文才
副县长　张　昇　都建华
　　　　陈业鹏（4月离任）
　　　　曾　文　王晓明
　　　　徐路生　杨文彪

**政协**

主　席　张保福
副主席　刘东江　王全胜
　　　　贾良山
　　　　尹金花（1月任）

（刘淑红）

# 博野县

**【地情提要】** 博野县地处河北省中部，冀中平原腹地，北京、天津、石家庄三大城市之间。县城北距保定市区50公里，西南距河北省会石家庄100公里。地理坐标为北纬38°27′~38°35′，东经115°29′~115°39′之间。西与安国毗邻，东与蠡县交界，北与清苑接壤，南与衡水市的安平、饶阳相连。全县总面积330.89平方公里。保（定）——衡（水）公路纵穿过境，定（州）——河（间）公路，朔（州）——黄（骅港）铁路横过县城。

**自然环境** 博野县境南北狭长，除西部有两条状风沙高地，面积为1.47万平方米外，其余均为平坦壤地。地势中北部西高东低，南部和东南部自西南向东北倾斜。地面高程（黄海）在19米~30米之间，坡降为1/3000。境内5条河渠横贯东西。行洪河潴龙河，县界流程15.4公里。三条排水河道自北向南依次为孝义河、月明河、小白河。沙河干渠为行水河渠，县内渠长9.437公里。博野县属温带半干旱大陆性季风气候，干湿季节明显，四季分明，降水量不足，且年际及年内分布很不均匀。春季干旱多风，夏季湿热多雨，秋季天高气爽，冬季寒冷少雪。平均气温12°C，地温14.7°C，日照2750.8小时，降水452.3毫米，无霜期为189天。

**自然资源** 博野县土地总面积496345亩，2009年耕地347698.35万亩，园地15975.3亩，林地13831.65亩，年内建设用地92770.05亩，水域面积11969.25亩，未利用土地882.15亩，全县耕地土壤为褐土和潮土两大类，土质肥沃，适宜农业种植，是全国商品粮基地县之一。境内地下水经流量为6000万立方米，地上外来给水800万立方米，全县生活用水总量为812万立方米，缺水6800万立方米，为平原缺水县。境内查明地下储藏石油和地热，石油储量小，地热资源丰富。农产品加工业、油漆化工、橡胶带、输送带、机械制造、有色金属加工等行业构成博野县域经济的支柱产业。

**行政区划** 博野县隶属保定市，下辖3个镇4个乡，133个行政村，139个自然村，4个社区居民委员会。

**人口民族** 年末全县6.96万

户，26.6万人，其中农业人口21.9万人，有汉、壮、回、蒙古等民族，汉族人口占99.3%，人口出生率为13.8‰，符合政策生育率89.25%。

**【概况】** 2009年全县地方生产总值完成24.7亿元，增长10.5%；其中第一产业增加值8.41亿元，同比增长8%；第二产业增加值9.56亿元，同比增长13.9%；第三产业增加值6.71亿元，同比增长8%；粮食总产量17.63万吨，同比增长10.2%；民营经济增加值完成17.91亿元，增长10.1%；全社会固定资产投资23亿元，同比增长85.8%。财政收入1.31亿元，同比增长13.3%。财政支出3.37亿元，同比增长16%；社会消费品零售总额完成9.7亿元，同比增长20.2%；在岗职工年平均工资22503元，同比增长9%；农民人均收入4647元，同比增长10.2%；城镇居民人均可支配收入11660元，同比增长10.5%；年末城乡居民存款余额24.98亿元，同比增长14.5%。

**【经济建设成效显著】** 加大对博通、华月等龙头民营企业的扶持力度。邀请清华、北大等院校专家教授到博野利用“周末大讲堂”为民营企业家讲课，接受新知识，开拓新视野，获取经营新理念。食品加工业整合资源，改良生产工艺，产品附加值明显提高。油漆化工业积极开拓新市场，保持化工行业的健康发展。邀请中国橡胶协会领导到博野县对橡胶企业进行考察指导。组织橡胶企业到浙江三门学习考察，加强技术改造，推进产业升级，2009年全年橡胶企业的技改项目均在千万元以上，总计2亿元。橡胶工业积极引进先进设备，提高企业生产能力，橡胶输送带年产销量达6000万平方米，占国内市场份额的20%以上。新增省著名商标一件（三源公司“鸣晓”商标）、省名牌产品一件（冀中公司“初蕾”油漆）、省优质产品三件（华安胶带、华日胶带、纵横胶带）。全县省著名商标、名牌产品、优质产品达到22件，提高了商品在市场上的份额。淘汰落后产能。对油漆行业进行综合整治，取消五小企业非法生产经营行为。单位增加值能耗下降7.1%。规模以上工业增加值完成4.82亿元，同比增长16.3%。

**【项目建设再上新台阶】** 英利集团签订在博野建设辅业基地，协议引进总投资5.6亿元的光伏屋顶发电及太阳能电池配套系列项目。外商直接投资累计完成300万美元，完成市核任务的150%。积极实施“对接京津战略”，通过博野籍在京企业家牵线搭桥，与以色列LR集团达成投资1.5亿元的农业工业园项目建设意向。2009年，全县实施千万元以上工业生产性项目22个，总投资8.66亿元，年计划投资1.5亿元，完成投资1.53亿元。

**【工业园区建设】** 依据“依城建园，以园促城”的原则，将占地3015亩的城南工业园区纳入县城总体规划。470亩起点区建设率先进行，启动园区道路排水管网等基础设施建设。总投资2.3亿元的麦可太阳能、本草源中药饮片、海通泵业、金昊石油机械等四个项目落户工业园，华翔精品输送带、德林钛业、春风衬布等一批后继项目达成入园意向，城南工业园区的规模效应、聚集效应初步显现。

**【节能减排】** 推广地热水源热泵取暖。千禧小区、四季阳光城、博雅家园、博阳小区、县医院、计生委办公楼及家属院等十多处利用地热取代燃煤取暖。制定优惠政策，鼓励农村发展沼气，到2009年底，全县1.8万户农民用沼气照明、做饭。开展秸秆综合利用，程委镇、南小王、东墟乡部分农民采用地下燃池、吊炕取暖。推广太阳能设备，到2009年底，部分农户及90%城镇职工用上太阳能热水器。年末，化学需氧量和二氧化硫分别消减115吨和55吨。保定市“蓝天行动”和两厂（污水处理厂、垃圾处理场）建设现场会在博野县召开。

**【城市建设步入快车道】** 完成县城总体规划，同时完成中心区控评规划编制。推进旧城区、低洼区改造开发，总建筑面积10万平方米的博雅家园、博阳小区、名士高层等九个住宅小区项目进展顺利。启动小店、张岳两个新居民试点工程。市重点工程恒鼎国际商贸街项目落户博野，总投资7.5亿元、占地150亩，一期工程拆迁基本完成。投资1500万元的宜家旺商务中心投入使用，投资1000万元的县城汽车站搬迁项目开工建设。投资5335万元县城污水处理厂投入试运行，与蠡县合建的垃圾处理场项目进展顺利。多方筹资1.1亿元实施城乡路网升级改造工程，博望路改扩建、潴龙河大桥新建、旧定河线改造、县城北出口屯庄路段改扩建等工程竣工。完善县城地下排水网络，新建改造农村公路27公里，城乡交通闭塞状况得到有效改善。

**【农业产业化带动小康村建设】** 农业产业化进程加快，市级以上龙头产业9家，销售收入5.8亿元，直接带动农户4.5万户，增加农民收入4500万元，农业产业化率51%。农产品基地建设蓬勃发展。按照“一乡一业，多村一品”的思路，发展特色块状经济。全县建成市级无公害标准化示范村10个，10家农畜基地通过无公害认证。南小王黄瓜、沙窝优质梨、正大养殖等省、市级标准化农畜产品生产示范区通过验收。大营无公害棚室蔬菜基地发展到3000亩。国家农业部确定博野县为设施蔬菜标准园创建示范县。农民专业合作社37个。开展农业与超市对接，与北京新发地市场和保定惠友超市等多家企业达成农产品购销协议，全年直销农产品5000余吨。加强农村基础建设。投资4814万元，实施农村电网改造、农村饮水安全等15个农业基础建设项目，提高农业综合生产能力，改善农村生产生活条件。惠农政策落实到位。发放粮食直补、良种补贴、综合补贴、农机具补贴、家电摩托车、汽车下乡等各类资金3128万元，发放支农贷款1.38亿元，支持农业生产和社会主义新农村建设。

【加快民生工程建设】 争取上级项目资金2.4亿元，实施县医院病房楼、农民健身工程、残疾人危房改造等一批民生项目，提高社会公共服务水平。启动廉租房建设，为63户贫困户发放住房补贴。养老、低保覆盖面不断扩大，提高保障标准，全年共发放养老和低保资金3000多万元。新农合参合率92.5%，城镇居民基本医疗保险参保率85.8%，均超市核任务。推进“百村万户富民培训”活动，建成全县农村劳动力资源数据库和各乡镇农民就业工作站，新增向非农产业转移3200人。启动中小学校舍安全工程，县职教中心顺利通过省重点职教中心验收。实施人口计生惠民工程，稳定低生育水平。博野县被评为全省计生优质服务县。

**中共县委**

书　记　马志超

副书记　陈春霞　房振杰

常　委　马志超　陈春霞

　　　　房振杰　郝进国

　　　　刘新桥　韩晓杰

　　　　刘晓昱　汪树立

　　　　郭小六　张晓笠

　　　　罗晓瑞

**人大常务委员会**

主　任　侯利杰

副主任　彭梦贤　王德安

　　　　张丽娜　蔡良占

**政府**

县　长　陈春霞

副县长　韩晓杰　汪树立

　　　　王双久

　　　　张林峰（2月离任）

　　　　陈　冲　李青华

　　　　郭杏来

　　　　孙东义（2月任）

**政协**

主　席　郭泽民

副主席　孟彦坡　刘凤雪

　　　　刘　祥

（杨占恒　温　钊　程玉坡）

## 阜平县

【地情提要】 阜平县位于河北省西部，太行山东麓，东与曲阳、唐县交界，西与山西省五台县、繁峙县接壤，南与行唐县、灵寿县毗连，北与涞源县、灵丘县相邻。县城东距保定市106公里、北距北京市260公里，东南距石家庄市124公里，西距全国佛教圣地五台山78公里。

**自然环境** 阜平是一个全山区县，县域总面积2496平方公里，山地占全县总面积的88.2%，耕地面积12.5万亩，人均17.5亩山、0.74亩田，素有“九山半水半分田”之称。境内山峦起伏，沟壑纵横，地势由东南（海拔200米）向西北（海拔2200米）逐渐升高。主峰海拔在824.9米以上的山峰有42座，其中歪头山海拔2286.2米，为保定市最高峰。河流属大清河水系，境内有大沙河、胭脂河、北流河、鹞子河、板峪河、平阳河6条常年河，汇入王快水库。阜平山地气候特点显著，局部小气候明显，百里之遥温差达6℃。

阜平是河北省重点林业县，境内宜林地223万亩，有林地100万亩，全县森林覆盖率32.3%。主要果品资源有红枣、核桃、板栗、苹果、花椒、山杏等。其中大枣以个大、核小、肉厚、皮薄、营养丰富而享誉中外，被誉为“中国大枣之乡”。

**建置沿革** 阜平历史悠久，金明昌四年（公元1193年）置县。这里是一块孕育革命的红色土地，1925年建党，1931年成立北方第一个红色政权——中华苏维埃阜平县政府。1937年聂荣臻率115师成立以阜平为首府的晋察冀边区革命根据地，这是全国第一个敌后抗日根据地，被党中央毛主席命名为“模范的抗日根据地和统一战线的模范区”。抗日战争和解放战争时期，阜平曾是中共中央机关和晋察冀军区司令部所在地，毛泽东、周恩来、朱德、刘少奇、任弼时等老一辈无产阶级革命家都在这里工作和战斗过。

**行政区划** 全县辖阜平镇、城南庄镇、平阳镇、龙泉关镇、天生桥镇5个镇和王林口、台峪、史家寨、大台、北果元、夏庄、砂窝、吴王口8个乡及1个社区，共209个行政村1131个自然村，总人口21.1万。

【概况】 2009年全县生产总值完成19.10亿元，增长10.1%，其中第一产业完成4.85亿元，增长9.4%；第二产业完成4.22亿元，增长11.6；第三产业完成10.03亿元，增长9.6。全社会固定资产投资29.03亿元，增长72.5。财政收入1.56亿元，同比下降16.4%。入统工业企业增加值1.62亿元，增长16.6%。全社会消费品零售总额7.76亿元，增长20.2%。农民人均纯收入2299元，同比下降4.2%。年末城乡居民存款余额30.26亿元，增长15.5%。以“迎国庆、保稳定，创建平安阜平”为主线，开展安全生产攻坚年。完成尾矿库整治任务，名列全市首位；八条战线同步作战，确保国庆期间的安全稳定；分阶段开展以烟花爆竹、消防安全、食品药品安全、森林防火、防洪和地质灾害为重点的专项整治，完成煤矿整合和瓦斯治理工作，安全生产形势持续稳定好转。

**【县域经济支撑力不断增强】** 全年落实中央投资项目17个，到位各类扩内需资金3721万元；加强项目建设，22个项目成功申报省市重点，项目数量、项目质量和投资额度创历史最好水平；发展现代工业，煤化工等重点在建项目顺利实施；四大支柱产业竞争力显著提升，纪念馆二期和天生桥、玫瑰溪谷、长城岭等旅游项目顺利推进。十万亩大枣基地四期工程圆满完成；春利奶牛完成基础设施建设和奶牛订购；全县牧渔业总产值达2亿元。矿产建材业逐步规范，矿业经济秩序进一步好转。

**【城镇化进程明显加快】** 继续实施“三年大变样”活动，20项城建重点工程开工建设。县城功能逐步完善，污水处理厂建成并通水试运营；垃圾处理场一期工程基本完成并投入使用；集中供热、影剧院建设等工程进展顺利。居住条件明显改善，瑞景家园、瑞景新城、世纪城三期等高标准住宅小区相继完工，天宇名园、假日兰庭等城中村改造项目启动实施。县城品位全面提升，启动大沙河、北沟河县城段整治工程，城标建设完成主体工程，小派山森林公园完成总体规划和一期工程建设，开展县城亮化及广告牌匾、街道景观集中整治行动，完成煤炭市场综合整治，推进县城环绿工程，城乡面貌不断改观。实施县城“两轴一环”路网建设，征地拆迁工作稳步推进，县城发展空间得到拓展。

**【民生继续得到改善】** 重视和解决民生问题，粮食直补、良种补贴、家电下乡等各项支农惠农政策全面落实，继续推进“十大民心工程”，群众受惠程度全面提升。完成2660人的脱贫任务，争取全省扶贫资金捆绑使用试点县项目，获奖励资金300万元。养老、工伤、城镇居民医疗保险等各项工作达到或超额完成年度任务，城镇新增就业2215人，安置就业困难对象356人。教育教学工作取得新突破，高考本一上线人数268人，创历史新高；照旺台寄宿制中学完成一期工程并投入使用，“上高中难”的问题基本得到解决；顺利通过省教育工作综合督导评估和省示范性高中验收。新型农村合作医疗规范运行，受惠农民6.3万人次。保阜高速建设顺利推进，4个互通连接线开始拆迁建设，改建农村公路66.3公里，恢复水毁桥梁10座，交通基础设施进一步完善，群众出行更加便捷。

**中共县委**

书　记　王月衡
副书记　徐志清　贡希强
常　委　王月衡　徐志清
　　　　贡希强　李文录
　　　　王保辉　董国平
　　　　王益民　晏忠亚
　　　　陈志强　陈树军
　　　　张金科

**人大常务委员会**

主　任　王林义
副主任　陈先贺　董玉孝
　　　　周有军　陈德廷

**政府**

县　长　徐志清
副县长　王保辉　董国平
　　　　魏彦茹　李贤明
　　　　王成峰　陈国志

**政协**

主　席　耿文全
副主席　刘耀生　顾廷哲
　　　　张新占

（杨　毅）

# 唐　县

**【地情提要】** 唐县位于保定市西南部，县城距保定市约54公里，距首都北京约260公里，距天津约400公里，距省会石家庄约120公里。地理坐标为北纬38°38′～39°10′，东经114°28′～115°03′，总面积1417平方公里。东与望都县、顺平县接壤，南与定州市相接，西、西南与曲阳县、阜平县相接，北与涞源县交界，107国道从县境南端穿过。

**自然环境** 境内东南部为平原地带，中部、西北部属中山丘陵山区，地势为西北高、东南低。主要山峰有54座，最高峰“马耳山”峰，海拔高度为1869.8米。境内主要河流有唐河、通天河。最大河流“唐河”，水流量为3立方米/秒，最大过水能力2000立方米/秒。唐县属北温带季风气候，夏季炎热多雨，雨季多在7～8月间，年平均降雨量500毫米，2009年降水量为462.6毫米。最高气温41.5°C，年平均气温15.5°C。年平均地温13.1°。冬季寒冷少雪，最低气温－11.7°。春季干旱，有季风，秋高气爽，四季分明。年日照时数2276.4小时，年日照百分率51%，无霜期212天，初霜日为11月1日，

**自然资源**　全县耕地面积27111公顷，适宜种植小麦、玉米、豆类、花生等多种农作物和油料作物，有宜林地98.5万亩，适宜栽植柿子、红枣、核桃、桃、杏等经济林果木。境内水资源丰富，有大小水库26座，唐河、通天河有7处可建水电站。矿产资源主要有石灰石、大理石、金矿、铁矿、高岭土等17种。

唐县是尧帝故里，历史悠久，文化底蕴深厚。主要五个旅游区：一是唐南古文化旅游区，主要包括唐尧文化园、白合镇大卧佛、北魏三尊佛、香山生态园。二是古北岳恒山生态旅游区，主要是大茂山景区。三是青虚山喀斯特峰林与道教文化旅游区，包括青虚山、西胜沟。四是军城红色旅游区，唐县是白求恩精神发祥地，包括白求恩柯棣华纪念馆、晋察冀烈士陵园、晋察冀军区司令部旧址、牛眼沟白求恩卫生学校旧址、白求恩逝世纪念地。五是倒马关古关山水旅游区，包括倒马关古长城、大石峪、秀水峪、唐河百里画廊、仙鹤峪。道教圣地青虚山、庆都山、唐尧文化园、古北岳恒山大茂山国家森林公园、西大洋水库、西胜沟峡谷龙潭、唐河漂流等美丽的自然风光，是游客观光、健身、休闲的理想之地。

**建置沿革**　西汉高帝初置县，县城在阳邑（今高昌镇南、北固城一带）。因相传为古唐尧封侯地，故名唐县。晋时迁县城于唐县城（即仁厚镇），历代沿袭。1958年12月20日，望都县和清苑县部分地区并入唐县。1962年3月27日，三县恢复1958年合并前建制。

**行政区划**　辖7镇13乡，即：仁厚镇、白合镇、王京镇、高昌镇、北罗镇、军城镇、川里镇、羊角乡、倒马关乡、黄石口乡、石门乡、齐家佐乡、大洋乡、雹水乡、罗庄乡、南店头乡、都亭乡、北店头乡、长古城乡、迷城乡，345个行政村。县城设一个社区办事处，8个居委会，常住人口5万。

**人口民族**　全县总人口563574人，总户数156142户，23个民族，其中农业人口516157人。全县政策生育率87.31%，人口出生率13.27‰，人口自然增长率6.91‰。

**【概况】**　2009年全县社会生产总值完成33.86亿元，同比增长11.6%；其中第一产业增加值完成（预计）1.01亿元，同比增长8.8%，第二产业增加值完成1.46亿元，同比增长15.2%；第三产业增加值完成0.91亿元，同比增长7.9%；单位GDP能耗下降5%；全社会固定资产投资完成29.86亿元，同比增长86.34%；其中城镇固定资产投资完成20.69亿元，同比增长3.03%；全部财政收入完成1.8亿元，可比增长6%；财政支出4.65亿元，可比增长10%；地方一般预算收入完成7922万元，同比增长24.4%；引进省外资金3亿元，同比增长25%；全县农民人均纯收入2793元，同比增长3.03%；民营经济增加值（预计）25.06万元，同比增长13.7%；城镇居民人均可支配收入9010元，同比增长5%；社会消费品零售总额完成13.39亿元，同比增长19.3%，年末城乡居民存款余额56.49亿元，职工年平均工资18855元。粮食总产量18.47万吨，棉花总产1001吨；全县肉产量24931吨，蛋产量19707吨，奶产量12400吨；猪存栏20.77万头，牛存栏1.66万头，羊存栏23.44万只，家禽存栏160.19万只。

**【工业经济形成新格局】**　推动传统产业升级改造，提高招商引资规模。建筑建材、铸造业、矿产开采加工、农产品加工等特色产业不断壮大，新增入统企业3家、销售收入超亿元企业2家，规模以上工业企业增加值、利税同比分别增长17.4%、6.1%，工业经济活力进一步增强。工业园区从无到有。长古城工业园区入驻企业7家，白合工业园区新上项目和改造传统产业集聚企业45家。“对接京津”成效明显，设立驻京联络处，与天津北辰区结为友好区县，开展小团组招商，成功举办香港·唐县投资项目恳谈会，冀东水泥、中燃集团、首钢等大企业的投资项目落户本县。项目建设实现新突破。全年实施500万以上在建项目36个，完成投资15.8亿元，其中千万元以上项目20个，完成投资12.4亿元。项目个数、投资规模、投资结构、建设进度，均为最好一年。总投资15亿元、占地500亩的冀东水泥项目，一期工程完成投资6.828亿元，超额完成年度投资任务。项目一期投产后，年产熟料180万吨，水泥200万吨，年产值4.5亿元，税金6000万元，可安置就业300人。

**【县城建设成就斐然】**　筹措资金5000万元，完成中山大街和仁

厚镇路大修工程，国防路、光明路和唐尧路的三个出口东延工程基本完工，县城规模在原有基础上扩大三分之一。完善县城功能。投资5000万元建成污水处理厂，启动县城统一供水和供气工程，完成部分路段的污水管网铺设，老城区西部生活污水乱排问题得到有效解决。新增住宅和商业门店面积9万平方米，75套廉租房开工建设。城西便民市场投入使用，中山蔬菜瓜果批发市场基本完工。县城品味得到有效提升，新开道路全部实现雨污分流、管线入地，实施县城节点绿化、亮化、美化建设，加快路网、电网、通信网、水网、绿化网建设步伐。中山路和国防路大修竣工通车；西环转盘路口改造工程完成土建；保阜路与中山大街交叉口小游园投入使用。

**【旅游开发创新高】** 旅游开发快速发展。完成唐河谷、青虚山、仙鹤峪等9个景点的景区详规。借助古北岳恒山——大茂山申遗，整合大茂山、大石峪、倒马关旅游资源，谋划申报古北岳国家级森林公园。大石峪项目建设取得阶段性成果，被评为国家3A级景区，全县3A级景区达到3个；新开发秀水峪、全胜庄华峪等新兴景点；完成大茂山步游路建设20公里，初步具备对外开放条件；农家院发展到60家；红色旅游项目全面实施，进展顺利。加强宣传推介，唐县文化旅游的知名度和影响力进一步提高。唐县荣获“中国最佳绿色生态旅游名县”称号。全年接待游客31.7万人，综合效益9000万元。

**【新农村建设扎实推进】** 农业生产稳步增长，粮食总产18.5万吨。食用菌种植面积1.61万亩，年产值3.24亿元，成为农民增收致富重要途径。发展农业产业化，优化基地布局，扶持龙头企业，搞好社会化服务，市级以上产业化龙头企业10家，龙型经济成为县域经济的增长点。推进扶贫开发，坚持整村推进，实施“细胞工程”、移民搬迁工程，扶贫开发取得阶段性成果。加强新民居示范村建设。改善农村基础设施建设，军城通天河大桥改建、宝平线军城至曲阳段大修竣工通车，保阜高速唐县段连接线征迁安置进展顺利，新建、改造农村公路65公里，增开农村客运专线，方便群众出行；北店头220千伏变电站投入运行，白合110千伏变电站开工建设，5个村电气化改造项目全部完成。新建通讯基站34个，基本实现信号全覆盖。

**【改善民生事业】** 开展“惠农政策落实年”活动，落实农资综合直补、农机补贴、家电汽车下乡补贴、水库移民后期扶持、独生子女家庭奖励和“两免一补”等各项惠民政策，涉及民生的16件大事实事全部完成，全年用于民生的资金投入1.23亿元。完善社会保障体系，就业再就业工作成效显著，新增就业2600人，下岗再就业1000人，城镇登记失业率2.4%；实施农村劳动力转移就业1.8万人。扩大企业养老保险覆盖面，城镇参加职工基本医疗保险人数1.6万人。提高城乡低保标准，农村低保新增2100人，城镇低保新增900人。新型农村合作医疗运行机制日益规范，参合率85.09%。农村危房改造工程开工建设，竣工314户。4.6万人饮水安全问题得到解决。

**【财税金融形势保持稳定】** 强化财税征管，挖潜增收，完成财税收入任务；争取各类资金3.58亿元，其中累计争取新增中央投资项目75个，资金5827万元，主要用于与民生关系密切的农、林、水、卫生、教育等事业发展。严格预算约束，优化支出结构，全县财政总支出4.6亿元。金融形势持续稳定，存款余额64.24亿元，贷款余额26.25亿元，分别比年初增长12%、23.5%；新成立信用担保机构和小额贷款公司，建行分理处升格为唐县建行，金融机构对县域经济发展的支持力度进一步加大。

**【社会事业不断进步】** 促进教育事业发展，加强师资队伍建设，公开招聘392名中小学教师；投资3000万元改善办学条件，完成校舍改造16所；通过省教育督导评估。卫生事业长足发展，县医院综合楼投入使用，20个乡镇卫生院和10个试点村卫生室改建扩建工作全部完成。开展科技兴农工程，被评为全国科技进步县。计生工作扎实有效，新建计生服务站5个，人口出生率控制在13.27‰以内。搞好军民共建，被评为省级双拥模范县。

**【巩固安全发展局面】** 推进石灰产业改造升级，新建环保窑17座，COD、$SO_2$减排完成市核任务，单位GDP能耗下降5%。加强生态建设，植树造林5万亩，封山育林15万亩，义务植树100万株；治理水土流失面积20平方公里，西大洋水库水质长期保持饮用水Ⅱ级标准。坚持依法信访，冀东项目建设征地、中小学校长工资等一大批信访难题得到解决。国庆安保实现“零事故”。破获各类刑事案件586起，打掉犯罪团伙51个。强化安全生产监管，加强以危矿库治理为重点的矿业秩序集中整治，全县未发生重大生产安全事故。

**中共县委**

书　记　张　海

副书记　杨小宁　李树田

常　委　张　海　杨小宁

李树田　段振杰

贾凤聚　刘子仁

丁　阳　刘俊禹

赵泽琼（女）

周喜峰　耿彦瑞

刘贵中

**人大常务委员会**

主　任　马保利

副主任　田胜儒

马秀英（女）

李高生

苑淑范（女）

吴新立

**政府**

县　长　杨小宁

副县长　丁　阳

赵泽琼（女）

刘福根　薛昊银

杨马银

周　颖（女）

戴鹏炜

**政协**

主　席　史登顺

副主席　蔺增利　左俊敏

覃晓桂（女）

杨文琦

（李德锁　赵会平）

# 高阳县

**【地情提要】**　高阳县位于保定市东南部，东与任丘交界，西与清苑毗邻，南与蠡县接壤，北与安新相连。县城距保定市城区35公里。地理坐标为北纬38°30′~38°46′、东经115°38′~115°39′。境域东西长30公里，南北宽28.5公里，总面积487平方公里。

**自然环境**　县处黄淮海冲积平原的前部边缘，属扇间交接洼地。地势由西南向东北略有倾斜，自然坡降为1：4000~5000米，海拔7~12米（黄海高程）。有孝义河、潴龙河、小白河三条季节性河流，呈西南至东北走向横贯境内。三条过境河流的过水总量最大为1706.6立方米/秒，排洪能力为1507立方米/秒。境内四季分明，属暖温带半干旱半湿润季风气候区。2009年，境内最高气温39.3℃，最低气温-15.0℃，年平均气温12.4℃；全年日照总时数2495.2小时，无霜期199天，年降水总量424.2毫米；大风日数6天，最大风速24米/秒。

**自然资源**　全县可耕地面积47.8万亩，人均占有耕地1.4亩。其中沙壤质潮土14.71%、壤质潮土64.69%、盐化潮土19.31%；其余沙质和脱沼潮土1.29%。境内地下水主要贮存于第四纪松散地层中，水位与地势吻合，与河流走向一致。自20世纪80年代初，境内干旱少雨，河流长年干涸，地下水位持续下降，水资源形势严峻。2009年，境内可采地下水面积为378平方公里，其中微咸水面积170平方公里，水位深埋年均11.75米，较20世纪70年代下降4~5米。境内地热丰富，可开发利用地热储藏面积400平方公里，总蕴含量38亿立方米。县内主要矿藏为石油，属低丰度油田，产油层系在新生界下第三系的沙河街组，储量在千万吨以上。2009年境内有油井约100眼，日产原油约350吨。

**建置沿革**　县始建于汉高祖六年（公元前201年），新莽时改称高亭，东汉初复称高阳。历史上曾为高阳国、高阳郡、顺安军等治所，旧治在今旧城村，明洪武三年（1370年）迁至今治。明洪武八年（1375年）并入蠡县，未久复置。1948年设高阳市。次年撤市仍置高阳县，至今未易。

**行政区划**　9月19日，原邢家南乡改为邢家南镇，年末县辖4镇5乡、180个行政村。

**人口民族**　年末，全县总人口335057人，有汉、回、满、壮、蒙等14个民族。以汉族为主，占总人口的99.8%。全县人口自然增长率为6.40‰。

**【概况】**　完成生产总值60.82亿元，比上年增长11.0%，其中第一产业完成6.02亿元，比上年增长3.7%；第二产业完成42.38亿元，比上年增长12.1%；第三产业完成12.42亿元，比上年增长10.0%。入统工业企业万元增加值能耗为0.532吨标准煤，同比降低12.82%。民营经济增加值53.22亿元，比上年增长10.8%。粮食总产量14.97万吨，比上年增长3.39%，棉花产量7667吨，比上年减少6.52%。财政收入完成4.0008亿元，比上年增长12.5%，财政支出5.49亿元，比上年增长27.1%。社会商品零售总额22.58亿元，比上年增长19.3%。固定资产投资完成29.41亿元，比上年增长24.1%。职工年平均工资21319元，比上年增长12.12%，农民人均纯收入6270.15元，比上年增长10.63%，城镇居民可支配收入12481.66元，比上年增长10.1%。年末城乡居民存款余额52.08亿元，比年初增长13.53%。民生及社会事业有力推进。年初确定的10项民心工程19件实事全面完成，财政资金投入7393万元。晋庄、赵口等5所标准化学校和高阳二中综合楼、蒲口中学宿舍楼投入使用，宏润综合学校主体基本完工，办学条件明显改善；新型农村合作医疗住院统筹封顶线提至3万元，参合农民受益度提高；首批60辆出租汽车投入运营，群众出行更加便捷；城镇新增就业2000人，零就业家庭保持动态为零，就业形势稳定；“手拉手”助困行动全面启动，县中心敬老院投入使用，困难弱势群体基本生活得到保障；安全生产形势持续稳定，手足口病、甲型H1N1流感防控取得阶段性成效，国庆60周年安保任务圆满完成，为加快发展创造了安全环境。科技、计生、监察、审计、物价、法制、档案、广播电视、外事侨务、民族宗教、国防动员等各项工作也都取得好成绩。

【纺织产品质量稳步提升】　坚持质量第一的原则，连续四年开展纺织行业专项整治，纺织企业质量意识明显增强，瑞春、永亮等10家企业建立自主研发机构，同时省级质量监督检验站建成使用，为本县毛巾制品提供了有力的技术检测支撑。4月9日，省质监系统毛巾产品质量专项整治动员大会、4月24日全省区域性产品质量专项整治工作会议先后在高阳召开。毛巾制品实物抽查合格率92%，省级以上名牌、著名商标33个，超越2005年4倍。纺织新技术、新装备得到广泛应用，全年新上剑杆等纺织先进设备1200余台（套）。成功举办第四届家纺精品展示会，被纺织工业协会授予“中国毛巾·毛毯名城”称号。

【项目建设扎实推进】　坚持“项目进园区，园区靠县城”的发展方向，结合土地利用总体规划修编，对原有分散工业园区进行重新整合，规划占地24.16平方公里的纺织产业聚集区，被省政府确定为全省重点培育产业聚集区之一。高新轻纺服装产业园初具规模；纺织印染生态产业园一期顺利启动，宏润中水回用染纱项目开工建设；工贸物流产业园加快推进，柏立信巾被、“万村千乡市场工程”物资配送中心等4个项目入驻；庞口汽车农机配件产业区稳步推进，金奥无缝钢管一期竣工投产，产业布局更加合理。依托产业园区，谋划千万元以上项目31个，开工建设27个，总投资51.75亿元，完成投资15.69亿元，同比提高2倍。宏润高档精梳纱、新增10万纱锭等6个项目建成投产，旭万格高档巾被、大世界购物中心等14个项目被列为省市重点项目。全年城镇固定资产投资完成30.1亿元，增长35%，经济发展后劲明显增强。

【加快城市建设】　完成大世界购物中心周边拆迁1.93万平方米；打通朝阳路，实现全线竣工通车；为改变朝阳路西段两侧破败形象，实施2.67万平方米棚户区拆迁，进行绿化亮化，扩大城市新区发展框架；完成3处城心绿地游园、城区出入口及重点地段绿化美化工程，新增绿地4.8万平方米；宏润综合学校、大世界购物中心、汽车站外迁等7项重点项目加快推进，城市功能日益完善，城市建设迈出新的步伐。在全市“三年大变样”年度考核中，除“一主三次”（保定中心城市、定州、涿州、白沟·白洋淀温泉城三个次中心城市）外，位居第一。

【节能减排成效显著】　完成全县69家企业工业燃煤锅炉节能技术改造，12家企业10吨以上锅炉安装双碱法尾气脱硫装置，年节能约2.33万吨标准煤，削减二氧化硫607.76吨。成立污水处理费征缴办公室，保障污水处理厂正常运行。投资3500万元的污水处理厂一期升级工程投入运营，出水水质稳定达到国家一级A标准，创生活污水与印染废水混合处理全国最好水平。加快建设投资2.1亿元、日处理污水10万吨的污水处理二期工程，建成后将成为全省县级最大的污水处理厂。全年入统工业企业万元增加值能耗0.532吨标准煤，化学需氧量、二氧化硫排放量分别削减1699.37吨和904.94吨，提前一年完成节能减排省定任务，顺利通过省“双三十”预考核。

【加强新农村建设】　全面落实强农惠农政策，发放粮食直补、良种补贴等各类补贴资金3678万元；投资8200余万元，新改建农村公路52公里，修建蓄滞洪区撤退路1.95公里，改造农用桥梁2座，新建电气化村10个、110KV变电站1座，改造农业排灌机井620眼，开发治理中低产田9000亩，解决1.2万农村人口饮水安全问题；投资4亿元，完成大广高速高阳段征地、拆迁赔偿和取土工作，路基土方及桥涵工程建设进展顺利；新民居建设步伐加快，南沙、南关、代庄等示范工程全面启动，农民生产生活条件持续改善。

**中共县委**

书　记　郭若定
副书记　张　华　贾红雨
常　委　郭若定　张　华
　　　　贾红雨　韩造树
　　　　马一蕊　雷彦民
　　　　刘立朋　杨秀云
　　　　葛新军　齐新成
　　　　牛善平

**人大常务委员会**

主　任　孙　立
副主任　孙彦平　王桂英

罗桂贤　曹培元

**政府**

县　长　张　华

副县长　马一蕊　刘立朋

王士芳　王克杰

赵　杰　魏文德

**政协**

主　席　林海泉

副主席　田兰宽　李朝华

张琢玉　张文进

（张建超）

# 定兴县

**【地情提要】** 定兴县位于河北省中部，保定市北部。地理坐标为北纬39°05′39″—39°20′04″，东经115°30′07″～115°58′06″。全县总面积713.69平方公里。西邻易县、东毗高碑店市，北与涞水县相接，南与徐水、容城县接壤。东西长39.9公里，南北宽26.6公里。县城所在地定兴镇，北距北京89公里，东距天津122公里，南距省会石家庄176公里，定兴县地处北京、天津、保定中心地带，交通便利，京广铁路、京深高速公路、张石高速公路、一〇七国道纵穿全县。定兴境内土地肥沃，灌溉便利，为传统农业大县，主要种植玉米、小麦、花生，为全国粮食生产基地县、省蔬菜基地县。是全国文化先进县、全国平安建设先进县、全国绿化模范县。

**自然环境** 定兴县属海河平原区（西北部地区属太行山东麓山前平原亚区）。地形地势平坦开阔。自西北向东南略有倾斜。西魏家庄海拔43.2米，谭城北海拔13.4米，两点交叉29.8米。境内有南拒马河、中易水河等8条河流。受洪冲击成土影响，境内形成兰沟洼、阎台洼、江村洼、肖村洼四大洼地。地处中纬度地带，属东部季风暖温带半干旱气候，四季分明，大陆季风性气候特点显著。无霜期历年平均为185天。春季多风少雨；夏季高温、多雨、潮湿；秋季昼夜温差较大，气候干燥；冬季寒冷，降水稀少。

**建置沿革** 七千余年前，已有稳定的先民聚落。春秋战国燕国地。秦王嬴政二十一年（公元前226年）置范阳县。新莽更名顺阴。东汉置范阳侯国。三国·魏黄初三年（222年）置范阳公国，五年（224年）置范阳王国。西晋泰始元年（265年）复置范阳县。北齐天保七年（556年）容城纳入，隋开皇元年（581年）改范阳为遒县，大业十三年（617年）废遒县入易县。金大定六年（1166年）析易县、容城、涞水三县地置定兴县。1958年10月撤并入易县。1961年5月恢复定兴县建制。

**行政区划** 全县辖4镇12乡，274个行政村。乡镇有：定兴镇、固城镇、贤寓镇、北河镇、高里乡、杨村乡、北田乡、小朱庄乡、天宫寺乡、东落堡乡、张家庄乡、姚村乡、肖村乡、柳卓乡、北南蔡乡、李郁庄乡。全县耕地面积47874公顷，人均耕地面积1.37亩。

**【概况】** 2009年完成县域生产总值56.16亿元，同比增长10.7%，其中：一、二、三产业分别完成增加值17.84亿元、23.51亿元、14.80亿元，分别同比增长9.1%、13.1%、8.4%；三次产业比为31.8：41.9：26.3。民营经济增加值4.09亿元，同比增长10.7%。粮食播种面积931714亩，总产424679吨。全县城镇固定资产投资32.67亿元，同比增长69.1%；财政收入2.50亿元，可比增长12%；地方一般预算收入1.27亿元，可比增长32.7%；城镇居民人均可支配收入13480元，农民人均纯收入5441元，分别同比增长12%、9.7%。全年一般预算支出7.35亿元，占调整预算的96.8%。社会商品零售总额20.17亿元，同比增长16.7%。职工年平均工资19044元。2009年末，城乡居民存款余额为47.90亿元，同比增长15.4%。总人口584167人，人口自然增长率9.72‰。

**【稳步推进农业产业化】** 巩固全国粮食生产基地县地位，稳定粮食种植面积，完成粮食总产量42.8万吨，连续七年获丰收，被确定为全省首批产粮大县财政直管县。发放粮食直补和农资综合直补6159万元。实施总投资6100万元的标准粮田、基本农田整理项目，建设标准粮田2.4万亩。扶持壮大农业龙头企业规模，推进昌利集团种植基地、五合窖酒业储运包装项目、荣达畜禽产业示范区建设。以荣达公司为龙头，推进肉鸡养殖加工与山东省惠民县合作项目，建设7个肉鸡标准化养殖小区，可养肉鸡70万只，荣达公司生产的“玖兴”牌童子鸡被中国农村专业技术协会评为优秀产品。实行“农超”对接，荣达畜禽公司冷链加工系统与京津商场、超市对接，成为商务部重点扶持项目。发展壮大基地建设，与山东省寿光市进行冬暖式蔬菜大棚技术合作，高档设施蔬菜种植异军突起。全年新增种植面积800多亩，水晶萝卜、“石象”原生态蔬菜、“昌利”牌生菜，专供北京农产品中央批发市场，叫响“北京人的菜篮子在定兴”。全年蔬菜、肉类、禽蛋总产量分别达到42.2万吨、5.4万吨、2.8万吨，同比增长11%、

9.9%、和8.4%。

【工业经济、项目建设快速发展】 以主导产业促升级，新兴产业抓培育的工作方针，全年完成规模以上工业总产值、增加值36.99亿元、11.6亿元，同比增长31.4%、20.34%。完成汽车零配件行业产值15.5亿元。长城内燃机实现销售收入10.11亿元，汽车及零部件制造业，继2006年后再次被确定为省级中小企业产业集群。完成投资6.2亿元、年产20万台的长城2.0L高档柴油发动机技改项目的基本设备订购。县内多家重点企业参加厦门投洽会、廊坊经贸洽谈会，成功签约总投资2.1亿元的风能发电设备生产项目、总投资3.1亿元的西麦集团麦片生产基地建设项目、总投资2000万元的高速公路汽车防撞装置生产项目、总投资6000万元的北京古船面粉系列包装产品生产项目及金汉德高速铁路隔音墙板项目。

【城乡面貌明显改观】 2009年以“城镇面貌三年大变样”活动为契机，推进县城拆迁改造工程。完成后所营城中村改造工程，拆迁3.2万平方米，建成9栋回迁楼390套，部分回迁户喜迁新居，荣获省级新民居建设优秀示范村称号。完成车站村改造工程，拆除建筑面积2.5万平方米，建成5栋4.1万平方米的回迁楼。7月，实施廉租房建设项目，选址在河北华鲁房地产开发有限公司建设的阳光小区内，总建筑面积1万平方米、100套廉租房，年底完成主体三层。名仕嘉苑、玉路华庭、燕城隽府、御景佳苑、百合城等一批高品质住宅小区开工建设。完成吉祥街、御景路、阳光玉路、国泰街中段、北段、旧107国道等道路的改建改造。完成总投资1500万元的张姚路、“村村通”防洪撤退路等工程建设，完成总投资1.8亿元、17.8公里的张石高速公路固德引线工程。完成总投资544万元斗门河沿岸11个村的安全饮水工程，惠及群众1.1万人，实施农村节水改厕1000户，新建沼气池2300个。

强化道路畅化治理。重点对县城通兴东路、兴华中路、繁兴街的占道经营和马路市场进行集中整治，通过实施整治各类违章占道摊点、查扣占道牌匾、教育处罚违章人员等措施，明显提升城区城貌。

【商贸服务业日趋繁荣】 完成社会消费品零售总额20.15亿元，同比增长19.2%。建设标志性商业场馆，商贸活动明显增强。大钟寺购物广场、四季经典国际酒店建成投入使用，黄金台会馆、国泰商城等一批高档商贸服务业设施完成主体工程。定兴县参与国家商务部“万村千乡”市场工程取得新的进展，全年累计完成农家店改扩建110个，全县标准农家店总数291个，乡村覆盖率80%。“家电下乡”工作取得了明显成效。设定“家电下乡”备案销售网点61个，累计销售各类家电13528台，销售额3000万元，农民获得“家电下乡”国家补贴资金390万元。获得“汽车下乡”、“摩托车下乡”国家补贴资金320.8万元。

【高考成绩再创辉煌】 2009年高考，全县参考人数4419人，达到本科一批院校录取控制分数线考生882人，上线率为26%，同比增加262人，增长率为42.3%；本科二批以上上线人数1725人，上线率42.8%，同比增加406人，增长率为30.8%。本科二批以上上线人数在保定市排名第三，万人口比居全市第二，定兴县被评为省、市教育工作先进县。

【首座污水处理厂建成】 定兴县污水处理厂项目是白洋淀流域综合治理工程的重要组成部分，位于定兴县定兴镇大沟村北。由北方设计院设计，河北建设集团天辰公司承建，占地59亩，总投资6752.56万元，日处理污水3万吨，采用百乐克处理工艺，出水水质达到污水综合排放国家一级（GB18918－2002）A的标准。1月正式进场施工，9月份开始运营。定兴污水处理厂的建成，县城排放污水得到全部处理，县城环境得到改善。

【大钟寺购物广场开张营业】 坐落于定兴县通兴路与昌盛街十字路口东南角，交通便利，地理位置优越。拥有独特的设计风格，外观硬朗大气，内部设有超大采光井，是全县首家设有扶梯、直梯、多部步行楼梯及集购物、休闲、餐饮、娱乐、商务办公等功能为一体的大型现代化、多功能、“一站式”购物广场商场。2009年9月开始营业，总投资9000万元，总建筑面积30459平方米。地上五层、地下一层，安置就业1000余人。

**中共县委**

书　记　牛景峰
副书记　王少雄　王崇泽
常　委　牛景峰　王少雄
　　　　王崇泽　王大山
　　　　张冰水　孟伟国
　　　　赖晓庆　潘　江
　　　　刘书勤（女）
　　　　董俊杰　孙建明

**人大常务委员会**

主　任　牛和平
副主任　杨文星

张秀菊（女）
蔡占全　侯铁城

**政府**

县　长　王少雄
副县长　赖晓庆　潘　江
刘力雄　冯德良
吴奇玲（女）
黄文涛　贾瑞生
王东风

**政协**

主　席　文大华
副主席　汪振亮　肖　钧
李红娜（女）
杜金城

（张路全　徐兴国　孙艳华）

# 蠡　县

**【地情提要】**　地理位置　蠡县位于河北省中部偏南，保定市东南部，南北纵距36.5公里，东西横距32公里，总面积650平方公里。县境东北与高阳、东南与肃宁、正南与饶阳和安平、西南与博野、西北与清苑县接壤。县城位于省会石家庄东北142公里，保定市南偏东50公里处。

**自然环境**　蠡县地处华北平原中部，地势西南高、东北低，坡度在0.3‰～0.1‰，无明显起伏变化。地表平原，漕形洼地，河流相间。境内有潴泷河、孝义河、月明河和小白河四条河流，均系海河流域大清河水系，潴龙河贯穿全境。土壤分3个土类、6个亚类、13个土属、36个土种。耕层土壤有机质含量偏低，蠡县属大陆性季风气候，四季分明。春干旱多风，夏炎热多雨，秋天高气爽，冬寒冷干燥。2009年，最高气温40℃，最低气温－12.8℃，年平均气温12.8℃，日照2467.0小时，无霜期204天，初霜日为10月24日，大风6次，最多风向南风，频率12%。

**自然资源**　2009年耕地面积46585公顷。地表植被包括野生植物（杂草、菌类、苔藓）和栽培植物（树木类、作物类、蔬菜类、草药类）。生物资源有药草类、菌类、用材林、果树、粮食作物、经济作物、饲草、蔬菜、花卉等植物资源和鱼类、家畜、家禽、鸟类等动物资源。石油是蠡县主要矿产资源，已探明大百尺、万安、辛兴、鲍墟等10个乡镇有石油蕴藏。

**建置沿革**　西汉初始置陆成县。东汉省陆成县入蠡吾县，治所在今博野县里村（原为蠡村）。本初元年（公元146年），析蠡吾县之故陆成地置博陵县。三国魏时改为博陆县。南北朝北魏景明元年（公元500年）改名博野县（今蠡县），并徙治于今治。唐武德五年（公元622年）始置蠡州，辖博野县（今蠡县）。宋雍熙四年（公元987年），于县境置宁边军，金天会七年（公元1129年）升为宁州，天德三年（公元1151年）复改为蠡州，仍辖博野县（今蠡县），至元三年（公元1266年）省博野县东境（约今蠡县地）入蠡州，明洪武八年（公元1375年）正月降蠡州为蠡县至今。

**行政区划**　现辖8镇5乡，232个行政村，乡镇有蠡吾镇、留史镇、大百尺镇、辛兴镇、北郭丹镇、万安镇、桑园镇、南庄镇、鲍墟乡、小陈乡、大曲堤乡、林堡乡、北埝头乡。

**人口民族**　年末总人口524210人，其中，农业人口423173人，有汉、满、回、蒙古、布依等20个民族。2009年计划生育率为88.13%，人口自然增长率7.36‰。

**【概况】**　2009年全县生产总值完成47.88亿元，同比增长9.1%。其中，第一产业增加值9.82亿元，同比增长4.5%；第二产业增加值24.06亿元，同比增长11.7%；第三产业增加值13.99亿元，同比增长7.9%。全社会固定资产投资23.2亿元，粮食总产量222153吨，增长7.6%；财政收入2.39亿元，一般预算支出6.36亿元，社会商品零售总额27.17亿元，增长16.7%，在岗职工年平均工资19973元，增长10.5%；农民年人均纯收入6044元，增长9.5%；城镇居民存款余额66.79亿元，比年初增长3.02亿元。

安全发展形势持续稳定。开展“安全诚信企业”创建活动，完成8家标准化示范企业建设；投资257万元建成省级橡胶输送带检测站，产品质量不断提高；强化食品药品安全监管，查处一批制假售假行为；乡镇“四有”消防站建设基本完成，基层消防设施明显改善；开展“打盗抢”攻坚、打击非法传销“雷霆”联合行动，刑事发案率、治安发案率同比分别下降13.5%和9.7%，社会稳定局面进一步巩固。改善民生和社会建设取得新进展。社会保障能力进一步增强。全面启动农村五保“手拉手”助困行动，对293名五保人员实行服务式供养；投资1500万元的蠡县民政事业服务中心基本完工；城乡低保实现“扩面提标”，城镇低保月人均补差标准由93元提高到108元，农村低保月人均补差标准由32元提高到42元；新增就业岗位2218个，920名城镇下岗失业人员实现再就业，城镇登记失业率控制在2.8%。卫生服务保障能力明显提升。新农合参合率达到85.66%，为91056人次报销了医疗费；实施县医院医技综合楼、乡镇卫生院改造等一批卫生惠民工程，县、乡、村三级卫生服务网络进一步健全；顺利通过省级标准化、规范化乡镇卫生院示范县验收；甲型H1N1流感防控措施全面加强，公共卫生防疫体系建设深入推进。中小学办学条件持续改善，完成16所中小学校撤并，全县128所中小学校实现远程教育联网；校舍安全工程顺利推进，蠡吾三中实验楼等8个校舍维修项目全部竣工。人口计生工作水平不断提高。落实农村独生子女户奖金、父母年满60周岁的独生子女户或双女户奖扶等6项计生惠民政策；深入开展计生后进层面转化“百日攻坚”活动，低生育水平得到巩固，人口自然增长率7.36‰。

**【项目和园区建设实现突破】** 坚持“四零一补”（征地“零费用”、行政“零收费”、服务“零距离”、进场“零干扰”、财政补贴）、“两卡一护”（持绿卡在蠡县所有行政单位办事一路“绿灯”，持红卡可谢绝除刑事案件和重大治安案件以外的一切检查；在亿元以上“五型”项目和企业设立警务区，实行公安护航）等优惠政策，举办天津招商引资推介会、英利太阳能项目恳谈会，先后与天津农垦、北京富泰、北京万隆、河北长瑞、丹麦哥本哈根皮草行等一批公司、集团进行密切接洽联系，招商引资取得明显成效。全年共实施投资千万元以上项目23个，其中超亿元项目7个，项目总投资27.5亿元，年内完成投资6.29亿元。按照省“双控”政策要求，在县城东部规划建设蠡县高新技术产业园。园区总体规划完成并部分实施，总投资14亿元、一期投资3.5亿元的富利革基布及纺织项目成功入驻并开工建设，总投资2.2亿元的凌爵单晶硅项目正式签约，总投资35亿元、年产500兆瓦的英利太阳能光伏产业链项目达成投资意向。园区整体规模实力不断增强，现代化产业园区初步形成。

**【节能减排工作成效显著】** 继续开展污染治理专项行动，查处违法违规企业43家，取缔小制革污染户150户，封停企业自备井76眼。全县203家涉污工业企业中，86家整改企业经过验收批准试生产，11家企业实现转产重组，进行8宗排污权交易。县城、留史、辛兴三座城镇污水处理厂全部按期竣工投入运行。2009年规划上报的48个节能工程、34个减排工程提前完成。全县节能减排工程投入资金3.6亿元。制定《蠡县涉水企业排水去向规划》，以县城、留史、辛兴三座城镇污水处理厂为中心，将周边5公里内的工业污水纳入处理范围，实行统一治污，达标排放。对不能纳入三个污水处理厂范围的涉污企业，督促其具备深度处理能力，并积极协调上级有关部门办理排河手续，实现达标排河。对不具备上述条件的企业，积极探索引进先进工艺和技术，提高企业污水深度处理能力，达标污水最大程度回用于生产，实现污水“零排放”。对不能按期落实《规划》的企业，依法取缔、拆除设备，堵死工业污水排污口。全年主要污染物化学需氧量（COD）和二氧化硫（$SO_2$）分别实现净削减667.62吨和331.47吨，分别占省核任务的409.58%和828.67%；万元生产总值综合能耗和入统工业企业万元增加值能耗分别达到0.878吨标煤和0.398吨标煤，同比分别下降6.24%和7.98%。省“双三十”各项考核指标均高标准完成，经省考核为“节能减排目标考核完成单位”。

**【城镇面貌日益改善】** 启动实施总投资3亿元、全长25.8公里的蠡高路改扩建工程，总投资2.8亿元的革命历史文化中心项目、文化馆、图书馆建设工程；开工建设投资6000万元的东南街和西北街旧城改造一期工程；完成投资2500万元的温留路大修工程；完成投资1300万元的县城紫薇路大修、范蠡东路挖补罩面、留史镇东环南环大修等工程；蠡县天然气项目与中国奥德集团正式签约启动；实施城乡规划“双百工程”（县城近期建设规划范围内控制性详细规划覆盖率达到100%、县城乡镇和村庄规划编制率达到100%），县城所有建设用地控制性详细规划覆盖率和镇（乡）村规划编制率达到100%。启动全县4大类、18项专项规划。县城景观风貌和县城绿地系统规划通过专家评审，县城消防专项规划全部完成。完善车辆营运管理、建筑市场整治、门前三包、垃圾定点定时清运等制度，城镇管理长效机制逐步健全；开展城区“拆违”专项行动，拆除违章建筑1.9万平方米，城乡环境实现较大改观。启动北关市场改造工程，理顺部门监管职责，马路市场、占道经营、店外经营得到有效遏制。

**【财税工作平稳运行】** 坚持抓收入、控支出、保运转，加快税收进度，坚持“抓大不放小”，对21个重点专业村的零散税进行专项清理，规范税收秩序；加大堵漏增收力度，集中力量对建筑安装和房地产行业税收进行清理规范。扭转财税收入下滑势头，圆满完成全年财税任务，确保公教人员工资发放、机关正常运转和社会稳定。

**【新农村建设成效显著】** 落实

国家各项惠农政策，发放粮食直补及农资综合直补资金4416万元，全县受益农民11.6万户。农业生产基础设施不断改善，完成投资605万元的节水抗旱工程和投资1050万元的农村低压电网改造工程；投入农业综合开发资金1764万元，改造中低产田1.29万亩，扶持两个农业产业化项目。开工建设6个省级、1个市级、1个县级新民居建设示范村，完成投资3亿元、建筑面积10.8万平方米；启动朱佐村旧村改造工程，完成拆迁290户；为109个试点村发放公益事业“一事一议”奖补资金538万元；完成投资340万元的秸秆养畜示范县项目；完成投资372万元、涉及16个村3万人的饮水安全工程；完成15条农村道路“村村通”工程，农村路网格局进一步优化。

**【改革开放不断深化】** 国有、集体企业改制工作成效显著，圆满完成市核任务。行政管理体制改革顺利推进，削减县级行政许可事项90项，削减率45%。集体林权制度主体改革全部完成，配套改革启动实施。财政体制改革不断深化，继续完善财政集中支付制度，专项资金直接支付比例明显提高。金融机构支持企业发展，新增贷款3708万元。双向开放取得新成效，全年引进省外资金3.8亿元，同比增长18.8%；出口创汇完成6500万美元，同比增长26.3%。

**中共县委**

书　记　田　钧
副书记　李自贤　刘建立
常　委　田　钧　李自贤
　　　　刘建立　李亚东
　　　　单志合　绳兰柱
　　　　马义民　张俊营
　　　　李　娟　蒋秀琦
　　　　吴素杰

**人大常务委员会**

主　任　董彦雷
副主任　石博勋　徐怀玉
　　　　李树杰
　　　　韩建军（6月任）

**政府**

县　长　李自贤（1月任）
副县长　单志合　绳兰柱
　　　　孙玉秀　赵建振
　　　　刘彦茹　赵东辉
　　　　李建英

**政协**

主　席　张如军
副主席　楚小楷　孙永良
　　　　韩建军（6月离任）
　　　　李俊卿（6月任）

（鲁春芳　伍　艳　孙　赞）

# 顺平县

**【地情提要】** 顺平县位于河北省中部偏西，北纬38°44′35″～39°07′18″，东经114°50′08″～115°17′04″。东邻满城，西接唐县，南毗望都，北连易县，东南与清苑接壤，西北与涞源搭界。县城北距北京162公里，南距石家庄102公里，东距保定32公里。张石高速、保阜高速、保阜、保涞、107国道等公路和京广铁路穿境而过。

**自然环境** 总面积708平方公里，呈西北东南走向，地势西北高，东南低，分中低山、丘陵、平原三种地貌。西北部为太行山区，面积约占全县总面积的三分之二，东南部为平原。最高山峰白洋坨，海拔1006.7米，中低山海拔300～500米，丘陵地区一般海拔200米左右，平原一般海拔为35～65米。主要河流有曲逆河、蒲阳河、界河、金线河、七节河，均为季节河。全县属东部季风暖温带半干旱大陆性气候，四季分明。

**自然资源** 耕地面积26076公顷，全县多年平均自产地表水资源量0.96亿立方米，地下水平均资源量0.97亿立方米。非金属除石灰岩储量15亿吨，其中高级石灰岩1亿吨外，还有石英岩和石英砂岩、白云岩、大理石、石板等；金属矿有金矿、银矿、磁铁和褐铁矿。

**建置沿革** 春秋战国时置县，名曲逆。西汉王莽改曲逆县为顺平。东汉时改名为蒲阴。南北朝北齐天保七年（公元556年）更名北平。金贞祐二年（1214年）升县为州，名完州。明洪武二年（公元1369年），完州降为完县。1993年8月，经国务院批准，更名顺平县。

**行政区划** 全县设10个乡镇，其中4个镇，6个乡，辖237个行政村。

**人口民族** 2009年总人口315560人，其中汉族占总人口的90%以上，另有回、满、侗、藏、壮、朝鲜等16个少数民族。

**【概况】** 2009年，地方生产总值30.05亿元，同比增长12%，一、二、三产增加值为8.86亿元、13.14亿元、8.05亿元，分别增长5.6%、17.1%、9.4%。单位GDP能耗1.087吨标准煤。粮食总产量125414吨，增长4.9%；财政收入1.88亿元，增长12%；社会商品零售总额11.88亿元，增长19%；城镇人均可支配收入14462元，增长15.6%，农民人均纯收入2354元，增长－13.7%；年末城乡居民存款余额30.81亿元，增长12.4%。

**【园区带动项目建设】** 2009年，全县投产、续建、在建、签约和洽谈项目33个，总投资65亿元。

其中亿元以上14个，5000万元以上5个；省重点项目5个，总投资27.64亿元；市重点项目12个，总投资17.43亿元。总投资4亿元的长城汽车配件项目试生产；总投资13亿元的金强水泥集团年产240万吨水泥项目，被列入省重点前期项目；总投资2亿元的保定力达塑业有限公司扩建项目完成投资1.7亿元；总投资1亿元的国家棉花储备库项目主体工程竣工；总投资3亿元的天威集团和兴达电力配件项目签约。腰山·长城工业园区一期工程基础设施完成，入驻项目大部分投产；永兴纸箱、奥胜饮料、伊祁山桃木工艺品等项目顺利入驻新兴工业园区，并开工建设。总投资10亿元的肠衣基地项目完成投资8000万元，一期300个车间主体工程基本完工，240多户企业报名入驻。

**【“三年大变样”成效明显】** 聘请天津大学专家编制完成县城总体规划、控制性详规、排水系统规划等5个专项规划。完成纬十街、新兴工业园区、政府招待所、县大礼堂、盐业公司、顺兴路“两堵墙”等折迁折违5万多平方米，新增建设用地200亩。永禄大街、永平路综合开发大部分临街门店主体完工；对东部新区新开路进行亮化、便道硬化及地下管网建设；“红屋顶”改造1万多平方米；投资1500万元完成南市场、北市场改造；投资2000万元的城东综合交易市场完成一期建设；总投资4800万元的污水处理厂建成并试运行。集中开展市容环境综合整治活动，9个城中村全部纳入保洁范围。

**【旅游开发效益显著】** 全年新开工项目6个，总投资近10亿元，完成投资1亿元。腰山王氏庄园综合开发项目完成二期征地；庄园复建工程完工，形成集餐饮、会务、住宿、游园等功能为一体的综合性景区，达到国家AAAA标准，南腰山48户搬迁户顺利入住新村。伊祁山项目投资1200万元，完成停车场、餐饮接待、客服中心、娱乐活动设施以及观花台、步游路、曲逆水景建设。唐河漂流项目投资670万元完成基础设施建设。全年接待游客40万人次，旅游门票收入200万元，综合效益5000万元，为历史最好水平。

**【农业经济稳步发展】** 白云乡“无公害绿色蔬菜种植基地”发展大棚400多个，全县大棚种植面积2.5万亩；开展荒山绿化活动，完成封山育林6万亩，人工造林4.2万亩；发展西白司城等5个互助资金试点村，试点村总数11个，成功争取中国扶贫基金会1500万元小额扶贫贷款项目。

**【基础设施日益完善】** 全县85条42公里连接路全部通过市调水办工程验收。3037亩弃渣、弃土临时占地完成复垦并交还农民。提前20天完成大水系南线顺平段征迁任务，北线工程如期开工建设。总投资1600万元的两座水库除险加固项目开工，大悲水库除险加固主体工程完工，龙潭水库除险加固项目基本完工。实施永禄大街等道路新改建工程，“五纵四横一环”的城区路网新格局基本形成。投资960万元完成团结至富有等6条32公里农村公路改造工程。

**【社会事业扎实推进】** 完成县医院外科综合病房楼主体工程，县医院、中医院、妇幼保健站综合病房楼、腰山、蒲上、大悲、安阳卫生院扩建工程顺利完工，新型农村合作医疗参合率达86%。投资7600万元实施职教中心、实验学校等九项工程建设。实施县技术服务站、腰山、安阳、大悲乡级优质服务站建设。城镇低保月人均提高到225元，农村低保年人均提高到870元。

**中共县委**

书　记　张丽娟
副书记　岳文民　郑福群
常　委　张丽娟　岳文民　郑福群　何　林　刘文力　张铁柱　甄会龙　赵永帅　梁文杰　马跃斌　田建生　李红钊（挂职）

**人大常务委员会**

主　任　郭文忠
副主任　赵同霄　王长占　肖占良　张连营

**政府**

县　长　岳文民
副县长　张铁柱　梁文杰　王若粹　姚红玉　杨保军　朱国栋　杨军华　李长军　林永军（挂职）

**政协**

主　席　郭建军
副主席　靳海军　侯英武　刘振国

（冀敬军）

# 望都县

**【地情提要】** 望都县位于河北省中部偏西，太行山北段东麓山前平原，介于北纬38°30′～38°48′，东经115°01′～115°18′之间，东西长24公里，南北阔33公里，总面积374平方公里，耕地34万亩。东毗清苑县，南邻定州市，西接唐县，北交顺平县，东南与安国接壤。县城北距北京市187公里，南距石家庄98公里，北至保定市35公里。京广铁路、107国道、京深高速公路贯穿县境，交通便利。县人民政府驻地望都镇。

**自然环境** 望都县地处太行山北段东麓山前平原，地势西北部高，东南部低，缓缓倾斜，无明显起伏变化。西部最大海拔高度56.3米，东南最低海拔高度27.8米，地面平均纵横度1/800。土壤为洪水冲积物，土层深厚，土壤肥沃。河流均系海河流域大清河水系，自然河道有唐河、九龙河、白岳河、运粮河、曲逆河，人工开挖的河道新开河，境内河道总长54.5公里。地下水平均埋深5.95米，提取容易，水质良好。县处北温带半干旱半湿润季风气候区，四季分明，雨量充沛年均降水量555毫米，年均日照2660小时，年均无霜期220天。

**建置沿革** 秦王嬴政十九年秦灭赵国，析庆都邑南半部置庆都县。汉高祖六年改置望都县。公元九年王莽建立新朝改制，废望都县置顺调县。东汉建武元年复置望都县。北齐天保三年废望都县入北平县。开皇六年分北平县复置望都县。隋炀帝大业元年四月废望都县复入北平县。唐高祖武德四年，改郡为州，分安喜、北平二县置武定县，旋称望都县。1942年1月以铁路为界析望都县路东部分和原定县部分置望定县。路西部分和完县部分置新望都县，继改晓峰县，旋称云彪县。1944年9月撤望定县并入云彪县。1946年5月云彪县更名为望都县。1958年6月撤销望都县并入唐县。1962年1月恢复原建置至今。

**行政区划** 全县辖2镇6乡，143个行政村7个社区。乡镇有望都镇、固店镇、寺庄乡、黑堡乡、高岭乡、赵庄乡、中韩庄乡、贾村乡。

**人口民族** 2009年末全县总人口74699户，267219人，其中农业人口228201人。境内有汉、满、回、蒙古、壮、朝鲜、苗、彝、羌、侗、土家等20个民族，其中以汉族为主，占总人口的99.5%。人口自然增长率7.14‰。

**【概况】** 2009年，全县生产总值完成28.1亿元，同比增长12.6%，其中第一产业增加值9.1亿元，增长12.2%，第二产业增加值12.1亿元，增长15.1%，第三产业增加值6.91亿元，增长9.2%，三次产业比为32.4：43：24.6；财政收入1.58亿元，增长27%，地方一般预算收入完成9261万元，增长13%，地方一般预算支出完成4.53亿元，增长32.5%；全部工业完成增加值9.2亿元，增长15.3%，其中规模以上工业增加值完成5.25亿元，增长25.2%；全社会固定资产投资完成17亿元，增长134.9%，其中城镇固定资产投资14亿元，增长133.4%；建筑业总产值12.19亿元，增长38%；社会消费品零售总额完成8.7亿元，增长19.3%；实际利用外资72.5万美元，出口创汇完成916万美元，引进省外资金4.4亿元；农民人均纯收入3962元，增长9.5%；城镇居民人均可支配收入12430元，增长15.3%；年末金融机构存款余额41.8亿元，增长22.8%，年末金融机构贷款余额14.2亿元，增长55.0%；人口自然增长率7.14‰。在保定市率先完成农村“两委”换届工作。连续四年被市委、市政府授予维护社会稳定工作先进县、信访工作先进县、社会治安综合治先进县。

**【园区、项目建设成果丰硕】** 2009年，谋划建设千万元以上项目31个，总投资41.7亿元，其中市重点项目13个。总投资1.3亿元的泰兴高速护栏项目全部建成并投产，年末实现产值1亿元，上缴税金500万元，企业规模为北方最大、全国第二；总投资8100万元的希努尔男装项目三个月建成并试运营；总投资1.8亿元的华英食品项目完成一期投资3000万元，基础设施建设接近尾声；分别投资5000万元的龙河工贸项目和味丰食品扩建项目正式投产；投资2.65亿元的九安门业项目、投资5000万元的泰利城项目、投资5000万元的凯恩机电项目，分别完成投资1.01亿元、3345万元、3540万元。

园区建设顺利推进。建设“绿色食品加工供应集中区、铸造轴瓦及机加工工业园、新能源及信息产业园和台商产业园”。规划占地3000亩的绿色食品加工供应集中区完成“七通一平”，蒙牛乳业、益海粮油、莲众食品、德胜饮料等一批大项目相继入驻。规划占地1000亩的铸造轴瓦及机加工工业园路网及部分基础设施完工，凯恩机电、泰利城等项目已入驻。以总投资16亿元的多晶硅项目为依托的新能源及信息产业园完成总体规划及部分基础设施建设。在莲众食品、素味珍等多家企业聚集的基础上，规划建设占地2000亩的台商产业园。2009年，绿色食品加工供应集中区的产值占全县入统企业总产值的60%以上。

**【特色产业、新农村建设扎实推进】** 发挥传统农业优势，建设“绿色生态县”区域品牌，加强辣椒、奶业“一红一白”两大特色产业规模。望都辣椒因历史悠久、品质优良而久负盛名，被誉为全国“三大辣都”之一。2009年，全县辣椒种植面积3万亩，总产4.2万吨。辣椒加工企业发展至34家，加工摊点120多个，年加工辣椒16万吨，年产值5亿元以上，产品远销日本、韩国、新加坡、香港、澳门等20多个国家和地区。2007年奶业巨头蒙牛集团落户望都，2009年企业实现产值12.4亿元，纳税3432万元，成为全县第一纳税大户。全县建成千头奶牛养殖小区15个，实现规模化养殖、标准化建设和一体化管理，奶牛存栏12000头，奶产量4万吨。粮食生产稳步发展，全县粮食播种面积51万亩，总产25.8万吨，被河北省确定为省级粮食高产创建示范县。集体林权制度改革进一步深化，全年义务植树36万株，造林3500亩，保定市创建国家森林城市现场会在望都县召开。农村基础设施建设切实加强，完成低压管道节水灌溉1.86万亩，修建沼气池1000个、新打机井150眼，30个村新通自来水，修建农村公路55公里。新民居建设扎实推进，辛街、北关、十里铺、孔士屯4个新民居建设示范村建设进展顺利，并通过市级考核验收。

**【城乡环境持续改善】**　县城规划面积由8.5平方公里扩展到12.18平方公里，制作城区规划微缩沙盘，实现城区控制性详细规划编制全覆盖。旭景华庭、名仕苑二期、鑫达园、盛华丽景等小区基本建成，完成投资2.5亿元，新建住房20多万平方米。落实城镇廉租住房政策，新建廉租住房50套2500平方米。加快路网建设，投资740万元打通了中华路、富强路、振兴街三条断头路；投资4000万元完成望清路拓宽改建；投资1.2亿元完成京珠和保阜高速引线拆迁工作，总拆迁面积10万多平方米，拆迁房屋4.5万平方米。市场建设步伐加快，投资5100万元的保南旧机动车交易市场建成投入运营，投资1亿元的欧明达农贸物流综合市场正式签约。垃圾、污水“两场”建设圆满完成，生态基础建设进一步加强。

**【民生、社会事业持续发展】**　加快发展劳务经济，全年转移输出农村劳动力5.2万人，实现劳务收入6.6亿元，被评为“全省十佳劳务输出品牌”。城镇新增就业3868人，城镇登记失业率较全市平均水平低近2个百分点。各项社会保险扩面新增2959人，城镇居民基本医疗保险参保率92.51%，居全市第一名。城镇居民低保标准由95元/月提高到130元/月，发放低保金399万元。亲民爱民活动深入开展，在全省率先推行城乡特困户“一卡通”制度，1205户特困家庭从中受益，新华网、人民日报、河北电视台等多家主流媒体给予专题报道。各类教育协调发展，高考成绩连续多年位居保定市第一平台，县职教中心被列入国家级重点职教中心。新农合参合率达到91.78%，全县24.2万人次获得补偿，补偿金额2159万元，被列为保定市惟一的全省门诊统筹工作试点县。为4.26万名农村育龄妇女开展免费健康检查服务，落实计生奖励1.1万人248万元，被命名为“全国计划生育优质服务先进县”。深入实施万村千乡、家电下乡、汽车摩托车下乡等惠民工程，广大农民享受财政补贴609万元。

**中共县委**

书　记　孟晓灵
副书记　李宁太　董爱民
常　委　孟晓灵　李宁太
　　　　董爱民　许喜林
　　　　韩志勇（8月离职）
　　　　彭栓准（8月任职）
　　　　刘洪洁　崔建民
　　　　胡占房　谢世援
　　　　何任道
　　　　任永海（12月离职）
　　　　刘永泽（12月任职）

**人大常务委员会**

主　任　朱子群
副主任　麻金龙　杨彦同
　　　　张顺英　于书亭

**政府**

县　长　李宁太
副县长　崔建民　谢世援
　　　　吴从志　陈　明
　　　　赵　勇　孙亚珍
　　　　何　东

**政协**

主　席　赵兵晨
副主席　马文库　潘静萍
　　　　孙丁立　张建敏

（张建华）

# 雄　县

**【地情提要】**　雄县南倚华北明珠——白洋淀，北靠“京南小香港”——白沟，位于北纬38°55′～39°10′，东经116°01′～116°20′，东西长26公里，南北阔25.5公里，总面积524平方公里。雄县东部与霸州市交界，南部、东南部隔大清河与任丘市、文安县相望，西南隔白洋淀与安新县相望，西部与容城县相接，西北部与高碑店市毗邻，东北部与固安县接壤。雄县地处京津保三角地，县城北距北京市108公里，西南距石家庄175公里，东距天津市100公里，西距保定市70公里。宋代古战道地下绵延几十里，有“历史奇观，地下长城”之称。

**自然环境**　雄县地处拒马河下游，属低平原区，地势平坦，自西北向东南略有倾斜，海拔高度8～14米，土壤以砂壤和壤质为主，属暖温带半干旱地区，大陆性季风气候特点显著，四季分明，年平均气温12.1°C，大清河是流经本县的惟一自然河流，境内全长38.75公里，多年来为常年有水河道，20世纪50年代后形成季节性河道。白洋淀为常年蓄水的淡水湖泊，雄县拥有淀区面积18.3平方公里，县城距白洋淀仅4公里。

**自然资源**　全县耕地面积31733公顷，其中水浇地面积19533公顷。境内石油、矿泉水、地热水等自然资源丰富。境内有油井1500多眼，年产原油70万吨，占华北油田原油总产量的六分之一。矿泉水总储量达4亿吨左右，1987年12月，国家地质矿产部水文地质工程地质司组织专家对白码地热井进行全面分析化验，水中的碘、锂、锶、偏硅酸及矿化度均达到国家饮用天然矿泉水标准，被鉴定为“国内少见的优质矿泉水”。地热资源具有面积广、储量大、埋藏浅、温度高、水质好等特点，号称“华北之冠”。地热田覆盖面积达320平方公里，储量达100亿立方米，水温55℃～86℃。利用地热资源集中供暖是雄县开发地热资源的一条主要途径，既可节约大量常规能源，不污染环境，又可降低集中供暖的一次性投入。已打地热井27眼，年均开采量250～300万立方米。城区地热集中供暖面积逐年增加，实现采暖面积80万平方米，节约煤炭50多万吨。涉及机关、学校、医院、企业及部分居民，居于全国县城之首。地热洗浴、疗养行业遍及全县各地，利用地热洗浴疗养超过100万人次。雄县依靠丰富的地热资源优势，2006年3月，被中国矿业联合会正式命名为“中国温泉之乡”

**建置沿革**　春秋为燕地，秦置县，名易县，南北朝入莫县，唐置归义县，属涿州，后晋初随涿入辽，后周显德六年（公元959年），世宗亲征伐辽，取瓦桥关置雄州。明洪武七年（公元1374年）降雄州为雄县。1941年6月，雄县、新城、霸县组成第一联合县，后改为第二、第四联合县。1945年12月并入涿县。1961年5月恢复雄县建置至今。

**行政区划**　全县辖6镇3乡，223个行政村。乡镇有雄州镇、昝岗镇、大营镇、龙湾镇、朱各庄镇、米家务镇、双堂乡、张岗乡、北沙乡。

**人口民族**　2009年末全县总人口369363人，比上年增长1.12%。境内有汉、满、回、蒙古、壮、朝鲜、苗、彝、羌、侗、土家等16个民族，其中以汉族为主，占总人口的97.5%。人口自然增长率7.02‰。

**【概况】**　2009年全县实现国内生产总值47.2亿元，同比增长11.6%，其中：第一产业完成增加值6.3亿元，增长4.2%；第二产业完成增加值29.8亿元，增长13.5%；第三产业完成增加值11.1亿元，增长9.7%。民营经济增加值47.8亿元，同比增长22%。粮食总产量23.9万吨，同比增长3.4%。棉花产量461吨，同比增长42.7%。财政收入2.79亿元，同比增长10.4%；财政支出3.09亿元，同比增长4.1%。社会消费品零售总额20.7亿元，同比增长19.3%。全社会固定资产投资完成34.7亿元，同比增长43.5%。在岗职工年平均工资23767元，同比增长16.2%。农民年人均纯收入5375元，同比增长10.4%。城镇居民人均可支配收入14066.1元，同比增长16.8%。年末城乡居民存款余额42.9亿元，比年初增长16.1%。

**【产业格局特色鲜明】**　依托传统的塑料包装、压延制革、乳胶制品、电器电缆四大支柱产业的龙头企业，加大扶持力度，积极引导企业扩充规模，延长生产链条，加速技改升级，玉鑫、龙华、立亚、峻威等8个项目均为传统产业升级项目。在新兴产业塑造方面，依托“中国温泉之乡”国家级品牌和深厚的宋辽文化底蕴，连续两年举办雄县·中国温泉之乡旅游文化节，打造雄县文化旅游名牌，雄县对外知名度进一步提升。深入挖掘开发特色景点，投资300余万元，修缮宋辽古战道和杨六郎点将台，5月向游人开放；投资5300万元，高标准建设集古玩鉴赏、交易于一体的雄州古玩城，一期工程于2008年投入运营，吸引了京津及周边县市古玩、书画经营商入驻，成为中国北方较有名气的古玩书画综合市场；携手白沟·白洋淀温泉城，谋划开通“两白一雄”精品旅游线路。按照“土地向园区集中、要素向园区聚集”的原则，把园区建设作为要素聚集的高地和招商引资的平台，健全园区管理机构，完善基础设施建设，打造具有较强拉动力的经济隆起带。全县在建园区1个，在建项目集中区3个，谋划工业园区1个。在建园区——塑料包装园区，规划总占地面积4300亩，入驻企业48家，完成投资近10亿元，年产值近20亿元，利税近2亿元。在建项目集中区：革塑工业项目集中区，规划占地1000亩，入驻规模企业13家，完成投资6.5亿元，年产值15亿元，利税超过1亿元；乳胶工业项目集中区，规划占地1050亩，入驻企业45家，完成投资5.9亿元，年产值3亿元，利税5000多万元；天使工业项目集中区，规划占地3300亩，入驻企业45家，完成投资3.1亿元，年产值5亿元，利税6000多万元。谋划的工业园区——民营科技园区，规划占地12000亩，面向京津市场，打造京南津西高新技术企业发展平台。

【招商引资和项目建设创新高】借势对接京津，高标准组建专业招商队伍和社会招商队伍，与白沟·白洋淀温泉城次中心城市进行捆绑宣传，组织赴京津开展专题招商活动。与北京石景山区签订《框架合作协议》和《关于促进旅游合作的协议》，引进京津投资7亿元。成功引进五得利面粉集团建设好面缘分公司项目、唐山东大公司投资建设东骏输送带项目、中日合资企业恒特公司与雄县企业合作建设新起点铜杆项目、中石化新星石油公司与冰岛恩莱克斯（中国）有限公司投资开发地热资源项目、山西凤凰集团娜雪箱包项目，5个项目总投资超过8亿元，并全部实现当年引进当年转化开工，其中东骏输送带项目竣工投产。截止10月底，全县引进省外资金3.83亿元，占市核任务的100.9%；引进技术项目15项，占市核任务的100%；引进人才318名，占市核任务的106%。在引进重点项目的同时，加速推进四大主导产业上档升级，鼓励民营企业引进技术设备，加快技术改造和转型升级。全年共有技改扩建项目173个，计划总投资7.53亿元，完成投资6亿元。其中，龙华仓储物流项目总投资2.72亿元，玉鑫产业用布项目总投资2.07亿元，立亚CPP塑料薄膜项目总投资2.25亿元，金佰瑞高阻隔PVA复合膜项目总投资2.64亿元，均列入省重点项目盘子。为加快项目落实，对重点项目推行代办制、领办制、全程服务制，项目建设工作扎实有效开展。五得利好面缘面粉项目，从项目签约到进厂施工仅用20天的时间。全年累计投资千万元以上项目54个，总投资59.3亿元，省市重点项目12个，总投资30.86亿元，完成投资12.7亿元，创历史最好水平。

【社会及民生事业成效显著】教育、卫生、计生、社会保障、安全稳定等社会事业积极有序推进，开展"关爱女孩"活动引起社会各界和积极广泛响应，该做法被省计生委在全省进行推广；成功阻止手足口病，有效稳控甲型H1N1流感疫情，保障了人民群众生命安全和身体健康，应对措施被市政府作为经验在全市进行推广；积极争取上级资金，有效改善农民生产生活条件和教育、医疗、交通等方面的基础设施建设。地热集中供热面积达到90万平方米，在全省率先实现地热"换热"、"回灌"，打造华北首座"无烟城"。规范城镇居民最低生活保障工作，实现动态管理下应保尽保。扎实开展"春风行动"，促进下岗失业人员和农村劳动力就业，用足用好现有就业再就业政策，安置就业困难对象实现就业，城镇登记失业率2.43%。围绕"平安雄县、和谐雄县"目标，开展社会治安整治行动、安全生产集中执法检查行动、烟花爆竹治理行动和县级领导接访下访活动，完成国庆安保等各项工作任务，确保了社会的安全稳定。

**中共县委**

书　记　刘金龙
副书记　李克英　姚小兵
常　委　刘金龙　李克英
　　　　姚小兵
　　　　石葛军（4月任）
　　　　姚希华（4月离）
　　　　温占芳　孙增儒
　　　　韩晓明　王育新
　　　　李增良　许顺田
　　　　孙勇奇

**人大常务委员会**

主　任　王汝强
副主任　刘玉峰　王东凤
　　　　张振强　程泽军

**政府**

县　长　李克英
副县长　韩晓明　王育新
　　　　马木良　许卫荣
　　　　董贺群　张占良

**政协**

主　席　任志强
副主席　常福山　张　荣
　　　　韩　兵（1月任）

（孙丽新）

# 易　县

【地情提要】　易县位于河北省中西部，太行山北端东麓，总面积2534平方公里。境内有清西陵、燕下都、紫荆关、老子道德经幢、北福地史前遗址、圣塔院塔（荆轲塔）六处全国重点文物保护单位。清西陵、狼牙山为全国旅游4A景区。矿产建材、旅游、林果、畜牧养殖是易县的四大支柱产业。易县是"千年古县"。县城距保定60公里，距石家庄190公里，距北京100公里，地理坐标为北纬39°02′～39°35′、东经114°51′～115°37′。县境东西跨67公里，南北越62公里。东与定兴，西与涞源，北与涞水，南与徐水、满城、顺平县相邻。过境的京原铁路和112国道、京赞线、易定线、易保线组成境内主体交通网。张石高速公路易县段66.7公里。南水北调中线易县段经过8个乡镇、46个行政村，全长45公里。

**自然环境**　县境地处太行山区向华北平原过渡倾斜地带，与定兴县相邻的高陌乡是全县惟一平原乡，平均海拔324米，地势由西向东下降明显，流水落差大，易患水灾。主要山峰有摩天岭、平顶山、五峰寨、云蒙山、狼牙山等，最高山峰摩天岭位于蔡家峪乡与涞水县交界处，海拔1813.3米。境内主要河流有北、中、南三条易水河和漕河、拒马河，均属海河流域大清河水系，河流总流程216公里，年径流量9.31亿立方米，正常泄洪能力1580立方米/秒。属温带季风气候区，春秋干旱多风，夏季炎热多雨、冬季严寒少雪，四季分明。由于连年干旱，地下水位下降，灌溉面积萎缩。

**自然资源**　可耕地约12万公顷，土壤多见褐土，海拔700米以上多见棕壤。地下水资源总量1.14亿立方米，水质清澈，呈中性、弱碱性，PH值6.9～7.9，主要金属矿有金、铁等，非金属矿有磷、膨润土、石灰石、花岗岩、石棉、蛭石等，其中石灰石和花岗岩储量最大，分别为3000万吨和6000万吨。建筑沙资源丰富。主要药用动植物有全蝎、蝉蜕、五灵脂、沙参、丹参、枣仁、柴胡、知母等30多种，全部野生药材近200种。

**建置沿革**　隋开皇元年（公元581年）置易州，开皇十六年（公元597年）置易县，上属易州。五代时期属后晋，开运三年至后周显德六年属辽，宋代宣和四年改属武遂郡，宣和七年复归辽，改属高阳军。金天会十一年归属金。元代太祖八年属顺天府，清雍正十一年（1733年）由县升州，领涞水、广昌（今涞源）二县，民国2年（1913年）降州为县。抗日战争时期先后设易满徐县、定易涞县、易县、龙华县。1946年恢复易县。

**行政区划**　全县辖8镇1处19乡469个行政村（含6个居委会）

**人口民族**　2009年，全县总人口572260人，有汉、满、回、蒙等28个民族，西陵镇为典型满族聚居区，城内、西水冶、马家庄是典型回民聚居村点，马家庄村回民占100%。

**【概况】**　2009年全县完成地区生产总值53.90亿元，同比增长10.1%。其中，第一产业增加值完成14.77亿元，同比增长6.1%；第二产业增加值完成21.33亿元，同比增长12.7%；第三产业增加值完成17.80亿元，同比增长10.0%。三次产业的结构比例由2008年的27.6：39.9：32.5调整为2009年的27.4：39.6：33.0。乡镇企业总产值96.91亿元，同比增长6.2%。粮食总产量21.53万吨，同比增长5.35%；棉花总产量283吨，同比下降22.25%。财政收入2.75亿元，同比增长8.7%；财政支出8.64亿元，同比增长26.6%。城市空气质量等级2级。社会消费品零售总额18.59亿元，同比增长19.6%。职工年平均工资24488元，同比增长12.0%，农民年人均纯收入3465元，同比增长7.2%。城镇居民人均可支配收入11362元，同比增长10.0%。年末城乡居民存款余额56.16亿万元，同比增长19.0%。

**【农业经济稳步发展】**　农业农村经济发展迅速。全县完成造林11.20万亩，有林面积176.5万亩，林木覆盖率46.4%，以磨盘柿为主的果品产量3.0亿斤。易县被确定为“国家级林业科技示范县”、“全国林业标准化示范区”、“河北省规模化造林示范县”。全县生猪、肉牛饲养量分别为63.17万头、11.69万头，肉类总产量5.11万吨。甘薯种植面积7.6万亩，产量12万吨。在第13届中国（廊坊）农展会上，易县磨盘柿荣获“果王”称号，“狼牙山”牌小杂粮、柴鸡蛋、绿壳鸡蛋和“健珍”牌蜂蜜被评为“优质农产品”。圣霖板业、兰宝牧业、三益奶牛等龙头企业不断发展壮大，新增农村专业合作组织27家，全县总计53家。实施山、水、林、田、路综合立体开发，狼牙山、西陵、流井、高村四个示范园区规模进一步扩大，完成山场开发1.7万亩，水保综合治理30平方公里。全面落实支农惠农政策，发放粮食直补、农资综合直补、良种补贴、农机具补贴3960.2万元。发展庭院经济、林下经济、户办加工业、乡村旅游业和劳务经济。易县被确定为“北京家政劳务输出基地”。全县转移农村富余劳动力9.97万人次，其中，劳务输出8.31万人次，实现劳务收入8.47亿元。

**【工业经济平稳运行】**　项目建设：全年列入省、市重点项目15个，总投资31.82亿元，年计划投资4.18亿元，累计完成投资9.1亿元，占年度计划的217%。其中，投资6000万元的三益奶牛、6000万元的兰宝牧业、1.25亿元的均益加气砖3个项目竣工投产；投资11亿元的京兰水泥、1.24亿元的万港机加工、1亿元的易砚文化产业示范基地、1.1亿元的天龙药业、1亿元的北极星创意文化石扩建等10个项目开工建设。成立园区办公室，完成易水工业园区规划环评、控制性详规和产业发展规划。投资5000万元实施北岸道路、桥梁、变电站、河道治理等工程建设。出台园区招商引资优惠政策，入驻企业达14家，总投资8亿元。全年引进省外资金8.2亿元，实际利用外资334万美元，出口创汇3586万美元。争取中央新增投资8729万元，约占全市9.02亿元的10%，位居全市第一。工业经济：通过扩规模、强管理、上水平、增效益，矿产、建材、铸造三大主导产业不断壮大。全县规模以上工业企业在统工业增加值完成12.2亿元，实现利税1.7亿元，同比分别增长17.9%、19.3%。万元工业增加值能耗下降12.06%，万元GDP综合能耗下降7.3%，完成二氧化硫削减369.3吨，节能减排目标圆满完成。鼓励支持全民创业，推进民营经济加快发展。全年新增民营企业349家、个体工商户1170户。国企改革扎实推进，化肥厂、京易联营水泥厂、机械厂、板厂等重点企业实现破产终结。

**【城镇面貌日益改善】** 县城功能日臻完善。编制商业网点、城市给水、城市雨污分流等6个专项规划，完成10.2平方公里的城区控制性详细规划。实施朝阳路路网拆迁改造工程，全县完成拆迁面积9.65万平方米。以亚澜家苑、燕都名苑、御景蓝湾、华宇新港湾等为重点的商住小区建设完成投资1.6亿元，竣工面积11万平方米。投资1000万元对泰元街进行翻修改造。投资1550万元实施县城排水管网改造。投资3295万元的垃圾填埋场开工建设，污水处理厂升级改造工程加快实施。投资1500万元实施集中供热站建设，新增集中供热面积15万平方米，全县达到40万平方米。新增天然气用户1500户。县城品位逐步提升。实施总投资1.3亿元、全长5.7公里的北易水河综合治理工程，投资3000万元的一期工程竣工，形成水景观21万平方米，架起县城“南跨之桥”。成功实施回民坟整体搬迁，建成7000平方米的休闲公园，打通县城“东扩之门”。启动总投资2200万元、占地297亩的荆轲公园建设。县城形象明显改观。开展环境卫生、户外牌匾、城市交通、经营秩序综合治理，规范店外经营户2300余家、摊点830个，拆除广告牌匾628块。加大环卫设施投入，投资200万元在城区主街道和居民聚集区增设地下垃圾点37处，安装垃圾箱170个，购置环卫三轮车114辆。对京昆高速引线两侧及县城出入口进行绿化美化。市容市貌明显改善，被评为全市“星城杯”考核绿化优胜单位。基础设施建设不断加强。张石高速公路二期征迁工作基本完成，施工面全线贯通。荣乌高速公路完成前期勘测、设计工作。投资2200万元完成112国道3.4公里旧路大修和省道京赞线10.4公里大修工程。投资480万元完成军营桥、陈旺桥改造和西坨线、独管线维修工程。投资1887万元的塘湖110KV变电站开工建设，投资1287万元完成2座35KV变电站建设。投资1261万元完成太宁寺、莲花池、良岗3座水库的除险加固工程。全年新建通讯基站44个，通讯能力进一步增强。新农村建设扎实推进。制定新民居建设三年规划，实施迎宾路、凤凰台、忠义村、东西水四个省级新民居示范村建设。完成7个乡镇、144个村的规划编制工作，实现全县村镇规划全覆盖。投资500万元完成25公里农村道路建设。完成3个电气化村和51个村的户表改造工程。新建“三位一体”沼气池2100个，建沼气服务网点21个。新打机井120眼，修防渗渠2.5万米，铺设节水管道3.5万米，新增改善灌溉面积1.2万亩，解决8000人口的饮水安全问题。荣获省政府农田水利基本建设“海河杯”一等奖。

**【旅游强县进程加快】** 加快“狼山、易水、清西陵”精品景区建设，建设旅游强县。狼牙山景区：实施总投资2040万元的五勇士纪念地基础设施建设项目，完成景区停车场和五勇士陈列馆改扩建工程。清西陵景区：实施总投资2848万元的环境整治项目，完成环陵马槽沟1500米的清淤工程，疏通泰陵和昌陵的主河道。总投资5000万元的878精品行游基地部分项目投入运营。易水湖景区：投资350万元完成景区道路、码头、宣传牌匾的改造建设，启动总投资30亿元的易水湖综合开发项目，进行前期规划设计。启动总投资8000万元的清西陵至狼牙山旅游公路项目。投入资金140万元，更新高速公路及国、省干道旅游指示牌30块，印制旅游宣传品10万多份，制作《易州风韵》专题片，在京、津、石等城市举办“太行之美、尽在易州”旅游专题推介会，与360家旅行社达成战略合作协议，成功举办“2009全国群众登山健身大会‘天津一汽·威志杯’狼牙山登山活动暨河北省第三届太行山旅游文化节开幕式”。参与“河北文化形象名片”推荐活动，清西陵、易水砚制作技艺、战国立凤蟠龙纹铜铺首分别入选“河北十大旅游名胜”、“河北十大非物质文化遗产”、“河北十大文物精品”，旅游知名度大幅提升。

全年接待游客211万人次，实现综合效益4.6亿元，同比分别增长41%、53%。推进旅游规范化管理，开展旅游环境综合治理。对旅游从业人员进行专业知识培训，推进农家游星级管理，规范经营行为，东西水村被评为河北省农家游示范村。全年农家游接待游客51.3万人次，实现收入4600万元，同比分别长42.5%、42%。

【全面建设和谐社会】 全县城镇新增就业4460人，实现再就业2710人，城镇登记失业率控制在3.7%以内。城乡低保标准提高，享受低保人数22206人，城镇低保标准月人均提高到225元，农村低保标准年人均提高到870元。为企业和机关事业单位离退休人员发放养老金10541万元。为1600户城乡特困群众发放医疗救助资金300万元。完成2304平方米的48套廉租房建设。3000贫困人口实现稳定脱贫。深入推进“万村千乡市场”和“家电、汽车、摩托车下乡”工程，新建农村连锁店100家，兑付补贴资金400万元。公积金归集总额达到3365.19万元，为234户购房户提供贷款3604.87万。优化教育资源配置，加快学校布局调整，完成中小学校撤并96所，建设标准化学校26所，投资882万元完成374所学校的取暖设施改造工程。实施文化惠民工程，完成2个乡镇综合文化站、38个新农村书屋、7个村的体育设施建设。新农合覆盖面扩大，参合农民达到41.78万人，为14.99万农民补偿医疗费4301万元。扩大有线数字电视覆盖面，完成有线数字电视转换5010户。

**中共县委**

书　记　刘德明

副书记　崔坤军　傅　勤

常　委　刘德明　崔坤军

　　　　傅　勤　商少璞

　　　　李群龙（8月离）

　　　　王清亮（8月任）

　　　　侯印红　高文杰

　　　　郑斌慧（女）

　　　　张　剑

　　　　韩朝红（女）

　　　　张东辉　赵建成

**人大常务委员会**

主　任　张树林

副主任　杨瑞林　马根全

　　　　崔永德　勾士涛

**县政府**

县　长　崔坤军

副县长　商少璞　张　剑

　　　　张　良　张树才

　　　　赵春生

　　　　郝顺清（女）

　　　　刘林华（挂职，11月离）

**政协**

主　席　杨春立

副主席　张永山

　　　　杨凤娥（女）

　　　　耿树启　闫　力

（王秀丽）

# 徐水县

【地情提要】 徐水县地处华北平原，太行山东麓，位于河北省中部，保定市中部偏东，县城为北京、天津、石家庄三角腹地。北距首都北京119公里，西南距省会石家庄155公里，东距天津市145公里。县域地理坐标为北纬38°52′40″～39°09′50″，东经115°19′06″～115°46′56″，东西长37.7公里，南北宽22.8公里。总面积723.23平方公里。县人民政府驻地安肃镇。东与容城县、安新县为邻；南与清苑县、保定北市区接壤；西与满城县、易县交界；北与定兴县相连。

**建置沿革** 春秋属古燕地，战国时期，为燕之南陲。燕置武遂和桑邱邑，西汉置北新城县。此后朝代更迭，县名几经易称，曰县、曰军、曰州。北宋宣和七年（1125年）立安肃县，时与遂城县并存，明洪武八年（1375年）遂城县并入安肃县，民国3年（1914年）安肃县易名徐水县。1958年9月，安新县、容城县划归徐水县，1960年12月、1962年12月，三县分置，恢复原建制。

**自然环境** 徐水县中东部一马平川，地势平坦开阔，土壤肥沃。西部约占全县总面积的十分之一，为山前丘陵，蕴藏着高岭土、青石板等矿藏。光照充足，四季分明，属大陆季风性气候。境内瀑河、曲水两座水库及漕河、瀑河、萍河三条河流基本处于无水状态，地下水质清冽甘甜，由于降水少，加上过度开采，水位呈不断下降之势。全年平均气温12.5℃，比上年低0.5℃。全年降水量462毫米，比上年减少125.3毫米。

**自然资源** 全县可耕地面积43817公顷，地下水资源总量7807万立方米，丘陵区面积91.2平方公里，主要矿产有板岩、高岭土、石灰石、白云石、八厘石、硅石等，其中板岩、石灰石储量丰富。

**行政区划** 2009年，徐水县设7乡7镇和1个城区办事处，分别为安肃镇、大因镇、崔庄镇、漕河镇、高林村镇、大王店镇、遂城镇、留村乡、东史端乡、正村乡、户木乡、义联庄乡、瀑河乡、东釜山乡，城区办事处。2009年，徐水县辖304个行政村。

**人口民族** 年末全县总户数170317户，总人口583705人，其中：非农业人口117487人。本年出生7785人，出生率为13.63‰；死亡3148人，死亡率为5.51‰；自然增长率8.12‰。出生人口性别比109.95。境内汉、回、满、壮、蒙古等25个民族和睦相处，其中人口数较多的回族5930人，满族4295人，壮族1212人，蒙古族382人。汉族人口571372人，占总人口数的97.9%。

【概况】 2009年全年实现生产总值80.09亿元，同比增长12.4%。其中：第一产业增加值17.98亿元，比上年增长6.1%；第二产业增加值34.81亿元，比上年增长16.5%；第三产业增加值27.29亿元，比上年增长9.7%。一、二、三产业占生产总值的比重分别为22.5%、43.5%和34.0%。人均生产总值13802元。

粮食总产量38.57万吨，同比增长1.8%，棉花产量78吨，同比增长－15.2%；民营经济增加值65.67亿元。年内完成全社会固定资产投资42.52亿元，同比增长63.5%。全年实现社会消费品零售总额34.27亿元，同比增长20.7%。财政收入稳步增长。完成全部财政收入6.45亿元，同比增长26%。其中：一般预算收入2.40亿元，同比增长30.6%，财政支出8.91亿元，同比增长30%。年末金融机构存款余额89.99亿元，比上年增长9.2%；其中居民储蓄余额76.26亿元，同比增长9.1%。据抽样资料显示：2009年城镇居民人均可支配收入15534元，比上年增长10%。农村居民人均纯收入5941元，比上年增长9.7%。在岗职工年人均工资26387元，比上年增长15.8%。万元生产总值能耗0.663吨标煤/万元，比上年降低5.37%。规模以上工业增加值能耗0.411吨标煤/万元，比上年降低6.53%。全年水污染物COD排放量削减460吨，大气污染物二氧化硫排放量削减136吨。高考保持高位增长，以显著优势获全市第一，实现“五连冠”。

新型农村合作医疗稳步实施。年末新农合参保人数45.7万人，参合率88%。全年基金收入4859.8万元，基金支出4372万元，共有15.46万人次得到医疗补偿。

2009年末，县、乡级卫生系统共有卫生技术人员1904人。其中：县级以上卫生机构6个、卫生技术人员1457人；乡镇卫生院22所、卫生技术人员447人。拥有村级卫生所（站）753个、从业人员1260人；民办医疗机构5家、从业人员83人。乡及乡以上卫生机构拥有病床数1313张。

【园区、项目建设成效显著】 园区建设扎实推进，项目承载能力不断增强。新上、续建和已批待建投资过千万元项目119个，总投资181.67亿元。竣工项目36个，总投资27.61亿元；续建项目11个，总投资28.49亿元；新开工项目24个，总投资35.86亿元；已批待建项目48个，总投资89.71亿元。县城工业园区列入省级产业聚集区，投资8300余万元修建三条园区道路和一座地道桥。入园规模以上企业13家，全年实现销售收入35.26亿元、利税5.06亿元。保定·中国电谷（大王店）产业园区被市政府确定为徐水县与高新区的共建区，投资1.4亿元的“一纵两横”三条道路完成投资6000万元。入园在建项目5个，总投资18.7亿元；拟开工项目5个，总投资49.83亿元；联系洽谈项目10个，总投资35亿元。

【主导产业日益壮大】 索具、石油物探装备、汽车零部件三大主导产业年产值49.7亿元，同比增长13.2%。对纳税过百万元的骨干企业实行挂牌保护，在资金、土地、供电等方面给予重点扶持，投入财政资金7406万元用于支持企业发展。全县规模以上工业企业70家，完成产值84.8亿元，同比增长19.3%，其中产值过亿元企业20家、纳税超千万元企业7家。巨力索具股份有限公司在深圳证券交易所成功上市。对市场前景好、发展潜力大的中小企业给予重点扶持，新增规模以上企业11家。

【农业经济稳步发展】 蔬菜、畜牧、林果三大主导产业规模进一步壮大，蔬菜面积发展到15.7万亩，奶牛存栏3.67万头，生猪存栏41.98万头、出栏56.7万头，林果面积6.3万亩。省、市级农业龙头企业12家，实现销售收入4.92亿元。全面落实各项支农惠农政策，发放粮食直补和综合补贴4883万元，调动了农民种粮的积极性，粮食总产38.57万吨，同比增长1.8%。争取水利专项资金358万元，新打机井200眼，农业生产条件进一步改善。投入近100万元对全县所有畜禽进行强制免疫，投入400多万元对全县5万余亩林木进行病虫害防治，有效控制了美国白蛾疫情的蔓延。

【加强基础建设，改善城乡面貌】 污水处理厂投入试运营，城区排水主干管网、职中路地道桥、振兴西路改造、城内大街南延、县城中心广场改造、巨力路和津保路县城段亮化竣工，小寺钢铁市场搬迁全面完成。农村公路改造超额完成全年任务，修建乡村道路17条32.1公里。盛源大街南延和兵营路一期工程主体过半。

遂城老年公寓和行政服务中心办公楼主体工程竣工。旧城改造和新农村建设步伐明显加快，城内片区和小寺新村在建面积20万平方米。

【财税保障能力明显增强】 强化征管，堵漏增收，提前完成全年财税任务，全年增收1.33亿元，其中一般预算收入增收5636万元，确保了全县公教人员工资按时发放和机关正常运转。争取上级资金4.3亿元，财政服务保障能力明显增强。积极偿还县、乡两级债务，全年偿还5475万元。被省财政厅确定为全市惟一的“全省财政改革与管理综合示范县”。

【社会保障能力不断加强】 养老保险工作得到加强。年内养老保险参保人数达到15464人，全年养老金支出6449.6万元。医疗保险工作稳步推进。年内职工参加医疗保险人数26478人，城镇居民参保人数31255人。全年医保收入2745万元，医保支出1913万元。生育保险参保人数20598人。工伤保险参保人数10820人。失业保险参保人数达到10954人，全年征收失业保险费609万元，全年支出失业保险金713万元。城镇登记失业率2.9%。城乡低保工作实现动态管理。2009年末，全县农村低保对象9487人，全年发放农村居民最低生活保障金714万元；城镇低保对象1956人，全年发放城镇居民最低生活保障金517万元。农村“五保户”实现财政供养。其中分散供养1776人，集中供养17人，全年发放五保供应金243.46万元。

**中共县委**

书　记　王　林

副书记　李保森　张海波
　　　　尤志敬

常　委　王　林　李保森
　　　　张海波　尤志敬
　　　　崔铁成
　　　　吴腊月（3月调出）
　　　　李天明　潘志勇
　　　　汪学卫　刘惠聚
　　　　谢永军　田国清

**人大常务委员会**

主　任　朱三臣

副主任　蔡秋贵　孙秀英
　　　　高振宏　胡利清

**政府**

县　长　李保森

副县长　崔铁成
　　　　孙贺军（1月调出）
　　　　潘志勇　孙志江
　　　　田素宁　陈庆亮
　　　　霍玉鹏（1月调入）
　　　　董国发（8月调入）

**政协**

主　席　张建国

副主席　王苏娅　史淑敏
　　　　张凤春

（王丽英）

# 安新县

【地情提要】 安新县地处京、津、石三角腹地。境内有驰名中外的“华北明珠”——白洋淀，享有“北国江南”之美誉。

**区域位置** 安新县位于河北省中部，地理坐标为北纬38°43′～39°01′，东经115°38′～116°07′，全县总面积738.6平方公里。东临雄县、任丘，南连高阳，西至清苑、徐水，北接容城。县城西距保定市45公里，北距北京市160公里，东到天津市150公里，西南距石家庄180公里。

**建置沿革** 安新县境在战国初期为燕国辖域，后燕赵易土，将易水长城以南划归赵国，以北属燕，成“燕南赵北”之势，时有葛城、浑渥城、三台城。唐代，如意元年（692年）在葛城置武昌县，神龙元年（705年）改为武兴县，代宗广德二年（764年）置唐兴县。五代时更名宜川县。金代设安州、渥城县，境内州、县并存。元代改渥城县为新安县。清道光十二年（1832年）废新安县入安州。民国2年（1913年）安州改为安县。民国3年（1914年）安县与新安各取其名之首合并为安新县。民国27年（1938年8月）至民国29年（1940年5月）安新县划分为安新、新安二县。民国29年（1940年5月）至民国33年（1944年10月）安新、新安二县合并称安新县。1944年10月安新划为安新、白洋二县。1946年2月，安新、白洋合并为安新县。1949年8月，安新县成立人民政府，县政府驻地安州。1950年4月，县政府驻地由安州迁至新安（今安新镇）。1958年9月，撤销安新县，与徐水、容城合并称徐水县。1961年1月，恢复建置称安新县至今。

**自然环境** 县境内西、南、北为冲积洼地平原，东部为白洋淀。白洋淀河淀相连，沟壕交错，水村园田星罗棋布，沿边筑堤（主要堤防170公里）围埝。堤内洼地连片，堤外淀水荡漾，形成半水半旱的独特地理特征。白洋淀是华北地区最大的淡水湖泊，总面积366平方公里，其中85%以上的面积（312平方公里）位于安新，占安新县总面积的42%。白洋淀位于九河下梢，是海河流域大清河水系中游的缓洪滞洪区，承担着潴龙河、孝义河、唐河、清水河、瀑河、府河、萍河、漕河、白沟引河9条河流的洪水调蓄。下游由枣林庄闸和赵北口溢流堰控制泄洪。白洋淀汛期水位8.3米（大沽高程，下同），警戒水位9.0米，保证水位10.5米（此时最大蓄水量达10.38亿立方米）。白洋淀是由大小143个淀泊，3700多条沟壕连接而成，万亩以上的淀泊7个，千亩至万亩内的24个。其中白洋淀面积最大（1.99万亩），以此命名。2002年，白洋淀被列为河北省湿地自然保护区。

安新县地处暖温带半湿润大陆季风气候区，四季分明。春季干旱多风，降水稀少；夏季炎热多雨，降水集中；秋季晴朗微风，昼暖夜凉，秋高气爽；冬季寒冷干燥，降水稀少。年平均气温12.2度，极端最高气温40.7度，极端最低气温零下26.7度。年平均降水量529.7毫米。全年日照时数2578.3小时，年无霜期平均195天，年平均风速1.7米/秒。土壤为4个土类，21个土属，128个土种，其中潮土分布最广，沼泽土和褐土次之，水稻土再次之。

**自然资源** 白洋淀上承九河，有丰富的地表水和地下水资源，总蓄水量39.9亿立方米。白洋淀水域辽阔，水生动植物资源丰富，淀内有芦苇12万亩，年产量7500万公斤，是本县的重要特产，经济价值高，可编织苇席，加工苇箔，造纸，制作工艺品，故芦苇有“铁杆庄稼”、“寸苇寸金”之称，是淀区人民的重要经济来源。2001年，安新县被河北省评为“芦苇之乡”。淀内有近10万亩荷花，鱼、虾、蟹、贝、莲、藕、芡等水生动植物品种繁多，仅鱼类就有17科54种，以鲤科鱼类最多，经济鱼类约占64%，主要品种有鲤鱼、鲫鱼、草鱼、鲂鱼、鲶鱼、乌鳢等，并盛产元鱼、青虾、河蟹等名优水产品，是全国有名的“鱼米之乡”，是中国北方重要的淡水养殖基地。

安新县地处太行山与渤海相连接的凹陷地带，是冀中平原潜山油藏形成的主要地域，白洋淀边白庄潜山油田和刘李庄油田并称雁翎油田。安新境内地热资源储藏面积350多平方公里，储量150多亿吨，并且埋藏浅、水温高、水质好、自喷力强，具有较高的医疗保健价值和科学实用价值，适合发展生态养殖、保健旅游等项目，开发前景广阔。

**行政区划** 现辖9镇3乡，207个行政村。其中纯水区村39个，半水区村85个，旱区村83个。

**人口民族** 现有汉、满、蒙古、回、藏等15个民族。2009年年末总人口426293人，人口自然增长率8.77‰。

**【概况】** 2009年，全县地方生产总值完成46.37亿元，同比增长10%；规模以上工业增加值完成13.6亿元，同比增长15%；全社会固定资产投资完成34亿元，同比增长68%；城镇固定资产投资完成28亿元，同比增长85%；城镇居民人均可支配收入1.43万元，同比增长11%；农民人均纯收入5397元，同比增长9.5%；全社会消费品零售总额19.7亿元，同比增长19%；单位规模工业增加值能耗0.267吨标准煤，同比下降8%；削减COD1155吨、$SO_2$962吨，分别占计划任务量的220%和493%；全部财政收入完成2.45亿元，一般预算收入完成1.18亿元，可比分别增长13%。启动社会事业全面进步。加快光荣院和中心敬老院建设；高考成绩稳步上升，第二高中建设圆满完成，县特教中心开工建设；保定市依法征收社会抚养费现场会在安新召开，安新的工作方法被省计生委在全省推广，安新县代表保定市顺利通过省计生考核，县技术服务站及三所乡镇技术服务站建设进展顺利；县医院搬迁进展顺利，乡镇卫生院改造圆满完成。甲型H1N1流感防控工作，取得阶段性成效。

**【项目工作实现突破】** 总投资16.2亿元的年产36万吨光亮铜杆一期工程于11月份竣工；总投资5亿多元的20万吨电解铜（扩建）项目于6月份竣工投产；总投资1亿多元的怡欣园旅游度假村项目竣工接待游客；总投资7.7亿元的保定港安18万吨废旧蓄电池综合利用、有色金属物流中心、吉尔昌年产6000万双旅游鞋三大项目集中开工建设。全年谋划投资千万元以上重点项目55个，总投资70.8亿元，其中省、市重点项目15个，8个项目开工建设。1～11月份，省、市重点建设项目完成投资14亿元，完成年度投资计划的165%。组织申报44个纳入国家扩内需项目，争取到国家资金5553.5万元。全年引进省外资金8.49亿元，占市核任务的154%。

**【节能减排稳步推进】** 县城污水处理厂二期工程运转正常；与容城合建的垃圾处理场进展顺利；投资1180万元进行县城污水管网改造，新增管网8200米；开展环保“飓风”行动，关停“两高”企业88家，清理非法加工摊点135家。总投资600万元的河北大无缝建昌铜业有限公司节能技改项目10月底动工；总投资717万元的保定新鑫铅业有限公司年产2.1万吨再生铅节能减排项目安装设备；总投资1000万元的安新县硕兴有色金属熔炼有限公司年产3万吨再生铅、2万吨合金铅节能减排技术改造项目完成备案手续。超额完成2009年承诺的能耗目标；减排方面，截止9月底，完成削减COD808吨、$SO_2$820吨，分别占计划任务的154%和420%。城市空气质量达到Ⅱ级以上332天。12月10日，顺利通过省“双三十”办公室预考核。

**【旅游发展迈向新高】** 围绕《河北省环京津休闲旅游产业带发展规划》，聘请国家顶级设计单位制定白洋淀旅游发展总体规划。与4家公司签订20多亿元的投资意向。总投资1.067亿元的怡欣园项目顺利建成并试营业。在北京举办首届安新白洋淀旅游文化节，参加省市在京举办的白洋淀旅游专题推介会。2009年，接待国内外游客94万人，同比增长64%，旅游财政实际收入1500万元，旅游总收入4.6亿元，同比分别增长43%和62%。

**【城镇建设步伐加快】** 聘请上海同济大学规划设计院等单位编制县城总体规划和城区控制性详规等近、远期规划。全县所有乡镇规划编制全部完成，村庄规划覆盖率达到80%以上。启动总投资20亿元的县城综合建设改造项目30多个。建成高标准带状公园一个、文化墙一个；总投资3800余万元的永安大街拓宽改造工程开工建设；总投资8000万元的雁翎公园建设完成立意设计和选址工作。

**【对接京津深入推进】** 与北京石景山区、天津南开区以及辽宁东港市等地建立经济友好合作关系，并在北京和天津成功举办以“亲情安新·京南水乡·魅力白洋淀”为主题的招商推介会和旅游专题推介会，取得显著成效。引进京津项目10个，总投资41.62亿元，开工建设项目4个，总投资19.92亿元；前期项目2个，总投资5.7亿元；谋划项目4个，总投资约15亿元。与京津合作的怡欣园旅游度假村、河北大无缝铜光亮杆项目和20万吨电解铜（扩建）项目等一批重点工程的建设，加强了安新县与京津地区的联系。

**【安全局面持续巩固】** 顺利完成国庆60周年庆典活动保障工作，全县没有发生重特大安全生产事故。组织开办特种作业及职业卫生安全培训班三期，培训电工163人、卫生从业人员75人，组织43名危化企业负责人、安全管理人员和16名乡镇安监所人员，分别参加省市组织的安全生产培训班。组织开展以易制爆、易制毒和管制化学品为重点的拉网式排查，共检查各类从业单位80余家，取缔柴汽油非法经销点4处，非法粘合剂销售点1家。清查整改“二合一”、“三合一”企业42家，断电12家，搬迁工人宿舍80处，转移从业人员550余人，取得良好的阶段性成效。对湘联鞭炮厂和28家烟花爆竹销售摊点采取停产停业措施，对合兴烟花爆竹专营公司实行限量实名销售制度。开展安全诚信企业创建活动，确定9家软硬件建设较好的企事业单位和12家重点整治单位，分别落实帮扶责任单位和责任人，制定具体帮扶措施，创建工作取得良好效果。

**中共县委**

书　记　肖占乐
副书记　方砚烽　林振英
常　委　肖占乐　方砚烽
　　　　林振英
　　　　韩瑞新（12月调离）
　　　　王国增　李建新
　　　　彭尚林
　　　　杜香兰（女）
　　　　张虎林　王景权
　　　　齐会山
　　　　郎建良（12月任）

**人大常务委员会**

主　任　杨士俊
副主任　王魁祥
　　　　魏小爱（女）
　　　　刘锁申　高剑波

**政府**

县　长　方砚烽
副县长　李建新　王国增
　　　　姚晓莉（女）
　　　　马坤英（女）
　　　　刘永泽（12月调离）
　　　　马卫光
　　　　张增祥（12月任）

**政协**

主　席　李红军
副主席　朱志齐　田喜关
　　　　杨柒零

（夏石矿　王路军）

## 容城县

**【地情提要】** 容城县地处冀中平原中部，京、津、保三角腹地，位置在北纬38°57′04″至39°08′32″，东经115°45′26″至116°04′02″之间。东西最长26.85公里，南北最宽21.38公里，总面积314平方公里，耕地面积2.08万公顷。全境西北较高，东南略低，海拔标高（黄海）7.5～19.5米，自然纵坡千分之一左右，为缓倾平原，土层深厚，地形开阔，地下水资源丰富，适宜农作物生长。县辖5镇3乡，乡镇有容城镇、小里镇、南张镇、大河镇、晾马台镇、贾光乡、八于乡、平王乡，共127个行政村。全县年末总人口26.57万人，总户数77225户，其中农业人口238652人。居民大多数为汉族，另有白、满、蒙、回、壮、朝鲜族等21个少数民族

2000多人，后因人员流动，少数民族数目有所增加。

【概况】 2009年，全县生产总值完成40亿元，同比增长10.9%。其中，第一产业增加值6.71亿元，比上年增长4.5%；第二产业增加值24.47亿元，比上年增长13.7%；第三产业增加值8.82亿元，比上年增长6.8%。全部财政收入完成2亿元，同比增长10.5%；财政支出4.54亿元，比上年增加43.2%；完成全社会固定资产投资15.68亿元，同比增长12.35%；其中城镇固定资产投资完成12.22亿元，同比增长11.01%。民营经济增加值30.18亿元，比上年增长11.9%；社会商品零售总额17.10亿元，比上年增长18.7%；职工年平均工资2.25万元，比上年增长12.76%。年末城乡居民存款余额40.77亿元，比上年增长17.0%。卫生、计生工作逐步加强，重大疫病防控扎实有效。县医院综合门诊楼完成主体工程，省级“标准化、规范化乡镇卫生院示范县”项目顺利通过验收；甲流、手足口病得到有效控制。强力推进计生集中整治行动，低生育水平基本保持稳定。全县人口出生率10.37‰，人口自然增长率7.09‰。依法治访有序推进，社会局面稳定和谐。开展“严打整治”专项行动，破获各类刑事案件1385起，打掉各类犯罪团伙18个，抓获各类犯罪嫌疑人295人，社会局面稳定和谐。

【推进农业生产，落实惠农政策】 2009年，兑现粮食直补、农资综合直补、良种补贴、农机具补贴2735万元，落实农业保险保费补贴346万元；上报助农项目14个，争取上级财政补助资金1180万元；美国白蛾防控扎实有效，保证农业生产安全；农业总产值11.79亿元，同比增长4.79%；粮食总产量20.2万吨，比上年增长1.3%，继续保持全国产粮大县称号；棉花产量168吨，比上年增长6.3%；肉猪出栏28.8万头，奶牛存栏5000头，羊出栏2.99万只。产业化进程不断加快，产业化率51%。

【工业经济平稳运行】 全县规模以上工业入统65户，完成现价工业总产值37.38亿元，按可比价计算同比增长17.5%；企业增加值完成10.9亿元，同比增长18.7%。服装产业逐步摆脱金融危机带来的不利影响，产销回暖趋势明显，完成产值120亿元，同比增长11.1%，出口产品交货值完成35亿元。金融对经济工作的支持力度不断加大，全年累计发放贷款14.1亿元，同比增长10.8%。

【项目建设进展顺利】 2009年，投资2.1亿元的澳森制衣扩建、投资3000万元的博宇食品扩建、投资2000万元的容兴纸厂技改、投资9900万元的沃克食品罐头加工项目、投资990万元的粮食生产核心区建设等12个项目竣工投产，完成年度投资2.4亿元；投资2.3亿元的来福汽车灯具、总投资5亿元的桥南轻纺城一期工程、投资6000万元的沱牌曲酒灌装项目、投资4900万元的县医院综合门诊楼、投资1750万元的容小及幼儿园搬迁等20个项目进展顺利，完成全年4.4亿元的年度投资计划。县妇幼保健院门诊楼等9个项目完成前期工作，南水北调天津干线容城段工程全面启动，容城服装工业园总体规划和控制性详细规划顺利完成。

【富民产业逐步兴起，农村经济蓬勃发展】 服装企业的发展拉动了相关产业，纺织、印染、拉链、制线、纽扣、包装、装潢等服装配套行业得到迅猛发展。2009年，配套产业完成产值21亿元。拉链专业村规模不断扩大，企业总数达685家，从业人员9875人，年创产值近7亿元。毛绒玩具加工户560户，覆盖5个乡镇30个村，从业人员4500人，实现年产值6.5亿元，同比增长8.5%。棚室蔬菜种植面积3700亩，年经济效益4000多万元。

【加快城市建设步伐】 2009年，原晾马台乡撤乡建镇。城中村改造有序推进，总建筑面积5.5万平方米的北关、沟西、祥达三个住宅小区投入使用，建筑面积2.3万平方米的谷庄住宅小区主体工程完工；投资1500万元的高速引线大修工程顺利竣工，投资600万元的津海大街拓宽改造项目完成基础工程；投资360万元的板止大街大修及排水管网工程竣工，交通状况得到进一步改善。完成“双百工程”规划编制任务，实现城市建设用地控制性详细规划和乡镇、村规划全覆盖，县城建设规划由10平方公里拓展到21平方公里，为长远发展预留出了充足空间。

【新农村建设初见成效】 总投资6060万元的东牛、西小里、西野桥村新民居工程进展顺利，建筑面积达6万平方米。乡村路桥改造有序实施。投资2300万元新改建农村道路53公里，完成投资120万元的留通桥改建工程，解决20多个村的行路难问题。总投资9900万元的全国农村饮水安全工程示范县项目一期工程投入使用，解决6.02万人的饮水安全问题；投资960万元，改造高低压线路154公里、新改建配变56台、低压台区47个，完成龚庄、南八于、小北张3个村的电气化改造；有线电视扩面顺利推进，全县开通7570户，其中数字电视2000户；家电、汽车、摩托车下乡政策全面落实，兑付补贴财政资金816万元；发放石油价格补贴64万元。

【积极推进再就业工作】 2009年，实现农村劳动力转移5880人，劳动力转移技能培训300人；城镇新增就业人员2232人，扶持弱势群体352人，城镇登记失业率降至1.5%；农民人均纯收入5985元，同比增长10.5%；城镇居民人均可支配收入12897元，同比增长7.3%。全县人均食品消费、服装消费、居住消费、文化教育消费分别是1096元、170元、700元和127元，同比增长率分别为5.6%、8.3%、1%、和34%，其中全县农村居民人均文化教育、娱乐消费增幅较大，成为容城农民消费的亮点。

【完善社会保障体系】 养老、医疗、失业三大保险参保人数分别达到10033人、28250人、6410人；新农合工作运行平稳，累计补偿61218人次、1800万元，2009年参合率达92.8%。残疾人、老年人和妇女儿童受到社会关爱，困难群体得到及时救助，发放城乡低保、救济救灾、特困补助、医疗救助692万元。

【节能减排成效明显】 投资2548万元的污水处理厂正式运行，投资2726万元的垃圾处理场顺利开工建设；二氧化硫削减112吨，化学需氧量削减639.97吨，提前完成市核任务；年度万元生产总值能耗降低率、规模以上单位工业增加值能耗降低率均达到4.9%，超额完成市核任务目标。

**中共县委**

书　记　刘建立（12月离任）
　　　　张　浩（12月到任）
副书记　李绍祥　马春英
常　委　刘建立　张　浩
　　　　李绍祥　马春英
　　　　李俊岭　刘文中
　　　　王秉华　孙增军
　　　　师国利　杨立平
　　　　王敬朝　王志乾

**人大常务委员会**

主　任　刘延平
副主任　张悦英　朱占奇
　　　　牛国增　李振国

**政府**

县　长　李绍祥
副县长　杨立平　王敬朝
　　　　李丽辉　徐同柱
　　　　刘　靖　孙学昌

**政协**

主　席　姜占军
副主席　王忠尔（不住会）
　　　　薛志敏
　　　　赵映杰（不住会）
　　　　李秋安

（曹宏君　阴艳萍）

## 涿州市

【地情提要】 **地理位置** 涿州市位于保定市最北部，地处京、津、保三角地带，为首都北京的“南大门”。东接固安、通廊坊、天津；南连高碑店市，延伸至保定、石家庄；西邻涞水县，可至易县、太原；北与北京市接壤，市城区至北京天安门62公里。境内107国道、京广铁路、京深高速公路三条国脉贯通南北，又有涿涞、涿廊、京白等主要公路联接周围市县、交通便利。地理坐标为北纬39°21′～39°36′，东经115°44′～116°15′。

**自然环境** 涿州地势平坦，土质肥沃，故有“幽燕沃壤”、“督亢膏腴”之称。全境地处太行山前倾斜区，由西北向东南倾斜，乃华北冲积平原的边缘，海拔在20至70米之间，土层深厚，土壤成分丰富，宜耕性强，适应性广，有利于发展农业生产。涿州全境属温带大陆性季风气候，特点显著，四季分明。

**自然资源** 涿州境内有永定河、白沟河、小清河、拒马河、胡良河、琉璃河6条主要河流，全长112千米。涿州地下水源为生产、生活用水提供了保障。涿州沙和砾石储量极为丰富，是涿州乃至北京的重要建筑资源。涿州境内还有较丰富的地热和油气资源。

**建置沿革** 涿州在春秋（公元前770年～476年）为北燕之域，在战国（公元前475年～221年）为燕国之涿邑地。秦置涿县，属广阳郡。汉置涿郡辖涿县。三国时为魏地，改称范阳郡，属幽州。西晋为范阳国。东晋十六国时，涿地先后属后赵、前燕、前秦和后燕。唐武德时改涿县为范阳县，属幽州河北道。大历置涿州。五代先为辽地，后归金管。元代前属大都路中书省，后归涿州路。明代范阳县属北平府涿州。清康熙27年（1688），涿州属顺天府西路厅。中华民国2年（1913）撤州改称涿县，隶于京兆特别行政区。民国17年（1928）撤京兆，涿县改隶河北省。抗日战争爆发后，涿县县城沦为日伪统治，县境以平汉铁路为界，东西两侧与毗邻县组成抗日民主联合县。路东先后称“涿固新容”县、“涿固新”县、“新涿”县、“涿良宛”县；路西称“房涞涿”县，“涞涿”县。因抗战需要，从属关系时有改变。1945年日本投降，县城由国民党政府接收。1948年12月县城解放，涞涿县人民政府进驻。1949年8月，河北省人民政府成立，涿县划归河北省保定专区，1970年保定专区改称保定地区，辖涿县。1986年9月，经国务院批准，撤销涿县，以原辖区建涿州市，隶属河北省保定地区。1994年12月地市合并，涿州市隶属河北省保定市。2005年1月，经河北省人民政府批准为扩权市，隶属河北省保定市。

**行政区划** 涿州市境东西横距36.5千米，南北纵距25.5千米，市境线全长142千米，总面积为742平方千米。全市辖3个办事处，1个开发区，5个镇，6个乡。全市共计404个行政村，37个社区居委会。

**人口民族** 2009年，全市总人口63.52万人，其中非农人口18.61万人。涿州市人口多为汉族，还有回、蒙、满等20多个少数民族居住。

**【概况】** 2009年，全年完成国内生产总值144.5亿元，同比增长13%。其中，第一产业增加值完成14.4亿元，同比增长3.5%；第二产业增加值完成54.8亿元，同比增长18.1%；第三产业增加值完成75.3亿元，同比增长10.6%。一、二、三产业增加值比为10.0∶37.9∶52.1。完成全部财政收入15亿元，同比增长12.25%；完成地方一般预算收入8.9亿元，同比增长35.45%；财政支出13.5亿元，同比增长20.43%。完成全社会固定资产投资87.8亿元，同比增长24.1%；城市空气质量环保等级优良299天，优良率为81.9%，同比增长2.4%。职工年均工资35533元，同比增长8.3%；城镇居民可支配收入15255元，同比增长10.04%。农村居民人均纯收入6567元，同比增长10.0%。全年粮食总产量32.4万吨，同比增长4.33%。社会消费品零售总额59亿元，同比增长19%。民营经济增加值83.8亿元，同比增长13.6%，占地区生产总值的58%。年末城乡居民存款余额187.5亿元，同比增长24.01%。继续推进市属工业企业改革。列电厂依法破产，为新上热电联产项目创造了条件。积极探索财政、投资管理和项目考核改革，出台加强政府投资项目管理、重点项目考核和对纳税大户进行奖励的措施办法，调动各级各部门快发展、做贡献的积极性。以行政审批制度改革、再造审批流程为突破口，推进行政审批"一章制"，行政服务中心建设和管理走在保定各县（市）乃至全省县级单位前列。社会和谐。全年共办理人大代表建议和政协委员提案114件，办结率、走访率、满意率均为100%。实行政府常务会议旁听制度，认真听取社会各界的意见，充分利用"市长专线"、"政府网站"、"市长信箱"平台，畅通与人民群众的沟通渠道。扎实推进依法治市，市司法局被国家司法部授予集体一等功。荣获省级双拥模范城称号。安全生产形势稳定。积极开展矛盾纠纷排查调处和"信访积案化解年"活动，一批信访案件得到妥善处置。全力以赴做好国庆安保工作，确保"五个不发生"目标的实现。深入普及群众文化和全民健身运动，成功举办建国60周年系列庆祝活动和第六届全民运动会。积极推进节能减排和食品药品市场专项整治，整顿交通秩序，社会治安综合治理明显改善。

**【园区和项目建设】** 年内筹资2.07亿元，完成征地5110亩，涉及5个乡镇、办事处、开发区共11个村1652户农民。占地2160亩的207所和占地855亩的钢研院三期等项目进场开工。全年新争取农用地转用指标1379亩，建设用地转用报批643亩。开发区扩区规划获得省政府批准，由原来的7.9平方千米扩展到17.5平方千米。航天科工集团等一批项目正式落户。松林店工业园区投资6000万元的首期基建工程开工建设，总投资7.9亿元的第一批8个入园项目全面启动。中国农大涿州高科技园区、房涿产业园区、华能热电联产等一批战略支撑型项目也正在积极谋划之中。全市新建、续建省、保定市级重点项目29个，总投资118.79亿元，完成投资22.93亿元，占年度投资计划的118.5%。

**【宜居城市建设】** 从完善城市路网、拉开城市框架入手，按照"政府主导、综合开发"的原则，投资6.3亿元，对华阳路、冠云路两条城区主干道进行综合改造。在"两路"工程建设中，50天内，成功融资2.9亿元；在近60天的时间里，完成拆迁14.8万平方米；在近150天的时间里，"两路"顺利竣工通车。拆除"临、违、破、旧、陋"建筑面积15640平方米，对甲秀路、东大街两处影响多年的遗留问题和京白路违法建筑物进行依法拆除。按照"一打击三规范"要求，对西部砂石料开采进行专项治理。规范出租车市场，整治107国道北段周边环境，全面启动北拒马河综合治理工程。全年房地产开工面积55万平方米。成功举办"三年大变样"规划成果展、"首都经济圈之涿州崛起"高峰论坛和西部发展论坛，召开全市城市化工作会议，激发了全市干部群众热爱涿州、建设涿州、享受在涿州的热情和合力。

【新农村建设】 年内全市确定6个省级示范村，设立500万元的专项资金，挟河、史各庄等村的示范工程正式启动。全面落实各项惠农富民政策，全年发放财政支农资金1.8亿元，同比增长29%。加强美国白蛾、禽流感等动植物重大疫病防控，保障农业健康发展。粮食生产连年增收。新建农业合作组织15个，专业社互助融资模式得到省、保定市肯定，农民组织化程度进一步提高。全年植树造林20281亩，全市森林覆盖率净增量提高1.5个百分点，全国绿化模范市申报工作顺利通过国家专家组评审验收。积极发展农家游、乡村游，义和庄梨苑行、明城京郊生态园、豆庄秋成生态园等一批农家游景观不断壮大。

【对接北京，加强区域合作】 坚持对接北京、融入北京、服务北京。与北京市房山区签署《房涿战略合作协议》，与北京市宣武区企业联合会签署友好合作协议。派出得力干部赴房山、通州、门头沟等区挂职锻炼。谋划引进北京交通、医疗、房地产等方面项目36个，率先实现医保、公积金等方面与北京的无障碍对接。北京新发地农产品有限公司对本市大石桥农副产品批发中心实施托管。预计年客流量3000万人次以上的京南公交换乘站一期工程竣工，二期工程即将启动。圆满解决京石客运专线征拆问题，新涿州站周边5平方千米控详规划正在编制中。北京轻轨入涿可研工作已邀请中国地铁权威专家进行编制。全市各个乡镇均与北京市乡镇开展了对接，东仙坡等部分乡镇实现了村村对接。

【民生保障】 关注民生，解决群众关注的教育、医疗、饮水和出行等问题，制定出台振兴教育的一系列措施办法，面向社会公开招聘55名高中教师，顺利通过省政府四年一次的教育综合督导评估并被评为第一档次。开展甲型流感、手足口病防控，稳步推进新型农村合作医疗工作，参合率达到89%。妥善解决部分人员社会保险关系接续问题，为5000余名原市属关闭破产企业职工办理基本医疗保险参保手续，城镇职工医疗保险覆盖面进一步扩大，社会保障体系不断完善。投入资金1202万元，落实农村计划生育家庭奖励扶助、独生子女父母退休一次性奖励3000元等惠民政策，全市低生育水平持续巩固。亲民爱民和“手拉手”活动深入开展，特困家庭帮扶、“寒门学子”资助范围不断扩大。投资1195万元建设高官庄、义和庄两座高标准水厂，17个村1.6万人的饮水问题将得到根本解决。投资4971万元，相继实施涿码路、潘柳路、义里路改建等乡村路网工程，百姓出行更加方便。以创业促就业，全年城镇新增就业4580人，零就业家庭保持动态为零，就业形势持续稳定。

**中共市委**

书　记　黄恩桥（1月离任）
　　　　王　舟（1月任职）
副书记　王　舟（1月离职）
　　　　董晓宇（1月任职）
　　　　刘晓莲（女，1月离任）
　　　　贾永山（11月任职）
　　　　赵志刚（2月任职）
常　委　黄恩桥（1月离任）
　　　　王　舟
　　　　董晓宇（1月任职）
　　　　刘晓莲（女，1月离任）
　　　　贾永山（11月任职）
　　　　赵志刚（2月任职）
　　　　贾素明　王彦清
　　　　钟铁钢（满族，2月任职）
　　　　邢建国　李义海
　　　　李全新　侯晓平
　　　　张明杰

**人大常务委员会**

主　任　邸建民
副主任　王天琴（女）
　　　　姚鸿升
　　　　王保国（党外）

**政府**

市　长　王　舟（1月离职）
　　　　董晓宇（1月任职）
副市长　王彦清（2月任职）
　　　　侯晓平
　　　　刘蕴英（女）
　　　　钟铁钢（满族，2月离任）
　　　　赵志国（党外）
　　　　祝振军　刘国富
　　　　任彦鹏（2月任职）
　　　　陆剑君（挂职）
　　　　毛苏宇（挂职）
　　　　李光军（挂职）

**政协**

主　席　姚士峰
副主席　张永江　于雪辉
　　　　夏培鑫（党外）

（刘允强）

# 定州市

【地情提要】 定州地处太行山东麓，华北平原西缘，河北省中部偏西。地理坐标是北纬38°14′20″～38°39′50″，东经114°47′50″～115°15′10″。全境南北长48公里，东西宽40公里，总面积1274平方公里。在北京西南，城区相距196公里；在石家庄东北，城区相距68公里；在保定西南，城区相距56公里。北与望都、唐县交界，西与曲阳接壤，南与新乐、无极、深泽相毗连，东与安国为邻。

**建置沿革** 定州历史悠久。颛顼氏划天下为九州时，定州市境域位于冀州。春秋战国时，境域属鲜虞国。周敬王十四年（公元前506年），鲜虞国改称中山国。周威烈王十二年（公元前414年），中山武公初立，建都于顾，顾即今之定州。此后至后燕时期，定州均为中山国或中山郡之治所。北魏天兴三年（400年），拓跋珪取平定天下之意，始置定州，此为定州最初得名。南北朝时，设定州都督。北周时，设定州总管府。沿至唐武德年间，设定州大总管府、都督府。建中年间，置定州义武节度。北宋，初置中山府，后为定州。金、元置中山府。明代，中山府改置定州。清代，定州曾为直隶州，属直隶省。1913年，定州改称定县。1937年，为适应抗日战争需要，共产党定县地方组织将定县划分为定南、定北两县。1941年，定北县一分为二，一部分归定唐县，一部分归望定县。1944年，望定县撤销，并入定唐县，后又改为定北县。1947年，定南、定北县合并为定县。1958年10月，定县、曲阳两县合并为定县。1961年5月，两县分开。1986年3月5日，经国务院批准，撤销定县，设立定州市（县级）。

**自然环境** 定州市地势平坦，一脉平原，自西北向东南微微倾斜，平均海拔43.6米，地面坡降1.4‰～0.7‰，尤以京广铁路以东更为平坦。境内有唐河、孟良河、沙河自西向东过境，这些河流属于海河流域大清河系，以防洪排涝为主。气候属于温带——暖温带半湿润半干旱大陆性季风气候，具有春季干燥多风，夏季炎热多雨，秋季天高气爽，冬季寒冷少雪，四季分明的特点。

**自然资源** 全市耕地面积115万亩，土层深厚，多为褐土。地下水多年浅层补给量3亿立方米，水质优良，适合生活饮用和农业灌溉。光辐射强，日照时数多，无霜期长，温度适宜，雨热同期，适合农作物生长，生产潜力大。矿产资源有黏土、河沙等。

**行政区划** 现辖3城区、5乡、17镇，427个村民委员会、32个城市社区居委会、59个社区村委会。

**人口民族** 2009年，定州市总人口1205783人，增长1.08%。28个少数民族成分，少数民族人口共30010人，其中，回族人口最多，有29446人，占少数民族人口的98%。

**【概况】** 地区生产总值143.99亿元，增长10.3%，其中，第一产业增加值15.07亿元，增长4.2%；第二产业增加值66.48亿元，增长14.2%；第三产业增加值32.44亿元，增长9.3%。万元工业增加值能耗降低率-3.11%。万元GDP能耗降低率-2.05%。民营经济增加值90.7亿元，增长11.2%。粮食总产量69.73万吨，棉花总产量115吨。财政收入13.18亿元。财政支出14.87亿元。社会商品零售总额61.73亿元，增长18.4%。固定资产投资77.55亿元，增长24.2%。职工年平均工资21862元。农民年人均纯收入5056元，增长9.6%。城镇居民人均可支配收入9604元，增长10.4%。年末城乡居民存款余额133.01亿元。

**【支柱产业突飞猛进】** 12月22日下午，神华国华定电4号机组顺利通过168小时满负荷试运，总投资近43亿元的国家和河北省“十一五”重点建设项目——国华定电二期2×660MW扩建工程圆满竣工。河北长安新区扩能项目总投资9.31亿元，其中建设投资6.83亿元，占地面积1000亩，新增生产能力22万辆/年。河北长安整车产销25万辆，增长60%，创造连续7年超常规发展的“长安进度”，成为省汽车工业的重点企业，荣获“2009年度河北省质量管理小组活动优秀企业”称号。河北旭阳20万吨甲醇生产项目竣工投产。定州伊利乳业有限责任公司被命名为“河北省首批工业旅游示范点”，是河北省工业旅游点中开展较好，也是水平较高的一个典范。

**【新民居建设顺利开展】** 定州市首批确定了5个省级示范村、18个市级示范村列入新民居建设计划，积极参与全省“三年大变样”工作，城乡兼顾，改善农村人居环境，改善农民生活方式，提高生活质量，让农村城镇化、农民市民化。李亲顾镇西湖村的新民居样板房，占地65亩，首期3栋，建筑面积1.9万平方米。钮店村和黄家营村基础较好，两个村以改建为主，按照新民居建设“六有”标准，进一步充实和完善。清风店西街、王庄子社区则建设多层住宅楼，滚动开发改造。新民居建设充分考虑农村生产生活特点，统筹安排农机具存放、产品加工、家禽养殖等必要场所，采取新民居建设与城市中村改造相结合、与整村拆建相结合等方式进行，合理布局，配套建设。

**【经济产业园区不断壮大】** 作为省政府确定的首批省级产业聚集区、第二批循环经济试点，唐河循环经济产业园区新增项目占地近3000亩，新增企业5家，入围企业47家，荣膺“中国十大最具发展潜力开发区”。四方国际集团是率先入围企业之一，与荷兰JOZ公司、美国US公司合资组建，一期项目占地100亩，总投资2.4亿元，生产设备包括智能刮粪板、污粪处理设备、沼气发电设备及畜舍钢结构、牛卧床、饮水槽、犊牛栏等。设备生产项目符合河北省奶牛进小区规模化养殖的发展需要，促进了定州养殖业长足发展。

**【定州市被评为“全国文化先进单位”】** 定州市以满足人民群众的精神文化需求和促进人的全面发展为目标，不断加强文化阵地和文化队伍建设，兴办文化产业，普及群众文化活动，构建覆盖城乡的公共文化服务体系，推进文化事业发展。在完善城区文化设施的同时，把重点逐步向乡村倾斜，建成29个乡镇综合文化站、154个农村文化活动室和12个新农村书屋，购置了电脑、音乐器材及篮球架275副、乒乓球台550副、健身路径75套。广泛开展丰富多彩的群众文化活动，广场文化、社区文化、校园文化、老年文化、少儿文化、休闲文化等不断兴起。加强非物质文化遗产保护传承，定州秧歌、子位吹歌入选国家非物质文化遗产名录，上报省级非物质文化遗产项目1个，保定市级2个，公布定州市级10个。成立国军秧歌艺术团、兴定秧歌剧团和子位吹歌艺术研究会等专业团队。实施文化“三送工程”，送戏下乡500余场次，送电影下乡700余场次。经国家文化部评选，定州市被命名为“全国文化先进单位”。全国荣获此殊荣的只有65个县（市、区）。

**【荣获“全国农村人口文化大院建设先进市”】** 定州市坚持以宣传教育为先导，用文化的力量推进人口计生工作，全市村（社区）普遍建起人口文化大院（广场）、人口文化长廊。市财政补贴600万元，乡村两级配套资金760万元，在28个较大的村人口文化大院里分别建起了“综合文化站”和“农民信息站”，达到“星级”示范标准，实现“招站进院”和网络服务，形成文化资源共享、共赢的局面。逐步完善村级公共服务设施，丰富群众的精神文化生活，推动了全市人口计划工作和人口文化事业的发展。经中国人口文化促进会评选，荣获“全国农村人口文化大院建设先进市”称号。

**【钮店村再获“全国文明村镇”称号】** 钮店村被评为第一批“全国文明村镇”后，始终坚持把精神文明建设与经济发展摆在同等重要位置，村里先后建起了图书馆、秧歌队、合唱团，建起定州市第一个村级生态文化公园，积极开展群众性精神文明创建活动和群众性文化活动，村民文明程度不断提高，对外文明形象逐步树立，再次入选第二批“全国文明村镇”行列。

**【市体育器材产业荣获省级中小企业产业集群】** 定州市体育器材产业始终保持平稳发展势态，企业分布主要以西城区为主，向清风店、庞村、明月店、赵村、周村等乡镇辐射，产品主要有健身、体育、武术等三大系列、1000多个品种，畅销全国各大中城市，并出口到美国、澳大利亚、欧洲等国家和地区。到2009年底，全市体育器材生产企业达140余家，其中规模企业65家，年产值30亿元，成为定州市出口创汇的重要来源和县域经济发展不可忽视的重要组成部分。定州市体育器材产业集群被评为河北省级中小企业产业集群。

**【定州市荣登河北文化形象名片】**

由河北省委宣传部、省住房和城乡建设厅、省文化厅、省旅游局联合举办，以“京畿之地、希望河北”为主题的河北文化形象名片推荐活动，揭晓60个河北文化形象名片，定州市3个项目榜上有名。十大河北历史文化名城，定州市位列其中；十大文物精品，有定州的宋定窑白釉龙首净瓶；十大古代建筑有定州开元寺塔、定州贡院。

**【定州中学再创佳绩】** 定州中学高考取得新突破，河北省理科状元、保定市文科状元均为定州中学学生。理科应届生渠鹏同学以704分的优异成绩荣膺河北省理科状元，朱明同学以614分的优异成绩荣获保定市文科状元，6名同学进入河北省文理科前100名。高考本科一批上线1010人，同比增加329人；本科二批上线2051人，同比增加464人；文理600分以上233人；名牌大学、重点大学、本科二批上线总数、应届生本科二批上线人数、上线率及增长率等指标均获保定市第一，位列河北省前茅。

**【民政事业服务中心揭牌】** 12月4日，定州市民政事业服务中心举行揭牌仪式。民政事业服务中心是一所集光荣院、敬老院、福利院“三院合一”的高标准综合性养老服务机构，占地30亩，总投资1800多万元，建筑6000平方米，于10月竣工投入使用，为入住老人提供优质、高效、便捷的服务环境。

**中共市委**

书　记　杨宝东

副书记　张　浩　崔立新

锁宝贵

常　委　杨宝东　张　浩
　　　　崔立新　锁宝贵
　　　　解建民　张美顺
　　　　李新立　庄春来
　　　　帅建军　周胜会
　　　　高亚光

**人大常务委员会**

主　任　闫兰申

副主任　刘淑彦　李克明
　　　　肖福全　魏洪彬

**政府**

市　长　张　浩

副市长　崔立新
　　　　周胜会（女）
　　　　王洪达　马福生
　　　　白俊杰　李献强
　　　　李永侃　杨　涛
　　　　张卫强

**政协**

主　席　赵根军

副主席　刘玉青　王建义
　　　　张占军（1月免）
　　　　席国旗
　　　　和建辉（1月任）

（田亚伟　何胜奎）

## 高碑店市

**【地情提要】**　河北省高碑店市位于河北省中部，保定市北部，城区中心距保定市68公里，地理坐标为北纬39°05′45″至39°23′28″，东经115°47′00″至116°12′28″。南北阔31.5公里，总面积672平方公里。东与固安县交界，南与雄县、容城县交界，西与定兴县、涞水县交界，北与涿州市交界。高碑店市人民政府驻地高碑店，北距北京82公里，东距天津134公里，南距石家庄224公里。

春秋战国时为燕国督亢地。唐文宗大和六年（832年）析范阳地置新城县，唐末曾废入范阳。后唐天成四年（929年）复置新城县。宋宣和五年（1123年）至宣和七年（1125年）曾改名威城县。元太宗二年（1230年）至太宗七年（1235年）升为新泰州，后复称新城县。1938年，成立新城县抗日民主政府。1948年10月解放。1993年撤新城县设高碑店市。高碑店，古为燕赵分界之地，因立有“燕南赵北”四字高碑店得名。

**自然环境**　高碑店市地处太行山东麓平原，地势自西北向东南徐缓倾斜，平均坡降比为0.6‰，海拔高程在11.4至39.4米之间，构成地势平坦的平原地貌。河流均为海河流域大清河北支水系，现为季节性河流。白沟河纵贯南北，将全市分成东、西两部分。南拒马河沿西南边境流过。紫泉河、仓上河、白沟河、斗门河由北向南汇集，经拒马河倒虹吸注入白洋淀。芦僧河、大沙河由北向南注入雄固霸排水系统。多年平均年径流量为1950万立平米，平水年1300万立平米，枯水年60万立平米。多年平均年过水量为7.82亿立平米，平水年过水量为5.49亿立平米，枯水年过水量为0.27亿立平米。白沟河、拒马河泄洪能力为6940立平米/秒。高碑店市气候温和，四季分明，雨热同季，属于温带大陆性季风气候。

**自然资源**　土壤多为褐土和潮土，宜于农作物生长。地下水资源常年平均综合补给量为1.3亿立平米，水质清澈，呈中性，适于灌溉和饮用。境内野生植物有酸枣、蒲公英、马唐草、白术、板蓝根等31根90种。野生动物有麻雀、鹰、青蛙、刺猬、蝎子等60余种。

**人口民族**　境内有汉、回、满、蒙古、壮、彝、朝鲜、布依、土家、苗、哈尼、阿昌等22个民族，汉族人口占98.1%。截止到2009年底，全市总人口约57万。

**【概况】**　2009年，围绕“保增长、重安全、惠民生、促变样”开展工作，经济发展步伐加快，综合实力持续增强。预计，全市生产总值完成73.2亿元，增长13%；全部财政收入完成4.07亿元，增长21.4%，其中一般预算收入完成2.04亿元，增长28%；全市一般预算支出完成6.26亿元，同比增长23.7%。城镇固定资产投资完成24.7亿元，增长161%；城镇居民人均可支配收入14310元，增长11.2%；农民人均纯收入5580元，增长10.9%。年末全市金融机构各项存款余额148.9亿元，比年初增加30.8亿元；各项贷款余额56.8亿元，比年初增加19.3亿元。发展基础不断巩固。2009年，高碑店市被列入财政省直管县，增加了可用财力。被省政府确定为17个优先发展的中等城市之一和环京津卫星城市带重点县（市）。开发区扩区通过省政府批复，规模由2.29平方公里扩至14.12平方公里。借京港澳高速公路拓宽时机，增设、扩宽城市通道6条，连接市区东、西部的道路有望打通。京武客运专线开工建设，旧火车站改造列入北京铁路局计划。争取上级支持资金4211万元，其中落实国家扩内需新增中央投资项目资金2836.8万元。连续四年被中科院城市发展研究中心评为“中国最具投资潜力中小城市百强”，连续两年被评为“中国最具区域带动力中小城市百强”。年初《政府工作报告》承诺的81项重点工作、重点工程全部完成，并完成未列入年初报告的17项重点工作。社会事业全面发展，提高救助保障水平。城镇低保标准每人每月提高到265元，农村低保标准每人每年提高到1110元。降低城镇职工医疗保险报销门槛，提高报销比例，将15项门诊慢性病纳入医疗保险范围。农村五保户供养率100%。积极推进住房保障工作，建设廉租住房105套，完成326户经济适用住房认购，为97户低收入家庭发放住房补贴资金5.7万元。扩大就业再就业。城镇新增就业人数3674人，下岗失业人员再就业1560人，城镇居民登记失业率2.8%，农村富余劳动力转移8万人。发展教育事业。投资1600万元，维修改造农村中小学校舍1.4万平方米；实施一职、三中互迁，整合职教资源，组建职业教育中心；高考成绩实现历史性突破，本二线以上人数首次超千人。加强医疗卫生工作。新建市医院肠道门诊楼，改扩建乡镇卫生院9所。新型农村合作医疗、城镇居民基本医疗保险工作有序推进，参保率分别达到85%和80%。手足口病和甲型H1N1流感防控取得阶段性成果。高度重视安全发展。生产安全、社会安全、环境安全、食品药品安全形势持续稳定，圆满完成国庆60周年安保任务。推动各项事业全面进步。连续六年通过“全国科技进步先进县”考核验收，继续保持“全国文化先进县”、“全国群众体育先进单位”荣誉称号，被省委、省政府、省军区授予“省级双拥模范城”荣誉称号。

**【项目建设势头强劲】** 总投资42亿元的多晶硅太阳能电池一期、总投资5.2亿元的娃哈哈热灌装一期、总投资5亿元的新凯商务车、总投资3.6亿元的汇通路桥配套产品一期、总投资1.5亿元的一机床超重型铸造等一批大项目投产见效。总投资33亿元的国际节能门窗城、总投资2.03亿元的新春机动车综合服务中心以及多晶硅太阳能电池二期等大项目开工建设。总投资80亿元的国际环保产业城、总投资35亿元的国达双鑫文体产业园、总投资22亿元的国际绿色建材城、总投资16.6亿元的文体娱乐休闲广场等大项目正式签约。

**【工业经济规模效益同步提升】**

汽车、食品饮品、机械制造、建材、箱包五大主导产业支撑作用明显增强，入统企业完成产值55.8亿元，占规模工业总产值的84%。培育壮大以光为、奥润顺达为龙头的新能源和节能环保产业，成为经济增长的新生力量。全市规模工业企业107家，同比增加14家；工业增加值完成14.67亿元，增长17.8%。纳税超千万元的生产性企业达到8家。

**【“三农”工作成效显著】** 全面落实惠农政策。共发放粮食直补和综合直补4705万元、良种补贴848万元、农机购置补贴377.4万元。提高农业生产能力。建设两个国家级万亩粮食高产创建示范方，实施投资500万元的“粮食核心示范区项目”。与中国农科院作物研究所合作建立“小麦新品种示范与良种繁育基地”，被农业部确定为“全国农技推广体系改革与建设示范市”。完善农村基础设施。建成泗庄、张六庄、东马营三个农村饮用水安全工程，解决60个村、7.29万人饮水安全问题。加强城乡电网建设，新改建10千伏线路9.5公里，建成电气化村8个。廊涿高速公路京白、东湾连接线、经30号公路、高固公路白沟河特大桥及引道、涿白公路及十里铺旧桥改建、64.9公里的农村公路工程竣工通车，交通环境发生明显变化。实现三年在本市东部地区构建“两横三纵”（东高线、高固公路、廊涿高速公路京白、东湾连接线、经30号公路）交通网络的目标，解决交通不畅的瓶颈，为东部地区加快发展奠定了基础。加快农业产业化步伐。豆豆集团、兴达集团等龙头企业实现规模扩张，康师傅方便面扩建、双合盛雏鸡孵化、三利核桃深加工等一批农业产业化项目开工建设。新发展农民专业合作社26家，达到55家，辐射带动农民1.9万户。被评为“河北省农产品加工示范基地县”。推动产业集中区建设。“双辛”产业集中区建设成效明显，华晨万渤钢构、会永青地源热泵、金蔬旺设施蔬菜、华信牧场等一批生产性、产业化项目上马，东部地区经济发展的活力蓄势迸发。

**【城市环境日益改善】** 高标准规划。聘请国内外知名专家，高起点编制城区控制性详细规划和燃气、给水、排水、消防、人防、道路交通等专项规划，在保定各县市中第一家实现城区控详规全覆盖。大幅度投入。实施14项重点基础建设工程，总投资12亿元。其中，总投资1500万元的光华北路建设、总投资1000万元的市区主干道辅路补强、总投资400万元的幸福北路改造工程竣工通车；总投资3亿元的开发区框架路、总投资1000万元的给排水管网等工程正在建设；总投资2900万元的城区路灯改造工程全面实施，五一路亮化改造完工，节能亮化效果明显，节电率60%以上。高品位建设。麻家营城中村改造一期工程竣工，闫家务、闫各庄城中村改造，金都花园、建安公寓、毕加索花园、青少年活动中心等项目积极推进。建设节能环保设施，发展绿色环保产业，淘汰落后生产能力，努力打造节能环保、生态宜居的城市环境。总投资8625万元的污水处理厂投入运行，出水标准达到一级A。总投资3998万元的再生水处理项目、总投资5773万元的垃圾卫生填埋场、总投资430万欧元的减排甲烷气垃圾处理项目正在建设。全市万元生产总值综合能耗降低4%，化学需氧量和二氧化硫排放量分别削减1476.8吨和247.5吨，全部超额完成保定市下达目标。高碑店市顺利通过了河北省宜居城市环境建设“燕赵杯”、保定市“星城杯”和“省级卫生城”检查验收，综合排位第一。

【对接京津，加强区域合作】 2009年，与北京大兴区、国家商务部流通产业促进中心、中国农科院、北京理工大学、北京华汇集团签订战略合作协议；与北京一机床、北京星丰时代、北京洛娃、北京华能国电等大企业集团实施一批合作项目。对接京津项目开工13个，总投资8.6亿元；签约项目10个，总投资17.1亿元；在谈、跟踪项目12个，总投资262亿元。

**中共市委**

书　记　师振军

副书记　杨义宝　商士伏　杨建军

常　委　师振军　杨义宝　商士伏　杨建军　夏文山　王瑞坡　刘祥文　柏纪伟　田伯光　胡志英　刘　旭

**人大常务委员会**

主　任　赵矿生

副主任　陶德立　石向红　韩冠军　王福山

**政府**

市　长　杨义宝

副市长　夏文山　王瑞坡　程慧敏　赵广鹏　李子龙　朱冠军

**政协**

主　席　李恩友

副主席　杨　彤　史继宏　李春明

（刘　谦）

# 安国市

【地情提要】 安国市位于北纬38°15′～38°35′，东经115°10′～115°29′。城区坐标为北纬38°26′，东经115°19′，总面积486平方公里。安国市地处河北省中部，保定市南端，北京、天津、石家庄三角区中心。城区北距北京250公里，保定54公里；南距石家庄113公里；东北距天津235公里；东距博野县城15公里；西距定州市城区35公里；西南距深泽县城37公里；东南距安平县城32公里；西北距望都县城40公里；北距清苑县城45公里。西距京广铁路37公里，东距津浦铁路153公里，朔黄铁路贯市区北部而过。

**自然环境** 全市地势平坦，属太行山东麓海河流域平原，自西北向东南缓倾，自然坡度为1/2200，海拔高度在24.6至36.4米之间，由于历史上3条行洪河道穿越境内和唐河在境内多次改道，造成大量泥沙沉积于地面，形成了近300平方公里的洪积冲积平原，80多平方公里的浅平洼地和少许土坡地和河漫滩。气候属北温带大陆性半干旱季风气候区。大陆性气候特点明显，四季分明，湿热同季，日照充足。春季干旱多风，气温回升较快；夏季炎热多雨；秋季昼暖夜凉，温差较大，晚秋多干旱；冬季寒冷少雪。春夏多南风，秋季多北风。全市年日照可照总时数为60%，7月份最少为52%，8月份也仅有54%。实照时数以5月份最多，为283.2小时，12月份最短，为178.6小时。各月日平均实照时数以5月份最长，平均为9.2小时，12月份最短，仅平均为5.8小时。

**自然资源** 总面积486平方公里，耕地面积3.29万公顷，人均耕地面积0.08公顷（1.2亩）。历史上，安国市地上水资源较丰富。河流域广阔，径流量颇大。明清时期，磁河、沙河、唐河三河流域大多年份水量较丰，沥涝之年时有涨溢，平均20年一次大涨发。唐、沙、磁河虽属季节河流，但大多年份枯水季节不见断流。至60年代中后期，由于上游水库蓄水，加之降水量减少等原因，境内河流除在旺水季节有水外，其它月份皆干涸。

境内土壤分为褐土和潮土两个土类。褐土是境内主要土类，面积436029亩，占全市总面积60.5%，其中褐土性土面积47312亩，占全市总面积的6.56%；潮化褐土面积388717亩，占总面积的53.94%，其中沙质河流沉积物土属面积28959亩，占总面积的4.02；壤质河流沉积物土属面积34141亩，占总面积的4.74%；脱沼泽河流沉积物土属面积50620亩，占总面积的7.02%。境内土地肥沃，地表下0～20厘米耕层土壤养分平均含量为有机质0.85%，全氮0.055%，碱解氮367PPM，速效磷5.5PPM，速效钾81PPM。所含微量元素，有效锰极为丰富，有效铜比较丰富，部分土壤缺铁，大面积土壤缺锌。

**行政区划** 现设5个乡，5个镇，1个办事处，下辖198个行政村。

**人口民族** 2009年，全市总

人口为412336人，其中：男性207657人，女性204679人。境内有汉、回、满、蒙、壮、苗、白、瑶、土、朝鲜、维吾尔、纳西、布衣、彝、藏等22个民族，汉族居多，约占总人口的99.1%。人口自然增长率9.99‰。

【概况】 2009年地区生产总值60.2亿元，比上年增长10.4%；其中，第一产业增加值15.26亿元，比上年增长3.7%；第二产业增加值24.76亿元，比上年增长13.6%；第三产业增加值17.52亿元，比上年增长11.1%。民营经济增加值39.47亿元，比上年增长12.3%。规模以上工业实现增加值18.4亿元、利税9.5亿元，分别增长17.1%和18.3%；全社会固定资产投资完成52.9亿元，增长35.6%，其中城镇固定资产投资完成45.9亿元，增长34.8%；全部财政收入完成3.15亿元，增长15.3%，其中地方一般预算收入完成1.7亿元，增长17.2%；社会消费品零售总额30.9亿元，增长16.9%；城镇居民人均可支配收入12484元，增长3.1%；农民人均纯收入6023元，增长9.6%。年末城乡居民存款余额63.3亿元，比上年末增长13.2%。社会事业取得新成绩。完成市政府年初向全市人民承诺的12件实事，解决一批社会热点、难点问题。实施积极的就业扶持政策，完成再就业1816人，就业困难对象再就业805人，城镇失业登记率控制在3.9%以内。实施“阳光工程”，新增转移农村富余劳动力、劳务输出5095人次。完善养老、医疗等社会保障体系，推进社会保险扩面征缴和企业基本养老保险省级统筹，提高城乡低保标准，发放低保金904万元。加快教育强市建设，教育教学水平明显提高，高考取得新突破，本一、本二上线人数创历史新高，重返保定市高考第一平台（排名第五）。实施中小学校舍安全工程，完成校舍维修改造1.6万平方米。加大社会抚养费征收力度，稳定低生育水平。新型农村合作医疗继续推广和普及，参合人数30.1万人，参合率86%。继续完善医疗服务体系建设，完成郑章、西城中心卫生院改扩建项目。推进重点区域、重点企业节能减排工作，加强燃煤设施监督，对16台大型锅炉进行拆除、改造。全年GDP能耗降低率达到8%，主要污染物化学需氧量减排2123.2吨，削减二氧化硫62.3吨，提前超额完成全年任务目标。

【项目建设成效显著】 继续坚持“以药为主，多业并举，符合政策，抓大不放小”的项目建设思路，开展“项目建设攻坚年”活动，对接京津，寻求与京津大企业、大集团的战略合作，落实在建项目7个，实际到位资金2.9亿元。实施工业倍增计划，扶优扶强，全面提升中药、水泵、纺织三大支柱产业经济实力，全市入统规模企业69家。制药工业GMP认证制药和饮片加工企业25家；伍仁桥纺织园区企业45家，总投资3亿多元；新建水泵业项目5个，投资1.7亿元。三大产业支撑作用明显增强，增加值占入统工业比重76%，拉动全市经济增长15个百分点。中药产业园区入驻企业17家，累计投资12.8亿元，5家企业建成运营，全年药业税收实现1.1亿元，创历史新高。全市续建、在建和计划新开工项目31个，总投资38.25亿元（投资亿元以上项目16个），列入省市重点项目23个，总投资48亿元。九州通、康达化工、药都中药提取等一批重点项目进展顺利，金木药业、亚东制药、二甲醚、系列船用大型挖泥泵等项目相继投产，项目建设成效显著。

【城镇化建设加快】 实施“十大工程”（药文化景区建设、道路畅通、旧城改造、新区建设、基础设施建设、景观改造、重点乡镇建设、精品住宅建设、精细管理、市民素质），效果显著。完成城市规划区22平方公里的控规和9个乡镇183个行政村的规划和祁州镇环境优美小城镇规划，完成西佛落乡改镇。新修、改造城区道路13.8公里，形成“五纵八横一环”的交通格局。药王庙景区建设取得实质性突破，与北京华都国际集团正式签约，完成3万多平米的一期拆迁（共涉及拆迁249户）。孟庄、观音堂等4个城中村改造完成拆迁面积4万平方米，拆迁386户，新建精品住宅26万平方米。投资5亿元，实施阳光逸景、仁和嘉苑等6个住宅小区建设，总建筑面积50多万平方米。采取建设和购买方式，落实廉租住房40套。完成日处理污水3万吨的污水处理厂建设，并移交给天津创业环保集团开始商业运营。城市供水工程和垃圾处理场建设全面启动。围绕交通秩序、占道经营、环境卫生等重点，开展环境综合整治，拆除临时、违章建筑12处，清理城区生活、建筑垃圾20余万立方米。清理广告牌匾300余块，植树45万株，优化了人居环境，提升了城市形象。

【新农村建设实现突破】 全年兑现农业综合直补、粮食直补等资金3461万元。累计向农民投放小额贷款1.54亿元，粮食生产能力稳步提升，粮食总产2.38亿公斤。坚持一乡一业，一村一品，以发展现代化农业为基础，深化农业结构调整，同时以粮食高产园区、药材籽种秧苗园区、规范化畜禽养殖小区等一批项目为示范，带动农林畜全面发展。全市农产品企业达到河北省、保定市级农业产业化龙头企业12家，农业产业化率51%。推进新民居建设，在全市范围内确定15个试点村（每乡1~2个），其中有4个村列入了省级示范村。投资1900多万元，新修、改造农村道路78公里，改造中低产田1.2万亩，新建沼气池1216个，建成13个电气化村，解决3个村1.03万人的饮水安全问题，农村生产生活环境进一步改善。

**中共市委**

书　记　吕竹青

副书记　张贺良　赵武卫

常　委　吕竹青　张贺良　赵武卫　武文齐　韩尹清　王俊红　张彦安　刘喜宗　张志定　王占平　张二乐

**人大常务委员会**

主　任　杨　宁

副主任　封庆明　刘斌国　焦杏琴　李景志

**政府**

市　长　张贺良

副市长　韩尹清　王俊红　王宏伟　田宝元　王占祥　杨振山

**政协**

主　席　焦新年

副主席　张玉欣　薛仲勋　刘　婷　匙子明

（宋义军）

# 人　　物

## 2009 年保定市全国五一劳动奖章获得者

田淑君　女　中国人寿保定分公司健康险部
关世彤　　　华北铝业有限公司铝箔事业部技术部
刘洪涛　　　河北宇康纺织有限公司
肖　坤　　　河北易县中学
李玉梅　女　保定市艺术剧院河北梆子剧团

## 2009 年河北省劳动模范

**河北省特等劳动模范(1 名)**

夏长黑　　容城县殡葬执法大队

**河北省劳动模范(115 名)**

**职工劳模**

安士国　　保定兴安冶金设备有限公司
白玉军　　阜平县邮政局
陈文增　　河北省曲阳定瓷研究院
程根柱　　保定市无害化处理场
崔世君　　中国联合网络通信有限公司保定市分公司
崔　炜　　河北保百集团有限公司
丁占平(满族)　中国通信建设第一工程局有限公司
杜海锋　　中国移动通信集团河北有限公司保定分公司
宫新强　　保定蓝波节能灯具有限公司
龚学斌　　中航惠腾风电设备股份有限公司
及跃武　　河北建设集团有限公司
贾树军　　河北鑫华新锅炉制造有限公司
李天增　　河北香格尔饮业有限公司
李万俊　　保定长城内燃机制造有限公司
李晓影　　顺平县顺兴市政工程有限公司
李　义　　药都制药集团股份有限公司

| | |
|---|---|
| 李　志 | 河北祁州酒业有限责任公司 |
| 李仲生 | 河北刘伶醉酿酒有限公司 |
| 刘宝生 | 风帆股份有限公司 |
| 刘春阳 | 涞源县旅游开发总公司 |
| 鲁守梅(女) | 保定市南市区环境卫生管理局环卫清洁总公司 |
| 苗新泉 | 保定市成型绝缘件厂 |
| 平艳辉 | 高碑店市邮政局 |
| 宋秀生(女) | 保定天威集团天威保变设计二处 |
| 孙盼道 | 望都县君荣铸造有限公司 |
| 王博涛 | 河北省博野县供电有限责任公司 |
| 王大青 | 易县水务局供水公司 |
| 王东平(女) | 涞源县供电有限责任公司 |
| 王改敏(女) | 曲阳宏州大理石工艺品有限公司 |
| 王国东 | 河北华夏实业有限公司 |
| 王吉山 | 中国人寿保险股份有限公司保定分公司 |
| 王建刚 | 河北振兴建筑有限公司 |
| 王建国 | 安新县国营渔场第一场 |
| 王建敏(女) | 河北满城中学 |
| 王清风 | 河北旭阳焦化 |
| 王　彦 | 河北省农村信用社联合社保定办事处 |
| 王志涛 | 安国市供电公司 |
| 许领华 | 河北泰斗三星线缆有限公司 |
| 杨建忠 | 巨力集团有限公司 |
| 杨增仁 | 定州市供电公司 |
| 于国栋 | 满城县电力局 |
| 于　良 | 河北"双强"金属有色金属有限公司 |
| 臧立根 | 河北立中有色金属集团有限公司 |
| 张建恒 | 中国乐凯胶片集团公司 |
| 张兰允(女) | 蠡县文联 |
| 张　琳(女) | 工商银行保定分行支行 |
| 张泽辉 | 蠡县一川胶带集团有限公司 |
| 赵克芳(女) | 保定市商业银行股份有限公司 |
| 祖茂堂 | 高碑店市北城办事处农机站 |
| **先进工作者** | |
| 曹长路 | 河北省高碑店市国家税务局 |
| 陈永健 | 保定日报社 |
| 高五海 | 涞源县医院 |
| 郭征民 | 保定市北市区地方税务局 |
| 梁亚辉 | 定州市委政法委、综合治理办公室 |
| 凌　波 | 河北定州中学 |
| 刘秀芝(女) | 徐水县二中 |
| 刘永建 | 保定市第一中心医院 |
| 刘　玉(女) | 曲阳县燕南学校 |
| 刘玉琦(女) | 清苑县清苑小学 |
| 鲁清海 | 涿州市劳动技工学校 |
| 牛爱国 | 保定市公安局 |

| | |
|---|---|
| 任平英(女) | 保定市南市区信访局 |
| 孙元芳 | 保定市人民检察院 |
| 万建社 | 保定市第一医院 |
| 万素英(女) | 河北金融学院 |
| 王　洪(满族) | 河北大学附属医院 |
| 王洪波 | 定兴县交通局 |
| 王小明 | 保定市第四职业中学 |
| 王星亮 | 保定市公安局 |
| 王振生 | 易县公安交通局治安大队 |
| 魏云海 | 中华会计函授学校易县函授站 |
| 吴立国 | 唐县人民医院 |
| 闫锦南 | 涿州市委员会党校 |
| 张爱臣 | 保定市新市区建设局 |
| 张立勋 | 高阳县高阳镇南关社区 |
| 张　平 | 定州市总工会 |
| 张占华(女) | 满族)涞水县物价局 |
| 甄新乐 | 蠡县医院 |
| 周惠英(女) | 保定市军队离退休干部第二干休所 |
| 左海武 | 定兴县医院 |
| **农民劳动模范** | |
| 郭永红 | 河北省容城县晾马台乡南阳村 |
| 姜　硕 | 容城县容城镇马庄村 |
| 解新立 | 保定市新市区江城乡江城西队 |
| 李长青 | 满城县满城镇北关村 |
| 李建坡 | 顺平县白云乡常大村 |
| 李明平 | 阜平县北果元乡东城铺村 |
| 李英杰 | 蠡县蠡吾镇兑坎庄村 |
| 李振海 | 徐水县高林村镇白塔铺村 |
| 梁连起 | 河北玉兰香保定会馆饮食有限公司 |
| 陈文卿 | 保定鑫丰商贸集团有限公司 |
| 刘　红(女) | 安新县刘李庄镇蔬菜协会 |
| 刘洪豪 | 保定市唐县川里镇秦王村 |
| 刘　泳(女) | 易县西山北乡石家统村 |
| 芦　虎 | 三利集团有限公司 |
| 马胜江 | 顺平县蒲上乡辛庄村 |
| 施金锋 | 河北长天药业有限公司 |
| 王东红 | 涞源县涞源镇水泉村 |
| 李保田 | 天保建设集团有限公司 |
| 王志贤 | 阜平县东下关乡大教厂村 |
| 魏国强 | 曲阳县灵山镇小赤涧村 |
| 魏会茹(女) | 定州市东亭镇黄家营村 |
| 吴伟(女,满族) | 满城县白龙乡北水峪村 |
| 许新强(回族) | 保定市北市区百楼乡头台村 |
| 闫森增 | 涿州市高官庄镇上庄村 |
| 杨海春 | 涞水县义安镇北义安村 |
| 杨静(女) | 博野县东墟乡陈村 |

| | |
|---|---|
| 袁朝辉 | 曲阳县党城乡寨地村 |
| 昝贺伏 | 雄县昝岗镇梁神堂村 |
| 张计友 | 安国市伍仁桥镇寺下村 |
| 张三喜 | 清苑县百团乡北曹庄村 |
| 张胜利 | 涞源县下北头乡白石口村 |
| 张秀玲(女) | 高碑店市和平办事处高三村 |
| 赵建寅 | 保定市南市区焦庄乡青堡村 |
| 赵彦辉 | 高阳县邢家南乡留祥佐村 |
| 左凤山 | 望都县望都镇东关村 |

## 省管优秀专家(共22人)

| 姓　名 | 出生日期 | 单　位 | 从事专业 | 批　次 |
|---|---|---|---|---|
| 程志光 | 1942.02 | 天威集团 | 变压器电磁场研究 | 院士后备(第一批1992.05) |
| 孙执中 | 1921.11 | 河北大学 | 日本经济研究 | 2002.02转资深专家(第一批1992.05) |
| 崔　翔 | 1960.05 | 华电 | 电力工程系主任 | 第二批1995.03(2005.03延续) |
| 齐纪渝 | 1944.05 | 华电 | 材料工程系主任 | 第三批1997.12(2007.04延续) |
| 陈文增 | 1954.08 | 曲阳定瓷董事长 | | 第三批1997.12(2007.04延续) |
| 丁　强 | 1954.09 | 天威集团董事长 | | 第四批2002.05(2006.10延续) |
| 王洪瑞 | 1956.06 | 河北大学校长 | 并联机构系统测控理论 | 第四批2002.05(2006.10延续) |
| 黄大庄 | 1963.10 | 河北农大 | 林业资源与工程学院院长 | 第四批2002.05(2006.10延续) |
| 李成榕 | 1957.03 | 华电副校长 | 高电压电力设备 | 第五批2007.02 |
| 安连锁 | 1955.10 | 华电副校长 | 热能与动力工程 | 第五批2007.02 |
| 刘连光 | 1954.02 | 华电 | 电力系统分析与控制 | 第五批2007.02 |
| 任守用 | 1965.03 | 乐凯集团副总 | 彩色相纸系列 | 第五批2007.02 |
| 刘超颖 | 1956.02 | 东方地球物探局技术研究中心主任 | 地震数据偏移成像理论 | 第五批2007.02 |
| 郭爱华 | 1958.09 | 天威保变常务副总 | 特高压变压技术 | 第五批2007.02 |
| 马峙英 | 1958.10 | 河北农大副校长 | 作物遗传育种 | 第五批2007.02 |
| 刘孟军 | 1966.04 | 河北农大科研处长 | 果树 | 第五批2007.02(院士后备人选) |
| 谷子林 | 1956.06 | 河北农大农村发展学院院长 | 畜牧 | 第五批2007.02 |
| 李建国 | 1959.04 | 河北农大图书馆长 | 畜牧 | 第五批2007.02 |
| 张立峰 | 1961.10 | 河北农大农学院院长 | 农学 | 第五批2007.02 |
| 李振纲 | | 河北大学图书馆长 | 中国哲学 | 第五批2007.02 |
| 哈明虎 | | 河北大学副校长 | 不确定信息处理与智能管理 | 第五批2007.02 |
| 贺国庆 | | 河北大学副校长 | 外国教育史 | 第五批2007.02 |

# 重要文献选编

## 保定市2009年国民经济和社会发展统计公报

保定市统计局

2010年5月18日

2009年是全市发展进程中不平凡、不寻常的一年，面对国际金融危机带来的重重困难，市委、市政府带领全市人民，深入贯彻落实科学发展观，紧紧围绕“又好又快发展、强市兴县富民”的中心任务，坚持“突出抓发展、重点抓项目、持续保稳定”的主基调，大力唱响“奋起直追、争先进位”的主旋律，强化调控，创新举措，积极应对复杂环境，着力解决经济发展中面临的突出问题，“保增长、保民生、保稳定”等各项措施取得积极成效，国民经济总体回升向好，各项社会事业取得新成就。

### 一、综合

初步测算，全市生产总值实现1737.64亿元，比上年增长11.0%，增速比一季度（7.6%）、二季度（9.6%）和三季度（10.4%）分别加快3.4、1.4和0.6个百分点。其中：第一产业增加值259.36亿元，增长4.7%；第二产业增加值854.53亿元，增长13.4%；第三产业增加值623.74亿元，增长10.3%。三次产业比重由上年的15.6：48.3：36.1调整为14.9：49.2：35.9。人均生产总值15840元，比上年增长10.2%。

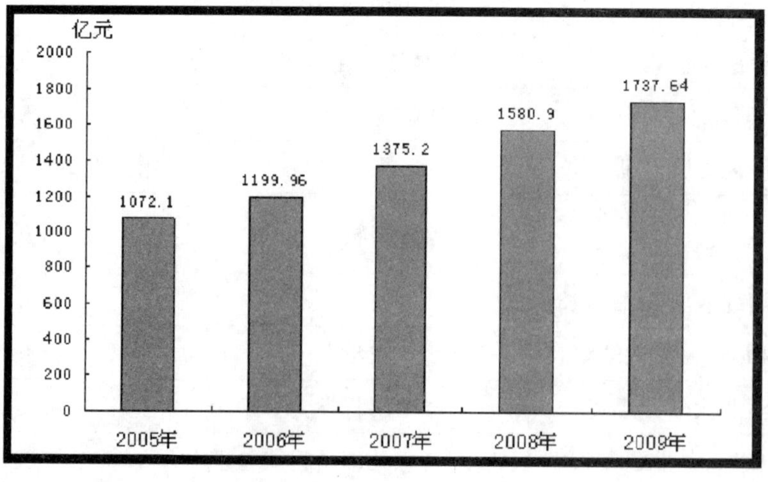


图1　2005～2009年全市生产总值

全年居民消费价格总水平比上年上涨0.2%，其中：服务项目价格上涨1.5%，消费品价格下降0.1%。工业品出厂价格比上年下降4.2%。其中重工业下降4.0%，轻工业下降4.4%，生产资料下降4.4%，生活资料下降3.0%。

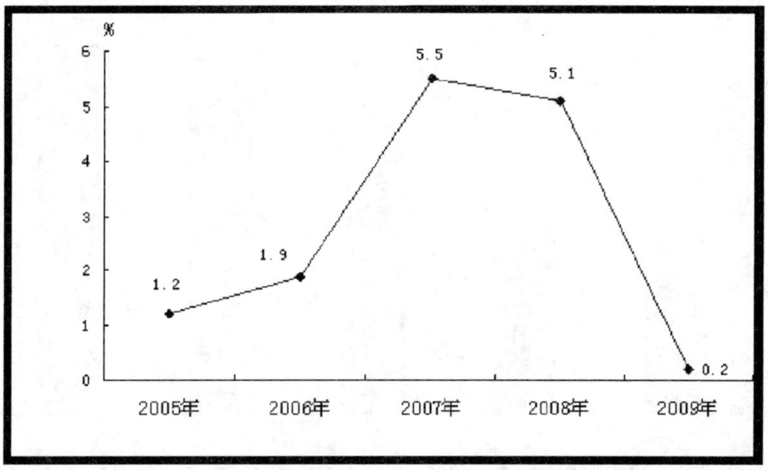


图2　2005～2009年全市居民消费价格涨跌幅度

**表1　2009年全市居民消费价格比上年涨跌幅度**

| 指标 | 幅度（%） |
|---|---|
| 居民消费价格总指数 | 0.2 |
| 非食品价格指数 | -1.3 |
| 服务项目价格指数 | 1.5 |
| 消费品价格指数 | -0.1 |
| 一、食品 | 3.2 |
| 二、烟酒及用品 | 3.1 |
| 三、衣着 | -12.4 |
| 四、家庭设备用品及维修服务 | -0.7 |
| 五、医疗保健和个人用品 | 0.7 |
| 六、交通和通信 | -0.7 |
| 七、娱乐教育文化用品及服务 | 0.8 |
| 八、居住 | 5.4 |

全市共有3.7万下岗、失业人员接受了职业培训，召开大型交流会282场，提供就业岗位9.8万个，成功就业3.8万人，农村富余劳动力向非农产业转移22.4万人次。年末城镇登记失业人员4.2万人，登记失业率为4.06%，比上年末下降0.03个百分点。

年末全市城镇单位从业人员67.5万人，比上年下降0.9%。单位从业人员劳动报酬160.69亿元，比上年增长12.6%。其中在岗职工工资总额148.46亿元，比上年增长11.8%。城镇单位在岗职工平均工资24968元，比上年增长13.9%。

民营经济实现增加值934.7亿元，比上年增长11.7%，占全市生产总值的比重达53.8%，对经济增长的贡献率为48.6%。实缴税金88.4亿元，比上年增长14.7%，占全部财政收入的比重为53.0%，比上年提高1.5个百分点。完成出口17.7亿美元，占全市出口总值的63.6%，比上年提高3.6个百分点。

## 二、农业

全年农林牧渔业总产值实现451.0亿元，比上年增长4.9%。其中：农业实现产值280.0亿元，比上年增长3.8%；林业实现产值6.9亿元，比上年增长13.4%；畜牧业实现产值145.2亿元，比上年增长6.4%；渔业实现产值6.0亿元，比上年增长4.7%；农林牧渔服务业实现产值12.9亿元，比上年增长5.1%。

粮食播种面积1362.38万亩，比上年增加7.73万亩，增长0.6%；棉花播种面积43.88万亩，比上年减少2.01万亩，下降4.4%；油料播种面积115.74万亩，比上年减少1.73万亩，下降1.5%；蔬菜播种面积205.9万亩，比上年减少0.96万亩，下降0.5%；瓜类播种面积32.4万亩，比上年增加0.06万亩，增长0.2%。

粮食总产量559.4万吨，比上年增长3.7%。其中：夏粮总产量233.7万吨，比上年增长1.4%；秋粮总产量325.6万吨，比上年增长5.5%，粮食单产达411公斤，比上年增长3.3%；棉花总产量2.97万吨，比上年下降3.7%；油料总产量28.45万吨，比上年增长0.7%；蔬菜总产量783.4万吨，比上年增长1.7%；瓜类总产量97.3万吨，比上年增长1.5%；园林水果总产量115.6

万吨，比上年增长2.3%。

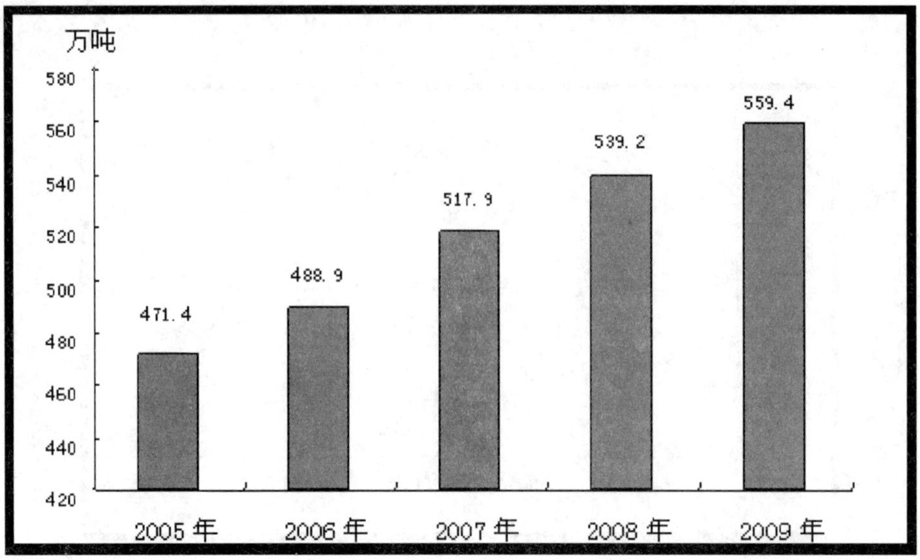


图3　2005～2009年全市粮食产量

肉类总产量达55.68万吨，比上年增长7.4%，其中：猪肉产量40.29万吨，比上年增长7.4%，牛肉产量4.35万吨，比上年增长7.63%，羊肉产量3.16万吨，比上年增长7.9%；奶类产量65.56万吨，比上年增长4.7%；禽蛋产量37.60万吨，比上年增长3.0%。

水产品总产量达到4.7万吨，比上年增长3.9%。

**表2　2009年全市主要农产品产量及增速**

| 产品名称 | 单位 | 产量 | 同比增长（%） |
|---|---|---|---|
| 粮食 | 万吨 | 559.37 | 3.7 |
| 其中：夏粮 | 万吨 | 233.74 | 1.4 |
| 小麦 | 万吨 | 228.22 | 1.3 |
| 秋粮 | 万吨 | 325.63 | 5.5 |
| 粮食单产 | 公斤/亩 | 411 | 3.3 |
| 棉花 | 万吨 | 2.97 | -3.7 |
| 油料 | 万吨 | 28.45 | 0.7 |
| 园林水果 | 万吨 | 115.6 | 2.3 |
| 蔬菜 | 万吨 | 783.4 | 1.7 |
| 瓜类 | 万吨 | 97.3 | 1.5 |
| 肉类 | 万吨 | 55.68 | 7.4 |
| 其中：猪肉 | 万吨 | 40.29 | 7.4 |
| 禽蛋 | 万吨 | 37.60 | 3.0 |
| 奶类 | 万吨 | 65.56 | 4.7 |
| 水产品 | 万吨 | 4.67 | 3.9 |

年末生猪存栏375.86万头，比上年增长9.8%，生猪出栏535.09万头，比上年增长7.5%；大牲畜存栏48.96万头，比上年增长1.7%，其中：牛存栏42.12万头，比上年增长5.3%，羊存栏206.51万只，比上年增长8.1%。

当年造林面积4.0万公顷，比上年增长17.6%，四旁植树1490万株，新育苗木4576公顷，全市森林覆盖率为19.27%。苗木产量79711万株，干果产量1.3万吨，比上年增长24.9%。

年末拥有农业机械总动力1140.7万千瓦，比上年增长3.8%，其中：农用排灌动力机械242.3万千瓦，比上年增长4.6%。年末拥有各种拖拉机16.4万台，农用运输车38.6万辆；当年机耕面积61.9万公顷，比上年下降0.2%，当年机械播种面积81.2万公顷，比上年增长1.6%，机械收获面积48.1万公顷，比上年增长18.6%，有效灌溉面积66.7万公顷，比上年增长6.8%；农村用电量374193万千瓦小时，比上年增长10.2%；农用化肥施用量44.01万吨（折纯），比上年增长2.0%，农药施用量1.12万吨，比上年增长2.8%。

**三、工业和建筑业**

全部工业增加值完成710.20亿元，比上年增长11.7%。规模以上工业增加值完成477.10亿元，比上年增长14.6%，高于全省平均水平1.2个百分点，比三季度、二季度和一季度分别加快1.5、4.0、5.0个百分点。分经济类型看，国有企业完成增加值89.36亿元，比上年增长14.6%；集体企业完成增加值7.30亿元，比上年增长14.1%；股份制企业完成增加值267.10亿元，比上年增长15.8%；股份合作企业完成增加值3.38亿元，比上年增长15.8%；外商及港澳台商投资企业完成增加值80.07亿元，比上年增长10.5%；其他经济类型企业完成增加值29.90亿元，比上年增长16.5%。大中型工业企业完成增加值275.46亿元，比上年增长15.5%。分轻重工业看，轻工业完成增加值176.12亿元，比上年增长11.9%，重工业完成增加值300.98亿元，比上年增长16.3%。

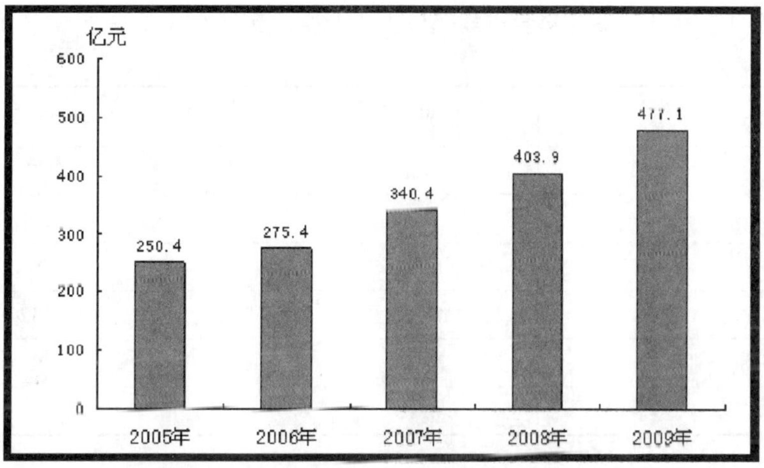


图4　2005～2009年全市规模以上工业增加值

**表3　2009年全市规模以上工业增长前十位的行业**

单位：亿元

| 行业名称 | 增加值 | 同比增长（%） |
|---|---|---|
| 非金属矿采选业 | 0.37 | 35.0 |
| 交通运输设备制造业 | 74.95 | 34.1 |
| 废弃资源和废旧材料回收加工业 | 0.28 | 33.5 |
| 皮革、毛皮、羽毛（绒）及其制品业 | 7.39 | 27.9 |
| 石油加工、炼焦及核燃料加工业 | 7.87 | 25.3 |

| 行业名称 | 增加值 | 同比增长（%） |
|---|---|---|
| 电气机械及器材制造业 | 52.34 | 24.5 |
| 工艺品及其他制造业 | 2.16 | 19.7 |
| 燃气生产和供应业 | 0.42 | 17.1 |
| 塑料制品业 | 18.47 | 16.7 |
| 造纸及纸制品业 | 33.04 | 16.1 |

汽车、新能源、纺织、食品和建材五大战略支撑产业全年完成增加值260.55亿元，占全市规模以上工业的比重为54.6%，比上年增长18.3%，高于全市平均增速3.7个百分点，对工业增长的贡献率达77.2%，拉动全市规模以上工业增长11.3个百分点，其中，汽车业完成增加值94.82亿元，占全市的19.9%，比上年增长29.6%；新能源业完成增加值58.16亿元，占全市的12.2%，比上年增长24.7%；纺织业完成增加值66.54亿元，占全市的14.0%，比上年增长9.0%；五大战略支撑产业实现利税95.81亿元，占全市规模以上工业的比重为61.3%，比上年增长31.2%，对全市规模以上工业的贡献率达56.9%，拉动全市规模以上工业增长19.6个百分点。

规模以上工业主营业务收入1900.11亿元，比上年增长17.1%；工业产品销售率95.99%，比上年下降0.69个百分点；实现利税156.32亿元，比上年增长34.4%，其中：国有控股企业实现利税56.93亿元，比上年增长60.9%；实现利润98.13亿元，比上年增长47.6%；亏损企业亏损额比上年下降67.8%。

**表4　2009年全市规模以上工业企业实现利润及增速**

**单位：亿元**

| 指标 | 利润总额 | 同比增长（%） |
|---|---|---|
| 规模以上工业 | 98.13 | 47.6 |
| 国有及国有控股工业 | 29.47 | 121.4 |
| 集体企业 | 0.84 | 27.2 |
| 股份制企业 | 49.69 | 132.8 |
| 外商及港澳台商投资企业 | 24.84 | 0.6 |
| 其他经济类型企业 | 6.10 | 8.8 |

**表5　2009年全市主要工业产品产量及增速**

| 产品名称 | 单位 | 产量 | 同比增长（%） |
|---|---|---|---|
| 发电量 | 万千瓦小时 | 1112858 | 9.8 |
| 白酒（折65度，商品量） | 万千升 | 3.43 | 74.1 |
| 卷烟 | 万支 | 1150000 | 4.5 |
| 化学纤维 | 万吨 | 2.43 | -16.8 |
| 纱 | 万吨 | 11.96 | -8.7 |
| 布 | 万米 | 83715 | 17.8 |
| 服装 | 万件 | 7089 | -10.8 |
| 机制纸及纸板 | 万吨 | 76.34 | 31.1 |

| 产品名称 | 单位 | 产量 | 同比增长（%） |
|---|---|---|---|
| 塑料制品 | 万吨 | 36.95 | 23.8 |
| 水泥 | 万吨 | 385.28 | 13.6 |
| 汽车 | 万辆 | 51.25 | 60.7 |
| 改装汽车 | 万辆 | 3.34 | 27.0 |
| 变压器 | 万千伏安 | 11036.24 | 4.2 |

全年建筑业增加值完成144.33亿元，比上年增长23.6%。全市具有资质的建筑业法人企业313个，完成建筑业总产值411.89亿元，比上年增长39.3%，按总产值计算的全员劳动生产率为175825元/人；实现利税总额为23.22亿元，比上年增长32.1%；房屋施工面积3247.5万平方米，比上年增长17.7%，房屋竣工面积1530.3万平方米，比上年增长22.5%。

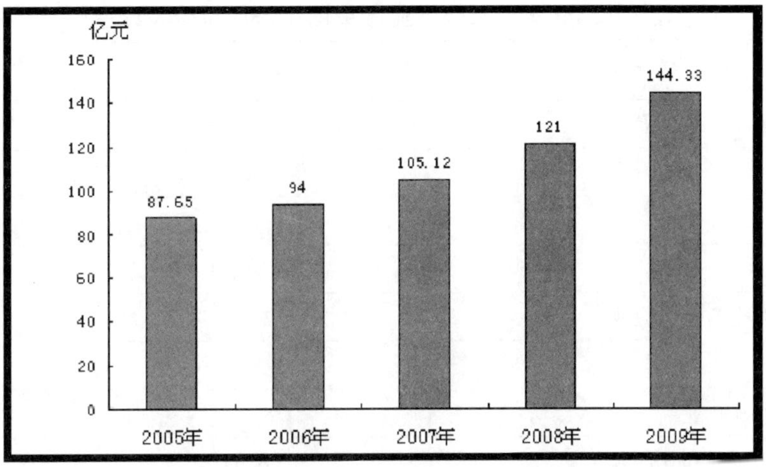


图5　2005～2009年全市建筑业增加值

**四、固定资产投资**

全社会固定资产投资完成1130.43亿元，比上年增长41.3%，其中：城镇固定资产投资完成1000.88亿元，比上年增长41.3%，其中建设项目投资完成826.45亿元，比上年增长35.3%；农村投资129.55亿元，比上年增长41.3%。

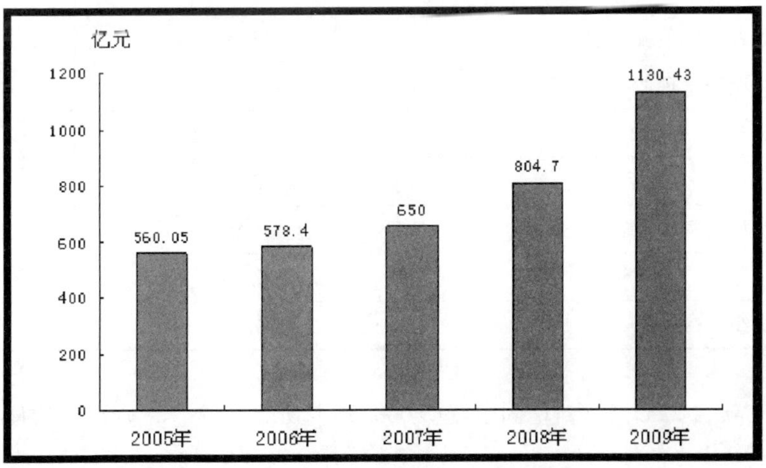


图6　2005～2009年全市全社会固定资产投资

在城镇投资中，第一产业完成投资39.67亿元，比上年增长53.3%；第二产业完成投资465.99亿元，比上年增长29.7%；第三产业完成投资495.22亿元，比上年增长53.2%，三次产业投资比重由去年的3.6：50.4：46调整为4：46.5：49.5，第三产业投资比重比上年上升3.5个百分点。

畜牧业投资完成20.74亿元，比上年增长92.2%，占第一产业投资比重达到52.3%，比上年提高10.3个百分点，拉动全市第一产业投资增长38.7个百分点。

制造业投资完成424.49亿元，比上年增长34.7%，对城镇投资增长的贡献率达到37.4%，拉动城镇投资增长15.4个百分点。其中增速较高的三个行业是金属制品业、皮革、毛皮、羽毛（绒）及其制品业和有色金属冶炼及压延加工业，比上年分别增长149.4%、110.2%和60.7%。完成投资总量最多的三个行业是电气机械及器材制造业、非金属矿物制品业、纺织业，分别完成66.32亿元、33.97亿元和33.82亿元。

市政公用事业完成投资42.3亿元，比上年增长71.6%，高于全市城镇投资平均增速30.3个百分点。其中：市政公共设施管理完成投资29.1亿元，比上年增长112.6%；污水处理及其再生利用行业完成投资4.6亿元，比上年增长34%。

**表6　2009年全市分行业城镇固定资产投资及增速**

| 行业 | 投资额 | 同比增长（%） |
|---|---|---|
| 城镇固定资产投资 | 1000.88 | 41.3 |
| 农、林、牧、渔业 | 39.67 | 53.3 |
| 采矿业 | 12.94 | 76.3 |
| 制造业 | 424.49 | 34.7 |
| 电力、燃气及水的生产和供应业 | 27.36 | -15.4 |
| 建筑业 | 0.71 | -77.5 |
| 交通运输、仓储和邮政业 | 81.41 | 1.2 |
| 信息传输、计算机服务和软件业 | 0.54 | -46.0 |
| 批发和零售业 | 47.25 | 150.5 |
| 住宿和餐饮业 | 12.48 | 142.6 |
| 金融业 | 3.01 | -28.1 |
| 房地产业 | 34.90 | -4.2 |
| 租赁和商务服务业 | 0.97 | 86.8 |
| 科学研究、技术服务和地质勘查业 | 32.81 | 20.6 |
| 水利、环境和公共设施管理业 | 75.75 | 167.0 |
| 居民服务和其他服务业 | 0.84 | 2.8 |
| 教育 | 13.42 | 99.6 |
| 卫生、社会保障和社会福利业 | 8.50 | 78.5 |
| 文化、体育和娱乐业 | 6.75 | -8.0 |
| 公共管理和社会组织 | 2.15 | -55.8 |

全年城镇建成投产项目2259个，项目建成投产率为76.2%。新增固定资产608.36亿元，固定资产交付使用率73.6%。

表7　2009年全市城镇固定资产投资新增生产能力

| 新增生产能力（或效益）名称 | 单位 | 本年新增 |
|---|---|---|
| 焦炭 | 万吨/年 | 60 |
| 生铁 | 万吨/年 | 40 |
| 铜冶炼 | 吨/年 | 1000 |
| 其中：电解铜 | 吨/年 | 1000 |
| 水力发电 | 万千瓦 | 0.2 |
| 水泥 | 万吨/年 | 290.1 |
| 氮肥 | 吨/年 | 5800 |
| 塑料树脂及共聚物 | 吨/年 | 480 |
| 载货汽车制造 | 辆/年 | 100000 |
| 其他汽车制造 | 辆/年 | 110 |
| 棉纺锭 | 锭 | 15000 |
| 新建公路 | 公里 | 142.26 |
| 其中：高速公路 | 公里 | 30 |
| 二级公路 | 公里 | 99.1 |
| 改建公路 | 公里 | 155.1 |
| 一级公路 | 公里 | 10 |
| 二级公路 | 公里 | 12.4 |
| 新建独立公路桥梁 | 延长米 | 380 |
| 新建独立公路桥梁 | 座 | 1 |
| 新（扩）建公路客、货运站 | 个 | 1 |
| 新（扩）建公路客、货运站 | 平方米 | 6980 |
| 城市污水处理能力 | 万吨/日 | 4.7 |

施工规模亿元以上项目达到343项，比上年增加165个，增长92.7%，新开工亿元项目196个，比上年增加63个，增长211.1%。在建亿元以上大项目完成投资498.0亿元，比上年增长59.4%，大项目投资占城镇投资的比重达到60.3%，拉动城镇投资增长26.2个百分点。

房地产开发公司达到266家，较上年增加108家，增长68.4%。房地产开发投资完成174.4亿元，比上年增长78.5%，拉动城镇投资增长10.8个百分点，比重达到17.4%。住宅投资完成143.75亿元，比上年增长86.9%；其中：90平方米以下住宅投资完成68.61亿元，比上年增长303.0%。房屋施工面积达到1250.55万平方米，竣工面积达到142.83万平方米。

表 8　2009 年全市房地产开发和销售主要指标完成情况

| 指　　标 | 单　　位 | 绝对值 | 同比增长（%） |
|---|---|---|---|
| 房地产开发投资 | 万元 | 1744327 | 78.5 |
| 其中：商品住宅 | 万元 | 1437508 | 86.9 |
| 房屋施工面积 | 平方米 | 12505459 | 75.3 |
| 商品房销售面积 | 平方米 | 2172263 | 33.1 |
| 其中：商品住宅销售面积 | 平方米 | 2115657 | 36.7 |
| 资金来源总计 | 万元 | 1972090 | 77.6 |
| 国内贷款 | 万元 | 192523 | 148.4 |
| 企业自筹 | 万元 | 1236947 | 90.3 |
| 其他 | 万元 | 429784 | 56.1 |
| 房屋销售价格 | 元/平方米 | 2436 | 10.5 |

**五、国内贸易**

全年社会消费品零售总额完成 730.3 亿元，比上年增长 17.9%，其中，限额以上批发零售企业实现零售额 128.3 亿元，比上年增长 15%。分地域看，市的消费品零售额完成 330 亿元，比上年增长 16.1%；县的社会消费品零售额完成 168 亿元，比上年增长 19.9%；县以下的社会消费品零售额完成 232.2 亿元，比上年增长 18.9%。分行业看，批发业零售额完成 79.1 亿元，比上年增长 17.7%；零售业零售额完成 552.2 亿元，比上年增长 17.6%；住宿餐饮业零售额完成 77 亿元，比上年增长 23.1%；其他行业零售额完成 22 亿元，比上年增长 8.2%。

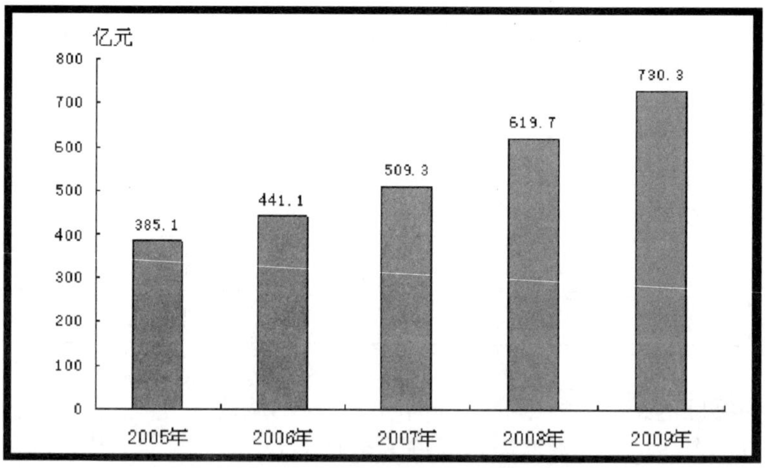


图 7　2005～2009 年全市社会消费品零售总额

限额以上批发零售企业吃、穿、用商品类零售额比上年分别增长 18.3%、11.9% 和 14.9%。其中，文化办公用品类增长 30.7%，石油及制品类增长 27.9%，中西药品类增长 21.9%，化妆品类增长 18.9%，机电产品及设备类增长 18.4%，粮油、食品、饮料、烟酒类增长 18.3%，日用品类增长 16.3%，汽车类增长 14.6%，服装、鞋帽、针纺织品类增长 11.9%。

**六、对外经济**

进出口总值完成 40 亿美元，比上年下降 12.7%，其中出口总值 27.8 亿美元，比上年下降 18.2%，降幅分别比上半年收窄 2.9 和 13.7 个百分点，进口总额 12.2 亿美元，比上年增长 3.3%。主要出口产品中，机器、机械器具、电气设备等设备出口 12.2 亿美元，下降10%，纺织原料及纺织制品出口4.8亿美元，下降6.1%，车辆、船舶及有关运输设备出口3.7亿美元，下降49.8%，贱金属及其制品出口1.7亿美元，下降38.3%，光学、照相、计量、医疗等仪器设备出口1.2亿美元，增长31.8%。

表9　2009年全市进出口情况

单位：万美元

| 指标 | 绝对值 | 同比增长（%） |
|---|---|---|
| 进出口总值 | 400，244 | -12.7% |
| 出口 | 278，429 | -18.2% |
| 进口 | 121，815 | 3.3% |
| 主要出口国家和地区 | - | - |
| 德国 | 63，701 | 56.1% |
| 荷兰 | 17，616 | 140.1% |
| 意大利 | 16，441 | 37.5% |
| 美国 | 11，963 | -40.4% |
| 阿联酋 | 10，752 | 37.4% |
| 主要出口产品 | - | - |
| 机器、机械器具、电气设备等设备 | 122，083 | -10.0% |
| 纺织原料及纺织制品 | 47，964 | -6.1% |
| 车辆、船舶及有关运输设备 | 36，581 | -49.8% |
| 贱金属及其制品 | 17，207 | -38.3% |
| 光学、照相、计量、医疗等仪器设备 | 11，678 | 31.8% |

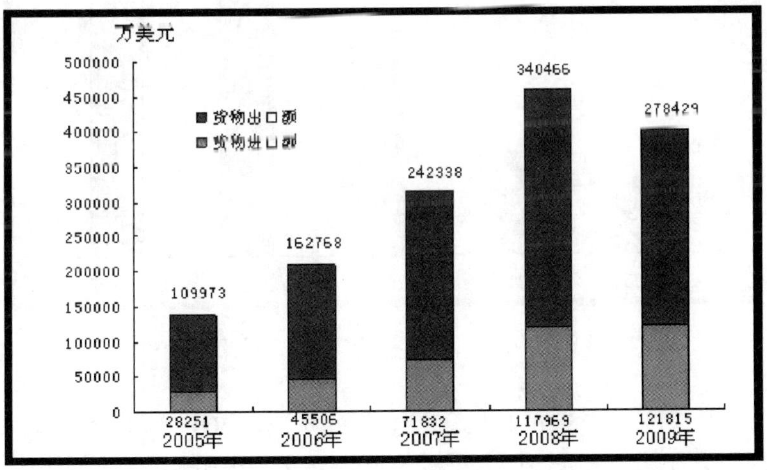


图8　2005～2009年全市货物进出口总额

全市实际利用外资4.39亿美元，比上年下降18.1%，其中外商直接投资完成4.25亿美元，比上年下降20.5%。实际利用外资降幅分别比三季度（-28.0%）、上半年（-58.4%）、一季度（-73.8%）回升9.9、40.3和55.7个百分点。全年新批利用外资合同18项，合同总金额3.05亿美元，合同利用外资额1.1亿美元，全年新注册三资企业14户，注册资本1.05亿美元，其中外方资本0.9亿美元。

表10 2009年全市分行业外商直接投资及增速

单位：个、万美元

| 行业 | 投产企业数 | 外商直接投资 | 同比增长（%） |
|---|---|---|---|
| 外商直接投资 | 409 | 42478 | -20.5 |
| 农、林、牧、渔业 | 6 | 9 | -85 |
| 采矿业 | 1 | 65 | |
| 制造业 | 366 | 41232 | -19.8 |
| 电力、燃气及水的生产和供应业 | 7 | 278 | 167.3 |
| 交通运输、仓储和邮政业 | 4 | | |
| 信息传输、计算机服务和软件业 | 4 | 10 | -41.2 |
| 批发和零售业 | 1 | 11 | -99.4 |
| 住宿和餐饮业 | 5 | 44 | 528.6 |
| 房地产业 | 6 | | |
| 租赁和商务服务业 | 3 | | |
| 科学研究、技术服务和地质勘查业 | 1 | 32 | |
| 水利、环境和公共设施管理业 | 1 | 797 | 465.3 |
| 居民服务和其他服务业 | 2 | | |
| 文化、体育和娱乐业 | 2 | | |

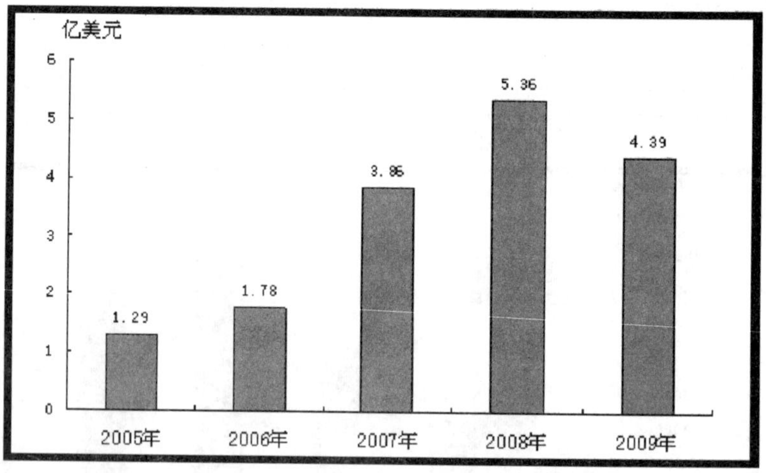


图9 2005～2009年全市实际利用外资

全市引进省外资金151.68亿元，比上年增长16.8%，其中引进北京资金83.67亿元，增长8.9%，引进天津资金15.02亿元，增长12.3%；引进省外技术650项，比上年增长3.5%，其中引进北京技术199项，下降13.5%，引进天津技术68项，下降4.2%；引进省外人才9500人，比上年增长10.4%，其中引进北京人才2567人，增长91%，引进天津人才1020人，增长57.2%。

## 七、交通、邮电业和旅游

全年交通运输、仓储和邮政业实现增加值89.74亿元，比上年增长20%。

全年公路完成货运量11203万吨，比上年增长34%。全年公路完成客运量11938万人，比上年增长16%。全年公路运输完成货运周转量3900542万吨公里，比上年增长29%；旅客周转量675099万人公里，比上年增长

6%。全市公路通车里程17580.8公里，其中高等级公路974.4公里，高速公路505.8公里，在建高速公路443.6公里。大型汽车在册9万辆，比上年增长8.1%，其中新注册0.68万辆，下降22.5%；小型汽车在册50.4万辆，比上年增长27.3%，其中新注册10.8万辆，增长67.9%；私人汽车在册50万辆，比上年增长27.4%，其中新注册10.8万辆，增长66.3%。

全年完成邮电业务收入66.7亿元，比上年增长11.3%，其中，邮政业务收入4.52亿元，增长24.2%，电信业务收入62.18亿元，增长10.5%。年末拥有固定电话用户165.95万户。年末移动电话用户达到624.93万户。全市固定及移动电话用户总数达790.88万户。电话普及率达到71.8部/百人，其中移动电话普及率达56.7部/百人。国际互联网接入用户数达64.85万户。

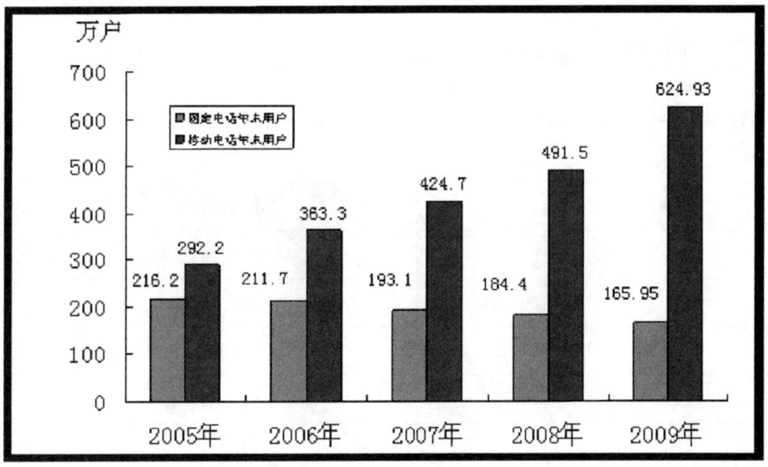


图10　2005～2009年全市年末电话用户数

全市共有A级名胜风景区30个，星级饭店55家。接待海外旅游者8.06万人次，比上年增长9.4%，其中：外国游客6.21万人次，港、澳、台同胞1.85万人次，旅游创汇收入2789.62万美元，比上年增长26.1%；接待国内游客2278.1万人次，比上年增长20%，旅游收入114.17亿元，比上年增长24.1%。旅游业总收入116.12亿元，比上年增长24.1%。

**八、财政、金融和保险业**

全部财政收入完成166.69亿元，比上年增长11.5%，比一季度、上半年和三季度分别加快28.6、8.4和6.6个百分点，其中：地方一般预算收入完成73.26亿元，比上年增长10%；中央四税收入完成79亿元，比上年增长14.1%；省级税收收入14.43亿元，比上年增长5.9%。国税系统完成90.2亿元，比上年增长10.8%，地税系统完成50.01亿元，比上年增长20.5%。一般预算支出200.36亿元，比上年增长20.5%。

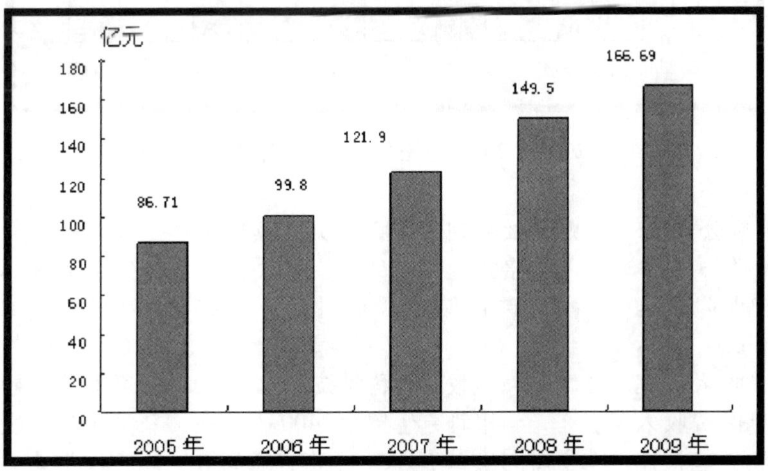


图11　2005～2009年全市全部财政收入

年末金融机构本外币各项存款余额2456.58亿元，比年初增加478.76亿元，增长24.2%，其中人民币存款余额2434.15亿元，比年初增加468.93亿元，增长23.9%；城乡居民储蓄存款余额达1756.06亿元，比年初增加248.78亿元，增长16.5%。金融机构本外币各项贷款余额976.04亿元，比年初增加264.52亿元，增长37.2%，贷款余额增速超过存款余额增速13个百分点，其中：中长期贷款余额500.55亿元，比年初新增144.1亿元，短期贷款余额428.94亿元，比年初新增93.41亿元。金融机构现金收入4568.07亿元，现金支出4636.36亿元，收支相抵，货币净投放68.29亿元。

表11　2009年全市金融机构本外币存贷款及增速

单位：亿元

| 指　　标 | 年末数 | 比年初增长（%） |
|---|---|---|
| 各项存款 | 2456.58 | 24.2 |
| 企事业单位存款 | 509.25 | 64.0 |
| 储蓄存款 | 1756.06 | 16.5 |
| 其中：活期储蓄 | 604.93 | 25.8 |
| 定期储蓄 | 1151.13 | 12.2 |
| 各项贷款 | 976.04 | 37.2 |
| 其中：短期贷款 | 428.94 | 27.8 |
| 中长期贷款 | 500.55 | 40.4 |

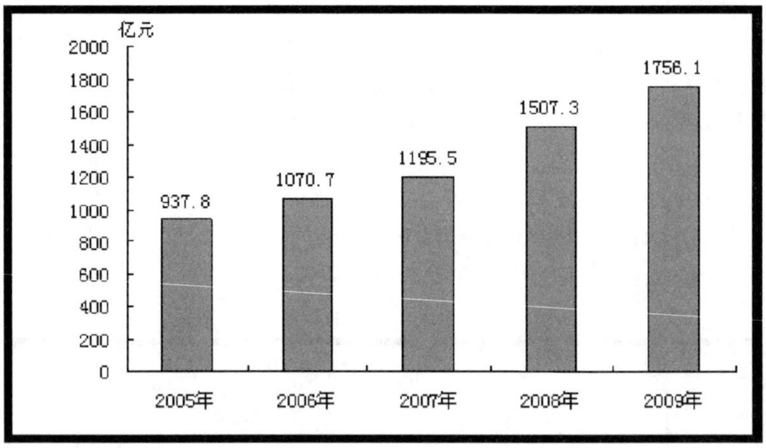


图12　2005～2009年全市城乡居民储蓄存款余额

年末全市共有保险公司31家，其中财产险公司18家，人寿保险公司13家。共有保险机构56家。在岗保险营销员人数达2.2万人。保险业保费收入达到83.18亿元，其中财产保费收入16.43亿元，寿险保费（包括储金）收入66.75亿元。支付各类赔款及给付18.45亿元，其中财产险赔款金额8.59亿元；寿险保费（包括储金）给付金额9.86亿元。

**九、教育和科学技术**

全年研究生招生2400人，在学研究生6605人。全市普通高等学校10所，在校学生18.35万人。成人高等学校1所，在校学生1.33万人。中等职业教育学校在校学生16.82万人，其中中等专业学校在校学生5.75万人，普通中学在校学生53.34万人，小学在校学生76.74万人，学龄儿童入学率达99.77%。特殊教育招生357人，在校生1919人。幼儿园在园幼儿27.28万人。

全市规模以上工业企业用于科技活动的经费支出为27.28亿元，比上年增长14.8%，其中研究与发展（R $D）经费支出23.64亿元，增长49.2%。科技队伍不断扩大，年末科技人才1.51万人，比上年增长4.6%。年末共有研究所4所，企业技术中心36个。全年取得国际、国内领先成果216项，开发省级以上新产品25项。年末技术合同成交额3.2亿元。根据2008年《高新技术企业认定管理办法》认定高新技术企业74家。专利申请受理量1515项，专利申请受权量892项，其中发明专利93项。33个项目获省级科技进步奖。全年实施省级以上科技成果推广15项。

**十、文化、卫生和体育**

《保定日报》、《保定晚报》和《莲池周刊》年总发行量达6254万份，两报日发行量分别为8万份、9.2万份，一刊周发行量为4.5万份。全市表演团体14个，表演场馆22个，剧团演出场次4458场；拥有剧场、影剧院15个；拥有群众艺术馆1个；群众文化馆22个；乡镇（街道）文化站309个，组织文化活动2172次。拥有公共图书馆23个，其中市级图书馆1个，图书馆总藏书量167.4万册，其中市级图书馆藏书量72.7万册。拥有电视台1座；拥有广播电视台22座；广播电台1座。有线广播电视用户达62.63万户，有线数字广播电视用户31.99万户。电视综合人口覆盖率98.5%。广播综合人口覆盖率98.7%。

年末共有卫生机构2349个，各类卫生技术人员4.3万人，其中：执业医师以上人员1.47万人，注册护士0.99万人，药师0.17万人，技师0.22万人。医院119所，卫生院311所，病床床位3.22万张。农村有医疗点的村数占总村数的93%，乡村医生1.72万人，卫生员210人。25个县（市、区）全部开展农村新型合作医疗，已有778.29万农民参加了新型农村合作医疗，参合率为86.66%，农村新型合作医疗基金支出7.39亿元，312.74万人次受益。

共举办市级以上各类比赛活动30次。举办全民健身活动1299次，参加人数216万人次。全市国家二级裁判198人，国家二级运动员517人。各运动队参加比赛共获省级以上金牌120枚，获省级以上银牌103枚，获省级以上铜牌93枚，其中在第十一届全国运动会上共获金牌6枚，银牌1枚，铜牌4枚。

**十一、人口、人民生活和社会保障**

全市年末常住人口达到1101.66万人，比上年末增加9.31万人，其中：市区106.49万人，比上年末增加3.37万人；城镇人口394.96万人，比上年末增加29.38万人；乡村人口706.70万人，比上年末下降20.07万人。全年出生人口15.22万人，出生率为13.87‰，死亡人口6.87万人，死亡率6.26‰，自然增长人口8.35万人，自然增长率7.61‰，比上年下降0.05个千分点。

**表12　2009年全市人口数及构成**

单位：万人

| 指标 | 年末数 | 比重（%） |
|---|---|---|
| 全市总人口 | 1101.66 | - |
| 其中：城镇 | 394.96 | 35.85 |
| 乡村 | 706.70 | 64.15 |
| 其中：市辖区 | 106.49 | 9.67 |
| 县合计 | 995.17 | 90.33 |
| 其中：出生人口 | 15.22 | 1.38 |
| 死亡人口 | 6.87 | 0.62 |
| 自然增长人口 | 8.35 | 0.76 |

全市城市居民人均可支配收入13555元，比上年增长10.1%；农民人均纯收入（不含市区）达到4682元，比上年增长8.1%。城市人均消费性支出8772元，比上年增长13.6%，其中，食品类支出3301元，比上年增长5.8%，衣着类支出1410元，比上年增长14%，居住支出

1412元，比上年增长34.6%，城市居民家庭恩格尔系数（即居民家庭食品消费支出占家庭消费支出的比重）为37.6%，比上年下降2.8个百分点；农村居民人均生活消费（不含市区）支出2699元，比上年增长4.9%，其中，食品支出1008元，比上年下降0.2%，衣着支出188元，比上年增长2.3%，居住支出653元，比上年增长23.4%，农村居民家庭恩格尔系数为37.3%，比上年下降1.9个百分点。

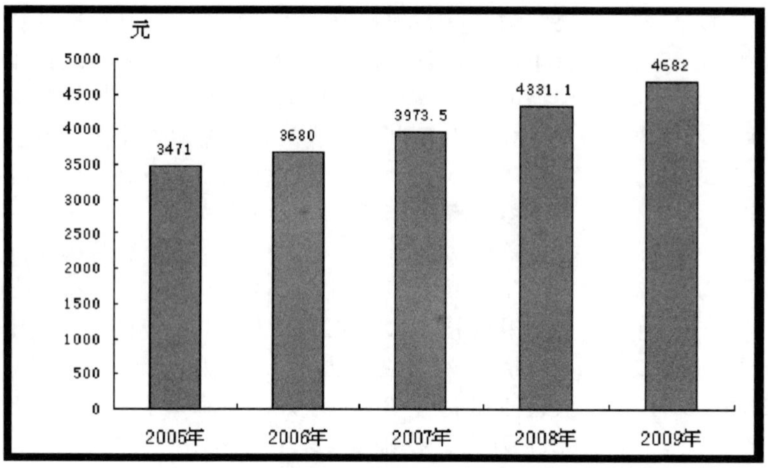


图13 2005～2009年全市农民人均纯收入

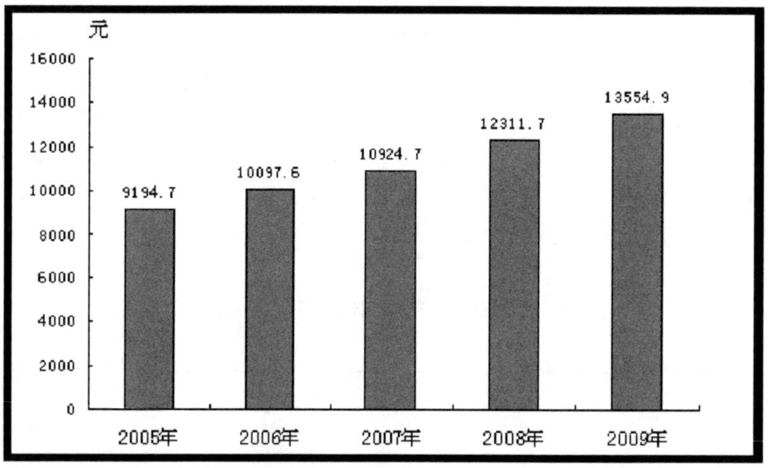


图14 2005～2009年全市城市居民人均可支配收入

年末全市参加城镇基本养老保险人数为87.35万人，比上年末增加3.53万人。参加城镇基本医疗保险的人数为169.9万人，比上年末增加43.5万人，其中参加城镇职工基本医疗保险人数89.4万人，参加城镇居民基本医疗保险人数80.4万人。参加失业保险的人数51.1万人，比上年末减少314人。参加工伤保险的人数为40.4万人，比上年末增加2.5万人。参加生育保险的人数为46万人，比上年末增加6万人。职工养老金社会化发放率100%，全年全市领取失业保险金人数1.5万人。

年末全市各种社会福利收养性单位158所，床位达9521张，收养各类人员5381人。国家抚恤、补助、优抚6.01万人，其中：定期补助4.2万人，定期抚恤0.65万人，伤残优抚1.16万人。最低生活保障制度进一步完善，城镇居民最低生活保障实现应保尽保，农村居民最低生活保障逐步规范，全年共有10万城镇居民得到最低生活保障救济，23.77万农村居民得到最低生活保障救济，3.52万农村居民得到五保救济。

**十二、资源、环境保护和安全生产**

全市土地总面积221.8万公

顷，其中耕地总资源80.8万公顷，比上年增加1.7万公顷，常用耕地76.3万公顷；园地、林地和草地62.2万公顷；城镇村及工矿用地26万公顷，其他土地52.8万公顷。

国土资源调查及地质勘查共有矿产区91处，其中，能源矿产区15处，金属矿产区63处，非金属矿产区13处。有64种矿产资源，已探明储量的27种，主要矿种有：煤、铁、金、铜、锌及建筑石材等。

年末全市共有省级自然保护区2个，面积达4.42万公顷。年末全市重点工业企业专职环保人员达2188人。工业废水排放达标率97.46%，工业二氧化硫排放达标率91.98%，工业烟尘排放量达标率95.78%，工业固体废物综合利用处置率99.99%。年末已投运的符合卫生填埋要求的城镇垃圾处理场4个。年末城镇污水处理厂30个，城镇污水处理厂设计日处理能力102.2万吨，城镇生活污水处理率达64.5%。城市人均公园绿地面积9.45平方米，建成区绿地率34.1%，建成区绿化覆盖率39.96%。

省“双三十”和市“8+13”重点单位节能减排工作扎实推进，加速淘汰落后产能，关停一批小水泥、小热电等企业，限制电力、冶金、化工、建材、炼焦等高耗能行业，取得明显成效。全年单位工业增加值能耗1.497吨标准煤/万元，比上年降低10.04%。全年单位GDP能耗1.006吨标准煤/万元，比上年降低5.04%。

全年各类生产安全事故死亡291人，比上年下降8.2%。亿元GDP生产安全事故死亡人数为0.17人，比上年下降20.3%；全年共发生道路交通事故914起，造成268人死亡，975人受伤，全市共有各类机动车140.61万辆，道路交通万车死亡人数为1.9人，比上年减少0.1人；工矿商贸企业事故死亡16人，比上年下降51.6%。

注：1. 本公报2009年部分数据为快报数。

2. 公报中生产总值及一、二、三产业增加值、工业增加值、农林牧渔总产值绝对值按现行价格计算，增长速度按可比价格计算。

# 中共保定市委　保定市人民政府<br>关于大力提升保定城市品位的指导意见

（2009年11月18日）

为全面贯彻落实科学发展观，促进城市又好又快发展，市委、市政府研究决定，以推进城镇面貌三年大变样为契机，把提升保定城市品位贯穿今后城市建设与发展的各项工作，现提出如下指导意见。

## 一、主攻方向和指导原则

城市品位代表城市的品质和档次，是一个城市内在素质和外在形象的综合反映。保定历史悠久，文化底蕴深厚，众多的文物古迹、得天独厚的山水资源、快速发展的文化产业以及多所高等院校，使保定成为一座具有一定品位基础的城市。随着一主三次、工业西进、对接京津战略全面实施和大水系、大交通、大城市建设加快推进，城市建设与发展已经进入一个更需要注重品质和档次的新阶段。站在新的起点，必须把大力提升保定城市品位作为城市建设与发展的灵魂和主线。这是贯彻落实科学发展观，坚持以人为本、执政为民的具体体现，也是实现“又好又快发展、强市兴县富民”目标的内在要求。

大力提升保定城市品位，要以科学发展观为指导，坚持规划至上、生态至上、精细至上，把历史文化积淀和现代城市发展有机结合，充分彰显“中国历史文化名城”、“中国优秀旅游城市”、“全国双拥模范城”、“学生城”、“冠军摇篮”等城市特色，精心打造以“文化名城、山水保定、低碳城市”为标志的城市名片。以此为主攻方向，把精品意识和精细理念贯穿城市规划、建设、管理的全过程，展现精细化的城市形象；促进历史、文化、生态的有机融合，丰富城市的美学元素和文化内涵；形成一批带有保定烙印的标志、符号，强化城市的可识别性；大力发展符合科学发展观要求的优势产业，为提升城市品位提供实力保障。

大力提升保定城市品位，要正确把握当前与长远、速度与品质、重点与一般、继承与创新的关系。坚持科学规划、分步实施，强化规划的刚性约束；坚持立足当前、着眼长远，从能够做到的事情做起，在实践中不断完善思路、举措；坚持严格标准、适度超前，追求高标准、高质量，推动城市可持续发展；坚持政府主导、全民参与，用品位意识统领城市规划、建设和管理，引领社会各界积极参与，形成共创共建的浓厚氛围。

**二、主要任务和工作重点**

提升保定城市品位，是事关城市建设与发展的系统工程。在全面推进的同时，突出以下六个重点：

（一）彰显历史之韵。放大“中国历史文化名城”的品牌优势，对各类历史文化资源进行科学保护、深度挖掘、合理开发、有效利用，保护城市历史，延续城市记忆。

1. 加大文物保护力度。制定实施名城元素保护规划。对主城区各级文物保护单位要加大保护力度。对按区管理的清苑、满城、徐水、安新四县文物保护工作统筹规划，一体化管理。正确处理城市建设与文物保护的关系，认真落实历史文化名城保护规划。对具有代表性的文物古迹和历史建筑要及时列入保护规划，采取有效保护措施，防止在建设中破坏。加强古城历史研究，不断推出有影响、有价值的研究成果。

2. 实施古迹修缮工程。坚持以政府投入为主，鼓励多渠道融资，加大古迹修缮保护力度。修缮淮军公所，科学规划、推进周边片区拆迁改造，再现徽派经典建筑的历史风貌。保护好光园、清河道署、古城墙以及城隍庙、刘春霖墓、杨继盛祠堂等历史文化遗迹。积极创造条件，适时恢复莲池书院、鼓楼等历史景观。谋划建设古城遗址公园。

3. 恢复古城特色街区。统筹古城区主色调和街区风格，使之与周边建筑风格协调统一，再现古城区“明清风貌、灰墙黛瓦、书院衙署、槐柳荷花”的古韵悠风。对不符合古城区规划的建筑、标识、经营项目等，加大改造和治理力度。高标准推进裕华路、西大街、总督署西路等改造工程，发展、聚集、壮大一批古城“老字号”。搞好城市街区命名，展现独具保定特色的地名文化。

4. 科学利用历史资源。对直隶总督署、古莲花池、保定军校、大慈阁等历史遗存，在保护修缮的基础上，适度开发，科学利用。深入挖掘、宣传展示历史背后的人文故事。制定实施雕塑进城规划。在城市主要街区、广场、公园等处，设立一批展示保定历史文化的特色标牌和景观设施。

（二）传承文化之魂。把传承保定文化作为提升保定城市品位的核心，加快推进文化名城建设，丰富城市文化内涵，增强城市文化魅力。

1. 加快文化基础设施建设。多渠道加大文化基础建设投入力度。加快建设关汉卿大剧院、文体中心、博物馆、图书馆、档案馆、尧帝纪念馆等文化基础设施。加强社区群众性文体基础设施建设。支持广播、电视、报刊等媒体加强基础建设。

2. 加大文艺精品创作力度。通过各种文艺形式弘扬保定主流人文精神。组织拍摄一批反映保定重大历史和现实题材的影视剧。实施舞台艺术精品工程，推进旅游产业与文化产业深度融合，着力打造一批大型舞台剧目。坚持研究与普及并重，组织编纂全面反映保定文化的系列丛书。进一步繁荣文学创作，提升“保定作家群”的影响力。大力支持戏曲、书画等艺术创作。开展当代名人、名作、名师评选活动，提升保定文化的影响力。

3. 发展壮大特色文化产业。整合文化企业、文化产品和各类文化要素，规划建设文体产业园区。发挥驻保高校、科研机构的智力资源优势，积极引进知名企业和优秀人才，做大做强动漫、印刷、出版、工艺美术等文化产业。进一步深化改革，培育壮大一批文化产业集团。鼓励支持各类演艺、广告公司发展壮大。整合旅游资源，充分发挥历史文化、红色文化等优势，提升旅游产业综合效益。

4. 全力打造特色文化品牌。举办高品位的文化活动，宣传展示保定文化和保定形象。努力把白洋淀旅游文化节、空竹艺术节、狼牙山登山节、敬老健身节、篮球文化节等活动办成具有全国影响力的品牌活动。规划建设名吃街区，弘扬保定饮食文化。深入开展全民健身活动。在主流媒体开办展示保定文化的品牌栏目。加强对外交流，举办保定特色文化巡展。

5. 繁荣发展地方戏曲和民间艺术。建立稳定的投入保障机制，加大对各类非物质文化遗产的保护力度。对河北梆子、保定老调、定州大秧歌、北方昆曲、哈哈腔等地方戏曲和民间艺术加强保护与传承，培育领军人才，储备后备力量。加大对保定地方戏曲和民间艺术的宣传普及、研究创作力度。组织举办保定地方戏曲和民间艺术节。

（三）营造山水之秀。制定山水城市建设规划，以大水系建设为重点，拓展城市生态空间，构建西依太行山、东临白洋淀、中间水相连的山水城市。

1. 实施大水系主体工程。在

已实现清水入市目标的基础上，进一步弘扬“团结协作、攻坚克难、科学推进、优质高效”的大水系精神，完善大水系规划，继续加快“两库连通、西水东调、引水济市、穿府补淀”大水系主体工程建设，改善市区水生态环境。

2. 实施生态水韵景观工程。加快推进“两环、四廊、五湖、十园”等重点水景项目建设。整治城市防洪堤。在水系沿途建设一批水景小区、水景广场、水景建筑等城市水韵景观。

3. 加强大水系综合管理。建立大水系综合管理长效机制，加强水系保护。坚决杜绝向河道排放生产、生活污水等破坏水体现象，确保水质清洁、水系安全。

4. 实施接山连水通道工程。统筹中心城区与清苑、满城、徐水、安新四县发展规划，打通更多连接通道。与大水系建设同步，加快城市主干道向东西延伸。实施七一路西延。建设西二环。积极争取建设白洋淀大道。连通高速外环。

5. 大力建设保定西花园。加大对保定近郊山区的生态保护力度，提高绿化标准，建设保定西北绿色生态屏障。以满城陵山、抱阳山和一亩泉等历史文化和生态资源为依托，规划建设大型文化主题公园、城市森林公园，拓展城市发展和市民休闲空间。

（四）建设低碳之城。处理好工业文明与生态文明、工业化与城市化的关系，遵循生态经济规律，大力倡导低碳型生产、生活和消费方式，全面建设低碳城市。

1. 培育壮大低碳经济。把新能源及能源设备制造业作为城市经济的战略支撑，打造科技领先、实力雄厚的“中国电谷”。大力发展汽车及零部件产业，全力打造“华北汽车城”。大力发展高新技术产业、现代农业和现代服务业，建设低碳主导型现代产业体系。

2. 强力推进节能减排。对重点领域和重点部位严查重管，倡导清洁生产、安全生产。大力促进生产、生活各领域节能减排新工艺、新技术、新材料的推广应用。加快太阳能技术与产品的推广应用，建设“太阳能之城”。深入开展“蓝天行动”，加大扬尘和机动车尾气综合治理力度，推广使用清洁能源，扩大集中供热覆盖面，提高城市空气质量。加快污水处理厂、垃圾处理场建设，提高城市污水、垃圾的无害化集中处理率。开展低碳（绿色）机关、社区、学校、医院、饭店、家庭等创建活动。

3. 拓展城市生态空间。强化生态优先理念，争创国家级园林城市和国家级森林城市。新建小区、新开发片区要加大生态空间比重。对竞秀公园、滨河公园、植物园、东风公园、人民公园等城市公园进行绿化改造，完善功能、丰富内涵。社区、街头绿地注重功能性，体现装饰性。清苑、满城、徐水、安新四县率先创建园林县城。

（五）展示现代之气。坚持高起点定位，高标准规划，高质量建设，高水平管理，加快城市建设，完善城市功能，提高承载能力，建设宜居型现代城市。

1. 构建“一城三星一淀”城市格局。结合城市组团发展和高速公路、铁路建设，科学规划城市功能分区和发展方向。充分发挥高新区、工业园区和重点开发片区的带动能力，积极稳妥地推进城中村改造，加快主城区建设。清苑、满城、徐水、安新要以按区管理为契机，主动对接中心城市。加速市区和“三星一淀”的融合步伐，逐步实现资源共享、一体发展。加快实施一主三次城市发展战略，建设保京、保津、保石三条城市带，充分发挥保定在京津石三角区中心位置的特殊优势和作用。

2. 建设标志性城市建筑。对市区迎宾路、出入口、中心区及“三星一淀”县城等重要节点精心设计，建设一批形象标志。着力抓好万博广场、电谷广场、世纪财富广场、火车站改造等重点工程建设。科学确定城市色彩基调，确保道路地面、建筑立面、街道小品的色彩协调，增强城市个性和特色。

3. 完善城市承载功能。以建设现代化大城市为目标，超前规划、统筹推进城市水网、电网、气网、热网、通讯信息网等基础建设，提高市政设施的综合承载能力。加大城市地下空间建设力度。提高城市交通管理水平，拓宽、加密城市路网，缓解交通压力。对城市学校、医院、市场、文化场馆、体育设施、养老救助机构等，统筹规划，合理布局，提高公共资源的配置利用效率和公共服务质量。

4. 提升城市综合管理水平。全面加强城市网格化、规范化、精细化管理，市内主次干道做到无店外经营、无店外堆物、无店外加工、无乱贴乱画、无摆摊设点、无违法建设、无乱停乱放，户外广告整齐规范。高标准规划并大力实施城市亮化工程，打造城市亮丽夜景。统筹推进管线入地，提高视觉美感。探索推行市、区、街道、社区分级管理模式，动员广大市民积极参与，主动维护城市秩序和形象。

（六）培树文明之风。坚持不懈地抓好城市精神文明建设，不断提升市民综合素质和全社会文明程度，增加保定城市品位的文明内涵。

1. 大力实施市民素质提升工程。以保定人文明公约、行为守则为主要内容，开展“城市面貌大变样、市民素质大提高”、全市道德模范评选等系列活动，提高市民的思想道德素质、科学文化素质和健康素质。加强社会诚信体系建设，探索建立市民文明诚信档案。大力支持志愿者队伍从事各类公益性活动。

2. 深化群众性精神文明创建活动。创新形式、内容和载体，探索建立长效机制，不断增强创建工作的实效性和感染力。创造性地开展双拥模范城、文明生态社区、文明诚信企业、文明规范行业、文明高效机关等创建活动。积极争创全国文明城市和全国和谐社区建设示范市。

3. 下大力优化城市发展环境。进一步加强行政服务中心建设，减少审批公章、环节、时间和收费项目，再造行政审批程序，建设廉洁高效的政务环境。加强社会治安综合治理，健全突发性公共事件预防、应急体系，建设公平公正的法治环境。加大市场监管力度，建设规范守信的市场环境。

**三、保障措施和工作要求**

（一）加强组织领导。明确专门组织机构和领导力量，负责对提升保定城市品位工作的组织指导、协调调度、督促检查。按照指导意见要求，分阶段、分年度明确具体工作目标和工作重点，每年集中力量抓成一批提升城市品位的大事实事。“一城三星一淀”有关县、区和市直部门要分别制定具体实施方案。加大督导、考核力度，强化工作导向和考核导向。

（二）提升工作标准。提升保定城市品位各项工作，都要按照一流目标科学定位、积极推进。市规划、建设、园林、行政执法、市政、环保、文化、文物等有关部门，要分别制定提升保定城市品位的工作标准，并认真实施。

（三）创新工作方法。进一步解放思想，更新理念，拓宽融资渠道，放开规划设计市场，鼓励社会力量参与城市建设。坚持政府主导拆迁安置、土地收储、规划设计，探索实行混合产权、企业拆迁和改制同步推进、先安置后拆迁等创新模式，加快城市片区改造步伐。

（四）强化宣传推介。市内主要媒体要在重要版面、重要时段进行系列报道，提高社会各界对提升保定城市品位的知晓度和参与度。加大对外宣传力度，在更广范围、更高层次展示保定城市品位。

各县（市）要根据本指导意见，结合本地实际，对提升城市（镇）品位工作作出具体安排。